EXECUÇÃO PENAL NO BRASIL
Estudos e Reflexões

O GEN | Grupo Editorial Nacional – maior plataforma editorial brasileira no segmento científico, técnico e profissional – publica conteúdos nas áreas de concursos, ciências jurídicas, humanas, exatas, da saúde e sociais aplicadas, além de prover serviços direcionados à educação continuada.

As editoras que integram o GEN, das mais respeitadas no mercado editorial, construíram catálogos inigualáveis, com obras decisivas para a formação acadêmica e o aperfeiçoamento de várias gerações de profissionais e estudantes, tendo se tornado sinônimo de qualidade e seriedade.

A missão do GEN e dos núcleos de conteúdo que o compõem é prover a melhor informação científica e distribuí-la de maneira flexível e conveniente, a preços justos, gerando benefícios e servindo a autores, docentes, livreiros, funcionários, colaboradores e acionistas.

Nosso comportamento ético incondicional e nossa responsabilidade social e ambiental são reforçados pela natureza educacional de nossa atividade e dão sustentabilidade ao crescimento contínuo e à rentabilidade do grupo.

EXECUÇÃO PENAL NO BRASIL
Estudos e Reflexões

ORGANIZAÇÃO
GUILHERME DE SOUZA NUCCI

ALESSA SANNY LIMA PEREIRA
AMANDA FERREIRA DE SOUZA NUCCI
ANDRÉ VINÍCIUS MONTEIRO
ANDREIA GOMES DA FONSECA
DIOGO LEMOS AGUIAR
GUILHERME DE SOUZA NUCCI
GUSTAVO GONÇALVES CATHARINO
JAMIL CHAIM ALVES
JOÃO VICTOR ESTEVES MEIRELLES
JOSÉ CARVALHO DOS REIS JÚNIOR
JULIANA BURRI
RAFAEL BARONE ZIMMARO
RAFAEL FERNANDES SOUZA DANTAS
RODRIGO CAMARGO ARANHA
SEAN HENDRIKUS KOMPIER ABIB
SIMONE DE ALCÂNTARA SAVAZZONI
VICTOR AUGUSTO ESTEVAM VALENTE
VIVIAN BRENNER DE OLIVEIRA

- A EDITORA FORENSE se responsabiliza pelos vícios do produto no que concerne à sua edição (impressão e apresentação a fim de possibilitar ao consumidor bem manuseá-lo e lê-lo). Nem a editora nem o autor assumem qualquer responsabilidade por eventuais danos ou perdas a pessoa ou bens, decorrentes do uso da presente obra.

    Todos os direitos reservados. Nos termos da Lei que resguarda os direitos autorais, é proibida a reprodução total ou parcial de qualquer forma ou por qualquer meio, eletrônico ou mecânico, inclusive através de processos xerográficos, fotocópia e gravação, sem permissão por escrito do autor e do editor.

    Impresso no Brasil – *Printed in Brazil*

- Direitos exclusivos para o Brasil na língua portuguesa
    Copyright © 2019 by
    EDITORA FORENSE LTDA.
    Uma editora integrante do GEN | Grupo Editorial Nacional
    Travessa do Ouvidor, 11 – Térreo e 6º andar – 20040-040 – Rio de Janeiro – RJ
    Tel.: (21) 3543-0770 – Fax: (21) 3543-0896
    faleconosco@grupogen.com.br | www.grupogen.com.br

- O titular cuja obra seja fraudulentamente reproduzida, divulgada ou de qualquer forma utilizada poderá requerer a apreensão dos exemplares reproduzidos ou a suspensão da divulgação, sem prejuízo da indenização cabível (art. 102 da Lei n. 9.610, de 19.02.1998). Quem vender, expuser à venda, ocultar, adquirir, distribuir, tiver em depósito ou utilizar obra ou fonograma reproduzidos com fraude, com a finalidade de vender, obter ganho, vantagem, proveito, lucro direto ou indireto, para si ou para outrem, será solidariamente responsável com o contrafator, nos termos dos artigos precedentes, respondendo como contrafatores o importador e o distribuidor em caso de reprodução no exterior (art. 104 da Lei n. 9.610/98).

- Capa: Fabricio Vale

- Fechamento desta edição: 19.09.2018

- CIP – BRASIL. CATALOGAÇÃO NA FONTE.
    SINDICATO NACIONAL DOS EDITORES DE LIVROS, RJ.

    E96

    Execução Penal no Brasil: estudos e reflexões / organização Guilherme de Souza Nucci. – Rio de Janeiro: Forense, 2019.

    Inclui bibliografia
    ISBN 978-85-309-8270-6

    1. Direito penitenciário – Brasil. 2. Processo penal – Brasil. 3. Execução penal – Brasil. I. Nucci, Guilherme de Souza.

    18-52431   CDU: 343.8(81)

    Vanessa Mafra Xavier Salgado – Bibliotecária – CRB-7/6644

APRESENTAÇÃO

A Lei 7.210/84 (Lei de Execução Penal) encontra-se em vigor há mais de 30 anos, superando, até mesmo, a Constituição Federal de 1988, que a recepcionou na integralidade. Não se trata de um conjunto de normas vetusto e desgastado pelo tempo; ao contrário, cuida-se de um ordenamento apropriado para o ramo do Direito intitulado Direito da Execução Penal, autônomo e independente, que apenas conta com os princípios constitucionais do Direito Penal e do Processo Penal para norteá-lo. Além disso, há normas constitucionais expressas, tratando exclusivamente do tema da execução penal. Noutros termos, a Lei de Execução Penal atual é produtiva e positiva, inclusive porque já sofreu modificações que a aprimoraram ao longo dos anos. Pergunta-se, então, qual o motivo de haver em trâmite um projeto de lei que busca alterá-la integralmente. E a resposta mais clara e franca é: a lei atual não foi colocada em prática na sua inteireza; busca-se uma lei nova que possa ser concretizada.

Visualiza-se, portanto, não haver engano sério e grave para exigir uma mudança legislativa; nota-se, em verdade, não ter sido posta em uso como deveria. Ora, em lugar de aplicá-la, para se concretizar os seus pontos positivos, almeja-se rever o seu texto para *facilitar* aos Poderes do Estado a execução penal no Brasil. Vale dizer, como o Poder Executivo não cumpriu a maior parte do conteúdo da Lei 7.210/84 e o Judiciário não exigiu, com firmeza, que o fizesse, entra em cena o Legislativo para *aliviar* as responsabilidades, alterando vários dispositivos, como se pode constatar do projeto de lei já aprovado no Senado (PLS 513/2013), que agora seguiu para a Câmara dos Deputados (PL 9.054/2017).

Não se pode, por rigor científico, criticar o projeto na sua totalidade, pois há alterações positivas, bem-vindas para o acerto de arestas surgidas ao longo dos anos de aplicação e execução da pena nos estabelecimentos nacionais. Em síntese, a atual Lei de Execução Penal carece de integral aplicação concreta de seus institutos; em lugar de viabilizar esse cumprimento, parte-se para a alteração legislativa. Convém, portanto, realizar um confronto entre o atual texto e um eventual futuro projeto para se detectar o que pode ser medida acertada e o que pode representar nítido retrocesso.

O objetivo desta obra é justamente comentar, integralmente, o conteúdo da Lei de Execução Penal, colocada em confrontação com o projeto de lei em trâmite no Congresso Nacional, que visa à sua modificação. Das reflexões extraídas das aulas e dos encontros do Grupo de Estudos da PUC-SP, conforme o programa de pós-graduação de mestrado, bem como atrelados à linha de pesquisa científica, emergem os estudos de execução penal. Os capítulos desta obra correspondem aos títulos da Lei de Execução Penal, apresentando a realidade existente e o confronto com o projeto de lei em andamento no Poder Legislativo. Os autores são compromissados com os pertinentes estudos de pós-graduação; alguns já Mestres em Direito Penal e outros em busca do título. A par da formação acadêmica, obtém-se dos responsáveis pelos capítulos a visão trazida pelo cenário de sua atividade profissional.

Esperamos que o leitor possa sensibilizar-se, por meio da leitura das linhas reflexivas deste trabalho, formando a sua opinião a respeito da execução de penas no Brasil. Afinal, executar corretamente a sanção penal é um impositivo da própria segurança pública, visto que o condenado retornará, um dia, ao convívio social e precisará se encontrar em ativo processo de ressocialização, de modo que evite o lamentável retorno à atividade criminosa.

Agradecemos à Editora Forense pelo empenho e pela dedicação para a concretude desta obra, por meio de seus diversos departamentos especializados.

São Paulo, setembro de 2018.

Guilherme de Souza Nucci

Organizador e Autor

SUMÁRIO

1. OS CONCEITOS BÁSICOS DA EXECUÇÃO PENAL NO BRASIL
   Guilherme de Souza Nucci 1

2. A IMPORTÂNCIA E AS ATRIBUIÇÕES DA COMISSÃO TÉCNICA DE CLASSIFICAÇÃO NAS EXECUÇÕES PENAIS
   Rafael Barone Zimmaro 23

3. DIREITOS DO CONDENADO
   Diogo Lemos Aguiar 51

4. DEVERES DO SENTENCIADO COMO FUNDAMENTO DE VALIDADE DAS FALTAS DISCIPLINARES
   José Carvalho dos Reis Júnior 79

5. TRABALHO DO PRESO E REMIÇÃO
   Victor Augusto Estevam Valente 103

6. DISCIPLINA NA EXECUÇÃO PENAL
   André Vinícius Monteiro 147

7. ÓRGÃOS DE EXECUÇÃO PENAL E REALIDADE CARCERÁRIA BRASILEIRA: OS ATORES DE EXECUÇÃO PENAL NA LEGISLAÇÃO VIGENTE E NO PROJETO DE LEI 9.054/2017
   Sean Hendrikus Kompier Abib 167

8. ESTABELECIMENTOS PENAIS: REALIDADE E EXPECTATIVAS
   Alessa Sanny Lima Pereira 193

9. EXECUÇÃO DAS PENAS PRIVATIVAS DE LIBERDADE E PROGRESSÃO
   Simone de Alcântara Savazzoni 223

10. EXECUÇÃO DAS PENAS RESTRITIVAS DE DIREITOS
    Jamil Chaim Alves 265

11. PERSPECTIVAS ATUAIS E FUTURAS DA SUSPENSÃO CONDICIONAL DA PENA
    Rafael Fernandes Souza Dantas 303

12 CONSIDERAÇÕES SOBRE A EXECUÇÃO DA PENA DE MULTA
    Gustavo Gonçalves Catharino 317

13 O LIVRAMENTO CONDICIONAL, SUA APLICAÇÃO NA ATUALIDADE E AS PROPOSTAS DE ALTERAÇÕES CONTIDAS NO PROJETO DE LEI 9.054/2017
    Andreia Gomes da Fonseca 337

14 A MONITORAÇÃO ELETRÔNICA COMO INSTRUMENTO DAS EXECUÇÕES PENAIS
    Juliana Burri 369

15 ASPECTOS CONSTITUCIONAIS DO REGIME DISCIPLINAR DIFERENCIADO
    Amanda Ferreira de Souza Nucci 405

16 A EXECUÇÃO DAS MEDIDAS DE SEGURANÇA E SUA FINALIDADE PREVENTIVA E CURATIVA: O DEVER DO ESTADO DE FORNECER TRATAMENTO DIGNO E ADEQUADO
    Vivian Brenner de Oliveira 421

17 ERROS E ACERTOS DO PROJETO DE LEI 9.054/2017 NA BUSCA POR SOLUÇÕES PARA OS PROBLEMAS ATUAIS INERENTES AOS INCIDENTES DE EXECUÇÃO PENAL: EXCESSO OU DESVIO, ANISTIA, INDULTO E GRAÇA
    João Victor Esteves Meirelles 443

18 DOS RECURSOS EM EXECUÇÃO PENAL: AGRAVO EM EXECUÇÃO, *HABEAS CORPUS*, MANDADO DE SEGURANÇA E A NECESSIDADE DE MODIFICAÇÃO DO RITO RECURSAL
    Rodrigo Camargo Aranha 465

1

OS CONCEITOS BÁSICOS DA EXECUÇÃO PENAL NO BRASIL

GUILHERME DE SOUZA NUCCI
Livre-docente em Direito Penal, Mestre e Doutor em Processo Penal, títulos obtidos pela Pontifícia Universidade Católica de São Paulo, onde leciona nos cursos de graduação e pós-graduação (mestrado e doutorado). Desembargador na 16ª Câmara Criminal do Tribunal de Justiça de São Paulo.

Resumo: Versa este capítulo sobre os conceitos fundamentais da execução penal, iniciando pelo relevante aspecto constitucional, para, na sequência, destacar o que vem a ser o Direito de Execução Penal e sua autonomia dentre as ciências criminais. Aponta-se a diferença existente com o Direito Penitenciário, além de se analisar importantes facetas como a competência firmada pelo juiz da execução penal, a execução provisória da pena e da medida de segurança, bem como quais são as finalidades da pena, a inspirar todo o procedimento executório.

Palavras-chave: Princípios constitucionais da execução penal. Direito de execução penal. Autonomia. Competência. Direito penitenciário. Execução provisória da pena. Finalidades da pena.

Abstract: This chapter deals with the fundamental concepts of criminal execution, starting with the relevant constitutional aspect, in order to highlight what is the Criminal Enforcement Right and its autonomy among the criminal sciences. It is pointed out the difference existing with Penitentiary Law, besides analyzing important particularities such as the jurisdiction established by the judge of the criminal execution, the provisional execution of the sentence and the security measure, as well as what are the purposes of the punishment, to inspire all the enforcement procedure.

Keywords: Constitutional principles of criminal enforcement. Criminal enforcement law. Autonomy. Jurisdiction. Penitentiary law. Provisional execution of sentence. Purposes of punishment.

Sumário: 1. A constituição federal como parâmetro para a execução penal: 1.1 Os princípios constitucionais regentes; 1.2 Os princípios e regras constitucionais aplicáveis à execução penal – 2. Conceito de execução penal – 3. Natureza jurídica da execução penal – 4. Direito de execução penal e direito penitenciário: 4.1 Sentença e decisão interlocutória na execução penal; 4.2 Jurisdição e competência – 5. Execução provisória da pena: 5.1 Execução provisória e prisão especial; 5.2 Execução provisória da medida de segurança – 6. Finalidades da pena – Referências.

1. A CONSTITUIÇÃO FEDERAL COMO PARÂMETRO PARA A EXECUÇÃO PENAL

1.1 Os princípios constitucionais regentes

A fonte e o fundamento de qualquer ramo do Direito deve ser buscada no texto constitucional, não podendo ser diferente o cenário da execução penal, que lida diretamente com a liberdade do indivíduo. Diante disso, o primeiro passo é desvendar a imensa relevância de dois princípios constitucionais regentes das ciências criminais: a dignidade da pessoa humana e o devido processo legal.

Tivemos a oportunidade de conceituar o princípio da dignidade humana em nosso anterior trabalho *Princípios constitucionais penais e processuais penais*, discorrendo a respeito da sua fulcral importância, pois abre o texto da Constituição. *In verbis*: "Art. 1º A República Federativa do Brasil, formada pela união indissolúvel dos Estados e Municípios e do Distrito Federal, constitui-se em Estado Democrático de Direito e tem como fundamentos: I – a soberania; II – a cidadania; III – *a dignidade da pessoa humana*; IV – os valores sociais do trabalho e da livre iniciativa; V – o pluralismo político" (grifamos). É, sem dúvida, um princípio regente que, nas palavras de Nelson Nery Jr. e Rosa Maria de Andrade Nery é "o princípio fundamental do direito. É o primeiro. O mais importante".[1]

Essa expressa menção à *dignidade da pessoa humana*, formulada no art. 1º, III, da Constituição Federal, "parece conglobar em si todos aqueles direitos fundamentais, quer sejam os individuais clássicos, quer sejam os de fundo econômico e social".[2] É um princípio de hierarquia supraconstitucional.

---

[1] *Constituição Federal comentada*, p. 118.
[2] CELSO BASTOS e IVES GANDRA, *Comentários à Constituição do Brasil*, v. 1, p. 425. Em igual prisma, ALEXANDRE DE MORAES, *Direito constitucional*, p. 21; JOSÉ AFONSO DA SILVA, *Comentário contextual à Constituição*, p. 38.

Não há nenhuma dúvida de que todos os Poderes da República devem ter por horizonte a dignidade da pessoa humana, em suas funções administrativas, legislativas e judicantes. Em nossa ótica, definimos o referido princípio sob dois ângulos, que se completam: o objetivo e o subjetivo. Objetivamente, significa ter o Estado o dever de assegurar a cada indivíduo as condições essenciais de sobrevivência digna, que representa o *mínimo existencial*: moradia, alimentação, educação, saúde, lazer, vestuário, higiene, transporte, previdência social, tal como o art. 7º, IV, da Constituição Federal indica ao dispor sobre a abrangência do salário mínimo. Subjetivamente, deve o Estado garantir a cada um sua respeitabilidade, que se desdobra em autoestima e amor-próprio, sentimentos inerentes a qualquer ser humano para se desenvolver bem psicologicamente, formando a sua personalidade dentro de parâmetros dignos. Aplicando-se o princípio da dignidade da pessoa humana ao condenado criminalmente, verifica-se a aplicabilidade da parte objetiva em relação aos presos em regime fechado ou semiaberto, que dependem do Estado para sobreviver. Por outro lado, a qualquer sentenciado é imprescindível assegurar a sua respeitabilidade, evitando-se punições humilhantes ou cruéis em qualquer nível (regimes fechado, semiaberto e aberto, bem como no contexto das penas restritivas de direito e benefícios outros).

A dignidade humana é princípio aplicável, inclusive, à vítima do crime ou seus familiares, impondo-se ao sentenciado o dever de indenizá-los, bem como proporcionando, em justiça restaurativa, para quem a aceitar, a composição entre as partes. Além disso, considerando-se que o monopólio punitivo pertence ao Estado, é fundamental o seu exercício com a indispensável proporcionalidade para demonstrar à sociedade a efetiva regência do Direito Penal em face da criminalidade. Ilustrando, um homicídio não comporta, jamais, uma simples pena de multa; do mesmo modo, uma injúria não suporta uma condenação a pena privativa de liberdade de longa duração.

O outro princípio regente, concentrado particularmente no âmbito das ciências criminais, é o *devido processo legal*. Não se trata de um princípio meramente processual, como apregoam alguns, apontando um significado frágil, vale dizer, o devido processo legal é a busca pelo processo *justo*. Em primeiro lugar, o conceito de *justiça* para encontrar um consenso é praticamente inviável, de modo que o princípio do devido processo legal ficaria esvaziado pela falta de conteúdo. Além disso, esse princípio finca suas raízes na Magna Carta de 1215, imposta pelos barões ao rei João Sem Terra. O preceito é o seguinte: "Nenhum homem pode ser preso ou privado de sua propriedade a não ser pelo julgamento de seus pares ou pela lei da terra". A expressão "by the law of the land" (lei do país), que inicialmente constou da redação desse documento histórico, transmudou-se para "due process of law" (devido processo legal). Essa modificação vernacular não teve o condão de apartar o significado histórico do princípio. Buscou-se, na época, uma nítida garantia e uma proteção contra os desmandos do rei, de natureza autoritária e absoluta na Inglaterra. Pretendia-se não mais admitir a prisão ou a perda de bens de qualquer pessoa em virtude de simples capricho do governante. A tolerância havia atingido seu limite, tornando-se essencial o surgimento do *princípio da legalidade ou da reserva legal*, determinando o império da lei sobre a vontade do rei. O seu significado, atualmente, inserido que foi no texto constitucional brasileiro em 1988, é de essência penal e processual, ao menos no cenário criminal. Seguir o *devido processo legal* para condenar alguém pela prática de um delito representa cumprir todos os princípios penais e processuais penais. Respeitando-se a legalidade, a anterioridade, a individualização da pena, a proporcionalidade, a culpabilidade, dentre outros princípios penais, bem como a ampla defesa, o contraditório, a motivação das decisões, o juiz natural, a publicidade e outros princípios processuais penais, atinge-se o *devido processo legal*. Pode-se até dizer que houve um processo *justo*, mas não pelo conceito individual do termo *justo*, mas pelo conteúdo lastreado nos princípios constitucionais penais e processuais penais.

Para Rogério Lauria Tucci deve-se reservar esse princípio ao contexto processual penal, traduzindo como *devido processo penal*, abrangendo todos os princípios do justo processo penal.[3] Muito embora o devido processo legal sirva, realmente, a todo cenário processual, invadindo, ainda, as searas civil e administrativa, é fato que, quando se está inserto no cenário processual penal, trata-se do *devido processo legal* em matéria processual penal. Logo, não há razão para alterar a forte e tradicional expressão, constante da Constituição Federal (art. 5º, LIV), para outra, similar, como o devido processo penal.

1.2 Os princípios e regras constitucionais aplicáveis à execução penal

Não há princípios constitucionais *exclusivos* à área da execução da pena, servindo-se esta dos princípios penais e dos processuais penais, visto representar uma fase processual que lida tanto com penal quanto com processo penal.[4]

Na esfera penal, tem-se, de modo explícito: a) *legalidade* (ou reserva legal), com os correlatos da *obrigatoriedade* e da *oficialidade*: o primeiro espelha o tradicional *não há crime sem lei anterior que o defina; não há pena sem lei*

---

[3] *Direitos e garantias individuais no processo penal brasileiro*, p. 57-64.
[4] Sobre os direitos dos presos, desenvolvemos os problemas advindos da execução penal, no Brasil, em nossa obra *Direitos humanos vs. segurança pública*, p. 141 e seguintes.

anterior que a comine, conforme art. 5º, XXXIX, da CF e art. 1º do Código Penal. Se assim é para se processar criminalmente alguém, aplicando-lhe a sanção legal, por que seria diferente na fase da execução penal? Afinal, as consequências de várias faltas graves, médias ou leves, estabelecidas pela autoridade administrativa, podem levar a efeitos penais nítidos, como a regressão de regime (quem já estava inserido no semiaberto pode retornar ao fechado). Entretanto, fere-se o princípio da legalidade não uma, mas várias vezes, ao longo da existência da atual Lei de Execução Penal. Ilustrando, uma das lesões mais visíveis é o estabelecimento de faltas médias e leves não pela *legislação local* (Legislativo estadual), mas por Resolução (ato administrativo de um Secretário de Estado). No projeto de lei de revisão da Lei 7.210/84, há expressa previsão de que Resolução do Conselho Nacional de Política Criminal e Penitenciária especifique as faltas leves e médias e as respectivas sanções. Neste nível está correto, pois funciona como se fosse uma *norma penal em branco*, vale dizer, há uniformização para todo o País. Os princípios correlatos também estão presentes na execução penal, tais como a obrigatoriedade de ser ela realizada (não é uma fase discricionária) e a oficialidade, pois é sempre conduzida pelo Poder Judiciário, inexistindo atuação direta da vítima ou qualquer outra pessoa; b) *retroatividade da lei penal benéfica*: seguindo o disposto pelo art. 5º, XL, da CF, bem como art. 2º do Código Penal, qualquer lei penal favorável ao réu (ou condenado), deve ser prontamente aplicada, mesmo que o caso já esteja definitivamente julgado. Eis a importância da execução penal, pois cabe ao juiz dessa fase do processo aplicar a norma benéfica (art. 66, I, LEP). Aliás, a bem da verdade, o juiz da execução penal detém, legalmente, a função de aplicar a lei favorável e, se preciso for, modificar o conteúdo de um acórdão de tribunal de qualquer instância, sendo esta a última decisão em relação ao sentenciado. Alguns autores chegaram a apontar, nessa atividade, a função de um *superjuiz*, capaz, como se disse, de alterar o conteúdo de um julgado de Tribunal Superior; porém, a Súmula 610 do STF confirmou essa competência; c) *humanidade*: este princípio é um dos mais relevantes para a execução penal, previsto no art. 5º, XLVII, da Constituição, nos seguintes termos: "não haverá penas: a) de morte, salvo em caso de guerra declarada, nos termos do art. 84, XIX; b) de caráter perpétuo; c) de trabalhos forçados; d) de banimento; e) cruéis". Associado a este princípio, encontram-se as regras constitucionais: "XLVIII – a pena será cumprida em estabelecimentos distintos, de acordo com a natureza do delito, a idade e o sexo do apenado"; "XLIX – é assegurado aos presos o respeito à integridade física e moral"; "L – às presidiárias serão asseguradas condições para que possam permanecer com seus filhos durante o período de amamentação". Expor o princípio da humanidade e as regras dos incisos mencionados seria uma proposta meramente doutrinária; no entanto, há de se ingressar no cerne do grande problema existente no Brasil: não se cumprem normas, nem mesmo constitucionais. Em primeiro lugar, quanto às regras: a pena é cumprida em estabelecimentos distintos somente para homens e mulheres; quanto à natureza do crime e demais dados, inexiste respeito; a integridade física e moral dos presos não é respeitada, pois as celas do regime fechado, na maioria dos estabelecimentos penais, são superlotadas, razão pela qual os detentos sofrem toda sorte de violência e catalisam enfermidades variadas; não se assegura às presidiárias o direito de amamentar seus filhos na maior parte das prisões. Se enfocarmos apenas o princípio da humanidade, verifica-se a crueldade concretamente presente nos estabelecimentos penais do Brasil, seja por conta da superlotação, seja por vários outros fatores (ausência de trabalho; violência de presos e agentes; carência de amparo por defensores técnicos; disputa entre gangues e grupos de crime organizado etc.). O mais estranho, e até mesmo espantoso, é a inércia dos órgãos governamentais dos três Poderes da República diante desse quadro de nítida infringência aos direitos humanos. Sob esse cenário, de que adianta reformar a Lei de Execução Penal, se é para ser descumprida? O ponto fulcral é o estabelecimento de crime de responsabilidade para as autoridades responsáveis pela execução penal, quando se omitirem ou promoverem o descaso ao princípio da humanidade. No entanto, em posição inversa, propõe-se o absurdo da *remição degradante*. O Projeto de Lei 513/2013, aprovado no Senado, remetido à Câmara dos Deputados (PL 9054/2017), prevê no art. 126-A o seguinte: "o preso provisório ou condenado com bom comportamento carcerário e que cumpre a prisão cautelar ou a pena em situação degradante ou ofensiva à sua integridade física e moral tem direito a remir a pena à razão de 1 (um) dia de pena a cada 7 (sete) dias de encarceramento em condições degradantes". A questão é simples: absorve-se, na lei, a situação degradante dos presos no Brasil e, em lugar de se consertar todo o sistema, concede-se um prêmio ao detento. Quanto mais torturado física e moralmente mais consegue o abatimento da sua pena. Se esse projeto, nesta parte, for aprovado, rompe-se de vez com o mínimo de bom senso restante nos Poderes de Estado; d) *responsabilidade pessoal*: preceitua o art. 5º, XLV, da CF que a pena não passará da pessoa do delinquente. Não se cumpre, como seria de se esperar, esse princípio na íntegra. A multa, quando aplicada em sentença penal condenatória, é sanção penal. Tem caráter pecuniário, embora a sua natureza jurídica seja de *pena*. Em 1996, visando a evitar que o condenado à pena de multa, quando não pagasse o débito, fosse preso (essa era a antiga redação do art. 51 do Código Penal), determinou-se que a multa fosse considerada *dívida de valor*, executada como se fosse dívida ativa da Fazenda. O Superior Tribunal de Justiça, então, entendeu ser da competência da justiça civil cobrar o valor da multa. Essa posição não afeta – e jamais poderia afetar – a *natureza jurídica* da sanção, que é *penal*. Diante disso, se o condenado falecer *antes* de pagar a multa, *não se pode* em hipótese alguma continuar a cobrança, agora contra o espólio. Os herdeiros do condenado não têm absolutamente nada a ver com a multa fixada, pois representa uma sanção decorrente de um crime. A atual redação do art. 51 do Código Penal não pode afastar a aplicação do princípio constitucional da responsabilidade pessoal. A pena (multa) não pode passar da pessoa do delinquente (falecido). Porém, há quem defenda a cobrança dos herdeiros que, se pagarem a multa, estão *cumprindo a pena* que não era de nenhum deles; e) *individualização da pena*: há três aspectos a considerar: a) *individualização legislativa*: o primeiro órgão estatal responsável pela individualização da pena é o Poder Legislativo, afinal, ao criar um tipo penal incriminador inédito, deve-se estabelecer a espécie de pena (detenção ou reclusão) e a faixa na qual o juiz pode mover-se (ex.: 1 a 4 anos; 2 a 8 anos; 12 a 30 anos); b) *individualização judicial*: na sentença condenatória, deve o magistrado fixar a pena concreta, escolhendo o valor cabível, entre o mínimo e o máximo, abstratamente previstos pelo legislador, além de optar pelo regime de cumprimento da pena e pelos eventuais benefícios (penas alternativas, suspensão condicional da pena etc.); c) *individualização executória*: a terceira etapa da individualização da pena se desenvolve no estágio da execução penal. Esta parte é, normalmente, desconhecida – ou mal compreendida – dos estudiosos das ciências criminais. Entretanto, faz-se a progressão de regimes; concede-se benefícios, como o livramento condicional; aplica-se a remição, abatendo-se dias de pena; emprega-se os fatores favoráveis do indulto etc.

No cenário processual penal, de maneira explícita: a) *ampla defesa*: garante-se ao sentenciado, quando houver necessidade, a mais vasta possibilidade de defesa. Imagina-se que esse princípio é cabível somente durante a instrução criminal, o que não é verdadeiro. Durante a execução da pena, em variadas oportunidades, depende o preso da ampla defesa. Ilustrando, desse princípio se utiliza quando houver a prática de uma falta grave (o sentenciado tem direito à autodefesa e à defesa técnica); quando for acusado de descumprir as regras de algum regime, estando sujeito à regressão; quando resolver reclamar de direitos negados, dentre outros; b) *contraditório*: do mesmo modo que se faz durante a instrução criminal, o direito de contrariar o que o Ministério Público alegar, na fase de execução, em prejuízo do sentenciado, é fundamental. Ao lado da *ampla defesa*, o contraditório exerce relevante papel quando o condenado for acusado de praticar falta grave (média ou leve, também) ou caso lhe seja imputada qualquer conduta desabonadora, passível de lhe retirar algum direito; c) *juiz natural e imparcial*: não é somente a instrução criminal que o réu tem direito a um juiz previamente designado por lei para julgar seu caso, agindo com total imparcialidade. Durante a execução, com muita razão, o sentenciado necessita de um magistrado *designado por lei* e que atue de modo *imparcial*. Afinal, cumprir pena é uma fase extremamente relevante, pois concretiza a sentença condenatória; d) *publicidade*: à vista do público, preserva-se a integridade do processo e a fiscalização natural em relação aos atos judiciais. Por isso, também na fase da execução penal, preserva-se a publicidade: qualquer pessoa pode consultar os autos do processo no cartório e quando houver audiência, pode-se assisti-la; e) *vedação das provas ilícitas*: durante a instrução, não se admite a introdução, no processo, de provas produzidas por meios ilícitos. De igual forma, na execução penal, não se admite a ilicitude em matéria probatória; f) *economia processual*: quer-se um processo-crime de razoável duração; a execução penal também não pode ser desprestigiada nesse ponto; a lentidão na concessão dos benefícios merecidos pelo sentenciado é um grave abuso; g) *duplo grau de jurisdição*: assegura-se ao réu o direito de reclamar ao segundo grau os prejuízos que julga ter recebido, como a sentença condenatória. Por meio do agravo em execução faz-se o mesmo, permitindo que o condenado atinja outra decisão, em segundo grau.

Esses são os principais princípios que norteiam a execução penal. Observa-se, em face deles, que o Direito de Execução Penal não possui princípios constitucionais próprios, mas se vale dos que são aceitos e utilizados pelo Direito Penal e pelo Processo Penal.

2. CONCEITO DE EXECUÇÃO PENAL

Da prática do crime nasce, para o Estado, o direito de punir (*jus puniendi*) ou, na mais estrita visão, o poder-dever de punir, respeitadas as normas regentes do devido processo legal. Como regra, a persecução penal inicia-se por meio de investigação criminal, desenvolvida no inquérito policial, sob a presidência da autoridade policial, para, após, formando a convicção acusatória (*opinio delicti*) proporcionar ao Ministério Público, nas ações públicas (ou ao ofendido, representado por advogado, nas ações privadas), o oferecimento de denúncia (ou queixa), que, recebida, permite considerar ajuizada a demanda. Havendo sentença condenatória, julgando procedente a pretensão punitiva estatal, ainda não se concretizou o poder punitivo, de modo que se ingressa na terceira fase, consistente na execução penal. Note-se que, em virtude do monopólio punitivo do Estado, nem mesmo a vítima é *autora* na fase executória. Em verdade, instaura-se de ofício, na maioria dos casos. Como preceituam os arts. 194 e 195 da Lei de Execução Penal, respectivamente: "o procedimento correspondente às situações previstas nesta Lei será judicial, desenvolvendo-se perante o Juízo da execução"; "o procedimento judicial iniciar-se-á de ofício, a requerimento do Ministério Público, do interessado, de quem o represente, de seu cônjuge, parente ou descendente, mediante proposta do Conselho Penitenciário, ou, ainda, da autoridade administrativa". Impera os princípios da obrigatoriedade e da oficialidade, corolários, nesta hipótese, do princípio da legalidade. É preciso ressaltar que a referência a *interessado* diz respeito ao condenado – e não à vítima do crime.

Portanto, a execução penal é a fase processual na qual o Estado faz valer a pretensão punitiva, agora transformada em pretensão executória, pois visa a dar cumprimento ao disposto na decisão condenatória com trânsito em julgado, buscando atingir as finalidades da pena. Não há necessidade de se realizar *nova citação* do réu, agora condenado, pois se cuida de um mero desdobramento natural e lógico do poder punitivo estatal, que teve início desde a investigação criminal, passando pela ação penal, até atingir seu ápice com a prolação da sentença condenatória. Dessa forma, a continuidade da determinação judicial, efetuada na decisão de condenação, é um procedimento obrigatório e consequencial. Nesta fase, o sentenciado não é citado para contestar ou impugnar o pedido condenatório, pois isto já foi realizado. Será *chamado* a cumprir a sanção penal. O condenado já tem plena ciência da imputação que lhe foi feita, defendeu-se, foi intimado da sentença condenatória e também teve oportunidade de recorrer, de tudo tendo ciência. Inexiste razão para citá-lo novamente, pois o poder punitivo há de se fazer presente, não se tratando de mera discricionariedade do Estado.

Exceção se faça diante da multa. Após o advento da Lei 9.268/96, houve alteração do conteúdo do art. 51 do Código Penal para a seguinte redação: "transitada em julgado a sentença condenatória, a multa será considerada dívida de valor, aplicando-se-lhes as normas da legislação relativa à dívida ativa da Fazenda Pública, inclusive no que concerne às causas interruptivas e suspensivas da prescrição". Tratou-se de uma das piores reformas já empreendidas em matéria criminal, pois terminou em conflito de competência entre juízes criminais e cíveis para saber qual juízo seria o responsável pela execução da pena pecuniária. O Superior Tribunal de Justiça decidiu pela competência cível e, atualmente, sabe-se que a maioria das multas não são cobradas, pois os procuradores da Fazenda (nacional e estadual) preocupam-se com dívidas vultosas aos cofres públicos, gerando, indiretamente, impunidade aos sentenciados somente à pena de multa. De qualquer modo, o Projeto de Lei do Senado 513/2013 (agora na Câmara: PL 9.054/2017), se aprovado, pretende trazer de volta a execução da multa à esfera criminal, algo útil e indispensável.

Em suma, transitando em julgado a decisão condenatória, a sentença se torna um título executivo judicial, passível de cumprimento obrigatório e oficial.[5]

---

[5] Convém registrar o debate, ainda não concluído, no Supremo Tribunal Federal, a respeito da viabilidade – ou não – do cumprimento da sentença condenatória, quando se tratar de pena privativa de liberdade, após o julgamento do caso por

3. NATUREZA JURÍDICA DA EXECUÇÃO PENAL

Trata-se de uma fase processual mista, admitindo-se a conjunção da atividade jurisdicional com a administrativa, em virtude das peculiaridades trazidas pela Lei de Execução Penal. Em singela leitura da referia lei, observa-se a integração entre o Judiciário e o Executivo para fazer valer o poder punitivo estatal. Os estabelecimentos penais são administrados pelo Poder Executivo (federal ou estadual), mas o andamento da execução penal é conduzido pelo Judiciário. As faltas dos presos são apuradas administrativamente, embora o juiz da execução penal tenha poder para rever eventual punição, anulando o procedimento administrativo ou simplesmente absolvendo o sentenciado. A Comissão Técnica de Classificação, responsável pelo programa individualizador da pena, faz parte do Poder Executivo e é por este composta e remunerada. Entretanto, o juiz pode requisitar a elaboração de exame criminológico, a ser efetivado por órgão do Executivo. Inúmeros outros exemplos dessa integração poderiam ser citados, mas isso será feito ao longo desta obra. Para Ada Pellegrini Grinover "a execução penal é atividade complexa, que se desenvolve, entrosadamente, nos planos jurisdicional e administrativo. Nem se desconhece que dessa atividade participam dois Poderes estatais: o Judiciário e o Executivo, por intermédio, respectivamente, dos órgãos jurisdicionais e dos estabelecimentos penais".[6] Por outro lado, parcela da doutrina enaltece o caráter eminentemente jurisdicional da execução penal no Brasil.[7]

Pontue-se, ainda, ser atividade privativa da União legislar sobre Direito Penal e Processo Penal (art. 22, I, CF). Neste cenário se encontra a Execução Penal, que, a par de seu aspecto administrativo, constitui, para o sentenciado, um misto de normas penais e processuais penais. Por isso, não se deve confundir o Direito de Execução Penal com o denominado Direito Penitenciário, cuja viabilidade legislativa foi conferida, também, ao Estado e ao Distrito Federal (art. 24, I, CF). É o que se pretende abordar no próximo tópico.

---

tribunal de 2º grau. Em apertada maioria, ocorrida em 2016, o Pretório Excelso assim decidiu, vale dizer, há viabilidade executória da decisão condenatória *antes do trânsito em julgado*. O debate não findou, pois há ações pendentes de julgamento pretendendo a alteração dessa posição. Este não é o espaço adequado para se tratar desse tema. A posição que assumimos no texto é a que decorre na Lei de Execução Penal (arts. 105, 147 e 164).

[6] Natureza jurídica da execução penal, p. 7.
[7] SIDNEI AGOSTINHO BENETI, *Execução penal*, p. 6-7; RENATO MARCÃO, *Curso de execução penal*, p. 33.

4. DIREITO DE EXECUÇÃO PENAL E DIREITO PENITENCIÁRIO

Houve época na qual a execução da pena consistia em matéria de natureza processual penal, tanto que estava inserta no Código de Processo Penal (arts. 668 a 779, excetuando os arts. 743 a 750, referentes à reabilitação, todos do Livro IV). Entretanto, não por acaso ou mera coincidência, a Reforma Penal e de Execução Penal, por meio das respectivas Leis 7.209/84 (Parte Geral do Código Penal) e 7.210/84 (Lei de Execução Penal) buscou conceder autonomia ao hoje intitulado Direito de Execução Penal. Observa-se, com nitidez, o entranhamento de regras penais e processuais penais em seu corpo de normas, só faltando, como já frisamos, um conjunto de princípios constitucionais próprios, motivo pelo qual se serve dos penais e processuais penais.

Constitui ciência autônoma, com princípios particulares, estreitando seus laços com o Direito Penal e com o Direito Processual Penal, sem com eles se confundir.[8] Note-se, inclusive, a existência, na organização judiciária, de Varas Privativas de Execução Penal, demonstrativo de seu peculiar relevo na estrutura do Poder Judiciário.

Outro passo importante é desvincular o denominado Direito Penitenciário como se fosse sinônimo de Direito de Execução Penal, pois se trata de outra subárea, com perfil próprio, mais vinculado ao campo administrativo do que jurisdicional. Envolve procedimentos de regulamentação dos estabelecimentos penais dos regimes fechado, semiaberto e aberto, de responsabilidade do Poder Executivo. Pensar de modo contrário, acreditando que Direito Penitenciário é o mesmo que Execução Penal significaria invadir seara alheia, possibilitando, inclusive, que o Estado e o Distrito Federal legisle sobre o tema, nos termos do disposto pelo art. 24, I, da Constituição Federal (*in verbis*: "compete à União, aos Estados e ao Distrito Federal legislar concorrentemente sobre: I – direito tributário, financeiro, penitenciário, econômico e urbanístico").[9]

O conflito tornar-se-ia nítido, a partir da análise do art. 22, I, também da Constituição Federal: "compete privativamente à União legislar sobre: I – direito civil, comercial, *penal, processual*, eleitoral, agrário, marítimo, aeronáutico, espacial e do trabalho" (grifamos). Ora, o Direito de Execução Penal é informado, basicamente, pela conjugação de normas penais e processuais penais, formando um corpo independente. Somente a União pode legislar

---

[8] No mesmo sentido, encontra-se a lição de MIRABETE (*Execução penal*, p. 21).
[9] Em prisma similar, MIRABETE (*Execução penal*, p. 19).

em matéria de execução penal, mas os Estados e o Distrito Federal estão autorizados, de maneira concorrente, a legislar quanto a Direito Penitenciário (ex.: estabelecendo as faltas médias e leves, por meio de lei estadual).

Se o Estado ou o Distrito Federal legislasse em matéria de Direito de Execução Penal, cuidando-se de acreditar ser ele o Direito Penitenciário, somente para argumentar, poderia ingressar em matéria penal e processual penal, de modo direto ou indireto, ferindo inúmeros princípios constitucionais dessas áreas, em particular, o da legalidade. Diante disso, partindo-se do preceituado pelo art. 87 da Lei de Execução Penal ("A penitenciária destina-se ao condenado à pena de reclusão, em regime fechado. Parágrafo único. A União Federal, os Estados, o Distrito Federal e os Territórios poderão construir Penitenciárias destinadas, exclusivamente, aos presos provisórios e condenados que estejam em regime fechado, sujeitos ao regime disciplinar diferenciado, nos termos do art. 52 desta Lei"), há importância, sem dúvida, em regulamentar o funcionamento do presídio, pois é situação influente na vida carcerária, com reflexos visíveis no campo da ressocialização do preso. Além disso, cabe-lhe disciplinar a organização e funcionamento de estabelecimentos penais dos regimes fechado, semiaberto e aberto, estabelecer normas de assistência ao preso ou ao egresso, dispor sobre os órgãos auxiliares da execução penal, entre outros temas correlatos à parte administrativa da execução. Eis o âmbito do Direito Penitenciário.

É preciso ressaltar que, mesmo assim, insistem os órgãos do Poder Executivo, como Secretarias de Estado, por exemplo, em "legislar", no campo do Direito Penitenciário, por meio de *resoluções, portarias* e outros atos administrativos. Olvida-se existir o Poder Legislativo Estadual, que nada faz para recuperar a *sua* competência de editar normas nessa subárea. Não bastasse, o Judiciário, em sua ampla maioria, acata esses atos administrativos e os aplica no campo da execução penal, por vezes, prejudicando o sentenciado, com reflexo evidente no cenário penal. Nem é de se estranhar, pois se está vivendo no Brasil atual a época na qual os Poderes de Estado parecem apreciar a *troca de competências*, um imiscuindo-se em assuntos peculiares do outro.[10]

---

[10] Temos apontado várias distorções no campo legislativo, como, por exemplo, já existir responsabilidade *penal* da pessoa jurídica pelo crime de corrupção, sob a roupagem de uma questionável *responsabilidade judicial*, bastando consultar o teor da Lei 12.846/2013 (Lei Anticorrupção). E pouquíssimos doutrinadores ousam colocar essa lei na berlinda, afinal, *combate a corrupção* e tudo o que navega nessas águas, seja constitucional ou não, é importante manter. Seriam inúmeros exemplos, demonstrando que um Poder invade a esfera de outro ou apresenta atos ou leis inconstitucionais, mas aplicados na prática judiciária. Logo,

4.1 Sentença e decisão interlocutória na execução penal

O título principal a ser executado pela Vara de Execuções Penais, ou juízo que detenha essa competência, na lei de organização judiciária, é a sentença condenatória, que aplica concretamente a pena (privativa de liberdade, restritiva de direitos e/ou multa). A bem da verdade, a competência para executar a pena de multa, por entendimento jurisprudencial do Superior Tribunal de Justiça, passou para esfera civil, por conta da alteração do art. 51 do Código Penal, nos idos de 1996. *In verbis*: "transitada em julgado a sentença condenatória, a multa será considerada dívida de valor, aplicando-se-lhes as normas da legislação relativa à dívida ativa da Fazenda Pública, inclusive no que concerne às causas interruptivas e suspensivas da prescrição (redação conferida pela Lei 9.268/96) § 1º e § 2º (revogados pela Lei 9.268/96)". O objetivo do legislador, àquela época, por razões variadas, era impedir a conversão da pena de multa em detenção, quando não fosse paga. Porém, passou-se a entender que teria havido modificação de competência para a sua execução. Na prática, o sentenciado, na maioria dos casos, tem deixado de quitar a multa e não se promove a execução no cível, pois as Varas de Execução Fiscal estão superlotadas de feitos e os procuradores da Fazenda, preocupados em dar vazão às execuções de montantes elevados, o que não guarda correspondência à realidade das multas impostas no campo penal, salvo raras situações. É uma lástima para a credibilidade e efetividade do Direito Penal, visto que se impõe uma pena e esta não é cumprida, sem qualquer consequência.[11]

Permanecendo competente para as penas privativas de liberdade e restritivas de direitos, torna-se válido salientar que o *título executivo penal* é flexível, pois respeita o princípio constitucional da individualização da pena, agora na ótica da *individualização executória*. Por isso, ilustrando, a pessoa condenada a 12 anos de reclusão, iniciando o cumprimento no regime fechado, pode trilhar vários caminhos. Caso apresente mau comportamento carcerário, é viável estacionar no regime fechado e cumprir todo o montante que lhe foi fixado. Entretanto, a maioria dos sentenciados porta-se corretamente nos estabelecimentos penais e tem direito à progressão de regime (do fechado para o semiaberto; depois, deste para o aberto), consegue, por meio de decretos

---

[11] de nada adianta o debate acerca da sua constitucionalidade, pois o que vale é a sua efetividade.

O Projeto de Lei do Senado para alterar a Lei de Execução Penal (PLS 513/2013), agora na Câmara dos Deputados (PL 9.054/2017), se aprovado, retorna a competência para cobrar a multa à esfera criminal.

de indulto e comutação, o perdão parcial ou total da pena, bem como aufere o desconto na pena, por meio da remição, por força do trabalho ou estudo. Diante disso, aqueles 12 anos cairão para montantes inferiores e a liberdade se concretizará igualmente em período abaixo do *quantum* original da pena. Há que se ressaltar a possibilidade de quem esteja em gozo de um regime mais favorável, ao cometer falta grave, ser regredido a um regime mais severo. O mesmo se diga de quem obteve o desconto, por meio da remição, cometendo falta grave, receber, de volta, uma certa quantidade de pena.

No cenário da execução penal, move-se o magistrado por intermédio de decisões interlocutórias, sujeitas à preclusão formal (se não houver recurso, transita em julgado para o efeito de ser cumprida), mas incapazes, em muitas hipóteses, de gerar coisa julgada material (decisão definitiva, sem mais qualquer recurso). Ilustrando: a) a concessão de progressão do regime fechado ao semiaberto é tomada por decisão interlocutória; promovido ao semiaberto e cometendo falta grave, pode o sentenciado ser *regredido* ao fechado por outra decisão interlocutória; após algum tempo, pode o condenado ser outra vez promovido ao semiaberto. Observa-se a sucessão de decisões interlocutórias, sem o caráter definitivo. Entretanto, se o juiz julgar extinta a punibilidade, reconhecendo o cumprimento da pena, a decisão tem natureza de sentença, colocando fim ao processo de execução, embora, para o cenário da Lei 7.210/84 seja impugnável pela via do agravo, logo, tratada como se interlocutória fosse. Inexiste apelação na execução penal.

Em suma, a execução penal toma por base a sentença penal condenatória; movimenta-se por meio de sucessivas decisões interlocutórias e finaliza com uma decisão interlocutória mista, que põe fim ao processo de execução. A finalidade é atingir a ressocialização do condenado (cumprimento da pena) ou a cura do inimputável (cumprimento de medida de segurança).

4.2 Jurisdição e competência

A *jurisdição* é o poder de aplicar o Direito ao caso concreto, regulando e compondo conflitos. A *competência* é o limite imposto à jurisdição de cada membro do Poder Judiciário. Entretanto, para fins didáticos, costuma-se apontar como *ordinária* a jurisdição[12] *comum*, vale dizer, residual, em comparação com as chamadas *especiais*, por disciplinar matéria peculiar, estampada,

---

[12] Poderíamos mencionar *competência* comum e especial; porém, didaticamente, cita-se *jurisdição* comum e especial. Embora, estritamente falando, está-se tratando de competência comum e especial.

expressamente, em lei. Na área penal, são especiais as *jurisdições militar* e *eleitoral*. Portanto, o mais é *comum*, abrangendo tanto a esfera federal quanto a estadual. Pode-se argumentar que, em face da especialidade do art. 109 da Constituição Federal, estabelecendo a competência da Justiça Federal, esta é especial em relação à Justiça Estadual, verdadeiramente residual.

A execução penal é matéria *comum*, podendo ser atribuída a um juiz federal (se o presídio onde se encontrar o condenado for administrado pela União) ou a um juiz estadual (caso o estabelecimento penal seja administrado pelo Estado). Nessa ótica, encontra-se o teor da Súmula 192 do STJ: "compete ao Juízo das Execuções Penais do Estado a execução das penas impostas a sentenciados pela Justiça Federal, Militar ou Eleitoral, quando recolhidos a estabelecimentos sujeitos à administração estadual". Por via de consequência, compete ao juiz federal a execução de penas impostas pela Justiça Estadual, se os condenados estiverem recolhidos em presídios sujeitos à administração federal. Registre-se o disposto no art. 3º da Lei 8.072/90 (Lei dos Crimes Hediondos): "a União manterá estabelecimentos penais, de segurança máxima, destinados ao cumprimento de penas impostas a condenados de alta periculosidade, cuja permanência em presídios estaduais ponha em risco a ordem ou incolumidade pública". Por outro lado, quando se cuidar de pena restritiva de direitos, cada esfera – federal e estadual – executa a pena imposta por seu juízo.

5. EXECUÇÃO PROVISÓRIA DA PENA

Houve uma época em que o trânsito em julgado, na maioria dos Tribunais do país, demorava muitos anos para se concretizar.[13] Em face dessa situação, recorrer da sentença de primeiro grau era um desafio, pois poderiam surgir hipóteses contraditórias e paradoxais. Ilustrando, um dos primeiros casos onde se aplicou a execução provisória da pena ocorreu com uma mulher condenada por homicídio à pena de dez anos de reclusão, em regime inicial fechado.[14] Primária e sem antecedentes até o cometimento desse crime, ela recorreu da decisão tomada pelo Tribunal do Júri. Após uns dois anos, o Tribunal de Justiça de São Paulo negou provimento à apelação. A sua defesa

---

[13] Atualmente, ainda há lentidão, sem dúvida. No entanto, adotando-se a execução provisória da pena, o problema foi atenuado, como explicaremos no texto.

[14] Este caso ocorreu na 1ª Vara da Comarca de Itapeva, onde atuávamos como juiz titular à época (1989-1990). Infelizmente, não possuímos os dados do processo criminal, mas guardamos a lembrança do que houve.

ingressou com recurso especial e com recurso extraordinário. Três anos depois, o caso não tinha sido definitivamente julgado, encontrando-se o agravo de despacho denegatório de recurso extraordinário tramitando no STF. Há cinco anos presa, em regime fechado, a sentenciada pleiteou ao juiz da execução penal a progressão para o semiaberto. O magistrado indeferiu, alegando não ter transitado em julgado a condenação; logo, executar a pena, promovendo a sentenciada de regime, seria infração ao princípio constitucional da presunção de inocência. Noutros termos, por ser considerada presa provisória e inocente *até o trânsito em julgado*, ela deveria ficar no fechado. Ingressando com *habeas corpus*, o Tribunal de Justiça concedeu a ordem, determinando a sua progressão *provisória*. Foi uma das pioneiras decisões nesse sentido e outras se sucederam até que, em 1999, o Conselho Superior da Magistratura de S. Paulo disciplinou o tema por meio do Provimento 653/99,[15] determinando a expedição de guia de recolhimento *provisória*, pelo juiz da condenação ao juiz da execução, para que este pudesse decidir pela progressão *provisória*. Cuidando-se de decisão de caráter jurisdicional (a progressão), o Tribunal de S. Paulo não ordenou ao juiz da execução que concedesse benefícios provisórios aos presos condenados, cujos recursos estivessem tramitando em nível superior, o que seria um contrassenso. Em nível administrativo, evitando conflitos de competência entre o juiz da condenação e da execução, nos termos da Lei de Organização Judiciário do Estado de S. Paulo, disciplinou a competência e determinou o processamento da guia de recolhimento provisória. A decisão de conceder – ou não – benefícios seria do magistrado da execução criminal.

O direito à execução provisória da pena – exclusivamente, para réus presos, que apresentassem recurso – constituiu um nítido benefício, de modo que não se poderia invocar o princípio da presunção de inocência para *prejudicar* o acusado. Os direitos e garantias humanas fundamentais são escudos protetores do indivíduo contra abusos do Estado. Consolidou-se a jurisprudência nesse sentido, de modo que, em 2003, o Supremo Tribunal Federal chancelou o tema, editando as Súmulas 716 ("Admite-se a progressão de regime de cumprimento da pena ou a aplicação imediata de regime menos severo nela determinada, antes do trânsito em julgado da sentença condenatória") e 717 ("Não impede a progressão de regime de execução da pena, fixada em sentença não transitada em julgado, o fato de o réu se encontrar

---

[15] Participamos da elaboração do referido Provimento, pois, nessa ocasião, exercíamos a função de Assessor da 1ª Vice-Presidência do Tribunal de Justiça de S. Paulo.

em prisão especial"). Posteriormente, o Conselho Nacional da Justiça editou Resolução, disciplinando a expedição da guia de recolhimento provisória.

No princípio da execução provisória da pena, havia o entendimento de que esta somente seria viável, caso o Ministério Público não ingressasse com recurso para elevar a pena do réu, pois, nesta hipótese, já existiria um teto máximo para a sanção. Entretanto, essa posição não perdurou. Como mencionamos anteriormente, o título executivo, constituído pela sentença condenatória, é flexível, permitindo a progressão, assim como a regressão, no cumprimento da pena. Nada impede que, havendo recurso provido do Ministério Público, elevando o Tribunal a sanção imposta ao acusado, alterando o regime ou outra posição desfavorável, reveja-se de pronto o seu status na execução penal. Se ele pode progredir provisoriamente, também é cabível a regressão, quando for o caso.

5.1 Execução provisória e prisão especial

Embora tenha sido editada a Súmula 717 do STF, permitindo a execução provisória da pena a quem estiver em prisão especial, discordamos desse entendimento. Afinal, a referida *prisão especial*, prevista pelo art. 295 do Código de Processo Penal, é uma exceção, de indisfarçável desigualdade entre brasileiros. Se os beneficiários dessa espécie de prisão, inseridos em lugares diferenciados, puderem progredir e receber outros favores da execução penal, jamais enfrentarão as consequências de seus atos, em processo de ressocialização nos regimes fechado, semiaberto ou aberto, como outros condenados comuns.

Ilustrando, determinado indivíduo, por ter curso superior, em prisão preventiva, é inserido em lugar apropriado, separado dos demais presos. Encontra-se, já, usufruindo de benefício conhecido como *prisão especial*. Pode-se argumentar que essa modalidade de prisão espelha um regime fechado, embora nem sempre guarde correlação com o autêntico sistema fechado. Sendo-lhe viável progredir para o semiaberto, sem se deslocar da prisão especial e, na sequência, ao aberto, observa-se que poderá atingir a liberdade sem nunca ter cumprido, de modo efetivo, a sua pena – como outros sentenciados experimentam.

5.2 Execução provisória da medida de segurança

Essa situação somente seria viável se o réu for internado provisoriamente, nos termos previstos pelo art. 319, VII, do Código de Processo Penal. Desse modo, enquanto o processo-crime tramita, ele se encontra em tratamento. Caso obtenha melhora na sua saúde mental, torna-se possível aplicar-se a desinternação progressiva, passando-o a tratamento ambulatorial; ou, até mesmo, liberá-lo por completo, desde que atingida a cura. Afinal, a finalidade da medida de segurança é justamente curar a enfermidade mental, se isto for atingível.

6. FINALIDADES DA PENA

A execução penal tem a função de tornar efetiva a pena aplicada ao criminoso pela sentença condenatória. Resta, então, o debate acerca das finalidades da sanção penal. Há muito sustentamos[16] que a pena possui funções variadas e comuns, não excludentes, no campo da retribuição e da prevenção.

Em primeiro lugar, por mais que parcela da doutrina insista ter havido superação da finalidade retributiva da pena, em nome do Estado Democrático de Direito, essa versão não condiz com a realidade. A pena é um mal; fosse um benefício, incentivaria a prática de delitos. Considerando-se haver um sofrimento natural do ser humano em face do cumprimento da sanção penal, torna-se supérfluo negar o seu caráter retributivo. Ademais, a partir da fase histórica na qual o Estado assumiu o monopólio punitivo, evitando – ou buscando fazê-lo – a vingança privada, transformou-se no arauto da sociedade. As pessoas leigas, em particular, estão longe de visualizar na pena um aspecto exclusivamente abstrato ou até mesmo idealista: reeducar ou instruir; aliás, há de se considerar a existência de sentenciados indispostos à referida ressocialização, assim como não são poucos os que não se intimidam diante da aplicação da pena, permanecendo atuantes na órbita criminosa. Enfim, *retribuir* é o mesmo que aplicar um mal a quem praticou o malefício do delito. Nada existe de antidemocrático nisso; ao contrário, por meio do devido processo legal, o Estado materializa uma sanção prevista na Constituição Federal (art. 5º, XLVI), que não se pode considerar cruel (art. 5º, XLVII).

A faceta retributiva da pena encontra ressonância no art. 59 do Código Penal: "o juiz, atendendo à culpabilidade, aos antecedentes, à conduta social, à personalidade do agente, aos motivos, às circunstâncias e consequências do crime, bem como ao comportamento da vítima, estabelecerá, conforme seja *necessário* e *suficiente* para *reprovação* e prevenção do crime: I – as penas aplicáveis dentre as cominadas; II – a quantidade de pena aplicável, dentro dos limites previstos; III – o regime inicial de cumprimento da pena privativa de liberdade; IV – a substituição da pena privativa de liberdade aplicada, por outra espécie de pena, se cabível" (grifamos).

---

[16] Nossa obra *Individualização da pena*.

Deve-se mencionar, ainda, o disposto no art. 121, § 5º, do Código Penal, salientando ser possível ao juiz aplicar o perdão judicial, quando as consequências da infração atingirem o próprio agente de maneira *tão grave* que a sanção penal se torne *desnecessária*, evidenciando o caráter punitivo--retributivo da pena. Aliás, na origem do termo, que vem do grego "poine", pena significa vingança, ódio, ou ainda, nas palavras de ANA MESSUTI "a retribuição destinada a compensar um crime, a expiação de sangue".[17]

Sob o aspecto preventivo, pode-se apontar dois lados: a) *geral*, subdividido noutros dois: a.1) *preventivo positivo*: a aplicação da pena tem por finalidade reafirmar à sociedade a existência e força do Direito Penal; a.2) *preventivo negativo*: a pena concretizada fortalece o poder intimidativo estatal, representando alerta a toda a sociedade, destinatária da norma penal; b) *especial*, também se subdivide em dois aspectos: b.1) *preventivo positivo*: é o caráter reeducativo e ressocializador da pena, buscando preparar o condenado para uma nova vida, respeitando as regras impostas pelo ordenamento jurídico. Nessa esteira, a Lei de Execução Penal preceitua: "a assistência ao preso e ao internado é dever do Estado, objetivando *prevenir* o crime e *orientar o retorno à convivência* em sociedade" (art. 10, *caput*, com grifo nosso). Ademais, o art. 22 da mesma Lei dispõe: "assistência social tem por finalidade amparar o preso e o internado e *prepará-los para o retorno à liberdade*" (art. 22, com grifo nosso); b.2) *preventivo negativo*: significa voltar-se a pena igualmente à intimidação do autor da infração penal para que não torne a agir do mesmo modo, além de, conforme o caso, afastá-lo do convívio social, garantia maior de não tornar a delinquir, ao menos enquanto estiver segregado. São as finalidades multifacetadas da pena.

Em particular, destaca-se na execução da pena o lado preventivo individual positivo: a reeducação ou ressocialização do condenado. Eis a razão de haver um sistema progressivo em relação aos regimes de cumprimento da pena privativa de liberdade (fechado, semiaberto e aberto); garantir-se, por lei, o trabalho e o estudo do preso, inclusive beneficiando-o com a remição da pena; assegurar-se indulto e comutação; afirmar-se a viabilidade de suspender a pena em regime prisional, aplicando-se a suspensão condicional da pena ou o livramento condicional; ratificar-se o entendimento de que as penas restritivas de direitos podem e devem, quando preenchidos os requisitos, substituir as privativas de liberdade, dentre vários outros institutos pautados no mesmo diapasão.

---

[17] *El tiempo como pena*, p. 15.

REFERÊNCIAS

AVENA, Norberto. *Execução penal – esquematizado*. 3. ed. São Paulo: Método, 2016.

BARROS, Carmen Silvia de Moraes. *A individualização da pena na execução penal*. São Paulo: Ed. RT, 2001.

BASTOS, Celso Ribeiro. *Curso de direito constitucional*. 18. ed. São Paulo: Saraiva, 1997.

_____; MARTINS, Ives Gandra. *Comentários à Constituição do Brasil*. São Paulo: Saraiva, 1988. v. 1.

BENETI, Sidnei Agostinho. *Execução penal*. São Paulo: Saraiva, 1996.

COSTA, Álvaro Mayrink da. *Execução penal*. Rio de Janeiro: GZ Editora, 2016.

GRINOVER, Ada Pellegrini. Natureza jurídica da execução penal. In: GRINOVER, Ada Pellegrini; BUSANA, Dante (coord.). *Execução penal*. São Paulo: Max Limonad, 1987.

MARCÃO, Renato. *Curso de execução penal*. 12. ed. São Paulo: Saraiva, 2014.

MARTINS, Ives Gandra; BASTOS, Celso Ribeiro. *Comentários à Constituição do Brasil*. São Paulo: Saraiva, 1988. v. 1.

MESSUTI, Ana. *El tiempo como pena*. Buenos Aires: Campomanes, 2001.

MIRABETE, Julio Fabbrini. *Execução penal*. São Paulo: Atlas, 1996.

MORAES, Alexandre de. *Direito constitucional*. 7. ed. São Paulo: Atlas, 2000.

NERY, Rosa Maria de Andrade; NERY JUNIOR, Nelson. *Constituição Federal comentada e legislação constitucional*. São Paulo: RT, 2006.

NUCCI, Guilherme de Souza. *Código de Processo Penal comentado*. 17. ed. Rio de Janeiro: Forense, 2018.

_____. *Curso de direito penal*. 3. ed. Rio de Janeiro: Forense, 2019. v. 1 a 3.

_____. *Curso de direito processual penal*. Rio de Janeiro: Forense, 2018.

_____. *Direitos humanos* versus *segurança pública*. Rio de Janeiro: Forense, 2016.

_____. *Execução Penal no Brasil – Estudos e Reflexões*. Rio de Janeiro: Forense, 2019.

_____. *Individualização da pena*. 7. ed. Rio de Janeiro: Forense, 2015.

_____. *Leis penais e processuais penais comentadas*. 11. ed. Rio de Janeiro: Forense, 2018. v. 2.

_____. *Manual de direito penal*. 14. ed. Rio de Janeiro: Forense, 2018.

_____. *Princípios constitucionais penais e processuais penais*. 4. ed. Rio de Janeiro: Forense, 2015.

NUNES, Adeildo. *Comentários à Lei de Execução Penal*. Rio de Janeiro: Forense, 2016.

ROSA, Antonio José Miguel Feu. *Execução penal*. São Paulo: Ed. RT, 1995.

SILVA, José Afonso da. *Comentário contextual à Constituição*. 4. ed. São Paulo: Malheiros, 2007.

TUCCI, Rogério Lauria. *Direitos e garantias individuais no processo penal brasileiro*. São Paulo: Saraiva, 1993.

2

A IMPORTÂNCIA E AS ATRIBUIÇÕES DA COMISSÃO TÉCNICA DE CLASSIFICAÇÃO NAS EXECUÇÕES PENAIS

RAFAEL BARONE ZIMMARO
Mestre em Direito Penal pela PUC-SP. Diplomado em Direitos Humanos Internacionais pela PUC-SP. Graduado em Direito pela PUC-SP. Supervisor Acadêmico no curso de pós-graduação em Penal e Processo Penal aplicados pela Escola Brasileira de Direito. Professor de Direito Penal nos cursos de graduação e pós-graduação da Escola Paulista de Direito. Membro do Núcleo de Ciências Criminais da PUC-SP. Assistente jurídico na Seção Criminal do Tribunal de Justiça de São Paulo.

Resumo: O presente capítulo tem como escopo tratar da Comissão Técnica de Classificação, suas atribuições e contribuições para a seara das Execuções Penais, sobretudo seu valioso papel sob a forma de ferramenta à formação do juízo de convicção pelo magistrado, em especial no que tange ao processo de individualização executória das sanções penais, bem como as alterações vislumbradas pelos Projetos de Lei 513/2013 e 9.054/2017, atualmente em trâmite perante o Congresso Nacional.

Palavras-chave: Comissão Técnica de Classificação. Execuções penais. Sentença penal. Classificação. Programa individualizador. Exame criminológico. Cessação de periculosidade. Projetos de Lei 513/2013 e 9.054/2017.

Abstract: The purpose of this chapter is to deal with the Technical Classification Committee, its attributions and contributions to the field of Brazilian Criminal Enforcement, especially its valuable role in the form of a tool for conviction by the magistrate, especially with regard to the process of enforcement of criminal penalties, as well as the changes envisaged by Draft Bills nos. 513/2013 and 9.054/2017, currently being processed before the National Congress.

Keywords: Technical Commission of Classification. Criminal enforcement. Criminal sentence. Classification. Individualizing program. Criminological examination. Cessation of hazard. Draft Bills 513/2013 and 9.054/2017.

Sumário: 1. Introdução – 2. Composição – 3. Atribuições: 3.1 Exame de classificação; 3.2 Programa individualizador; 3.3 Exame criminológico; 3.4 Exame de cessação de periculosidade – 4. Conclusão – Referências.

1. INTRODUÇÃO

A Execução Penal é ramo autônomo do Direito[1], desenvolvido mediante a atividade conjunta dos Poderes Judiciário e Executivo, cujo objetivo é concretizar a sanção penal (pena ou medida de segurança) imposta em título judicial que, ao seu turno, decorre da prolação de édito condenatório ou absolutório impróprio, proferido em face do sentenciado.

De plano, oportuno consignar que, diferentemente dos demais títulos judiciais, a sentença penal possui caráter mutável, pois, tendo como objeto de cumprimento a pessoa do sentenciado, pode sofrer alterações de ordens quantitativa e qualitativa, tudo a depender da forma como resgatada por aquele que esteja submetido[2].

É certo que, embora fixada em espécie e *quantum* previamente determinados por sentença, a sanção penal não é título estanque e, ao revés, ao longo da execução, pode passar por diversas mutações, como a redução de tempo, em razão de remição e indulto, alteração de regime, em decorrência de progressão ou regressão, antecipação de liberdade, por ocasião de livramento condicional, modificação da forma de tratamento terapêutico, em virtude

---

[1] Nesse sentido, já anuncia a Exposição de Motivos, em seu item 12, que "o Projeto reconhece o caráter material de muitas de suas normas. Não sendo, porém, regulamento penitenciário ou estatuto do presidiário, avoca todo o complexo de princípios e regras que delimitam e jurisdicionalizam a execução das medidas de reação criminal. A execução das penas e das medidas de segurança deixa de ser um Livro do Código de Processo para ingressar nos costumes jurídicos do País com a autonomia inerente à dignidade de um novo ramo jurídico: o Direito de Execução Penal".

[2] Eis a lição de Fragoso: "No crime não se julgam relações jurídicas, como no cível, mas pessoas, quase sempre em situações dramáticas de sua existência, exigindo do magistrado uma capacidade de análise e consideração do caso concreto e da correspondente aplicação do sistema normativo, em que sua contribuição criadora é indispensável" (Livramento condicional. *RT*, São Paulo: Revista dos Tribunais, 455/299, set. 1973).

da desinternação progressiva conferida aos inimputáveis e semi-imputáveis com periculosidade amainada, dentre outras hipóteses de readequação de seu cumprimento.

Muito embora seja incumbência do Poder Executivo propiciar a estrutura e os mecanismos necessários ao cumprimento da sentença penal, cabe ao Poder Judiciário fiscalizar sua execução, mediante a análise de todos os pleitos formulados, não só pelo próprio executado, mas pelos demais órgãos da execução, fator que reforça tratar de atividade jurisdicional, mais especificamente, atinente ao Juízo das Execuções Penais, nos exatos moldes do disciplinado pelo art. 66 da Lei de Execução Penal.

Justamente sob tal viés, as contribuições provenientes das atividades desempenhadas pela Comissão Técnica de Classificação se revelam deveras pertinentes e producentes, conferindo maior número de elementos e disponibilizando análises técnicas acerca do quadro evolutivo do sentenciado que, devidamente cotejados, *in concreto*, fornecem subsídios mormente aptos a alicerçar a adoção da mais acertada decisão pelo magistrado.

2. COMPOSIÇÃO

A Comissão Técnica de Classificação tem sua composição definida pelo art. 7º da Lei de Execução Penal, o qual prevê a participação do diretor do estabelecimento penal, dois chefes de serviço (funcionários que acompanham o cotidiano do sentenciado), além de psicólogo, psiquiatra e assistente social, os quais igualmente integram os quadros da referida unidade.

Da forma como constituída, a equipe ostenta nítida essência multidisciplinar, ou seja, conta com a participação de diferentes profissionais, cada qual pertencente a uma distinta área técnica de atuação.

Por razões óbvias, a Comissão é presidida pelo diretor do estabelecimento penal, ao qual compete zelar pela ordem, disciplina e integridade física de todos os sentenciados e demais servidores sob o seu comando. É a autoridade máxima no interior da unidade, imbuído da instauração e tramitação dos processos administrativos de sindicância, tendo autonomia, inclusive, para aplicar sanções (advertência, repreensão, isolamento e suspensão de direitos, conforme preceitua o art. 54 da LEP), decorrentes do reconhecimento de faltas médias e leves.

Ao seu turno, os chefes de serviço são funcionários que exercem atividades no estabelecimento penal e acompanham, de maneira mais detida, o cotidiano do reeducando durante a execução de sua sanção. Geralmente, figuram sob essa denominação o *supervisor do centro de segurança e disciplina*, responsável por fiscalizar o respeito às regras internas, eventuais transgressões, além da integração entre os sentenciados, bem como o *supervisor do centro de trabalho e educação*, responsável por coordenar as atividades laborterápicas e acadêmicas desempenhadas na unidade[3].

Por sua vez, o psiquiatra é o profissional da área médica, incumbido de análises atinentes à higidez mental dos sentenciados, apurando a presença de possíveis transtornos, patológicos ou não, capazes de afetar as capacidades intelectiva ou volitiva destes[4]. Como tal, o psiquiatra possui papel de importante relevância quanto à avaliação da periculosidade dos internos, uma vez capacitado ao exercício do juízo de prognose, no que tange aos possíveis riscos de reiteração delitiva.

Na mesma esteira, o psicólogo exerce função curial na análise do quadro evolutivo dos sentenciados, aferindo a presença de elementos indicativos de assimilação da terapêutica penal, como a maturação de sua consciência face aos atos delitivos perpetrados, a introjeção de valores éticos e morais, o desenvolvimento de mecanismos contensores de impulsos delitivos, a presença de eventual arrependimento, dentre outros fatores, capazes de demonstrar os efeitos que a execução vem surtindo ao reeducando[5].

Por fim, o assistente social reforça a análise da repercussão do resgate da sentença pelo sujeito, avaliando, dentro de sua trajetória de vida, os efeitos decorrentes da privação de liberdade, a preservação de vínculos afetivos externos, a presença de perspectivas futuras e, em caso positivo, se condizentes

---

[3] Conferir também: "Ao prever a participação de 'no mínimo' dois chefes de serviço, cria-se oportunidade para que a equipe se infiltre construtivamente em todo o presídio. Fortalece-se o diálogo entre técnicos e demais profissionais, incluídos ali, com especial destaque, os de segurança (particularmente, os agentes de segurança), mas também os da educação e da laborterapia. Isto enriquece sobremaneira o conhecimento e o trabalho de todos" (SÁ, Alvino Augusto; ALVES, Jamil Chaim. Dos pareceres da Comissão Técnica de Classificação na Individualização Executória da Pena: uma revisão interdisciplinar. *Boletim IBCCRIM*, São Paulo, ano 17, n. 201, 2009).

[4] "O exame 'psiquiátrico' seria um exame clínico, entrevista, aplicação de testes e eletroencefalograma, direcionados à avaliação do temperamento, sensibilidade, regularidade de ritmo, excitabilidade, estabilidade muscular e emocional" (BRITO, Alexis Couto de. *Execução penal*. 3. ed. São Paulo: Revista dos Tribunais, 2013. p. 68).

[5] "O exame 'psicológico' consistiria em testes de inteligência, personalidade e orientação profissional" (BRITO, Alexis Couto de. Op. cit.).

ou não com seu *status*, portanto, elementos concretos da realidade social vivenciada pelo reeducando[6].

Conforme se denota, em vista da multidisciplinariedade, a Comissão Técnica de Classificação examina o sentenciado sob distintos prismas, munindo o magistrado de elementos que elucidem a forma como o título penal vem sendo resgatado, fornecendo-lhe panorama integrado, que propicia proximidade, mais detida, da realidade do reeducando.

Não obstante a evidente importância de todos os citados profissionais integrantes da equipe multidisciplinar, o Projeto 9.054/2017 – atualmente em trâmite perante o Congresso Nacional, que visa à reforma da LEP –, dentre as alterações sugeridas, optou por excluir os psiquiatras, deixou de exigir a presença dos psicólogos e possibilitou a substituição do assistente social por outro funcionário.

Analisando o teor integral do texto sob discussão[7], observa-se que, em comparação com a redação atualmente vigente, do art. 7º da Lei de Execução, dos seis integrantes que hoje compõem a equipe multidisciplinar, o projeto mantém a participação obrigatória de apenas três, os quais sejam, o diretor da unidade, o chefe de segurança e o assistente social que, ao seu turno, ainda pode ser substituído pelo chefe dos setores de educação, trabalho ou saúde.

Ademais, a atuação do psicólogo se restringe tão somente aos casos em que esse profissional fizer parte dos quadros do estabelecimento penal, portanto, deixando de ser obrigatória para todas as demais situações. Como tal, sua presença assume caráter nitidamente subsidiário, inclusive, abrindo-se precedente para que, no futuro, nem mais seja contratado pela Administração Penitenciária.

Não fosse isso, a participação do psiquiatra restou integralmente rechaçada, pelo teor do dispositivo, o qual sequer faz menção à existência deste profissional como integrante da equipe. Aliás, nesse caso, em específico, o projeto apenas formaliza a insólita realidade da maior parcela dos estabelecimentos

---

[6] "A 'investigação social' coletaria os dados que indiquem sob o ponto de vista individual, familiar e social, sua condição econômica, sua atitude e estado de ânimo antes e depois do crime e durante ele, e quaisquer outros elementos que contribuírem para a apreciação do seu temperamento e caráter" (BRITO, Alexis Couto de. Op. cit.).

[7] "Art. 7º No caso de condenado a pena privativa de liberdade, a Comissão Técnica de Classificação, existente em cada estabelecimento, será presidida pelo diretor e composta, no mínimo, pelo chefe ou por integrante dos setores de educação, saúde, trabalho e serviço social, e por psicólogo, este quando houver".

penais, os quais já padecem com a escassez de médicos, em geral, em vista das condições de trabalho e da remuneração desproporcional[8].

Malgrado a reforma possa ter como premissa a redução de despesas, tal objetivo poderia, à evidência, ser alcançado por outros meios, inclusive, mormente eficazes – como o empreendimento de esforços para cobrar o adimplemento das penas de multa pelos condenados[9], além do desenvolvimento de políticas voltadas ao aproveitamento das verbas arrecadadas pelo Fundo Penitenciário Nacional[10], dentre outras –, reforçando tratar-se de medida injustificável e desmedida que, em verdade, não surtirá quaisquer efeitos práticos positivos.

A exclusão ou restrição da participação destes profissionais afetará, severamente, a qualidade técnica das tarefas desempenhadas e, sobretudo,

---

[8] "Faltam médicos nos presídios de SP; prisões têm 41 mortes por mês. Entre janeiro de 2014 e junho de 2017, 1.728 detentos morreram em unidades prisionais do Estado de São Paulo. Os dados, da SAP (Secretaria da Administração Penitenciária), foram obtidos pela reportagem do UOL através da Lei de Acesso à Informação. Eles apontam para uma média de 41 mortes por mês no sistema penitenciário paulista nos últimos três anos e meio" (ADORNO, Luís. Uol Notícias. Disponível em: <https://noticias.uol.com.br/cotidiano/ultimas-noticias/2017/09/01/em-media-41-presos-morrem-sob-a-custodia-do-estado-de-sp.htm>. Acesso em: 28 abr. 2018).

[9] Lamentavelmente, considerável parcela da jurisprudência segue em sentido contrário, admitindo, inclusive, a extinção de punibilidade das penas de multa inadimplidas, o que soa como mais um desincentivo ao pagamento pelo condenado. Nesse sentido, conferir: "Agravo regimental em agravo regimental em recurso especial. Penal. Cumprimento integral da pena privativa de liberdade. Inadimplemento da pena de multa. Extinção da punibilidade. Possibilidade. Entendimento firmado no julgamento do REsp n. 1.519.777/SP (representativo da controvérsia). Análise. Matéria constitucional. Via inadequada. 1. É devida a extinção da punibilidade nos casos em que haja o cumprimento da pena privativa de liberdade, porém pendente o pagamento da multa penal, pois este foi o entendimento firmado pela Terceira Seção desta Corte Superior no julgamento do REsp n. 1.519.777/SP, decidido sob o rito dos recursos repetitivos. 2. Em recurso especial, via destinada ao debate do direito federal, é inviável a análise da alegação de ofensa à matéria constitucional, ainda que para fins de prequestionamento. 3. Agravo regimental improvido" (STJ, AgRg no AgRg no REsp 1.644.988/SP, 6ª Turma, Rel. Sebastião Reis Júnior, 13.06.2017, v.u.).

[10] Só no ano de 2011 o FUNPEN arrecadou R$ 393 milhões, conforme informação disponibilizada no site oficial do Governo Federal. Disponível em: <http://www.brasil.gov.br/cidadania-e-justica/2012/03/fundo-penitenciario-nacional-bate--recorde-de-arrecadacao-em-2011>. Acesso em: 28 abr. 2018).

reveste-se de latente contradição, posto comprometer a função interdisciplinar, própria da equipe.

Conforme já mencionado, o papel de maior destaque na atuação da Comissão se deve ao caráter integrado, multifacetado e polivalente, decorrente das distintas avaliações realizadas através dos conhecimentos respectivos, de cada um dos *experts* que a compõe.

Destarte, a abrupta supressão destes integrantes configura patente infortúnio, pois somente ensejará o nefasto empobrecimento das colaborações prestadas pela equipe, em vista do inevitável reducionismo de sua capacidade funcional e, em última análise, acabará por extirpar o caráter multidisciplinar, inerente à sua própria existência.

Em síntese, a preservação da atual composição da Comissão Técnica de Classificação é medida salutar à manutenção de sua subsistência, cuja natureza e destinação se estribam na presença concomitante, também, de psiquiatra, psicólogo e assistente social, inexistindo justificativa plausível para que sejam descartados[11], razão pela qual, neste ponto, anseia-se pela não aprovação do suscitado projeto.

3. ATRIBUIÇÕES

Além da função classificatória, responsável por originar sua denominação, a Comissão Técnica de Classificação possui outras importantes atribuições (como o programa individualizador e os exames criminológico e de cessação da periculosidade), específicas e singulares, desenvolvidas em etapas,

---

[11] Sobre a composição, oportuno conferir: "Execução penal. *Habeas corpus* impetrado em substituição a recurso próprio. Acórdão que cassa a decisão concessiva da progressão de regime e a condiciona à realização de exame criminológico. Possibilidade. Fundamentação idônea. Art. 7º da Lei de Execução Penal. Comissão Técnica de Classificação. Composição. Ausência de psicólogo e assistente social. Nulidade do laudo. Determinação de realização de novo parecer. Constrangimento ilegal não caracterizado. *Habeas corpus* não conhecido. Tendo sido o laudo criminológico realizado apenas por um perito psiquiatra, deixando o apenado de ser avaliado por um psicólogo e por um assistente social, ao arrepio do que recomenda o art. 7º da Lei de Execução Penal, pode o Juiz de primeiro grau determinar a realização de um novo parecer. Não ocorrência de constrangimento ilegal, tendo em vista que a exigência do exame criminológico foi devidamente fundamentada pelo Tribunal de origem. *Habeas corpus* não conhecido" (STJ, HC 329.160/SP, 5ª Turma, Rel. Ribeiro Dantas, 03.05.2016, v.u.).

cuja somatória permite a formação do quadro evolutivo do sentenciado[12], no decorrer de toda a sua trajetória perante as execuções penais.

Ab initio, especificamente em relação ao exame criminológico, faz-se mister ressaltar que, originalmente, não se trata de incumbência própria da Comissão Técnica de Classificação, mas apenas de parte dos profissionais que a compõe, os quais sejam o psiquiatra, o psicólogo e o assistente social[13], ao seu turno, integrantes do denominado Centro de Observação. Nesse passo, dispõe o art. 96 da Lei de Execução Penal, que *no Centro de Observação realizar-se-ão os exames gerais e o criminológico, cujos resultados serão encaminhados à Comissão Técnica de Classificação*.

Conforme se denota, a intenção incialmente vislumbrada pelo legislador seguia no sentido de que, o exame criminológico seria confeccionado no Centro de Observação, exclusivamente pelo psiquiatra, psicólogo e assistente social, mediante entrevistas pessoais e pareceres técnicos, emitidos de forma autônoma por cada um desses profissionais. Ato contínuo, todos os membros da equipe multidisciplinar se reuniriam e, em posse do exame, emitiriam conclusão conjunta a ser encaminhada ao magistrado, ocasião em que, de acordo com a antiga redação do art. 6º da Lei de Execução, deveriam *propor, à autoridade competente, as progressões e regressões dos regimes, bem como as conversões*.

Diante do quadro, depreende-se que o exame criminológico e o parecer da Comissão Técnica de Classificação são providências distintas, inclusive elaboradas por grupos de profissionais em diferentes números, servindo o primeiro de suporte ao segundo.

Não por menos, o item 119 da Exposição de Motivos, em harmonia com a redação anterior, do parágrafo único, do art. 112 da Lei de Execução, dispunha que, ao apreciar os pedidos de progressão, a decisão do magistrado seria *motivada e precedida de parecer da Comissão Técnica de Classificação*.

---

[12] Dentre os mecanismos disponíveis, o art. 9º da LEP elenca: "I – entrevistar pessoas; II – requisitar, de repartições ou estabelecimentos privados, dados e informações a respeito do condenado; III – realizar outras diligências e exames necessários".

[13] "Assim, o exame criminológico, como perícia que é, deve ser feito e assinado unicamente por técnicos (psiquiatra, psicólogos e assistentes sociais). Visa a avaliar as condições pessoais do agente criminosos (mente, corpo, fatores sociofamiliares) e as outas circunstâncias que o envolveram" (SÁ, Alvino Augusto; ALVES, Jamil Chaim. Dos pareceres da Comissão Técnica de Classificação na individualização executória da pena: uma revisão interdisciplinar. *Boletim IBCCRIM*, São Paulo, ano 17, n. 201, 2009).

Ocorre que, após o advento da Lei 10.792/2003, tal exigência foi afastada e, com isso, sua elaboração não é mais obrigatória – sendo atualmente facultativa, conforme verificaremos mais adiante –, o que poderia dar margem ao pensamento indevido de que a Comissão Técnica de Classificação teve sua participação aniquilada no processo de acompanhamento da execução.

Porém, em verdade, já àquela época, o legislador previu a possibilidade de inexistência dos Centros de Observação e, ainda que de forma subsidiária, acabou conferindo à equipe multidisciplinar o encargo de elaborar o exame criminológico[14], ao definir, nos termos do art. 98 da Lei de Execução, que *os exames poderão ser realizados pela Comissão Técnica de Classificação, na falta do Centro de Observação.*

Destarte, resta evidente que, mesmo não sendo função típica, a confecção do exame criminológico também pode fazer parte das tarefas empreendidas pela Comissão Técnica de Classificação e, na prática, é o que se tem visto na esmagadora maioria dos casos[15], razão pela qual, inexistem motivos para descartarmos essa perícia dentre as atribuições aqui tratadas, tampouco refutarmos que, ainda hoje, a equipe multidisciplinar acompanha o processo de execução, mesmo de forma mitigada, quando provocada ao atendimento desta demandada[16].

---

[14] "Na falta de Centro de Observação, embora absolutamente reprovável, os exames poderão ser realizados pela Comissão Técnica de Classificação, dotada de uma equipe interdisciplinar, que provavelmente observará o condenado no estabelecimento fechado em que se encontrar" (ALEXIS, Couto de Brito. *Execução penal*. 3. ed. São Paulo: Revista dos Tribunais, 2013. p. 226).

[15] "Em verdade, o exame de classificação, o exame criminológico e o parecer da Comissão Técnica de Classificação não diferem, na prática, constituindo única peça, feita, por vezes, pelos mesmos profissionais em exercício no estabelecimento prisional" (NUCCI, Guilherme de Souza. *Leis penais e processuais penais comentadas*. 9. ed. Rio de Janeiro: Forense, 2016. vol. 2, p. 169).

[16] "As Comissões Técnicas de Classificação continuam a atuar no auxílio ao juiz, na concessão de benefícios aos condenados, tais como, progressão de regime, livramento condicional, indulto etc." (ANDREUCCI, Ricardo Antonio. *Legislação penal especial*. São Paulo: Saraiva, 2011. p. 317).
No mesmo prisma: "Execução penal. Agravo regimental no *habeas corpus*. Determinação de exame criminológico. Fundamentação concreta. Inexistência de constrangimento legal. Consigna a Súmula 439 do Superior Tribunal de Justiça, verbis: 'Admite-se o exame criminológico pelas peculiaridades do caso, desde que em decisão motivada, para aferir o requisito subjetivo da progressão'. Tal prova técnica pode ser determinada pelo magistrado de primeiro grau, ou mesmo pela Corte estadual, diante das circunstâncias do caso concreto e adequada motivação,

Consoante já exposto, a sentença penal é passível de mutações, ao seu turno, reflexo direto da forma de condução pelo executado que, ao longo de sua jornada é incentivado, através de terapêutica penal, a reorientar seus comportamentos, reflexões e objetivos de vida, visando a desenvolver caminhos distintos da reiteração delitiva.

Por certo, assim como em qualquer processo evolutivo, o aproveitamento da terapêutica penal demanda a readequação contínua dos mecanismos empregados em cada uma das etapas de seu desenvolvimento, inclusive, em prestígio à individualização executória. Nesse passo, é missão da equipe multidisciplinar promover a constante reavaliação[17] do executado e, de acordo com as respostas obtidas, orientar e lastrear a adoção, pelo magistrado, da providência mais adequada ao progresso que se almeja, durante a execução das sanções.

Como tal, depreende-se que as tarefas desempenhadas pela Comissão possuem caráter complexo e periódico, pois não se restringem à atividade pontual, tampouco de cunho definitivo, visto demandarem frequente reelaboração, cujas conclusões podem apresentar variação, tudo em razão do dinamismo próprio das execuções[18].

---

para formação de seu convencimento. Na hipótese, o Tribunal de Justiça de origem entendeu que *persiste a exigência da avaliação do condenado por equipe multidisciplinar (exame criminológico)*, diante da vida carcerária conturbada do paciente – prática de faltas de natureza grave no curso da execução penal. Inexistência, portanto, de constrangimento ilegal, a justificar a concessão da ordem de ofício. Agravo regimental não provido" (STJ, AgRg no HC 399.786/SP, 5ª Turma, Rel. Reynaldo Soares da Fonseca, 08.08.2017, v.u. – grifamos).

[17] "Tais exames têm como finalidade a investigação médica, psicológica e social. A personalidade do condenado é avaliada tendo em vista o delito por ele praticado para que sejam definidas a dinâmica criminal, as respectivas medidas recuperadoras e análise da possibilidade de delinquir" (ANDREUCCI, Ricardo Antonio. *Legislação penal especial*. São Paulo: Saraiva, 2011. p. 317).

[18] Assim já observa a Exposição de Motivos da LEP, em seu item 29 que, "fiel aos objetivos assinados ao dinamismo do procedimento executivo, o sistema atende não somente aos direitos do condenado, como também, e inseparavelmente, aos interesses da defesa social. O mérito do sentenciado é o critério que comanda a execução progressiva, mas o Projeto também exige o cumprimento de pelo menos um sexto do tempo da pena do regime inicial ou anterior. Com esta ressalva, limitam-se os abusos a que conduz a execução arbitrária das penas privativas da liberdade em manifesta ofensa aos interesses sociais. Através da progressão, evolui-se de regime mais rigoroso para outro mais brando (do regime fechado para o semiaberto; do semiaberto para o aberto). Na regressão dá-se o inverso,

Nessa toada, oportuno consignar que, embora a Comissão Técnica de Classificação tenha também desempenhado, preteritamente[19], o acompanhamento das penas restritivas de direito, atualmente, após a edição da Lei 10.792/2003[20], sua atuação se restringiu somente a execução das penas privativas de liberdade e, em iguais moldes, das medidas de segurança, apenas sob a forma de internação[21], cujas atribuições serão melhor analisadas nos tópicos a seguir.

3.1 Exame de classificação

Como providência vestibular, quando do ingresso do sentenciado no estabelecimento penal, faz-se necessário seu cadastramento, sob a forma de classificação[22], aferindo-se a maior quantidade possível de características

---

se ocorrer qualquer das hipóteses taxativamente previstas pelo Projeto, entre elas a prática de fato definido como crime doloso ou falta grave".

[19] Era a redação anterior do art. 6º da Lei de Execução Penal: "A classificação será feita por Comissão Técnica de Classificação que elaborará o programa individualizador e acompanhará a execução das penas privativas de liberdade e restritivas de direitos, devendo propor, à autoridade competente, as progressões e regressões dos regimes, bem como as conversões".

[20] A redação vigente do art. 6º prevê: "A classificação será feita por Comissão Técnica de Classificação que elaborará o programa individualizador da pena privativa de liberdade adequada ao condenado ou preso provisório".

[21] Nesse sentido, determina o art. 174 da Lei de Execução Penal: "Aplicar-se-á, na execução da medida de segurança, naquilo que couber, o disposto nos artigos 8º e 9º desta Lei".

[22] Originalmente, a classificação integrava o exame criminológico, de acordo com o item 31 da Exposição de Motivos da LEP, ao assim dispor: "a gravidade do fato delituoso ou as condições pessoais do agente, determinantes da execução em regime fechado, aconselham o exame criminológico, que se orientará no sentido de conhecer a inteligência, a vida afetiva e os princípios morais do preso, para determinar a sua inserção no grupo com o qual conviverá no curso da execução da pena". Como resquícios disso, a redação do art. 8º da LEP ainda prevê: "o condenado ao cumprimento de pena privativa de liberdade, em regime fechado, será submetido a exame criminológico para a obtenção dos elementos necessários a uma adequada classificação e com vistas à individualização da execução". Atualmente, entretanto, as avaliações se dissociaram em exames próprios, sendo o exame de classificação elaborado logo no ingresso do sentenciado na unidade penal, enquanto o exame criminológico trata de sua reavaliação, no decorrer do resgate da sanção.

pessoais, atinentes aos *seus antecedentes e personalidade, para orientar a individualização da execução*[23].

Diferentemente da simples identificação[24], o exame de classificação tem como escopo detectar as particularidades do sujeito, mediante a análise de seu histórico de vida, incluindo eventuais registros criminais que possa ostentar, com o fito de encaminhá-lo à ala da unidade que melhor se adeque às suas condições pessoais[25].

Nesse diapasão, visando a elucidar a profundidade do exame de classificação, o Projeto 9.054/2017, em inconteste harmonia para com o art. 5º, XLVIII, da Carta Magna, ainda acrescenta outros elementos distintivos a serem captados, como o grau de escolarização, idade, sexo, natureza do delito perpetrado, regime inicial e término de cumprimento de pena, dentre outros[26], tudo objetivando coletar o máximo de informações, para compor mais completo cadastro do executado.

---

[23] Art. 5º da Lei de Execução Penal.

[24] A identificação corresponde a mera qualificação do sentenciado, conforme evidencia a nova redação do art. 9º-B do Projeto 9.054/2017, *in verbis*: "Todo preso, provisório ou condenado, por ocasião da prisão, deverá ser identificado, cabendo ao diretor do estabelecimento penal, em caso de ausência da documentação necessária ao pleno exercício da cidadania, providenciar, em até 30 (trinta) dias, a obtenção do documento de identidade, da certidão de nascimento atualizada, da inscrição no Cadastro de Pessoas Físicas (CPF), da carteira de trabalho e do título de eleitor e inserir os respectivos dados no prontuário, sem prejuízo do uso de biometria".
Sobre o tema: "Identificação criminal é colheita de dados físicos (impressão datiloscópica, fotografia e material genético) para a perfeita individualização do indiciado. Se este apresentar documento civil confiável, dispensa-se a identificação criminal" (NUCCI, Guilherme de Souza. *Dicionário jurídico*. São Paulo: Revista dos Tribunais, 2013. p. 169).

[25] Trata de nítida decorrência do princípio da responsabilidade pessoal, conforme adianta a própria Exposição de Motivos, em seu item 26, 2ª parte, ao dispor que, "além de constituir a efetivação de antiga norma geral do regime penitenciário, a classificação é desdobramento lógico do princípio da *personalidade da pena*, inserido entre os direitos e garantias constitucionais. A exigência dogmática da *proporcionalidade da pena* está igualmente atendida no processo de classificação, de modo que a cada sentenciado, conhecida a sua personalidade e analisado o fato cometido, corresponda o tratamento penitenciário adequado".

[26] O projeto fornece o seguinte teor: "Art. 5º Os presos provisórios e os condenados serão classificados segundo critérios de primariedade ou reincidência, regime de cumprimento de pena, escolarização e a previsão de alcance de benefícios e término de cumprimento da pena, conforme dados extraídos do atestado

Tal medida visa a reduzir eventuais efeitos degenerativos decorrentes de contatos impróprios, evitando a indevida promiscuidade entre sentenciados de *status* distintos. Como exemplo, deve-se buscar não reunir sentenciados primários e reincidentes, sob o risco de que aqueles recebam estímulos a reiterar práticas criminosas[27].

No mesmo sentido, outras inteirações também não são recomendáveis, a citar o caso dos autores de práticas violentas ou de delitos sexuais – estes, geralmente, já repudiados pelos outros condenados que, via de regra, lhes proferem ataques e represálias –,os quais não devem se misturar com os demais sentenciados.

Importante ressaltar que o exame de classificação não pode ser visto como mero instrumento de segregação, mas, ao revés, sob a forma de relatório de constatação inaugural, destinado a firmar panorama abrangente acerca das condições pessoais do sujeito custodiado, por sua vez, aptas a justificar a adoção das primeiras medidas em seu favor, razão pela qual é providência imprescindível ao exercício da individualização executória[28].

Ademais, muito embora a classificação tenha conotação visivelmente administrativa (porquanto relativa às questões estruturais e de organização interna do estabelecimento penal, cujo encargo compete ao diretor da unidade e ao supervisor do centro de segurança e disciplina), é certo que sua eventual ausência acarreta evidente constrangimento ilegal ao sentenciado,

---

de pena a cumprir, para orientar a individualização da execução penal. § 1º O preso provisório será classificado em sentenciado ou não sentenciado, e a data da sentença deverá constar do sistema informatizado. § 2º A pena será cumprida em estabelecimentos distintos, de acordo com a natureza do delito e a idade e o sexo do apenado".

[27] "Torna-se fundamental separar os presos, determinando o melhor lugar para que cumpram suas penas, de modo a evitar o contato negativo entre reincidentes e primários, pessoas com elevadas penas e outros, com penas brandas, dentre outros fatores. Em suma, não se deve mesclar, num mesmo espaço, condenados diferenciados" (NUCCI, Guilherme de Souza. *Curso de execução penal*. Rio de Janeiro: Forense, 2018. p. 24).

[28] "Não deixa dúvidas o legislador quanto à obrigatoriedade da individualização da pena privativa de liberdade. Tampouco deixa dúvidas quanto à imprescindibilidade do exame de classificação fundado nos antecedentes e personalidade do condenado. E, frise-se, com as mudanças da Lei de Execução Penal, nada disso foi alterado" (BARROS, Carmen Silvia de Moraes. As modificações introduzidas nos artigos 6º e 112 da LEP pela Lei 10.792/2003 e a jurisdicionalização e a individualização da pena na Execução Penal. *RBCCrim*, São Paulo, 48/178, maio-jun. 2014).

configurando desvio de execução[29], a ser sanado pelo Juízo das Execuções, inclusive, mediante a instauração de incidente próprio[30].

Por derradeiro, frise-se não ser a confecção do exame classificatório medida exclusiva aos condenados definitivos, mas extensível aos custodiados provisórios e, também, aos inimputáveis e semi-imputáveis sujeitos a internação, assim partilhando de semelhante importância no processo de resgate de suas respectivas execuções[31].

Outrossim, insta esclarecer que, além dos condenados em regime fechado, a classificação também é expressamente exigida aos condenados sob o regime semiaberto, conforme determinação contida no art. 35 do Código Penal, compreendendo, portanto, todos àqueles cuja pena privativa de liberdade implique em custódia pelo Estado[32].

---

[29] Define a Lei de Execução, em seu art. 185, que "haverá excesso ou desvio de execução sempre que algum ato for praticado além dos limites fixados na sentença, em normas legais ou regulamentares".
A esse respeito, também oportuno: "Execução penal. Pleito de submissão do paciente a exame de classificação. Indeferimento em primeira instância. Admissibilidade. Matéria de atribuição da direção do estabelecimento prisional. Ausência, ademais, de comprovação de inércia ou recusa da administração da unidade prisional. Hipótese em que, embora sem os formalismos previstos na Lei de Execução Penal e pretendidos pela impetrante, o paciente, por ocasião de seu ingresso no sistema penitenciário, foi colocado em regime de inclusão, sendo, portanto, submetido a entrevistas pela direção do presídio e por técnicos que trabalham no local, para individualização da execução. Omissão do Estado que deve ser impugnada por ação mandamental e não pela via do *habeas corpus*, remédio constitucional cujo escopo é resguardar o direito de ir e vir. Ausência de constrangimento ilegal. Ordem denegada" (TJSP, *Habeas Corpus* 0347235-41.2010.8.26.0000, 5ª Câm. Criminal, Rel. Tristão Ribeiro, 07.04.2011, v.u.).

[30] "É possível afirmar que sem exame classificatório inicial e sem acompanhamento do preso durante o cumprimento da pena não se pode falar em pena individualizada na execução penal. A falta de exame de classificação afronta as garantias dos condenados à pena privativa de liberdade" (BARROS, Carmen Silvia de Moraes. As modificações introduzidas nos artigos 6º e 112 da LEP pela Lei 10.792/2003 e a jurisdicionalização e a individualização da pena na Execução Penal. *RBCCrim*, São Paulo, 48/178, maio-jun. 2014).

[31] Em mesmo sentido, preleciona o Exposição de Motivos, em seu item 26, que "a classificação dos condenados é requisito fundamental para demarcar o início da execução científica das penas privativas da liberdade e da medida de segurança detentiva".

[32] Ensina Nucci: "O parágrafo único do art. 8º, em contradição com o disposto no art. 35, caput, do Código Penal, demonstra ser facultativo ('poderá ser submetido')

Especificamente, aos inimputáveis e semi-imputáveis, por óbvio, o exame de classificação possui intento diverso, centrando-se em questões atinentes à saúde mental do paciente, visando a apurar o tipo de enfermidade ostentada, sua origem, formas de manifestação e grau de evolução, bem como a possível existência de registro de passagens precedentes por sanatórios, além da eventual prescrição de medicamentos, com o fito de orientar a necessidade de maior isolamento do examinado que, nos casos mais graves, deve ser total, até mesmo em relação aos demais internados, frise-se, de forma absolutamente excepcional[33].

3.2 Programa individualizador

Por sua vez, o programa individualizador consiste em roteiro preliminar, voltado a orientar o desenvolvimento da sanção pelo sentenciado. Para tanto, devem ser sopesados o título judicial e o exame de classificação, conjuntamente, mediante os quais a equipe multidisciplinar *elaborará o programa individualizador da pena privativa de liberdade adequada ao condenado ou preso provisório*[34].

Em linhas gerais, o programa individualizador fornece o prospecto de como a sanção tende a ser gerida, traçando-se plano de cumprimento, escorado na ordem emanada pelo título e nas condições pessoais ostentadas

---

o exame criminológico para aqueles que ingressam no regime semiaberto. Não é a melhor solução. Deve prevalecer o disposto no art. 35, *caput*, do Código Penal, que faz remissão ao art. 34, caput, do mesmo Código, considerando necessária a realização do exame criminológico também para o condenado em regime semiaberto. Lembremos, inclusive, que esse exame é benéfico não somente ao condenado, mas também à justa individualização da sua pena" (*Curso de execução penal*. Rio de Janeiro: Forense, 2018, p. 24).

Em prisma oposto: "Revela-se 'obrigatório' o exame criminológico apenas aos condenados ao cumprimento de pena no 'regime fechado'. Estando em 'regime semiaberto', não é obrigatório o exame, mas facultativo, cumprindo ao juiz da execução penal determina-lo, se entender necessário" (MARCÃO, Renato. *Curso de execução penal*. 11. ed. São Paulo: Saraiva, 2013. p. 44).

[33] "No presente temos uma intervenção médico-psiquiátrica – psicofarmacológica, mas também psicoterapêutica e psicossocial – que permite internamentos consideravelmente menos prolongados e modalidades de tratamento para além do internamento" (ANTUNES, Maria João. Discussão em torno do internamento de inimputável em razão de anomalia psíquica. *RBCCrim*, São Paulo, 42, jan.-mar. 2003).

[34] Art. 6º da Lei de Execução Penal.

pelo executado, assim compatibilizando fatores de ordem objetiva e subjetiva, respectivamente, ante os quais se estruturará o roteiro[35].

Como tal, o programa individualizador não se confunde com o exame de classificação e, em verdade, dele decorre, sendo providência complementar, de maior amplitude, que estabelece parâmetros particularizados, visando ao melhor aproveitamento do sentenciado no processo de execução penal. Portanto, revela-se que, malgrado integrados, os instrumentos são distintos entre si, pois enquanto a classificação se escora na análise de aspectos pregressos, o programa individualizador possui caráter nitidamente destinado ao futuro.

Não por menos, o plano deve abarcar os cálculos de pena, indicando a previsão das frações para a concessão de benefícios, as aptidões do sujeito para a promoção de tarefas, incluindo sua experiência técnica e grau de instrução, como fontes para a designação de atividades laborterápicas e estudantis, além de aspectos socioafetivos influentes no resgate da sentença, como a existência de vínculo familiar, dedicação à prática religiosa ou mesmo, eventual ligação com facção criminosa, dentre outros fatores que, certamente, repercutem diretamente no desenvolvimento da execução[36].

Mais especificamente, no que tange os inimputáveis e semi-imputáveis, o programa deve estabelecer a data-limite para a elaboração de laudo de avaliação da periculosidade, a indicação dos mecanismos clínicos a serem empregados, inclusive, instruído com o cronograma de atividades psicoterápicas às quais o pacientes era submetido, além da possível necessidade de acompanhamento medicamentoso e, nesse caso, sua adequada posologia.

---

[35] Leciona Alvino Augusto de Sá: "Munida dessas duas ordens de dados, dados da dinâmica criminal e dados de ordem pessoal, a C.T.C iria traçar um perfil desse preso (incluindo-se aí, faço questão de repetir e de frisar, a sua pessoa), a partir do qual poderia definir metas e programas de recuperação e prevenção: recuperação no que diz respeito aos aspectos pertinentes à pessoa, como tal, e prevenção frente aos possíveis efeitos perniciosos da experiência carcerária" (SÁ, Alvino Augusto. A recuperação dos sentenciados e a questão do Exame Criminológico versus Parecer da Comissão Técnica de Classificação. *RBCCrim*, São Paulo, 13/203, jan.-mar. 1996).

[36] Sob mesmo viés, preleciona a Exposição de Motivos da LEP, em seu item 36, que "o trabalho a ser desenvolvido pela Comissão Técnica de Classificação não se limita, pois, ao exame de peças ou informações processuais, o que restringiria a visão do condenado a certo trecho de sua vida mas não a ela toda. Observando as prescrições éticas, a Comissão poderá entrevistar pessoas e requisitar às repartições ou estabelecimentos privados elementos de informação sobre o condenado, além de proceder a outras diligências e exames que reputar necessários".

Assim como qualquer roteiro, o programa individualizador também está sujeito a readequações no decorrer de sua implementação, tudo a depender das respostas concretamente apresentadas pelo sentenciado, sobretudo em sede de eventual reavaliação[37], quando determinada a elaboração de exame criminológico ou de cessação de periculosidade.

Em vista de sua inegável importância à individualização, a confecção do programa deve ser célere e, sob tal viés, o Projeto 9.054/2017 sugere prazo peremptório[38] de seis meses, a contar do ingresso do sujeito no estabelecimento penal.

Malgrado louvável a imposição de limite temporal, desponta-se injustificável a fixação de lapso tão longínquo, afinal, embora a elaboração desse instrumento demande tempo – até mesmo em razão de sua complexidade –, é certo que o executado pode passar por diversas variações ao longo de um semestre, correndo-se o risco de tornar inútil o teor das análises procedidas até então, posto já demandarem atualização. Diante disso, visando a sua otimização, melhor seria fixar prazo mais exíguo (não superior a um mês), compatibilizando eficiência e eficácia, como garantia de aproveitamento integral dos exames realizados[39].

---

[37] Nesse aspecto, pertinente o julgado: "*Habeas corpus*. Execução penal. Progressão de regime. Exame criminológico. Faculdade do juízo da execução. Exigibilidade. (...) O Magistrado deve assim motivar sua decisão, analisando, a partir do 'programa individualizador da pena privativa de liberdade adequada ao condenado' informado pela pena imposta e pelos antecedentes e personalidade do condenado, a sua resposta à execução penal, com vista a sua readaptação social, e, desse modo, o seu comportamento carcerário, sobretudo, à luz de seus deveres, entre os quais, o de comportamento disciplinado, de obediência aos servidores e respeito a qualquer pessoa com quem deva relacionar-se, inclusive aos demais condenados, e, principalmente, de execução do trabalho, tarefas e ordens recebidas, considerando, além, os existentes pronunciamentos técnicos e periciais, que não podem ser ignorados e devem ser determinados quando necessários, tanto quanto as razões do Ministério Público e da defesa, de modo a evidenciar as razões do mérito ou demérito do preso à progressão de regime" (STJ, HC 93.322/RS, 6ª Turma, Rel. Hamilton Carvalhido, 17.04.2008, v.u.).

[38] Assim é o teor do Projeto: "Art. 6º A classificação de que trata o caput do art. 5º será feita por Comissão Técnica de Classificação, que elaborará, em até 6 (seis) meses, o programa individualizador da execução da pena privativa de liberdade, adequando-a ao preso provisório ou condenado, considerando o seu comportamento".

[39] Exatamente nesses moldes, já adianta a Exposição de Motivos da LEP, em seu item 27, que "reduzir-se-á mera falácia o princípio da individualização da pena, com todas as proclamações otimistas sobre a recuperação social, se não for efetuado o exame de personalidade no início da execução, como fator determinante do trigo

Derradeiramente, oportuno consignar que, assim como ocorre em relação ao exame de classificação, a eventual carência do programa individualizador configura nítido constrangimento ilegal[40], igualmente sanável via demanda dirigida ao magistrado das execuções criminais.

3.3 Exame criminológico

Diferentemente dos demais instrumentos vistos até aqui, o exame criminológico não é providência inaugural, mas intercorrente, realizada durante o curso da execução, que serve de contraponto às análises anteriores, justamente com intento de estabelecer o rendimento do sentenciado no decorrer do resgate de sua sanção[41].

De plano, oportuno frisar que, conforme anteriormente mencionado, malgrado não seja função própria, a confecção do exame criminológico também pode compor o quadro das tarefas atinentes à Comissão Técnica

---

de tratamento penal, e se não forem registradas as mutações de comportamento ocorridas no itinerário da execução".

[40] "Agravo em execução. Pedido de cassação de decisão que indeferiu a elaboração de programa individualizador ao sentenciado, pela equipe interdisciplinar. Direito expressamente previsto no bojo da Lei de Execução Penal e respaldado pelo princípio da Individualização da Pena. Agravo provido" (TJSP, Agravo de Execução Penal 0043482-18.2011.8.26.0000, 16ª Câm. Criminal, Rel. Guilherme de Souza Nucci, 20.09.2011, v.u.).

[41] Oportuno esclarecer que, originalmente, o exame criminológico era espécie pertencente ao gênero exame da personalidade, de acordo com a Exposição de Motivos da LEP, em seu item 34, consoante o qual: "O Projeto distingue o *exame criminológico* do *exame da personalidade* como a espécie do gênero. O primeiro parte do binômio delito-delinquente, numa interação de causa e efeito, tendo como objetivo a investigação médica, psicológica e social, como reclamavam os pioneiros da Criminologia. O segundo consiste no inquérito sobre o agente para além do crime cometido. Constitui tarefa exigida em todo curso do procedimento criminal e não apenas elemento característico da execução da pena ou da medida de segurança. Diferem também quanto ao método esses dois tipos de análise, sendo o exame de personalidade submetido a esquemas técnicos de maior profundidade nos campos morfológico, funcional e psíquico, como recomendam os mais prestigiados especialistas, entre eles Di Tullio ('Principi di criminologia generale e clinica', Roma, V ed., págs. 213 e seguintes)". Atualmente o exame da personalidade se difundiu no conjunto das avaliações realizadas pela equipe multidisciplinar, inclusive, o exame criminológico, que passou a ser providência subsequente ao exame de classificação e ao programa individualizador, dissociando-se destes.

de Classificação, inexistindo motivos para tratá-lo de forma dissociada das demais atribuições aqui estudadas[42].

O exame criminológico é providência que permite a melhor elucidação do grau de evolução alcançado pelo executado, após já ter cumprido parte de sua reprimenda, servindo de parâmetro para auxiliar o magistrado quanto à identificação do preenchimento de requisitos subjetivos, em sede de concessão dos benefícios penais[43].

Oportuno reiterar que, em sua redação original, o art. 112 da Lei de Execução Penal previa ser a progressão de regime *precedida de parecer da Comissão Técnica de Classificação e do exame criminológico*, o que indicava ser peça imprescindível. Entretanto, após o advento da Lei 10.792/2003, o referido dispositivo passou a exigir somente a demonstração de *bom comportamento carcerário, comprovado pelo diretor do estabelecimento*, assim dispensando a obrigatoriedade de sua realização[44].

Faz-se mister ressaltar que a alteração suscitada não vedou a elaboração do exame[45], mas apenas tornou-a facultativa, permitindo ao magistrado decidir, *in concreto*, a necessidade ou não de sua confecção. Ademais, o § 2º do mencionado dispositivo ainda definiu que *idêntico procedimento será adotado na concessão de livramento condicional*, equiparando os meios de apuração, do preenchimento de requisito subjetivo, para ambos os benefícios e, portanto, admitindo a determinação do exame criminológico, quando necessário[46].

---

[42] "Não sendo obrigatória a existência dos chamados Centros de Observação, permite a Lei de Execução Penal que as Comissões Técnicas de Classificação realizem os exames criminológicos" (ANDREUCCI, Ricardo Antonio. *Legislação penal especial*. São Paulo: Saraiva, 2011. p. 318).

[43] Sob outro prisma, entende Renato Marcão que "o exame criminológico é realizado para o resguardo da 'defesa social', e busca aferir o estado de temebilidade do delinquente" (*Curso de execução penal*. 11. ed. São Paulo: Saraiva, 2013. p. 43).

[44] Nas palavras de Nucci: "Buscou-se manietar a execução penal, restringindo o conhecimento do juiz e eliminando a participação da Comissão Técnica de Classificação no valioso momento de análise do merecimento para a progressão de regime" (*Curso de execução penal*. Rio de Janeiro: Forense, 2018. p. 22).

[45] Assim alerta Renato Marcão que "não é correto dizer que a Lei n. 10.792, de 1º de dezembro de 2003, 'acabou com o exame criminológico'" (*Curso de execução penal*. 11. ed. São Paulo: Saraiva, 2013. p. 44).

[46] Em igual prisma, dispõe a Súmula 439 do Superior Tribunal de Justiça: "Admite-se o exame criminológico pelas peculiaridades do caso, desde que em decisão motivada".

É certo que o singelo atestado de conduta carcerária, emitido unicamente pelo diretor do estabelecimento penal, nem sempre se faz suficiente à demonstração do merecimento pelo sentenciado, visto restringir-se, exclusivamente, à presença de faltas disciplinares registradas, nos últimos doze meses, no prontuário do reeducando. Como tal, a anotação de falta disciplinar, durante o referido interregno, enseja o reconhecimento de "má" conduta, enquanto a inexistência de faltas, ocasiona a certificação de "boa" conduta e, nesse caso, desponta-se favorável à concessão da benesse almejada.

Embora a ausência de registros disciplinares seja de bom alvitre, porquanto demonstra, ao menos, respeito às normas internas da unidade, *de per si*, não é fator determinante à concessão dos benefícios[47], sobretudo no caso de sentenciados por crimes perpetrados mediante violência e grave ameaça contra a pessoa, ao seu turno, indicativos de acentuado desajustamento social pelo delinquente.

Na mesma trilha, de forma exemplificativa, pode-se mencionar a situação de sentenciados que ocupem posição de destaque em organização criminosa, figurando como verdadeiros *chefes* dos demais integrantes, inclusive comandando a ação destes, dentro e fora da unidade prisional, embora não registre, em seu prontuário, a anotação de qualquer falta disciplinar, posto tratar de prática mascarada, evidentemente *sub-reptícia*[48].

Nem se olvide que, nessas situações, eventual abrandamento da privação ou liberdade antecipada devem guardar maior respaldo, estribando-se em fatores mormente substanciais e palpáveis, de cunho subjetivo[49]. Com

---

[47] Nesse sentido: "Não se pode obrigar o magistrado, como se pretendeu com a edição da Lei 10.792/2003, a conceder ou negar benefícios penais somente com a apresentação do frágil atestado de conduta carcerária. (...) Reiteramos ser avaliação muito importante do condenado para fim de individualizar, corretamente, a execução de sua pena. Não podemos concordar com a visão simplista de que o sentenciado deve ser analisado, unicamente, pelo seu prontuário, ou seja, se registra ou não faltas grave" (NUCCI, Guilherme de Souza. *Curso de execução penal*. Rio de Janeiro: Forense, 2018. p. 22).

[48] "Presos ligados ao crime organizado, por exemplo, podem ser detectados pelos profissionais da Comissão técnica de Classificação, que atuam no presídio, embora nunca tenham cometido falta grave, logo, podem possuir prontuário 'limpo', mas a atividade sub-reptícia no presídio, sem qualquer merecimento para a progressão" (NUCCI, Guilherme de Souza. *Leis penais e processuais penais comentadas*. 9. ed. Rio de Janeiro: Forense, 2016. vol. 2, p. 170).

[49] Trata de preocupação permanente, inclusive, já observada pela Exposição de Motivos da LEP, em seu item 32, porquanto, ao reforçar a importância das

efeito, a realização de exame criminológico se revela ferramenta de grande valia, sobretudo quanto ao preenchimento da integralidade dos requisitos estipulados para a concessão de livramento condicional, cuja verificação não se pode alcançar mediante simples atestado de conduta carcerária.

Note que o art. 83 do Código Penal exige, cumulativamente, a comprovação de *comportamento satisfatório durante a execução da pena, bom desempenho no trabalho que lhe foi atribuído, aptidão para prover à própria subsistência mediante trabalho honesto* e, nos casos de condenados por crimes dolosos, praticados mediante violência ou grave ameaça, a *constatação de condições pessoais que façam presumir que o liberado não voltará a delinquir*.

A averiguação de tais requisitos, à evidência, não pode ser proporcionada ante a frágil e superficial certificação de boa conduta carcerária, pois fatores como o *bom desempenho* e a *aptidão* possuem inegável natureza crítica, cuja análise demanda acompanhamento aprofundado das formas de ser e agir do sentenciado[50], tarefa tipicamente afeita aos chefes de serviço e ao assistente social, respectivamente.

O mesmo se diga acerca da *constatação de que não voltará a delinquir*, a qual requer semelhante incursão na esfera individual do sentenciado, exigindo habilidade técnica, da qual são imbuídos os *experts* de psicologia e psiquiatria.

Em síntese, a elaboração do exame criminológico é providência oportuna e, a depender das peculiaridades vislumbradas, até mesmo indispensável, no que tange à análise meritória, do benefício[51] almejado pelo reeducando.

Contudo, sobre esse aspecto, o Projeto 9.054/2017 se mostra contraproducente, ao sugerir a constrição do exame criminológico (sob a nova

---

avaliações desenvolvidas pela Comissão Técnica de Classificação, define que "a ausência de tal exame e de outras cautelas tem permitido a transferência de reclusos para o regime de semiliberdade ou de prisão-albergue, bem como a concessão de livramento condicional, sem que eles estivessem para tanto preparados, em flagrante desatenção aos interesses da segurança social".

50 Sobre esse aspecto: "Afinal, quem melhor pode se manifestar sobre o acompanhamento do preso e, consequentemente, sobre o merecimento ou não de benefícios, é, inegavelmente, quem está em contato com ele no dia a dia" (SÁ, Alvino Augusto; ALVES, Jamil Chaim. Dos pareceres da Comissão Técnica de Classificação na Individualização Executória da Pena: uma revisão interdisciplinar. *Boletim IBCCRIM*, São Paulo, ano 17, n. 201, 2009).

51 Além da progressão e do livramento condicional, outros benefícios também estão sujeitos à análise meritória, como a concessão de recompensas, autorização para trabalho externo e saída temporária, nos moldes respectivamente disciplinados pelos arts. 55, 37 e 123, I, da LEP.

denominação *exame psicossocial*), cingindo a faculdade de sua elaboração, exclusivamente, aos autores de delitos hediondos ou equiparados, quando praticados mediante violência e, ademais, ainda estabelece prazo para sua finalização que, não sendo atendido, acarretará em inutilização da perícia pelo magistrado[52].

Malgrado a fixação de prazo para a confecção, seja medida de rigor – visando a evitar o prolongamento indefinido do aguardo pelo sentenciado –, o mesmo não se pode dizer em relação à restrição imposta para sua determinação pelo magistrado, visto desmuniciá-lo desta importante ferramenta para todos os demais casos, mesmo aos autores de crimes perpetrados com violência e grave ameaça à pessoa, quando não hediondos.

Tal reducionismo tende a emperrar o uso desse valioso instrumento e, em última análise, obsta a livre formação do juízo de convicção pelo magistrado, obrigando-o a decidir, exclusivamente, com base no mero atestado de conduta carcerária. Com efeito, a mencionada proposta se revela aviltante e, por mais uma vez, ofensiva à individualização executória[53], pois vincula a concessão de benefícios à conclusão exarada pelo diretor da unidade, no atestado de conduta carcerária, razão pela qual, também nesse ponto, espera-se não ser aquiescido pelo legislador.

3.4 Exame de cessação de periculosidade

Dirigido somente aos inimputáveis e semi-imputáveis, o exame de cessação de periculosidade tem como objetivo avaliar o progresso terapêutico alcançado pelo paciente e sua introjeção de mecanismos contensores, aptos a afastá-lo de novas transgressões penais.

Inicialmente faz-se mister conceituar o termo *periculosidade*, cuja origem etimológica deriva de *perigosidade* que, ao seu turno, é definida como estado de risco quanto à ocorrência de dano futuro e, especificamente no campo

---

[52] Assim versa o art. 112, § 5º: "Para os crimes hediondos e equiparados praticados com violência ou grave ameaça à pessoa, poderá ser exigido o exame psicossocial, determinado judicialmente, com prazo suficiente, desde que realizado até o implemento do requisito temporal do benefício".

[53] "A mantença da Comissão para avaliar o condenado no começo da execução, mas sua abolição para o acompanhamento do preso, durante a execução, é um golpe inconstitucional ao princípio da individualização da sua pena" (NUCCI, Guilherme de Souza. *Curso de execução penal*. Rio de Janeiro: Forense, 2018. p. 23).

penal, tal perigo está atrelado à ideia de infringir a lei penal, ou seja, traduz-se na probabilidade de reiteração delitiva pelo mesmo sujeito[54].

Ocorre que, enquanto aos imputáveis a periculosidade representa *sua tendência a voltar à vida criminosa*[55], cuja averiguação se faz por intermédio do exame criminológico, aos inimputáveis e semi-inimputáveis a periculosidade ganha contorno distinto, representando *um estado duradouro de antissociabilidade de origem subjetiva*[56], cujas medidas de segurança objetivam tratar terapeuticamente, inclusive prevenindo que tornem a cometer novo injusto, sendo aferida mediante o exame próprio de cessação.

Nesse cenário, não se pode perder de vista que a inimputabilidade penal, em tais situações, se escora na ausência de culpabilidade do sujeito que, em razão de enfermidade (doença mental, desenvolvimento mental incompleto ou retardado e demais perturbações à saúde mental, de acordo com o art. 26, caput e parágrafo único, do Código Penal) não detinha, no momento da prática de sua conduta, o discernimento ou a autodeterminação necessários, para compreender ou comandar seu comportamento, razão pela qual, não sofrem censura social, tampouco são punidos pelo desvio cometido.

Como tal, a culpabilidade é aqui substituída pela periculosidade, tratando-se de juízo de prognose, destinado ao futuro, que visa a verificar se o enfermo ostenta melhora, apta a ensejar a otimização dos mecanismos empregados em seu tratamento ou mesmo permitir sua desinternação ou liberação condicional. Nesse sentido, define o art. 97, § 1º, do Código Penal que *a internação, ou tratamento ambulatorial, será por tempo indeterminado, perdurando enquanto não for averiguada, mediante perícia médica, a cessação de periculosidade*.

---

[54] Em sentido muito próximo acentua Antonio Carlos da Ponte que a periculosidade "é inerente ao conceito de perigo, que não é senão a possibilidade ou probabilidade de dano futuro" (*Inimputabilidade e processo penal*. 2. ed. São Paulo: Quartier Latin, 2007. p. 72).
Assim já sustentamos em obra anterior: "Destarte, a periculosidade, em última análise, seria o exacerbado grau de probabilidade de que o sujeito torne a delinquir, ou seja, que novo crime poderá ser praticado, provavelmente, pelo mesmo agente" (ZIMMARO, Rafael Barone. *Medidas de segurança: fundamentos de aplicação e execução*. Tese Mestrado. Pontifícia Universidade Católica de São Paulo, São Paulo. 2007, p. 92).

[55] NUCCI, Guilherme de Souza. *Leis penais e processuais penais comentadas*. 9. ed. Rio de Janeiro: Forense, 2016. vol. 2, p. 169.

[56] Ibidem, p. 358.

É cediço que, diferentemente das penas, as medidas de segurança não possuem lapso temporal previamente estabelecido, porquanto objetivam alcançar o reestabelecimento da higidez mental do enfermo e, obviamente, inexiste prazo certo para tanto.

Nesse passo, ao prolatar o édito absolutório impróprio, além de fixar a espécie adequada da medida de segurança, deve o magistrado impor o prazo mínimo (de um a três anos[57]), decorrido o qual será realizado o exame de cessação de periculosidade.

Vale registrar que o mencionado prazo não é peremptório[58] e pode ser antecipado, nos moldes do art. 176 da Lei de Execução, *diante de requerimento fundamentado do Ministério Público ou do interessado, seu procurador ou defensor, ordenar o exame para que se verifique a cessação da periculosidade.*

Particularmente em relação aos inimputáveis, cuja periculosidade é presumida no decorrer da instrução processual, o exame de cessação é providência de curial relevância, visto trazer aos autos, pela primeira vez, o real grau ostentado pelo examinado. Aos semi-imputáveis a situação é distinta, uma vez já considerada a periculosidade real para fins de substituição da pena reduzida por medida de segurança, razão pela qual o exame de cessação, em verdade, apenas reavalia o nível apurado anteriormente, ao longo da instrução probatória.

Em ambos os casos, o exame pode fornecer três conclusões distintas, justificadoras de providências respectivas, as quais sejam: *i)* periculosidade *persistente*, dando ensejo à prorrogação da medida por prazo indeterminado e consequente reelaboração anual[59] do exame; *ii)* periculosidade *amainada*, permitindo a readequação do tratamento conferido ao enfermo, mediante sua remoção para a colônia de desinternação progressiva[60]; e *iii)* periculosi-

---

[57] Estabelece a parte final do § 1º do art. 97 do CP: "O prazo mínimo deverá ser de 1 (um) a 3 (três) anos".

[58] Nesse sentido, ensina Guilherme Nucci: "o prazo mínimo fixado pelo juiz não é estanque, de modo que seja compulsoriamente observado. (...) O importante é ter em vista que a medida de segurança tem por finalidade a 'cura' do agente e não a sua punição, motivo pelo qual a sua liberação eventual 'antes' do prazo mínimo não destoa da finalidade dessa espécie de sanção penal" (*Leis penais e processuais penais comentadas*. 9. ed. Rio de Janeiro: Forense, 2016. vol. 2, p. 361).

[59] "Art. 97. (...) § 2º A perícia médica realizar-se-á ao termo do prazo mínimo fixado e deverá ser repetida de ano em ano, ou a qualquer tempo, se o determinar o juiz da execução".

[60] É prática supralegal conferida "àquelas cuja periculosidade demonstre-se amainada, sendo-lhes provido tratamento diferencial, ainda sob a forma de

dade *cessada*, indicativa de recuperação pelo paciente, assim propiciando sua desinternação ou liberação condicional[61], pelo prazo de um ano.

Com efeito, depreende-se que o exame de cessação de periculosidade é providência imprescindível para definir os rumos a serem adotados na execução das medidas de segurança, sem a qual se perde de vista o parâmetro clínico do progresso terapêutico alcançado pelo paciente, arriscando-se, inclusive, a eficácia curativa perseguida por essa espécie de sanção.

Por fim, igual relevo assume o exame de cessação de periculosidade no que tange aos sentenciados acometidos por enfermidade mental, no curso da execução de pena privativa de liberdade, cuja reprimenda se converte em medida de segurança, com a finalidade de se conferir tratamento adequado, nos moldes previstos pelo art. 183 da Lei de Execução Penal. Nesses casos, sobrevindo eventual recuperação, assim devidamente certificada no referido exame, deverá a medida de segurança ser reconvertida em pena, resgatando-se o saldo remanescente. Contudo, inexistindo melhora e findo o prazo da reprimenda, será extinta a punibilidade do sujeito, o qual se torna questão de saúde pública[62].

Em suma, repisa-se ser incogitável a execução das medidas de segurança distante do respaldo conferido pelo exame de cessação de periculosidade,

---

internamento, porém, em unidades denominadas Colônias de Desinternação Progressiva – CDP, onde o uso de medicamentos é gradativamente reduzido, dando espaço à prática de atividades laborterápicas, além de saídas temporárias. Em paralelismo com as penas, corresponderia ao regime semiaberto, possibilitando ao paciente maior contato social, importante passo no caminho em direção à alta progressiva" (ZIMMARO, Rafael Barone. *Medidas de segurança: fundamentos de aplicação e execução*. Tese Mestrado. Pontifícia Universidade Católica de São Paulo. São Paulo, 2011, p. 88).

[61] "Art. 97. (...) § 3º A desinternação, ou a liberação, será sempre condicional devendo ser restabelecida a situação anterior se o agente, antes do decurso de 1 (um) ano, pratica fato indicativo de persistência de sua periculosidade".

[62] Sobre esse aspecto, oportuno conferir: "Penal e processual penal. *Habeas corpus*. Execução. Superveniência de doença mental. Conversão de pena privativa de liberdade em medida de segurança. Internação. Manutenção. Tempo de cumprimento da pena extrapolado. Constrangimento ilegal. Ordem concedida. 1. Em se tratando de medida de segurança aplicada em substituição à pena corporal, prevista no art. 183 da Lei de Execução Penal, sua duração está adstrita ao tempo que resta para o cumprimento da pena privativa de liberdade estabelecida na sentença condenatória. Precedentes desta Corte. 2. Ordem concedida" (STJ, HC 373.405/SP, 6ª Turma, Rel. Maria Thereza de Assis Moura, 06.10.2016, v.u.).

cujas conclusões se prestam de fonte fidedigna e insubstituível ao emprego dos mecanismos adequados à almejada cura.

4. CONCLUSÃO

Diante dos pontos aqui destrinchados, depreende-se que a Comissão Técnica de Classificação empreende atividades de máxima importância para a seara das execuções penais, cujas avaliações prestam-se de valiosa ferramenta à formação do juízo de convicção pelo magistrado, permitindo-lhe maior aproximação do real quadro evolutivo vivenciado pelo sentenciado, ao longo do cumprimento de sua sanção, e conferindo-lhe respaldo, inclusive de ordem técnica, mormente apto a lastrear a adoção de decisões no caso concreto, portanto auxiliando-o na árdua tarefa de promover a individualização executória.

O fator de maior destaque na atuação da Comissão se deve ao caráter integrado, multifacetado e polivalente, decorrente das distintas avaliações realizadas através dos conhecimentos respectivos, de cada um dos *experts* que a compõe, possibilitando observar o reeducando, também, sob os prismas da psicologia, psiquiatria e assistência social.

O exame de classificação capta as particularidades do executado, mediante a análise seu histórico de vida, incluindo eventuais registros criminais que possa ostentar e, conjuntamente sopesado ao título judicial, permite a elaboração do programa individualizador, ao seu turno, voltado a orientar o desenvolvimento da sanção, visando ao melhor aproveitamento do sentenciado no processo de execução penal. Não obstante, no decorrer de todo o cumprimento da pena, pelo imputável, ou medida de segurança, pelo inimputável ou semi-imputável, os sentenciados são reavaliados, por meio dos exames criminológico e de cessação de periculosidade, respectivamente, servindo de contraponto às análises anteriores, justamente com intento de estabelecer o seu rendimento ou progresso terapêutico alcançado durante o resgate da sanção, assim aferindo a introjeção de mecanismos contensores, aptos a afastá-lo de novas transgressões penais e, por conseguinte, a possibilidade de receber os benefícios legais.

Destarte, é certo que as referidas avaliações não possuem outra função, senão ofertar subsídios ao fiel cumprimento da sanção penal, amoldando-a às peculiaridades do sentenciado, em mais lídimo e judicioso prestígio ao disciplinado pelo art. 5º, XLVI, da Carta Magna.

Diante disso, revela-se disparatada e inconstitucional qualquer proposta tendente a suplantar, ou mesmo abolir, o importante auxílio prestado pela equipe multidisciplinar na formação da convicção pelo magistrado, posto configurar não só despeito ao dever inafastável de colaboração com o Poder Judiciário, mas, sobretudo, patente ofensa à individualização executória.

REFERÊNCIAS

BRITO, Alexis Couto de. *Execução penal*. 3. ed. São Paulo: Revista dos Tribunais, 2013.

ANDREUCCI, Ricardo Antonio. *Legislação penal especial*. 8. ed. São Paulo: Saraiva, 2011.

ANTUNES, Maria João. Discussão em torno do internamento de inimputável em razão de anomalia psíquica. *RBCCrim*, São Paulo, 42, jan.-mar. 2003.

BARROS, Carmen Silvia de Moraes. As modificações introduzidas nos artigos 6º e 112 da LEP pela Lei 10.792/2003 e a jurisdicionalização e a individualização da pena na Execução Penal. *RBCCrim*, São Paulo, 48/178, maio-jun. 2014.

FRAGOSO, Heleno Cláudio. Livramento condicional. *RT*, São Paulo: Revista dos Tribunais, 455/299, set. 1973.

MARCÃO, Renato. *Curso de execução penal*. 11. ed. São Paulo: Saraiva, 2013.

NUCCI, Guilherme de Souza. *Curso de execução penal*. Rio de Janeiro: Forense, 2018.

_____. *Dicionário jurídico*. São Paulo: Revista dos Tribunais, 2013.

_____. *Leis penais e processuais penais comentadas*. 9. ed. Rio de Janeiro: Forense, 2016. vol. 2.

PONTE, Antonio Carlos. *Inimputabilidade e processo penal*. 2. ed. São Paulo: Quartier Latin, 2007.

SÁ, Alvino Augusto. A recuperação dos sentenciados e a questão do exame criminológico *versus* Parecer da Comissão Técnica de Classificação. *RBCCrim*, São Paulo, 13/203, jan.-mar. 1996.

_____; ALVES, Jamil Chaim. Dos pareceres da Comissão Técnica de Classificação na Individualização Executória da Pena: uma revisão interdisciplinar. *Boletim IBCCRIM*, São Paulo, ano 17, n. 201, 2009.

ZIMMARO, Rafael Barone. *Medidas de segurança: fundamentos de aplicação e execução*. Tese Mestrado. Pontifícia Universidade Católica de São Paulo. São Paulo, 2011.

3

DIREITOS DO CONDENADO

Diogo Lemos Aguiar
Mestre em Direito Penal pela PUC-SP. Professor no curso de
Pós-graduação em Direito Penal da Escola Brasileira de Direito/EBRADI.
Advogado em São Paulo.

Resumo: A Lei 7.210/1984 assegura ao condenado a manutenção de todos os direitos não atingidos pela condenação ou pela lei. Como consequência, é o condenado titular de deveres e direitos, que devem ser observados e garantidos durante o transcurso do cumprimento da pena. Objetiva o presente escrito analisar os direitos dos condenados previstos pela Lei de Execução Penal, com os apontamentos cabíveis acerca do Projeto de Lei 9.054/2017, que propõe diversas alterações no texto de lei vigente.

Palavras-chave: Direito penal. Execução penal. Direitos dos condenados. Lei 7.210/84. PL 9.054/2017.

Abstract: Law 7.210/1984 assures the convict the maintenance of all rights not affected by condemnation or by law. As a result, the doomed is holder of duties and rights, which must be observed and guaranteed during the course of the penalty completion. The present writing aims to analyze the rights of convicts prescribed by Penal Execution Law, with appropriate notes in what regards Law Project 9.054/2017, which proposes several changes in the current law text.

Keywords: Criminal law. Penalty execution. Prision law. Law 7.210/84. PL 9.054/107.

Sumário: 1. Introdução – 2. Direitos do condenado: 2.1 Respeito à integridade física e moral; 2.2 Alimentação suficiente e vestuário; 2.3 Atribuição de trabalho e sua remuneração; 2.4 Previdência social; 2.5 Pecúlio; 2.6 Distribuição de tempo; 2.7 Continuidade de atividades anteriores; 2.8 Assistência estatal; 2.9 Proteção à imagem; 2.10 Entrevista pessoal e reservada com o advogado; 2.11 Direito de visita; 2.12 Chamamento nominal; 2.13 Igualdade de tratamento; 2.14 Audiência com o diretor do estabelecimento; 2.15 Representação e petição; 2.16 Contato com o mundo exterior; 2.17 Atestado de pena a cumprir; 2.18 Novos incisos previstos pelo PL 9.054/2017 – 3. Suspensão ou restrição de direitos – 4. Conclusão – Referências.

1. INTRODUÇÃO

Hodiernamente a discussão acerca de direitos na seara penal tornou-se um grande desafio, emergindo como um dos pontos mais delicados a abordagem dos diretos do condenado. Acreditamos que tal dificuldade derive do momento que vive o Direito Penal moderno, especialmente em nossa sociedade, que vislumbra na restrição de direitos e no punitivismo exacerbado a saída para tantas mazelas que acometem o país.

Existem intensos movimentos que clamam, ainda que desprovidos de qualquer fundamento adequado, pela restrição de direitos e garantias no campo do direito penal, sendo alvo não apenas a persecução penal – investigação preliminar e ação penal – mas também a execução penal.

Interessante notar que a força dos reclamos pela supressão de direitos ganha corpo com o avanço de cada fase dentro do processo penal, atingindo seu ápice após a condenação do acusado, com sua transição para a condição de condenado.

Iniciada a execução da pena, tem o condenado sua vulnerabilidade exponencialmente acentuada – obviamente que não pela ausência de culpa, elemento ou pressuposto necessário para a imposição de pena – diante do poder e força do Estado enquanto executor da sanção imposta.

No campo dos estudos das ciências penais, tal vulnerabilidade é reconhecida especialmente por refletir a necessária preocupação com a defesa dos direitos da pessoa humana. É inconteste que em toda história os presos sempre foram vítimas de excessos e discriminações, sobretudo por aqueles a quem eram confiados seus cuidados, sofrendo por vezes inúmeras violações aos direitos humanos.[1]

A concepção moderna do Direito Penal permite a adequada conclusão de que, mesmo após a condenação, permanece o preso titular de todos os direitos não atingidos pela condenação e por sua segregação. Por consequência, reflete o ordenamento jurídico a relação de direitos e deveres do condenado, exigindo-se das partes envolvidas na execução da pena respeito mútuo a tais postulados.

2. DIREITOS DO CONDENADO

Apesar de estabelecer a Lei de Execução Penal, em seu art. 41, um rol de direitos do preso, é preciso reconhecer que tal relação é meramente

---

[1] MIRABETE, Julio Fabbrini. *Execução penal*. 14. ed. rev., atual. e ampl. São Paulo: Atlas, 2018. p. 113.

exemplificativa. Conforme bem narra o art. 3º da LEP, "ao condenado e internado serão assegurados todos os direitos não atingidos pela sentença ou pela lei", tornando claro que preso possui direito a tudo que não for restrito pela sua condição de condenado. Ainda como diretrizes gerais, veda o art. 3ª, parágrafo único, da LEP qualquer tipo de distinção de natureza racial, social, religiosa ou política.

Entre as alterações propostas pelo Projeto de Lei do Senado 513/2013, aprovado nesta Casa Legislativa, e atualmente em curso perante a Câmara dos Deputados (PL 9.054/2017), está a modificação do teor do art. 3º, parágrafo único, da LEP, que ampliaria as garantias ao condenado, prevendo em seu texto que "não haverá discriminação em razão de natureza política, racial, socioeconômica ou religiosa, de identidade de gênero, de orientação sexual ou de nacionalidade, observada a legislação pertinente".[2]

Por outro lado, urge consignar que os direitos do condenado não se encontram previstos somente no âmbito da LEP, mas também em dispositivos afetos ao tema no Código Penal, Legislação Extravagante e na própria Constituição Federal.

2.1 Respeito à integridade física e moral

O ordenamento pátrio assegura aos presos, provisórios e definitivos, o respeito à sua integridade física e moral. Neste sentido, o teor do art. 5º, XLIX, da Constituição Federal, do art. 40 da Lei de Execução Penal e do art. 38 do Código Penal reverberam de forma uníssona tais garantias, em consonância com outras previsões constitucionais.

Notadamente, o princípio da humanidade se estende ao âmbito da execução penal, afastando a imposição de penas de morte (salvo em caso de guerra declarada), de caráter perpétuo, de trabalhos forçados, de banimento, nos moldes descritos no art. 5º, XLVII, da Constituição Federal. Do mesmo modo, garante o texto constitucional que ninguém será submetido a tortura e tratamento desumano ou degradante (art. 5º, III, da CF).

Verifica-se que o norteamento trazido pelas arroladas disposições, primando pela integridade física e moral do condenado, é concretizado no teor da Lei de Execução Penal. Determina o disposto no art. 84, § 2º, da LEP

---

[2] BRASIL. Senado Federal. Projeto do Senado 513 (PL 9.054/2017). Altera a Lei 7.210, de 11 de julho de 1984 (Lei de Execução Penal). Disponível em: <http://www.camara.gov.br/proposicoesWeb/prop_mostrarintegra?codteor=1619253&filename=PL+9054/2017>. Acesso em: 2 maio 2017.

que os presos que eram funcionários da Administração da Justiça deverão permanecer em dependência separada dos demais presos, assegurando sua integridade física e moral. Ainda neste sentido, temos a previsão do art. 117 da LEP, que permite o recolhimento do preso em regime aberto (prisão domiciliar) quando este for maior de setenta anos, ouse encontrar acometido de doença grave, ou na hipótese de condenada gestante, ou, ainda, no caso de condenada com filho menor ou deficiente físico ou mental.

A necessidade de respeito à integridade física e moral do preso dentro do ordenamento pátrio também é consagrada através da consolidação de entendimentos do Supremo Tribunal Federal, como se observa no teor da Súmula Vinculante 11,[3] que restringe o uso de algemas aos casos de resistência e de fundado receio de fuga, ou perigo à integridade física própria ou alheia, por parte do preso ou de terceiros, e na Súmula Vinculante 56,[4] pela qual se firmou o entendimento no sentido de que a falta de estabelecimento penal adequado não autoriza a manutenção do condenado em regime prisional mais gravoso.[5]

---

[3] Supremo Tribunal Federal, Súmula Vinculante 11: "Só é lícito o uso de algemas em casos de resistência e de fundado receio de fuga ou de perigo à integridade física própria ou alheia, por parte do preso ou de terceiros, justificada a excepcionalidade por escrito, sob pena de responsabilidade disciplinar, civil e penal do agente ou da autoridade e de nulidade da prisão ou do ato processual a que se refere, sem prejuízo da responsabilidade civil do Estado".

[4] Supremo Tribunal Federal, Súmula Vinculante 56: "A falta de estabelecimento penal adequado não autoriza a manutenção do condenado em regime prisional mais gravoso, devendo-se observar, nessa hipótese, os parâmetros fixados no RE 641.320/RS".

[5] Nestas hipóteses determina o enunciado da súmula que se observe os parâmetros fixados no RE 641.320/RS, onde fixou o Supremo Tribunal Federal seu posicionamento para casos de falta de vagas para cumprimento de pena nos regimes semiaberto e aberto. Neste sentido restou pacificado que "(...) havendo viabilidade, ao invés da prisão domiciliar, observa-se: (i) a saída antecipada de sentenciado no regime com falta de vagas; (ii) a liberdade eletronicamente monitorada do recorrido, enquanto em regime semiaberto; (iii) o cumprimento de penas restritivas de direito e/ou estudo ao recorrido após progressão ao regime aberto; (...) fixar tese nos seguintes termos: a) a falta de estabelecimento penal adequado não autoriza a manutenção do condenado em regime prisional mais gravoso; b) os juízes de execução penal poderão avaliar os estabelecimentos destinados aos regimes semiaberto e aberto, para qualificação como adequados a tais regimes. São aceitáveis estabelecimentos que não se qualifiquem como 'colônia agrícola, industrial' (regime semiaberto) ou 'casa de albergado ou estabelecimento adequado' (regime aberto; art. 33, § 1º, alíneas 'b' e 'c'); c) havendo déficit de

Apesar da sensível evolução encontrada nesta seara, o caminho a ser percorrido ainda se mostra longo, exigindo intenso empenho do Poder Público para que o cárcere apresente estrutura física e humana apta a assegurar o efetivo respeito à integridade física e moral do condenado.

2.2 Alimentação suficiente e vestuário

Apresenta-se como óbvia a previsão que determina como incumbência do Estado o fornecimento de alimentação ao preso (art. 41, inciso I, da LEP), em quantidade e qualidade suficiente, pois o contrário seria aceitar a execução de pena cruel ou de morte, violando o art. 5º, inciso XLVII, da Constituição Federal.

O Projeto de Lei do Senado 513/2013, em curso na Câmara dos Deputados (PL 9.054/2017), simplifica o texto do inciso acima referido, promovendo a supressão da palavra suficiente, que se mostra desnecessária, uma vez que é responsabilidade do Estado prover a alimentação adequada aos presos.

Considerando a obrigação do Estado em fornecer a alimentação aos presos, aderimos à posição defendida por Guilherme de Souza Nucci, no sentido de que o "Poder Público deveria incentivar a instalação e organização de cozinhas dentro dos presídios, como forma viável de abrir inúmeros postos de trabalho aos condenados, evitando-se a *terceirização* do serviço, sob o pretexto de ser mais econômico. Assim, eles seriam os responsáveis pelo preparo da própria alimentação, auferindo, também, as vantagens inerentes à remição".[6]

O mesmo dispositivo da LEP determina o fornecimento de vestuário ao preso, o que se mostra adequado para a sua identificação dentro do estabelecimento prisional, permitindo sua diferenciação dos funcionários que no laboram no local. Porém, necessário que o vestuário não afronte a dignidade da pessoa humana ou exponha os detentos ao ridículo.[7]

---

vagas, deverá determinar-se: (i) a saída antecipada de sentenciado no regime com falta de vagas; (ii) a liberdade eletronicamente monitorada ao sentenciado que sai antecipadamente ou é posto em prisão domiciliar por falta de vagas; (iii) o cumprimento de penas restritivas de direito e/ou estudo ao sentenciado que progride ao regime aberto. Até que sejam estruturadas as medidas alternativas propostas, poderá ser deferida a prisão domiciliar ao sentenciado" (STF, RE 641.320, Tribunal Pleno, Rel. Gilmar Mendes, j. 11.05.2016).

[6] *Leis penais e processuais penais comentadas*. 10. ed. rev., atual. e ampl. Rio de Janeiro: Forense, 2017. vol. 2, p. 230.

[7] AVENA, Norberto. *Execução penal*. 4. ed. rev., atual. e ampl. São Paulo: Método, 2017. p. 70.

Entre as obrigações impostas ao Estado pelo art. 41, inciso I, da LEP, a questão da alimentação dos presos tem se mostrado um dos maiores problemas da administração penitenciária. Faz parte das reivindicações do cotidiano carcerário o fornecimento de comida de melhor qualidade ou, ao menos, apta ao consumo humano.

São muitos os episódios dramáticos envolvendo a alimentação no sistema prisional, incluindo casos extremos de fornecimento de comida imprópria para o consumo humano.[8] Embora a gravidade destas situações seja inquestionável, o que se nota é uma postura passiva e omissiva por parte do Estado, afastando do condenado a possibilidade do digno cumprimento da pena.

2.3 Atribuição de trabalho e sua remuneração

O trabalho remunerado do preso é prescrito não somente como um dever (art. 39, inciso V, da LEP), mas também como um direito do apenado (art. 41, inciso II, da LEP), o que reforça sua importância do ponto de vista da reeducação e ressocialização. Ademais, o trabalho do recluso contribui para a sua profissionalização, incentivando e possibilitando que, uma vez posto em liberdade, busque atividade lícita para prover seu sustento e de sua família.

Outro ponto relevante acerca do trabalho do preso é a possibilidade de reduzir sua pena, valendo-se do instituto da remição,[9] observadas as disposições dos arts. 126 a 130 da LEP. A remuneração obtida com seu trabalho poderá ser destinada à indenização do dano *ex delicto*, à assistência de sua família, ao custeio de pequenas despesas pessoais, ao ressarcimento do Estado, e à constituição do pecúlio.[10]

Em que pese a indiscutível relevância da atribuição de trabalho ao preso, a realidade carcerária do país apresenta condições distantes das ideais, oferecendo poucas vagas, e para atividades desprovidas de qualquer aprendizado

---

[8] Entre tantos casos, citamos o fornecimento de alimentos estragados e impróprios para o consumo humana para mais de 10 mil detentos do Espírito Santo. Pelo apurado, a empresa contratada pelo Estado forneceu alimento impróprio para o consumo humano, presunto estragado e soro de leite no lugar de leite. Maiores informações estão disponíveis na matéria: <http://www.gazetaonline.com.br/cbn_vitoria/reportagens/2017/09/secont-processa-empresa-que-fornecia-comida-estragada-em-presidios-1014101754.html#>.

[9] Debate-se no texto do PL 9.054/2017, em seu art. 29-A, a admissão do trabalho voluntário para a administração pública ou no próprio estabelecimento penal, sem remuneração, para que o preso possa gozar de remição de pena.

[10] Vide item 1.4.

técnico. Com muita lucidez alerta Álvaro Mayrink da Costa que o "trabalho prisional, na maioria das unidades brasileiras, abarca menos de 10% (dez por cento) da massa carcerária, sendo do tipo doméstico ('faxinas') ou manual, tosco, repetitivo e sem qualquer técnica".[11]

Sem dúvidas se trata de um dos principais direitos tutelados pela Lei de Execuções Penais, que necessita com urgência se materializar na realidade dos estabelecimentos prisionais brasileiros, permitindo conceder maior efetividade à execução da pena.

2.4 Previdência social

Possui o preso direito à previdência social, como expressamente descrito pelo art. 39 do Código Penal e pelo art. 41, inciso III, da LEP. Por conseguinte, tem o direito de usufruir dos benefícios previdenciários, como, por exemplo, o auxílio-reclusão (art. 201, inciso IV, da Constituição Federal).

Possui o auxílio reclusão natureza previdenciária, sendo concedido pelo Instituto Nacional do Seguro Social (INSS) aos dependentes de segurados presos, quando estes já contribuíam antes de sua prisão.

Cabe apontar que o benefício deve ser pleiteado perante a Previdência Social, pelos dependentes de presos que estejam em regime fechado ou semiaberto.[12] O auxílio-reclusão não será concedido aos dependentes de segurados que se encontram em regime aberto ou em livramento condicional. Ainda, para que seja possível pleitear o auxílio-reclusão, é necessário que o preso, no momento de sua prisão, possua a qualidade de segurado,[13] ou seja, encontra-se trabalhando e contribuindo regularmente. Não será concedido caso o preso esteja recebendo salário ou outro benefício do INSS.

Cessará o recebimento do auxílio-reclusão nas hipóteses de: a) morte do segurado, sendo o benefício convertido em pensão por morte; b) concessão de livramento condicional; c) progressão para o regime aberto; d) fuga do estabelecimento prisional; e) concessão de outro tipo de benefício pelo INSS

---

[11] *Execução penal.* Rio de Janeiro: LMJ Mundo Jurídico, 2016. p. 281-282.
[12] São considerados beneficiários, para fins de obtenção do auxílio-reclusão, o cônjuge ou companheiro, o filho ou equiparado, pais e irmãos.
[13] "Previdenciário. Auxílio-reclusão. Art. 80 e parágrafo. Apelação em mandado de segurança. Previdenciário. Auxílio-reclusão. Condição de segurado. 1. A condição de segurado é indispensável à concessão do benefício previdenciário de auxílio-reclusão aos dependentes. 2. Apelação improvida" (TRF2, MAS 49008.2001.51.10.005033-7, *DJ* 14.04.2004).

(auxílio-doença ou aposentadoria); f) perda da qualidade de dependente do segurado; g) morte ou término da invalidez do dependente.

O auxílio-reclusão, por vezes pouco compreendido por parcela da sociedade, necessita ser desmistificado perante a opinião pública, pois não se trata de recompensa pelo crime cometido, mas benefício de natureza previdenciária concedido aos dependentes de segurados que já contribuíam antes de sua prisão.

2.5 Pecúlio

A palavra pecúlio compreende a reserva de dinheiro disponível, acumulada lentamente por uma pessoa, resultado de seu trabalho e economia, para que esteja assegurado no caso de qualquer eventualidade.[14] No bojo da Lei de Execução Penal a ideia não é outra, sendo o pecúlio a quantia depositada em caderneta de poupança, derivada do trabalho do preso.

A constituição do pecúlio será concretizada após efetuados os abatimentos previstos em lei[15] na remuneração pelo trabalho do preso, ou seja, descontos relativos à reparação do dano *ex delicto*, à assistência de sua família, custos com pequenas despesas pessoais e ao ressarcimento do Estado pelos custos com sua manutenção.

Superados os descontos legais, o valor restante será depositado em caderneta de poupança para constituição do pecúlio, que deverá ser entregue ao preso quando posto em liberdade, conforme determina o art. 29, § 2º, da LEP, em consonância com as *Regras Mínimas para o Tratamento de Reclusos* adotadas e aprovadas pela ONU.[16]

O pecúlio merece maior atenção por parte dos órgãos gestores da política criminal brasileira, pois boa parte dos presos reintegrados à sociedade iniciam sua nova jornada sem quaisquer recursos financeiros, recaindo por

---

[14] PECÚLIO. *Michaelis Online*. São Paulo: Melhoramentos, 2015. Disponível em: <http://michaelis.uol.com.br/moderno-portugues/busca/portugues-brasileiro/pec%C3%BAlio/>. Acesso em: 2 maio 2018.

[15] Art. 29, § 1º, da LEP.

[16] "Item 76. (...) 3) O regulamento deve prever igualmente que uma parte da remuneração seja reservada pela administração de modo a constituir uma poupança que será entregue ao recluso no momento da sua colocação em liberdade". Disponível em: <http://www2.camara.leg.br/atividade-legislativa/comissoes/comissoes-permanentes/cdhm/comite-brasileiro-de-direitos-humanos-e-politica-externa/RegMinTratRec.html>. Acesso em: 2 maio 2018.

vezes no mundo do crime. É fato que sua concreta implementação está intrinsecamente vinculada com a criação de oportunidades de trabalho ao preso, o que reforça a necessidade de ações integradas para melhoria da política penitenciária brasileira.

2.6 Distribuição de tempo

A rotina do condenado deverá ser distribuída pela autoridade administrativa competente, observando a proporcionalidade natural entre trabalho, descanso e recreação.[17] Assim, estabelece o art. 33 da LEP que a jornada de trabalho do preso não será inferior a 6 (seis) e nem superior a 8 (oito) horas diárias,[18] com descanso nos domingos e feriados. Diante de tais balizas, é inconcebível que a jornada de trabalho seja excessiva, vez que constituiria pena cruel ou trabalho forçado.

---

[17] NUCCI, Guilherme de Souza. *Leis penais e processuais penais comentadas*. 10. ed. rev., atual. e ampl. Rio de Janeiro: Forense, 2017. vol. 2, p. 230.

[18] Importante ressaltar o entendimento manifestado no RHC 136.509/MG, no sentido de que caso a jornada de trabalho do preso, por determinação da administração penitenciária, seja inferior a seis horas, esta poderá ser considerada para fins de remição da pena. "Recurso ordinário constitucional. Habeas corpus. Execução Penal. Remição (arts. 33 e 126 da Lei de Execução Penal). Trabalho do preso. Jornada diária de 4 (quatro) horas. Cômputo para fins de remição de pena. Admissibilidade. Jornada atribuída pela própria administração penitenciária. Inexistência de ato de insubmissão ou de indisciplina do preso. Impossibilidade de se desprezarem as horas trabalhadas pelo só fato de serem inferiores ao mínimo legal de 6 (seis) horas. Princípio da proteção da confiança. Recurso provido. Ordem de habeas corpus concedida para que seja considerado, para fins de remição de pena, o total de horas trabalhadas pelo recorrente em jornada diária inferior a 6 (seis) horas. 1. O direito à remição pressupõe o efetivo exercício de atividades laborais ou estudantis por parte do preso, o qual deve comprovar, de modo inequívoco, seu real envolvimento no processo ressocializador. 2. É obrigatório o cômputo de tempo de trabalho nas hipóteses em que o sentenciado, por determinação da administração penitenciária, cumpra jornada inferior ao mínimo legal de 6 (seis) horas, vale dizer, em que essa jornada não derive de ato insubmissão ou de indisciplina do preso. 3. Os princípios da segurança jurídica e da proteção da confiança tornam indeclinável o dever estatal de honrar o compromisso de remir a pena do sentenciado, legítima contraprestação ao trabalho prestado por ele na forma estipulada pela administração penitenciária, sob pena de desestímulo ao trabalho e à ressocialização. 4. Recurso provido. Ordem de habeas corpus concedida para que seja considerado, para fins de remição de pena, o total de horas trabalhadas pelo recorrente em jornada diária inferior a 6 (seis) horas" (RHC 136.509, 2ª Turma, Rel. Dias Toffoli, j. 04.04.2017).

Para que o preso não se dedique exclusivamente ao ócio em seu tempo livre, determina a lei como seu direito exercer atividades recreativas, contribuindo para o processo de ressocialização e para manutenção da disciplina do estabelecimento prisional.

Em meio ao trabalho e as atividades recreativas, deverá haver período para o descanso do preso, o que não se confunde com sua ociosidade excessiva. É importante que o período de inatividade do preso seja o menor possível, apenas o adequado para seu efetivo descanso, preservando a ordem e disciplina no cárcere.

A preocupação com a recreação do preso está expressamente manifestada no texto da LEP, que informa em seu art. 21 que "dotar-se-á cada estabelecimento de uma biblioteca, para uso de todas as categorias de reclusos, provida de livros instrutivos, recreativos e didáticos". Ainda, prevê que compete ao serviço de assistência social "promover, no estabelecimento prisional, pelos meios disponíveis, a recreação".

Portanto, acertadamente, objetiva o ordenamento jurídico a ideal distribuição do tempo disponível do preso, para que as atividades laborais, recreativas e de descanso possam ser realizadas em proporção harmônica.

2.7 Continuidade de atividades anteriores

É possível que o preso mantenha durante o cárcere o exercício das atividades profissionais, intelectuais, artísticas e desportivas desempenhadas anteriormente ao seu recolhimento prisional.

A concretização do direito narrado no art. 41, inciso VI, da LEP, está condicionado a adequação da atividade com a execução da pena, não configurando constrangimento ilegal quando incompatível com seu cumprimento.[19]

---

[19] Nesse sentido: "(...) não há como falar em constrangimento ilegal, porquanto, nos termos do art. 42 da LEP, os direitos previstos pelo art. 41 (dentre eles o trabalho e o estudo), aplicam-se ao preso provisório 'no que couber'. Ademais, o próprio art. 41, em seu inciso VI, faz a ressalva expressa de que são direitos do preso o 'exercício das atividades profissionais, intelectuais, artísticas e desportivas anteriores, desde que compatíveis com a execução da pena.' Sendo inconteste, portanto, que o paciente teve assegurado o direito à cela especial, e diante da incompatibilidade do exercício dos direitos pleiteados com o estabelecimento onde se encontra recluso, 'não é razoável interpretar a prerrogativa conferida à classe dos advogados como passível de inviabilizar a própria custódia'" (HC 93.391, 2ª Turma, Rel. Cezar Peluso, *DJ* 09.05.2008).

É plenamente possível que um escritor preso, ainda que em regime fechado, continue a exercer seu mister no cárcere, devendo a administração penitenciária providenciar espaço, meios e condições para tanto. Porém, não é admissível que o mesmo escritor queira viajar o país para efetuar o lançamento de sua obra, pois claramente inconciliável com o cumprimento da pena.

Não basta que a atividade seja compatível com o cumprimento da pena, também será necessário avaliar se a estrutura do estabelecimento penitenciário comporta a realização da atividade pleiteada sem que a segurança deste seja colocada em risco. Esse fator é extremamente relevante considerando a realidade do cárcere brasileiro.

Em que pese a falta de estrutura do sistema prisional para atender adequadamente o comando legal, a previsão se mostra alinhada com a necessidade de ressocialização do condenado, buscando meios para que durante o período de segregação possua o apenado ocupações hábeis a melhorar suas condições de retorno à sociedade.

2.8 Assistência estatal

A assistência estatal ao preso está prevista nos arts. 10 a 24 da LEP, abrangendo especificamente a assistência material, à saúde, jurídica, educacional, social e religiosa. Apesar de asseguradas pelos mencionados dispositivos, o legislador optou por sua inserção no rol do art. 41.

A previsão de assistência material encontrada no art. 12 da LEP impõe como necessário o fornecimento de alimentação, vestuário e instalações higiênicas. Cabe ressaltar que o PL 9.054/2017, em curso na Câmara dos Deputados, prevê a inclusão de produtos de higiene e saúde no texto do mencionado artigo.

Entre as alterações propostas pelo PL 9.054/2017, encontramos a inserção de parágrafo único ao art. 12, assegurando ao preso o direito de obter transporte até a cidade da sua residência, nas hipóteses de livramento condicional e de término da pena, quando inexistir transporte público que atenda a região do estabelecimento prisional. Considerando que muitos presídios brasileiros se localizam em zonas afastadas dos grandes centros, por vezes sem qualquer oferta de transporte público em seu entorno, é louvável a iniciativa do Estado de garantir o transporte até o local de sua residência.

A assistência à saúde é referida no art. 14 da LEP, com caráter preventivo e curativo, englobando atendimento médico, farmacêutico e odontológico. A redação proposta pelo PL 9.054/2017 apresenta uma nova leitura, explicitando a assistência à saúde física e mental do preso, com base nas premissas do Sistema Único de Saúde.

Outra alteração proposta pelo projeto de lei digna de nota refere-se à inclusão do § 3º ao art. 14, com objetivo de assegurar acompanhamento médico especializado à mulher presa, especialmente no caso das gestantes, com atendimento no pré-natal e no pós-parto. Ainda no campo da assistência à saúde, prescreve o projeto de lei (art. 14, § 5º) a criação e manutenção pela União de programa de assistência terapêutica para presos dependentes químicos.

De outro lado, é destinada a assistência jurídica aos presos e aos internados que não possuam condições financeiras para constituir advogado (art. 15 da LEP). No texto do PL 9.054/2017 pretende o legislador ampliar a assistência também para o campo extrajudicial e administrativo, devendo o serviço ser prestado pela Defensoria Pública.

Do ponto de vista educacional, as disposições dos arts. 17 a 21-A da LEP abrangem a instrução escolar e formação profissional do preso e do internado. É notória a dificuldade do Estado em garantir concretamente a assistência educacional ao preso, talvez por esta razão pretende o PL 9.054/2017 alterar boa parte da estrutura dos dispositivos afetos à área.[20]

Garante a Lei de Execução Penal a assistência social, com a finalidade de amparar o preso e prepará-lo para o retorno à liberdade, conforme descrito no art. 22 da LEP. Por fim, temos a previsão da assistência religiosa (art. 24 da LEP), com liberdade de culto, que será prestada aos presos e aos internados, permitindo a estes a participação nos serviços organizados no estabelecimento penitenciário, bem como a posse de livros de instrução religiosa.

2.9 Proteção à imagem

A proteção contra qualquer forma de sensacionalismo, prevista no art. 41, inciso VIII, da LEP, corrobora a garantia constitucional consagrada pelo art. 5º, inciso XLIX, que garante ao preso o respeito à integridade física

---

[20] Entre as mudanças propostas pelo Projeto do Senado 513 (PL 9.054/2017), destacamos a criação do seguinte artigo para a Lei de Execução Penal: "Art. 20-A. A autorização para estudo externo no regime semiaberto poderá ser concedida pela direção do estabelecimento ao condenado que tenha sido admitido durante o cumprimento da pena em curso de instituição de ensino superior e que demonstre disciplina e responsabilidade, condicionada a autorização à matrícula no curso correspondente. Parágrafo único. Revogar-se-á a autorização para estudo externo ao preso que vier a praticar fato definido como crime, for punido por falta grave ou tiver comportamento contrário aos requisitos estabelecidos neste artigo".

e moral. Nesse mesmo sentido, caminha o disposto no art. 38 do Código Penal, com a preservação de todos os direitos/do condenado não atingidos pela perda da liberdade.

Devemos considerar que a honra e a imagem, não obstante garantidas no plano constitucional pelo art. 5º, inciso X, "sofrem o natural desgaste imposto pela violência imposta pela prisão, com inevitável perda da liberdade e a consequente desmoralização no âmbito social".[21] Por tais fatos, há a necessidade de o Estado proteger o condenado contra qualquer forma de sensacionalismo, como inclusive dispõe o art. 198 da LEP.

A Resolução 14, de 11 de novembro de 1994, do Conselho Nacional de Política Criminal e Penitenciária, ao estabelecer as regras mínimas para tratamento do preso no Brasil, reitera postulados pela preservação da vida privada e da imagem do condenado. Assim, assegura a resolução que o preso não será constrangido a participar, ativa ou passivamente, de ato de divulgação de informações aos meios de comunicação, especialmente no que tange à sua exposição compulsória à fotografia ou filmagem.

Ainda, prevê a Resolução 14, do Conselho Nacional de Política Criminal e Penitenciária, que a autoridade responsável pela custódia do preso velará, nos termos da lei, pelo sigilo das informações sobre a vida privada e a intimidade do apenado.

Apesar das previsões apontadas, é rotineira a exploração sensacionalista da imagem de presos e condenados pela mídia. Diversos programas televisivos ultrapassam os limites de suas atribuições, valendo-se das supostas entrevistas para expor presos em situações degradantes.[22]

Por conseguinte, o legítimo direito à informação deve ser exercido com cautela, sem a desnecessária exposição vexatória ou humilhante do preso e avaliando-se a utilidade da divulgação à administração da justiça ou à manutenção da ordem pública. E não é apenas no âmbito midiático que deve ser

---

[21] NUCCI, Guilherme de Souza. *Curso de execução penal*. Rio de Janeiro: Forense, 2018. p. 61.

[22] Reiterados episódios desta natureza deram origem à Recomendação 09/2009, expedida pelo Ministério Público Federal ao Secretário de Estado da Defesa e da Segurança Social da Paraíba, que deveria abster-se de expor e permitir a exposição da imagem de presos na imprensa. Buscando a anulação recomendação expedida pelo Ministério Público Federal, ajuizou a Procuradoria-Geral da Paraíba Ação Cível Originária (ACO 1518) perante o STF, que teve negado seu seguimento por não ser a via adequada para sua impugnação.

preservada a imagem do condenado, cabendo a aplicação da garantia durante toda persecução penal e execução da pena.[23]

Apesar de entendimento sedimentado através da Súmula 403 do STJ, que a publicação da imagem de uma pessoa com fins econômicos ou comerciais, sem a sua autorização, gera direito à indenização[24] independentemente de prova do prejuízo, é necessário lembrar que a possibilidade de responsabilização dos meios de comunicação não exime o Estado de seu dever de assegurar a máxima proteção ao direito previsto, especialmente por ser vinculado à dignidade da pessoa humana.

Claro que, nesse contexto, possui autonomia o condenado para, espontaneamente, conceder entrevista ou participar de matéria jornalística, desde que o conteúdo não colida com sua dignidade humana.[25]

2.10 Entrevista pessoal e reservada com o advogado

A previsão do direito do condenado à entrevista pessoal e reservada com seu advogado, estabelecida no art. 41, inciso IX, da LEP, decorre do direito à ampla defesa assegurado no plano constitucional pelo art. 5º, inciso LV.

---

[23] Neste sentido já se manifestou o STJ (HC 88.448/DF), ao considerar ilegal a inserção da fotografia do acusado na exordial acusatória, sustentando o relator Og Fernandes que "A meu sentir, a inserção da fotografia do acusado na vestibular viola, de fato, diferentes normas constitucionais, dentre as quais destaco o direito à honra, à imagem e também o princípio matriz de toda a ordem constitucional: o da dignidade da pessoa humana" (HC 88.448/DF, 6ª Turma, Rel. Og Fernandes, j. 06.05.2010, *DJe* 02.08.2010).

[24] "Apelação cível. Ação de indenização por danos morais. Polo passivo. Periódico. Publicação indevida. Associação ao tráfico de drogas. Danos morais configurados. *Quantum*. Minoração necessária. O periódico que publica indevidamente imagem de suspeito de roubo associando-o ao tráfico de drogas, sem se preocupar com a veracidade dos fatos, comete ilícito civil passível de reparação. Embora caiba na hipótese reparação, o quantum fixado na sentença afigura-se elevado pois não levou em conta a situação peculiar das partes envolvidas. Acolhimento do recurso nesse ponto, com redução da verba para R$ 1.000,00, montante mais razoável e proporcional aos fatos e parâmetros utilizáveis em situações análogas" (TJSC, Apelação Cível 2004.034299-3, de Criciúma, 2ª Câmara de Direito Civil, rel. Jaime Luiz Vicari, j. 26.02.2009).

[25] Pondera Álvaro Mayrink da Costa que "a divulgação da imagem pode redundar em prévia condenação pública, que é irreparável, violando a dignidade da pessoa humana. (...) Os condenados que cumprem pena em regime fechado por crimes que tiveram grande repercussão pública não podem ser objeto de entrevistas pela mídia sensacionalista em busca de audiência" (*Execução penal*. Rio de Janeiro: LMJ Mundo Jurídico, 2016. p. 286).

É certo que o exercício da entrevista pessoal e reservada com seu advogado concretiza o direito à ampla defesa do condenado. Por outro lado, o que é prescrito pela LEP como direito do preso também é assegurado como direito do advogado, como expressa o art. 7º, inciso III, da Lei 8.906/1994 (Estatuto da Advocacia e da OAB).

Portanto, deve ser assegurada a entrevista pessoal e reservada, resguardando-se o direito ao sigilo da conversa, sem que haja qualquer tipo de intercepção ou interferência de terceiros. Como rememora Norberto Avena,[26] foi tema de discussão a possibilidade de restringir o contato de presos recolhidos em regime especial (regime disciplinar diferenciado) com seus advogados, chegando a Secretaria da Administração Penitenciária do Estado de São Paulo a editar resolução (SAP 49/2002), objetivando restringir as visitas e entrevistas dos advogados com presos em RDD.

O referido ato normativo foi considerado ilegal pelo Superior Tribunal de Justiça no julgamento do REsp 1.028.847/SP,[27] por considerar que a exi-

---

[26] *Execução penal.* 4. ed. rev., atual. e ampl. São Paulo: Método, 2017. p. 72.

[27] "Administrativo. Resolução SAP 49 do Estado de São Paulo. Ato normativo regulador do direito de visita e entrevista com causídico nos estabelecimentos prisionais. Restrição a garantias previstas no Estatuto dos Advogados e na Lei de Execuções Penais. Impossibilidade. 1. Hipótese em que a OAB/SP impetrou Mandado de Segurança, considerando como ato coator a edição da Resolução 49 da Secretaria da Administração Penitenciária do Estado de São Paulo, norma que, disciplinando o direito de visita e de entrevista dos advogados com seus clientes presos, restringe garantias dos causídicos e dos detentos. 2. O prévio agendamento das visitas, mediante requerimento à Direção do estabelecimento prisional, é exigência que fere o direito do advogado de comunicar-se com cliente recolhido a estabelecimento civil, ainda que incomunicável, conforme preceitua o art. 7º da Lei 8.906/1994, norma hierarquicamente superior ao ato impugnado. A mesma lei prevê o livre acesso do advogado às dependências de prisões, mesmo fora de expediente e sem a presença dos administradores da instituição, garantia que não poderia ter sido limitada pela Resolução SAP 49. Precedente do STJ. 3. Igualmente malferido o direito do condenado à entrevista pessoal e reservada com seu advogado (art. 41, IX, da LEP), prerrogativa que independe do fato de o preso estar submetido ao Regime Disciplinar Diferenciado, pois, ainda assim, mantém ele integralmente seu direito à igualdade de tratamento, nos termos do art. 41, XII, da Lei de Execuções Penais. 4. Ressalva-se, contudo, a possibilidade da Administração Penitenciária – de forma motivada, individualizada e circunstancial – disciplinar a visita do Advogado por razões excepcionais, como por exemplo a garantia da segurança do próprio causídico ou dos outros presos. 5. Recurso Especial provido" (REsp 1.028.847/SP, 2ª Turma, Rel. Herman Benjamin, j. 12.05.2009, *DJe* 21.08.2009).

gência violava o direito do advogado de se comunicar com o cliente recolhido, ainda que tido como incomunicável, como assegura o art. 7º, inciso III, da Lei 8.906/1994.

Além disso, considerou o STJ que o direito assegurado ao condenado pelo art. 41, inciso IX, da LEP independe do regime em que este se encontra submetido, devendo ser concedido o direito à entrevista pessoal e reservada ainda que esteja em regime disciplinar diferenciado. Neste contexto, apenas restou ressalvada a possibilidade da administração penitenciária, de forma motivada, individualizada e circunstancial, disciplinar a visita do advogado por razões excepcionais como, por exemplo, para a garantia da segurança do próprio advogado ou dos outros presos.

2.11 Direito de visita

A visita do cônjuge, da companheira, de parentes ou amigos, em dias determinados, está prevista como direito do condenado (art. 41, inciso X, da LEP). É essencial para a reabilitação e ressocialização do apenado que o Estado assegure tais visitas, estabelecendo os dias e horários.

O referido direito não é irrestrito e absoluto, comportando limitações mediante a análise das peculiaridades do caso concreto, para que a ordem e disciplina interna do estabelecimento penitenciário seja mantida.[28] O exame de cada situação deve ser feito de forma individualizada, permitindo que apenas nos casos justificáveis se imponha a restrição.[29]

---

[28] "Embora assegurado expressamente pela Lei de Execução Penal (art. 41, inciso X, da Lei n. 7.210/84), o direito de visitação não possui caráter absoluto, sendo indevida sua sobreposição à disciplina interna garantidora da ordem nos presídios, devendo o interesse privado ceder espaço à primazia do interesse público. Ressalta-se que as visitas prosseguem, estando restrito apenas o contato físico entre os pacientes, o que assegura, de modo proporcional, o direito à visitação do preso e a segurança interna do estabelecimento prisional. *Habeas corpus* não conhecido" (HC 317.535/SP, 5ª Turma, Rel. Felix Fischer, 18.02.2016, v.u.).

[29] "1. Constitui direito do preso, com o objetivo de lhe proporcionar a ressocialização, a visita do cônjuge, da companheira, de parentes e amigos em dias determinados, conforme preceitua o art. 41, inciso X, da LEP; todavia, esse direito não é absoluto, devendo ser analisado o caso concreto. 2. Na espécie, a proibição de visita da companheira ao recorrente se justifica, uma vez que aquela responde em liberdade a processo criminal por ter tentado ingressar em estabelecimento prisional com substância entorpecente. 3. Recurso desprovido" (RAG 20160020071462 – DFT, 2ª Turma Criminal, Rel. Silvanio Barbosa dos Santos, 21.07.2016, v.u.).

No que tange à visita de filhos menores do condenado, a questão já foi objeto de grandes polêmicas, pois rotineiramente a visitação era impedida pela administração penitenciária ou pelo Juízo das Execuções Penais.

A celeuma foi superada com a regulamentação da visitação dos filhos menores pela Lei 12.962/2014, que alterou o texto do Estatuto da Criança e do Adolescente, incluindo o § 4º ao art. 19, permitindo o direito de visita independentemente de autorização judicial. A referida inovação legislativa corroborou o posicionamento que vinha sendo adotado pelo Supremo Tribunal Federal, no sentido que "cabe ao Poder Público propiciar meios para que o apenado possa receber visitas, inclusive dos filhos e enteados, em ambiente minimamente aceitável, preparado para tanto e que não coloque em risco a integridade física e psíquica dos visitantes".[30]

Por outro lado, persiste a polêmica no campo da visita íntima, ou seja, aquela destinada à satisfação das necessidades sexuais do preso. De início, cabe apontar que não se confunde a visita íntima com o direito assegurado no art. 41, inciso X, da LEP. Somente poderá ser tido como um direito caso a administração do estabelecimento prisional autorize este tipo de visitação.

É notório que grande número de presídios viabilizam a visita íntima, buscando reduzir a tensão interna, evitar a violência sexual entre os presos, e estimular a manutenção dos vínculos conjugais e familiares. Entretanto, para que este tipo de visitação possa ocorrer são necessárias algumas cautelas por parte da administração penitenciária, por exemplo, que "o visitante esteja previamente cadastrado e vinculado a preso determinado, evitando-se, destarte, a prática de atos de prostituição no interior dos estabelecimentos prisionais".[31]

Ademais, cabe à administração penitenciária, uma vez autorizada a visita íntima, que trate todos os presos com isonomia, sem a imposição de critérios subjetivos para sua concessão. Deve a administração do estabelecimento prisional efetuar o cadastro e o registro da pessoa com quem o preso irá se relacionar, não sendo apropriadas as restrições baseadas no estado civil, orientação sexual, ou outros critérios pessoais.

É evidente que, por ser uma concessão efetuada pela administração penitenciária, pode ser a visita íntima suspensa ou restringida, como nos

---

[30] HC 107.701, 2ª Turma, Rel. Gilmar Mendes, j. 13.09.2011, *DJe*-061, divulg. 23.03.2012, public. 26.03.2012, *RT* v. 101, n. 921, 2012, p. 448-461.

[31] AVENA, Norberto. *Execução penal*. 4. ed. rev., atual. e ampl. São Paulo: Método, 2017. p. 73.

casos de presos em regime disciplinar diferenciado (RDD), prevalecendo o interesse da segurança pública.

2.12 Chamamento nominal

Corresponde ao direito do preso de ser chamado pelo seu próprio nome, restando vedada sua denominação por meio de número, apelido ou qualquer outra forma de identificação. Revela-se o direito previsto no art. 41, inciso XI, da LEP, preocupado com o respeito da dignidade da pessoa humana.

Para que a ressocialização buscada pelo atual sistema penitenciário seja exitosa é necessário que o preso seja tratado como pessoa e não como coisa, preservando-se sua dignidade humana e intimidade pessoal. Procura o vigente modelo se distanciar de regimes penitenciários como o sistema celular pensilvânico, onde a única identificação do apenado era o número estampado em seu uniforme e em sua cela.[32]

É certo que o nome social é um elemento designativo do indivíduo e fator de sua identificação na sociedade, além de ser um atributo da personalidade, protegido por normas de ordem pública. Ele envolve ao mesmo tempo um direito individual e um interesse social e, nesse sentido, possui um aspecto privado e um aspecto público.

Diante destes aspectos, o nome do preso não pode ser empregado de forma a expor o apenado ao ridículo ou ao desprezo público. Tratar o preso por meio de números, apelidos ou outro tipo de chamamento fere sua honra e sua imagem, direitos estes não atingidos pela condenação.

De tal modo, é tido o chamamento nominal como direito subjetivo do apenado, devendo a administração do estabelecimento prisional garantir seu respeito.

2.13 Igualdade de tratamento

Determina o art. 41, inciso XII, da LEP que todos os presos sejam tratados de forma isonômica, não se admitindo tratamento discriminatório racial, político, de opinião, social, religioso ou qualquer outro análogo.[33] Entretanto, a aplicação de tratamento isonômico não afasta a necessária individualização da execução penal.

---

[32] MIRABETE, Julio Fabbrini. *Execução penal*. 14. ed. rev., atual. e ampl. São Paulo: Atlas, 2018. p. 122.
[33] Idem, ibidem.

Como sabido, a individualização da pena se desenvolve em três fases distintas.[34] Inicialmente, temos a individualização legislativa, através da qual o legislador atribui ao tipo penal criado as penas mínimas e máximas, aptas e suficientes para a reprovação e prevenção do crime. De outro lado, temos a fase de individualização judicial, quando o magistrado atua no caso concreto para definir o *quantum* adequado no momento da fixação a pena. Por fim, temos a individualização da pena na fase de sua execução, permitindo o cumprimento individualizado da sanção imposta.[35]

Assim, o princípio da individualização na fase da execução da pena poderá acarretar significante variação no cumprimento de penas idênticas, ao levar em consideração as peculiaridades subjetivas de determinado agente.[36]

Dessa maneira, como referido, o tratamento diferenciado aplicado não viola o direito assegurado no art. 41, inciso XII, da LEP, pois deriva exclusivamente da aplicação da individualização da pena, não se caracterizando como tratamento discriminatório.

---

[34] Sobre o tema, oportuno pontuar: "O processo de individualização da pena é um caminhar no rumo da personalização da resposta punitiva do Estado, desenvolvendo-se em três momentos individuados e complementares: o legislativo, o judicial e o executivo. Logo, a lei comum não tem a força de subtrair do juiz sentenciante o poder-dever de impor ao delinquente a sanção criminal que a ele, juiz, afigurar-se como expressão de um concreto balanceamento ou de uma empírica ponderação de circunstâncias objetivas com protagonizações subjetivas do fato-tipo. Implicando essa ponderação em concreto a opção jurídico-positiva pela prevalência do razoável sobre o racional; ditada pelo permanente esforço do julgador para conciliar segurança jurídica e justiça material" (HC 97.256, Tribunal Pleno, Rel. Ayres Britto, j. 01.09.2010, *DJe*-247, divulg. 15.12.2010, public. 16.12.2010, *Ement* vol-02452-01, pp-00113, *RTJ* vol-00220-01, pp-00402, *RT* v. 100, n. 909, 2011, p. 279-333).

[35] NUCCI, Guilherme de Souza. *Individualização da pena*. 5. ed. rev., atual. e ampl. São Paulo: RT, 2013. p. 39-40.

[36] É natural que no momento da execução da pena a aplicação do princípio da individualização concretize realidades diferentes para penas idênticas, pois passa a avaliar as questões subjetivas de cada condenado. Adequada a análise dos seguintes julgados: "O princípio constitucional da individualização da pena deve ser observado nas fases legislativa, judicial e executória, esta última com observância do comportamento do apenado no curso da execução. Nesta linha, tratando-se de medida penal alternativa da privação da liberdade, o livramento condicional subordina-se ao exame prévio de requisitos objetivos e subjetivos estabelecidos na legislação ordinária. O apenado deve satisfazer o requisito objetivo temporal e demonstrar mérito no curso da execução da pena" (AgEx 0350388-21.2003.8.19.0001/RJ, 1ª Câm. Crim., j. 26.05.2010, Rel. Marcus Basílio).

2.14 Audiência com o diretor do estabelecimento

Temos a possibilidade de audiência especial com o diretor do estabelecimento prisional como mais um dos direitos do condenado, estabelecido pelo art. 41, inciso XIII, da LEP. Trata-se tal direito da oportunidade de contato direto entre o preso e o diretor do estabelecimento penitenciário para que, sem qualquer intermediário, possa apresentar eventuais reclamações, comunicações, pedidos, ou qualquer outro assunto que o recluso entenda oportuno.

Necessário que haja regras para o exercício deste direito, razão pela qual bem salienta Guilherme de Souza Nucci que "o direito não deve ser absoluto, mas regrado. O diretor-geral não pode negar-se sistematicamente a receber os presos em audiência, mas pode impor limites e condições em nome da disciplina e segurança".[37]

Diante de todas as peculiaridades do ambiente penitenciário, a possibilidade de contato direto com o diretor do estabelecimento prisional tem como finalidade reduzir a discriminação e o abuso de poder por parte dos agentes penitenciários. É nesta oportunidade que o preso poderá denunciar eventuais situações extremas, como tortura, maus-tratos, ameaças e extorsões.

Entretanto, não basta que a referida audiência seja apenas formalmente assegurada pela lei, é necessário que seja materialmente concretizada, possibilitando, inclusive, maior controle do estabelecimento prisional ao diretor.

2.15 Representação e petição

Como reflexo do direito constitucional de petição, previsto no art. 5º, inciso XXXIV, da CF, prevê a Lei de Execução Penal o direito de representação e petição a qualquer autoridade, em defesa de direito (art. 41, inciso XIV, da LEP). Portanto, é garantido ao preso a possibilidade de representar ou peticionar ao Poder Judiciário ou a qualquer outro órgão, apresentando defesa de seus direitos ou realizando reclamações.

Efetuado o pleito pelo condenado, encontram-se as autoridades competentes obrigadas a sobre ele se manifestarem de forma fundamentada, em observância ao disposto no art. 93, inciso IX, da CF e art. 381, inciso III, do CPP.

O direito de petição e representação não permite que o condenado ajuíze medidas para as quais a lei exija capacidade postulatória, assim, por

---

[37] *Curso de execução penal.* Rio de Janeiro: Forense, 2018. p. 61.

exemplo, não poderá impetrar em causa própria mandado de segurança ou revisão criminal.

É certo que a criação e o crescimento das Defensorias Públicas, especialmente no âmbito estadual, auxiliaram a população carcerária e seus familiares a acessar o Poder Judiciário. Entretanto, é inegável que em um país como o Brasil, com dimensões continentais e mazelas de todas as naturezas, o direito de representação e petição se mostra fundamental para assegurar aos menos afortunados seus direitos.

2.16 Contato com o mundo exterior

Possui o condenado o direito de contato com o mundo exterior por meio de correspondência, leitura, rádio, televisão e outros meios de comunicação que não comprometam, nos termos da lei, a moral e os bons costumes.

Neste ponto, o PL 9.054/2017 prevê algumas salutares modificações no texto do vigente inciso XV do art. 41 da LEP. É suprimida do texto legal a expressão "moral e os bons costumes" em conjunto com algumas outras alterações, passando a redação a prever o direito ao "contato com o mundo exterior por meio de correspondências e de outros meios que não comprometam a segurança e os objetivos desta Lei, inclusive telefone público monitorado pela autoridade competente".

As alterações propostas pelo projeto de lei ao inciso se mostram prósperas e alinhadas com o tempo atual, garantindo ao condenado o acesso ao mundo exterior não só por correspondência, mas por todos os meios não incompatíveis com a segurança e disposições da LEP, afastando o conceito aberto de "moral e bons costumes".

No que toca à possibilidade de abertura da correspondência do condenado, com o acompanhamento de seu teor, prevalece o entendimento pela admissibilidade da interceptação da correspondência remetida e recebida pelos sentenciados, buscando evitar que este se torne um instrumento para práticas ilícitas.[38]

---

[38] "*Habeas corpus*. Estrutura formal da sentença e do acórdão. Observância. Alegação de interceptação criminosa de carta missiva remetida por sentenciado. Utilização de cópias xerográficas não autenticadas. Pretendida análise da prova. Pedido indeferido. – A estrutura formal da sentença deriva da fiel observância das regras inscritas no art. 381 do Código de Processo Penal. O ato sentencial que contem a exposição sucinta da acusação e da defesa e que indica os motivos em que se funda a decisão satisfaz, plenamente, as exigências impostas pela

2.17 Atestado de pena a cumprir

Garante a Lei de Execução Penal que anualmente seja emitido atestado de pena a cumprir, sob pena de responsabilidade da autoridade judiciária competente (art. 41, XVI, da LEP). A redação do citado dispositivo recebe críticas da doutrina por determinar apenas que seja apresentado atestado de pena a cumprir, deixando de informar a pena já cumprida e os benefícios legais obtidos ou indeferidos. Por isso, se sustenta que "para atingir, corretamente, o montante da pena *a cumprir* torna-se necessário, em grande parte das vezes, informar o estágio atual e passo da execução. O preso pode ter mais ou menos pena a cumprir, conforme os benefícios recebidos ou indeferidos".[39]

Em certa medida o PL 9.054/2017 supera parte da crítica, pois passa a prever como direito do condenado o atestado de pena a cumprir atualizado "contendo, no mínimo, as datas de término de cumprimento da pena, de progressão de regime e de livramento condicional".[40]

Em contrapartida, o texto sob revisão da Câmara dos Deputados merece censura por suprimir a periodicidade para a emissão do atestado e por não aproveitar a oportunidade para prescrever como direito o fornecimento do atestado de pena completo, contendo toda a situação do apenado (pena cumprida, pena a cumprir, cálculos para obtenção de benefícios e afins).

---

lei. – A eficácia probante das copias xerográficas resulta, em princípio, de sua formal autenticação por agente público competente (CPP, art. 232, parágrafo único). Peças reprográficas não autenticadas, desde que possível a aferição de sua legitimidade por outro meio idôneo, podem ser validamente utilizadas em juízo penal. – A administração penitenciária, com fundamento em razoes de segurança pública, de disciplina prisional ou de preservação da ordem jurídica, pode, sempre excepcionalmente, e desde que respeitada a norma inscrita no art. 41, parágrafo único, da Lei n. 7.210/84, proceder a interceptação da correspondência remetida pelos sentenciados, eis que a cláusula tutelar da inviolabilidade do sigilo epistolar não pode constituir instrumento de salvaguarda de práticas ilícitas. – O reexame da prova produzida no processo penal condenatório não tem lugar na ação sumaríssima de *habeas corpus*" (STF, HC 70.814, 1ª Turma, Rel. Celso de Mello, j. 01.03.1994).

[39] NUCCI, Guilherme de Souza. *Leis penais e processuais penais comentadas*. 10. ed. rev., atual. e ampl. Rio de Janeiro: Forense, 2017. vol. 2, p. 230.

[40] BRASIL. Senado Federal. Projeto do Senado 513 (PL 9.054/2017). Altera a Lei 7.210, de 11 de julho de 1984 (Lei de Execução Penal). Disponível em: <http://www.camara.gov.br/proposicoesWeb/prop_mostrarintegra?codteor=1619253&-filename=PL+9054/2017>. Acesso em: 2 maio 2017.

2.18 Novos incisos previstos pelo PL 9.054/2017

Além das alterações abordadas, apresenta o PL 9.054/2017 a proposta de criação de sete novos incisos (XVII a XXIII) para o rol do art. 41 da LEP.

Determina o teor do sugerido inciso XVII como direito do preso a matrícula e frequência em atividades escolares, incluída a prática esportiva orientada, e qualificação profissional. Observa-se que a disposição busca consonância com a possibilidade de remição pelo estudo, oportunidade inexistente em inúmeros estabelecimentos penitenciários.

Pela proposta, outro direito que se consolidaria seria a visita íntima do cônjuge ou convivente assim declarado, agregando o inciso XVIII ao art. 41 da LEP. Cabe apontar que nem todos os estabelecimentos penais possuem condições para viabilizar tais visitas, de sorte que o impacto de suscitada mudança seria verificado apenas no campo formal.

Na sequência, busca o projeto de lei acrescentar ao art. 41 da LEP o inciso XIX, determinando a inclusão do condenado no cadastro de benefícios do INSS, quando preenchidos os requisitos legais, e o inciso XX, com a inclusão do apenado no cadastro do Sistema Único de Saúde.

No campo do cumprimento da pena, propõe o PL 9.054/2017 a inclusão do inciso XXI ao art. 41 da LEP, determinando o acesso às informações sobre a previsão de alcance de benefícios e previsão de término de cumprimento da pena. Considerando as críticas efetuadas no item 1.16, bem como o teor do proposto inciso XXI, nos parece que o legislador ainda não conseguiu delimitar as informações essenciais que necessita o condenado para permanecer atualizado sobre o cumprimento da pena.

É imperioso compreender que na realidade necessita o condenado de informações claras e objetivas, apontando a pena cumprida, a pena a cumprir e os lapsos temporais para a obtenção dos benefícios legais, fornecidas pela administração penitenciária dentro de determinada periodicidade.

No que se refere à superlotação de inúmeros estabelecimentos que compõe o sistema prisional, integra o PL 9.054/2017 a proposta de inserção do inciso XXII ao art. 41 da LEP, trazendo a possibilidade do condenado obter a progressão antecipada de regime quando o presídio se encontrar superlotado.

Para avançar na análise da questão é necessário o cotejo com outra inovação contemplada no texto do projeto de lei (art. 114-A, § 2º), dispondo que, "havendo presos além da capacidade do estabelecimento, o juízo da execução deverá antecipar a concessão de benefícios aos presos cujo requisito temporal esteja mais próximo de ser preenchido".[41]

Em uma análise direta e objetiva, é possível concluir que a proposta busca desonerar o Poder Executivo da responsabilidade que possui, repassando à sociedade o ônus da superlotação carcerária. Certamente a questão demanda extensas críticas,[42] não apenas pela irresponsabilidade do Poder Legislativo e Executivo, mas também por ignorar a importância do adequado cumprimento da pena e as consequências da proposta em pauta.

Por fim, se propõe inserir no art. 41, por meio do inciso XXIII, o direito do condenado cumprir sua pena, preferencialmente, próximo ao seu local de residência. Apesar da compreensiva boa intenção da proposta legislativa, há que se considerar a realidade do sistema carcerário, notadamente a frequente superlotação e falta de presídios, o que por si só esvaziará o conteúdo da norma.

3. SUSPENSÃO OU RESTRIÇÃO DE DIREITOS

Versa o art. 41, parágrafo único, da LEP que "os direitos previstos nos incisos V, X e XV poderão ser suspensos ou restringidos mediante ato motivado do diretor do estabelecimento". Por consequência, os demais direitos não citados no parágrafo único não são atingidos pela norma, cabendo assim apenas a suspensão ou a restrição da jornada de trabalho, da recreação, das visitas e dos contatos com o mundo exterior.

Considerando que as referidas suspensões ou restrições também estão previstas no art. 53, III, da LEP, como sanções disciplinares, debate a doutrina se a imposição destas depende da prévia instauração de procedimento administrativo disciplinar.

No entendimento de Julio Fabbrini Mirabete, a medida de suspensão ou restrição "não se confunde com a sanção disciplinar, aplicada após o procedimento específico, mas decorre de fatores excepcionais, tais como problemas de segurança, de moléstia e até de disciplina enquanto se procede à apuração

---

[41] BRASIL. Senado Federal. Projeto do Senado 513 (PL 9.054/2017). Altera a Lei 7.210, de 11 de julho de 1984 (Lei de Execução Penal). Disponível em: <http://www.camara.gov.br/proposicoesWeb/prop_mostrarintegra?-codteor=1619253&filename=PL+9054/2017>. Acesso em: 2 maio 2017.

[42] Sobre o tema: NUCCI, Guilherme de Souza. *Superlotação de presídios: responsabilidade de quem?* São Paulo: 2018. Disponível em: <http://www.guilhermenucci.com.br/artigo/superlotacao-de-presidios-responsabilidade-de-quem>.

de falta disciplinar".[43] De outro lado, sustenta Norberto Avena que "é necessário, então, considerar indispensável a instauração prévia de procedimento administrativo disciplinar, a teor da Súmula 533 do STJ".[44]

Outro ponto discutido é a aplicação da suspensão ou restrição dos direitos por ato do diretor do estabelecimento penitenciário, nos termos expressos pelo texto do art. 41, parágrafo único, da LEP. Em que pese parcela da doutrina defender que a aplicação de tais medidas seria de competência do juízo da execução penal, prevalece na jurisprudência que a questão diz respeito à esfera administrativa, cabendo sua análise ao diretor do estabelecimento penitenciário.[45] Em sentido contrário caminha o PL 9.054/2017, que propõe a alteração do parágrafo único do art. 41 da LEP, para que seja exigido ato motivado do juízo da execução penal para que sejam suspensos ou restringidos os direitos dos incisos V, X e XV.

Por fim, as medidas de suspensão ou restrição de direitos podem ser aplicadas individualmente ou de forma coletiva, com a necessária fundamentação e por prazo determinado.

4. CONCLUSÃO

Foi com o advento da Lei 7.210/1984 que o condenado conquistou diversos direitos e, juntamente com as previsões da Constituição Federal de 1988, foi alçado à condição de sujeito de direitos, impondo-se ao Estado o respeito à sua integridade física e moral.

O conjunto de normas no campo da execução penal demonstra a complexa relação de direitos e deveres que surge no momento da imposição da sanção penal. É privado o condenado de sua liberdade e de tantos outros direitos, mas, apesar disso, não perde a condição de pessoa humana, preservando todos os direitos não atingidos pela condenação e pela lei.

Nesse sentido, a execução penal deve permanecer firme às suas finalidades, não só concretizando o *ius puniendi* do Estado, mas fornecendo os meios necessários para que o condenado possa alcançar a ressocialização.

---

[43] MIRABETE, Julio Fabbrini. *Execução penal*. 14. ed. rev., atual. e ampl. São Paulo: Atlas, 2018. p. 127.

[44] AVENA, Norberto. *Execução penal*. 4. ed. rev., atual. e ampl. São Paulo: Método, 2017. p. 77.

[45] "Agravo em execução. Proibição de visita da companheira ao sentenciado. Questão administrativa. Agravo desprovido" (TJSP, Agravo em Execução Penal 0107719-27.2012.8.26.0000, 9ª Câmara de Direito Criminal, Rel. Des. Roberto Midolla, j. 12.08.2012).

Como descrito no item 65 da Exposição de Motivos da Lei 9.210/1984, é inútil lutar contra os efeitos nocivos da prisionalização sem que se estabeleça garantia jurídica dos direitos do condenado. É, portanto, essencial o reconhecimento dos direitos da pessoa presa, implementando-se uma execução penal pautada na proteção dos direitos humanos.

Por estas razões, mais que assegurar todos os direitos não atingidos pela condenação ou pela lei, e observar o respeito à integridade física e moral garantidas no texto constitucional (art. 5º, inciso XLIX), é imperioso que a Lei de Execução Penal pontue expressamente os direitos do condenado, afastando qualquer omissão ou incerteza.

Do ponto de vista das propostas apresentadas pelo Projeto de Lei do Senado 513/2013, aprovado nesta Casa Legislativa e atualmente em curso perante a Câmara dos Deputados (PL 9.054/2017), se mostra necessária intensa reflexão, pois reclama o sistema prisional profundas mudanças, que certamente não serão concretizadas apenas por alterações legislativas pontuais.

É necessário que se compreenda que a execução penal e o cumprimento da pena integram a segurança pública, demandando não apenas garantias formais oriundas do plano legislativo, mas ações por parte do Poder Executivo, a fim de que se materializem condições para o adequado cumprimento da reprimenda, atingindo assim suas finalidades.

REFERÊNCIAS

AVENA, Norberto. *Execução penal*. 4. ed. rev., atual. e ampl. São Paulo: Método, 2017.

BENETI, Sidnei Agostinho. *Execução penal*. São Paulo: Saraiva, 1996.

BRASIL. Senado Federal. Projeto do Senado 513 (PL 9.054/2017). Altera a Lei nº 7.210, de 11 de julho de 1984 (Lei de Execução Penal). Disponível em: <http://www.camara.gov.br/proposicoesWeb/prop_mostrarintegra?codteor=1619253&filename=PL+9054/2017>. Acesso em: 2 maio 2018.

_____. Supremo Tribunal Federal. Súmula Vinculante 11. Disponível em: <http://www.stf.jus.br/portal/jurisprudencia/menuSumario.asp?sumula=1220>. Acesso em: 2 maio 2018.

_____. Supremo Tribunal Federal. Súmula Vinculante 56. Disponível em: <http://www.stf.jus.br/portal/jurisprudencia/menuSumario.asp?sumula=3352>. Acesso em: 2 maio 2018.

BRITO, Alexis Couto de. *Execução penal*. 3. ed. rev., ampl. e atual. São Paulo: Revista dos Tribunais, 2013.

KUEHNE, Maurício. *Lei de Execução Penal anotada*. 15. ed. Curitiba: Juruá, 2017.

MARCÃO, Renato. *Curso de execução penal*. 16. ed. São Paulo: Saraiva Educação, 2018.

_____. *Lei de Execução Penal anotada*. 6. ed. rev., ampl. e atual. São Paulo: Saraiva, 2017.

MAYRINK DA COSTA, Álvaro. *Execução penal*. Rio de Janeiro: LMJ Mundo Jurídico, 2016.

MIRABETE, Julio Fabbrini. *Execução penal*. 14. ed. rev., atual. e ampl. São Paulo: Atlas, 2018.

NUCCI, Guilherme de Souza. *Curso de execução penal*. Rio de Janeiro: Forense, 2018.

_____. *Individualização da pena*. 5. ed. rev., atual. e ampl. São Paulo: Revista dos Tribunais, 2013.

_____. *Leis penais e processuais penais comentadas*. 10. ed. rev., atual. e ampl. Rio de Janeiro: Forense, 2017. vol. 2.

NUNES, Adeildo. *Da execução penal*. 3. ed. rev., ampl. e atual. Rio de Janeiro: Forense, 2013.

PRADO, Luiz Regis. *Execução penal*. 4. ed. rev., atual. e ampl. São Paulo: Revista dos Tribunais, 2017.

4

DEVERES DO SENTENCIADO COMO FUNDAMENTO DE VALIDADE DAS FALTAS DISCIPLINARES

José Carvalho dos Reis Júnior
Mestrando em Direito Penal pela PUC-SP. Especialista em Direitos Humanos pela FADISP/SP. Graduado em Direito pela PUC-SP. Professor de Direito Penal, Processo Penal e Medicina Legal no curso de graduação do Centro Universitário de Itajubá/MG. Delegado de Polícia em Minas Gerais.

Resumo: O presente capítulo analisa, de maneira detalhada, os deveres impostos aos sentenciados conforme a redação atual da Lei de Execução Penal Brasileira (Lei 7.210/84), traçando também o necessário paralelo com as mudanças idealizadas pelos Projetos de Lei 513/2013 e 9.054/2017. Busca-se apresentar para o leitor o entendimento doutrinário sobre o assunto, bem como o posicionamento da jurisprudência, desenhando, o alcance da norma e sua interpretação.

Palavras-chave: Processo penal. Execução penal. Deveres do sentenciado no Brasil. Reforma da execução penal. Projetos de Lei 513/2013 e 9.054/2017.

Abstract: This chapter analyzes carefully the section related to the duties of convicted prescribed in the current criminal execution law of Brazil (Law 7.210/84), making, at the same time, a necessary parallel and study of the changes envisaged by Draft Bills 513/2013 and 9.054/2017. Our main goal in this article is to present the reader with specialized doctrinaire studies and jurisprudence about the theme, using that to show the real scope of the law and the interpretation.

Keywords: Criminal procedure. Criminal execution. Duties of convicted in Brazil. Criminal execution reform. Draft Bills 513/2013 and 9.054/2017.

Sumário: 1. Introdução – 2. Destinatários dos deveres – 3. Deveres gerais do sentenciado – 4. Deveres específicos do sentenciado: 4.1 Comportamento disciplinado e cumprimento fiel da sentença; 4.2 Obediência ao servidor e respeito a qualquer pessoa com quem se relacione; 4.3 Urbanidade e respeito no trato com os demais condenados; 4.4 Conduta oposta aos movimentos de fuga ou de subversão da ordem/disciplina; 4.5 Execução do trabalho, das tarefas e das ordens recebidas; 4.6 Submissão à sanção disciplinar imposta; 4.7 Indenização à vítima ou aos seus sucessores; 4.8 Indenização ao estado pelas despesas de manutenção; 4.9 Higiene pessoal e asseio da cela ou alojamento; 4.10 Conservação dos objetos de uso pessoal – 5. Violação dos deveres – 6. Reforma da LEP – 7. Conclusão – Referências.

1. INTRODUÇÃO

A evolução do direito penal superou a concepção de pena como meio exclusivo de castigo[1], adotando a feição não só de retribuição ao transgressor da norma penal pela conduta perpetrada, mas, também, atuando na forma preventiva, abrangendo a intimidação, a reafirmação do direito e a ressocialização do autor[2].

As penas, sob a ótica constitucional obedecem ao princípio paradigmático da dignidade da pessoa humana, respeitando a pessoa do condenado, conservando seus direitos fundamentais a despeito da segregação da liberdade, nos exatos termos do art. 38 do Código Penal[3].

O texto constitucional é cristalino no que tange a proteção do preso, porquanto veda penas de caráter perpetuo, de trabalhos forçados, de banimento

---

[1] "Pela teoria absoluta ou retributiva, a pena apresenta a característica de retribuição, de ameaça de um mal contra o autor de uma infração penal. A pena não tem outro propósito que não seja o de recompensar o mal com outro mal. Logo, objetivamente analisada, a pena na verdade não tem finalidade. É um fim em si mesma" (SILVA, Haroldo Caetano da. *Manual de execução penal*. 2. ed. Campinas: Bookseller, 2002. p. 35).

[2] Sobre o tema: "O caráter preventivo da pena desdobra-se em dois aspectos (geral e especial), que se subdividem (positivo e negativo): a) geral negativo: significando o poder intimidativo que ela representa a toda a sociedade, destinatária da norma penal; b) geral positivo: demonstrando e reafirmando a existência e eficiência do direito penal; c) especial negativo: significando a intimidação ao autor do delito para que não torne a agir do mesmo modo, recolhendo-o ao cárcere, quando necessário; d) especial positivo: que é a proposta de ressocialização do condenado, para que volte ao convívio social, quando finalizada a pena ou quando, por benefícios, a liberdade seja antecipada" (NUCCI, Guilherme de Souza. *Curso de direito penal*. Rio de Janeiro: Forense, 2017. p. 621).

[3] "Art. 38. O preso conserva todos os direitos não atingidos pela perda da liberdade, impondo-se a todas as autoridades o respeito à sua integridade física e moral".

e cruéis (art. 5º, XLVII, da Constituição Federal), garantindo o respeito à integridade física e moral (art. 5º, XLIX, da Constituição Federal) e o cumprimento de pena em estabelecimento que respeite as peculiaridades do encarcerado (art. 5º, XLVIII, da Constituição Federal), preconizando um mínimo necessário, sendo certo que a legislação ordinária se encarrega da previsão das demais regras, notadamente no que tange à execução da pena.

A Lei de Execução Penal (Lei 7.210/1984) nasce com objeto primacial de congregar as normas gerais referentes à concretização da sanção penal imposta através da sentença penal condenatória ou absolutória imprópria, adequando à execução penal às necessidades individuais, propiciando o melhor caminho para o retorno do condenado à sociedade. Nesta ótica busca-se um equilíbrio entre a força do Estado executor da pena e os direitos e garantias do sentenciado, notadamente na ótica do princípio da humanidade.

Os deveres do sentenciado surgem de forma taxativa, como regramento central do sistema de execução penal, de um lado com a função de *termômetro* da ressocialização, possibilitando a análise da evolução do condenado, mas, de outro, com a feição de limitador do poder do Estado, impedindo imposições arbitrárias e abusivas por parte do legislativo e dos órgãos da execução, gerando ao sentenciado a certeza acerca das delimitações que lhe são impostas quando da convivência no cárcere[4].

2. DESTINATÁRIOS DOS DEVERES

Os deveres são impostos aos condenados, conforme determina o art. 39, parágrafo único, da Lei de Execução Penal[5], sendo aplicáveis tanto aos presos definitivos, independente do regime de cumprimento de pena, quanto aos provisórios, desde que, com estes últimos, sejam compatíveis.

Analisando pontualmente os deveres percebem-se inaplicáveis aos presos provisórios os seguintes deveres: (a) *cumprimento fiel da sentença* – art.

---

[4] Nesse sentido o item 63 da exposição de motivos: "A instituição dos deveres gerais do preso (artigo 37) e do conjunto de regras inerentes à boa convivência (artigo 38), representa uma tomada de posição da lei em face do fenômeno da prisionalização, visando a depurá-lo, tanto quanto possível, das distorções e dos estigmas que encerra. Sem característica infamante ou aflitiva, os deveres do condenado se inserem no repertório normal das obrigações do apenado com ônus naturais da existência comunitária".

[5] Art. 39, parágrafo único: "Aplica-se ao preso provisório, no que couber, o disposto neste artigo".

39, I, segunda parte –, pois ao preso provisório ainda não há sentença com trânsito em julgado. A primeira parte do artigo, *comportamento disciplinado*, é aplicável tanto ao preso definitivo quanto ao provisório como medida essencial para a manutenção da ordem; (b) *execução do trabalho* – art. 39, V –, uma vez que o art. 31, parágrafo único, da Lei de Execução Penal prevê como facultativo o trabalho para o preso provisório; (c) *indenização à vítima e/ou ao Estado* – art. 39, VII e VIII – são deveres decorrentes de sentença com trânsito em julgado inaplicável ao encarcerado provisório[6].

Os deveres previstos nos arts. 38 e 39 da Lei de Execução Penal são aplicáveis, inclusive, àqueles que tiveram a pena privativa de liberdade substituída por restritiva de direitos, no que lhes for cabível, como por exemplo, o dever de fiel cumprimento da sentença, ou de obedecer às ordens dos servidores[7].

Nos termos do art. 2º, parágrafo único, da Lei de Execução Penal, as regras de execução, incluindo-se aqui os deveres, aplicar-se-ão *ao preso provisório e ao condenado pela Justiça Eleitoral ou Militar, quando recolhido a estabelecimento sujeito à jurisdição ordinária*. No caso de miliciano, recolhidos em estabelecimento militar, a execução seguirá as regras do livro IV do Código de Processo Penal Militar.

Considerando a omissão da legislação castrense, que não prevê rol detalhado de direitos e deveres dos presos militares, admite-se, nos termos do art. 3º, "a", do Código de Processo Penal Militar[8], a aplicação da legislação processual comum, mesmo no caso de militares sujeitos à jurisdição militar[9].

---

[6] O STF, no julgamento do HC 126.292, consolidou o entendimento acerca da possibilidade de execução da pena após condenação confirmada em segunda instância. Nesta toada, após análise pelo tribunal, a prisão terá titulo de "prisão pena" e não mais "prisão processual", aplicando ao sentenciado todos os deveres inscritos na Lei de Execução Penal mesmo sem o trânsito em julgado.

[7] Importante frisar que, nos termos do art. 181, § 1º, "d", da Lei de Execução Penal, a pena de prestação de serviços à comunidade será convertida em privativa de liberdade quando o condenado praticar falta grave, uma das hipóteses legais de falta grave é a quebra dos deveres inscritos no art. 39, II e V, da Lei de Execução Penal, assim, resta patente a aplicação dos deveres aos sentenciados às penas restritivas.

[8] "Art. 3º Os casos omissos neste Código serão supridos: a) pela legislação de processo penal comum, quando aplicável ao caso concreto e sem prejuízo da índole do processo penal militar".

[9] O STJ, no julgamento do HC 215.765/RS em 17.11.2011, com relatoria do Ministro Gilson Dipp, admitiu a aplicação do instituto da progressão de regimes aos presos militares mediante integração subsidiária da lei de execuções penais em

Por fim, temos que os deveres em questão não se aplicam aos submetidos à medida de segurança. O art. 39, parágrafo único, da Lei de Execução Penal, ao ampliar sua aplicação aos presos provisórios, não insere aqui as pessoas submetidas à medida de segurança, trata-se de silêncio eloquente do poder legislativo, o qual, quando deseja a extensão de um dispositivo o faz de forma expressa. Toma-se com exemplo o disposto no art. 42 da Lei de Execução Penal[10], no qual o legislador, de forma direta, estendeu ao cumprimento medida de segurança os direitos dos sentenciados, desde que com ele compatíveis.

A opção do legislador é acertada. As medidas de segurança, ao contrário da pena, encontram seu fundamento na periculosidade do autor e não na sua culpabilidade, sendo certo que a duração não é condicionada ao prazo do preceito secundário e sim à cessação do risco que oferece à sociedade.

Assim não guarda relação lógica a exigência dos deveres por parte daqueles sujeitos à medida de segurança. Enquanto os condenados ao cumprirem os deveres mostram sua capacidade de retorno à sociedade, os internados somente serão liberados quando cessada sua periculosidade, mediante exame que constate as condições pessoais do agente, nos termos do art. 175 da Lei de Execução Penal[11].

3. DEVERES GERAIS DO SENTENCIADO

O art. 38 da Lei de Execução Penal impõe ao condenado o encargo de fiel cumprimento das obrigações decorrentes da lei e da Constituição Federal, inerentes ao seu estado, bem como a submissão às normas relativas

---

face da omissão da legislação castrense. O fundamento da decisão, bem como o raciocínio consignado, pode ser utilizada para estender aos presos militares todos os deveres previstos na lei de execução penal: "Criminal. *Habeas corpus*. Crime militar. Execução da pena em estabelecimento penal militar. Progressão de regime. Ausência de previsão na legislação castrense. Princípio da individualização da pena. Aplicação subsidiária da Lei de Execução Penal nos casos omissos. Possibilidade. Precedente do Supremo Tribunal Federal. Requisitos objetivos e subjetivos examinados pelo Juízo das Execuções. Ordem concedida".

[10] "Art. 42. Aplica-se ao preso provisório e ao submetido à medida de segurança, no que couber, o disposto nesta Seção".

[11] "Art. 175. A cessação da periculosidade será averiguada no fim do prazo mínimo de duração da medida de segurança, pelo exame das condições pessoais do agente, observando-se o seguinte:".

à execução da pena[12]. Os deveres aqui analisados recebem a designação de "gerais" por se tratarem de regras impostas não só aos sentenciados, mas a qualquer membro da sociedade. A obediência ao regramento jurídico imposto é basilar ao Estado de Direito.

Conforme determina o artigo, as regras de cumprimento de pena, notadamente as obrigações e deveres, deverão necessariamente respeitar o estado do sentenciado. Tal comando nasce do princípio da proporcionalidade, sendo certo que condenados em situações distintas não poderão vivenciar rigor disciplinar incompatível[13], nos termos do subprincípio da individualização executória.

A imposição de deveres aos sentenciados visa à preservação da disciplina e o bom andamento do estabelecimento prisional, criando uma situação equilibrada, que possibilite o cumprimento da pena e a ressocialização do indivíduo, nos moldes preconizados pela ordem jurídica.

A administração pública, através da análise do cumprimento dos deveres, consegue traçar um panorama acerca da conduta do condenado, bem como sua aptidão para o retorno ao convívio social, isso porque, a vida em sociedade exige, por parte dos seus membros, a obediência às regras e respeito mútuo. Nem se olvide que, uma vez violadas as normas de convivência, deve o reeducando demonstrar, durante o resgate de sua reprimenda, mínima aptidão

---

[12] "O sentenciado está vinculado ao cumprimento das obrigações decorrentes da pena imposta. Assim, para o condenado à pena de prisão, a principal obrigação que lhe advém é a de submeter-se à privação da liberdade; para o condenado a pena restritiva de direitos, sujeitar-se às limitações que lhe são impostas em decorrência da pena; e, para o condenado à pena de multa, responder com seu patrimônio pelo pagamento. Tal vinculação, a propósito, já foi estabelecida no art. 3º da LEP, ao dispor que ao condenado e ao internado serão assegurados todos os direitos não atingidos pela sentença ou pela lei" (AVENA, Norberto Cláudio Pâncaro. *Execução penal: esquematizado*. 4. ed. São Paulo: Método, 2017. p. 65).

[13] Nas palavras de Adeildo Nunes: "O que o art. 38 da LEP deixa bem claro é que além da obrigação de cumprir a Constituição e as leis, responsabilidade de todos, inclusive de quem está em liberdade, o preso deve ser obrigado a cumprir aqueles deveres inerentes ao seu estado processual, físico, mental, além de outros. Significa que se o réu estiver cumprindo pena em regime semiaberto, por exemplo, as regras disciplinares não podem ser mais rígidas que aquelas que devem predominar no regime fechado. Aliás, segundo o art. 38 do Código Penal e o art. 3º da Lei de Execução Penal, o preso detém direitos, mas estes são limitados ao que a lei proíbe e o que estiver declarado em sentença judicial. É dizer: além da necessidade de cumprir as leis e regulamentos, o preso, se condenado, estará sujeito a obedecer, com rigor, todos os termos da sentença penal condenatória" (*Comentários à Lei de Execução Penal*. Rio de Janeiro: Forense, 2016. p. 72).

para seguir caminho diverso, ou seja, desenvolver mecanismos contensores que o afastem de novas reiterações delitivas.

Destarte, o comportamento do sentenciado influenciará diretamente na forma de execução de sua pena, sendo certo que aqueles que cumprem de maneira ordeira os deveres impostos pela Lei de Execução Penal mostrar-se-ão aptos aos benefícios previstos em lei e, consequentemente, ao regresso à vida em sociedade.

Por outro lado, os sentenciados que se mostrarem indisciplinados e transgressores dos deveres impostos receberão as sanções previstas em lei, que podem abranger desde mera advertência até o isolamento total, nos moldes do regime disciplinar diferenciado, sendo que as infrações serão sempre levadas em consideração para a formação do bom comportamento carcerário, assim influenciando o reconhecimento de requisito subjetivo, exigido para a concessão de diversos benefícios carcerários.

Os deveres aqui analisados são aplicáveis a todos os sentenciados, independente do regime fixado, abrangendo, inclusive, àqueles inseridos no regime disciplinar diferenciado, já que este último não representa regime autônomo de cumprimento de pena. São regras comportamentais que permitem a boa administração da unidade prisional e a convivência harmônica entre os sentenciados, servindo como conduta mínima esperada por parte do sujeito sob o *status* de *reeducando*.

4. DEVERES ESPECÍFICOS DO SENTENCIADO

A Lei de Execução Penal, em paralelo ao dever de submissão às normas da execução, em seu art. 39, apresenta rol aparentemente taxativo[14] de deveres impostos aos condenados, sendo eles: *Comportamento disciplinado e cumprimento fiel da sentença; obediência ao servidor e respeito a qualquer pessoa com quem deva relacionar-se; urbanidade e respeito no trato com os demais condenados; conduta oposta aos movimentos individuais ou coletivos de fuga ou de subversão à ordem ou à disciplina; execução do trabalho, das tarefas e das ordens recebidas; submissão à sanção disciplinar imposta; indenização à vítima ou aos seus sucessores; indenização ao Estado, quando possível, das despesas realizadas com a sua manutenção, mediante desconto proporcional da remuneração do trabalho; higiene pessoal e asseio da cela ou alojamento; conservação dos objetos de uso pessoal.*

---

[14] Conforme a alínea 64 da exposição de motivos da LEP: "A especificação exaustiva atende ao interesse do condenado, cuja conduta passa a ser regulada mediante regras disciplinares claramente previstas".

O legislador manifesta sua preferência pelo critério taxativo para a fixação dos deveres do sentenciado visando a conferir segurança jurídica e respeitando, de maneira retilínea, o princípio da legalidade inscrito no art. 5º, II, da Constituição Federal, assim garantindo ao sentenciado que conheça de forma antecipada seus direitos e deveres, mas, também, impedindo que seja punido por decisões arbitrárias daqueles encarregados de fiscalizar o cumprimento da pena.

Não compactuamos, entretanto, com a concepção de rol taxativo conquanto fonte única de deveres dos presos. Analisando a Lei de Execução Penal como um todo, se vislumbra a previsão de condutas, no art. 50, por exemplo, que ensejam a punição por falta grave. Tais condutas, a despeito de não se encontrarem integralmente previstas no rol de deveres, são providas de inegável caráter obrigacional. Toda conduta típica, a qual se impõe uma sanção, por natureza é um proibitivo, portanto, um dever negativo de conduta.

Para nós o rol em questão é programático e não sancionador, e somente nesse caso taxativo, servindo de linha guia para o legislador, quando da tipificação das faltas. Quaisquer tipos disciplinares relativos à execução penal, que venham a ser idealizados no ordenamento brasileiro, devem buscar seu fundamento de validade no artigo em questão.

Temos, portanto, que o art. 39 da Lei de Execução Penal serve como norma paradigmática, impondo direcionamento único do sistema disciplinar, mantendo concepção harmônica nacional, adaptadas à realidade local, quando se tratar de falta leve ou média, nos exatos termos do item 79[15] de sua exposição de motivos.

A ausência desse sistema de limitação permitiria que qualquer tipo de conduta fosse galgada à condição de falta disciplinar gerando um regime de incerteza e insegurança jurídica. Pior ainda no caso das faltas leves e médias, que são objeto de legislação local, ter-se-ia uma "carta branca" legitimando possíveis abusos.

Essa interpretação da norma resta comprovada por meio da leitura da Lei de Execução Penal. Todos os tipos previstos como falta grave encontram seu fundamento de validade nos deveres específicos do sentenciado. Citamos

---

[15] Alínea 79 da exposição de motivos da LEP: "O Projeto confia a enumeração das faltas leves e médias, bem como respectivas sanções, ao poder discricionário do legislador local. As peculiaridades de cada região, o tipo de criminalidade, mutante quanto aos meios e modos de execução, a natureza do bem jurídico ofendido e outros aspectos sugerem tratamentos disciplinares que se harmonizem com as características do ambiente".

como exemplo a hipótese do art. 50, V[16], que encontra sua validade no art. 39, I, ambos da Lei de Execução Penal, na forma do *cumprimento fiel da sentença*.

4.1 Comportamento disciplinado e cumprimento fiel da sentença

Previsto no art. 39, I, da Lei de Execução Penal, impõe-se ao condenado a adoção de comportamento disciplinado, ou seja, respeitando as normas de conduta internas do estabelecimento. No âmbito da execução o Poder Legislativo Estadual ou Distrital encarregar-se-á da previsão das faltas leves e médias, bem como do código de conduta. Contudo, especificamente quanto a disciplina do sentenciado, não se exige necessária regulamentação por lei em sentido estrito, admitindo-se a normatização através de instrumentos secundários tais como portarias e instruções normativas das respectivas secretarias de administração penitenciária[17], as quais tratam das normas internas de suas unidades carcerárias.

O dever em questão engloba também o fiel cumprimento da sentença, abrangendo aqui não só a pena privativa de liberdade imposta, mas também os efeitos da condenação, previstos nos arts. 91 e 92 do Código Penal[18], a pena de multa e as penas restritivas de direitos.

4.2 Obediência ao servidor e respeito a qualquer pessoa com quem se relacione

O art. 39, II, da Lei de Execução Penal exige, por parte do sentenciado, obediência aos comandos emanados da administração carcerária, bem como às ordens dadas pelos agentes penitenciários e demais servidores responsáveis

---

[16] "Art. 50. Comete falta grave o condenado à pena privativa de liberdade que: V – descumprir, no regime aberto, as condições impostas;".

[17] Podemos citar como exemplo o Estado de São Paulo que institui o Regimento Interno Padrão das Unidades Prisionais através da Resolução 144, de 29.06.2010, da Secretaria de Administração Penitenciária ou o Distrito Federal que prevê seu regimento na Portaria 001, de 11.01.1988, do Secretário de Segurança Pública.

[18] "A disciplina do condenado sujeito à pena privativa de liberdade insere-se no contexto valorativo do seu mérito e, via de consequência, releva no momento de serem apreciados pedidos de benefícios carcerários. É o caso, por exemplo, da progressão de regime e do livramento condicional, para os quais, além do cumprimento de lapso mínimo de pena, exige o art. 112 da LEP (*caput* e § 2º) bom comportamento carcerário, comprovado pelo diretor do estabelecimento" (AVENA, Norberto Cláudio Pâncaro. *Execução Penal: Esquematizado*. 4. ed. São Paulo: Método, 2017. p. 66).

por zelar pelo bom andamento da unidade prisional. Tal dever é condicionado à legalidade da ordem. Por óbvio, não se exige por parte do condenado obediência a comandos ilegais ou abusivos. A norma determina também respeito aos servidores bem como às outras pessoas com quem se relacione, tais como prestadores de serviços, e visitantes.

No caso dos condenados às penas restritivas de direitos, essa regra se mostra essencial, já que por não ingressarem efetivamente no cárcere e acabam por se relacionar com diversos terceiros. Citamos como exemplo o condenado à prestação de serviços a comunidade, cujo local ao qual for designado, certamente o obrigará a conviver com diversas pessoas, as quais ele deve respeitar.

A adoção do vocábulo "respeito" gera um dever completamente vago, uma vez que gramaticalmente necessita de complemento, sendo passível de deturpações e interpretações draconianas[19].Entendemos que "respeito", como dever legal do acusado, inclusive passível de punição, não pode ser objeto de simples interpretação gramatical. Não nos parece razoável que um sentenciado viole um dever jurídico e, consequentemente, possa ser punido, com falta grave, por não dar "bom dia" ou "boa noite" a um agente prisional ou por ter "olhado feio" para um visitante.

A expressão em questão merece robustas críticas, notadamente pela alta carga de subjetivismo que traz consigo, gerando absoluta insegurança e graves consequências ao condenado, já que, nos termos do art. 50, VI, da Lei de Execução Penal, a transgressão em questão encontra-se tipificada como falta grave e não somente como dever do sentenciado.

Entendemos que "respeito", como elemento jurídico de uma infração disciplinar, deve ser interpretado sob a ótica dos crimes contra a honra (arts. 138/140 do Código Penal) e do crime de desacato (art. 331 do Código Penal), refutando-se quaisquer outras manifestações tidas como desrespeitosas, as quais devem ser vistas, necessariamente, como atípicas do ponto de vista sancionador administrativo[20].

---

[19] Sobre o tema, importante a lição de Rodrigo Duque Estrada Roig: "O dever de obediência ao servidor e respeito a qualquer pessoa com quem deva relacionar-se é uma determinação vaga e de fácil manipulação punitiva, que se assemelha ao art. 79 do regulamento carcerário fascista da Itália, de 1931, o qual estabelece, entre outros, o dever de pronta e respeitosa obediência" (*Execução penal*: teoria e crítica. 3. ed. São Paulo: Saraiva, 2017. p. 193-194).

[20] Nesse sentido: "A razão é singela: o Direito Penal, por força da teoria do tipo e de seu caráter fragmentário, só se encarrega da tutela jurisdicional de fatos

Importante salientar que a prática de fato previsto como crime doloso, nos termos do art. 52 da Lei de Execução Penal, por si só, configura falta grave, tornando vazia a infração disciplinarem questão no que diz respeito à segunda parte do dispositivo, já que responsabilizaria o sentenciado, concomitantemente, pela transgressão do art. 50, VI, e do art. 52, ambos da Lei de Execução Penal, configurando nítido *bis in idem*.

4.3 Urbanidade e respeito no trato com os demais condenados

Preconizado pelo art. 39, III, da Lei de Execução Penal, trata-se de repetição do dever anterior, estudado no item 4.2, com enfoque diferente. Enquanto no inciso anterior o objeto era a relação do sentenciado com os servidores da unidade e outras pessoas com as quais se relacionasse, neste inciso o enfoque é direcionado aos demais condenados e suas interações.

Enquanto respeito foi analisado no item anterior, urbanidade é termo usado para designar a prática de rituais sociais dentro de um determinado ambiente de convivência, envolvendo aqui noções de gentileza, cordialidade, educação e boa convivência, portanto, a despeito da proximidade semântica, devem ser vistos como termos diferentes.

Urbanidade é associada com a ideia de equilíbrio e convivência pacífica harmoniosa, opondo-se diametralmente à belicosidade. Aqui vislumbramos a diferença, enquanto o respeito refere-se à condição humana da pessoa, inerente a qualquer membro da sociedade, urbanidade trata exclusivamente das interações humanas como membros de um grupo, ou seja, as *práxis* inerentes à vida social, tais como respeito ao espaço individual ou "coleguismo".

Essa ideia defendida pode ser confirmada como a análise da norma. O legislador só emprega o vocábulo "urbanidade" quando da previsão de um dever recíproco aos condenados, deixando de fazer uso dessa construção quando da relação do sentenciado com os servidores e outras pessoas com quem se relacione.

---

absolutamente especiais e relevantes, de modo que é absolutamente inviável sua invocação para a tutela de ocorrências, por assim dizer, brandas. Nesse contexto e estabelecida a premissa de que a fragmentariedade também se revela incidente em relação às faltas graves da Execução Penal, notadamente em razão de que suas consequências se equiparam às da prática de delitos, veja-se o que prescreve o art. 52 da LEP, não há como se possa admitir a tipicidade quanto à referida conduta, visto que a falta de educação, por si só, é parte da esfera da intimidade do cidadão, assegurada pela ordem constitucional vigente" (CABRAL, Thiago Colnago. Tipicidade penal e as faltas da lei de execução penal: o incidente de falta grave visto à luz das garantias do cidadão).

A escolha faz sentido, não há que se falar em convivência entre o sentenciado e os servidores ou terceiros, nestes casos o que existe é uma relação, muitas vezes pontual, da qual se espera respeito, mas não urbanidade, por absoluta incompatibilidade.

4.4 Conduta oposta aos movimentos de fuga ou de subversão da ordem/disciplina

Ao sentenciado é imposto o dever de não participar de movimentos, sejam eles individuais ou coletivos, de fuga, bem como de movimentos voltados à subversão da ordem e/ou da disciplina da unidade prisional (art. 39, IV, da Lei de Execução Penal). A violação do dever em análise configura falta grave, nos termos do art. 50, I, da Lei de Execução Penal. Ademais, caso a fuga se consume, também estaremos diante de falta grave, mas neste caso, com fulcro no art. 50, II.

Por óbvio, não exige a norma que o sentenciado se arrisque enfrentando os movimentos de revolta coletivos ou delatando, seus colegas de cela, aos agentes. A exigência aqui é mais singela. Espera-se do condenado que não tome parte dos citados movimentos, distanciando-se das condutas de desordem praticadas pelos demais sentenciados[21], assim mantendo comportamento ordeiro.

Nas hipóteses em que o sentenciado for coagido a participar dos movimentos coletivos de fuga ou de perturbação da ordem, não há que se falar na transgressão do presente dever. Invoca-se, em favor do condenado, a excludente de culpabilidade da inexigibilidade de conduta diversa, prevista no art. 22 do Código Penal.

As regras em questão aplicam-se inclusive para aqueles inseridos no regime aberto[22] ou semiaberto, os quais não podem, por exemplo, deixar de se apresentar em juízo quando assim determinados.

---

[21] Sobre o tema: "Não está a lei, portanto, exigindo do apenado que mantenha postura ostensivamente contrária a tais movimentos, a ponto de ser obrigado a denunciá-los às autoridades ou a intervir junto a outros presos no intuito de evitar que deles participem, o que seria uma exigência utópica e desconforme com a realidade da vida nas prisões" (AVENA, Norberto Cláudio Pâncaro. *Execução Penal: Esquematizado*. 4. ed. São Paulo: Método, 2017. p. 66).

[22] Nesse sentido "Agravo em execução. Falta grave. Fuga. Regressão de regime. Data do não comparecimento em juízo para justificação de atividades. I. O direito penal é a ultima ratio, o recurso final do Estado, porque afeta o direito fundamental à liberdade. Como tal, não aceita suposições ou meros indícios prejudiciais ao réu.

4.5 Execução do trabalho, das tarefas e das ordens recebidas

O presente inciso aborda três formas ocupacionais distintas. Trabalho é a atividade do condenado, vinculada a uma finalidade e sujeita a remuneração, tarefa, por sua vez, abrange as funções executadas a título gratuito, como por exemplo, a limpeza do pátio ou da cela. Por fim, o termo "ordens" designa os comandos unilaterais dados pela administração prisional ou pelos agentes, configurando obrigação complementar àquela prevista no art. 39, V, da Lei de Execução Penal.

O trabalho do preso possui natureza dúplice. Representa ao mesmo tempo um *direito*, já que através dele, por exemplo, poderá remir o tempo de pena (art. 126, § 1º, II, da Lei de Execução Penal) e receber a respectiva remuneração, como também um *dever*, já que possui caráter obrigatório (art. 31 da Lei de Execução Penal), cujo descumprimento enseja aplicação de falta grave nos termos do art. 50, VI, da Lei de Execução Penal – exceto para os presos provisórios (art. 31, parágrafo único, da Lei de Execução Penal), aos quais se revela facultativo.

Por outro lado, não se trata de trabalho forçado[23], vedado pelo art. 5º, XLVII, "c", da Constituição Federal, e sim de um dever específico do condenado[24], atuando como indicativo da aptidão para o retorno à sociedade.

II. A falta grave deve ser registrada na data em que o agravante deixou de cumprir a obrigação de comparecer em Juízo, e não na da última assinatura regular. III. Agravo provido" (TJDF, 20180020006360/DF 0000636-67.2018.8.07.0000, 1ª Turma Criminal, Rel. Ana Maria Amarante, j. 15.03.2018, *DJE* 20.03.2018, p. 56-63).

[23] "Constitui falta grave na execução penal a recusa injustificada do condenado ao exercício de trabalho interno. O art. 31 da Lei 7.210/1984 (LEP) determina a obrigatoriedade do trabalho ao apenado condenado à pena privativa de liberdade, na medida de suas aptidões e capacidades, sendo sua execução, nos termos do art. 39, V, da referida Lei, um dever do apenado. O art. 50, VI, da LEP, por sua vez, classifica como falta grave a inobservância do dever de execução do trabalho. Ressalte-se, a propósito, que a pena de trabalho forçado, vedada no art. 5º, XLVIII, 'c', da CF, não se confunde com o dever de trabalho imposto ao apenado, ante o disposto no art. 6º, 3, da Convenção Americana de Direitos Humanos (Pacto San José da Costa Rica), segundo o qual os trabalhos ou serviços normalmente exigidos de pessoa reclusa em cumprimento de sentença ou resolução formal expedida pela autoridade judiciária competente não constituem trabalhos forçados ou obrigatórios vedados pela Convenção" (HC 264.989/SP, Rel. Min. Ericson Maranho, j. 04.08.2015, *DJe* 19.08.2015).

[24] O Pacto de São José da Costa Rica, em seu artigo 6, 3, "a" consigna que os trabalhos exigidos de pessoa reclusa em cumprimento de sentença não configuram trabalhos forçados ou obrigatórios.

Através da atividade laboral é possível vislumbrar noções de respeito, obediência hierárquica, disciplina e capacidade produtiva, sendo certo que a recusa do preso gera presunção de que sua ressocialização não está efetivada.

A designação do trabalho seguirá as aptidões e capacidades do condenado, levando em consideração suas peculiaridades bem como as necessidades sociais (art. 31, parágrafo único, da Lei de Execução Penal), possibilitando assim que o trabalhador faça uso do seu conhecimento prévio e seja preparado, dentro do possível, para o mercado de trabalho.

Oportuno observar que trabalho do sentenciado não segue as regras previstas na Consolidação das Leis Trabalhistas (art. 28, § 2º, da Lei de Execução Penal), contudo será obrigatoriamente remunerado com valor nunca inferior a 3/4 do salário mínimo vigente (art. 29 da Lei de Execução Penal), que será destinado à *indenização dos danos causados, à assistência familiar, às pequenas despesas pessoais e, por derradeiro, ao ressarcimento das despesas do Estado*. O valor remanescente será depositado em caderneta de poupança que será entregue ao condenado quando posto em liberdade.

A jornada para trabalho interno não será inferior a 6 (seis) horas nem superior a 8 (oito) horas, com descanso aos domingos e feriados[25] (art. 33, *caput*, da Lei de Execução Penal), exceto no caso de horário especial de trabalho para os presos responsáveis pelo serviço de conservação e manutenção do estabelecimento prisional (art. 33, parágrafo único, da Lei de Execução Penal). As horas que extrapolem o limite legal serão contadas para fins de remição, na forma de 1 (um) dia de pena para cada 6 (seis) horas extras realizadas.

Por fim, vale consignar que o trabalho externo será admissível para os condenados em regime fechado somente em serviço ou obras públicas realizadas por órgãos da Administração Direta ou Indireta, ou entidades privadas, desde que tomadas cautelas contra a fuga e em favor da disciplina (art. 36, *caput*, da Lei de Execução Penal), cabendo ao órgão da administração, à entidade ou à empresa a remuneração do trabalho (art. 36, § 2º, da Lei de Execução Penal).

De outra banda, conforme determina o art. 30 da Lei de Execução Penal, as tarefas executadas sob a forma de prestação de serviço à comunidade não serão remuneradas. Trata-se de previsão redundante já que o próprio Código

---

[25] O STJ, em 21 de junho de 2016, no julgamento do HC 346.948, considerou como válidos e, portanto, objeto de remição, os domingos e feriados trabalhados por preso, mesmo sem autorização do Juízo ou da direção do Estabelecimento Prisional.

Penal, em seu art. 46, § 1º, impõe que tal modalidade de pena será prestada a título gratuito[26]. Nem se olvide que a prestação de serviços, *de per si*, consiste em sanção própria e, como tal, não admitiria contraprestação monetária, sob pena de perder seu caráter de reprimenda.

4.6 Submissão à sanção disciplinar imposta

As sanções disciplinares, previstas no art. 53 da Lei de Execução Penal, serão impostas ao condenado transgressor, respeitado o devido processo legal e assegurado o direito de defesa, por decisão motivada da autoridade competente (art. 54 da Lei de Execução Penal). Uma vez aplicada exige-se do condenado que a cumpra, demonstrando aptidão para a ressocialização.

O dever aqui imposto (art. 39, VI, da Lei de Execução Penal) abrange não só a submissão à sanção em si, como também o respeito e acatamento do isolamento preventivo e da inclusão no regime disciplinar diferenciado, por interesse da disciplina (art. 60, *caput*, da Lei de Execução Penal).

A despeito da aparente obviedade da presente previsão, quando colocada na perspectiva de fundamento de validade para as infrações disciplinares, é possível ver sua importância. O dever em tela permite ao legislador que alce à condição de infração administrativa as condutas dos sentenciados que se recusem ou criem obstáculo à atividade disciplinar dos estabelecimentos.

Trata-se, inclusive, de previsão recorrente em diversos regimes jurídicos de servidores públicos no Brasil, podemos citar, como referência, o art.

---

[26] Sobre o tema: "Trata-se de disposição inútil. Em primeiro lugar, o Código Penal é expresso a esse respeito, ao cuidar dessa modalidade de pena: 'a prestação de serviços à comunidade ou a entidades públicas consiste na atribuição de tarefas gratuitas ao condenado' (art. 46, § 1º, com grifo nosso). Em segundo plano, no Capítulo onde está inserido o art. 30 da LEP, cuida-se do trabalho do condenado preso e não daquele que recebeu pena alternativa à prisão. Em terceiro lugar, fosse possível supor, diante da lógica meridiana que possui a natureza da pena de prestação de serviços à comunidade, que o trabalho seria remunerado, pena alguma haveria, na realidade. O sujeito iria trabalhar e ser remunerado pelo que fizesse num orfanato ou hospital, logo, teria arranjado um emprego e não estaria, na prática, cumprindo pena. Em época de desemprego elevado, melhor seria praticar uma infração penal de menor monta, para ser apenado com prestação de serviços à comunidade. Por isso, o disposto no art. 30 da LEP parece-nos despiciendo" (NUCCI, Guilherme de Souza. *Manual de processo penal e execução penal*. 14. ed. Rio de Janeiro: Forense, 2017. p. 972).

150, XIX, da Lei Orgânica da Polícia Civil de Minas Gerais[27], Lei Estadual 5.406/1969.

4.7 Indenização à vítima ou aos seus sucessores

Uma vez praticada a infração penal nasce o dever pessoal do condenado de indenizar, sendo que a sentença penal torna certa essa obrigação, constituindo, com o trânsito em julgado, título executivo judicial, nos termos do art. 515, VI, do Código de Processo Civil.

O presente dever (art. 39, VII, da Lei de Execução Penal) merece críticas por fugir da lógica do artigo. Enquanto os demais deveres estão ligados à pessoa do sentenciado, sua disciplina e seu comportamento no cárcere, representando verdadeiro código de conduta, a obrigação de indenizar é ligada ao próprio fato criminoso e suas consequências, transformando em dever carcerário uma prática acerca da qual ele não tem controle. A conduta de indenizar a vítima depende de diversos fatores e não exclusivamente de sua voluntariedade, menos ainda do seu comportamento no estabelecimento prisional[28].

Só podem configurar deveres do sentenciado condutas que dependem exclusivamente de sua vontade, sendo certo que indenizar a vítima não é uma delas. Caso tenha patrimônio, decorrente da sua vida fora do cárcere, bastará a execução cível da dívida, nos termos da lei, por outro lado caso o preso não tenha posses, mas exerça atividade laboral no presídio, conforme determinação do art. 29, § 1º, "a", da Lei de Execução Penal, sua remuneração destinar-se-á à indenização da vítima.

A despeito da previsão legal, não nos parece que indenizar possa configurar dever do preso. Indenizar ou não a vítima não representa ato voluntário do preso, descaracterizando a noção de dever prisional eminentemente ligado à

---

[27] "Art. 150. São transgressões disciplinares, além de outras enumeradas nos regulamentos dos órgãos policiais e das aplicáveis aos servidores públicos em geral: (...) XIX – desrespeitar ou procrastinar o cumprimento de decisão ou ordem judicial ou da autoridade policial corregedora, bem como criticá-las;".

[28] Nessa toada: "A indenização à vítima ou aos seus sucessores não deve ser erigida à condição de dever, pois depende de circunstâncias completamente alheias à execução da pena, além de ostentar cunho eminentemente patrimonialístico, que em hipótese alguma pode afetar o status libertatis do indivíduo, sob pena de consagração de prisão por dívida fora das hipóteses previstas no art. 5º, LXVII, da Constituição de 1988" (ROIG, Rodrigo Duque Estrada. *Execução penal*: teoria e crítica. 3. ed. São Paulo: Saraiva, 2017. p. 195).

sua conduta carcerária e opções voluntárias feitas quando do cumprimento da pena, as quais refletirão na concessão ou não de futuros benefícios prisionais.

4.8 Indenização ao Estado pelas despesas de manutenção

Trata-se de dever semelhante ao tratado anteriormente. O art. 39, VIII, da Lei de Execução Penal impõe ao condenado obrigação de indenizar o Estado, abrangendo aqui as despesas realizadas com sua manutenção no cárcere, a qual será descontada, de forma proporcional, da remuneração pelo trabalho.

Conforme o art. 29, § 1º, "a", da Lei de Execução Penal, o ressarcimento do Estado é hipótese residual, só ocorrendo quando a remuneração for suficiente para que o sentenciado arque com a indenização da vítima, com a assistência familiar e com suas próprias despesas. Interessante frisar que o art. 39, VIII, da Lei de Execução Penal limita o alcance do dever à remuneração pelo trabalho no cárcere, ou seja, a obrigação de ressarcir o Estado não atingirá o patrimônio do preso, eventualmente constituído fora do ambiente prisional.

Estendemos a este inciso as mesmas críticas tecidas no anterior, em razão da semelhança com aquela, pois a indenização não deve ser vista como dever do condenado, ao contrário, trata-se de regra obrigacional patrimonial.

4.9 Higiene pessoal e asseio da cela ou alojamento

O art. 39, IX, da Lei de Execução Penal impõe ao condenado a obrigação de cuidado com o asseio pessoal, conservando-se limpo, bem como da conversação da unidade de habitação ocupada, seja ela individual ou coletiva. Trata-se de dever voltado à salubridade do ambiente prisional, evitando a proliferação de doenças e riscos pessoais.

A leitura do presente dispositivo exige cuidado por parte do interprete. A higiene pessoal, ou, no caso, a falta de higiene pessoal, só se torna questão relevante para o direito e, portanto passível de infração administrativa, quando dificultar ou impossibilitar a convivência do sentenciado com os demais condenados, bem como quando colocar a saúde própria ou coletiva em risco[29].

---

[29] Citamos como exemplo a obrigação de raspar cabelo. Conforme julgado do TJRJ tal obrigação esta atrelada à manutenção de um nível médio de higiene, protegendo todos os detentos, sem, contudo, causar indignidade no preso: "Apelação Cível. Ação civil pública. demanda através da qual se objetiva seja declarada a proibição de submissão dos presos sob custódia da secretaria estadual de administração penitenciária do estado do rio de janeiro e da secretaria de estado de segurança pública ao corte de cabelo e de barba compulsórios,

Não nos parece razoável enquadrar como infração disciplinar a conduta do sentenciado que se recusa a escovar os dentes ou deixa de tomar banho um dia. Por mais que seja um indicativo de falta de higiene pessoal, não compete ao Estado ingressar na intimidade das pessoas, tal intervenção só se torna necessária quando a conduta passa a afetar terceiros.

No que tange ao asseio da cela/alojamento esbarramos no problema de ordem prática. A despeito de configurar necessário dever, notadamente inerente àqueles que ocupam qualquer tipo de habitação coletiva, sua imposição e fiscalização se torna atividade complexa, quase inexequível[30].

Conforme dados fornecidos pelo sistema *infopen*, disponibilizado pelo Ministério da Justiça, o Brasil, em junho de 2016, apresentava 368.049 vagas para acomodar uma população carcerária de 726.712 pessoas, resultando em taxa de ocupação de aproximadamente 200%. Neste cenário de superlotação carcerária, em que muitas vezes falta o mínimo necessário para uma existência digna, exigir limpeza, higiene e asseio se torna objetivo utópico.

---

bem assim a condenação do ente estatal em obrigação de fazer consistente na prestação de assistência material para a manutenção do asseio pessoal dos presos custodiados nas unidades prisionais sob a responsabilidade dos órgãos referidos, em frequência e quantidade compatíveis com dita finalidade. (...) medida que não implica em ofensa aos direitos fundamentais da integridade física e moral, privacidade e dignidade da pessoa humana que integram o elenco dos direitos fundamentais do cidadão brasileiro. emprego da técnica da ponderação de interesses. asseio pessoal da população carcerária, o que perpassa pelo corte de cabelo e barba, que constitui providência indispensável ao controle da proliferação de pragas e doenças, que, sabidamente, encontram condições propícias em grandes aglomerações. direito de toda a população carcerária, dos funcionários que lá desempenham suas funções, e porque não dizer, da própria coletividade, a um ambiente sadio, mantendo-se um nível médio de higiene, com a consequente diminuição do risco de doenças, sem que tal implique em indignidade do preso. providência que, ademais, permite a manutenção da ordem e disciplina no interior das unidades prisionais, bem assim a digna apresentação pessoal do preso perante seus pares e seus familiares" (TJRJ, Ação 0315505-67.2011.8.19.0001, Protocolo: 3204/2013.00367687, Revisor: Desembargador Heleno Ribeiro Pereira Nunes – DJE).

30 Sobre o tema: "Trata-se do dever de asseio e limpeza, tanto pessoal quanto do compartimento individual ou coletivo ocupado pelo preso. Na prática, é de difícil operacionalização o seu cumprimento, diante da superlotação dos presídios e aglomeração de presos na mesma cela" (AVENA, Norberto Cláudio Pâncaro. *Execução Penal: Esquematizado*. 4. ed. São Paulo: Método, 2017. p. 66).

A exigência do dever previsto no art. 39, IX, da Lei de Execução Penal, se torna razoável desde que o Estado cumpra sua parte, entregando ao condenado local digno para o cumprimento da pena, nos exatos termos do art. 88 da Lei de Execução Penal, pois fora dessa situação, o dever em tela não pode gerar punições, já que o Estado é nitidamente corresponsável por sua violação.

Por fim, mas não menos importante, existe também problema de ordem procedimental. Considerando o disposto no art. 45, § 3º, da Lei de Execução Penal, que veda sanções coletivas, poucos são os mecanismos para apuração e imputação de quebra do dever de higiene em cela/alojamento ocupados por diversos presos, sem que isso se torne hipótese de responsabilidade objetiva ou coletiva. Ademais, intangível medir a participação individual na "sujeira" de um ambiente coletivo, no qual cada um tem sua parcela de contribuição.

4.10 Conservação dos objetos de uso pessoal

Por fim, o sentenciado tem o dever (art. 39, X, da Lei de Execução Penal) de manter conversado todos os objetos pessoais, dos quais faz uso. Por óbvio, trata o dispositivo daqueles bens entregues, pela administração pública, para uso durante o tempo de prisão, tais como colchões, uniformes e apetrechos para o trabalho.

A fiscalização do presente dever esbarra em problemas de ordem prática. Para a imposição de sanções é fundamental a comprovação e individualização da conduta praticada pelo condenado, que tenha levado a deterioração ou destruição do objeto. Em um ambiente de ocupação coletiva, torna-se prova diabólica a imputação individual de determinada conduta, impossibilitando a aplicação de sanções já que a legislação proíbe qualquer tipo de punição coletiva[31].

Bens entregues por parentes ou os particulares, trazidos licitamente para dentro da unidade prisional, por obvio não podem ser objeto deste dever. Mesmo que encarcerado, os poderes inerentes à propriedade ainda se aplicam, sendo livre a opção por conservar ou deteriorar aquilo que é seu, não cabendo ao Estado qualquer ingerência sobre eles, menos ainda punição em tais casos.

---

31 "É ilegal a aplicação de sanção de caráter coletivo, no âmbito da execução penal, diante de depredação de bem público quando, havendo vários detentos num ambiente, não for possível precisar de quem seria a responsabilidade pelo ilícito. O princípio da culpabilidade irradia-se pela execução penal, quando do reconhecimento da prática de falta grave, que, à evidência, culmina por impactar o *status libertatis* do condenado" (HC 292.869/SP, 6ª Turma, Rel. Min. Maria Thereza de Assis Moura, *DJe* 29.10.2014).

5. VIOLAÇÃO DOS DEVERES

A Lei de Execução Penal classifica as faltas disciplinares em leves, médias e graves, ocupando-se da tipificação exaustiva das consideradas graves (arts. 50, 51 e 52 da Lei de Execução Penal), relegando ao legislador estadual a tipificação das sanções consideradas de natureza média e leves[32]. Nesse sentido, não cabe à legislação local a ampliação do rol de faltas graves, sendo tal prática ilegal[33].

O art. 45, *caput*, da Lei de Execução Penal adota os princípios da reserva legal e anterioridade no que tange às sanções disciplinares, impondo que toda falta e sua consequente punição deve estar prevista de forma expressa no ordenamento antes da prática por parte do condenado.

Desta sistemática extrai-se lição importante. A violação de um dever de conduta prisional, por si só, não configura, necessariamente uma infração disciplinar, quando este não corresponder a um dos modelos típicos de falta disciplinar.

Como cediço, os deveres inscritos no art. 39, II (obediência ao servidor e respeito a qualquer pessoa), IV (conduta oposta aos movimentos de fuga e de subversão da ordem) e V (execução do trabalho, tarefas e ordens recebidas), serão considerados falta grave, conforme previsão expressa do art. 50, I, II e VI, da Lei de Execução Penal. Os demais deveres, contudo, dependem de previsão expressa na legislação local para serem considerados faltas disciplinares.

Percebe-se, portanto, que os deveres previstos nos arts. 38 e 39 da Lei de Execução Penal, por si só, carecem de eficácia jurídica como tipos sancionares, uma vez que sua violação não gera nenhum tipo de reprimenda ao condenado.

Frise-se, a possibilidade de aplicação de uma sanção disciplinar só existe quando os deveres são repetidos em modelos típicos de faltas, como ocorre, por exemplo, com o dever inscrito no art. 39, IV, que corresponde à falta do art. 50, I, ambos da Lei de Execução Penal.

---

[32] Em São Paulo as faltas médias e leves encontram-se previstas nos arts. 44 e 45, respectivamente, da Resolução SAP 144, de 29.06.2010.

[33] Nesse sentido manifestou-se o STJ no julgamento do HC 49.163/SP, de 09.05.2006, com relatoria do Ministro Felix Fischer: "Execução penal. *Habeas corpus* substitutivo de recurso ordinário. Posse de aparelho celular. Falta grave. Conduta prevista em resolução estadual. Impossibilidade. Incompetência da administração estadual para definir falta disciplinar de natureza grave".

Por outro lado, conforme já exposto, a despeito de constar na exposição de motivos que rol é taxativo, o art. 39 da Lei de Execução Penal não esgota os deveres do condenado. As condutas alçadas pelo legislador à condição de falta grave, média ou leve também podem ser tidas como deveres, uma vez que toda previsão típica faz nascer um dever negativo de conduta. Trata-se da mesma lógica adotada nos tipos penais incriminadores.

6. REFORMA DA LEP

Tramitam atualmente no Congresso Nacional os Projetos de Lei 513/2013 e 9.054/2017 com o escopo de proceder reforma na Lei de Execuções Penais. No que tange aos deveres do sentenciado, as mudanças são tímidas e de pouco impacto.

O Projeto de Lei 9.054/2017 modifica a redação do art. 38 da Lei de Execução Penal[34], passando a prever expressamente a aplicação dos deveres gerais para todos os regimes e formas de cumprimento de pena.

Enquanto os regimes de pena estão previstos de forma expressa no art. 33, § 1º, do Código Penal, a única menção legal sobre forma de cumprimento de pena está no art. 112 da Lei de Execução Penal, mencionando a forma progressiva.

Critica-se a escolha do legislador. A adoção do termo "forma" representa opção que não se coaduna com a boa técnica do direito. Entendemos que o legislador, ao empregar a palavra "forma" no projeto, pretende deixar expresso que as disposições em questão aplicam-se, também, aos condenados inseridos no regime disciplinar diferenciado. Contudo, melhor seria ter se manifestado de maneira direta e expressa.

O art. 39, IV, da Lei de Execução Penal[35] também sofre alterações, excepcionando expressamente o dever de se opor a movimentos de fuga ou indisciplina, quando a conduta colocar sua vida em risco ou restar configurada a inexigibilidade de conduta diversa. Trata-se de modificação salutar, porém de pouco impacto na ordem jurídica, porquantoas exceções previstas

---

[34] Art. 38 da LEP: "Cumpre ao condenado, em qualquer dos regimes ou formas de cumprimento de pena, além das obrigações legais inerentes ao seu estado, submeter-se às normas de execução da pena".

[35] Art. 39, IV – "conduta oposta aos movimentos individuais ou coletivos de fuga ou indisciplina, salvo comprovação de risco de vida ou inexigibilidade de conduta diversa".

pelo legislador já existem no Código Penal, sendo certo que a doutrina e jurisprudência reconhecem sua aplicação[36].

Por fim, no que tange aos deveres, haverá a inserção do § 1º no art. 39[37], transformando o antigo parágrafo único em § 2º, prevendo a obrigação de informar o Juiz de Execuções sobre a existência de créditos judiciais indenizatórios em seu favor, no sentido de possibilitar a habilitação da vítima, objetivando a garantia da indenização.

7. CONCLUSÃO

Dos pontos aqui analisados, denota-se que a vida no cárcere impõe ao condenado uma série de segregações, notadamente acerca de sua liberdade, assim instaurando um regime equilibrado de direitos, que devem ser respeitados pelo Estado, em troca do fiel cumprimento de deveres a ele impostos.

Nesse passo, a concepção de cadeia como ergástulo, local de expiação da culpa através do sofrimento é ultrapassada. O cárcere deve ser visto como ambiente primordialmente ressocializador, local no qual o preso cumprirá a pena de forma humana e digna, respeitada sua integridade física e condição humana, sendo preparado, progressivamente, para o retorno à sociedade.

Não por menos, pretende o legislador, com a previsão dos deveres, normatizar a conduta dos encarcerados e possibilitar a boa convivência durante o período de segregação de liberdade. Tanto isso é verdade, que grande parte

---

[36] Nesse sentido, AGEPN 10672150116198001 do TJMG de 05.07.2017: "Pratica falta grave o reeducando que, em cumprimento de pena em regime semiaberto, não se apresenta ao estabelecimento prisional no prazo estipulado nem apresenta justificativa hábil para tanto. A excludente do 'estado de necessidade' só pode ser reconhecida se demonstrados os requisitos do artigo 24 do Código Penal. Considerando ter sido a fuga praticada quanto do gozo do benefício de saídas temporárias, e tendo em vista que a conduta do recuperando não trouxe maiores consequências para a execução penal, mostra-se é justo e razoável a perda de 1/4 dos dias remidos". Importante frisar que, a despeito de não ter sido reconhecida a excludente de ilicitude no caso em tela, manifestou-se o Tribunal no sentido da possibilidade de seu reconhecimento, desde que preenchidos os requisitos legais.

[37] Art. 39, § 1º: "O condenado deverá ainda informar o juiz da execução sobre qualquer crédito judicial de natureza indenizatória em seu favor, para que se proceda à habilitação da vítima ou de seus sucessores, no limite da indenização devida" (NR).

dos deveres são imposições de ordem comportamental, exigindo obediência às normas, aos comandos dos agentes penitenciários e respeito mútuo.

Os deveres estudados não possuem, por si só, poder sancionador, sua transgressão, quando não encampado por um tipo disciplinar, não tem o condão de gerar uma pena ao sentenciado. Neste sentido não se pode afirmar que o rol previsto no art. 39 da Lei de Execução Penal esgota os deveres do sentenciado, mesmo porque as faltas tipificadas, sejam no art. 50 da Lei de Execução Penal, sejam nas legislações estaduais, configuram deveres negativos.

A taxatividade do rol está, na sua concepção, como fundamento de validade para atividade legislativa, federal ou estadual, quando da tipificação de faltas. Quer-se dizer que o legislador só poderá criar tipos sancionadores disciplinares que mantenham um necessário paralelismo com os deveres específicos previstos na Lei de Execução Penal, justificando-se sua previsão de forma ampla.

Nesta ótica, os deveres do art. 39 da Lei de Execução Penal não são limitadores da liberdade do sentenciado, não se consubstanciam em infrações passiveis de punição. Tal missão é incumbência das faltas disciplinares. Ao contrário, os deveres são instrumentos garantidores da liberdade individual, atuam como molde para a atividade legislativa do Estado, impedindo a criação da faltas disciplinares abusivas, respeitando a ordem constitucional, notadamente os princípios da dignidade da pessoa humana e da taxatividade.

REFERÊNCIAS

AVENA, Norberto Cláudio Pâncaro. *Execução penal*: esquematizado. 4. ed. São Paulo: Método, 2017.

BRASIL. Departamento Penitenciário Nacional – DEPEN. Levantamento Nacional de Informações Penitenciárias (INFOPEN), atualização – junho de 2016. Disponível em: <http://depen.gov.br/DEPEN/depen/sisdepen/infopen/relatorio_2016_22-11.pdf>. Acesso em: 20 maio 2018.

CABRAL, Thiago Colnago. Tipicidade penal e as faltas da lei de execução penal: o incidente de falta grave visto à luz das garantias do cidadão. *Revista de Informação Legislativa: RIL*, v. 53, n. 212, p. 101-119, out.-dez. 2016. Disponível em: <http://www12.senado.leg.br/ril/edicoes/53/212/ril_v53_n212_p101>. Acesso em: 27 maio 2018).

MARCÃO, Renato. *Lei de Execução Penal anotada*. 6. ed. São Paulo: Saraiva, 2017.

MIRABETE, Julio Fabbrini. *Execução penal*. 11. ed. São Paulo: Atlas, 2004.

NUCCI, Guilherme de Souza. *Curso de direito penal*: parte geral: arts. 1º a 120 do Código Penal. Rio de Janeiro: Forense, 2017.

_____. *Manual de processo penal e execução penal*. 14. ed. Rio de Janeiro: Forense, 2017.

NUNES, Adeildo. *Comentários à Lei de Execução Penal*. Rio de Janeiro: Forense, 2016.

ROIG, Rodrigo Duque Estrada. *Execução penal*: teoria e crítica. 3. ed. São Paulo: Saraiva, 2017.

SILVA, Haroldo Caetano da. *Manual de execução penal*. 2. ed. Campinas: Bookseller, 2002.

5

TRABALHO DO PRESO E REMIÇÃO

VICTOR AUGUSTO ESTEVAM VALENTE
Professor Titular de Direito Penal e Processual Penal e Coordenador do Curso de Pós-Graduação *Lato Sensu* de Criminologia, Direito Penal e Processo Penal da PUC-CAMPINAS. Mestre em Direito Penal pela PUC-SP. Advogado.

Resumo: O presente capítulo trata da remição do preso na execução penal, enfatizando as tendências legislativas do instituto à luz dos Projetos de Lei do Senado 513/2013 e 9.054/2017, que têm por finalidade reformar a Lei 7.210/1984 (Lei de Execução Penal). Discorre-se sobre o conceito e a natureza jurídica da remição. Faz-se a análise dos fundamentos constitucionais e da previsão legal da remição no Brasil. Perquire-se sobre as formas de aplicação do instituto, tanto da remição pelo trabalho ou pelo estudo (LEP, art. 126), como da remição pela leitura e das atividades complementares correspondentes ao estudo (Recomendação 44/2013 do CNJ).

Palavras-chave: Execução penal. Remição pelo trabalho. Remição pelo estudo. Remição pela leitura. Ressocialização. PLS 9.054/2017.

Abstract: The purpose of this chapter is to deal with the remission of the prisoner in criminal execution, emphasizing the legislative tendencies of the institute in the light of Senate Bill 513/13 and 9.054/17, with the purpose of reforming Law 7.210/84 (Criminal Execution Law). It discusses the concept and legal nature of remission. The analysis of the constitutional foundations and the legal prediction of the remission in Brazil is made. The application forms of the institute, both of the remission by work or study (Law of Criminal Execution, art. 126), as well as the remission by reading and the complementary activities corresponding to the study (National Council of Justice Recommendation 44/2013) are examined.

Keywords: Criminal execution. Remission by work. Remission by study. Remission by reading. Resocialization. Senate Bill 9.054/17.

Sumário: 1. Introdução – 2. Remição como direito público subjetivo de liberdade – 3. Remição pelo trabalho: 3.1 Cumulação de trabalho e estudo; 3.2 Inviabilidade de aplicação no regime aberto; 3.2.1 Possibilidade de "analogia *in bonam partem*"?; 3.2.2 Do trabalho obrigatório e remunerado; 3.3 Trabalho externo; 3.4 Trabalho em empresa familiar – 4. Remição pelo estudo: 4.1 Formas de desenvolvimento do estudo; 4.2 Estudo externo; 4.3 Remição analógica; 4.4 Remição acrescida ou intelectual; 4.5 Falsidade ideológica – 5. Remição pela leitura – 6. Controle do registro das atividades – 7. Gestantes e puérperas – 8. Doação voluntária de sangue – 9. Remição ficta – 10. Conclusões – Referências.

1. INTRODUÇÃO

Etimologicamente, "remição" significa "redenção", "reparação", "quitação", "desobrigação" ou "pagamento de dívida"[1]. Na órbita criminal, consiste no benefício concedido pelo juiz da execução penal ao preso provisório[2] ou ao condenado que esteja cumprindo pena no regime fechado ou semiaberto, como forma de abreviar o tempo de pena imposto na sentença, mediante o atendimento de certas condições legais, tais como o trabalho, o estudo ou, em uma das modalidades mais recentes, a leitura realizada pelo preso[3].

Embora o art. 126 da LEP se refira unicamente ao regime fechado ou semiaberto, a remição também é possível nas hipóteses do § 6º, é dizer, se o condenado cumprir pena em regime aberto ou semiaberto ou usufruir de liberdade condicional, podendo remir pela frequência a curso de ensino regular ou de educação profissional parte do tempo de execução da pena ou do período de prova.

Nesse contexto, desponta a remição como direito privativo do preso, pois, se o infrator não pode apagar o delito que outrora praticou, deve ao menos ter a possibilidade de se conscientizar moralmente, com a finalidade de se redimir e reintegrar-se em sociedade[4].

---

[1] A propósito da evolução histórica da redenção das penas pelo trabalho (*redención de penas por el trabajo*), instituto semelhante à remição, cf. MIRABETE, Julio Fabbrini. *Execução penal*: comentários à Lei n. 7.210/1984. São Paulo: Atlas, 1987. p. 319.

[2] Aplica-se igualmente ao preso provisório (art. 2º, parágrafo único, da Lei 7.210/1984).

[3] BRITO, Alexis Couto de. *Execução penal*. 3. ed. São Paulo: Revista dos Tribunais, 2013. p. 257.

[4] MIRABETE, Julio Fabbrini. *Execução penal*: comentários à Lei n. 7.210/1984. São Paulo: Atlas, 1987. p. 319.

2. REMIÇÃO COMO DIREITO PÚBLICO SUBJETIVO DE LIBERDADE

A remição é um direito adquirido parcial, confiando-se à discricionariedade do juiz da execução penal a revogação de até 1/3 dos dias remidos diante do cometimento de falta grave[5].

Antes da alteração trazida pela Lei 12.433/2011, o art. 127 da Lei 7.210/1984, intitulada Lei de Execução Penal, não previa uma fração máxima de perda dos dias remidos. Vale dizer, o condenado que fosse punido por falta grave perderia totalmente o tempo remido, começando novamente o período de contagem da remição a partir da data da infração disciplinar, independentemente de decisão judicial proferida.

Contudo, esse entendimento tornou-se objeto de críticas. Primeiramente, essa previsão, que não admitia qualquer limite temporal para a perda dos dias remidos, se revelava severa demais, razão pela qual foi indispensável uma alteração legislativa neste viés[6].

Além disso, a remição não era considerada direito adquirido ou coisa julgada, mas mera expectiva de direito, condicionando-se à cláusula *rebus sic standibus*. Ou seja, o condenado perderia automaticamente os dias trabalhados se sobreviessem razões que a justificassem, razão pela qual a concessão da remição era condicional, submetendo-se à exigência de comportamento futuro do condenado de não praticar falta grave[7].

Diante disso, a Lei 12.433/2011, que deu nova redação ao art. 127 da LEP[8], passou a prever uma fração máxima para a perda dos dias remidos, qual seja, a revogação de 1/3 (um terço) do tempo remido, revogando, portanto, a Súmula Vinculante 9 do Supremo Tribunal Federal[9].

---

[5] SILVA, Marcelo Rodrigues da. Modificações implementadas à Lei de Execução Penal ao instituto da remição pela Lei nº 12.433/2011. *Revista Magister de Direito Penal e Processual Penal*, Porto Alegre, v. 9, n. 49, p. 52-66, ago.-set. 2012, p. 63.

[6] NUCCI, Guilherme de Souza. *Manual de processo penal e execução penal.* 5. ed. São Paulo: Revista dos Tribunais, 2008. p. 1.042.

[7] SILVA, Marcelo Rodrigues da. Modificações implementadas à Lei de Execução Penal ao instituto da remição pela Lei nº 12.433/2011. *Revista Magister de Direito Penal e Processual Penal*, Porto Alegre, v. 9, n. 49, p. 52-66, ago.-set. 2012, p. 62-63.

[8] "Art. 127. Em caso de falta grave, o juiz poderá revogar até 1/3 (um terço) do tempo remido, observado o disposto no art. 57, recomeçando a contagem a partir da data da infração disciplinar".

[9] Segundo a Súmula Vinculante 9 do Supremo Tribunal Federal, o art. 127 da LEP havia sido recepcionado pela ordem constitucional vigente, não se lhe aplicando o limite temporal de 30 (trinta) dias previsto no *caput* do art. 58 da lei de regência.

Sustenta-se, na mesma linha, que a remição é um direito público subjetivo de liberdade do condenado, pois, uma vez atendidos os requisitos legais, assegura-se ao preso um estímulo para a sua correção, abreviando o tempo de execução da pena privativa de liberdade, a fim de que ele possa passar ao regime de livramento condicional ou à liberdade definitiva[10].

Acertadamente, o Projeto de Lei 9.054/2017, que tem por finalidade reformar a Lei de Execução Penal, mantem a remição como direito adquirido parcial e público subjetivo de liberdade do condenado.

Com efeito, a remição é computada como tempo cumprido para todos os fins, inclusive para qualquer benefício da execução penal, como nos casos de livramento condicional ou de indulto[11].

Se não bastasse, o fornecimento do trabalho, do estudo e da leitura integra o rol de direitos sociais fundamentais, contemplados no art. 6º da Constituição Federal, tornando a remição um direito público subjetivo, eis que se destina à socialização do reeducando.

Sustenta-se, nesse sentido, que a socialização não é merely uma função da pena, mas, acima de tudo, é um direito social fundamental do preso decorrente de sua integridade moral e do desenvolvimento de sua personalidade, assegurado no art. 5º, inciso XLIX, c/c o art. 6º, ambos da Constituição Federal. E, por força do princípio da proporcionalidade, sequer poderia ser alegada a reserva do possível em detrimento da dignidade humana do preso, sob pena de proteção deficiente e retrocesso social[12].

Eis o sentido da Lei de Execução Penal, ao consagrar, em seu art. 1º, o modelo clínico reabilitador, sob o fundamento de que a execução penal tem por objetivo efetivar as disposições da sentença ou decisão criminal e proporcionar condições para a harmônica integração social do condenado e do internado.

Salienta-se, por fim, que remição não se confunde com detração, embora tenham ambas efeitos semelhantes. Na detração, o período de prisão

---

[10] MIRABETE, Julio Fabbrini. *Execução penal*: comentários à Lei n. 7.210/1984. São Paulo: Atlas, 1987. p. 325.

[11] MIRABETE, Julio Fabbrini. *Execução penal*: comentários à Lei n. 7.210/1984. São Paulo: Atlas, 1987. p. 320.

[12] Nessa linha, reconheceu o Supremo Tribunal Federal repercussão constitucional em caso de excessiva população carcerária, referente à contraposição entre a cláusula da reserva financeira do possível e a pretensão de obter indenização por dano moral por superlotação de presídio (STF, RG RE 580.252/MS, Rel. Min. Ayres Britto, j. 17.02.2011).

provisória é reputado como tempo cumprido de pena e, ainda que envolva a prática de falta grave, a detração não poderá ser revogada[13]. E, pela previsão original da LEP, competia exclusivamente ao juiz da execução a aplicação da detração (art. 66, III, "c").

Nada obstante, a Lei 12.736/2012 alterou esse panorama legal, sob o fundamento de que a detração deverá ser considerada pelo juiz de conhecimento, isto é, pelo magistrado que proferir a sentença condenatória.

Por outro lado, a remição é condicional e, via de consequência, poderá ser revogada até 1/3 (um terço) em caso da prática de falta grave[14]. Ademais, o tempo remido é computado como pena cumprida, para todos os efeitos, competindo ao juízo da Vara das Execuções Criminais (VEC) reconhecê-lo, conforme será analisado a seguir.

3. REMIÇÃO PELO TRABALHO

A remição pelo trabalho consiste no cômputo de 1 (um) dia de pena a cada 3 (três) dias de trabalho, excluídos os dias de descanso obrigatório, ou seja, os domingos e os feriados, nos termos do art. 126, § 1º, II, da LEP.

Exige-se a realização da jornada completa de trabalho, cuja definição é trazida no art. 33, *caput*, da Lei de Execução Penal, no sentido de que a jornada normal de trabalho não será inferior a 6 (seis) nem superior a 8 (oito) horas, com descanso nos domingos e feriados.

Por outro lado, não terá direito à remição o preso que laborar por menos de 6 (seis) horas de trabalho ou mais de 8 (oito) horas de trabalho na mesma data, cujo excedente não poderá ser aproveitado para reconhecimento da remição.

Caso contrário, o condenado poderia trabalhar a seu bel prazer, a ponto de afrontar a disciplina exigida no estabelecimento prisional.

Entende-se, nada obstante, que deve ser contado como remição o tempo em que o condenado, mediante determinação da autoridade, for obrigado a

---

[13] "Art. 42. Computam-se, na pena privativa de liberdade e na medida de segurança, o tempo de prisão provisória, no Brasil ou no estrangeiro, o de prisão administrativa e o de internação em qualquer dos estabelecimentos referidos no artigo anterior".

[14] MIRABETE, Julio Fabbrini. *Execução penal*: comentários à Lei n. 7.210/1984. São Paulo: Atlas, 1987. p. 320.

trabalhar fora dos horários normais, como no caso de trabalho realizado em dia de repouso semanal ou por mais de oito horas diárias[15].

Primeiramente, o apenado trabalharia com o fundado receio de sofrer eventual punição disciplinar, por parte da administração, se descumprisse a determinação do diretor do estabelecimento penal. Logo, se ele trabalhou, deverá ter computado o tempo correspondente para efeito de remição[16].

Ressalta-se, ademais, que poderá ser atribuído horário especial de trabalho aos presos designados para os serviços de conservação e manutenção do estabelecimento penal (LEP, art. 33, parágrafo único).

O Projeto de Lei 9.054/2017 parece seguir essa sistemática, reconhecendo que a fixação de horas especiais de trabalho é indispensável para a manutenção e regular funcionamento do estabelecimento prisional[17].

Exemplificativamente, certos presos prestam serviços imprescindíveis à manutenção e à conservação do presídio, incluindo o trabalho na cozinha, que também é exercido aos domingos e feriados.

3.1 Cumulação de trabalho e estudo

Antes da Lei 12.433/2011, o entendimento firmado pelo Superior Tribunal de Justiça era o de que se revelava inviável a cumulação ou contagem em dobro da remição pelo trabalho e, ao mesmo tempo, da remição pelo estudo, porquanto a remição somente poderia ser considerada se atendidos aos limites previstos no art. 33 da LEP, ou seja, de que a jornada de trabalho não será inferior a 6 (seis) nem superior a 8 (oito) horas.

A partir da Lei 12.433/2011, que alterou a redação do § 3º do art. 126 da LEP, o preso pode remir a pena pelo trabalho e, ao mesmo tempo, pelo estudo, desde que as horas diárias de trabalho e de estudo sejam definidas de forma a se compatibilizarem.

---

[15] MIRABETE, Julio Fabbrini. *Execução penal*: comentários à Lei n. 7.210/1984. São Paulo: Atlas, 1987. p. 322.

[16] MIRABETE, Julio Fabbrini. *Execução penal*: comentários à Lei n. 7.210/1984. São Paulo: Atlas, 1987. p. 322.

[17] O projeto fornece o seguite teor: "Art. 33. A jornada normal de trabalho não será inferior a 6 (seis), nem superior a 8 (oito) horas, com descanso nos domingos e feriados. Parágrafo único. Poderá ser atribuído horário especial de trabalho aos presos designados para os serviços de conservação e manutenção do estabelecimento penal".

Dessa forma, as horas de estudo não podem se sobrepor às horas de trabalho, e vice-versa. Quer dizer, o condenado pode trabalhar e estudar no mesmo dia, contanto que respeitados os limites previstos no art. 33 da LEP[18].

Por exemplo, o apenado pode trabalhar por 8 horas diárias, respeitando o limite do art. 33 da LEP e, concomitantemente, pode estudar por 4 horas diárias[19]. Neste caso, a proporção é de que 1 hora de estudo corresponde a 2 horas de trabalho.

Em consonância com o princípio da legalidade, os Projetos de Lei 513/2013 e 9.054/2017 sugerem a alteração do art. 126, *caput*, da LEP, para prever em lei, de forma mais específica, a cumulação das remições pelo estudo e pelo trabalho (art. 126, § 1º, I)[20].

A cumulação dessas modalidades é salutar na execução penal, despertando diversas habilidades no reeducando, seja preso provisório, seja condenado, além de condicioná-lo ao retorno no convívio social.

Se não bastasse, a cumulação de atividades pode viabilizar, na prática, a melhor disciplina do preso no estabelecimento prisional, tornando-o responsável com a organização de suas tarefas.

3.2 Inviabilidade de aplicação no regime aberto

A remição pelo trabalho é um direito privativo do preso que cumpre pena no regime fechado ou semiaberto (art. 126, § 1º, II, da LEP).

O trabalho do preso deve ser registrado em relatório detalhado, com a indicação da atividade desempenhada e dos respectivos horários de cumprimento.

Ademais, o tempo remido será considerado para a concessão de livramento condicional e de indulto.

---

[18] MARCÃO, Renato Flávio. *Curso de execução penal*. 10. ed. São Paulo: Saraiva, 2012. p. 221.
[19] Em regra, deve o apenado, para remir um dia de pena, estudar ou ter frequência escolar de 12 horas divididas, no mínimo, em 3 dias. Ou seja, o condenado deve estudar, no mínimo, 4 horas por dia (art. 126, § 1º, I, da LEP).
[20] Pela redação do PLS 9.054/2017: "Art. 126. O preso ou condenado poderá remir, por trabalho, artesanato, leitura ou estudo, parte do tempo de execução da pena, podendo o benefício ser concedido em virtude de: I – estudo e trabalho, de forma cumulativa; II – atividades contempladas no projeto político-pedagógico; III – atividades de leitura; IV – certificação de ensino fundamental e médio pelos exames nacionais ou estaduais".

Por outro lado, a remição pelo trabalho não pode ser aplicada ao condenado que cumpre pena no regime aberto pelos seguintes motivos: (i) o art. 126, *caput*, da Lei de Execução Penal limita expressamente sua aplicação ao condenado que cumpre a pena privativa de liberdade no regime fechado ou semiaberto; e (ii) exige-se o trabalho do preso no regime aberto, de modo que sua recusa implica a regressão de regime prisional (art. 36, §§ 1º e 2º, do Código Penal).

Sem prejuízo, há dissensões acerca da possibilidade ou não de aplicação da remição pelo trabalho no regime aberto, por apliacação analógica do art. 126, § 6º, da LEP, que reconhece a remição pelo estudo no regime aberto, conforme será analisado a seguir.

3.2.1 Possibilidade de "analogia in bonam partem"?

O art. 126, § 6º, da LEP, com alteração trazida pela Lei 12.433/2011, passou a prever a possibilidade de remição pelo estudo no regime aberto ou semiaberto e ao condenado que usufrui de livramento condicional. Em ambos os casos, o apenado poderá remir, pela frequência a curso de ensino regular ou de educação profissional, parte do tempo da execução da pena ou do período de prova.

Para parte da doutrina, andou mal o legislador ao inserir o § 6º, pois deu margem para reconhecer, por analogia *in bonam partem*, a remição pelo trabalho no regime aberto[21]. Afinal, considera-se trabalho as atividades de esforço físico e mental, incluindo o estudo como uma de suas modalidades. E, se é possível a remição pelo estudo no regime aberto, com mais razão seria possível a remição pelo trabalho no mesmo regime.

Parecendo seguir essa corrente, os Projetos de Lei 513/2013 e 9.054/2017 alteram a redação do § 6º do art. 126 da LEP, para considerar a remição pelo trabalho também no regime aberto[22].

---

[21] Nesse sentido: SILVA, Marcelo Rodrigues da. Modificações implementadas à Lei de Execução Penal ao instituto da remição pela Lei nº 12.433/2011. *Revista Magister de Direito Penal e Processual Penal*, Porto Alegre, v. 9, n. 49, p. 52-66, ago.-set. 2012, p. 59.

[22] Pela redação do PLS 9.054/2017: "O condenado que cumpre pena em regime aberto e o que usufrui de liberdade condicional poderão remir, pelo trabalho ou pela frequência a curso de ensino regular ou de educação profissional, parte do tempo de execução da pena ou do período de prova, observado o disposto nos incisos I e II do § 1º deste artigo, desde que autorizado pelo órgão de execução penal".

E, seguindo essa proposta, o regime aberto não mais seria cumprido nas casas de albergado, mas em recolhimento domiciliar, sujeitando o apenado, sem vigilância direta, a normas disciplinares estabelecidas pelo juízo da execução (PLS, art. 95-A). Também prevê o projeto a possibilidade do cumprimento de penas alternativas ou mediante monitoração eletrônica (PLS, art. 113, parágrafo único).

Contudo, não compartilhamos do entendimento dessa corrente, pelos seguintes motivos:

Não se olvida acerca da importância do trabalho, vez que tal consiste em verdadeira ferramenta ressocializadora, com finalidades educativa e produtiva, constituindo dever (LEP, art. 39, V) e, concomitantemente, direito do preso (LEP, art. 41, II).

O trabalho do preso constitui vínculo de direito público, razão pela qual o próprio reeducando que realiza trabalho interno no regime fechado ou semiaberto ou trabalho externo no regime fechado, não se sujeita às regras da Consolidação das Leis do Trabalho (Decreto-lei 5.452/1943) e, consequentemente, não tem direito a certos direitos trabalhistas, tais como férias, décimo terceiro salário, repouso semanal remunerado, entre outros.

Dessa forma, a remição pelo trabalho é viável somente no regime fechado ou semiaberto, porquanto *o próprio trabalho e o estudo devem ser realizados internamente no estabelecimento penitenciário. Além do mais, o trabalho, é obrigatório e uma condição necessária, para a concessão de outros benefícios da execução penal, a exemplo da progressão de regimes*, tomando como base o mérito do condenado[23].

Se não bastasse, o trabalho honesto é inerente ao regime aberto, sendo condição necessária para que o preso permaneça nesse regime. Cabe dizer, o trabalho externo é pressuposto do regime aberto, pois desempenhado pelo preso fora do estabelecimento penitenciário, sem qualquer vigilância e necessidade de autorização.

Consequentemente, a remição pelo trabalho não se aplica ao preso que cumpre pena em regime aberto, sobretudo em prisão de albergue, que, na prática, equivale à prisão domiciliar, haja vista que o trabalho já está incutido nesta espécie de regime, pelo que se depreende do art. 36 do Código Penal[24].

---

[23] No mesmo sentido: NUCCI, Guilherme de Souza. *Curso de execução penal*. Rio de Janeiro: Forense, 2018. p. 181.

[24] MIRABETE, Julio Fabbrini. *Execução penal*: comentários à Lei n. 7.210/1984. São Paulo: Atlas, 1987. p. 320.

Decerto, o regime aberto baseia-se na autodisciplina e senso de responsabilidade do condenado, que deverá, fora do estabelecimento e sem vigilância, trabalhar, frequentar curso ou exercer outra atividade autorizada, permanecendo recolhido durante o período noturno e nos dias de folga (CP, art. 36, *caput* e § 1º).

Em razão disso, deve prevalecer o entendimento de que o trabalho externo no regime aberto caracteriza vínculo empregatício nos moldes da CLT, assegurando ao preso os direitos trabalhistas.

3.2.2 Do trabalho obrigatório e remunerado

Ao longo do tempo, o trabalho tornou-se fundado nos valores éticos e meritórios, sendo incorporado nas prisões modernas do século XVI com as chamadas casas de trabalho (*workhouses*), como forma de condicionar a mão de obra no período de transição do sistema de produção industrial ao capitalismo[25].

Desde então, o trabalho passou a contar com dois vértices, a saber: (i) o do indivíduo, servindo como elemento de construção da identidade individual, com base no mérito pessoal e no autoajustamento às relações sociais; e (ii) o da sociedade, sendo o trabalho conduzido por um modo de produção e um mercado econômico.

Sob o ângulo histórico, o trabalho tornou-se o ponto de intersecção entre a sociedade, a modernidade, a industrialização e o capitalismo, propiciando um redimensionamento ético e regenerativo do preso. Porém, à medida que incorporado no sistema penitenciário, acarretou na "capitalização do tempo social da prisão"[26]. Prevalece, nada obstante, que o trabalho é um direito e, ao mesmo tempo, um dever do preso, devendo ser valorizado como condição da sua dignidade humana[27].

---

[25] Cf. CHIES, Luiz Antônio Bogo. *A capitalização do tempo social na prisão*: a remição no contexto das lutas de temporalização na pena privativa de liberdade. São Paulo: IBCCRIM – Instituto Brasileiro de Ciências Criminais, 2008. p. 54.

[26] Com a transição do sistema industrial para o capitalismo, o trabalho individual das prisões não mais era compatível com o trabalho coletivo ou de massa. Por exemplo, o sistema da Filadélfia, fundado no trabalho individual, tornou-se superado, sendo adotado o sistema de Auburn, que possibilitava o trabalho coletivo (CHIES, Luiz Antônio Bogo. *A capitalização do tempo social na prisão*: a remição no contexto das lutas de temporalização na pena privativa de liberdade. São Paulo: IBCCRIM – Instituto Brasileiro de Ciências Criminais, 2008. p. 56).

[27] MIRABETE, Julio Fabbrini. *Execução penal*: comentários à Lei n. 7.210/1984. São Paulo: Atlas, 1987. p. 323.

Como dever, o trabalho do preso é obrigatório, porquanto considerado uma condição de cumprimento da pena, caracterizando-se pela humanidade e pela reinserção social, a ponto de beneficiar o próprio condenado, nos termos do art. 39, V, da LEP. Ademais, o trabalho tem finalidades educativa e pedagógica, pois o retira o apenado do ócio, estimulando-o a se reinserir socialmente por meio de atividade honesta (LEP, art. 28).

Se não bastasse, o trabalho do preso será sempre remunerado, sendo-lhe garantidos os benefícios da Previdência Social, exceto nas tarefas executadas como prestação de serviço à comunidade, seguindo o disposto nos arts. 29 e 30 da LEP c/c o art. 103, item 1, das Regras de Mandela.

A negativa injustificada do trabalho gera as seguintes consequências: (i) caracteriza falta grave; (ii) impossibilita a progressão de regime; e (iii) inviabiliza a concessão de livramento condicional.

Porém, trabalho obrigatório não se confunde com trabalho forçado. Com efeito, o trabalho forçado é imposto contra a vontade do preso, na forma de castigos físicos e sem qualquer remuneração, manifestando-se pela crueldade, motivo pelo qual é categoricamente proibido, em consonância com o princípio da humanidade. Salienta-se que o trabalho não é só um dever, mas também um direito do preso, pois é de responsabilidade do Estado promovê-lo e ofertá-lo em condições dignas[28].

Nesse contexto, a LEP não disciplinou a quem compete autorizar o trabalho interno do preso. Porém, é comum que a autorização seja de atribuição do diretor do estabelecimento prisional, desde que manifestada sob o crivo do poder jurisdicional.

A nosso ver, não basta somente a autorização do trabalho interno sem qualquer juízo de valor sobre as aptidões físicas e intelectuais do reeducando. Ao contrário do que se vê na realidade, deve o trabalho interno servir como genuína fonte de socialização, sendo determinado conforme as aptidões e capacidade do condenado à pena privativa de liberdade, tomando-se em conta a habilitação, a condição pessoal e as necessidades futuras do preso, bem como as oportunidades oferecidas pelo mercado, com fundamento no princípio da isonomia material.

Acertadamente, o Projeto de Lei 9.054/2017 incorpora esse raciocínio, relacionando expressamente o trabalho às aptidões do preso provisório, dos

---

[28] MIRABETE, Julio Fabbrini. *Execução penal*: comentários à Lei n. 7.210/1984. São Paulo: Atlas, 1987. p. 323.

idosos, das pessoas com deficiência física e dos presos que se ocupam do artesanato[29].

O trabalho externo, por sua vez, é regulado expressamente pela LEP, devendo ser autorizado pela direção do estabelecimento prisional, contanto que atendidos aos requisitos de aptidão, disciplina, responsabilidade e o cumprimento de 1/6 (um sexto) da pena.

Pela atual previsão da LEP, o trabalho externo será admissível para os presos em regime fechado somente em serviço de obras públicas realizadas por órgãos da Administração Direta ou Indireta, ou entidades privadas, desde que tomadas as cautelas contra a fuga e em favor da disciplina (art. 36).

Por outro lado, o Projeto de Lei 9.054/2017 acrescenta a possibilidade de trabalho externo no regime semiaberto, tornando-o admissível em qualquer serviço público ou provado, não se aplicando a restrição do § 1º do art. 36 da LEP[30].

Entendemos, nesse particular, que o objetivo do legislador é o de deixar evidente a forma de realização do trabalho externo no regime semiaberto, posto que a LEP não contempla, até então, previsão nesse sentido.

E, de acordo com o projeto, se o trabalho externo for realizado no regime semiaberto, é prescindível o cumprimento de 1/6 (um sexto) da pena para a sua realização, também exigindo-se disciplina, responsabilidade e aptidão do preso[31].

---

[29] Segundo o teor desse projeto: "Art. 31. O preso será incentivado ao trabalho na medida de suas aptidões e capacidades. § 1º Para o preso provisório, o trabalho é facultativo, admitido apenas o trabalho interno, nos termos do art. 30-A. § 2º Dar-se-á preferência, sempre que possível, à produção de alimentos dentro do estabelecimento penal, com estímulo ao trabalho interno remunerado do preso. Art. 32. Na atribuição do trabalho deverão ser levadas em conta a habilitação, a condição pessoal e as necessidades futuras do preso, bem como as oportunidades oferecidas pelo mercado. § 1º Deverá ser limitado, tanto quanto possível, o artesanato sem expressão econômica, salvo nas regiões de turismo. § 2º Os maiores de sessenta anos poderão solicitar ocupação adequada à sua idade. § 3º As pessoas com deficiência ou acometidas de doenças somente exercerão atividades apropriadas a sua condição".

[30] Pela atual redação do art. 36, § 1º, da LEP: "O limite máximo do número de presos será de 10% (dez por cento) do total de empregados na obra".

[31] De acordo com o projeto: "Art. 37. A realização de trabalho externo no regime semiaberto, a ser autorizada pela direção do estabelecimento, dependerá de aptidão, disciplina e responsabilidade".

3.3 Trabalho externo

Para fim de remição, a Lei de Execução Penal não distingue a natureza do trabalho, ou seja, se externo ou interno, pois se entende que o trabalho do preso pode ser realizado tanto *intra* como *extramuros*, pois, em ambos os casos, atende-se à sua socialização e, acima de tudo, dignidade.

Com efeito, o trabalho consiste na atividade de diversas naturezas, é dizer, o intelectual, manual, artesanal, agrícola, industrial, entre outros, contanto que devidamente autorizado pela administração do estabelecimento penal[32]. Nessa esteira, a Terceira Seção do Superior Tribunal de Justiça pacificou o entendimento de que o trabalho externo ou *extramuros* pode ser contado para remir a pena de condenados à prisão, e não apenas o trabalho exercido dentro do ambiente carcerário ou *intramuros*[33].

De se ver que o art. 126, *caput* e § 6º, da LEP não prevê qualquer distinção ou referência, para fim de remição da pena, quanto ao local em que deve ser exercida a atividade laboral. Ou seja, é indiferente o fato de o trabalho ser exercido dentro ou fora do ambiente carcerário, pois, em ambos os lugares, tem ele o mesmo valor, qual seja, a socialização. Em verdade, exige a legislação tão somente que o condenado esteja cumprindo a pena em regime fechado ou semiaberto, tornando possível a atividade laborativa fora do estabelecimento carcerário.

Além disso, o art. 36 da LEP somente prescreve a exigência de que o trabalho externo seja exercido, pelos presos em regime fechado, por meio de serviços ou obras públicas realizadas por órgãos da Administração Direta ou Indireta, ou entidades privadas, desde que tomadas as cautelas contra a fuga e em favor da disciplina.

Da mesma forma, o Projeto de Lei 9.054/2017 não prevê expressamente se é viável ou não a remição da pena, em regime fechado ou semiaberto, por atividade laborativa externa.

Entende-se que, em observância ao princípio da legalidade, deveria a LEP trazer expressamente a possibilidade de remição tanto por trabalho externo como por trabalho interno, evitando controvérsias na atividade judicial.

Revela-se salutar a concessão da remição da pena não somente aos presos que realizam atividades internas, mas, também, aos apenados que

---

[32] MIRABETE, Julio Fabbrini. *Execução penal*: comentários à Lei n. 7.210/1984. São Paulo: Atlas, 1987. p. 321.

[33] REsp 1.381.315/RJ, 3ª Seção, Rel. Min. Rogerio Schietti Cruz, j. 13.05.2015, *DJe* 19.05.2015, publicado no Informativo 562.

desempenham trabalho externo, desde que com a devida autorização do diretor do estabelecimento prisional.

Além disso, há de se recompensar o apenado que, cumprindo pena no regime semiaberto, exerça atividade laborativa, ainda que *extramuros*. Isso porque o real objetivo da LEP é o de premiar o apenado que se esforça à ressocialização, buscando, por meio da atividade honesta, um incentivo maior à sua reintegração e à conscientização moral.

Certo é que a Lei de Execução Penal, ao deixar de especificar a espécie ou local de trabalho, enfatiza a função ressocializadora da pena, com a finalidade de reinserir o apenado no mercado de trabalho e no meio social, independentemente do ambiente em que desenvolvida a atividade, ou seja, se *intra* ou *extramuros*.

Outrossim, não é incomum a deficiência estrutural ou funcional do sistema penitenciário, no que o apenado não tem condições dignas à oferta e ao exercício do trabalho, razão pela qual a atividade extramuros se revela um meio necessário e eficiente para se recompensar a carência estrutural. Competiria ao patrão do apenado a supervisão direta do trabalho, restando à administração carcerária o controle sobre a regularidade do trabalho.

Esse entendimento, inclusive, já se encontra pacificado na jurisprudência, pois, a teor da Súmula 562 do STJ, é possível a remição de parte do tempo de execução da pena quando o condenado, em regime fechado ou semiaberto, desempenha atividade laborativa, ainda que *extramuros*.

Assevera-se que, em outros casos, a remição pelo trabalho externo se mostra incompatível com a situação do apenado. Em se tratando de preso provisório que integra facção criminosa ou que representa risco ou certa periculosidade, por exemplo, se o estabelecimento penal não possibilita o desenvolvimento de trabalho ou de estudos por parte do reeducando, necessariamente não será possível a sua remição, principalmente pela impossibilidade de transportar o reeducando à escola ou ao trabalho externo, devido ao risco que ele fornece.

Entende-se, portanto, ser inviável o transporte à escola ou ao trabalho do preso provisório que integra facção criminosa, por motivos de segurança pública.

3.4 Trabalho em empresa familiar

É possível a concessão de trabalho externo em empresa familiar, posto que, além de propiciar a melhor socialização do apenado, não há qualquer vedação expressa na Lei de Execuçao Penal a tanto.

Sustenta-se que o fato de o familiar do apenado ser um dos sócios da empresa empregadora não constitui óbice à concessão do trabalho externo, ainda que se argumente sobre eventual fragilidade na fiscalização da realização de tal atividade.

Nesse prisma, a Quinta Turma do Superior Tribunal de Justiça, no julgamento no HC 310.515/RS, firmou o entendimento de que a execução criminal visa ao retorno do condenado ao convívio em sociedade, com vistas a reeducá-lo e ressocializá-lo, sendo que o trabalho, ainda que externo e realizado em empresa de família do preso, é essencial para esse processo.

Esse entendimento se mostra compatível com a participação da sociedade, em especial da família, no processo de socialização do apenado. Primeiramente, é dificultoso para o preso conseguir emprego. Impedir que ele seja contratado por parente é medida que reduz ainda mais a possibilidade de conquistar uma ocupação lícita e, via consequência, a reinserção na sociedade.

Ademais, o Estado deve reunir todos os esforços possíveis para ressocializar o condenado, a fim de evitar novas agressões aos bens jurídicos da coletividade, já que compete ao Estado fiscalizar o efetivo cumprimento do trabalho *extramuros*, sendo autorizado a revogar a benesse nas hipóteses elencadas no parágrafo único do art. 37 da LEP[34].

Portanto, este tipo de trabalho possibilita a convivência familiar do preso, inserindo-o em ambiente adequado para a sua ressocialização. Geralmente a família é a primeira interessada no processo de socialização do preso, demonstrando maior zelo e cuidado. Revela-se imprescindível, no entanto, o mínimo de fiscalização por parte do Estado acerca das atividades desenvolvidas pelo preso, como forma de melhor cumprimento do tempo remido.

4. REMIÇÃO PELO ESTUDO

Pela redação original do art. 127 da LEP, não era admissível a remição pelo estudo, mas unicamente pelo trabalho. Nada obstante, exsurgiram, na prática forense, linhas de entendimentos sobre a possibilidade ou não de remição pelo estudo.

Para parte da atividade judicial, mostrava-se viável a remição pelo estudo, eis que concebida como forma de trabalho, com supedâneo na analogia *in*

---

[34] HC 310.515/RS, Rel. Min. Felix Fischer, j. 17.09.2015, *DJe* 25.09.2015, publicado no Informativo 569.

bonam partem[35]. Já para outra corrente, a Lei de Execução Penal não previa expressamente a remição pelo estudo, sendo inviável a sua concessão.

Acompanhando a tendência internacional e a necessidade brasileira, a Lei 12.433/2011 conferiu nova redação ao art. 126 da LEP, admitindo a remissão pelo estudo. Andou bem o legislador nesse ponto específico, pois reputa-se o estudo como uma das formas de atividade profissional, propiciando a ressocialização do apenado e a renovação de seus valores sociais, com lastro nos princípios da dignidade humana e da humanização.

Discute-se, outrossim, se seria necessária meramente a aprovação ou a obtenção de uma nota mínima do apenado para reconhecimento dessa modalidade de remição. Sustentamos, contudo, bastar a comprovação da quantidade de horas de frequência escolar, independentemente de qualquer aproveitamento, seguindo a previsão expressa do art. 126, § 1º, I, da LEP.

Ademais, o art. 129 do aludido diploma legal não exige a comprovação de qualquer aproveitamento, mas tão somente o encaminhamento mensal ao juízo da execução, por parte da autoridade administrativa, de cópia do registro de todos os condenados que estejam trabalhando ou estudando, com informação dos dias de trabalho ou das horas de frequência escolar ou de atividades de ensino de cada um deles.

Essa, inclusive, é a racionalidade estampada no art. 1º, III, da Recomendação 44/13 do Conselho Nacional de Justiça, a fim de que os tribunais considerem, para fim de remição pelo estudo, o número de horas correspondente à efetiva participação do apenado nas atividades educacionais, sendo prescindível o aproveitamento.

Dessa forma, a remição pelo estudo é uma realidade irrefragável na execução penal, de sorte que a mera frequência autoriza a sua concessão, indicando a intenção e o comportamento do apenado de ressocializar-se.

Verifica-se, a partir da expressão "frequência escolar", que a atividade escolar pode ser desenvolvida nos seguintes níveis de ensino (art. 126, § 1º, I, da LEP): (i) ensino fundamental; (ii) ensino médio; (iii) ensino profissionalizante; (iv) ensino superior; ou (v) de requalificação profissional[36].

---

[35] Para Nucci: "Cada magistrado, responsável pela execução penal, deve analisar, concretamente, o que se passa no presídio sob sua tutela, de modo a considerar – ou não – a possibilidade de remição pelo estudo" (NUCCI, Guilherme de Souza. *Manual de processo penal e execução penal*. 5. ed. São Paulo: Revista dos Tribunais, 2008. p. 1.043).

[36] Nada obstante, os Projetos de Lei 513/2013 e 9.054/2017 disciplinam somente a expressão "frequência em instituição regular de ensino", estabelecendo que o

E, pela atual previsão da LEP, assegura-se o desconto de 1 (um) dia de pena a cada 12 (doze) horas de frequência escolar, divididas, no mínimo, em 3 (três) dias. Infere-se que, a partir dessas quantidades, o limite máximo para o estudo do preso é de 4 (quatro) horas por dia. Ou seja, as 12 (doze) horas de frequência escolar são divididas por 3 (três) dias, resultando em 4 (quatro) horas diárias.

Ademais, é possível que haja a cumulação de 12 (doze) horas de estudo em período mais dilatado – ou seja, em período superior a 3 (três) dias. Por exemplo, seria o caso da realização de estudo em 2 (duas) horas diárias, ao longo de 6 (seis) dias, totalizando as 12 (doze) horas de estudo exigidas pela lei.

Nessa esteira, a Sexta Turma do Superior Tribunal de Justiça firmou o entendimento de que a remição da pena pelo estudo deve ocorrer independentemente de a atividade estudantil ser realizada em dia não útil. De acordo com esse posicionamento, o art. 126 da Lei 7.210/1984 dispõe que a contagem de tempo para remição da pena pelo estudo deve ocorrer à razão de 1 (um) dia de pena para cada 12 (doze) horas de frequência escolar, não havendo qualquer ressalva sobre o estudo apenas nos dias úteis, sendo, inclusive, expressamente mencionada a possibilidade de ensino à distância[37].

Revela-se adequado e razoável esse entendimento, vez que o estudo do preso em dias não úteis reforça o seu propósito de ressocializar-se, indicando amadurecimento e senso de disciplina. Se não bastasse, o estudo constante, inclusive nos dias não úteis, torna-se mais proveitoso.

4.1 Formas de desenvolvimento do estudo

A partir da Lei 12.433/2011, a remição por estudo passou a ser prevista no art. 126 da LEP, tornando viável a atividade de ensino fundamental, médio, inclusive profissionalizante, ou superior, ou ainda de requalificação profissional. Assevera-se que aludido dispositivo deixa de detalhar as formas de

---

cômputo da tempo será feito à razão de 1 (um) dia de pena a cada 12 (doze) horas de frequência em instituição regular de ensino, divididas, no mínimo, em 3 (três) dias. Estes projetos também consideram a educação como direito social do preso e, acima de tudo, dever do poder público, a ponto de ser erradicado o analfabetismo ("Art. 126. (...) § 9º O poder público assegurará o acesso à educação e à qualificação profissional em todos os níveis, dando prioridade à erradicação do analfabetismo").

[37] AgRg no REsp 1.487.218/DF, Rel. Min. Ericson Maranho (Desembargador convocado do TJ/SP), j. 05.02.2015, *DJe* 24.02.2015, publicado no Informativo 556.

desenvolvimento de estudo, havendo uma verdadeira interpretação aberta acerca de qual atividade pode ou não ser considerada como estudo.

Sabe-se, de todo caso, que as atividades de estudo poderão ser desenvolvidas nas seguintes modalidades (LEP, art. 126, § 2º): (i) forma presencial; ou (ii) por metodologia de ensino a distância. Serão realizadas no interior ou fora do estabelecimento penal, desde que certificadas pelas autoridades educacionais competentes dos cursos frequentados.

Da mesma forma, dispõe a Recomendação 44/13 do CNJ que as atividades de estudo podem ser desenvolvidas de forma presencial ou pelo ensino à distância (EAD), cuja modalidade já é realidade em alguns presídios do país.

Essa recomendação também orienta os Tribunais que, para fins de remição pelo estudo, sejam valoradas e consideradas as atividades de caráter complementar, assim entendidas aquelas que ampliam as possibilidades de educação nas prisões, tais como as de natureza cultural, esportiva, de capacitação profissional, de saúde, entre outras, conquanto integradas ao projeto político-pedagógico da unidade ou do sistema prisional local e sejam oferecidas por instituição devidamente autorizada ou conveniada com o poder público para esse fim (art. 1º, I).

E, para serem reconhecidos como atividades de caráter complementar e, assim, possibilitar a remição pelo estudo, os projetos desenvolvidos pelas autoridades competentes podem conter, sempre que possível (art. 1º, II): (i) disposições a respeito do tipo de modalidade de oferta (presencial ou à distância); (ii) indicação da instituição responsável por sua execução e dos educadores e/ou tutores, que acompanharão as atividades desenvolvidas; (iii) fixação dos objetivos a serem perseguidos; (iv) referenciais teóricos e metodológicos a serem observados; (v) carga horária a ser ministrada e respectivo conteúdo programático; e (vi) forma de realização dos processos avaliativos.

Ademais, os atuais projetos de lei que visam à reforma da execução penal, tais como os Projetos de Lei 513/2013 e 9.054/2017, sugerem uma interpretação aberta das atividades de estudo. Inclusive, ambos os projetos ampliam as hipóteses de remição pelo estudo, abrangendo as atividades contempladas no projeto político-pedagógico[38].

Entende-se que essa postura legislativa é coerente e necessária, visto que, em regra, a maioria das formas de estudo viabiliza a socialização e, via

---

[38] Ambos os projetos sugerem a alteração do art. 126 da LEP, para incluir as atividades de contempladas no projeto político-pedagógico, sem especificar, no entanto, se tal projeto se refere aos estabelecimentos educacionais vinculados às unidades penais.

de consequência, deve ser considerada para fim de remição, exigindo-se o acompanhamento.

Ademais, é dificultoso de se determinar taxativamente em lei as hipóteses de estudo, inclusive o estudo autônomo, sob o risco de engessamento da interpretação legal.

Se não bastasse, é coerente e adequado o reconhecimento de outras formas de estudo com base no projeto político-pedagógico, pois cada estabelecimento prisional possui uma realidade e organização próprias para o oferecimento das atividades de estudo aos reeducandos. Acusa-se, no entanto, que há certa flexibilização dessa remição na prática forense, ampliando demasiadamente as atividades análogas ao estudo[39].

É indispensável a cautela na concessão da remição pelo estudo, pois não pode ser considerado todo e qualquer tipo de estudo para fim de remição, em especial o informal e as atividades desenvolvidas sem qualquer controle e sem resultados eficientes. Caso contrário, corre-se o risco de esvaecer o sentido da remição, com o abatimento infundado da pena e o esvaziamento da ressocialização.

A título de argumentação, doutrina e jurisprudência suscitaram o debate, ao longo do tempo, de que se o ensino à distância, seja telepresencial ou pela rede mundial de computadores (internet), seja pelo método unicamente apostilado, poderia ser considerado forma de estudo, inclusive o estudo autônomo. Prevalece que o ensino à distância pode ser considerado estudo autônomo, posto que tal se enquadra como uma das modalidades de "atividade de ensino".

Entende-se, outrossim, que não haveria qualquer óbice legal para considerar o método apostilado ou as atividades extraclasse como formas de estudo autônomo para efeito de remição, desde que as respectivas atividades fossem devidamente fiscalizadas, bem como computadas as horas reais de estudo[40].

---

[39] A propósito das flexibilizações normativas e jurisprudenciais da remição, cf. CARUNCHO, Alexey Choi. Limites à flexibilização das modalidades de remição: até que ponto é possível argumentar pela ampliação do instituto? In: BUSATO, Paulo César; CARUNHO, Alexey Choi. *Sistema penal em debate*: estudos em homenagem ao Ministro Felix Fischer. Curitiba: IEA Academia, 2015. p. 367 e ss.

[40] A despeito da dificuldade de fiscalização na prática. No mesmo sentido: SILVA, Marcelo Rodrigues da. Modificações implementadas à Lei de Execução Penal ao instituto da remição pela Lei nº 12.433/2011. *Revista Magister de Direito Penal e Processual Penal*, Porto Alegre, v. 9, n. 49, p. 52-66, ago.-set. 2012, p. 56.

Visando à regulamentação desse tema, foi editada a Recomendação 44/13 do CNJ, que assegura expressamente a remição aos presos que estudam sozinhos e, mesmo assim, conseguem obter os certificados de conclusão de ensino fundamental e médio, com a aprovação no Exame Nacional para Certificação de Competências de Jovens e Adultos (ENCCEJA) e no Exame Nacional do Ensino Médio (Enem), respectivamente (art. 1º, IV).

Reconhece-se, nesse contexto, que o uso da internet é uma realidade inafestável na sociedade, máxime nos cursos de ensino à distância fornecidos durante a execução da pena. Certo é que a internet pode ser utilizada como meio apropriado para o contato do reeducando com o ambiente externo, potencializando a sua socialização.

Noutro viés, a tecnologia implica em diversos desafios na sociedade, sobretudo no que diz respeito à fiscalização e ao seu escorreito uso nos presídios. Há casos em que a internet pode ser utilizada de modo desvirtuado, mormente diante da atuação do crime organizado, que se vale do ambiente virtual para o planejamento de atividades delituosas dentro dos estabelecimentos penais.

Entende-se que, com fundamento no princípio da proporcionalidade, o uso indiscriminado da internet para o estudo nos estabelecimentos penais, sem qualquer fiscalização ou controle, não seria um meio adequado no regime fechado ou semiaberto, cedendo lugar à proteção da segurança pública.

Além disso, a internet não seria compatível com a remição do preso provisório, em especial com a prisão preventiva. Ou seja, não é crível que se assegure ao custodiado o uso da internet se a sua custódia cautelar se justifica pela garantia da ordem pública ou da ordem econômica.

Isso porque o custodiado representa risco para o regular desenvolvimento da persecução criminal, podendo se enveredar à obstrução de provas por meio da rede mundial de computadores.

Portanto, revela-se salutar que a lei não discipline todas as hipóteses de estudo, inclusive de estudo autônomo. De todo caso, é necessário que, diante da transformação tecnlógica, a interpretação judicial seja esmeradamente desenvolvida na análise do que pode ser considerado como estudo.

4.2 Estudo externo

Caso a instituição de ensino seja localizada fora da penitenciária, o preso terá que obter autorização do diretor do estabelecimento para comparecimento às aulas de ensino. Consequentemente, o condenado autorizado a estudar fora do estabelecimento penal deverá comprovar, por meio de declaração da respectiva unidade de ensino, a frequência e o aproveitamento escolar (LEP, art. 129, § 1º).

Essa também é a previsão do art. 1º, III, da Recomendação 44/13 do CNJ, pois se considera, para fins de remição pelo estudo, o número de horas correspondente à efetiva participação do apenado nas atividades educacionais, independentemente de aproveitamento, exceto, neste último aspecto, quando o condenado for autorizado a estudar fora do estabelecimento penal.

Dessa forma, quando o condenado estudar fora do estabelecimento penal, terá ele de comprovar, mensalmente, por meio de autoridade educacional competente, tanto a frequência como o aproveitamento escolar. Discute-se, nesse sentido, se o aproveitamento escolar abrange meramente a aprovação ou a obtenção de uma nota mínima. Certo é que, em razão de as atividades do apenado não serem fiscalizadas, é exigido, como forma de aproveitamento, a aprovação ou a obtenção de um mínimo de nota.

Observa-se, outrossim, que o estudo externo, desde que devidamente autorizado pela autoridade administrativa, é um eficiente meio de ressocialização do preso, despertando-lhe ao convívio social, bem como ao aprendizado e ao aperfeiçoamento de suas habilidades na sociedade.

De qualquer modo, não se mostra uma medida adequada a presos que integram organização criminosa ou que representam riscos de fuga, em razão da periculosidade e para a melhor proteção da segurança pública.

Por outro lado, é prescindível a obtenção de nota mínima ao apenado que desenvolve o estudo dentro do estabelecimento penal. Neste caso, ele é diretamente submetido à fiscalização do Estado, sendo que, para reconhecimento da remição pelo estudo, basta a comprovação das horas de frequência escolar, independentemente de aproveitamento ou nota mínima, com fulcro no art. 126, § 1º, I c/c o art. 129, *caput*, ambos da Lei 7.210/1984[41].

4.3 Remição analógica

Pela redação original da Lei de Execução Penal, a remição era possível somente nos casos de trabalho do preso. Porém, doutrina e jurisprudência passaram a associá-la ao estudo, com a finalidade de melhor propiciar a ressocialização do apenado.

---

[41] No mesmo sentido: SILVA, Marcelo Rodrigues da. Modificações implementadas à Lei de Execução Penal ao instituto da remição pela Lei nº 12.433/2011. *Revista Magister de Direito Penal e Processual Penal*, Porto Alegre, v. 9, n. 49, p. 52-66, ago.-set. 2012, p. 57.

Nessa vereda, foi editada a Súmula 341 do Superior Tribunal de Justiça, sob o fundamento de que a frequência a curso de ensino formal era causa de remição de parte do tempo de execução de pena no regime fechado ou semiaberto[42].

Não tardou para o reconhecimento dessas modalidades em lei, em homenagem ao princípio da legalidade. Com efeito, a Lei 12.433/2011 alterou a Lei 7.210/1984, inovando na disciplina jurídica da remição. Ou seja, o condenado que cumprir pena no regime fechado ou semiaberto poderá remir, por trabalho ou por estudo, parte do tempo de execução da pena.

Ademais, essa alteração legislativa trouxe a possibilidade de remição da pena por meio do desenvolvimento de "atividades educacionais complementares", embora a Lei 12.433/2011 não tenha detalhado em que consistiam tais atividades.

Diante disso, a Recomendação 44/13 do Conselho Nacional de Justiça definiu as atividades educacionais complementares para a remição da pena por meio do estudo, além de estabelecer os critérios para a aplicação do benefício nos casos de leitura.

Se não bastasse, outras atividades, tais como a leitura, o artesanato e a atividade musical, passaram a ser desenvolvidas pelo preso, sugerindo o reconhecimento, na prática forense, de novas modalidades de remição, que integram o grupo da chamada remissão analógica.

Salienta-se que a remição analógica não é uma afronta ao princípio da legalidade, mas um método de integração de leis penais, com fundamento na analogia *in bonam partem*, propiciando o cumprimento justo e adequado da pena pelo condenado, por força dos princípios da humanidade e da individualização da pena.

Acompanhando a dinâmica jurisprudencial, o PLS 9.054/2017 incorpora certas hipóteses de remição pelo estudo e pela leitura. Revela-se louvável essa postura legislativa, pois tem o objetivo de prever em lei, ainda que de forma ampla, certas modalidades de remição reconhecidas pela jurisprudência ao longo do tempo, enaltecendo os princípios da legalidade, da segurança jurídica e da separação de poderes.

Entende-se que o art. 126 da Lei de Execução Penal contém redação aberta acerca das atividades de trabalho ou de estudo, conferindo um *minus*

---

[42] Pelo antigo teor da Súmula 341 do STJ: "A frequência a curso de ensino formal é causa de remição de parte do tempo de execução de pena sob regime fechado ou semiaberto".

de segurança jurídica. De todo caso, é salutar que seja mantido um rol meramente exemplificativo de atividades que podem ser consideradas como remição da pena, sob o risco de engessamento da atividade interpretativa do magistrado e de prejuízo ao apenado.

A título de argumentação, a Sexta Turma do Superior Tribunal de Justiça firmou o entendimento de que a atividade musical em coral é um incentivo ao aprimoramento cultural e profissional e, via de consequência, pode ser reputada uma forma de remição da pena, com fundamento na analogia *in bonam partem*[43].

Nota-se que o art. 126 da LEP se refere, por meio de uma redação aberta, ao trabalho ou ao estudo, motivo pelo qual não prevê rol taxativo, mas meramente exemplificativo de atividades que podem ser consideradas para remição da pena. Apenas o inciso I do § 1º se refere ao estudo de forma mais objetiva, abrangendo a atividade de ensino fundamental, médio, inclusive profissionalizante, ou superior, ou ainda de requalificação profissional.

Nesse diapasão, a intenção do legislador, ao permitir a remição pelo trabalho ou pelo estudo, é o de incentivar o aprimoramento do reeducando, afastando-o do ócio e da prática de novos delitos e, com isso, proporcionando condições para a harmônica integração social, em consonância com o art. 1º da LEP.

Entende-se, portanto, que, a atividade musical possibilita a socialização e o aprimoramento cultural do apenado, de sorte que é considerada hipótese de estudo, cuja profissão, inclusive, é regulamentada pela Lei 3.857/1960.

4.4 Remição acrescida ou intelectual

O art. 126, § 5º, da Lei 7.210/1984 prevê outra modalidade de remição pelo estudo, denominada remição acrescida, contemplada, intelectual, formatura ou remição da remição. Trata-se de modalidade que tem por fim precípuo a ressocialização por meio do aperfeiçoamento intelectual do apenado, demonstrando a sua intenção de obter qualificação educacional e, via de consequência, uma melhor posição cultural na sociedade.

Em caso de conclusão de ensino fundamental, médio ou superior durante a execução da pena, o acusado terá o direito de acréscimo de 1/3 (um terço) de tempo remido em função das horas de estudo, devendo o órgão competente do sistema de educação certificar a conclusão do ensino.

---

[43] REsp 1.666.637/ES, Rel. Min. Sebastião Reis Júnior, por unanimidade, j. 26.09.2017, *DJe* 09.10.2017.

In pari passu com as leis então em vigor, os Projetos de Lei 513/2013 e 9.054/2017 mantêm essa previsão, tendo em vista que a remição intelectual tem se mostrado eficiente no desenvolvimento moral do reeducando, possibilitando a sua qualificação educacional para melhor inserção no mercado de trabalho e na vida em sociedade.

Consigna-se, no entanto, que esse acréscimo só deve ser reconhecido nas seguintes situações: (i) durante a execução da pena; ou (ii) na conclusão do ensino fundamental, médio ou superior, afastando a possibilidade para as atividades profissionalizantes e de requalificação profissional.

Entende-se, nesse caso, que se exige a aprovação no curso, com a obtenção de uma nota mínima, haja vista que é a da essência desse prêmio o fato de o condenado ter conduzido com seriedade suas atividades relativas à remição pelo estudo.

Em razão disso, não se revela salutar o reconhecimento da remição intelectual em atividades profissionalizantes e de requalificação profissional, pois tais se destinam, essencialmente, à melhor colocação do apenado no mercado de trabalho. Quer dizer, não são avalidas com base no mérito ou aproveitamento, além de serem concluídas com menos dificuldade, não apresentando o mesmo efeito ressocializador do ensino fundamental, médio ou superior.

Infere-se, em síntese, que a remição intelectual tem despontado, na prática, como eficiente instrumento de avaliação dos desenvolvimentos humanístico e intelectual do reeducando, lapidando-o, de melhor forma, no ensino fundamental, médio ou superior. Isto é, reforça a opção do apenado de elevar seus níveis intelectual e de escolaridade para se reinserir e permanecer no mercado de trabalho, participando da economia e do funcionamento da sociedade brasileira.

Por conseguinte, a socialização do reeducando, em especial as oportunidades de emprego, tornam-se mais acessíveis, retirando-o do mercado informal e assegurando uma forma de sustento mais sólida e substancial à sua família.

4.5 Falsidade ideológica

O condenado autorizado a estudar fora do estabelecimento penal deverá comprovar, por meio de declaração da respectiva unidade de ensino, a frequência e o aproveitamento escolar para concessão da remição pelo estudo (LEP, art. 129, § 1º).

Na prática, não é incomum o uso indevido de certificados com graves suspeitas de fraude para reconhecimento do tempo remido, seja na remição pelo estudo, seja na remição pela leitura. No caso de remição pelo estudo, pode o preso frequentar as aulas sem qualquer avaliação do aproveitamento e, com isso, obter, mediante declaração ou atestado falso de seu rendimento, o tempo remido.

Se não bastasse, a mera apresentação da documentação é considerada, em certos casos, causa automática para concessão da remição, sem a apreciação do aproveitamento mínimo do apenado.

Reconhece-se que, em se tratando de documentos emitidos pela Administração Pública, tais são dotados de presunção de veracidade, impedindo, no incidente de execução, qualquer contestação acerca da sua credibilidade pelo Ministério Público.

O mesmo não ocorre, via de regra, na apresentação de documentos particulares, posto que tais não são dotados de presunção de veracidade, sobretudo se presentes fortes indícios de inconsistência ou fraude, tornando indispensável a contestação da credibilidade documental pelo órgão ministerial, na condição de fiscal da lei (*custos legis*) e, via de consequência, a flexibilização do procedimento da execução penal para essa finalidade.

Na prática forense, é possível que o juiz de primeiro grau, antes mesmo da concessão do benefício e em sentença não terminativa, determine que a defesa apresente, novamente, os documentos referentes à remição, comprovando sua idoneidade[44].

E, como se trata de sentença não terminativa, há entendimentos de que, com a conversão do feito em diligência mediante requerimento do Ministério Público, não seria possível impugnação da defesa pela via recursal, incumbindo-lhe somente a apresentação dos documentos idôneos[45].

Cabe lembrar que a declaração ou atestado falso de prestação de serviço para o fim de instrução do pedido de remição configura crime de falsidade ideológica, seguindo o disposto no art. 130 da LEP. Entende-se que o objetivo do legislador foi o de reforçar, por meio de direito penal eminentemente simbólico, as consequências criminais decorrentes da declaração ou atestado falso, cuja racionalidade também é seguida pelos Projetos de Lei 513/2013 e 9.054/2017.

---

[44] TJPR, EP 14347958/PR 1434795-8 (Acórdão), 2ª Câmara Criminal, Rel. Laertes Ferreira Gomes, j. 25.02.2016, *DJ* 1764 21.03.2016.

[45] TJPR, EP 13596368/PR 1359636-8 (Acórdão), 5ª Câmara Criminal, Rel. José Laurindo de Souza Netto, j. 06.08.2015, *DJ* 1633 21.08.2015.

Sustenta-se, nada obstante, que o art. 130 da LEP é despiciendo, pois, independentemente da sua previsão, tem-se que, se houver declaração ou atestado falso de prestação de serviço, inexoravelmente incidir-se-á o Código Penal, configurando os crimes de falsidade documental, em especial o de falsidade ideológica (CP, art. 299).

Em linhas gerais, uma das saídas para evitar qualquer engodo durante a execução penal seria a exigência da comprovação do rendimento ou aproveitamento mínimo no trabalho, no estudo e na leitura, atestando que o preso frequenta as atividades e cumpre devidamente os seus afazeres.

Por tal motivo, é necessário que, para a apreciação da concessão da remição, seja ouvido o Ministério Público, como forma de melhor garantir a análise das atividades laborais do preso.

5. REMIÇÃO PELA LEITURA

A remição pela leitura é desdobramento da remição pelo estudo. Com efeito, a Portaria Conjunta 276/12 do Departamento Penitenciário Nacional, aplicável ao Sistema Penitenciário Federal, ampliou as hipóteses de remição pela leitura, além de permitir ao preso, no regime fechado ou semiaberto, o desconto de 4 (quatro) dias da sua pena para cada obra lida, desde que tivesse feito dentro do prazo de 21 (vinte e um) a 30 (trinta) dias, devendo ser apresentada, ao final, uma resenha do tema objeto de leitura.

O preso também tinha a possibilidade de realizer a leitura de 12 (doze) obras ao ano e, por conseguinte, obter a remição de 48 dias durante esse período. Certo é que, em regra, o ideal seria a remição pelo trabalho e pelo estudo, cabendo ao Estado fornecer condições propícias ao aproveitamento de ambas as atividades[46].

Reconhece-se, no entanto, que a Administração não proporciona condições consentâneas ao desenvolvimento do estudo e do trabalho, razão pela qual alguns juízos da execução têm concedido a remição pela leitura ou pela resenha de livros.

Nos dias atuais, a possibilidade de remir a pena pela leitura já é realidade em diversos presídios do país, sendo editada, em caráter complementar, a Recomendação 44/13 do Conselho Nacional de Justiça.

---

[46] No mesmo sentido: NUCCI, Guilherme de Souza. *Curso de execução penal*. Rio de Janeiro: Forense, 2018. p. 185.

De acordo com o art. **1º, V**, dessa Recomendação, deve ser estimulada a remição pela leitura como forma de atividade complementar, especialmente para apenados aos quais não sejam assegurados os direitos ao trabalho, educação e qualificação profissional.

Exige-se a elaboração de um projeto por parte da autoridade penitenciária estadual ou federal visando à remição pela leitura, assegurando, entre outros critérios, que a participação do preso seja voluntária e que exista um acervo de livros dentro da unidade penitenciária.

O preso deve ter o prazo de 21 a 30 dias para a leitura de uma obra, apresentando ao final do período uma resenha a respeito do assunto, que deverá ser avaliada pela comissão organizadora do projeto. Cada obra lida possibilita a remição de 4 (quatro) dias de pena, com o limite de 12 (doze) obras por ano. Em miúdos, é possível, no máximo, 48 dias de remição por leitura a cada um ano. A remição deverá ser aferida e declarada pelo juízo da execução penal competente, ouvidos o Ministério Público e a defesa.

Salienta-se que uma comissão organizadora do projeto deve analisar, em prazo razoável, os trabalhos produzidos, observando aspectos relacionados à compreensão e compatibilidade do texto com o livro trabalhado. O resultado da avaliação deverá ser enviado, por ofício, ao juiz de execução penal competente, a fim de que este decida sobre o aproveitamento da leitura realizada.

Nesse sentido, apontam-se divergências, na prática forense, sobre se a remição por leitura é de aplicação obrigatória ou funciona como mera recomendação. Para a primeira corrente, não seria de aplicação obrigatória, posto que esse instituto não é trazido por lei, mas meramente por recomendação, cabendo a cada magistrado a interpretação sobre a viabilidade ou não de concessão do tempo remido.

Para outra corrente, da qual perfilhamos, entende-se que a remição por leitura é um desdobramento da remição por estudo, pois tem por finalidade a ressocialização do apenado e, via de consequência, deve ser reconhecida com fundamento na analogia *in bonam partem*. Inclusive, a Recomendação 44/13 do CNJ trouxe a regulamentação do que deve ser considerado atividade de estudo e, ao mesmo tempo, reconhece a remição por leitura como direito do reeducando.

Nota-se que esse posicionamento acompanha a jurisprudência pátria, vez que, em 2016, o Superior Tribunal de Justiça reconheceu a possibilidade de remição pelo trabalho e, concomitantemente, a remição pela leitura e pela resenha de livros[47].

---

[47] HC 353.689/SP, Rel. Min. Felix Fischer, j. 14.06.2016, *DJe* 01.08.2016.

Com efeito, é possível o uso de analogia *in bonam partem* para admitir a remição em razão de atividades que não estejam expressas na Lei de Execução Penal, como no caso da leitura e da resenha de livros, nos termos da Recomendação 44/13 do CNJ[48].

Destarte, a remição pela leitura não é atividade subsidiária, mas complementar ao trabalho do reeducando, podendo ser realizada em qualquer momento do dia e local. Portanto, a leitura é um direito do preso, possibilitando o seu contato com o mundo exterior e, em tese, uma ressocialização mais eficiente, devendo ser concedida mediante analogia *in bonam partem*, por força dos princípios da humanidade e da individualização da pena.

Independentemente do veículo legislativo, deve esse benefício ser concedido ao preso, desde que exista um devido acompanhamento de tais atividades, além de preenchidas as condições previstas na Recomendação 44/13 do CNJ e em harmonia com os arts. 126 e seguintes da Lei de Execução Penal.

Acertadamente, o PLS 9.054/2017 pretende conferir nova redação ao art. 126, *caput*, da LEP, para inserir expressamente a remição por leitura, ao lado da remição por trabalho, pelo estudo ou pelo artesanato, enaltecendo os princípios da legalidade e da segurança jurídica.

A contagem do tempo seria feita à razão de 4 (quatro) dias de pena para cada leitura de obra, acompanhada de resenha (PLS, art. 126, § 1º, III). E, também em consonância com o princípio da legalidade, o PLS incorpora o disposto no art. 1º, V, *e*, da Recomendação 44/13 do CNJ, estatuindo que o preso terá o prazo de 21 (vinte e um) a 30 (trinta) dias para a leitura da obra para fins de remição, apresentando, ao final do período, resenha a respeito do assunto, que será avaliada por profissional ou comissão a ser designada pelo juiz da execução (PLS, art. 126, § 5º).

Calha salientar, no entanto, uma crítica em relação à resenha dos livros. Importante que a resenha seja avaliada e devidamente controlada pela autoridade administrativa do estabelecimento penitenciário, a fim de que não ocorra a banalização da remição.

Acompanhando essa tendência, propõe o Projeto de Lei 513/2013 que a autoridade administrativa encaminhará, trimestralmente, ao juízo da execução, cópia do registro de todos os condenados que estejam trabalhando ou estudando, com informação sobre a avaliação de cada resenha apresentada. Esse registro tem por finalidade submeter, ao juízo da execução penal, o

---

[48] Nesse sentido: AgRg no AREsp 696.637/SP, 5ª Turma, *DJe* 04.03.2016; HC 326.499/SP, 6ª Turma, *DJe* 17.08.2015; HC 312.486/SP, 6ª Turma, *DJe* 22.06.2015.

resultado da avaliação sobre a resenha, para que seja analisado o aproveitamento da leitura realizada.

Em suma, na prática, não basta a resenha de qualquer conteúdo. É indispensável que tal atividade seja analisada por uma comissão organizadora e, oportunamente, pelo juiz da execução penal, exigindo-se não só a compreensão do texto pelo preso, mas também a compatibilidade entre a resenha e o livro trabalhado.

6. CONTROLE DO REGISTRO DAS ATIVIDADES

Conforme já salientado, a autoridade administrativa encaminhará mensalmente ao juízo da execução cópia do registro de todos os condenados que estejam trabalhando ou estudando, com informação dos dias de trabalho ou das horas de frequência escolar ou de atividades de ensino de cada um deles (LEP, art. 129, *caput*).

Salienta-se, outrossim, que os Projetos de Lei 513/2013 e 9.054/2017 deixam de prever o encaminhamento mensal, passando a considerar a emissão trimestral da cópia do registro. Estabelecem esses projetos que a autoridade administrativa encaminhará trimestralmente ao juízo da execução cópia do registro de todos os condenados que estejam trabalhando ou estudando, com informação dos dias de trabalho ou das horas de frequência escolar ou de atividades de ensino de cada um deles, bem como sobre cada resenha apresentada e a avaliação respectiva.

Sem embargo, apontam-se duas críticas em razão da omissão da Lei 12.433/2011 e que, via reflexa, se estendem ao PLS 9.054/2017. Em primeiro lugar, não é mais previsto na LEP o encaminhamento mensal de cópia desse registro ao Ministério Público e, em caso de apenado necessitado e sem advogado constituído, à Defensoria Pública.

Asseveram Nestor Távora e Rosmar Alencar ser recomendável, para melhor controle e fiscalização, o envio de cópia do registro, aos órgãos acima mencionados, de todos os condenados que estejam trabalhando ou estudando[49].

Além disso, o legislador perdeu a oportunidade de estabelecer o período em que o juiz avaliaria a possibilidade de declarar a remição durante a execução penal. Isso porque há casos em que a pena é reduzida e, via de

---

[49] TÁVORA, Nestor; ALENCAR, Rosmar Rodrigues. *Curso de direito processual penal*. 9. ed. Salvador: JusPodivm, 2014. p. 1.450.

consequência, requer-se uma maior celeridade na análise judicial para a concessão da remição. Em outros, a pena é demasiadamente elevada, motivo pelo qual o juiz tem condições de analisar sobre a possibilidade de remição somente após certo tempo da execução penal[50].

A falta de análise temporal por parte do magistrado poderia gerar uma hipertrofia da execução penal, deixando de garantir ao condenado a possibilidade de progressão de regime, por exemplo. Consequentemente, é salutar que o magistrado, por meio de interpretação extensiva do § 2º do art. 129 da LEP[51], confira a oportunidade ao defensor regularmente constituído ou, em caso de falta deste, à Defensoria Pública, a possibilidade de calcular os dias remidos para pleitear não só a remição, como também a progressão de regime em decorrência daquela[52]. Tanto é assim que, pela racionalidade do art. 16 da LEP, a Defensoria Pública passou a exercer a função de assistente jurídico do condenado e, concomitantemente, do preso provisório[53].

Nada obstante essas críticas, os Projetos de Lei 513/2013 e 9.054/2017 estabelecem uma previsão benéfica ao condenado, viabilizando a melhor contagem dos dias remidos. Pretende-se inserir o parágrafo único ao art. 128 da LEP, estabelecendo que os dias remidos serão anotados no registro central informatizado de condenados e serão informados a cada condenado individualmente.

---

[50] Corroborando do entendimento de Nucci, assevera Marcelo Rodrigues: "A ausência de periodicidade na declaração da remição pode gerar eventual hipertrofia da punição, pois a ausência de análise por parte do magistrado acerca da remição poderia impedir eventual direito do reeducando à eventual progressão de regime, por exemplo" (SILVA, Marcelo Rodrigues da. Modificações implementadas à Lei de Execução Penal ao instituto da remição pela Lei nº 12.433/2011. *Revista Magister de Direito Penal e Processual Penal*, Porto Alegre, v. 9, n. 49, p. 52-66, ago.-set. 2012, p. 61).

[51] Que assim dispõe: "Art. 129. (...) § 2º Ao condenado dar-se-á a relação de seus dias remidos". Neste caso, "condenado" deve ser interpretado extensivamente, para também abranger seu defensor, pois o próprio apenado, em regra, não tem condições e o conhecimento técnico necessário de, por si só, calcular o *quantum* de remição e progressão de regime.

[52] SILVA, Marcelo Rodrigues da. Modificações implementadas à Lei de Execução Penal ao instituto da remição pela Lei nº 12.433/2011. *Revista Magister de Direito Penal e Processual Penal*, Porto Alegre, v. 9, n. 49, p. 52-66, ago.-set. 2012, p. 61.

[53] SILVA, Marcelo Rodrigues da. Modificações implementadas à Lei de Execução Penal ao instituto da remição pela Lei nº 12.433/2011. *Revista Magister de Direito Penal e Processual Penal*, Porto Alegre, v. 9, n. 49, p. 52-66, ago.-set. 2012, p. 61.

Ao assim prever, o PLS tem a finalidade de facilitar, por meio da informatização, o registro do tempo remido. Evita-se, ademais, a hipertrofia da execução penal, assegurando ao condenado maior informação e, ao mesmo tempo, melhor controle acerca do cômputo da remição e dos benefícios sobre os quais ela gera reflexos durante a execução penal.

Além disso, reconhecendo a preocupação no controle das atividades, propõe o PLS 9.054/2017 a inclusão do § 3º no art. 29 da LEP, disciplinando que as entidades contratantes disponibilizarão registro de entrada e saída do trabalho, por meio de relógio de ponto eletrônico e cartão de proximidade, ou similares, para que o detento possa registrar de forma segura a jornada de trabalho e para que seja gerado relatório confiável para remição de pena e cálculo de pagamento. O preso também receberá extrato mensal do valor do seu pecúlio depositado e da quantidade de dias de redução de pena decorrente de remição (PLS, art. 29, § 4º).

7. GESTANTES E PUÉRPERAS

O preso impossibilitado, por acidente, de prosseguir no trabalho ou nos estudos continuará a beneficiar-se com a remição, consoante dispõe o art. 126, § 4º, da LEP.

O acidente é considerado evento imprevisível, desde que o preso não tenha dado causa por má-fé. Dessarte, se o preso sofrer acidente durante a realização do trabalho ou do estudo, poderá ainda ser beneficiado pela remição, pois considera-se como se tivesse continuado seu trabalho ou estudo ininterruptamente.

Assinala-se que essa previsão é condizente com as normas que protegem o trabalhador acidentado no trabalho, de sorte que o preso não pode ser prejudicado por evento imprevisível. Contudo, não terá direito à remissão o preso que, comprovadamente, tiver provocado o acidente por culpa ou por dolo, sob pena de falta disciplinar grave[54].

Nesse contexto, a situação das mulheres gestantes e puérperas que incorrem na prática de delitos é objeto de preocupação não só do direito processual penal, como também da execução criminal[55].

---

[54] MIRABETE, Julio Fabbrini. *Execução penal*: comentários à Lei n. 7.210/1984. São Paulo: Atlas, 1987. p. 325.

[55] No âmbito processual, a Lei 13.434/2017 inseriu o parágrafo único no art. 292 do Código de Processo Penal, sob o fundamento de que, no momento da prisão

Em razão da precariedade do sistema carcerário feminino, discute-se sobre a viabilidade da remição da mulher grávida ou puérpera. Entende-se ser indispensável que seja assegurada à mulher gestante ou puérpera, mesmo durante o período de amamentação do filho, a continuidade da remição, pois considera-se como se ela tivesse continuado o seu trabalho ou estudo ininterruptamente.

Além disso, a realidade tem revelado que, após a amamentação, a mulher ainda se revela imprescindível aos cuidados de seu filho, mas não há com quem deixá-lo ou confiá-lo para que ela possa cumprir regularmente a pena.

Nesse sentido, o PLS 9.054/2017 tem o objetivo de inserir o art. 197-F à Lei 7.210/1984 para estabelecer que a mulher condenada que trabalhava quando do nascimento de seu bebê continuará a beneficiar-se com a remição durante o período de amamentação.

Entende-se que a proposta do PLS 9.054/2017 é um avanço em sede de execução penal, devendo ser garantida a possibilidade de remição da pena por estudo, leitura e trabalho para as mulheres gestantes ou puérperas. Observa-se, no entanto, que a disciplina jurídica deve ir mais além. Além da proposta legislativa, é necessária a criação da figura das "cuidadoras", ou seja, de presas que cuidam dos bebês de outras presas no ambiente prisional. Consequentemente, as "cuidadoras" ganhariam salário e remição, enquanto que as mães estariam liberadas para o exercício normal do trabalho ou atividade educativa.

Essa sistemática se mostra razoável no sistema carcerário feminino, pelos seguintes motivos: (i) duas mulheres podem, ao mesmo tempo, ganhar a remição, ampliando a socialização e a conscientização humana no ambiente prisional; (ii) a puérpera tem a possibilidade de exercer, além da maternidade, outra atividade, prezando por sua higidez mental e pelo desenvolvimento de diversas habilidades; (iii) a puérpera tem condições de circular por outros ambientes da prisão, reduzindo, com isso, eventuais conflitos no ambiente de maternagem; e (iv) a puérpera deixa de ter uma convivência ininterrupta e exclusiva com o bebê, evitando a consolidação de um vínculo excessivo e de desgastes na relação materna.

Portanto, deve ser legalmente reconhecida a remição da mulher grávida ou puérpera, acompanhada da figura das "cuidadoras". O preenchimento

---

em flagrante ou na prisão determinada por autoridade competente, é vedado o uso de algemas em mulheres grávidas durante os atos médicos hospitalares preparatórios para a realização do parto e durante o trabalho de parto, bem como em mulheres durante o período de puerpério imediato.

dessa lacuna atenderia integralmente o disposto no art. 82, § 1º, da Lei de Execução Penal, sob o fundamento de que a mulher deverá ser recolhida em estabelecimento próprio e adequado a sua condição penal.

Se não bastasse, a mulher condenada tem direito a ensino profissional adequado à sua condição (LEP, art. 19, parágrafo único). Trata-se de medida útil e necessária, assegurando à mulher grávida ou puérpera a realização de atividades laborais e de ensino consentâneas com sua condição pessoal, enaltecendo os princípios da isonomia e da dignidade humana.

8. DOAÇÃO VOLUNTÁRIA DE SANGUE

A doação de sangue e de medula é uma atividade assistencial ou voluntária, porquanto o doador é movido pelo sentimento de altruísmo, prestando serviços relevantes à sociedade, razão pela qual tem certos direitos assegurados em lei, em especial na legislação trabalhista.

Dispõe o art. 473, IV, da Consolidação das Leis do Trabalho (Lei 5.452/1943) que o empregado poderá deixar de comparecer ao serviço, sem prejuízo do salário, por um dia, em cada 12 (doze) meses de trabalho, em caso de doação voluntária de sangue devidamente comprovada. Além disso, outros direitos e benefícios são assegurados por leis municipais e federais aos doadores de sangue e de medula, diferenciando-se de acordo com cada localidade.

Discute-se, nesse sentido, se o preso doador regular de sangue pode ser beneficiado com a remição de sua pena[56]. Por exemplo, o PLS 117/2014 previa a possibilidade de que o condenado poderia ter reduzido 4 (quatro) dias no tempo de execução de sua pena para cada doação de sangue.

De acordo com esse projeto, a doação deve ser voluntária e precedida de avaliação médica. Ademais, o intervalo entre cada doação deve ser de 3 (três) meses para os presos homens, enquanto que, para as mulheres, é de 4 (quatro) meses, exceto se houver orientação médica em sentido contrário.

Contudo, o serviço de homoterapia deve passar por rigoroso controle de coleta e de seleção de doadores. Conforme o disposto no art. 25 da Resolução 34/14 da Diretoria Colegiada da Agência Nacional de Vigilância Sanitária, o serviço de homoterapia deve cumprir parâmetros para seleção de doadores estabelecidos pelo Ministério da Saúde, em legislação vigente, visando tanto

---

[56] PRADO, Luiz Regis. *Direito de execução penal*. 4. ed. São Paulo: Revista dos Tribunais, 2013. p. 242.

à proteção do doador quanto à do receptor, bem como para a qualidade dos produtos.

Entende-se, no entanto, que a falta de saúde e higiene nos presídios acarreta em ampla disseminação de doenças infectocontagiosas, inviabilizando a prática e concretização da remição analógica por doação de sangue. E, se adotada essa postura, haveria o risco de falhas no controle de coleta de sangue nos presídios e de contaminação dos receptores por doenças infectocontagiosas.

Em razão da possibilidade de remição, poderia ocorrer ampla doação de sangue nos presídios sem qualquer controle e com a difusão de um "banco de sangue" apenas para fins de abatimento de pena, desvencilhando-se do real objetivo de socialização do condenado.

Se não bastasse, o uso de drogas por seringa e relações sexuais são mantidas entre os apenados sem qualquer controle no ambiente prisional, ampliando a disseminação de doenças infectocontagiosas.

Dessa forma, a Resolução 34/14 da Diretoria Colegiada da Agência Nacional de Vigilância Sanitária, ao estabelecer parâmetros para a homoterapia, não recomenda a doação de sangue nos presídios. Ou seja, os contatos sexuais que envolvam riscos de contrair infecções transmissíveis pelo sangue devem ser avaliados e os candidatos nestas condições devem ser considerados inaptos, temporariamente, por um período de 12 (doze) meses após a prática sexual de risco, incluindo-se indivíduos que possuam histórico de encarceramento ou de confinamento obrigatório não domiciliar superior a 72 (setenta e duas) horas, ou seus parceiros sexuais (art. 25, XXX, g).

Entende-se que essa medida somente mostrar-se-ia possível se a vara das execuções penais e a direção dos presídios procedessem à seleção criteriosa dos doadores de sangue nos presídios, mantendo ambiente com instações próprias, de higiene e saúde, para todos os presos.

Além disso, somente seria viável, mediante o devido controle, se fosse implementada no regime fechado ou semiaberto, hipóteses em que o preso teria de doar o sangue para obter a remição, ao passo que, no regime aberto, o reeducando já conta com a faculdade de optar pela doação ou não do sangue.

9. REMIÇÃO FICTA

Em razão da falta de condições estruturais ou funcionais do estabelecimento penitenciário, é possível que o preso não tenha condições para exercer o trabalho, o estudo e a leitura.

Esse tema guarda relação umbilical com o "estado de coisas inconstitucional" no sistema prisional brasileiro, reconhecido, em 2015, pelo Supremo Tribunal Federal no julgamento da ADPF 347/DF, diante de violações contínuas, sistemáticas e generalizadas de direitos fundamentais, incluindo os direitos dos presos, em decorrência de ações ou omissões do poder público que prejudicam a eficiência e a estrutura do sistema prisional e, via de consequência, da segurança pública no país[57].

Nesse julgamento, firmou-se o entendimento de que os direitos fundamentais consagrados em diversos tratados internacionais de direitos humanos, bem como em normas constitucionais e infraconstitucionais, são reiteradamente transgredidos pelo poder público, de modo que as penas privativas de liberdade são convertidas em penas cruéis e desumanas, perfazendo um verdadeiro "estado de coisas inconstitucional"[58].

Nesse vereda, suscitam-se discussões sobre se o apenado, diante da falha da Administração, teria o direito a uma nova modalidade de remição, denominada remição ficta.

Para a primeira corrente, deve ser reconhecida essa remição, pois, se cabe ao Estado possibilitar o trabalho, não pode o preso, demonstrando que está disposto a cumprir com a atividade laboral, ser prejudicado pela falha ou insuficiência estrutural da Administração, devendo ser beneficiado com a remição mesmo sem o efetivo desempenho da atividade[59].

Ainda dentro dessa corrente, apontam-se dois subentendimentos. Em primeiro, a remição ficta deve ser reconhecida para o preso que cumpre pena em estabelecimento penal insalubre, ou seja, com lotação excessiva.

---

[57] STF, ADPF 347MC/DF, Pleno, Rel. Min. Marco Aurélio, j. 09.09.2015.
[58] O "estado de coisas inconstitucional" foi reconhecido, pela primeira vez, pela Corte Constitucional Colombiana em 1997, possuindo os seguintes requisitos: (i) violação permanente e generalizada de direitos fundamentais, atingindo um número amplo e indeterminado de pessoas; e (ii) omissão reiterada de diversos e diferentes órgãos do poder público no cumprimento de suas obrigações voltadas à proteção dos direitos fundamentais. No Brasil, o Supremo Tribunal Federal, seguindo uma dinâmica de ativismo judicial, adotou o "estado de coisas inconstitucional" no julgamento da ADPF 347/DF, para determinar a realização de audiências de custódia aos juízes e tribunais, bem como a destinação correta do saldo acumulado do Fundo Penitenciário Nacional, proibindo novos contingenciamentos (cf. COSTA, Álvaro Mayrink da. *Execução penal*. Rio de Janeiro: LMJ Mundo Jurídico, 2016. p. 42-43).
[59] MIRABETE, Julio Fabbrini. *Execução penal*: comentários à Lei n. 7.210/1984. São Paulo: Atlas, 1987. p. 324.

Em segundo, essa remição deve ser considerada para o preso que se encontra recolhido em estabelecimento que não oferece qualquer vaga de trabalho ou de estudo, inviabilizando a remição da pena.

Para outra corrente, o preso não tem direito à remição ficta, pelos seguintes motivos: (i) a concessão de tal benefício é incompatível e desigual entre os presos, pois o preso que não trabalha teria direito ao tempo remido da mesma forma que o preso que trabalha; (ii) a remição só é possível por meio do registro mensal dos dias de trabalhos cumpridos por cada preso; e (iii) a falta de trabalho, por si só, é considerada falta grave.

Em 2017, o Supremo Tribunal Federal, no julgamento do RE 580.252, com repercussão geral reconhecida, firmou o posicionamento de que o preso submetido à situação degradante e à superlotação carcerária tem direito à indenização por danos morais por parte do Estado[60].

De acordo com esse entendimento, as integridades física e psíquica do preso são de responsabilidade dos órgãos e dos agentes públicos e, em caso de omissão estatal, é indispensável a reparação a título de dano moral ao reeducando, com o fito de lhe conferir humanidade, nos termos do art. 37, § 6º, da Constituição[61].

Contudo, foi discutido o conteúdo da indenização, ou seja, se a reparação seria feita em dinheiro, em parcela única ou mensal, ou na forma de remição.

O Ministro Roberto Barroso sugeriu fosse reconhecida a remição ficta, fixando o entendimento de que o Estado é civilmente responsável pelos danos, inclusive morais, comprovadamente causados aos presos, provocados pela superlotação carcerária e pelo encarceramento em situações desumanas e degradantes.

Dessa forma, a reparação a esses danos não deve ser feita mediante valor pecuniário, mas por meio moral perante o juízo da execução penal competente, consistente na remição de 1 (um) dia de pena por cada 3 (três) a 7 (sete) dias de pena cumprida em situação degradante. Subsidiariamente, se o preso cumprir integralmente a pena ou se inviável a aplicação da remição,

---

[60] STF, RE 580.252, Rel. Min. Alexandre de Moraes, Pleno, j. 16.02.2017.
[61] O Plenário também aprovou a seguinte tese: "Considerando que é dever do Estado, imposto pelo sistema normativo, manter em seus presídios os padrões mínimos de humanidade previstos no ordenamento jurídico, é de sua responsabilidade, nos termos do artigo 37, parágrafo 6º, da Constituição, a obrigação de ressarcir os danos, inclusive morais, comprovadamente causados aos detentos em decorrência da falta ou insuficiência das condições legais de encarceramento".

a reparação deverá ser efetivada mediante valor pecuniário perante o juízo cível competente[62].

Por outro lado, a Primeira Turma do Supremo Tribunal Federal, no julgamento do HC 124.520/RO, decidiu, por maioria, que é inviável a remição ficta, sob o argumento de que a remição é um instituto de reconhecimento do Estado que pressupõe a efetiva realização do trabalho, estudo ou leitura[63]. E, no caso em questão, não foi realizada qualquer das atividades, além de o preso já ter cumprido parte da sua pena no regime disciplinar diferenciado (RDD), que consiste em sanção e, por conseguinte, inviável o trabalho[64].

Na mesma linha, o Superior Tribunal de Justiça, no julgamento do HC 425.155/MG, firmou a tese de que não é possível a remição tão somente em razão das condições precárias do sistema prisional. Isso porque a remição tem a finalidade de ressocializar o preso por meio da efetiva dedicação ao trabalho e ao estudo e, se concedido o instituto sem a realização de qualquer de tais atividades, haveria uma banalização e desvirtuamento da própria remição[65].

Destarte, cabe ao reeducando participar do seu próprio processo de socialização, demonstrando o seu real envolvimento no trabalho ou no estudo por meio da disciplina e do merecimento. Ademais, seria descabido o pleito de indenização de presos em situação degradante por meio da criação de um instituto que, em sua essência, não se volta ao trabalho ou ensino, contrariando a finalidade socializadora da própria remição.

Da mesma arte, o Superior Tribunal de Justiça já havia decidido, em 2016, que, ainda que ocorra culpa do Estado ao falhar na fiscalização do cumprimento da carga horária de trabalho, é indispensável a demonstração de que foram cumpridos os requisitos da remição[66].

Sustenta-se, decerto, que o preso que busca por ocupação durante a execução da sua pena não pode ser impedido de alcançar a remição, máxime quando o Estado não fornece estruturas necessárias e condignas a tanto.

---

[62] Embora essa tese não tenha prosperado no julgamento do RE 580.252.
[63] STF, HC 124.520/RO, 1ª Turma, Rel. Min. Marco Aurélio, j. 29.05.2018.
[64] Outros Ministros apresentaram votos divergentes. De todo caso, o Ministro Barroso reformulou o seu entendimento inicialmente emanado no voto do RE 580.252, posicionando-se refratariamente à remição ficta, sob o fundamento de que a aplicação do instituto poderia se tornar banalizada, ou seja, todos os presos que estivessem em situação degradante poderiam invocar a remição, produzindo um impacto devastador.
[65] STJ, HC 425.155/MG, 5ª Turma, Rel. Min. Ribeiro Dantas, j. 06.03.2018.
[66] STJ, AgRg no HC 351.918/SC, 5ª Turma, Rel. Min. Felix Fischer, j. 09.08.2016.

Neste azo, a carência estrutural da Administração não deve ser interpretada em prejuízo do reeducando, mas a seu favor, com fundamento no que denominamos *coculpabilidade* da execução penal.

Para Zaffaroni e Pierangeli, todo ser humano atua com autodeterminação em certa circunstância. Porém, as causas sociais geram reflexos na formação da autodeterminação e, via de consequência, na personalidade da pessoa, de modo que não é possível atribuir ao próprio sujeito reprovação de culpabilidade[67].

O Estado é o responsável pela falta de oportunidades sociais ao infrator, de modo que deve adotar medidas necessárias para minimizar a seletividade penal e, ao mesmo tempo, viabilizar a ressocialização do reeducando durante a execução penal.

Assinala-se que a coculpabilidade tem o objetivo, em sua essência, de reduzir a seletividade e a visão ideológica seja do direito penal, seja da execução criminal, conferindo maior proteção aos direitos fundamentais do acusado[68].

Demonstrando acompanhar esse entendimento, o PLS 9.054/2017 propõe o reconhecimento da remição ficta, pretendendo inserir o art. 126-A na Lei de Execução Penal, sob a previsão de que o preso provisório ou condenado com bom comportamento carcerário e que cumpre a prisão cautelar ou a pena em situação degradante ou ofensiva à sua integridade física e moral, terá o direito de remir a pena à razão de 1 (um) dia de pena a cada 7 (sete) dias de encarceramento em condições degradantes.

Competiria ao juiz da execução decidir sobre essa modalidade de remição após observado o procedimento de excesso ou desvio de execução, que torna ilegítimo o direito de punir devido à falha do Estado-Administração. A finalidade do excesso ou desvio de execução é a de assegurar a coisa julgada da sentença, conferindo efetividade e segurança à decisão judicial.

Na atual redação da LEP, esse incidente é previsto no art. 185, havendo excesso ou desvio de execução sempre que algum ato for praticado além dos limites fixados na sentença, em normas legais ou regulamentares. O incidente de excesso ou desvio pode ser suscitado pelo Ministério Público, Conselho

---

[67] ZAFFARONI, Eugênio Raúl; PIERANGELLI, José Henrique. *Manual de direito penal*. São Paulo: Revista dos Tribunais, 2009. p. 525.

[68] MOURA, Grégore. *Do princípio da co-culpabilidade*. Rio de Janeiro: Impetus, 2006. p. 38.

Penitenciário, sentenciado ou qualquer dos demais órgãos da execução penal (LEP, art. 186).

O aludido incidente divide-se, ainda, em individual e coletivo. No primeiro, há violação às disposições da sentença ou da lei apenas em relação a um sentenciado. No segundo, há violação dos limites definidos na legislação que atinge diversos sentenciados, a exemplo de o estabelecimento prisional não funcionar adequadamente ou conforme o determinado em lei.

Contudo, o PLS 9.054/2017 visa a incorporar expressamente ambas as modalidades de excesso ou desvio de execução, tornando-o possível nos seguintes casos (PLS, art. 185): (i) individual, que ocorrerá sempre que algum ato for praticado além dos limites fixados na sentença ou em normas legais ou regulamentares; ou (ii) coletivo, quando o número de presos exceder a capacidade de vagas do estabelecimento penal ou quando as condições de salubridade e higiene estiverem aquém dos parâmetros mínimos. E, de acordo com a nova proposta, terão legitimidade para suscitar esse incidente o sentenciado e qualquer órgão da execução (PLS, art. 186)[69].

Em linhas gerais, vislumbram-se aspectos favoráveis e desfavoráveis da remição ficta. Quanto aos pontos favoráveis, compete ao Estado seguir integralmente os princípios da dignidade humana, da humanidade e da legalidade, assegurando ao preso o direito ao trabalho, inclusive à remição e, acima de tudo, à socialização, com todas as estruturas e condições necessárias e em respeito irrestrito à integridade moral e ao desenvolvimento da personalidade do reeducando (CF, art. 5º, XLIX).

---

[69] De acordo com o PLS 9.054, art. 186-A, suscitado, por escrito, o excesso ou desvio de execução, o juiz mandará autuar em apartado o incidente e ouvirá a parte contrária, que oferecerá resposta em até 48 (quarenta e oito) horas. Além disso, poderá ordenar as diligências e requisitar as provas que entender necessárias, inclusive inspecionar o estabelecimento penal, no prazo de até 10 (dez) dias, após o que, conclusos os autos, decidirá em até 48 (quarenta e oito) horas. E, nos termos do art. 186-B, concluindo o juiz pelo excesso ou desvio em razão de o estabelecimento impor ao preso situação degradante ou ofensiva à sua integridade física e moral, decidirá sobre a remição de que trata o art. 126-A. Se o condenado já tiver cumprido integralmente a pena ou se inviável a sua remição, caberá, subsidiariamente, a reparação perante o juízo cível competente. Dispõe o art. 186-B, parágrafo único: "A reparação civil só será cabível quando a remição da pena não for possível". Por fim, prevê o projeto de lei que a remição ficta poderá ser cumulada com outras hipóteses de remição prevista em lei, tais como a remição pelo trabalho, pela leitura ou pelo estudo (art. 126-A, § 1º).

Com efeito, o fornecimento do trabalho, do estudo e da leitura integra o rol de direitos sociais fundamentais, contemplados no art. 6º da Constituição Federal, propiciando condições mínimas necessárias ao regular cumprimento da pena, em especial da socialização.

Envolve, pois, a prestação e o reconhecimento das liberdades sociais, chamadas de liberdades positivas, tornando-se necessário não só o reconhecimento de direitos e garantias ao preso, tidos como vulneráveis, mas, acima de tudo, a execução de políticas públicas apta a atendê-lo suficientemente, sob o risco de proteção deficiente e de retrocesso social[70].

Nada obstante, a remição ficta causa mais embaraços que certeza na prática forense, impondo-se cautela no reconhecimento de eventual remição por dano moral e com novas quantidades de dias remidos aplicados aos presos em geral, sob o risco de se avatar os princípios da legalidade, da individualização da pena, da separação dos poderes e, acima de tudo, da isonomia entre os próprios presos.

Da forma como ora discutida pelos tribunais superiores, o reconhecimento da remição ficta afrontaria o princípio da legalidade, eis que ausente qualquer previsão legal desse instituto. Ademais, poderia causar um descompasso no tratamento isonômico de um preso a outro, tendo em vista que o apenado que não tem a intenção de trabalhar seria beneficiado do mesmo modo que o condenado que trabalha.

Também não compete aos tribunais superiores a elaboração de lei penal ou de execução criminal, mas exclusivamente à União, nos termos do art. 22, I, da Constituição Federal.

Arremata-se, por fim, que é dificultoso de se determinar uma proporção exata de dias remidos a título de dano moral, até mesmo para um grupo de presos de um mesmo estabelecimento penal, gerando um tratamento desigual, bem como a violação dos princípios da proporcionalidade e da individualização da pena.

10. CONCLUSÕES

Nos últimos anos, a remição se tornou objeto de aprimoramentos dogmáticos e jurisprudenciais, revelando ser indispensável à socialização e à humanidade do apenado.

---

[70] A propósito da proibição de proteção deficiente, cf. FELDENS, Luciano. *Direitos fundamentais e direito penal*: a Constituição penal. 2. ed. Porto Alegre: Livraria do Advogado, 2012. p. 58-86.

Não se olvida a importância da remição para a socialização e a conscientização moral do preso, como ocorre na remição intelectual e, em certos casos, na remição analógica, com supedâneo na analogia *in bonam partem*. Acusa-se, no entanto, haver certa flexibilização das hipóteses de remição na prática forense, ampliando, em demasia, as atividades análogas ao trabalho, o estudo e a leitura.

De todo caso, é indispensável certa cautela na concessão da remição, pois não pode ser considerada toda e qualquer atividade laboral e educacional sem qualquer controle e resultados eficientes, sob o risco de banalização do instituto e de esvaziamento da ressocialização.

Revela-se salutar, portanto, o preenchimento de certas lacunas então existentes na Lei de Execução Penal, por meio de propostas legislativas tendentes a incorporar, ainda que por redação ampla e aberta, as diversas modalidades de remição já consolidadas em nível jurisprudencial, incluindo as remições pelo trabalho, pela leitura, pelo artesanato e pela leitura, em homenagem aos princípios da legalidade e da segurança jurídica.

Reconhece-se que há a necessidade de melhor regulamentar o controle de registro das atividades, bem como a informação aos presos da carga horária relativa ao cumprimento do trabalho, em consonância com a individualização da pena. Em homenagem ao princípio da legalidade, é necessária a incorporação da remição pela leitura em lei, tomando por base a Recomendação 44/2013 do Conselho Nacional de Justiça.

É indispensável, outrossim, estabelecer o caráter ininterrupto do cômputo da remição às gestantes e puérperas que se dedicam aos cuidados de seus filhos, ainda que durante a execução penal. Por outro lado, ainda pairam incertezas sobre o reconhecimento de outras modalidades do instituto, tais como a remição ficta e a decorrente da doação regular e voluntária de sangue.

Certo é que a remição é um benefício irrefragável na execução penal brasileira, despontando como direito público subjetivo de liberdade do condenado, porquanto assegura-se-lhe um estímulo para a sua correção e, acima de tudo, ressocialização, abreviando o tempo de execução da pena privativa de liberdade.

Segue-se o modelo clínico reabilitador preconizado no art. 1º da Lei de Execução Penal, sob o fundamento de que a execução penal tem por objetivo efetivar as disposições da sentença ou decisão criminal e proporcionar condições para a harmônica integração social do condenado.

REFERÊNCIAS

AMARAL, Luiz Renê G. do. A remição da pena privativa de liberdade pela indignidade penitencial. *Boletim IBCCRIM*, São Paulo, v. 23, n. 278, p. 14-16, jan. 2016.

BRITO, Alexis Couto de. *Execução penal*. 3. ed. São Paulo: Revista dos Tribunais, 2013.

BUSATO, Paulo César; HUAPAYA, Sandro Montes. *Introdução ao direito penal*: fundamentos para um sistema penal democrático. 2. ed. Rio de Janeiro: Lumen Juris, 2007.

CARUNCHO, Alexey Choi. Limites à flexibilização das modalidades de remição: até que ponto é possível argumentar pela ampliação do instituto? In: BUSATO, Paulo César; CARUNHO, Alexey Choi. *Sistema penal em debate*: estudos em homenagem ao Ministro Felix Fischer. Curitiba: IEA Academia, 2015.

CARVALHO, Amílton Bueno de. *Garantismo aplicado à execução penal*. Rio de Janeiro: Lumen Juris, 2007.

CHIES, Luiz Antônio Bogo. *A capitalização do tempo social na prisão*: a remição no contexto das lutas de temporalização na pena privativa de liberdade. São Paulo: IBCCRIM – Instituto Brasileiro de Ciências Criminais, 2008.

COMPARATO, Fábio Konder. *A afirmação histórica dos direitos humanos*. 7. ed. São Paulo: Saraiva, 2010.

COSTA, Álvaro Mayrink da. *Execução penal*. Rio de Janeiro: LMJ Mundo Jurídico, 2016.

FELDENS, Luciano. *Direitos fundamentais e direito penal*: a Constituição penal. 2. ed. Porto Alegre: Livraria do Advogado, 2012.

FERRAJOLI, Luigi. *Direito e razão*: teoria do garantismo penal. São Paulo: Revista dos Tribunais, 2006.

MARCÃO, Renato Flávio. *Curso de execução penal*. 10. ed. São Paulo: Saraiva, 2012.

MARQUES, Oswaldo Henrique Duek. *Fundamentos da pena*. 2. ed. São Paulo: WMF Martins Fontes, 2008.

MELLO, Celso Antônio Bandeira de. *O conteúdo jurídico do princípio da igualdade*. 2. ed. São Paulo: Revista dos Tribunais, 1984.

MIRABETE, Julio Fabbrini. *Execução penal*: comentários à Lei n. 7.210/1984. São Paulo: Atlas, 1987.

MOURA, Grégore. *Do princípio da co-culpabilidade*. Rio de Janeiro: Impetus, 2006.

NUCCI, Guilherme de Souza. *Curso de execução penal*. Rio de Janeiro: Forense, 2018.

_____. *Individualização da pena*. São Paulo: Revista dos Tribunais, 2009.

_____. *Manual de processo penal e execução penal*. 5. ed. São Paulo: Revista dos Tribunais, 2008.

OLIVEIRA, Janira de. A remição de parte do tempo de execução da pena pela educação formal do condenado: estudo comparativo a instituto da remição pelo trabalho. *Revista da ESMESC*, Florianópolis: Escola Superior da Magistratura do Estado de Santa Catarina, v. 9, n. 16, p. 277-299, 2003.

PRADO, Luiz Regis. *Direito de execução penal*. 4. ed. São Paulo: Revista dos Tribunais, 2013.

SILVA, Marcelo Rodrigues da. Modificações implementadas à Lei de Execução Penal ao instituto da remição pela Lei nº 12.433/2011. *Revista Magister de Direito Penal e Processual Penal*, Porto Alegre, v. 9, n. 49, p. 52-66, ago.-set. 2012.

TÁVORA, Nestor; ALENCAR, Rosmar Rodrigues. *Curso de direito processual penal*. 9. ed. Salvador: JusPodivm, 2014.

WINFRIED, Hassemer. *Introdução aos fundamentos do direito penal*. Porto Alegre: Sergio Antonio Fabris, 2005.

ZAFFARONI, Eugênio Raúl; PIERANGELLI, José Henrique. *Manual de direito penal*. São Paulo: Revista dos Tribunais, 2009.

6

DISCIPLINA NA EXECUÇÃO PENAL

ANDRÉ VINÍCIUS MONTEIRO
Doutorando em Direito Penal pela USP. Mestre em Direito Penal pela PUC-SP. Pós-graduado em Direito Penal e Processo Penal pela ESMP/MP. Graduado pela PUC/SP. Professor de Direito Penal. Assistente Jurídico do Tribunal de Justiça de São Paulo e pesquisador do Núcleo de Ciências Criminais da PUC-SP.

Resumo: Tramita no Congresso Nacional o Projeto de Lei 513/2013 do Senado Federal, pelo qual se pretende alteração de diversos dispositivos da Lei de Execução Penal. Em relação à disciplina do condenado, o projeto confere competência ao Conselho Nacional de Política Criminal e Penitenciário para especificar as faltas disciplinares leves e médias, ofendendo, por consequência, a competência concorrente da União e do Estado para legislar sobre direito penitenciário. Em relação às faltas graves, o projeto atualiza a legislação positivando alguns entendimentos já solidificados na jurisprudência. No entanto, deixa de considerar falta grave a inexecução do trabalho atribuído ao recluso, o que parece ser um retrocesso legislativo, posto ser o trabalho essencial à ressocialização. Por fim, o projeto passa a regular a prescrição da falta disciplinar, superando divergências doutrinárias e jurisprudenciais sobre o tema.

Palavras-chave: Lei de Execução Penal. Disciplina do condenado. Faltas disciplinares. Ressocialização.

Abstract: Bill of Law 513/2013 of the Federal Senate, which is currently in process in the National Congress, seeks to alter various provisions of the Criminal Execution Law. Regarding the discipline of the convicted person, such Bill confers authority to the National Council for Criminal and Penitentiary Policy to specify minor and medium disciplinary offences, thereby offending the concurrent competence of the Union and the State to legislate on penitentiary law. In relation to major disciplinary offences, Bill 513/2013 updates the legislation by consolidating some of the understandings already established in case law. However, the proposed legislation no longer considers the lack of execution of work attributed to the inmate a major disciplinary offence. Such novelty seems to be a legislative setback, given that work is essential to the inmate's resocialization. Finally, Bill 513/2013 regulates the statute of limitations of disciplinary offences, overcoming legal literature and case law divergences on the subject.

Keywords: Criminal Execution Law. Discipline of the convicted person. Disciplinary offences. Resocialization.

Sumário: 1. Introdução – 2. Da premissa ressocializadora da pena – 3. Das faltas leves e médias – 4. Das faltas graves em espécie – 5. Da prescrição da falta disciplinar – 6. Conclusões – Referências.

1. INTRODUÇÃO

Em meados de 2012 foi formada uma comissão de juristas, presidida pelo Ministro do Superior Tribunal de Justiça, Sidnei Beneti, com a finalidade de propor atualizações à Lei de Execução Penal, tendo a comissão elaborado anteprojeto que deu origem ao projeto de Lei 513/2013 de iniciativa do Senado Federal, de autoria do Senador Renan Calheiros (PMDB/AL), atualmente em trâmite do Congresso Nacional. Após diversas emendas, o projeto foi aprovado pelo plenário do Senado em 04.10.2017, sendo remetido à Câmara dos Deputados, onde se encontra pendente de apreciação, sendo registrado sob o nº 9.054/2017.

Dentre as alterações aprovadas pelo Senado Federal encontram-se diversos dispositivos pertinentes à disciplina do condenado, sobre as quais nos debruçaremos no presente estudo, analisando-os sob o enfoque da doutrina da finalidade das penas.

2. DA PREMISSA RESSOCIALIZADORA DA PENA

Debate que há muito se estende na seara criminal diz com os fundamentos e finalidades da reprimenda imposta ao cidadão infrator dos mandamentos normativos de caráter penal. Não se olvida aqui as diversas teorias que buscam explicar a teleologia das penas, dentre as quais se podem destacar a teoria da retribuição moral, a teoria da prevenção geral negativa intimidatória, as teorias preventivas gerais positiva fundamentadora e limitadora, a prevenção especial negativa de inocuização, a prevenção especial positiva correcionalista e por fim, a prevenção especial positiva ressocializadora.

Não se pretende neste estudo análise dialética dos mencionados entendimentos; ao contrário, parte-se da premissa de possuir a pena, ainda que não de forma exclusiva ou preponderante, uma função ressocializadora[1] pautada

---

[1] "Entretanto, a tese socializadora não se afigura, em princípio, antagônica à determinação legal das penas. Nada impede que a delimitação da pena, com base na

por um *programa máximo*. Entende-se por *programa máximo*[2] a atribuição de uma agenda obrigatória de atividades ao condenado, cujo objetivo é incutir na pessoa do infrator os valores sociais considerados mais relevantes, como o trabalho, a disciplina, a tolerância ante a diferença, a valorização da família. Utiliza-se como instrumentos a laborterapia, a educação formal, o aconselhamento profissional, acompanhamento pessoal etc.

Em oposição à ideia de *programa máximo*, encontramos o chamado *programa mínimo*, segundo o qual compete ao Estado apenas *oferecer* uma agenda de atividades ao condenado, a quem caberia optar, ou não, pela sua realização. Trata-se de uma oferta de condições para reintegração social, de aceitação voluntária pelo reeducando[3].

Responsável pelo que se pode considerar a primeira formulação de um *programa máximo*, Enrico Ferri parte da ideia de ter sempre a sanção penal um escopo de defesa social, sendo a proteção da sociedade a missão do direito penal. Afirma o autor que o fundamento da vida penitenciária deve ser o trabalho, como meio de educação moral, técnica e de vida, além de garantia de retorno à vida normal, devendo ainda haver o oferecimento de educação e normas de disciplina ao condenado[4]. Sendo a função da pena a defesa social contra a criminalidade, esta deve ter por escopo garantir que os condenados sejam restituídos à liberdade reeducados e readaptados à vida social, e não piorados, evitando-se, assim, a reincidência. Busca-se, destarte, seja a pena-defesa apta a cessar a periculosidade do reeducando.

Proporá Ferri, então, mecanismos e métodos a serem aplicados na execução penal. Não totalmente desvinculado da concepção humanitária da pena, sustenta que não se deve impor aos presos sofrimentos, aflições e humilhações; mas também não se deve lhes proporcionar uma residência e

---

    culpabilidade do agente e nas circunstâncias objetivas da infração, seja conciliada com a ideia de socialização durante a fase da execução da pena" (MARQUES, Oswaldo Henrique Duek. *Fundamentos da pena*, p. 157).

[2] "A finalidade da pena seria a emenda moral do criminoso, com a imposição da adesão, por parte deste, aos padrões morais entendidos como desejáveis pela sociedade. Nesta vertente, busca-se a emenda moral do criminoso, no sentido de incutir na mente do infrator os preceitos de moral caros à sociedade. O adjetivo *programa máximo* está relacionado ao grau de intervenção estatal na índole do agente, ou seja, aqui, a pena buscará realmente adaptar, ou reinserir o sujeito nos padrões de vida entendidos como *normais*" (JUNQUEIRA, Gustavo Octaviano Diniz. *Liberdade, culpabilidade e individualização da pena*, p. 80).

[3] Ibidem, p. 84.

[4] FERRI, Enrico. *Princípios de Direito Criminal*, p. 345.

existência tão cômoda e fácil que lhes faça esquecer as dificuldades e privações que a vida livre impõe à generalidade dos homens honestos. Levanta ainda a necessidade de tratá-los sempre de modo menos rigoroso e com maiores encargos de confiança para habituá-los à vida livre[5].

O desenvolvimento doutrinário penal permaneceu temporariamente atrofiado no período entre guerras, quando o Direito Penal adotou postura alheia ao humanismo e concepções filosóficas, atuando de forma puramente repressiva, em nítido retrocesso axiológico[6]. Porém, já em 1945 são retomados os estudos quanto à premissa de defesa social, tendo Marc Ancel elaborado, em 1954, o que se denomina movimento da Nova Defesa Social. Diferentemente do quanto proposto por Ferri, não se admite a imposição de qualquer espécie de sanção penal antes da prática delitiva, exigindo-se que a periculosidade do agente se concretize na forma de condutas típicas. Entretanto, uma vez demonstrada a periculosidade, surge para o Estado o dever de atuar em prol da sociedade a fim de recuperar o indivíduo infrator. Para Ancel, a responsabilidade deve ser analisada através da periculosidade do indivíduo, ou seja, "não terá como base o ato passageiro, mas o estado permanente do indivíduo (...), caso se torne necessário, traduzir-se em prolongamento da restrição de liberdade imposta ao delinquente, desde que essa restrição se mostre indispensável à segurança social"[7].

Certamente não se está a propor no presente estudo a adoção de penas indeterminadas, como propunham os mencionados autores, pretende-se apenas a fixação de premissa quanto à finalidade ressocializadora da pena e quanto à possibilidade de adoção de um programa máximo durante a execução penal para, então, podermos desenvolver nossas considerações a respeito da reforma legislativa do Senado.

3. DAS FALTAS LEVES E MÉDIAS

Hodiernamente, a disciplina das faltas leves e médias encontra-se dispersa no ordenamento jurídico estadual, sendo, em nosso sentir, aplicada de forma inapropriada e inconstitucional. Devido à atual redação dos arts. 45 e 49 da Lei de Execução Penal, adotou-se o entendimento segundo o qual seria admissível a tipificação de faltas disciplinares de natureza leve e média por simples regulamento[8], ou seja, por ato do unilateral do Poder Executivo.

---

[5] Ibidem, p. 348-349.
[6] MARQUES, op. cit., p. 125.
[7] ANCEL, Marc. *A Nova Defesa Social*, p. 94.
[8] BRITO, Alexis Couto de. *Execução Penal*, p. 168.

De fato, consta do art. 45 que não haverá falta nem sanção disciplinar sem expressa previsão legal ou *regulamentar*; e consta do art. 49 que as faltas leves e médias serão especificadas pela legislação local. Entendeu-se, então caber ao Poder Executivo Estadual editar normas sobre tais espécies disciplinares.

Relevante questão, porém, consistente na análise da recepção de tais dispositivos legais pela Constituição Federal de 1988. Ora, ambos os artigos referidos contam, ainda, com a redação originária de 1984, tendo sido, portanto, elaborados sob a égide de outro cenário constitucional, no qual, aliás, a atual do Poder Executivo encontrava menos limitações do que as atuais. A Constituição de 1988, porém, dispõe em seu art. 24, I, ser concorrente a competência da União e dos Estados para legislar sobre direito penitenciário, enquanto é exclusiva a competência da União para legislar sobre direito penal (art. 22, I).

Quanto às faltas graves, não resta dúvidas tratar-se de matéria de direito penal material, uma vez que influencia de forma direita e, por vezes, automática, na execução da pena, como na revogação do trabalho externo (art. 37, parágrafo único), possibilidade de inclusão no regime disciplinar diferenciado (art. 52), regressão de regime (art. 118, I), revogação da saída temporária (art. 125), perda de parcela dos dias remidos (art. 127), revogação da monitoração eletrônica (art. 146-D) e reconversão da restritiva de direitos em privativa de liberdade (art. 181, § 1º, *d*). Indispensável, portanto, que as faltas graves sejam regulamentadas por *legislação federal*.

As faltas leves e médias, por sua vez, atuam de forma diversa na execução penal, não havendo previsão legal sobre suas consequências jurídicas, ou seja, não incidem diretamente sobre os benefícios legais. Tais espécies de falta atuam exclusivamente na avaliação do mérito do condenado, de forma de sua existência não impede, por exemplo, a concessão da progressão ou qualquer outro benefício, servindo apenas como elemento de convicção para o magistrado. Pode-se, dizer, portanto, que influenciam de forma indireta a execução da pena, sendo parâmetro útil ao julgador, mas não podendo servir, isoladamente, como critério de avaliação da conduta do reeducando.

Por tal razão, a Constituição Federal não atribuiu competência exclusiva para a União, mas sim concorrente com o Estado, para legislar sobre direito penitenciário. Desta feita, o ponto fulcral da discussão resume-se na estrita necessidade de *Lei*, seja federal ou estadual, para a criação e normatização das condutas faltosas de menor gravidade. Entendemos, portanto, que a expressão *regulamentar*, constante do *caput do* art. 45 da Lei de Execução Penal, não é aplicável à tipificação de faltas disciplinares.

O regulamento administrativo do estabelecimento penitenciário possui específica atribuição para regular o cotidiano no estabelecimento prisional, tal como os horários de refeição, trabalho, recolhimento à cela, exercício físico, a distribuição do tempo entre recreação, trabalho e descanso, visita de familiares e amigos, forma de envio de correspondências, uso das instalações da penitenciária etc. É natural que o descumprimento de tais regras gere sanções, que não poderão ser classificadas como faltas disciplinares. Trata-se, em verdade, de infrações regulamentares cujas sanções não podem extrapolar a forma de fruição de alguns direitos, tais como a redução do tempo de recreação, limitação de visitas, perda do direito de uso de determinadas instalações como biblioteca ou quadra esportiva.

Entretanto, temos experimentado no Brasil, a nosso sentir de forma inadequada, uma *administrativização* da execução penal, tendo a jurisprudência aceito a indevida intervenção do Poder Executivo na regulamentação das faltas disciplinares leves e médias.

No âmbito federal a especificação das faltas leves e médias foi realizada pelo Decreto 6.049/2007, segundo o qual se consideram faltas leves, entre outras, comunicar-se com visitantes sem a devida autorização, estar indevidamente trajado, provocar perturbações com ruídos e vozerios ou vaias (art. 43); e faltas médias, entre outras, faltar com o dever de urbanidade, simular doença para eximir-se de dever legal ou regulamentar, divulgar notícia que possa perturbar a ordem, opor-se à contagem da população carcerária e recusar-se a deixar a cela (art. 44).

No Estado de São Paulo a regulamentação das faltas leves e médias é feita através da Resolução 144/2010, da Secretaria de Administração Penitenciária, prevendo como faltas leves, entre outras, comunicar-se indevidamente com presos em regime de isolamento, adentrar cela alheia sem autorização, improvisar varais e cortinas sem autorização do diretor (art. 44); e faltas médias, portar material de posse proibida, induzir ou instigar alguém a praticar falta disciplinar, perturbar a jornada de trabalho, faltar ao trabalho sem causa justificada, descumprir horário para retorno da saída temporária (art. 45).

Ao regulamentar a matéria, o Poder Executivo, federal e estadual, acaba por usurpar competência legislativa, gerando incongruências sistêmicas como, por exemplo, permitir que a regulamentação infralegal estabeleça prazo para a reabilitação das faltas graves. Ou seja, enquanto a Lei de Execução Penal tipifica as faltas graves, o regulamento, repita-se, indevidamente, vem dispor sobre a reabilitação da mesma conduta, imiscuindo-se em atribuição alheia. Com esta manobra, acaba-se por limitar a avaliação subjetiva da conduta do condenado, impondo ao diretor do estabelecimento a obrigação de classificar o comportamento do reeducando através de critérios objetivos de tempo, como a reabilitação em doze meses da falta grave, em seis meses da falta média e em três meses da falta leve.

Noutras palavras, a avaliação que deveria ser pessoal e subjetiva, toma aspecto objetivo e inflexível, pautando-se pelo decurso de tempo entre a data da conduta faltosa e a pretensão de obtenção de algum benefício.

Nada obstante as considerações expostas, o Projeto de Lei em análise tornou a repetir a possibilidade de regulamentação das faltas leves e médias pelo Poder Executivo, tendo, porém, limitado a atuação ao Conselho Nacional de Política Criminal e Penitenciária, vinculado ao Ministério da Justiça, portanto, trata-se de órgão da administração pública direta federal, sem qualquer competência legislativa. Assim, em nosso sentir o parágrafo único do art. 49 do Projeto de Lei padece de vício de constitucionalidade, de forma que nem sequer deveria ter sido aprovado pela Comissão de Constituição e Justiça do Senado Federal, por ultrapassar a competência legislativa concorrente da União e dos Estados.

O projeto de reforma também atribui ao Conselho Nacional de Política Criminal e Penitenciária a competência para regulamentar a classificação do comportamento prisional. Neste ponto, embora não se verifique vício de legalidade ou constitucionalidade, a classificação do comportamento (possivelmente em ótimo, bom, regular e ruim) tende a engessar o critério subjetivo do diretor do estabelecimento prisional. Como já exposto acima, o critério que deveria ser pessoal recebe ares de objetividade, limitando-se à análise do transcurso temporal entre eventuais faltas disciplinares. Subverte-se, com isso, o objetivo da Lei de Execução Penal, em seu art. 112, de possibilitar ao diretor que exponha ao magistrado, segundo sua própria percepção, a classificação da conduta do reeducando.

Importante destacar que, na prática, o magistrado da execução penal tem livre acesso ao histórico de faltas disciplinares de qualquer natureza, sendo evidente que utilizará tais informações na formação de sua convicção, por exemplo, quanto à progressão. À vista disso, é de todo inútil que a administração penitenciária classifique a conduta baseando-se em dados já conhecidos pelo juiz. Relevante seria noticiar ao julgador informações do cotidiano do recluso, não perceptíveis pelo boletim informativo, possibilitando ao juiz uma verdadeira análise do requisito subjetivo. Eis a real e útil finalidade do atestado de boa conduta carcerária emitido pelo diretor.

4. DAS FALTAS GRAVES EM ESPÉCIE

O art. 50 da Lei de Execução Penal sofreu diversas alterações em seus incisos, sendo algumas aptas à alteração da situação jurídica de diversos reeducandos e outras com nítido objetivo de positivar entendimentos já solidificados pela jurisprudência dos tribunais superiores.

O inciso I recebeu alteração textual, fazendo-se incluir as expressões "motim ou rebelião" como formas de movimento indisciplinado. A modificação, entretanto, não altera a abrangência o inciso I, uma vez que tanto o motim quanto a rebelião já eram abarcados pela redação anterior, que previa o "movimento para subverter a ordem ou a disciplina". Nota-se que na nova redação o legislador optou por empregar uma cláusula genérica (movimento para indisciplina) seguida de duas espécies de referido gênero (motim ou rebelião).

O inciso seguinte trazia apenas o verbo "fugir", porém, por força do disposto no parágrafo único do art. 49 (alterado pelo projeto), punia-se a tentativa com a mesma sanção da falta consumada. Na prática, portanto, a falta grave englobava tanto a fuga quanto a tentativa de fuga do preso. Como já visto acima, o art. 49, parágrafo único, teve sua redação alterada, passando a dispor sobre as faltas leves e médias, motivo pelo qual o legislador incluiu no inciso II do art. 50, a hipótese de fuga tentada, bem como acrescentou o abandono da unidade em que está recolhido. Esta última hipótese pretende atingir os reeducandos que, beneficiados com a saída temporária ou com trabalho externo, não retornarem ao estabelecimento prisional. Trata-se de atualização legislativa que visa introduzir entendimento já fixado pela jurisprudência. Isto porque, embora não constasse expressamente do inciso II, o *abandono* do estabelecimento já era equiparado à fuga para fins de reconhecimento da falta grave[9], tendo o legislador aproveitado a oportunidade para extirpar qualquer dúvida sobre o tema.

Não houve alteração no inciso III, o qual mantém sua redação original, punindo como falta grave a conduta de possuir, indevidamente, instrumento capaz de ofender a integridade física alheia. A posse *autorizada* não constitui falta disciplinar, como possuir lâmina de barbear ou tesoura para a higiene pessoal.

O inciso IV, que punia a provocação de acidente de trabalho, e o inciso VI, que punia a desobediência ao servidor e a inexecução do trabalho, foram revogados pela reforma. No que tange à revogação da hipótese de desobediência, acreditamos tenha caminhado bem o legislador, pois se cuidava de expressão vaga, sem definição precisa, havendo ofensa ao princípio da taxatividade, cujo respeito deve dar-se, em especial, quando a norma penal gera reflexos custosos

---

[9] "1. À luz da reiterada jurisprudência desta Corte Superior, o cometimento de falta grave acarreta a interrupção do prazo para a obtenção da progressão de regime (Súmula 534/STJ). 2. Reconhecido o cometimento de falta grave pelo reeducando, consistente em abandono do regime semiaberto, além da regressão de regime, foi estipulado novo marco para a contagem do tempo para progressão. 3. *Habeas corpus* não conhecido" (STJ, HC 347.054/SP, 5ª T., Rel. Jorge Mussi, j. 03.05.2016).

ao indivíduo, tal como o é a falta grave. Além disso, a existência de expressão genérica é constantemente utilizada para transfigurar uma conduta mais branda em falta grave pela simples emissão de uma ordem pelo agente penitenciário. Exemplifica-se. No âmbito federal é previsto como falta média a recusa em sair de sua cela. Ora, bastaria ao funcionário emitir oralmente a ordem de deixar a cela para, automaticamente, transmudar a falta média em grave pela desobediência. Da mesma forma, é tipificada como falta média a conduta de permanecer em local não autorizado. Nesta situação, caso o agente penitenciário emita ordem para deixar o local, a natureza média seria alterada para grave em virtude da ordem.

Outro motivo a justificar a revogação de falta grave consistente em desobediência é a dificuldade de prova da conduta. Trata-se de situação na qual, na maioria das vezes, a prova é constituída apenas pelas palavras do(s) agente(s) de segurança, sendo de grande dificuldade a produção de contraprova pelo reeducando, servindo, por vezes, como forma de abuso da condição de funcionário público.

A reforma legislativa, contudo, não impede que a desobediência seja tipificada como falta leve ou média, uma vez que a *obediência* continua a ser dever do preso, conforme dispõe o art. 39, II, da Lei de Execução Penal.

Não podemos concordar, entretanto, com a revogação das hipóteses de provocação de acidente de trabalho e inexecução do trabalho atribuído. Conforme já exposto no início do presente estudo, a execução da pena privativa de liberdade tem finalidade ressocializadora do condenado, cabendo ao Estado tomar as providências cabíveis para que o retorne ao convívio social com a menor probabilidade de reincidência possível, do contrário, a imposição da pena seria inútil. É sabido que o Direito Penal se vale de diversos mecanismos para evitar o encarceramento de pessoas responsáveis pela prática de infrações tidas como de menor magnitude, aplicando-se os institutos da composição civil, transação penal, suspensão condicional do processo, *sursis* penal e a substituição por penas restritivas de direitos. No entanto, uma vez que o cidadão ingressou na esfera da ilicitude penal a ponto de ser privado de sua liberdade, é mister considerar-se que tal indivíduo não se encontra apto à vida em sociedade, sendo função do Estado incutir-lhe os valores essenciais à plena fruição da vida em coletividade. E dentre os valores socialmente relevantes encontra-se justamente o do *trabalho*, o qual se encontra positivado no art. 1º da Constituição Federal como fundamento da República[10]. Adiante, em seu art. 170, afirma ser a ordem econômica fundada

---

[10] "Art. 1º A República Federativa do Brasil, formada pela união indissolúvel dos Estados e Municípios e do Distrito Federal, constitui-se em Estado Democrático

na valorização do trabalho; ao depois, já no art. 193, estabelece ter a ordem social, como base, o primado do trabalho.

O trabalho além de meio de subsistência, apto a evitar a reincidência com sua inclusão no mercado de trabalho, é também forma de disciplina do condenado, o qual deverá submeter-se a horários predeterminados, recebimento de ordens de superior hierárquico, convívio com os trabalhadores, divisão de tarefas, tempo de descanso etc. Tudo a propiciar seu retorno à vida social de forma honesta. Por esta razão deveria ser mantido não apenas o fomento à atividade laborativa, mas sua efetiva obrigatoriedade, não podendo o condenado esquivar-se das medidas estatais tendentes a prover sua ressocialização.

E nem diga ser vedado no Brasil o trabalho forçado, pois o que aqui se defende é o trabalho obrigatório, muito diverso daquele. Por trabalho forçado entende-se aquele praticado em condições indignas ou mediante castigos físicos, ou ainda o realizado sem remuneração[11]. O obrigatório, a seu turno, é aquele que decorre da situação de privação da liberdade do condenado, que deixa de exercer, temporariamente, parcela de seus direitos constitucionais, como a liberdade ambulatorial, os direitos políticos e a liberdade de escolha sobre algumas circunstâncias de seu cotidiano, o qual passa a ser regulado pela legislação penal e penitenciária.

Destaca-se, ainda, que as normas internacionais de direitos humanos caminham também para a obrigatoriedade do trabalho do recluso. Inicialmente, a Convenção Americana de Direitos Humanos, em seu art. 6º, item 3, *a*, dispõe não se considerar trabalho forçado aquele normalmente exigido da pessoa reclusa em cumprimento de sentença. As Regras de Mandela[12], por sua vez, na regra 97, item 1, dispõe que o trabalho não deve ser estressante, não devendo os presos ser mantidos em regime de escravidão ou servidão. Esclarece, ainda, na regra 96, que o trabalho deve ser suficiente para conservá-los ativos durante o dia, e deve ser de natureza que possibilite a capacitação para ganharem honestamente a vida quando em liberdade, devendo também ser proporcionado treinamento profissional útil aos reclusos (regra 98), além de serem empregados métodos de trabalho similares aos utilizados fora da unidade prisional, preparando o recluso para a vida profissional extramuros

---

de Direito e tem como fundamentos: (...) IV – os valores sociais do trabalho e da livre iniciativa".
[11] JUNQUEIRA, Gustavo; VANZOLINI, Patrícia. *Manual de Direito Penal*, p. 470.
[12] Regras Mínimas das Nações Unidas para o Tratamento de Presos de 1955, revisadas em 2015.

(regra 99). É nítida, destarte, a preocupação do direito internacional com ressocialização do indivíduo por meio de atividade laborativas, indispensáveis à autodisciplina e senso de responsabilidade.

Entendemos, portanto, que o projeto de lei ora em análise caminha na contramão do Direito Internacional, possibilitando ao condenado que permaneça ocioso durante o cumprimento da pena, sendo possível receber todos os benefícios da execução sem que demonstre merecimento para tanto. A proposta legislativa, então, reduz as probabilidades de reinserção social do condenado, dele exigindo, tão somente, uma conduta passiva no decorrer da execução, satisfazendo-se, a lei, com o fato de não participar de movimento de indisciplina, não fugir, não possuir objetos proibidos e não praticar fato previsto como crime. Satisfeitas tais condições, fará jus a todos os benefícios, sem qualquer esforço ressocializador, em nítida inércia.

Reafirmamos, então, nossa posição no sentido de ser mantido o trabalho como obrigatório durante a execução penal, de forma que sua inexecução deva ser tipificada como falta disciplinar de natureza grave. Ressalva-se, contudo, a situação do preso provisório, cuja situação jurídica é ainda indeterminada, motivo pelo qual deve sofrer menores restrições em seus direitos fundamentais, mantida a livre opção pelo trabalho.

Em idêntico raciocínio, também nos parece devesse o legislador incluir entre as faltas disciplinares a recusa do condenado, quando analfabeto, em participar de atividades educativas. Isto porque não apenas o trabalho, mas também a educação é indispensável à adequada ressocialização do indivíduo, sendo que, no mais das vezes, a alfabetização influencia diretamente nas aptidões laborativas do sujeito, facilitando sua reinserção no mercado de trabalho e consequente redução da probabilidade de reincidir.

Nesse sentido, a Regra 104 das Regras de Mandela estabelece ser compulsória a educação de jovens e analfabetos, devendo a administração prisional destinar especial atenção a isso. Ao analfabeto, então, deveria ser obrigatória, e não facultativa, a participação em atividades educacionais. Nesta hipótese, parece-nos adequado haver uma redução das horas de trabalho, evitando-se uma jornada exaustiva ao recluso.

A sugestão exposta é compatível com o ordenamento jurídico brasileiro, no qual já se admite a remição pelo estudo desde 2011 (art. 126 da LEP). Assim como trabalho e estudo podem remir dias de pena, é razoável que ambos também possam ser utilizados para caracterização de falta disciplinar quando houver recusa pelo preso em participar das atividades que lhe sejam exigidas.

Feitas tais digressões, voltemos aos incisos IV e VI do art. 50 da Lei de Execução Penal. Caso sejam definitivamente revogados tais incisos, estaremos diante de *novatio legis in mellius*, cujos efeitos retroagirão a todas as execuções em trâmite. Sobre o tema, remetemos o leitor à parte final do item 5 *infra* do presente artigo (Prescrição da falta disciplinar).

O projeto também altera o inciso V, fazendo-se incluir a expressão *injustificadamente* quanto ao descumprimento das condições do regime aberto. Eis mais uma situação na qual o legislador adotou o entendimento já fixado pela doutrina e jurisprudência[13] no sentido de que o descumprimento justificado não caracterizada falta grave. Assim, o reeducando que deixar de comparecer em juízo para informar suas atividades (art. 115, IV, da LEP) em virtude de um acidente automobilístico tem como justificada sua ausência, não tendo cometido qualquer falta. Da mesma forma, o condenado que se ausenta da cidade sem autorização judicial (art. 115, III, da LEP) devido ao falecimento de um ente próximo, também não pode ser considerado como faltoso.

No que tange ao inciso VII, entendemos tenha havido uma alteração positiva e outra negativa. Quanto à positiva, estendeu-se a abrangência da conduta, que passa a considerar falta grave não apenas a posse e fornecimento de aparelho telefônico, rádio ou similar, mas também a de seus componentes isoladamente. Tem-se o objetivo de punir também aquele que, para facilitar o ingresso e a ocultação do aparelho telefônico, o desmonta em diversas partes menores e, por si só, absolutamente ineficazes para a comunicação. Mais uma vez, o legislador se vale da jurisprudência para atualização do texto legal, posto já estar pacificado no Superior Tribunal de Justiça a punição por falta grave do reeducando que porta componente essencial de um aparelho telefônico[14].

---

[13] "Agravo de execução penal. Regime prisional aberto. Descumprimento injustificado das condições impostas. Regressão que se impõe. Regressão *per saltum*. Inviabilidade. Provimento. Tendo o condenado deixado de cumprir as condições que lhe foram impostas no regime aberto, sem motivo justificável, resta caracterizada a falta grave, impondo-se a regressão ao regime prisional mais severo" (TJMS, Agravo em Execução 0002276-87.2016.8.12.0016, 2ª Câm. Crim., Rel. Carlos Eduardo Contar, j. 08.05.2017).

[14] "Processual penal e execução penal. *Habeas corpus* substitutivo de recurso especial. Não cabimento. Porte de 'chip' telefônico. Falta grave. Perícia para atestar a funcionalidade do objeto. Prescindibilidade. Apreensão de outros componentes para permitir a comunicação. Desnecessidade. Precedentes. *Habeas corpus* não conhecido. I – A Terceira Seção desta Corte, seguindo entendimento firmado pela Primeira Turma do col. Pretório Excelso, firmou orientação no sentido de não admitir a impetração de habeas corpus em substituição ao recurso adequado, situação que implica o não conhecimento da impetração, ressalvados casos excepcionais em que, configurada flagrante ilegalidade apta a gerar constrangimento ilegal, seja recomendável a concessão da ordem de ofício. II – Segundo

Porém, o mesmo inciso VII limitou sua incidência ao regime fechado, afastando a falta grave quando a conduta for praticada no regime semiaberto. Concordamos com a desnecessidade de punição da posse de aparelho celular quando do regime aberto (seja em prisão albergue-domiciliar ou em casa do albergado), vez que referido regime pauta-se pela autodisciplina e pleno contato com a sociedade. Entretanto, não nos parece razoável afastar a incidência no regime intermediário, no qual a restrição de contato com o mundo externo ainda é fortemente presente. Entendemos, então, que a punição deveria alcançar tanto o regime fechado quanto o semiaberto.

Nos termos do § 2º do art. 50, caberá ao diretor do estabelecimento prisional destruir os aparelhos de telefonia, rádio ou similar, após relacioná-los e comunicar a ocorrência ao juízo da execução penal. Não se exige autorização judicial para que se proceda à destruição do material, ficando a critério do diretor a escolha do momento oportuno para tanto. É recomendável, no entanto, que antes de destruí-lo o diretor tome as providências necessárias ao início do procedimento disciplinar, fotografando e discriminando minuciosamente os objetos.

Por fim, foi inserido o inciso VIII, repetindo o que já constava do art. 52, considerando também como falta grave a prática de fato previsto como crime doloso. A prática de eventual contravenção penal ou crime culposo deverá ser classificada como falta leve ou média, a depender da legislação específica, conforme já exposto no item 3 *supra*.

5. DA PRESCRIÇÃO DA FALTA DISCIPLINAR

A redação originária da Lei de Execução Penal não traz qualquer disposição quanto à prescrição das faltas disciplinares, ficando a cargo da doutrina e jurisprudência proporem possíveis soluções no que concerne à extinção dos efeitos das faltas praticadas no decorrer da execução da pena. Embora seja unânime a necessidade de fixação de um prazo prescricional, posto que eventual *imprescritibilidade* seria incompatível com a finalidade

---

entendimento da Terceira Seção deste Tribunal Superior, a posse de aparelho celular, bem como de seus componentes essenciais, tais como 'chip', carregador ou bateria, isoladamente, constitui falta disciplinar de natureza grave após o advento da Lei n. 11.466/2007. III – Ademais, a jurisprudência deste Tribunal Superior é pacífica no sentido de ser prescindível, para a configuração da falta grave, a realização de perícia no aparelho telefônico ou nos componentes essenciais, dentre os quais o 'chip', a fim de demonstrar o funcionamento. *Habeas corpus* não conhecido" (STJ, HC 395.878/PR, 5ª T., Rel. Felix Fischer, j. 27.06.2017).

ressocializadora é certo não haver unanimidade quanto ao prazo a ser seguido pelos operadores do direito.

Embora parcela da jurisprudência opte pela incidência do menor prazo prescricional previsto no Código Penal, qual seja, dois anos, aplicável à extinção da punibilidade da pena de multa aplicada isoladamente, nos termos do art. 114, I[15], pacificou-se nos tribunais superiores a adoção por analogia do menor lapso temporal previsto para a prescrição das penas privativas de liberdade, ou seja, três anos, conforme art. 109, VI, do Código Penal[16].

Verifica-se, ainda, terceiro entendimento, encabeçado por Guilherme Nucci[17], segundo o qual se deve aplicar analogicamente o menor prazo previsto para a apuração das faltas administrativas praticadas por servidores públicos federais, adotando-se o lapso temporal de 180 dias a contar do conhecimento da conduta faltosa, conforme previsão do art. 142, III, da Lei 8.112/1990. Apesar de minoritário na jurisprudência, tal entendimento teve relevante papel no projeto de Lei em análise, constando expressamente do item 48 da Exposição de Motivos já ser admitida na jurisprudência a prescrição da falta disciplinar em 180 dias, sendo, então, acolhida pela reforma legislativa.

---

[15] "Agravo em execução. Prática de falta grave. Recurso da defesa. Preliminar. Prescrição. Inocorrência. Aplicação analógica do art. 114, do Código Penal, ante a ausência de norma específica. Na hipótese, não houve o transcurso do lapso prescricional de 02 (dois) anos entre a prática da falta grave e a r. decisão agravada. Preliminar rejeitada. (...)" (TJSP, Agravo em Execução Penal 9000965-95.2017.8.26.0269, 8ª Câm. Crim., Rel. Sérgio Ribas, j. 10.05.2018).

[16] "(...) As Turmas que compõem a Terceira Seção desta Corte firmaram o entendimento de que, em razão da ausência de legislação específica, a prescrição da pretensão de se apurar falta disciplinar, cometida no curso da execução penal, deve ser regulada, por analogia, pelo prazo do art. 109 do Código Penal, com a incidência do menor lapso previsto, atualmente de três anos, conforme dispõe o inciso VI do aludido artigo. 3. *In casu*, a falta grave foi cometida em 11/3/2012, tendo sido homologada pelo Juízo das Execuções Penais da Comarca do Rio de Janeiro/RJ somente no dia 19/6/2017. 4. A conduta foi praticada após a edição da Lei n. 12.234/2010, cujo menor lapso prescricional é de 3 anos, prazo já implementado na data da homologação da infração disciplinar. Existência, portanto, de constrangimento ilegal. 5. *Habeas corpus* não conhecido. Contudo, ordem concedida de ofício para declarar a prescrição da falta praticada pelo sentenciado e determinar, em consequência, que o Juízo das Execuções Criminais, sem levar em conta o cometimento da supramencionada infração disciplinar, promova a retificação dos cálculos da pena e analise o pedido de progressão de regime formulado em benefício do paciente" (STJ, HC 426.905/RJ, 5ª T., Rel. Reynaldo Soares da Fonseca, j. 27.02.2018).

[17] NUCCI, Guilherme. *Leis penais e processuais penais comentadas*, p. 246-248.

Portanto, o projeto de Lei supre a omissão existente e passa a prever, no art. 59, § 2º, que o procedimento apuratório deverá ser analisado pelo poder judiciário no prazo máximo de 180 dias a contar da data da falta ou da recaptura. Embora bastante relevante a evolução legislativa, algumas questões devem ser apresentadas.

Inicialmente, cabe destacar que o lapso prescricional é aplicável às faltas disciplinares de qualquer natureza, sejam graves, médias ou leves, prescrevendo todas no mesmo prazo, sem distinção, de forma que o Conselho Nacional de Política Criminal e Penitenciária não poderá especificar prazo prescricional diverso para as faltas leves e médias, cabendo-lhe apenas dispor sobre a tipicidade e respectivas sanções (art. 49). Neste ponto, parece-nos tenha o legislador perdido boa oportunidade para dar tratamento diverso às espécies de faltas disciplinares. Note-se que o gênero *falta disciplinar* abarca condutas das mais variadas intensidades, podendo variar desde uma simples recusa a deixar a cela até um homicídio praticado contra outro reeducando. Não nos parece razoável sejam ambas equiparadas para fins de determinação do prazo prescricional, assim como não o são quanto às consequências da conduta. Ora, algumas condutas faltosas demandam mais minuciosa apuração, de forma que, enquanto seis meses pode ser período demasiado longo para a apuração de uma desobediência, de outra banda, pode ser demasiado curto para o encerramento do procedimento administrativo relativa a um homicídio ou rebelião.

No entanto, não sendo mais a lei omissa, não há margens para a integração por analogia, de modo que, independentemente da espécie, deve-se fazer incidir o prazo de 180 dias para a homologação judicial da falta disciplinar.

Outro ponto a ser analisado é a inexistência de causa interruptiva do prazo prescricional, o qual correrá ininterruptamente desde a data da conduta até a prolação de decisão judicial. Assim, diferentemente do quanto ocorre no Estatuto dos servidores federais (art. 142, § 3º, da Lei 8.112/1990), a portaria de instauração do procedimento administrativo não interrompe a prescrição da falta. Destaca-se que o termo inicial do cômputo é a data da conduta e não do seu conhecimento pelos agentes de segurança penitenciária. Exemplifica-se. Suponha-se que em 10.01.2018 foram danificadas as dependências do refeitório do estabelecimento prisional sem que se lograsse, de imediato, identificar os responsáveis, sendo necessária a observação das câmeras de segurança, às quais apenas se teve acesso em 10.03.2018, data na qual se identificou os detentos infratores. O termo inicial do prazo prescricional deve ser o dia 10.01.2018, sendo irrelevante a data do conhecimento da autoria. Na hipótese apresentada, então, a autoridade judicial deverá proferir sua decisão até 09.07.2018 – tratando-se de prazo de direito penal material, inclui-se o dia de começo (art. 10 do Código Penal).

Fica ressalvada, entretanto, a hipótese de conduta permanente, para as quais se deve iniciar o cômputo do prazo prescricional do dia do fim da permanência que, em regra, corresponde à tomada de conhecimento dos fatos pelos agentes penitenciários. Suponha-se que no dia 10.01.2018 a esposa de um recluso logrou adentrar o estabelecimento prisional trazendo consigo porções de maconha, tendo entregue o entorpecente a seu companheiro. Tão somente em 10.03.2018, durante revista na cela na qual reside do sujeito, foi a droga encontrada e apreendida pelos funcionários de segurança do presídio. Embora a consumação tenha se iniciado em janeiro, esta perdurou no tempo até março, motivo pelo qual o prazo prescricional deve ser contado a partir da cessação da situação de permanência.

Conquanto inexiste marco interruptivo da prescrição, verifica-se uma hipótese de suspensão do prazo prescricional: a fuga do reeducando. Trata-se, aqui, de mais uma situação na qual o legislador positivou entendimento jurisprudencial sobre a matéria[18]. Tendo o recluso obtido êxito em fugir do estabelecimento penitenciário, o prazo prescricional da falta grave ficará suspenso até sua recaptura, data na qual voltará a correr. Caminhou bem o legislador ao fazer expressa previsão à data da recaptura como termo inicial do lapso prescricional, vez não haver sentido em se proceder à instauração de processo administrativo para apuração da conduta de indivíduo que não mais se encontra sob custódia estatal e cuja recaptura é incerta. Ademais, vale lembrar que enquanto perdurar a situação de foragido, estará correndo em seu favor a prescrição da pretensão executória (art. 113 do Código Penal).

---

[18] "*Habeas corpus* substitutivo de recurso. Descabimento. Execução penal. Fuga. Falta grave. Apuração. Prazo prescricional. Aplicação das normas previstas no Código Penal. Constrangimento ilegal não evidenciado. *Writ* não conhecido. 1. Em consonância com a orientação jurisprudencial da Primeira Turma do Supremo Tribunal Federal – STF, esta Corte não admite habeas corpus substitutivo de recurso próprio, sem prejuízo da concessão da ordem, de ofício, se existir flagrante ilegalidade na liberdade de locomoção do paciente. 2. O Superior Tribunal de Justiça reconhece a aplicação, por analogia, do prazo prescricional previsto no art. 109, inciso VI, do Código Penal, para apuração das faltas graves praticadas no curso da execução penal. Desde a publicação da Lei n. 12.234, de 5/5/10, o prazo para que a infração disciplinar seja apurada e homologada em Juízo é de 3 anos, a contar do cometimento da referida falta disciplinar. 3. Consoante entendimento desta Corte, o marco inicial da prescrição para apuração da falta grave, no caso de fuga, é o dia da recaptura do foragido, uma vez que se trata de infração permanente. Precedente. *Habeas corpus* não conhecido" (STJ, HC 403.398/RS, 5ª T., Rel. Joel Ilan Paciornik, j. 27.02.2018).

No que tange à decisão judicial relativa à falta grave, o legislador optou por técnica diversa daquela empregada quanto à sentença. Enquanto a prescrição punitiva é interrompida apenas com a sentença condenatória, excluída a absolutória, durante a execução penal tem-se por irrelevante a natureza da decisão, ou seja, se homologatória, ou não, da falta grave. O legislador, aqui, valeu-se da expressão "for submetido à análise judicial", afastando a necessidade de ser a decisão desfavorável ao reeducando. Destarte, tanto a decisão que reconhece a falta grave quanto aquela que entende pela inexistência da infração são aptas a encerrar o cômputo da prescrição. Note-se não se tratar de interrupção do prazo prescricional, mas de verdadeiro encerramento deste, uma vez que não voltará a correr em seguida.

O prazo de 180 dias se refere à *primeira análise judicial*, não existindo prazo, por exemplo, para apreciação de eventual recurso de agravo em execução. Ainda que a decisão não reconheça a falta disciplinar, havendo interposição de recurso pelo Ministério Público, não mais se deve perquirir quanto a possível prescrição. Tal raciocínio mostra-se compatível com o procedimento complexo e híbrido que é a execução penal, reunindo atos próprios do Poder Executivo e do Judiciário, no qual o segundo atua como fiscal do primeiro. Por esta razão, o prazo prescricional é computado apenas até a decisão de primeira instância, não se havendo falar em prescrição intercorrente da falta disciplinar.

Por fim, cabe ressaltar que a alteração legislativa configura *novatio legis in mellius*, devendo retroagir seus efeitos a todas as execuções ainda em curso, ainda que já transitado em julgado as decisões relativas às faltas disciplinares, nos termos do art. 2º do Código Penal. Tal consideração poderá acarretar elevado volume de pedidos perante as Varas de Execuções Penais, uma vez que será possível revisitar todos os incidentes de falta grave nos quais transcorreu lapso superior a 180 dias entre a data dos fatos e a prolação de decisão judicial. As consequências do reconhecimento da prescrição das faltas disciplinares pretéritas podem gerar relevante alteração na situação jurídica dos reeducando, tanto no que tange ao requisito objetivo quanto ao subjetivo.

O sujeito que teve seu pedido de progressão indeferido com fundamento na Súmula 534 do Superior Tribunal de Justiça[19] poderá requer a exclusão da anotação faltosa de seu prontuário com o consequente cumprimento do requisito temporal. Na mesma forma, o indivíduo cujo pedido foi indeferido

---

[19] STJ, Súmula 534: "A prática de falta grave interrompe a contagem do prazo para a progressão de regime de cumprimento de pena, o qual se reinicia a partir do cometimento dessa infração".

por ausência de bom comportamento carcerário, baseado no negativo histórico prisional, terá direito à reavaliação do requisito subjetivo, podendo obter êxito na progressão.

Em verdade, a reavaliação do requisito subjetivo será possível não apenas para fins de progressão, mas também para outros benefícios da execução, tais como o livramento condicional, saída temporária, indulto e comutação, posto que para estes a falta disciplinar não reinicia o cômputo temporal, mas tão somente repercute na avaliação do mérito do condenado[20]. Será admissível, em tese, que o reeducando logre excluir todas as anotações faltosas de seu histórico carcerário, passando a ser considerado como de bom comportamento, com uma autêntica limpeza de seu boletim informativo.

Destarte, as repercussões práticas da alteração legislativa serão deveras significativas, com possibilidade concreta de progressão imediata de diversos reeducandos tidos, até então, como de conduta insatisfatória. Fica, no entanto, ressalvada a hipótese de progressão por salto, pois, ainda que apagado um grande número de faltas disciplinares, sem as quais o condenado já poderia ter progredido por duas vezes, o magistrado deve levar em consideração a necessidade de reinserção gradual, exigindo-se a passagem pelo regime intermediário antes de atingir o regime aberto[21].

6. CONCLUSÕES

Além das conclusões apontadas no decorrer do texto quanto a aspectos redacionais do projeto de lei e suas respectivas consequências jurídicas, tais como a revogação e criação de determinadas faltas disciplinares, a competência legislativa e o prazo prescricional, gostaríamos de destacar a relevância da atuação estatal no que tange à ingerência sobre a vida do condenado.

O chamado *programa mínimo*, ao conferir uma simples faculdade ao recluso de optar por uma agenda ressocializadora nos parece utópico. Ora, o indivíduo é inserido no cárcere justamente por se encontrarem deturpados seus valores sociais e morais, de forma não soar crível que este sujeito escolha, voluntariamente, regenerar-se. A tendência é, portanto, que dê preferência ao ócio e ao convívio indisciplinado com os demais detentos. Há, assim,

---

[20] STJ, Súmula 441: "A falta grave não interrompe o prazo para obtenção de livramento condicional". STJ, Súmula 535: "A prática de falta grave não interrompe o prazo para fim de comutação de pena ou indulto".

[21] STJ, Súmula 491: "É inadmissível a chamada progressão *per saltum* de regime prisional".

elevada probabilidade de ineficácia da pena privativa de liberdade enquanto finalidade ressocializadora.

O programa máximo, por sua vez, ao estabelecer uma obrigatoriedade de agenda ao condenado, maximiza as possibilidades de ressocialização do indivíduo, cumprindo, dentro do possível, a finalidade de prevenção especial positiva. Alega-se, em contrapartida, que a imposição, pelo Estado, de valores e padrões sociais feriria a liberdade de formação de sua personalidade, não podendo a pena servir para imiscuir-se na íntima convicção de cada indivíduo. A crítica, porém, não convence. Isto porque não existem políticas públicas axiologicamente neutras, a própria educação formal, seja primária, ginasial ou universitária, traz em si carga ideológica. As políticas de combate à intolerância, a proteção sexual da mulher e da criança, as ações afirmativas, as campanhas contra o consumo de drogas, todas, sem exceção, possuem fundamento axiológico – em regra, condizente com os valores majoritariamente aceitos pela coletividade.

Outrossim, cabe destacar que segundo a doutrina dos direitos fundamentais, não existem direitos absolutos, de forma que o direito à autoformação da personalidade encontra limitação na conduta ofensiva aos bens jurídicos alheios. O grau de liberdade do indivíduo pode variar de acordo com sua conduta social. O indivíduo que, embora não reconheça como válidos alguns valores sociais, não atue de modo a atacar bens jurídicos alheios, mantém integralmente a liberdade de formação da personalidade. Contudo, o sujeito que viola a esfera de direitos de terceiro passa ter por mitigada sua liberdade, tanto a ambulatorial quanto a livre escolha.

Atua, aqui, o programa máximo ressocializador, incutindo no detento os valores necessários à vida social, sem que volte a atacar terceiros, prevenindo, assim, a reincidência.

Por tais razões, entendemos não tenha o projeto de lei em análise optado pela solução mais adequada quanto à revogação da falta disciplinar consistente na inexecução do trabalho, posto que esse, assim como a educação, são valores indispensável à redução da probabilidade de reincidência.

REFERÊNCIAS

ALMEIDA FILHO, Amaro Alves. *A pena como assunto penitenciário.* São Paulo: RT, 2012. (Coleção Doutrinas Essenciais de Processo, v. 6)

ANCEL, Marc. *A nova defesa social.* Rio de Janeiro: Forense, 1971.

BITENCOURT, Cezar Roberto. *Falência da pena de prisão.* São Paulo: Saraiva, 2004.

_____. *Tratado de direito penal.* São Paulo: Saraiva, 2013. v. 1.

BRITO, Alexis Couto de. *Execução penal*. São Paulo: RT, 2013.

CARVALHO, Américo A. Taipa de. *Sucessão de leis penais*. Coimbra: Coimbra Editora, 2008.

DOTTI, René Ariel. *Curso de direito penal* – parte geral. São Paulo: RT, 2013.

FERRI, Enrico. *Princípios de direito criminal*. Campinas: Bookseller, 2003.

_____. *Sociología criminal*. Madri: Centro Editorial de Góngora. t. II.

GOMES, Geder Luiz Rocha. *A substituição da prisão*. Salvador: JusPodivm, 2008.

JESCHECK, Hans-Heinrich; WEIGEND, Thomas. *Tratado de derecho penal* – parte general. Trad. Miguel Olmedo Cardenete. 5. ed. Espanha: Editorial Comares.

JUNQUEIRA, Gustavo Octaviano Diniz. *Liberdade, culpabilidade e individualização da pena*. TD. PUC/SP, 2009.

_____; Vanzolini, Patrícia. *Manual de direito penal*. São Paulo: Saraiva, 2013.

MARCÃO, Renato. *Curso de execução penal*. São Paulo: Saraiva, 2017.

MARQUES, Oswaldo Henrique Duek. *Fundamentos da pena*. São Paulo: Martins Fontes, 2008.

NUCCI, Guilherme de Souza. *Código Penal comentado*. Rio de Janeiro: Forense, 2017.

_____. *Curso de execução penal*. Rio de Janeiro: Forense, 2018.

_____. *Leis penais e processuais penais comentadas*. Rio de Janeiro: Forense, 2017. v. 2.

PACHECO, Alcides Marques Porto. *Análise crítica do (des)controle normativo-judicial sobre a atividade administrativa nas prisões federais*. São Paulo: RT, 2012. (Coleção Doutrinas Essenciais de Processo, v. 6)

PIERANGELI, José Henrique; ZAFFARONI, Eugenio Raúl. *Manual de direito penal brasileiro*. Parte geral. São Paulo: RT, 2008.

ROXIN, Claus. *Derecho penal*. Parte general. 2. ed. Espanha: Civitas Ediciones. t. I.

_____. *Problemas fundamentais de direito penal*. Portugal: Vega, 2004.

SALVADOR NETTO, Alamiro Velludo. *Finalidades da pena*. São Paulo: Quartier Latin, 2009.

VANZOLINI, Patrícia; JUNQUEIRA, Gustavo Octaviano Diniz. *Manual de direito penal*. São Paulo: Saraiva, 2013.

WEIGEND, Thomas; JESCHECK, Hans-Heinrich. *Tratado de derecho penal* – parte general. Trad. Miguel Olmedo Cardenete. 5. ed. Espanha: Editorial Comares.

ZAFFARONI, Eugenio Raúl; PIERANGELI, José Henrique. *Manual de direito penal brasileiro*. Parte geral. São Paulo: RT, 2008.

7

ÓRGÃOS DE EXECUÇÃO PENAL E REALIDADE CARCERÁRIA BRASILEIRA: OS ATORES DE EXECUÇÃO PENAL NA LEGISLAÇÃO VIGENTE E NO PROJETO DE LEI 9.054/2017

Sean Hendrikus Kompier Abib
Mestrando em Direito Penal pela PUC-SP. Advogado criminal.

Resumo: O cotidiano carcerário brasileiro tem se demonstrado mais caótico e indigno aos internos conforme se passa o tempo. Rebeliões, desestruturação, formação de organizações criminosas no seu interior, criam um ciclo onde os apenados saem do sistema carcerário mais dessocializados que no momento do ingresso. Infere-se, portanto, a imperiosidade de urgentes e inadiáveis mudanças na execução penal brasileira como um todo. Nesse ínterim, serão analisadas, de forma descritiva, analítica e sugestiva, as incumbências legais dos órgãos de Execução Penal, a fim de se estabelecer as atribuições legais de cada instituição. Como alternativa ao quadro, proporemos algumas modificações estruturais na CRFB/1988 como a alteração do modelo de definição de regime de cumprimento de pena, como a defesa ao abandono do rol objetivo do art. 33 do Código Penal e a criação de tipo penal cuja tutela recaia sobre violações a Direitos Humanos. A pesquisa seguira o modelo dedutivo de análise e as fontes serão exclusivamente documentais.

Palavras-chave: Prisão caótica. Rebeliões. Prisioneiros. Execução penal. Constituição.

Abstract: Brazilian daily prison has been more chaotic for the inmates as time passes. Rebellions, disorganization, and the formation of criminal organizations inside jails creates a cycle which the convicts leaves the prison system more dangerous than now of entry. Therefore, the changes in the execution of the Brazilian criminal sentences is inferred. In hence of this issue, the research will analyze, in a descriptive, analytical and suggestive manner, the legal tasks of the Criminal Enforcement institutions. As an alternative to the table, we will propose some structural changes in the CRFB/1988 as the alteration of the model of definition of regime of compliance with punishment, with defense to abandon the objective role of article 33 of the Brazilian Penal Code and also creating a felony with criminalizes violations of human right. The research will follow the deductive model of analysis and the sources will be exclusively documentary.

Keywords: Chaotic prision. Rebellions. Prisioners. Criminal execution. Constitution.

Sumário: 1. Considerações iniciais – 2. Constituição e execução penal: a necessária imbricação – 3. Os órgãos de execução penal: breve análise da Lei 7.210/1984 e o Projeto de Lei 9.054/2017: 3.1 O regramento normativo – 4. Classificação relevante aos órgãos de execução da pena: os órgãos coordenativo-fiscalizatórios e executivo-fiscalizatórios – 5. Projeto de Lei 9.054/2017 – 6. Propostas alternativas – 7. Considerações finais – Referências.

1. CONSIDERAÇÕES INICIAIS

O presente capítulo tratará sobre os órgãos de execução penal num contexto holístico. Em vista disso, a análise não será confinada estritamente à incumbência legal estabelecida na LEP, mas também a vindicação constitucional deste na sistemática da execução penal.

Para isso, iniciaremos a pesquisa com uma distinção essencial a toda a temática. Buscaremos delimitar porque a melhor denominação aos mesmos é de *ator de execução penal* em detrimento da usual nominação de *agente de execução penal*. Essa primeira distinção servirá como baliza para toda construção epistemológica da pesquisa, vez que permitirá demonstrar o substrato do qual é composto o agir destas instituições.

Estabelecida esta distinção, passaremos então à análise dogmática. Em primeiro plano, faremos uma análise de cada órgão de execução penal previsto no art. 61 da LEP. Consignada a fase analítica, passaremos, então, a esposar uma classificação que nos autoriza a compreender, dentro da ideia de serem os órgãos de execução *atores da execução penal*, quais seriam seus papeis primordiais.

A classificação se subdividirá em órgãos de natureza *executivo-fiscalizatório* e *coordenativo-fiscalizatório*. Enquanto a primeira nomenclatura deve ser entendida como os "obreiros da execução penal", os segundos seriam os "vigilantes da execução penal", cuja função axiológica de cada um decorre da posição referencial ante a casuística.

Após essa classificação, faremos análise do projeto de Lei 9.054/2017, o qual promove alteração no diploma legal sob estudo. Consignaremos as alterações de maior relevo como também apontaremos suas omissões, falhas e ambições que, na nossa opinião, pouco contribuem para a solução do quadro real da execução penal brasileira.

Como conclusão, faremos duas propostas consideradas elementares para ampliar o debate relativo à execução penal. A primeira seria a criação dum tipo penal incriminador de condutas de atores públicos que violem direitos humanos de quaisquer cidadãos, em especial aqueles reclusos em estabelecimentos públicos ou omitam-se de reportar ou impedir violações destes. A outra seria a eliminação do rol taxativo imposto pelo art. 33 do Código penal, permitindo que o Juízo da Execução, após manifestação das partes, defina o regime inicial de cumprimento de pena.

2. CONSTITUIÇÃO E EXECUÇÃO PENAL: A NECESSÁRIA IMBRICAÇÃO

A desenvoltura entre Constituição e demais diplomas legais é de sapiência comum a todos juristas insertos no sistema constitucional e, portanto, dispensa-se aprofundamento referente à questão. Doravante, parece-nos imperioso demonstrar o sentido substantivo que a Lei assume, mormente sua razão histórica ao longo do curso civilizacional, para melhor demonstração do equívoco da terminologia "agentes de execução penal".

Vale destacar, *prima facie*, que a pena, em si, apresenta-se como exercício de poder com destaque no curso da História Humana. São diversos os relatos de exercícios ritualísticos onde o apenado se transformara em objeto central duma catarse coletiva.

Exemplo dessa objetificação reside na descrição minuciosa feita por Michel Foucault logo nas primeiras páginas da obra *Vigiar e Punir*[1-2]. Outro bom exemplo é o narrado por François Voltaire quando da condenação de Jean Calais por supostamente assassinar seu filho, quando na verdade o filho teria se suicidado[3].

---

[1] Cf. FOCAULT, Michel. *Vigiar e punir*: nascimento da prisão. Trad. Raquel Ramalhete. 39. ed. Petrópolis: Vozes, 2011. p. 9 e ss.

[2] A despeito do conhecimento desta pesquisa sobre a crítica feita pela obra foucaltiana a pena e aos presídios no contexto pós-iluminista, a presente pesquisa não debruçara esforços acerca dos fundamentos da concepção do filósofo francês acerca do tema, servindo-se da passagem narrada na obra como mero dado histórico de relevo para construção desta pesquisa.

[3] VOLTAIRE, FRANÇOIS. *Tratado sobre a tolerância*. Trad. Antonio Geraldo da Silva. São Paulo: Escala. p. 20. (Coleção Grandes Obras do Pensamento Universal).

Nestes casos, o detentor da prerrogativa de punir agia livremente para sancionar o indivíduo, extraindo deste ato as máximas pretensões coletivas possíveis.

O apogeu iluminista, no entanto, promoveu um giro nesta perspectiva. A proposta renascentista de centralização e dimensionamento do homem como medida de todas as coisas e saberes ganhou *status* de postulado inquestionável. E ganharia maior relevo com o pensamento kantiano. Na obra *Fundamento da Metafísica dos Costumes*, o filósofo prussiano define *pessoa* como aquele sujeito racional capaz de ser submetido a leis morais[4].

O contorno do indivíduo e seu centro ante a ingerência do Estado passaram a ser, sem quaisquer dúvidas, o grande legado do Iluminismo. O instrumental público de extrair do apenado ou apenada as maiores aflições e, por consequência, as maiores utilidades ao coletivo, sucumbe ante a um contorno impermeável da qual assume o cidadão enquanto não apenas um mero ser vivo, mas também ser de direitos e garantias individuais.

A legalidade assume, pois bem, um papel essencial no ordenamento jurídico. Passa a ditar o agir absoluto do Estado, obstando-o de tomar atitudes baseadas no bom senso ou sentido de justo das autoridades. As autoridades, por sua vez, passam a ser dispostas após confecção de um procedimento democrático. A lei assume, nesse tempo jurídico, uma posição meramente formal.

Porém, o choque de tensão provocado pelas grandes Guerras e a ascensão dos regimes nazista, fascista e soviético, tornaram complexa a equação, até antes simplória na teoria. Com propostas de racionalização do progresso e coletivização absoluta das proposituras nacionais aos cidadãos, criaram-se máquinas estatais de genocídio e escravidão popular.

A corrosão desses princípios individuais ante um projeto coletivista foi alvo de intensa denúncia do economista austríaco Friedrich August Von Hayek. Em *Os Caminhos da Servidão*, Hayek expôs a erosão desses valores diante do que se nominaria de "Contra Renascença", demonstrando como o

---

[4] Dizia Kant que: "Uma pessoa é um sujeito cujas ações lhe podem ser imputadas. A *personalidade moral* não é, portanto, mais do que a liberdade de um ser racional submetido a leis morais (enquanto personalidade psicológica é meramente a faculdade de estar consciente da própria identidade em distintas condições da própria existência). Disto resulta que uma pessoa não está sujeita a outras leis senão àquelas que atribui a si mesma (ou isoladamente ou, ao menos, juntamente com outros)" (*Fundamento da metafísica dos costumes*. Trad. Edson Bini. Bauru: Edipro, 2003. p. 66).

projeto de Estado nazista ambicionou em desconstituir a ideia de individualidade[5] dos cidadãos e cidadãs alemãs.

A experiência do pós-guerra, portanto, ilustrou um ponto ainda mais relevante na questão tratada. A nível pragmático, seria imperioso estruturar modelos de Estado cuja proteção aos direitos fundamentais seria a concepção e legitimidade primeira deste. Não bastava mais que a lei assumisse a diretriz de apontar as autoridades, somente. Deveria a lei limitar a amplitude de atuação deles.

A essência dessa girada de perspectiva é impedir que agentes públicos, formalmente estabelecidos, detivessem faculdades suficientes para se virar contra quaisquer cidadãos ou grupos capazes de serem considerados "inimigos populares". Ainda no contexto do pós-guerra, vale a menção de o regime nazista primeiro ter perseguido grupos considerados inimigos populares, como prostitutas, vadios e alcoólatras, contando com amplo apoio popular[6].

---

[5] Diz Hayek: "Estamos rapidamente abandonando não só as ideias de Cobden e Bright, de Adam Smith e Hume, ou mesmo de Locke e Milton, mas também uma das características mais importantes da civilização ocidental que evoluiu a partir dos fundamentos lançados pelo cristianismo e pelos gregos e romanos. Renunciamos progressivamente não só ao liberalismo dos séculos XVIII e XIX, mas ao individualismo essencial que herdamos de Erasmo e Montagne, de Cícero e Tácito, de Péricles e Tucídides. *O líder nazista que definiu a revolução nacional socialista como uma contra-Renascença estava mais próximo da verdade do que provavelmente imaginava. Ela representou a etapa final da destruição da civilização construída pelo homem moderno a partir da Renascença e que era, acima de tudo, uma civilização individualista*" (*O caminho da servidão*. Trad. Anna Maria Capovilla, José Ítalo Stelle e Liane de Morais Ribeiro. 6. ed. São Paulo: Instituto Ludwig Von Mises, 2010. p. 39 – grifo nosso).

[6] No capítulo "Os marginais sociais e a consolidação da Ditadura de Hitler", escrito para o livro *A construção social dos regimes autoritários – Europa*, o autor delimita a ideia da seletividade dos sujeitos penais da qual o regime nazista se serviu para os grupos minoritários na Alemanha: "Dada a importância que Hitler atribuía à opinião popular, não surpreende que começasse por isolar indivíduos e grupos já odiados ou temidos. O primeiro alvo e o mais óbvio era o KPD e as ações contra seus militantes foram amplamente aplaudidas por uma nação de proprietários. Os primeiros campos de concentração foram criados a partir de março de 1933 e saudados pela imprensa como lugares para onde mandar comunistas. Eles e outros 'inimigos do povo' seriam mantidos em campos de estilo militar até ver o erro de seu comportamento (ROLLEMBEREG; QUADRAT, *A construção dos regimes autoritários*, 2010)".

Nas palavras de Luigi Ferrajoli, seria necessário compor uma *semente antifascista* nas democracias ocidentais[7]. A cirúrgica definição de Ferrajoli permite compreensão que os direitos fundamentais passam a formar um elemento central a todos os Estados adotantes de Constituições. Ganha vigor a figura do *Constitucionalismo*. Essa concepção jurídica reconhece na Constituição o início e o fim do Direito posto e vigente. Georges Abboud, ao tratar da questão, coloca que fora das instituições democráticas tudo se transforma em força[8].

A Constituição passa a ser o pressuposto maior de qualquer aparato público brasileiro. E o mesmo ocorre na Execução Penal. Todos os órgãos incumbidos de participar da execução penal devem cumprir, *em caráter ortodoxo*, os princípios constitucionais atinentes à execução penal. A doutrina de Direito Constitucional define essa aplicação absoluta do diploma constitucional como *princípio da supremacia constitucional*[9].

---

[7] Aponta Ferrajoli: "Foi propriamente por causa dessas trágicas experiências que se produziu na Europa, logo após a Segunda Guerra Mundial, uma mudança de paradigma tanto do direito quanto da democracia por intermédio da constitucionalização daquele e desta. Essa mudança constituiu na sujeição da inteira produção do direito, incluída legislação, a normas constitucionais rigidamente sobrepostas a todos os poderes normativos e, portanto, em um complemento do modelo paleopositivista do Estado de Direito" (*Poderes selvagens*: a crise da democracia italiana. Trad. Alexander Araújo de Souza, São Paulo: Saraiva, 2014. p. 20).

[8] Diz Abbouds: "O constitucionalismo, mediante uma perspectiva histórica, nos ensinou que fora das instituições democráticas tudo se transforma em força, daí o direito ter ensinado que é muito perigoso confundir legitimidade com vontade da maioria – para tanto nem é preciso recorrer à analogia de Cristo, basta lembrarmos as razões pelas quais os direitos fundamentais são caracterizados como trunfos contra a maioria. Em termos sintéticos, fora das instituições traçadas pelo Constitucionalismo, a única alternativa é a barbárie, independentemente da ideologia e cor escolhida" (*Processo constitucional brasileiro*. 2. ed. rev., atual. e ampl. São Paulo: Thomson Reuters Brasil, 2018. p. 58).

[9] Quem bem define esse princípio é Ingo Wolfgang Sarlet, o qual dita: O princípio da supremacia da Constituição significa que a Constituição e, em especial, os direitos fundamentais nela consagrados situam-se no topo da hierarquia do sistema normativo, de tal sorte que todos os atos normativos, assim como os atos do Poder Executivo e do Poder Judiciário (mas também e de certo modo qualquer ato jurídico), devem ter como critério de medida a constituição e os direitos fundamentais. Por outro lado, há que ter em mente que a supremacia da constituição não se esgota na hierarquia das normas jurídicas, mas também diz respeito à arquitetura institucional, ou seja, à relação entre órgãos constitucionais,

Não há espaço para se afastar fundamentos constitucionais no curso de atuação dos atores da execução penal. Significa dizer, antes de qualquer coisa, que as premissas constitucionais e legais são o primeiro norte e a última saída para os envolvidos na execução penal.

Por entendermos que a Legalidade possui uma dupla dimensão, tanto na forma quanto em sentido substantivo, compreendemos equivocada o uso da terminologia "agente de execução penal". Inclusive, se percebe como usual o emprego da terminologia "agente", tanto na doutrina de Direito Administrativo[10] como na própria Constituição Republicana de 1988 (conforme art. 37, § 6º). No entanto, dada a vinculação de todo o ordenamento jurídico à Constituição[11] e a vinculação desta a uma tradição histórica e jurídica, parece-nos que o termo correto a ser empregado é "ator" à revelia de "agente".

A ideia de *agente*, em nossa compreensão, guarda uma relação de reserva cognitiva no agir. Em algum momento, estará livre para agir conforme entende melhor, podendo, se pragmático por demais for, abandonar a legalidade em prol do cumprimento de sua pretensão cognitivo-pessoal.

O *ator*, por sua vez, possui condutas previamente delimitadas por aquele que o constitui, recebendo um papel a executar da melhor forma possível. A distinção qualitativa dum ator para outro está em como um deles executa o papel conferido, sem jamais extravasar dos limites prescritivos de sua conduta. Um ator que extravasa o papel predefinido fere seu próprio ofício, manifestando-se incapaz de seguir as funções preestabelecidas para tal.

Ao se vincular a atuação dos órgãos de execução penal à Constituição, o dever dos envolvidos estará sempre predeterminado pela Lei Maior e legislações subjacentes. Por conta disso, entendemos que a Constituição e a Lei infraconstitucional retiram quaisquer liberdades de agir dos entes envolvidos na Execução Penal. Noutras palavras, a Constituição sequestra dos atores

---

pois a supremacia constitucional implica o caráter secundário (dependente e subordinado) da legislação e legislador" (SARLET, Ingo Wolfgang; MARINONI, Luiz Guilherme; MITIDIERO, Daniel. *Curso de direito constitucional*. 6. ed. São Paulo: Saraiva, 2017. p. 224 e ss.).

[10] Como exemplo, tem-se de ver DI PIETRO, Maria Sylvia Zanella. *Direito administrativo*. 26. ed. São Paulo: Atlas, 2013.

[11] Outros autores que, em perspectivas distintas, atestam a mesma imbricação, são Hans Kelsen e Lenio Streck nas obras homônimas "Jurisdição Constitucional" (KELSEN, Hans. *Jurisdição constitucional*. Trad. Alexandre Krug. São Paulo: Martins Fontes, 2003; STRECK, Lenio. *Jurisdição constitucional*. 4. ed. Rio de Janeiro: Forense, 2017).

públicos a discricionariedade, sendo a própria Constituição o início e fim de quaisquer atos públicos, sejam administrativos ou judiciais.

Por isso, serviremo-nos exclusivamente da denominação "atores de execução penal" em detrimento da usual "agente de execução penal", atribuindo-se ao termo "órgão de execução penal" a mesma carga valorativa servida na primeira.

Passamos agora à análise da legislação ordinária.

3. OS ÓRGÃOS DE EXECUÇÃO PENAL: BREVE ANÁLISE DA LEI 7.210/1984 E O PROJETO DE LEI 9.054/2017

Nesse tópico, como dito anteriormente, faremos uma análise meramente dogmática dos atores de execução penal. O objetivo não é simplesmente identificar os envolvidos, como também expor, nas formas mais claras, quais as fronteiras dos atores de execução penal.

Para alcançar o ambicionado, primeiro será pontuado como a Lei vigente estabelece os atores de execução penal, conforme o disposto na Lei 7.210/1984.

3.1 O regramento normativo

A Lei de Execuções Penais (doravante LEP) tem edição em 1984, momento em que a dogmática criminal passou por uma ampla modificação. Vale apenas colocar que nesta mesma época editava-se a Lei 7.209/1984, reformadora do Código Penal.

No ínterim destacado, os órgãos de execução penal passaram a ocupar lugar próprio na Lei 7.210/1984, grafados no *Título III*. Muito embora com local especial na LEP, não foram concedidos aos atores de execução penal muitos instrumentais de natureza principiológica, tornando-os ausentes de unidade programática por via da própria legislação.

De forma unânime, tem-se que uma das finalidades da pena é reintegrar o condenado. Com derivação da proposta utilitarista de Luigi Ferrajoli, a pena criminal brasileira, no campo hipotético, apenas se consagra quando considerada necessária. É a exposição de um dos axiomas do sistema garantista propostos pelo jurista italiano, o conhecido *nulla poena sine necessitate*. Na visão de Ferrajoli, a dignidade da pessoa humana é compreendida como limitação primeira da pena[12], incidindo quando considerada elementar.

---

[12] Balizado em forte acervo doutrinário, Ferrajoli delimita a ideia de necessidade de pena: "Por fim, a formulação legal da pena constituiu um pressuposto essencial

A consagração desta proposta não se dará, no entanto, sem que exista uma unidade coordenativa entre os atores da execução penal. E a ausência prescritivo-legal desta unidade faz com que a execução da pena criminal brasileira seja sempre na microperspectiva, fazendo os órgãos estarem ilhados um dos outros, dando a execução um caráter essencialmente atomista: vinculada ao caso concreto.

Por conta desse isolamento, foco da execução penal será na casuística, inexistindo quaisquer canais de comunicação entre os envolvidos. O Conselho Nacional de Política Criminal e Penitenciária, suposto órgão dotado de capacidade programática e planejadora, permanece ilhado aos magistrados, membros do Ministério Público, Defensoria e Departamentos Penitenciários, não tendo composto quaisquer formas legais para influenciar na atuação dos mesmos.

Retomando a análise dogmática, no art. 61 da Lei 7.210/1984, contempla-se rol com os atores públicos e privados da execução da pena. Segundo define a Lei de Execuções Penais (LEP), são eles: a) Conselho Nacional de Política Criminal e Penitenciária; b) juízo da execução; c) o Ministério Público; d) Conselho Penitenciário; e) Departamentos Penitenciários; f) Patronato e Conselho da Comunidade; g) Defensoria Pública, que serão pontualmente descritos a seguir.

a) Conselho Nacional de Política Criminal e Penitenciária

O Conselho Nacional de Política Criminal e Penitenciária tem atribuição maior para formulação de uma política criminal, contemplando três objetivos: prevenção do delito, administração da justiça criminal e execução das penas e das medidas de segurança (cf. art. 64, I, da LEP).

Acerca do conceito de *política criminal* adotado pela legislação, vale a consideração de Guilherme Nucci de que esta conceituação jurídica simboliza um modo crítico de se estudar o Direito Penal, expondo seus defeitos e manejando soluções alternativas[13].

---

também para sua minimização, conforme o critério, utilitarista e humanitário, expressado pela tese T12 *nulla poena sine necessitate*. Se os dois primeiros princípios respondem à pergunta 'quando castigar', este terceiro princípio constituiu a principal resposta, elementar e talvez um pouco sumária, dada pelo pensamento iluminista à pergunta 'como punir'. A pena – segundo a já aludida tese que une MONTESQUIEU, BECCARIA, ROMAGNOSI, BENTHAM e CARMIGNANI – deve ser 'necessária' e 'a mínima dentre as possíveis' em relação ao objetivo da prevenção de novos delitos" (*Direito e razão*. 2. ed. São Paulo: RT, 2006. p. 362).

[13] Aponta Nucci: "Quanto à Política Criminal, trata-se de um modelo de raciocinar e estudar o Direito Penal, fazendo-o de modo crítico, voltando ao direito posto,

Compor uma entidade concentradora da possibilidade de dizer o Direito é de enorme relevo para a instrumental penal brasileira. No entanto, sua forma de composição *acaba* sendo um forte entrave para o cumprimento das proposituras institucionais. Sua composição se dá por treze integrantes oriundos do ambiente acadêmico, com especial enfoque nos estudiosos do Direito Penal, Processual Penal, Penitenciário e Ciências correlatas, assim como representantes comunitários e dos Ministérios das áreas sociais, todos sob escolha do Ministro da Justiça (art. 63 da LEP).

A discricionariedade no tocante aos integrantes[14] acaba conformando o Conselho Nacional de Política Criminal e Penitenciária numa espécie de grupo de estudos sobre execução penal do Governo Federal e, assim sendo, não raro, deixa-se de enfrentar pautas indesejadas ao Palácio do Planalto. Ao discorrer sobre o órgão, assevera Nucci que a liberdade de escolha dos cargos possui efetiva conotação amistosa, para se criar uma instituição obediente às omissões estatais[15].

Sem dúvida, é ponto a ser debatido. Em existindo tantas questões caóticas na execução da pena, as leniências do órgão com as condutas omissivas do Poder Executivo, comprovam o apontado pelo autor. Tanto que nesse vetor, Nucci defende um modelo estrutural distinto para garantir maior autonomia e funcionalidade ao mesmo[16].

Além desse ponto, compreendem-se outras atribuições, como a natureza de fomento (estimular e promover a pesquisa criminológica, a teor do art. 64,

---

expondo seus defeitos, sugerindo reformas e aperfeiçoamentos, bem como com vistas à criação de novos institutos jurídicos que possam satisfazer as finalidades primordiais de controle social desse ramo do ordenamento. A política criminal se dá tanto antes da criação da norma penal como também por ocasião de sua aplicação" (*Curso de execução penal*. Rio de Janeiro: Forense, 2018. p. 109).

[14] Para melhor compreensão acerca da necessidade de se abolir a discricionariedade do Direito, ver ABBOUD, Georges, op. cit., p. 268 e ss.

[15] Aponta Nucci: "Trata-se de órgão de natureza política, vinculando-se à política nacional, o Conselho é formado pelo Ministério da Justiça, razão pela qual há um forte conteúdo político nessas designações. Dificilmente, vê-se, nos meios de comunicação em geral, a atuação crítica desse Conselho em face da atividade governamental quanto à administração penitenciária. A explicação é lógica: sua composição é amistosa. Na prática, portanto, o Conselho acaba propondo diretrizes harmônicas com o Governo, seja de que partido for deixando de exercer a importante função crítica e a devida fiscalização dos presídios" (*Curso de execução penal*. Rio de Janeiro: Forense, 2018. p. 108).

[16] NUCCI, Guilherme de Souza. *Curso de execução penal*. Rio de Janeiro: Forense, 2018. p. 108.

IV, da LEP), elaboração de diretivas e planos, como regras de formulação de critérios estatísticos (art., 64, II, III, V, VI e VII, da LEP). Outra atribuição desse Conselho é promover fiscalização e requerer interdição dos estabelecimentos penais, propondo aprimoramento à execução penal de um determinado ente federado ou território (art. 64, VIII, IX e X, da LEP).

b) Juízo da Execução

O Juízo da Execução (art. 65 da LEP) tem atuação direta na execução penal, sendo ele a personificação de toda a Jurisdição. Atua, como já debatido, nos limites da Constituição, de forma inerte e imparcial, com objetivo primário e fundamental de fazer cumprir a Lei e a Constituição.

Suas atribuições taxativas estão previstas no art. 66 da LEP e correspondem, majoritariamente, à operacionalização do procedimento de execução de cada apenado ou apenada. Não existe questionamento de que essa definição deriva, de forma direta, *do direito à tutela jurisdicional efetiva*[17]. Ao se jurisdicionar a execução, vinculam-se todos os seus preceitos fundamentais ao procedimento de apenar, tornando-a transparente, objetiva e atenta à dignidade humana, ao menos em regra.

Além das atribuições relacionadas estritamente ao apenado e ao curso de execução (art. 66, II, III, IV, V e VI, da LEP), existem atribuições que se relacionam a atos independentes de provocação, os quais seriam a inspeção mensal em estabelecimentos penais (art. 66, VII, da LEP) e a interdição daqueles em operação inadequada com devida apuração de responsabilidade (art. 66, VIII, da LEP).

Sem dúvida, ambas as questões se apresentam como exceção ao *princípio da jurisdição inerte*. Neste ponto, pode o magistrado, *ex officio*, perquirir sobre condições de determinado estabelecimento penal e decidir pela sua integral ou parcial interdição. Parece determinação prudente da legislação, mas importa ressalvar os limites dessa atuação.

A decisão se restringe exclusivamente ao estabelecimento físico e não ao departamento penitenciário responsável por ele. O máximo a ser determinado pelo juízo da execução é a possibilidade ou não de instauração de procedimento administrativo disciplinar ou inquérito policial em relação aos atores públicos ali lotados.

---

[17] Para melhor aprofundamento no assunto, ver SARLET, Ingo Wolfgang; MARINONI, Luiz Guilherme; MITIDIERO, Daniel. *Curso de direito constitucional*. 6. ed. São Paulo: Saraiva, 2017. p. 777 e ss.

De maneira alguma a Lei instrumentaliza o juízo da execução com ferramentas de solução imediata da questão, seja qual for a compreensão do magistrado. Existe a óbvia vedação à sanção *ex officio*, por afrontar o devido processo legal, reconhecedor de que ninguém terá bens ou direitos constrangidos sem a sua observância, como também o rechaço da ideia de verdade sabida pela CRFB/1988[18]. Por isso, constatada irregularidade passível de sanção cível ou criminal, deve o magistrado oficiar o Ministério Público e demais órgãos responsáveis para instauração dos procedimentos cabíveis.

c) Ministério Público

No tocante ao Ministério Público, sua função corresponde a fiscalizar todos os atos de execução da pena e da medida de segurança, atuando de forma oficiosa para garantir o devido cumprimento da pena. De forma simétrica à Constituição, e não poderia deixar de ser diferente, o *Parquet* atua na execução da pena (art. 67 da LEP) como fiscal do cumprimento da Lei e dos preceitos que fundamentam a Constituição Republicana de 1988 (vide art. 127).

Alexis de Couto Britto coloca que a participação do Ministério Público na Execução da Pena tem ambição de garantir a imparcialidade do juízo[19]: O apontamento do autor citado rememora, mais uma vez, a necessidade de se primar pelas cláusulas constitucionais elementares como a inércia jurisdicional.

---

[18] Acerca dessa questão, manifestou-se o STF: "A exigência de observância do devido processo legal destina-se a garantir a pessoa contra a ação arbitrária do Estado, colocando-a sob a imediata proteção da Constituição e das leis da República. Doutrina. Precedentes. – Revela-se incompatível com o sistema de garantias processuais instituído pela Constituição da República (CF, art. 5º, LV) o diploma normativo que, mediante inversão da fórmula ritual e com apoio no critério da verdade sabida, culmina por autorizar, fora do contexto das medidas meramente cautelares, a própria punição antecipada do servidor público, ainda que a este venha a ser assegurado, em momento ulterior, o exercício do direito de defesa. Doutrina. Precedentes" (cf. ADI 2.120, Tribunal Pleno, Rel. Min. Celso de Mello, j. 16.10.2008, *DJe*-213 divulg. 29.10.2014, public. 30.10.2014, *Ement.* vol-02754-02, pp-00276).

[19] Afirma Brito: "A presença do Ministério Público na execução da pena é absolutamente indispensável para garantir a liberdade e imparcialidade do juiz da execução, seu posto de tutor, mantendo a iniciativa procedimental e evitando que o magistrado tenha que agir de ofício. Mantém assim a dialética processual do procedimento acusatório (LOPES Jr. Revisitando o processo de execução penal a partir da instrumentalidade garantista. In: Carvalho. Crítica à execução penal. p. 377)" (BRITO, Alexis Couto de. *Execução penal*. 3. ed. São Paulo: RT, 2013. p. 207).

Em razão desse mister constitucional, o rol de atuação do Ministério Público previsto no art. 68 da Lei em comento, é considerado exemplificativo, podendo ser a instituição oficiada para atuar em causas não previstas naquele rol. Neste dispositivo, refere-se à atuação ministerial em todos os atos da execução e, portanto, dispensa-se delimitação expressa dos atos ministeriais[20].

d) Conselho Penitenciário

O Conselho Penitenciário, conforme define o art. 69 da LEP, é órgão estadual instituído por Lei federal e corresponsável pela execução penal, cuja finalidade é fiscalizatória e consultiva. Sua formação se dá no mesmo critério do Conselho Nacional de Política Criminal e Penitenciária, de escolha do chefe do Poder Executivo estadual, apresentando os mesmos problemas apontados quando da tratativa do aludido ator.

Suas atribuições estão arroladas no art. 70 da LEP, tendo como destaque os pareceres para concessão ou não de indulto, os quais são submetidos à análise pelo juízo da execução, sem caráter vinculante. Essa não vinculação do magistrado ao parecer parece-nos salutar em vista da supracitada *cláusula constitucional de monopólio de Jurisdição*.

e) Departamentos Penitenciários

Em referência aos Departamentos Penitenciários, definidos no art. 75 da LEP, tem como destaque a estrutura pessoal ou *establishment* gerido por profissional qualificado nas áreas de Direito, Psicologia, Ciências Sociais, Pedagogia ou Serviços Sociais (art. 75, I, *in fine*, da LEP). Subordinado a ele, existe todo um corpo de servidores públicos nos critérios alinhados nos arts. 76 e 77 desta Lei.

Aqui não se confunde departamento penitenciário com estabelecimento penal (art. 82 da LEP). Enquanto este corresponde à localidade física daquele, o departamento penitenciário deve ser compreendido como todo recurso humano empregado para cumprimento das regras penitenciárias.

Por conta disso, seus atos são de responsabilidade objetiva no tocante a danos aos apenados e apenadas (exigência do art. 37, § 6º, da CRFB/1988), devendo ser apurados dentro das esferas cabíveis, caso necessário.

Outro ponto relevante é a posição de garante da qual a Lei Penal os subordina (art. 13, § 2º, "a", CPB). Por posição de garante, deve se entender

---

[20] BRITO, Alexis Couto de. *Execução penal*. 3. ed. São Paulo: RT, 2013. p. 207; NUCCI, Guilherme de Souza. *Curso de execução penal*. Rio de Janeiro: Forense, 2018. p. 119.

aquele incumbido dum dever de promover a proteção de um bem jurídico penalmente tutelado. Sua dolosa omissão, portanto, constitui quebra de dever e consequente prática de injusto[21]. Em tendo dever de vigília sobre os apenados e apenadas, quaisquer resultados criminosos praticados por um interno a outro deverá ter como análise a existência ou não de omissão relevante do ator do departamento penitenciário para produção do ato.

Essa posição de garante reforça o ponto traçado no início deste trabalho: os atores públicos estão vinculados à lei e à Constituição, somente. Obrigados a atuar no retilíneo sentido exposto na legislação, não podem eles se omitir de reportar abusos aos Direitos Humanos, tanto dos internos quanto da Administração Pública, por força do princípio constitucional da legalidade (arts. 5º, II, e 37, *caput*, da CRFB/1988).

f) Patronato

O Patronato, previsto no art. 78 da LEP, em conjunto com o Conselho da Comunidade (art. 80), tem como missão integrar a sociedade com a execução da pena, de modo a otimizar a reintegração do apenado com a comunidade. Para tanto, ambos os atores são compostos por membros da sociedade civil, do Judiciário e do Ministério Público.

Apenas o Conselho da Comunidade, no entanto, apresenta-se com prescrição legal para sua composição, existindo uma lacuna legal quanto ao patronato. Por fim, caso inexista o Conselho da Comunidade em determinada Comarca, é dever do magistrado determinar sua instauração (art. 66, IX, da LEP).

g) Defensoria Pública

O último órgão a ser analisado é a Defensoria Pública, inserida na Lei de Execução Penal pela Lei 12.313/2010. Sua inclusão ocorre com inserção de longo rol de atribuições, de forma a cumprir com os preceitos constitucionais imbricados na Execução Penal.

---

[21] Acerca deste instituto de Direito Penal, destacamos clara lição de Juarez Tavares: "a especial posição de defesa de certos bens jurídicos pressupõe, ademais, que alguém se encontre incapacitado ou sem condições de proteger seus próprios bens jurídicos e que, assim, outra pessoa esteja disso encarregada. Nessa situação, a primeira pessoa espera e pode confiar que a outra a protegerá. Já a responsabilidade pelas fontes produtoras de perigo pressupõe um dever de vigilância referido a objetos ou pessoas, que se encontrem a ele subordinados, de modo que se possa esperar, em virtude disso, um estado de segurança" (*Teoria dos crimes omissivos*. São Paulo: Marcial Pons, 2011. p. 316).

Para isso, resolveu-se equiparar a instituição ao Ministério Público para ampliar a finalidade protetiva aos direitos fundamentais dos apenados. Percebe-se tal equiparação quando se compara o art. 81-B com o art. 67, ambos da LEP. Nesse sentido, pontua Nucci que a equiparação objetiva a otimização da fiscalização e a guarida dos Direitos fundamentais[22].

Dessa sorte, vale colocar que o órgão em comento tem como responsabilidade mais que defender presos e presas isolados, e sim fazer a defesa de todos os direitos individuais ou coletivos em jogo no seio da execução penal. Não por coincidência, a instituição cumpre na execução penal o papel que a Constituição Republicana de 1988 a relegou, tal como a LEP fizera com o Ministério Público.

De forma sintética, esses são os órgãos de execução penal legalmente instituídos sob a égide da Lei de Execuções Penais vigente.

4. CLASSIFICAÇÃO RELEVANTE AOS ÓRGÃOS DE EXECUÇÃO DA PENA: OS ÓRGÃOS COORDENATIVO-FISCALIZATÓRIOS E EXECUTIVO-FISCALIZATÓRIOS

Como esposado no tópico anterior, cada instituição da execução penal assume função primordial. Pois compreendida tal questão, nos parece ser relevante a demonstração de existir uma importante forma de classificá-los.

Foi possível demonstrar que todos os órgãos de execução penal, independentemente de sua natureza ou atribuição, possuem função de fiscalizar a execução da pena sob algum referencial. Com observância nisso, afirmamos existir a cada órgão de execução um dever fiscalizatório geral da pena e dos preceitos constitucionais relativos aos direitos e garantias fundamentais. Esse

---

[22] Afirma Nucci: "Equiparou-se a defensoria Pública ao Ministério Público nas atividades relativas à fiscalização da execução da pena e no tocante ao individual acompanhamento dos interesses dos presos hipossuficientes. (...). Embora extenso, cuida-se de rol meramente exemplificativo, pois a Defensoria Pública deve engajar-se em todos os casos pertinentes aos direitos e garantias dos presos, na ótica individual ou coletiva. De todo modo, tais atribuições são mais numerosas do que as previstas para o Ministério Público; o fundamento disso reside na particular missão de defesa dos interesses dos sentenciados, enquanto o órgão ministerial deve, primordialmente, zelar pela regularidade da execução, mas não necessariamente requer benefícios em favor dos condenados" (*Curso de execução penal*. Rio de Janeiro: Forense, 2018).

dever parte tanto da vinculação das normas constitucionais ao bojo do ato administrativo quanto ao ato jurisdicional.

Em todos os órgãos analisados, presta-se alguma função de fiscalizar a pena[23], o apenado e o respeito aos seus direitos individuais. Mesmo assim, existe uma sensível diferença entre os atores da execução penal, pois cada um dos previstos no art. 61 da LEP exerce seu dever de fiscalização de forma distinta.

O Ministério Público fiscaliza o procedimento para garantir o cumprimento da Lei e do interesse da sociedade. A Defensoria atua com intuito reitor de garantir um procedimento executório no interesse constitucional do apenado ou apenada, mantendo vigília aos direitos fundamentais de todos.

Isso nos aponta que a proximidade ou não do ator de execução é o primeiro indício de larga distinção entre os arrolados no art. 61 da LEP. A atuação destes é, portanto, uma questão de referencial do órgão de execução à pena e seu cumprimento.

Formaremos, então, categorização entre os aludidos órgãos em órgãos *coordenativo-fiscalizatório* e órgãos *executivo-fiscalizatórios*.

Os denominados *coordenativo-fiscalizatório*, estabelecidos em referencial de posição mais distante da casuística, detêm função estrutural e emissão de coordenadas nas diretrizes políticas de execução penal, seja em âmbito nacional, estadual ou municipal, mas não ingressam de forma concreta na condução procedimental da execução penal.

Sua atuação, portanto, é num prisma de macro perspectiva, não se envolvendo na casuística. Buscam encontrar soluções às diversas situações sem, necessariamente, entrarem nos melindres de cada caso concreto. São eles o que podemos chamar de *vigilantes da execução penal*, atrelados sempre a uma perspectiva ampla da execução e cumprimento da pena.

Os *vigilantes da execução penal* atuam com o objetivo de compreender se a sistemática da execução penal segue nos devidos arrimos. Atuam para garantir que o sistema como um todo seja o mais funcional possível, sem estarem, necessariamente, apegados aos ditames de cada caso concreto.

Já os classificados como *executivo-fiscalizatórios* possuem como elemento central a casuística, com pontuais atos que não estejam diretamente

---

[23] Vale aqui a ressalva de ser válida a análise da atuação destes órgãos sobre a premissa foucaultiana de Sociedade do Controle e panoptismo. No entanto, a limitação objetiva do tema nos impede de aprofundar acerca da temática.

atreladas a um caso concreto. Sua posição referencial é de elementaridade ao caso concreto, estando pouco afetos a questões de macro perspectiva. São eles o que podemos chamar de *obreiros da execução penal*.

Os *obreiros da execução penal* são responsáveis por consolidar toda a propositura e perspectivas relacionadas à execução da pena, dando a todo aparato legal e institucional uma concretude e um sentido. Atuam, portanto, construindo um procedimento de execução penal nas premissas constitucionais e infraconstitucionais.

Enquadram-se, sob análise estrita do art. 61 da LEP, como órgãos *executivo-fiscalizatórios* o Juízo da Execução, a Defensoria Pública, o Ministério Público, o Departamento Penitenciário, o Patronato e o Conselho da Comunidade. Já na categoria de *coordenativo-fiscalizatório*, entendemos os demais, quais sejam o Conselho Nacional de Política Criminal e Penitenciária e o Conselho Penitenciário.

De forma gráfica, a execução da pena se dá na seguinte forma:

A classificação acima grafada não tem ambição decorativa, muito menos maniqueísta. A ideia de se promover essa diferenciação é esposar os limites de atuação de cada órgão, especialmente quando falamos das problemáticas latentes da execução penal brasileira.

Naquilo que esta classificação depreende, a questão melindrosa é muito mais apegada ao fato de inexistir sentido unitário-coordenativo da execução penal que leniência ou má vontade daqueles responsáveis por operacionalizar o cotidiano penal nacional.

A partir dessa classificação, parece ser claro quais os limites de cada órgão. A partir do momento em que consideramos o estado em que a execução penal brasileira se encontra, os primeiros a serem escusados pela situação devem ser os assim denominados *obreiros da execução penal*.

Como um *obreiro da execução penal*, sua capacidade de alteração em macro perspectiva torna-se impossível, pois inexistem ferramentas para tal. O que essa classificação permite, efetivamente, é demonstrar que a situação atomística da execução penal brasileira se dá por omissão dos órgãos de natureza *coordenativo-fiscalizatório*, como da cúpula dos poderes constitucionalmente instituídos.

Se destacado que todo órgão de execução penal deve ser entendido como um ator, como papel previamente definido, a responsabilidade pela má performance deve ser primeiro creditada ao responsável por delimitar os papéis e posteriormente aos responsáveis por fiscalizarem o cumprimento deste papel.

Por conta disso, escancara-se clara responsabilidade da Cúpula dos Poderes Republicanos por esta situação, em especial o Poder Executivo e Legislativo. Pouco importados com a situação carcerária nacional, o Congresso Nacional e o Palácio do Planalto se tornam criminosamente omissos perante a extrema transferência de atribuições para os magistrados de piso, como membros do Ministério Público e Defensoria Pública.

O Supremo Tribunal Federal e o Conselho Nacional de Justiça também se veem neste imbróglio quando pouco fazem pela situação teratológica dos detentos brasileiros. Por mais que muitos membros da Corte tenham posicionamentos doutrinários belíssimos, os mesmos não assumem o dito compromisso constitucional em sua ortodoxia, algo esperado de um Tribunal Constitucional.

É lastimável que o STF se limite a esparsas decisões de cunho eminentemente declaratório, como a ADPF 347, enquanto noutros casos o mesmo Tribunal se posiciona como ativíssimo arauto da moralidade e cruzada pelos bons costumes como na decisão do HC 126.292/SP ou na decisão que suspendeu o indulto natalino, ferindo a separação dos poderes em prol das convicções pessoais dos magistrados ali lotados.

Se o STF se vê potente para adulterar cláusulas pétreas ou atos de atribuição exclusiva de outro poder, porque não se serve desta mesma potência para encerrar o absoluto vilipêndio aos direitos e garantias individuais de apenados e apenadas? Parece-nos que o Pretório Excelso se esqueceu da sua "força de agir" quando o assunto não tem qualquer âmago pessoal ou político, como a situação da população carcerária nacional.

Diante dessa análise, partimos para a compreensão de algumas possíveis alterações estabelecidas no Projeto de Lei 9.054/2017.

5. PROJETO DE LEI 9.054/2017

Vistos os principais pontos de cada instituição vinculada à execução da pena, conforme a Lei de Execuções Penais, como problemas existentes na atuação dos atores de execução penal, passamos à análise do Projeto de Lei 9.054/2017. De forma a otimizar os pontos a serem analisados nessa pesquisa, nos furtaremos duma análise integral da proposta de alteração, concentrando o debate, agora numa perspectiva pontual e crítica sobre o objeto de estudo.

A primeira está na própria redação inaugural do rol de atores da execução penal, a qual, de forma distinta da Lei 7.210/1984, insere conotação preambular e instituições a serem arroladas (art. 60-A do referido projeto[24]), demonstrando que o Estado e a Sociedade Civil como um todo farão parte do processo de execução da pena.

Parece-nos ser de crucial relevância a manifestação dessa nomeação dos envolvidos. No entanto, ainda persiste a ausência de um fator de unidade dos atores ali elencados, reiterando a perspectiva atomista da execução penal citada no início da pesquisa.

Outro ponto de destaque é a mudança nos critérios de nomeação do Conselho Nacional de Política Criminal e Penitenciária (art. 63 do PL 9.054/2017[25]). Como já apontado, *o critério político* deturpa a finalidade legal do órgão.

E por mais que nesta redação se tenha indicação de órgãos autônomos ao Palácio do Planalto e ao Governo Federal, ainda concentra maioria dos

---

[24] O Sistema Nacional de Execução Penal é composto por órgãos e entidades representativos dos Poderes Legislativo, Executivo e Judiciário, instituições que exercem funções essenciais à Justiça, conselhos, fundações, associações e organizações não governamentais, com a cooperação da sociedade civil.

[25] "Art. 63. O Conselho Nacional de Política Criminal e Penitenciária será integrado por 13 (treze) membros, sendo: I – 7 (sete) representantes indicados por ato do Ministro da Justiça, entre professores e profissionais da área do direito penal, processual penal e penitenciário e de ciências correlatas, servidores penitenciários ocupantes de cargo efetivo e representantes da comunidade e dos ministérios da área social; II – 1 (um) representante indicado pelo Conselho Nacional de Justiça (CNJ); III – 1 (um) representante indicado pelo Conselho Nacional do Ministério Público (CNMP); IV – 1 (um) representante indicado pelo Conselho Federal da Ordem dos Advogados do Brasil (OAB); V – 1 (um) representante indicado pelo órgão representativo dos defensores públicos; VI – 1 (um) representante indicado pelo Conselho Nacional de Segurança Pública (Conasp); VII – 1 (um) representante indicado pelo Conselho Nacional de Políticas sobre Drogas (Conad). Parágrafo único. O mandato dos membros do Conselho terá duração de 3 (três) anos, vedada a recondução". (NR)

nomeados (7 de 13 são de livre nomeação do titular da pasta). Significa que ainda que os representantes do Ministério Público, da Magistratura, por meio do Conselho Nacional de Justiça, e a Defensoria Pública decidam tratar de Política Criminal de forma autônoma aos interesses partidários, o caráter de submissão ao Poder Executivo se manterá no colegiado da instituição, e algumas poucas vozes poderão fazer oposição a postura passiva do órgão.

Trata-se, portanto, duma alteração sem caráter relevante, mantendo a problemática já existente.

No juízo da Execução Penal, percebemos mudanças significativas.

Foram em muito expandidas as competências dos magistrados, tirando-os duma participação essencialmente atômica da execução da pena, instrumentando-os com poderes mais amplos às questões meta-individuais latentes na execução da pena brasileira, como determinação de mutirões carcerários (art. 66, XIV e XV, do PL 9.054/2017).

Mas sem dúvida a medida de maior aclamação é a prevista no § 1º do art. 66 do referido projeto. Com o instrumental dogmático, será permitida a redução da pena quando existir proposta do Ministério Público[26].

---

[26] "Art. 66. (...) § 1º Compete ainda ao juízo da execução, havendo proposta do Ministério Público, decidir sobre: I – a redução da pena privativa de liberdade, no patamar de 1/3 (um terço) a 2/3 (dois terços) ou, se cumprida em regime aberto ou semiaberto, a sua substituição, a qualquer tempo, por restritiva de direitos, se o preso colaborar espontaneamente com as autoridades, prestando esclarecimentos que conduzam à apuração das infrações penais, à identificação dos coautores e partícipes ou à localização dos bens, direitos ou valores objeto do crime; II – a redução da pena aplicada ou a determinação da antecipação de progressão de regime, no caso de crime sem violência ou grave ameaça a pessoa, se houver reparação do dano, restituição da coisa por ato voluntário do condenado ou prática de justiça restaurativa que indiquem o arrependimento posterior à sentença condenatória; III – a concessão de perdão judicial nas hipóteses previstas em lei; IV – a antecipação da progressão de regime, podendo aplicar monitoração eletrônica aos condenados por infração ao *caput* e ao § 1º art. 33 da Lei nº 11.343, de 23 de agosto de 2006, desde que sejam primários, com bons antecedentes e que não se dediquem a atividades criminosas ou integrem organização criminosa, de acordo com a natureza e a quantidade da substância apreendida, com base em orientações e normas do Conselho Nacional de Política sobre Drogas e diretrizes do Conselho Nacional de Política Criminal e Penitenciária; V – a autorização da antecipação de progressão de regime ou outras medidas alternativas aprovadas pelo Supremo Tribunal Federal, em súmula com efeito vinculante em relação aos órgãos do Poder Judiciário e à administração pública".

As hipóteses são de redução da pena privativa de liberdade em até dois terços ou conversão de penas de regime aberto ou semiaberto em restritivas de direito quando houver colaboração do apenado ou apenada (art. 66, § 1º, I, do PL 9.054/2017). Trata-se de forma de sanção premial de atenuação de pena cujos moldes seguem a definição do art. 4º da Lei de Organizações Criminosas, dispensando fixação de acordo escrito, tal como demandado pela Lei 12.850/2013.

Mas também não se percebe a inserção do delito de lavagem de ativos, um equívoco a ser corrigido pelo legislador, dada a afinidade do delito com os demais excluídos do rol. Parece-nos prudente, em vista duma análise sistêmica do dispositivo, que seja incluído o delito previsto na Lei 9.613/1998.

O inciso IV, por sua vez, faz valer a distinção a Jurisprudência do STF que considerou possível a aplicabilidade das penas restritivas de direitos em crimes de tráfico de entorpecentes. Oportunizando uma atuação de maior amplitude ao juízo de execução para fixação de cumprimento de penas em regimes que não o fechado, o legislador aparenta buscar um esvaziamento dos estabelecimentos penitenciários quando compreender que o delito do art. 33 da Lei Antidrogas tiver um caráter esporádico na vida do apenado ou apenada, segregando de forma mais eficiente o traficante eventual do traficante profissional.

A antecipação de progressão de regime, prevista no art. 66, § 2º, do PL 9.054/2017, pode se dar quando: a) não for delito de violência ou grave ameaça; b) tráfico privilegiado; c) determinação pelo Supremo Tribunal Federal em caráter vinculante. Vale colocar que essa modalidade de antecipação de pena não inclui delitos contra a administração pública, contra o sistema financeiro nacional, contra a ordem econômica, praticado no seio de organização criminosa ou contra a economia popular[27].

Ainda sobre o dispositivo do art. 66, § 2º, vale colocar que se pretende inserir, de forma tácita, o princípio da insignificância para esses delitos. Se convertido em lei, será a primeira incursão na legislação positiva brasileira do princípio construído pela jurisprudência do Supremo Tribunal Federal. Promover-se-ia não só maior coesão ao ordenamento jurídico, como também

---

[27] "Art. 66. (...) § 2º A redução da pena de que trata o inciso II do § 1º não se aplica a condenações por crimes contra a administração pública e por crimes definidos na Lei nº 7.492, de 16 de junho de 1986, na Lei nº 8.137, de 27 de dezembro de 1990, na Lei nº 12.850, de 2 de agosto de 2013, e na Lei nº 1.521, de 26 de dezembro de 1951, nem a condenações cujo valor financeiro exceda R$ 30.000,00 (trinta mil reais)".

fincaria um marco relevante para aplicação objetiva do princípio – o valor de até R$ 30 mil reais como teto para os delitos ali previstos.

No entanto, contemplamos algumas incoerências na previsão do art. 66 do Projeto de Lei em comento. Refere-se à redução da pena privativa de liberdade em até dois terços caso o apenado colabore para esclarecimento do delito. Será a incursão da *colaboração premiada informal*[28]. Se for possível reduzir uma punição em até dois terços se o apenado colaborar para esclarecimento do delito e demais questões, em alguma medida o direito brasileiro se aproxima cada vez mais da formulação anglo-americana do *plea barging*.

E a proposta de Lei parece ser muito lacônica para a aplicação imediata.

Se consagrado como Lei o dispositivo, muitas questões ficarão abertas: a) A Defensoria Pública e os advogados privados poderão propor ou não o benefício ao juiz? b) Poderiam as partes fixar o benefício antes da prolação da sentença? c) Qual a natureza da atuação do juízo da execução sobre a concessão ou não do benefício? d) Em caso de delito com violência, existirá aparato protetivo ao signatário do acordo como de sua família? e) Será possível a um coautor anular o benefício e qual meio seria empregado? f) As condições pessoais do agente que firma o benefício, mormente sua reincidência ou antecedentes, deverão ser consideradas e em qual vetorial?

Em suma, várias questões permanecem abertas, de modo que o dispositivo é prematuro ao sistema jurídico brasileiro[29]. O dispositivo da Lei 12.850/2013 tem péssimo uso no cotidiano jurídico brasileiro, onde se destaca uma completa invasão e inversão de papéis entre Ministério Público e Juízo. Este ponto é forte indutor para demonstrar a necessidade de se aprofundar os debates para melhor se aplicar o instituto.

O último ponto optado para debate, busca-se conferir ao Ministério Público[30] poder para fiscalizar a dotação dos recursos orçamentários destinados à execução penal como empenhar recursos para tal. A primeira observação parece algo essencial, certo de que não existe equilíbrio nas contas públicas quando atreladas ao setor penitenciário. Mas, ao se perceber inexistente a

---

[28] O sentido da palavra "informal" vem aqui esposando a ideia de inexistência de ratificação do benefício mediante instrumento contratual, pelo menos é o que se entende do exposto pelo aludido instituto.

[29] Não se está rechaçando a preciosidade do mecanismo para apuração de infrações penais, e sim apontando a prematuridade com que se envolve uma questão dessa natureza que habilmente contaminará todo o sistema jurídico, seja para o bem ou para o mal.

[30] "Art. 68. (...) I – fiscalizar: (...) b) a utilização dos recursos destinados ao sistema penitenciário".

não vinculação direta dos poderes executivo ou legislativo nesse âmbito, parece-nos uma proposital omissão destes Poderes na Execução Penal.

Sobrecarregar o Ministério Público com o dever de fiscal de contas penitenciárias sem existirem instituições diretamente ligadas aos poderes citados nos permite concluir a "essência" do projeto: trata-se de projeto legislativo de caráter imediatista, abandonando qualquer conteúdo axiológico ou ontológico à norma de execução penal, e busca anistiar a classe política de catástrofes maiores.

No meio de uma crise cujo epicentro se dá nas penitenciárias, mas transborda em muito na sociedade e nos poderes constituídos, a ideia central do projeto é simplesmente despovoar as Penitenciárias para se dizer que o possível foi feito. De forma simplista, chegou-se ao resultado de que a crise penitenciária brasileira é resultado exclusivo da superlotação. Vislumbra-se que todas as problemáticas apontadas nessa pesquisa sequer são tratadas em sua maioria e nenhuma delas é enfrentada de forma veemente.

Não se tratando de formas de desbaratar o crime organizado ou fazer da pena um mecanismo de igualdade, os mesmos problemas permanecerão caso o projeto de lei analisado seja sancionado. Por conta disso, entendemos que o cerne da problemática reside em dois pontos: a ausência expressa da igualdade enquanto um princípio elementar da pena e da execução penal, como também a falta de vinculação concreta das finalidades da pena aos órgãos de execução penal.

6. PROPOSTAS ALTERNATIVAS

Conforme demonstramos no tópico acima, a proposta em trâmite apenas distorce a sistemática existente, sobrecarregando determinados atores para anistiar uma dolosa omissão de Poderes Republicanos constituídos quando o assunto é execução penal e segurança pública.

Por conta disso, consideramos que as ambições legislativas expressadas no referido Projeto de Lei são pífias. Uma problemática do montante da realidade carcerária brasileira não pode ser terceirizada a parte menos potente da execução penal – os *obreiros da execução penal*.

Ante isso, vislumbramos duas alternativas concretas a serem mais debatidas para implementação.

A primeira seria de criação dum tipo penal incriminador de condutas de atores público e privado que, no decorrer de suas funções, obtivessem atuação configuradora de violação aos Direitos Humanos. De forma a evitar uma responsabilização objetiva do ator público, deveria a lei prever, dentro das atribuições de cada ator público, uma forma de reporte a autoridade competente como definir qual autoridade seria a competente.

Excluir-se-ia a tipicidade desse delito se configurada a devida ciência ao ator público hierarquicamente superior.

Para os atores políticos (conforme a doutrina de direito administrativo, juízes, membros do Ministério Público e Defensoria Pública como aqueles eleitos por sufrágio popular[31]), esse crime se configuraria também como delito de responsabilidade, podendo gerar afastamento da função pública se constatada a infração.

Diante da ampla situação hiperprecária das quais são tratados os detentos e detentas de todo o Brasil, não existe causa justificante que permita um ator político se omitir em empreender esforços para sanar quaisquer violações a Direitos humanos.

A segunda proposta a ser feita seria de permitir que o juízo da execução delimitasse a forma de execução e regime próprio para tal delito, diante de critérios objetivos.

A finalidade da proposta seria revogar a vinculação taxativa criada pelo art. 33, abandonando o modelo de fixação de pena com base no *quantum* da pena e fixando-se com base em outros critérios. Compreendemos que o juízo da execução, após colher manifestação do Ministério Público, Defensoria Pública e defensor legalmente constituído do acusado, deverá estabelecer o cumprimento da pena guiado quatro requisitos: (a) a gravidade concreta do delito ao bem jurídico lesionado; (b) o grau de culpabilidade do ator auferido pelo juízo condenatório; (c) a proporcionalidade da sanção penal perante o apenado; (d) a não aplicabilidade de medidas restritivas de direitos; (e) cumulação de penas restritivas de direito em caso de não aplicação de pena em regime fechado.

A proposta é, sem dúvida, a mais polêmica, por afrontar diretamente o tradicional regime de penas brasileira, mas é sem dúvida a melhor forma de se enfrentar a flagrante desproporcionalidade da Lei Penal como também atender a finalidade ressocializadora da qual a pena brasileira assumiu. E de forma colateral, atende a ambição de redução da população carcerária pleiteada pelo legislativo federal brasileiro.

Essa idealização é encampada por Luigi Ferrajoli, em *Direito e Razão*[32], e seria muito mais eficiente que a aplicação de antecipação de progressão de regime prevista no Projeto de Lei no que diz respeito à aplicação e

---

[31] Nesse sentido, ver DI PIETRO, Maria Sylvia Zanella. *Direito administrativo*. 26. ed. São Paulo: Atlas, 2013.

[32] FERRAJOLI, L. *Direito e razão*. 2. ed. São Paulo: RT, 2006. p. 385.

cumprimento da pena. Além do mais, otimiza mais as pretensões de política criminal e reintegração do condenado, confessas finalidades da pena no Direito brasileiro, uma vez que o juízo da execução ganharia uma função coordenativa, hoje inexistente. Pois claro que essa medida deveria ser mais debatida para se permitir contornar os limites da decisão judicial nesses casos, a fim de se evitar eventuais discricionariedades.

7. CONSIDERAÇÕES FINAIS

Diante do exposto, parece-nos claro que a problemática da execução penal brasileira não é relacionada à leniência daqueles em contato diariamente com o apenado ou apenada. A grande questão está correlata à forma pela qual se pensa o encarceramento brasileiro, como os Poderes Republicanos atuam neste filão estatal e como se busca otimizar a finalidade da pena em reintegrar o apenado.

Parece-nos, inclusive, que qualquer que seja a matriz de pensamento usada até então, a mesma se exauriu após as crises penitenciárias de 2017. O afã legislativo em prender e enrijecer as penas a qualquer custo se virou contra a sociedade. Imaginando frenar o delito, apenas o profissionalizou e sobrecarregou os obreiros da execução penal. Por conta disso, é momento de se refundar as bases de política penitenciária brasileira, inclusive abrindo espaço a temas polêmicos como a privatização de estabelecimentos penais.

Nos anos 1980, esperava-se que a punição rigorosa aos assaltantes de bancos com longas penas privativas de liberdade fossem resolver a problemática. Porém, o único resultado foi o surgimento da primeira facção criminosa do Brasil, hoje seguida por tantas outras organizações criminosas com rentabilidade milionária.

Nos anos que precederam até 2018, esperamos que o encarceramento de todos os "corruptos" finalize o mal secular da pátria brasileira. No entanto, podemos dar grosseiro e irreversível passo em falso e criar uma aberração criminológica que sequer poderemos saber como enfrentar no futuro.

Diante desse quadro, é hora de se pensar e debater sobre quais fins deve a pena brasileira assumir. Assumida essa posição, deve-se, então, direcionar todos os órgãos de execução penal para atuarem num único sentido, não sendo de nada útil a desorientação institucional que se percebe hoje no âmbito da execução penal.

Nesse ponto, as propostas legislativas alternativas sugeridas podem ser um caminho relevante para pavimentar um caminho solucionador da questão. O mais importante é que os atores de execução penal tenham sua atuação mais relacionada aos cumprimentos da Política Criminal e Constitucional a ser formulada, ao invés de atuarem como operários duma esteira de produção, onde os presos são massivamente encaminhados às universidades do crime.

É hora de repensarmos a execução penal brasileira sob risco de termos de repensar a ideia de Democracia e Liberdade.

REFERÊNCIAS

ABBOUD, Georges. *Processo constitucional brasileiro*. 2. ed. rev., atual. e ampl. São Paulo: Thomson Reuters Brasil, 2018.

AMORIM, Carlos. *Comando Vermelho*: a história secreta do crime organizado. Rio de Janeiro, Record, 1993.

BRITO, Alexis Couto de. *Execução penal*. 3. ed. São Paulo: RT, 2013.

DI PIETRO, Maria Sylvia Zanella. *Direito administrativo*. 26. ed. São Paulo: Atlas, 2013.

FERRAJOLI, Luigi. *Direito e razão*. 2. ed. São Paulo: RT, 2006.

_____. *Poderes selvagens*: a crise da democracia italiana. Trad. Alexander Araújo de Souza. São Paulo: Saraiva, 2014.

FOCAULT, Michel. *Vigiar e punir*: nascimento da prisão. Trad. Raquel Ramalhete. 39. ed. Petrópolis: Vozes, 2011.

HAYEK, Friedrich August Von. *O caminho da servidão*. Trad. Anna Maria Capovilla, José Ítalo Stelle e Liane de Morais Ribeiro. 6. ed. São Paulo: Instituto Ludwig Von Mises, 2010.

KANT, Immanuel. *Fundamento da metafísica dos costumes*. Trad. Edson Bini. Bauru: Edipro.

KELSEN, Hans. *Jurisdição constitucional*. Trad. Alexandre Krug. São Paulo: Martins Fontes, 2003.

NUCCI, Guilherme de Souza. *Curso de execução penal*. Rio de Janeiro: Forense, 2018.

ROLLEMBEREG, D.; QUADRAT, S. V. (org.). *A construção social dos regimes autoritários*: Europa. Rio de Janeiro: Civilização Brasileira, 2010. v. I.

SARLET, Ingo Wolfgang; MARINONI, Luiz Guilherme; MITIDIERO, Daniel. *Curso de direito constitucional*. 6. ed. São Paulo: Saraiva, 2017.

STRECK, Lenio. *Jurisdição constitucional*. 4. ed. Rio de Janeiro: Forense, 2017.

TAVARES, Juarez. *Teoria dos crimes omissivos*. São Paulo: Marcial Pons, 2011.

VOLTAIRE, François. *Tratado sobre a tolerância*. Trad. Antonio Geraldo da Silva. São Paulo: Escala. (Coleção Grandes Obras do Pensamento Universal)

8

ESTABELECIMENTOS PENAIS: REALIDADE E EXPECTATIVAS

ALESSA SANNY LIMA PEREIRA
Mestranda em Direito Penal pela PUC-SP. Advogada criminal.

Resumo: O presente estudo trata sobre uma análise da Execução Penal no Brasil, com especial foco no tema dos Estabelecimentos Penais, tanto no que tange ao tratamento dado pela atual Lei 7.210/1984, quanto pelas perspectivas do novo Projeto 9.054/2017, que visa operar profundas mudanças na legislação vigente. Para atingir esse fim, o trabalho se dedicará a discorrer brevemente sobre o panorama histórico do sistema penitenciário do país, como eles estão organizados nos dispositivos legais que os regulam e, na prática, os principais problemas encontrados e, por fim, analisar como as potenciais alterações da proposta de lei pretendem enfrentar essas dificuldades.

Palavras-chave: Execução penal. Estabelecimentos penais. Sistema penitenciário. Projeto de lei.

Abstract: The present study deals with an analysis of Criminal Execution in Brazil, with a special focus on the Penal Institutions' subject, regarding the treatment given by the current Law 7.210/1984, and the perspectives of the new Project 9.054/2017, which aims to operate changes in current legislation. For this purpose, the study will be devoted to briefly discuss the brazilian penitentiary system's historical panorama, how they are organized in the legal provisions that regulate them and in practice, the main identified problems and, finally, to analyze how the potential changes of the bill intends to face these difficulties.

Keywords: Criminal enforcement. Criminal establishments. Penitentiary system. Law project.

Sumário: 1. Introdução – 2. Breve histórico do sistema penitenciário brasileiro – 3. Estabelecimentos penais como dispõe a Lei 7.210/1984: 3.1 Da penitenciária (arts. 87 a 90 da LEP); 3.2 Da colônia agrícola, industrial ou similar (arts. 91 a 92 da LEP); 3.3 Da casa de albergado (arts. 93 a 95 da LEP); 3.4 Do centro de observação (arts. 96 a 98 da LEP); 3.5 Do hospital de custódia e tratamento psiquiátrico (arts. 99 a 101 da LEP); 3.6 Da cadeia pública (art. 102 a 104 da LEP) – 4. Dos principais problemas enfrentados pelo sistema penitenciário brasileiro: 4.1 Da superlotação; 4.2 Da reincidência; 4.3 Organizações criminosas; 4.4 Da inaplicabilidade da Lei de Execução Penal – 5. Projeto de Lei 9.054/2017: 5.1 Dispositivos alterados – 6. Considerações finais – Referências.

1. INTRODUÇÃO

A Execução Penal é sempre um tema que requer muita cautela, pois, ainda que não faça parte do processo de conhecimento, é na execução que se dará efetivo cumprimento a uma sentença criminal, na qual é possível, de forma mais evidente, enxergar a concretude da proteção dos bens jurídicos penalmente relevantes, de tal forma que o tema é objeto fundamental quando se trata de segurança pública.

Nesse cenário, os estabelecimentos penais são essenciais para garantir o sucesso e o adequado cumprimento da pena, uma vez que são os lugares destinados a receber os sujeitos passivos da tutela penal, não somente para dar efetividade a uma decisão criminal, mas também para proporcionar as condições necessárias à reintegração do egresso ao convívio social.

Todavia, no Brasil, a execução penal encontra-se em situação calamitosa, em especial quando se trata do sistema carcerário, e muito disso deve-se à inaplicabilidade da Lei 7.210/1984, responsável por regular essa fase processual, por mais harmônica que seja com princípios constitucionalmente garantidos, como o da Dignidade da Pessoa Humana, e com os tratados internacionais dos quais o Brasil é signatário; existe um abismo entre a humanização da norma e a realidade da maioria esmagadora dos estabelecimentos penais do País.

Este trabalho busca, então, analisar os estabelecimentos penais e, por via de consequência, o próprio sistema prisional brasileiro, tanto sob o enfoque da legislação vigente, quanto no que tange às alterações propostas pelo Projeto de Lei 9.054/2017, que pretende promover mudanças significativas na execução penal, a fim de atualizá-la ao cenário fático e solucionar as suas diversas incoerências.

Para isso, entende-se importante visualizar um panorama histórico do sistema carcerário do Brasil, já que a realidade com a qual se convive hoje é resultado de décadas de abandono e menosprezo pela fase de execução da pena. Em seguida, o estudo se dedicará ao tratamento dado pela Lei 7.210/1984 aos estabelecimentos penais, sendo analisado cada espécie e de que forma os dispositivos vêm sendo aplicados ao caso concreto, tendo em vista a inaplicabilidade da maioria deles.

Diante disso, faz-se mister destacar alguns dos principais problemas que o sistema carcerário do Brasil enfrenta, visto que este vem historicamente abortando os fins para os quais foi criado, liquidando qualquer chance de ressocialização, na medida em que as unidades prisionais, ao invés de contribuírem para a redução da criminalidade, muitas vezes a estimula.

Por fim, serão expostas e avaliadas as potenciais alterações propostas pelo referido projeto de lei, que, no momento, se encontra em tramitação na Câmara dos Deputados, no que se refere à abordagem dos estabelecimentos destinados ao cumprimento de pena. A sugestão de modificação legislativa apresenta diversas medidas que tentam enfrentar os problemas do atual quadro prisional do país, as quais serão ponderadas sobre a possível efetividade ou não, diante da realidade brasileira.

2. BREVE HISTÓRICO DO SISTEMA PENITENCIÁRIO BRASILEIRO

Não é novidade a ineficácia do sistema prisional brasileiro frente ao seu papel de punir e, acima de tudo, de ressocializar o preso. Essa realidade fica ainda mais cristalina quando se estuda os índices de reincidência, o crescimento da população carcerária e a consequente falibilidade do Estado em manter a criminalidade controlada.

Ocorre que, esse cenário que se vive hoje é fruto de décadas de descaso público e falta de interesse político com o tema, de tal forma que o sistema criado para tornar a execução penal mais humanizada, substituindo as penas cruéis, de padrão medieval, parece não ter obtido sucesso, pois os estabelecimentos penais se tornaram o ambiente perfeito para se aperfeiçoar o mundo do crime.

A história do sistema punitivo do Brasil é relativamente recente, apenas em 1824 começa a haver uma reforma no sentido de se abolir penas como açoite e tortura e os primeiros contornos do que seria um estabelecimento penal adequado ao cumprimento de pena. A Constituição da época indicava, por exemplo, que "as Cadeias serão seguras, limpas, e bem arejadas, havendo diversas casas para separação dos réus, conforme suas circunstancias, e natureza dos seus crimes"[1].

Todavia, é apenas em 1830, com o Código Criminal do Império que a pena de prisão é oficialmente institucionalizada no Brasil, passando a ser

---

[1] Constituição de 1824: art. 179, XXI.

uma das principais formas de cumprimento de pena, permanecendo, todavia, as penas de morte e trabalhos forçados. A essa época, as penitenciárias do país já contavam com uma estrutura extremamente precária e com diversos problemas de salubridade[2].

Tanto é verdade que, para amenizar esse cenário já tão desastroso, é criado, em 1828, por meio de uma Lei Imperial, um sistema no qual as Câmaras Municipais são incumbidas, dentre outras funções, de promover visitas em prisões, a fim de avaliar o estado físico delas e apontar possíveis melhoramentos.

Por meio dos relatórios oriundos dessas visitas, constatou-se a situação caótica dos primeiros estabelecimentos penais do Brasil, sendo possível perceber, de forma nítida, que os episódios alarmantes relatados, à época, possuem clara correspondência com o que se vê hoje. O primeiro deles, a título de exemplo, datado de 1829, discorria sobre problemas como superlotação, mistura entre os presos já condenados e os que aguardavam condenação, dentre outros[3].

Devido a tais problemas, o debate sobre novas alternativas de encarceramento ganha mais força à medida que sistemas estrangeiros como o da Filadélfia e o de Auburn[4] tornam-se cada vez mais populares pelo mundo, sendo este último adotado nas Casas de Correção do Rio de Janeiro e São Paulo, que apesar dos bons resultados, não promoveram grandes mudanças no panorama geral do sistema penitenciário nacional.

Tendo em vista as críticas que o sistema sofria, o Código Penal de 1890 inclinou-se predominantemente ao sistema Irlandês, ou seja, previa passos progressivos à liberdade que ajustava o isolamento com a possibilidade de trabalho. Ocorre que, já se notava nessa época a extrema dificuldade de

---

[2] DI SANTIS, Bruno Morais; ENGBRUCH, Werner; D'ELIA, Fábio Suardi. *A evolução histórica do sistema prisional e a penitenciária do Estado de São Paulo*. 11. ed. [S.l.]: Publicação Oficial do Instituto Brasileiro de Ciências Criminais, 2012. Disponível em: <https://www.ibccrim.org.br/site/revistaLiberdades/_pdf/11/integra.pdf>. Acesso em: 1º maio 2018.

[3] DI SANTIS, Bruno Morais; ENGBRUCH, Werner; D'ELIA, Fábio Suardi, op. cit., p. 148.

[4] O Sistema da Filadélfia caracterizava-se por uma ideologia religiosa na qual o preso deveria ficar completamente isolado do mundo exterior, reservado unicamente na expiação da sua culpabilidade pelo ato praticado; enquanto que o modelo de Auburn acreditava que a regeneração do indivíduo estava no trabalho além dos muros do estabelecimento penitenciário, de tal forma que o ócio incentiva o incremento do crime.

estabelecimentos penais que comportassem espaço para trabalho como previa a lei, de tal forma que o déficit crescente de vagas tornava a execução ideal da pena uma tarefa impossível[5].

Devido aos problemas aparentes, um movimento, no final do século XX, iniciou-se na tentativa de modernizar os estabelecimentos penais, culminando na aprovação, em 1905, de uma Casa de Detenção, alcunhada de Carandiru, inaugurada na cidade de São Paulo em 1920, com capacidade inicial para comportar 1.200 pessoas.

Não demorou muito para que o lugar chegasse à sua capacidade máxima e começasse a sofrer com problemas de superlotação. Para conter invariáveis conflitos entre os presos, o Estado utilizava de violência e punições desproporcionais. As péssimas condições do estabelecimento geravam um ambiente propício para proliferação de doenças, estimando-se que 12% da população carcerária faleceu de tuberculose[6].

Quando da implementação da atual Lei de Execução Penal, vigente desde 1984, esperava-se que o referido Diploma pudesse abranger e resolver todos os problemas que circundavam o já falido sistema prisional. A lei previa ampla assistência aos condenados e às suas famílias, a regra da cela única em ambiente salubre, revelando-se uma norma bastante contundente quanto à obrigação do estabelecimento penal ter lotação compatível com a sua estrutura[7].

Entretanto, a superlotação na Casa de Detenção de São Paulo (Carandiru) chegava a um excedente de 200% sobre a capacidade de condenados para qual havia sido projetada[8], realidade que, não só estava em completo contrassenso com o dispositivo legal, mas que também não era pontual, sendo reflexo dos demais estabelecimentos prisionais do País.

O maior massacre da história prisional do país, em 1992, foi a resposta mais clara dos anos de má administração pública e de completa contradição entre a utopia das garantias da lei com a vida real dentro das prisões brasileiras.

A Lei 7.210/1984 foi considerada moderna e de vanguarda por todo o seu caráter humanista e de filosofia ressocializadora, tendo sido a Execução Penal

---

[5] DI SANTIS, Bruno Morais; ENGBRUCH, Werner; D'ELIA, Fábio Suardi, op. cit., p. 150.
[6] Ibidem, p. 151.
[7] Exposição de Motivos da Lei 7.210/1984.
[8] Mais informações em: <http://www.memorialdaresistenciasp.org.br/memorial/upload/memorial/bancodedados/130834479575080132_FICHA_COMPLETA_CARANDIRU.pdf>. Acesso em: 10 maio 2018.

elevada ao patamar de ciência jurídica. Todavia, a falta de implementação deste regramento pelos poderes públicos acirrou a problemática existente em torno da desastrosa história prisional brasileira, panorama esse subsistente nos tempos atuais.

3. ESTABELECIMENTOS PENAIS COMO DISPÕE A LEI 7.210/1984

Quando da sanção da Lei de Execução Penal, no dia 11 de julho de 1984, esperava-se que ela fosse capaz de colocar em prática todo o realismo humanista que os seus 204 artigos traziam. O art. 1º do referido Diploma traz em seu bojo o escopo dessa nova legislação: "a execução penal tem por objetivo efetivar as disposições de sentença ou decisão criminal e proporcionar condições para a harmônica integração social do condenado e do internado"[9]. Ou seja, dar pleno cumprimento às sentenças penais condenatórias ou absolutórias e conferir instrumentos que promovam a reinserção do egresso ao meio social são os vetores que movem, ou que deveriam mover, a fase de execução da pena. O Título IV da Lei em comento apresenta as disposições acerca dos estabelecimentos penais que, de início, esclarece serem estes reservados aos condenados, aos que foram submetidos à medida de segurança, a quem está preso provisoriamente e ao egresso.

Sobre o tema, Guilherme de Souza Nucci esclarece que os estabelecimentos penais são os locais apontados como os adequados para o cumprimento de pena nos regimes fechado, semiaberto e aberto, assim como servem para o implemento das medidas de segurança; por último, ainda se prestam para, quando necessário, acolher presos provisórios. Quanto às mulheres e os maiores de sessenta anos, estes devem ter lugares especiais para a execução das suas respectivas penas[10].

De forma geral, institui-se que esses locais devem ter espaço para assistência médica, atividades educacionais, trabalho e prática de esportes. Em virtude das particularidades de gênero e saúde física, a fim de respeitar a dignidade nesses casos específicos, a lei preconiza estabelecimento próprio para mulheres e os maiores de sessenta anos, adequados à condição de cada um. No caso específico da mulher, é preciso contar ainda com berçários onde a detenta possa cuidar e amamentar seus filhos até os seis meses de idade (art. 83, § 2º, da LEP).

---

[9] Art. 1º da Lei 7.210/1984.
[10] NUCCI, Guilherme de Souza. *Manual de processo penal e execução penal*. 13. ed. Rio de Janeiro: Forense, 2016. p. 604.

A Lei de Execução Penal, no art. 84, não ignorou o fato de que presos provisórios deveriam ficar separados dos condenados por sentença transitada em julgado, em respeito à presunção de inocência, princípio constitucionalmente reconhecido ao cidadão. Além disso, o recolhimento de presos provisórios no mesmo estabelecimento reservado aos condenados definitivamente agravaria, e de fato agrava, o problema da superlotação penitenciária, um dos principais óbices para a melhor administração prisional do País.

Na mesma lógica, estabeleceram-se critérios de separação entre os próprios condenados em definitivo, a depender da gravidade do crime e da periculosidade do apenado (art. 84 da LEP). Essa divisão tem como objetivo evitar a "contaminação" daqueles com maiores chances de não voltarem a delinquir dos que já possuem uma carreira no crime, impedindo assim que a prisão se torne um ambiente de "profissionalização" do crime. Nesse sentido, Nucci registra que "se cumprida à risca a lei, muito da alegada contaminação existente entre os condenados deixaria de existir afinal, primários não podem conviver com reincidentes, já que estes possuem maior dificuldade de recuperação"[11].

Diante disso, o art. 84, § 3º, da referida Lei estabelece, expressamente, os critérios de separação dos presos condenados, a fim de priorizar a ressocialização daqueles que possuem maiores possibilidades de reintegração social e evitar a corrupção destes misturando-os aos indivíduos considerados mais perigosos. São os objetivos: separar os condenados por crimes hediondos ou equiparados, os reincidentes condenados por crime cometidos com violência ou grave ameaça, os primários que foram condenados também por crimes cometidos com uso de violência ou grave ameaça, e, por fim, os demais presos.

Um dos principais contrassensos que a Lei 7.210/1984 expressamente tenta corrigir, mas sem muito êxito na prática, é o problema da superlotação carcerária. O esforço legal para coibir essa tradição reside justamente no histórico de ineficiência da execução penal no país(como já demonstrado em tópico anterior), uma vez que a exacerbação da capacidade de pessoas nos estabelecimentos penais dificulta, para não dizer impossibilita, qualquer tentativa de reeducação através do cumprimento da pena.

Dessa forma, a lotação do estabelecimento penal deve ser compatível com a sua estrutura e para o qual ele se destina; com esse objetivo estipula-se que o Conselho Nacional de Política Criminal e Penitenciária é o órgão responsável por definir o limite máximo de pessoas para cada unidade prisional, levando-se em consideração as particularidades de cada lugar (art. 85 da LEP). De tal forma, esse dispositivo leva a crer que é obrigação do Estado,

---

[11] Idem, p. 604.

enquanto garantidor da segurança pública, investir na criação de novas vagas para todas as espécies de regime nos moldes do que a lei estabelece. Nesses termos, Nucci elucida que "quando o presídio está superlotado a ressocialização torna-se muito mais difícil, dependente quase que exclusivamente da boa vontade individual de cada sentenciado"[12].

Segundo depreende-se da Lei de Execução Penal, no que tange à pena privativa de liberdade, o Brasil é adepto do sistema progressivo de cumprimento de pena, no qual o condenado vai do regime inicialmente imposto a ele em sentença condenatória até o regime imediatamente menos severo, sendo necessário cumprir determinados requisitos expressos em lei. Desse modo, a LEP dispões de diferentes tipos de estabelecimentos penais, a fim de se adequar a cada tipo de regime e às peculiaridades que o princípio da individualização da pena impõe.

3.1 Da penitenciária (arts. 87 a 90 da LEP)

Destina-se a abrigar aquele que foi condenado à pena de reclusão em regime fechado, aos presos provisórios e aos condenados em regime disciplinar diferenciado. Fica União, o Distrito Federal e os territórios encarregados de construir estabelecimentos próprios para esses casos.

A própria Lei de Execução Penal estabelece as condições mínimas das penitenciárias. Assim, deverá, obrigatoriamente, haver cela individual com área mínima de 6,00 metros quadrados, a qual contará com dormitório, aparelho sanitário e lavatório que respeite categorias básicas de salubridade.

Ora, não é difícil perceber que o sistema penitenciário do país não corresponde aos ditames postos pela legislação, pois entre o idealismo da Lei e a realidade das penitenciárias existe um abismo profundo. No julgamento de um *Habeas Corpus* 14.467, o desembargador relator Amaury Moura afirmou, em outras palavras, que o aparelhamento prisional do Brasil ainda não se adequou ao que a Lei estabelece, de tal forma que não há no país nenhum estabelecimento penal nos moldes do idealismo da LEP, todavia, mesmo com as condições precárias que os presos precisam conviver, mal maior seria a recolocação destes à convivência social quando ainda não recuperados[13].

---

[12] Idem, p. 604.

[13] "É público e notório que o sistema carcerário brasileiro ainda não se ajustou à programação visada pela LEP. Não há, reconhecidamente, presídio adequado ao idealismo programático da LEP. É verdade que, em face da carência absoluta nos presídios, notadamente no Brasil, os apenados recolhidos sempre reclamam

Quanto às penitenciárias femininas, a lei estabelece algumas particularidades em respeito ao princípio da dignidade da pessoa humana e da individualização da pena, tais como seção para gestante e parturiente e de creche para que possa cuidar e dar assistência para as crianças maiores de seis meses e menores de sete anos[14].

Por fim, a LEP estabelece que as penitenciárias masculinas ficaram distantes do centro urbano, mas a uma distância que não restrinja a visitação. Essa foi uma preocupação tardia do legislador, surgindo apenas quando a pena de prisão se transformou na protagonista das sanções o que levou à idealização mais reformadora do sistema[15].

3.2 Da colônia agrícola, industrial ou similar (arts. 91 a 92 da LEP)

Destina-se ao condenado em cumprimento de pena privativa de liberdade em regime semiaberto, àqueles oriundos do regime fechado beneficiados pela progressão e aos que foram regredidos do regime aberto. Os condenados serão abrigados em compartimentos coletivos observado o limite da capacidade máxima do estabelecimento e a sua pena está intimamente relacionada ao seu trabalho.

Ocorre que existe a inaplicabilidade da Lei quanto a esse tipo de regime, primeiro, porque há um déficit desmedido de vagas para o atendimento de todos que fariam jus ao semiaberto, fazendo com que muitas vezes a pena seja cumprida em regime mais gravoso; segundo, porque deixar o condenado, diretamente na sentença, ao regime semiaberto no regime fechado, aguardando vaga, agrava o problema na superlotação carcerária[16].

De acordo com o Departamento Penitenciário Nacional (DEPEN) em levantamento de informações de junho de 2016, do total nacional, 15% da população condenada cumpre pena em regime semiaberto e apenas 8% dos estabelecimentos prisionais do Brasil destinam-se a esse tipo de regime. Quanto às vagas, a pesquisa aponta que, para o regime fechado, somam

---

mal-estar nas acomodações, constrangimento ilegal e impossibilidade de readaptação à vida social. Por outro lado, é de sentir que, certamente, mal maior seria a reposição à convivência da sociedade de apenado não recuperado provadamente, sem condições de com ela existir" (TJRN, HC 14.467, Tribunal Pleno, Rel. Des. Amaury Moura, j. 07.08.1996, v.u., *RT* 736/685).

[14] Art. 89, *caput*, da LEP.
[15] GOULART, Henri. *Penologia I*. São Paulo: May Love, 1975. p. 120.
[16] MARCÃO, Renato. *Curso de execução penal*. 13. ed. São Paulo: Saraiva, 2015. p. 138-139.

171.664, restando apenas 77.106 vagas para as demais formas de execução, distribuídas entre as medidas de segurança, regime aberto e semiaberto e para esse último a taxa de ocupação chega a 170%. Por fim, acerca da carência de locais adequados, o relatório destaca em nos estados de Sergipe e Alagoas sequer havia vagas destinadas ao cumprimento de pena em semiaberto[17].

Diante dessa realidade, o Supremo Tribunal Federal, editou a Súmula Vinculante 56, no sentido de que a carência do estabelecimento penal adequado para um determinado regime de cumprimento de pena, não autoriza a permanência do apenado em regime mais severo[18]. Sobre a aplicação desse entendimento, a jurisprudência atual vem decidindo que, na ausência de locais adequados para o cumprimento de pena no regime semiaberto, e diante da proibição de manter o condenado em situação mais gravosa do que a lei determina, deve haver a colocação deste em prisão domiciliar.[19]

3.3 Da casa de albergado (arts. 93 a 95 da LEP)

Destina-se a abrigar aqueles que foram condenados à pena privativa de liberdade em regime aberto e aos que cumprem pena de limitação de fim de semana. O prédio reservado a esse fim deverá situar-se em centro urbano, separado de outros estabelecimentos e não deve haver qualquer impeditivo à

---

[17] MINISTÉRIO DA JUSTIÇA. Departamento Penitenciário Nacional. *Levantamento nacional de informações penitenciárias InfoPen-junho de 2016*. Disponível em: <http://www.justica.gov.br/news/mj-divulgara-novo-relatorio-do-infopen--nesta-terca-feira/relatorio-depen-versao-web.pdf>. Acesso em: 2 jun. 2018.

[18] Súmula Vinculante 56: "A falta de estabelecimento penal adequado não autoriza a manutenção do condenado em regime prisional mais gravoso, devendo-se observar, nessa hipótese, os parâmetros fixados no RE 641.320/RS".

[19] "(...) o enunciado vinculante tem por objetivo evitar que o condenado cumpra pena em regime mais gravoso do que o determinado na sentença; ou (...) do que o autorizado por lei, em razão da inexistência de vagas ou de condições específicas que o possibilitem. (...) 8. No presente caso, e do que se colhe dos autos, o reclamante faz jus à progressão de regime do fechado para o semiaberto, mas, em razão da ausência de estabelecimentos adequados ao cumprimento da pena em regime semiaberto, o Juízo da Execução Penal, apreciando o caso concreto, de forma fundamentada, determinara a sua colocação em prisão domiciliar. Esta decisão, contudo, foi reformada pelo Tribunal de Justiça de Santa Catarina, o qual determinou o retorno do reclamante ao regime fechado. 9. Nesta análise perfunctória, entendo que existe plausibilidade no direito do reclamante (...)" (Rcl 24.840 MC, Rel. Min. Roberto Barroso, Decisão Monocrática, j. 10.08.2016, *DJe* 15.08.2016).

fuga, uma vez que tal estabelecimento caracteriza-se pelo senso de disciplina e responsabilidade do albergado.

A lei impõe uma Casa de albergado, que deverá conter não somete os espaços para acomodar os presos, mas também ambiente para ministrar cursos e palestras.

Ocorre que, o sistema de execução penal do país sofre com a quase completa ausência desse tipo de estabelecimento, fazendo com que o cumprimento dessas penas (regime aberto e limitação de fim de semana) ocorra em regime domiciliar sem qualquer fiscalização efetiva do Estado[20].

Diante disso, o entendimento do Supremo Tribunal Federal[21] é no sentido de que o condenado não pode ter sua pena agravada por omissão do Estado. Na mesma linha vem decidindo o Superior Tribunal de Justiça que, nas hipóteses de o condenando não cumprir pena no regime adequado por culpa do Estado, caracteriza-se constrangimento ilegal, sendo permitindo, assim a colocação deste em regime domiciliar[22].

3.4 Do centro de observação (arts. 96 a 98 da LEP)

Destina-se à realização de exames gerais e o criminológico, cujos resultados serão encaminhados à Comissão Técnica de Classificação, em respeito ao princípio da individualização da pena. Esse centro de observação pode ter unidade autônoma ou ser instalado em anexo a algum estabelecimento penal.

---

[20] Para demonstrar tal alternativa, foi assim que o Tribunal de Justiça de Minas Gerais já teve oportunidade de decidir: "A prisão domiciliar deve ser deferida nos casos em que, fixado o regime aberto, inexistem vagas em casas de albergado para que o sentenciado inicie o cumprimento da reprimenda, sob pena de ofensa aos princípios da dignidade da pessoa humana e da individualização da pena" (Emb. Infr. 0431036-12.2010.8.13.0000/MG, 2ª C.C., Rel. Nelson Missias de Morais, 07.04.2011).

[21] STF, HC 87.985/SP, 2ª T., Rel. Celso de Mello, j. 20.03.2007. *Informativo do STF* n. 460.

[22] "Hipótese em que há flagrante constrangimento ilegal. Se, por culpa do Estado, o condenado não vem cumprindo pena em estabelecimento prisional adequado ao regime fixado na decisão judicial (aberto), resta caracterizado o constrangimento ilegal. A superlotação e a precariedade do estabelecimento penal, é dizer, a ausência de condições necessárias ao cumprimento da pena em regime aberto, permite ao condenado a possibilidade de ser colocado em prisão domiciliar, até que solvida a pendência, em homenagem aos princípios da dignidade da pessoa humana, da humanidade da pena e da individualização da pena" (HC 248.358/RS, 6ª T., Rel. Maria Thereza de Assis Moura, 11.04.2013, v.u.).

Todavia, a insuficiência de centros de observação vem fazendo com que esses exames deixem de ser realizados, o que de certa forma viola princípios constitucionais penais, como o da individualização executória da pena.

3.5 Do hospital de custódia e tratamento psiquiátrico (arts. 99 a 101 da LEP)

Destina-se aos inimputáveis (art. 26, *caput*, do CP) e os semi-imputáveis (art. 26, parágrafo único, do CP), ou seja, aqueles que cumprem medida de segurança. Nesses locais, a lei estabelece deva ser realizado exame psiquiátrico e quaisquer outros exames necessários a todos os internados.

Porém, como se é de esperar, não há vagas suficientes nesses estabelecimentos para que a medida de segurança seja adequadamente cumprida. No Estado de São Paulo, por exemplo, existem apenas três hospitais de custódia e tratamento psiquiátrico, na unidade hospitalar de Franco da Rocha – HCTP 1. A ala masculina tem capacidade de tratamento de 110 pessoas, mas contém uma população de 196 internos[23].

No ano de 2011, por exemplo, havia no Brasil 23 Hospitais de custódia e tratamento psiquiátrico, notando-se maior concentração na Região Sudeste e Nordeste, com 38% e 31% respectivamente desse tipo de estabelecimento penal. Em contrapartida, Estados como Alagoas, Amazonas, Bahia, Ceará, Espírito Santo, Mato Grosso, Pará, Paraíba, Paraná, Pernambuco, Piauí, Rio Grande do Norte, Rio Grande do Sul, Rondônia, Sergipe e Santa Catarina contavam com apenas um estabelecimento de custódia e tratamento, assim como o Distrito Federal. Enquanto que o Acre, Amapá, Goiás, Maranhão, Mato Grosso do Sul, Roraima e Tocantins nem sequer possuíam um hospital destinado a esse fim[24].

Dessa forma, não se pode esperar que o Estado exija que a medida de segurança seja cumprida sem que haja estrutura e aparelhamento para isso, não podendo ser permitido que ela seja realizada em cadeia pública ou qualquer outro estabelecimento inadequado por pura omissão estatal.

---

[23] Mais informações em: <http://www.sap.sp.gov.br/>.
[24] DINIZ, Deborah. *A custódia e tratamento psiquiátrico no Brasil*: censo 2011. Brasília: Letras Livres: UNB, 2013. Disponível em: <http://newpsi.bvs-psi.org.br/ebooks2010/pt/Acervo_files/custodia_tratamento_psiquiatrico_no_brasil_censo2011.pdf>. Acesso em: 1º jun. 2018.

3.6 Da cadeia pública (art. 102 a 104 da LEP)

Destina-se aos presos provisórios, aqueles que foram recolhidos em razão de prisão em flagrante, prisão temporária e prisão preventiva. A lei impõe que cada comarca contará com ao menos uma cadeia pública que, além de resguardar o interesse na persecução criminal, garantirá a permanência do preso provisório próximo ao seu local familiar e social.

Esse dispositivo reafirma a necessidade de separar os condenados por sentença definitiva dos que estão presos provisoriamente, em respeito ao princípio da presunção de inocência, devendo os que estão detidos provisoriamente estarem nessa condição apenas para acautelarem o processo[25].

Nesses termos assevera Mirabete que a instituição da Cadeia Pública, para abrigar presos provisórios e deixá-los separados dos condenados por sentença definitiva, é necessária, uma vez que o instituto da prisão provisória se presta apenas à custódia daquele que está sendo investigado pela prática de um crime para que, assim, possa colaborar e ficar à disposição da justiça criminal, não devendo ter outras limitações senão aquelas necessárias inerentes e necessárias à devida persecução penal[26].

Entretanto, diante do caótico sistema penitenciário brasileiro, não é incomum que as cadeias públicas estejam lotadas de presos com condenação definitiva, mas o recolhimento desses condenados em tais cadeias é reflexo da decadência que o sistema vem historicamente sofrendo.

---

[25] É importante destacar que recentemente uma decisão da referida Suprema Corte que relativizou o princípio constitucional da presunção de inocência, admitindo execução de pena após decisão de segunda instância (julgamento do HC 126.292/SP, em 17 de fevereiro de 2016). Assim, os que eram considerados presos provisórios, passaram a ser condenados em cumprimento de pena. Mas, essa decisão do STF ainda se encontra cercada de polêmicas pela própria Corte Suprema, ou seja, deverá ser revista no futuro.

[26] "A separação instituída com a destinação à Cadeia Pública é necessária, pois a finalidade da prisão provisória é apenas a custódia daquele a quem se imputa a prática do crime a fim de que fique à disposição da autoridade judicial durante o inquérito ou a ação penal e não para o cumprimento da pena, que não foi imposta ou que não é definitiva. Como a execução penal somente pode ser iniciada após o transito em julgado da sentença, a prisão provisória não deve ter outras limitações se não as determinadas pela necessidade da custódia e pela segurança e ordem dos estabelecimentos" (MIRABETE, Julio F. *Execução penal*. 9. ed. São Paulo: Atlas, 2000. p. 263).

4. DOS PRINCIPAIS PROBLEMAS ENFRENTADOS PELO SISTEMA PENITENCIÁRIO BRASILEIRO

Em um Estado Democrático do Direito, a preocupação com segurança pública e política criminal é de extrema importância, de tal forma que assuntos, como execução penal, requerem a maior adequação possível com os princípios penais constitucionalmente garantidos. Como já discutido em tópicos anteriores, o sistema penitenciário brasileiro vem repetidamente falhando com os fins do próprio ordenamento jurídico criminal, refletindo inúmeras tentativas frustradas de solução do problema.

No que tange à temática dos estabelecimentos penais, as problemáticas são diversas, mas têm como denominador comum o descaso dos poderes públicos somado à falta de interesse político sobre do tema. As ações, quando tomadas, para contornar a situação calamitosa, se resumem a medidas meramente paliativas que, de fato, não resolvem as raízes das principais questões que dificultam a adequada execução da pena.

4.1 Da superlotação

Talvez este seja o maior e o mais elementar problema que desmantela todo o sistema prisional brasileiro e sempre representou um desafio ao ordenamento jurídico penal e à política criminal, uma vez que a superlotação carcerária, além de representar uma realidade crônica, promove e agrava uma série de outros obstáculos à adequada execução penal.

Em relatório divulgado pelo DEPEN, constatou-se que, em junho de 2014, a população prisional era de 607.731 pessoas; no sistema penitenciário, especificamente, esse número era de 579.423 e a quantidade de vagas que o sistema oferecia girava em torno de 376.669, o que representa um déficit de 231.062 vagas, com uma taxa de ocupação de 161%. É uma proporção de quase 300 presos por cada cem mil habitantes, ou seja, existem cerca de dezesseis pessoas presas em um lugar onde caberiam apenas dez[27].

Esses dados não deixam dúvidas quanto à gravidade da questão, da falha do poder público em conter a criminalidade e da cultura de priorizar a pena de prisão em detrimento de penas alternativas. Desde os anos 2000, a população prisional cresceu em média 7% ao ano, o que representou um

---

[27] Infopen, jun./2014; Senasp, dez./2013; IBGE, 2014.

aumento em 161%, porcentagem dez vezes maior do que o aumento da população brasileira[28].

É forte a crítica feita pela preferência do Brasil em seguir um fluxo mundial, especialmente visualizado na Europa e nos Estados Unidos da América, da primazia pelas penas privativas de liberdade como o maior instrumento de combate ao crime. Na visão de Sandro Cabral, em sua tese de doutorado, o legislador criou condições de prisão que são impossíveis de ser adimplidas na prática, de tal forma que o número da população aprisionada no país vem crescendo ao longo dos anos, resultado de uma política de enrijecimento das penas e do menosprezo das penas alternativas à prisão[29].

O excesso de pessoas em locais que fisicamente não foram construídos para comportarem tal número acarreta diversos tipos de danos, que não são intrínsecos à punição estabelecida em juízo. O ambiente carcerário nos moldes em que se apresenta na imensa maioria dos Estados do Brasil representa uma dupla penalidade, não somente quanto à restrição da liberdade, mas também somados os prejuízos à saúde adquiridos pela maioria dos apenados durante a permanência no cárcere.

São várias as doenças contraídas na prisão; as mais comuns são de cunho respiratório, como tuberculose e pneumonia; também é considerável o número de ocorrências de hepatite e AIDS. Segundo levantamento do Infopen de junho de 2014, 1,21% dos presos de todas as unidades que participaram

---

[28] MINISTÉRIO DA JUSTIÇA. Departamento Penitenciário Nacional. *Levantamento nacional de informações penitenciárias InfoPen-junho de 2014*. Disponível em: <http://www.justica.gov.br/news/mj-divulgara-novo-relatorio-do-infopen-nesta-terca-feira/relatorio-depen-versao-web.pdf>. Acesso em: 16 maio 2018, p. 15.

[29] "É evidente que o legislador idealizou uma condição de encarceramento impossível de implementação prática, sobretudo considerando os limites orçamentários enfrentados pelos governos (...). Seguindo uma tendência experimentada por outros países, o Brasil tem vivenciado ao longo dos últimos anos um crescente aumento das populações carcerárias, misto de incrementos de taxas de criminalidade, do recrudescimento das políticas criminais, do endurecimento das penas e da exagerada opção pelas penas de privação de liberdade como mecanismo de combate ao crime e de proteção da sociedade" (CABRAL, Sandro. *Além das grades: uma análise comparada das modalidades de gestão do sistema prisional*. 2006. Tese de doutorado (Escola de Administração) – Universidade Federal da Bahia, [S.l.], 2006. Disponível em: <http://www.adm.ufba.br/pt-br/publicacao/alem-grades-analise-comparada-modalidades-gestao-sistema-prisional>. Acesso em: 4 maio 2018, p. 122).

da pesquisa são portadores do vírus HIV, o que representa 1215,5 pessoas soropositivas para cada 100 mil presos[30].

Além disso, a superlotação representa um alto custo econômico para o país, uma vez que, além preço intrínseco à manutenção do cárcere, há o custo da criminalidade que a prisão não consegue reprimir, demonstrado pelos índices de reincidência, por exemplo. Estima-se que a criação de uma nova vaga no sistema federal, a título de exemplo, custe por volta de R$ 120.000,00 (cento e vinte mil reais), já a manutenção de um preso representa alto valor, podendo variar entre R$ 700,00 (setecentos reais) a R$ 2.000,00 (dois mil reais), a depender do Estado federado[31].

Como mencionado, esse é um dos problemas mais elementares do sistema prisional do Brasil, já que corrobora para que diversos outros desdobrem-se e acabem por resultar no cenário nefasto não somente da execução penal, mas também da segurança pública. É sobre esses desdobramentos que este trabalho continua a tratar.

4.2 Da reincidência

Em que pese o tema, a reincidência é o principal indício de que a execução penal e, mais especificamente, o sistema prisional brasileiro não está cumprindo as suas finalidades, notadamente no que tange a promover a ressocialização de qualquer pessoa. A Lei 7.210/1984 deixa claro que um dos seus escopos é proporcionar uma harmônica integração social do condenado. Ocorre que, sob o pretexto de garantir a segurança pública, suprime-se direitos resguardados em Lei, não restando espaço para quaisquer tentativas de reeducação do condenado.

---

[30] "Foram identificadas 2.864 pessoas portadoras do vírus HIV. Esse total representa 12,1% do total de presos nas unidades que informaram o dado, o que equivale a uma taxa de incidência de 1215,5 pessoas soropositivas para cada cem mil presos, proporção sessenta vezes maior que a taxa da população brasileira total, de 20,4. Por seu turno, a taxa de pessoas presas com tuberculose é de 940,9, ao passo que na população total é de 24,4, frequência 38 vezes menor" (Datasus, 2012).

[31] TEIXEIRA, Sérgio William Domingues. *Estudo sobre a evolução da pena, dos sistemas penais e da realidade brasileira em execução penal: propostas para melhoria do desempenho de uma vara de execução penal.* 2008. Dissertação de mestrado (Escola de Direito do Rio de Janeiro) – Fundação Getulio Vargas, [S.l.], 2008. Disponível em: <http://bibliotecadigital.fgv.br/dspace/bitstream/handle/10438/4218/DMPPJ%20-%20SERGIO%20WILLIAM%20TEIXEIRA.pdf?sequence=1&isAllowed=y>. Acesso em: 8 maio 2018, p. 101-102.

O conceito de reincidência criminal abarca diferentes acepções; esse termo é muito comum ser indiscriminadamente utilizado para se referir a ampla reiteração de atos criminosos, com a consequente consolidação de carreira no mundo do crime. O Código Penal, por sua vez, optou por um conceito mais específico e técnico, considerando reincidente aquele que cometeu novo crime, depois de transitada em julgado a sentença que o tenha condenado a crime anterior, desde que entre o cumprimento de uma pena e a determinação da nova sentença seja inferior a cinco anos[32].

No que tange às pesquisas sobre o tema, estas ainda são escassas, o que leva à dificuldade de analisar a veracidade de algumas notícias, pois os trabalhos usam diferentes conceitos de reincidência; contudo, os números são sempre altos, sendo que as menores estimativas giram em torno de 30%[33].

QUADRO 1
Principais pesquisas nacionais sobre reincidência

Autor	Título	Conceito de reincidência utilizado na pesquisa	Taxa de reincidência
Sérgio Adorno; Eliana Bordini	*A Prisão sob a Ótica de seus Protagonistas*: itinerário de uma pesquisa.	Reincidência criminal – mais de um crime, condenação em dois deles, independentemente dos cinco anos.	São Paulo: 29,34%.
Sérgio Adorno; Eliana Bordini	*Reincidência e Reincidentes Penitenciários em São Paulo (1974-1985)*.	Reincidência penitenciária – reingresso no sistema penitenciário para cumprir pena ou medida de segurança.	São Paulo: 46,3%.
Julita Lemgruber	*Reincidência e Reincidentes Penitenciários no Sistema Penal do Estado do Rio de Janeiro*.	Reincidência penitenciária – reingresso no sistema penitenciário para cumprir pena ou medida de segurança. Segundo a autora: "compreende reincidente penitenciário como quem tendo cumprido (tal) pena ou (tal) medida de segurança, veio a ser novamente recolhido a estabelecimento penal para cumprir nova pena ou medida de segurança" (Lemgruber, 1989, p. 45).	Rio de Janeiro: 30,7%.
Túlio Kahn	*Além das Grades*: radiografia e alternativas ao sistema prisional.	Reincidência penal – nova condenação, mas não necessariamente para cumprimento de pena de prisão. Segundo Kahn, pode-se assumir que nos casos de crimes mais graves os conceitos de reincidência penal e reincidência penitenciária medem basicamente as mesmas coisas, uma vez que crimes graves quase sempre são punidos com prisão.	São Paulo: 50%, em 1994; 45,2%, em 1995; 47%, em 1996; na década de 1970, a taxa não passou de 32%.
Depen	Dados de 2001 para Brasil e de 2006 para Minas Gerais, Alagoas, Pernambuco e Rio de Janeiro.	Reincidência penitenciária – considerando presos condenados e provisórios com passagem anterior no sistema prisional.	Brasil: 70%; e Minas Gerais, Alagoas, Pernambuco e Rio de Janeiro: 55,15%.

Fonte: Pesquisa Ipea/CNJ, 2013 (revisão bibliográfica).
Elaboração dos autores.

Se dentro do sistema prisional não são oferecidas as condições mínimas de assistência, educação e trabalho, fora dele a situação é ainda mais negligente, visto que o egresso fica em completo estado de desamparo social

---

[32] Arts. 63 e 64 do Código Penal.
[33] GOVERNO FEDERAL. Instituto de Pesquisa Econômica Aplicada. *Reincidência criminal no Brasil: relatório de pesquisa*. Rio de Janeiro, 2015. Disponível em <http://www.ipea.gov.br/agencia/images/stories/PDFs/relatoriopesquisa/150611_relatorio_reincidencia_criminal.pdf>. Acesso em: 1º maio 2018, p. 12.

e sob o forte estigma de ser "criminoso", dificultando ou impossibilitando a sua reinserção no mercado de trabalho, não sendo raras as vezes em que o crime seja, novamente, uma alternativa rentável. Sobre o tema, Teixeira afirma que, quando o egresso retorna ao convívio social, começa a busca por uma atividade rentável; no entanto, soma-se as dificuldades de inclusão ao mercado de trabalho, não só do egresso, mas também de sua família[34].

Sobre o assunto, Sérgio Salomão Shecaira destaca que o estigma de delinquente promove a imersão cada vez mais profunda do indivíduo nesse papel, levando-o mais facilmente à reincidência[35]. Dessa maneira, garantir ao egresso uma efetiva ressocialização é também um trabalho cultural de enxergar naquele que cumpriu sua pena, um cidadão.

4.3 Organizações criminosas

Umas das consequências do desamparo do Estado dentro do sistema carcerário é a associação dos presos a organizações criminosas. Dentro do estabelecimento penal, o condenado muitas vezes é visto como só mais um número para dados estatísticos, a sua existência é reduzida à condição mais indigna.

Com a insuficiência e o despreparo dos agentes penitenciários, lideranças são estabelecidas e reconhecidas por aqueles que, na maioria das vezes, as apoiam para garantir a disciplina e evitar conflitos dentro do sistema. Todavia, a maior questão nesse cenário se dá quando o Estado, por meio dos profissionais encarregados de manter a ordem nos estabelecimentos prisionais, não mais conseguem controlá-los sem a participação dessas lideranças, de tal forma que esses presos, diante da omissão estatal, passam a ter a adesão

---

[34] "Quando chegam as suas casas, muitos egressos despertam para o fato de que representam para as suas famílias um aumento nos gastos. A busca para compensar esse aumento dos gastos ocorre através da contrapartida em renda, o que significa a colocação imediata em alguma ocupação rentável, entretanto, problemas como as dificuldades de acesso a direitos sociais e inclusão no mercado formal de trabalho, são questões presentes na realidade em que os egressos do sistema penitenciário e suas famílias estão inseridos" (TEIXEIRA, Bruno Ferreira. *Gato escaldado em teto de zinco quente : uma análise sobre os egressos do sistema penitenciário*. 2007. Dissertação de mestrado (Escola de Serviço Social) – Universidade Federal do Rio de Janeiro, [S.l.], 2007. Disponível em: <http://www.dominiopublico.gov.br/pesquisa/DetalheObraDownload.do?select_action=&co_obra=89154&co_midia=2>. Acesso em: 1º maio 2018, p. 80).

[35] SHECAIRA, Sérgio Salomão. *Criminologia*. 4. ed. São Paulo, 2012. p. 256-257.

dos demais detentos, que enxergam nesses grupos a sua chance de serem reconhecidos e respeitados.

Assim, por meio do assistencialismo e do sentimento de insatisfação e revolta dos presos, esses grupos, desde 1960, tornam-se cada vez mais sólidos em quase todos os estabelecimentos prisionais do país.

A título exemplificativo, o Primeiro Comando da Capital (PCC) começou a se articular em 1992, justamente após o episódio que ficou conhecido como o Massacre do Carandiru, em resposta à violência estatal. Em princípio, tinha como objetivos combater os maus-tratos do sistema prisional e evitar novos massacres, mas, posteriormente, passou a ser a obtenção de lucro através do tráfico de drogas, extorsão, atentados, sequestros, entre outras práticas que levaram o PCC a ser símbolo de violência[36].

A evolução do crime e a consequente incapacidade do Estado de conter esse avanço, juntamente com o número crescente de pessoas encarceradas, são algumas das explicações para a proliferação e profissionalização nas organizações criminosas. Segundo Adorno, a organização do crime em moldes empresariais conecta e alastra diferentes formas de delinquência, caracterizando-se, especialmente, pelo uso da violência e corrupção de agentes públicos[37].

A existência de grupos como o PCC, Comando Revolucionário Brasileiro da Criminalidade, Comando Vermelho, entre outros, revelam a inércia do Estado como o responsável por efetivar os direitos e garantias dos presos, o que ocasiona a solidificação cada vez mais profunda das organizações criminosas no sistema prisional.

---

[36] ALMEIDA, Gustavo Portela Barata. *A inaplicabilidade da Lei de Execução penal e seus reflexos nos reclusos e egressos do cárcere em Sorocaba*. 2008. Tese de doutorado (Doutorado em Direito) – Pontifícia Universidade Católica de São Paulo, [S.l.], 2008. Disponível em: <https://tede2.pucsp.br/handle/handle/8005>. Acesso em: 11 maio 2018, p. 160.

[37] "Cada vez mais, o crime organizado segundo moldes empresariais e com bases transnacionais vai-se de impondo, colonizando e conectando diferentes formas de criminalidade (crimes contra a pessoa, contra o patrimônio, contra o sistema financeiro, contra a economia popular). Seus sintomas mais visíveis compreendem emprego de violência excessiva mediante uso de potentes armas de fogo (daí a função estratégica do contrabando de armas), corrupção de agentes do poder público, acentuados desarranjos no tecido social, desorganização das formas convencionais de controle social. Na mesma direção, agrava-se o cenário das graves violações de direitos humanos" (ADORNO, S. Crime e violência na sociedade brasileira contemporânea. *Jornal de Psicologia-PSI*, abr.-jun. 2002, p. 7-8).

4.4 Da inaplicabilidade da Lei de Execução Penal

Quando da entrada em vigor da Lei 7.210/1984, a mesma foi considerada por muitos uma legislação moderna e uma das mais avançadas no mundo no que tange ao reconhecimento e respeito aos direitos humanos dos presos, ao conter previsões protegendo direitos substantivos e processuais, tratamento individualizado, assistências de todo tipo e, especialmente, a reintegração do egresso à sociedade.

A atual crise do sistema carcerário brasileiro surge justamente da aplicação ineficaz ou da própria inaplicabilidade desses dispositivos legais. Os problemas já citados e tantos outros que coexistem com esse sistema estão em completo confronto com as garantias previstas na Lei de Execução Penal, o que leva a pensar que, se esta fosse aplicada nos seus exatos moldes, o cenário com certeza seria outro.

Vale destacar, ainda, que os inúmeros problemas existentes na execução penal não residem unicamente nas penitenciárias, mas o próprio modelo de cumprimento de pena em progressão de regimes encontra-se deficitário, como já analisado em tópicos anteriores, sendo necessária urgente reforma que vise a resolver os pontos criticados.

No regime fechado já ficou clara a superlotação, as condições precárias de acomodação, não há trabalho ou estudo; no semiaberto, o mesmo cenário é transportado, não há trabalho ou estudo formal dentro das colônias, tampouco uma suficiente fiscalização dos condenados, transformando-se, na prática, em uma casa de albergado, já que, na ausência de trabalho, os condenados apenas se recolhem para dormir; aliás, a casa do albergado praticamente não há no Brasil, levando o Poder Judiciário a autorizar aos condenados em regime aberto a cumprir suas penas em prisão albergue domiciliar, situação que, por Lei, só deveria ser permitida a casos excepcionais (art. 117 da LEP).

Ora, não se pode pretender solucionar uma questão dessa magnitude com medidas que, no mais das vezes, são anódinas a curto prazo e para saciar uma coação midiática. Enquanto não houver investimento, vontade política e engajamento dos três Poderes da República para mudar esse panorama, tudo permanecerá em seu estado crítico atual.

Diante desse quadro, entende-se ser urgente a atuação do Poder Executivo no que se refere a investir na reforma e na visível necessidade de construir novos estabelecimentos penais adequados à lei e às finalidades que a pena impõe; afinal, em todos os graus de progressão de regime, há déficit de vagas e de condições mínimas de salubridade, o que torna o sistema progressivo fictício, uma vez que eles não existem como demanda a LEP. Ao Poder Legislativo, por sua vez, é necessário não somente atualizar a legislação penal, processual e de execução penal, mas também tipificar criminalmente a omissão do chefe do executivo quando não implementar as adequações que se fazem necessárias nos estabelecimentos reservados ao cumprimento de pena.

5. PROJETO DE LEI 9.054/2017

Quanto ao Poder Legislativo, este deve assumir o seu papel e reformular a legislação penal, processual penal e de execução penal, a fim de atualizá-las à realidade e torná-las mais efetivas. Nesse diapasão, o recente Projeto de Lei 9.054/2017 (trâmite na Câmara dos Deputados)pretende realizar uma ampla reforma à Lei 7.210/1984, elaborado que foi pela Comissão de Juristas coordenada pelo ex-ministro do Superior Tribunal de Justiça, Sidnei Beneti[38].

A proposta de reforma apresenta uma série de mudanças e medidas que pretendem enfrentar os problemas já citados em tópicos anteriores, baseando-se nos princípios da humanização da sanção penal, efetividade do cumprimento da pena, ressocialização do sentenciado, desburocratização dos procedimentos, informatização e maior previsibilidade da execução penal. Além disso, o projeto parte do pressuposto de que o sistema atual não está constituído para cumprir a sua missão de ressocializar, antes disso, é um aparelho voltado ao encarceramento e burocratização.

No que tange ao tema dos estabelecimentos penais, a proposta de lei reúne seus esforços para combater a superlotação e promover a ressocialização. Sobre essas medidas o Senado Federal expôs grande preocupação com o processo de reinserção do egresso à sociedade, quando estabelece a valorização do trabalho dos detentos, a possibilidade de uso de telefone público, a fim de desmantelar o poder das organizações criminosas e antecipação de progressão de regime ou outro benefício com o intuito de controlar a população carcerária[39].

---

[38] CONGRESSO NACIONAL. *Projeto de Lei 9.054/17*. Disponível em: <http://www.camara.gov.br/proposicoesWeb/fichadetramitacao?idProposicao=2160836>. Acesso em: 1º maio 2018.

[39] "Entre as alterações previstas no projeto estão a valorização do trabalho dos detentos; a previsão expressa de incentivo fiscal para empresas que contratarem presos e egressos e de parcerias público-privadas para a educação e profissionalização dos presos; possibilidade de uso de telefone público (monitorado), o que pode contribuir para diminuir o poder das organizações criminosas em relação ao uso clandestino de celulares; e progressão antecipada de regime em caso de superlotação de presídio como direito do preso" (Matéria publicada do site oficial do Senado Federal. Disponível em: <https://www12.senado.leg.br/

5.1 Dispositivos alterados

Primeiramente, o Projeto 9.054/2017 altera o art. 82 da Lei de Execução Penal, ao direcionar os estabelecimentos penais apenas para os condenados, presos provisórios e ao egresso, retirando desse rol os que forem submetidos à medida de segurança, uma vez que não há previsão de hospital de custódia ou de tratamento psiquiátrico.

O art. 84, § 2º, da atual LEP traz, de forma muito ampla, a separação dos demais presos da pessoa que foi funcionária da Administração da Justiça Criminal, dispositivo que visa preservar a integridade física de pessoas passíveis de perseguição no sistema penitenciário. O que a nova proposta faz é tornar esse rol mais claro, especificando quais são esses profissionais que necessitam estar separados dos demais, v.g., o policial de qualquer modalidade, o servidor a qualquer título do sistema de Justiça Criminal ou o servidor da administração penal, também a qualquer título.

No art. 85, fica indicada a preocupação que o Projeto demonstra ter com a superlotação carcerária. O atual art. 85 da LEP apenas menciona que o estabelecimento penal deverá ter lotação compatível com a sua estrutura e finalidade. Na proposta de reforma, acrescenta-se ser vedado o recebimento de presos além da capacidade prevista, modificação que implicará consequências outras.

Ora, a hodierna Lei de Execução Penal se manifesta no sentido de não permitir que a capacidade destinada a um determinado estabelecimento penal seja excedida; nem por isso evitou-se situações como já foram elencadas nesse trabalho, uma vez que, com o constante aumento da população encarcerada e o grande déficit de vagas, a superlotação tornou-se regra na maioria das penitenciárias e cadeia públicas do país.

Na tentativa de impedir que esse cenário se perpetue, o Projeto de Lei 9.054/2017, no art. 114-A, ao tratar dos regimes, inaugura o dispositivo que veda terminantemente a acomodação de presos em número maior que a capacidade do estabelecimento, de tal forma que, se atingido o número máximo de pessoas, um novo preso só poderá ingressar se outro sair, devendo o juiz de execução, para esse fim, antecipar a concessão de quaisquer benefícios daqueles cujo o requisito temporal esteja mais próximo, ainda que não faça jus[40].

---

noticias/materias/2017/10/04/aprovada-reforma-na-lei-de-execucao-penal-texto-segue-para-a-camara>. Acesso em: 10 maio 2018).

40 Art. 114-A do Projeto de Lei 9.054/2017: "É vedada a acomodação de presos nos estabelecimentos penais em número superior à sua capacidade. § 1º Sempre que

Assim, com a finalidade de resolver o problema da superlotação, a proposta achou por bem determinar que, com a capacidade máxima completada, um condenado a regime fechado, por exemplo, somente poderá ingressar em uma penitenciária se outro preso ali recolhido sair, nem que para isso lhe seja antecipado algum benefício, independentemente do preenchimento do requisito temporal, seja uma progressão de regime ou livramento condicional.

As consequências, na prática, desse dispositivo são mais complexas do que parece, uma vez que a própria lei determina que, para auferir uma progressão de regime (modelo utilizado pelo ordenamento jurídico penal) ou livramento condicional, é necessário que o condenado tenha atendido os pressupostos objetivos e subjetivos, estabelecidos em lei para cada um desses institutos.

Diante disso, poderá haver situação na qual nenhum dos presos do estabelecimento penal tenha preenchido uma ou outra dessas condições ou até nenhuma delas; nesse caso, a solução que o projeto fixa é que caberá ao juiz escolher dentre eles o "menos pior", ou seja, o magistrado deve optar por "adiantar" a saída daquele que esteja mais próximo de atingir algum benefício.

Em outras palavras, enquanto o Poder Executivo continua ignorando a sua responsabilidade de edificar novos presídios e, dessa forma, gerar vagas suficientes para a demanda da justiça criminal, ele transfere seu encargo ao Poder Judiciário, cabendo a este resolver com quem a sociedade precisará conviver antes do tempo.

Mais que isso, os acolhidos em regime fechado são os que, por natureza e gravidade do fato, o próprio legislador impôs penas mais elevadas; ora, se esses condenados por cometimento de crimes graves voltam mais rapidamente ao convívio social, igualmente de forma célere voltarão a cometer outros crimes. Não se ignora, por óbvio, que a execução penal na forma que é aplicada hoje não evita a reincidência, problema já reconhecido e discutido em tópico anterior, mas ainda assim o regime fechado reprime e segrega aquele

---

atingido o limite será realizado mutirão carcerário pela Corregedoria respectiva. § 2º Havendo preso além da capacidade do estabelecimento o Juízo de Execução deverá antecipar a concessão de benefícios aos presos cujo requisito temporal esteja mais próximo de ser preenchido. § 3º Os mutirões carcerários com a finalidade de redução da população carcerária deverão priorizar a liberdade dos presos sem sentença há mais de 90 (noventa) dias da data da prisão e os presos por crimes sem violência contra a pessoa, aos quais se poderão aplicar, se o caso justificar, medidas cautelares alternativas à prisão".

que atingiu um bem jurídico penalmente relevante e se presta, ainda que momentaneamente, à prevenção negativa, qual seja a segregação.

O Projeto de Lei trata dos estabelecimentos penais específicos; o capítulo II é dedicado à penitenciária; o art. 87 dá especial ênfase em determinar que esse estabelecimento não está autorizado a receber custodiado não condenado. Mais uma vez a preocupação com a separação entre os presos com condenação definitiva e aqueles acolhidos provisoriamente, a fim de preservar o princípio constitucionalmente garantido da presunção de inocência, ainda que, na atual lei de execução penal já fique claro que a penitenciária se destina unicamente ao preso condenado à pena de reclusão em regime fechado.

O parágrafo único desse mesmo dispositivo estabelece que caberá à União Federal, aos Estados e ao Distrito Federal a construção de penitenciárias destinadas, exclusivamente, aos presos provisórios e condenados em regime fechado, sujeitos ao regime disciplinar diferenciado (RDD). A diferença para o atual artigo é a retirada da figura dos territórios, os quais foram abolidos com a Constituição de 1988.

Outra importante modificação foi a estrutura das acomodações nas penitenciárias. A Lei de Execução Penal vigente coloca, no artigo 88, que o condenado ficará alojado em cela individual, que conterá dormitório, aparelho sanitário e lavatório, com área mínima de seis metros quadrados. Talvez esse seja um dos mais flagrantes desrespeitos que a norma sofre diante de todo o cenário já esclarecido acerca das condições precárias dos presídios nacionais, da superlotação carcerária e da insuficiência de vagas no sistema.

Diante desse quadro, o Projeto de Lei tenta se adequar à realidade ao estabelecer que os condenados serão alojados em celas com capacidade de até oito pessoas e, da mesma forma, contará com dormitório, aparelho sanitário e lavatório, sendo revogada a previsão que estabelece a área mínima da cela.

Quanto aos outros tipos de estabelecimentos penais, as colônias agrícolas, industriais ou similares, para cumprimento de pena em regime semiaberto, foram mantidas pelo projeto. Em contrapartida, o Projeto revoga a Casa de Albergado, atualmente destinada ao cumprimento de pena em regime aberto e de restritiva de direitos de limitação de fim de semana; em seu lugar, institui a prestação de serviço à comunidade, cumulada com outra pena restritiva de diretos e recolhimento domiciliar (art. 95-A do Projeto de Lei 9.054/2017).

O Projeto levou em consideração a crônica inexistência, na maioria esmagadora das comarcas do Brasil, das Casas de Albergado para o acolhimento dos condenados ao regime aberto ou à limitação de fim de semana, fazendo com que, na prática, estes fossem inseridos na prisão albergue domiciliar, sem a fiscalização adequada, ficando muito mais a cargo da boa vontade e responsabilidade do próprio condenado do que ao efetivo poder do Estado em punir.

Sobre essa questão, Nucci já aponta que as Casas de Albergado há décadas são ignoradas pelos governantes, forçando o Poder Judiciário a desenvolver uma analogia inapropriada com o art. 117 da LEP, que, em contrapartida, leva ao descrédito o Direito Penal e à impunidade o criminoso Isto implica considerar devesse a prisão domiciliar ser extirpada do sistema[41].

Tendo em vista essa realidade, o Projeto de Lei resolve por revogar esse instituto completamente esquecido e o substitui expressamente pelo recolhimento domiciliar juntamente com alguma pena restritiva de direito. Ainda assim questiona-se como ficará a fiscalização, uma vez que, no sistema atual, ela praticamente não existe; afinal, até o monitoramento eletrônico é muito precário, por conta de dificuldade financeira dos Estados.

Ainda sobre o art. 95-A, reafirma-se o caráter de responsabilidade e autodisciplina do cumprimento de pena em regime aberto, com a expressa advertência de não existir vigilância direta, já que se pressupõe a autodeterminação e responsabilidade pessoal do condenado. Todavia, a depender do caso concreto, o art. 115 do projeto prevê a possibilidade de o juiz estabelecer condições especiais para a concessão desse regime, podendo até fixar obrigações análogas às penas restritivas de direito e, em caso de descumprimento de quaisquer condições, o condenado poderá regredir de regime, voltando ao semiaberto.

A nova proposta de alteração da LEP também revoga os institutos do Centro de Observação e do Hospital de Custódia e Tratamento Psiquiátrico, deixando a cargo exclusivamente do serviço de saúde o cumprimento das medidas de segurança, o que, de certo modo, embaraça o controle judicial

---

[41] "A sua inexistência levou a gravíssimos fatores ligados à impunidade e ao descrédito do Direito Penal. Há décadas, muitos governantes simplesmente ignoraram a sua necessidade. Por isso, o Judiciário foi obrigado a promover a inadequada analogia, porém inafastável (...). Se não há interesse político nesse regime, é preciso extirpá-lo da lei, substituindo-o por outra medida, possivelmente o regime semiaberto, com dois estágios, mas não se pode conviver com a lei sem implementá-la. Cuida-se de autêntica afronta à legalidade. A maioria da jurisprudência, no entanto, acolhe a possibilidade de empregar a analogia *in bonam partem*, admitindo a inserção de qualquer condenado em regime aberto na modalidade de prisão albergue domiciliar, por não haver outra alternativa" (NUCCI, Guilherme de Souza. *Curso de execução penal*. Rio de Janeiro: Forense, 2018. p. 145).

sobre esses condenados quanto à verificação da cessação de periculosidade e de possível custódia em estabelecimento apropriado.

Por último, no que tange às Cadeias Públicas, a novidade se dá por conta do art. 103, § 1º, do Projeto, o qual estabelece que a existência desses locais é requisito necessário para a criação da própria Comarca e completa no § 2º não haver carceragem em delegacias de polícia. Essas disposições visam a encerrar o estado calamitoso das cadeias públicas do país, onde, na prática, tornam-se verdadeiros presídios, por vezes anexos à delegacia de polícia com celas, além da superlotação com acolhimento tanto de presos provisórios como definitivos, o que leva as delegacias a também abrigar carceragens improvisadas, em flagrante desrespeito à legalidade[42].

Com o exposto, percebe-se que o Projeto de Lei 9.054/2017 reúne seus esforços a fim de modificar o cenário da execução penal no país, exclui institutos em desuso, estabelece novos requisitos para adequação dos estabelecimentos penais às finalidades da pena e inaugura manobras para por fim à superlotação carcerária. Por óbvio, como já explanado, nem todas as mudanças propostas terão o condão de realmente transformar a realidade, seja pela falta de experimentos que indiquem a eficiência das medidas propostas, seja porque nem todos os problemas do sistema prisional brasileiro se resolvem pela mera criação de lei nova.

6. CONSIDERAÇÕES FINAIS

Apresentou-se neste capítulo um breve panorama histórico da legislação de execução penal brasileira e do seu sistema prisional, a fim de entender a realidade calamitosa dos estabelecimentos penais do país. Com isso, é possível perceber que muitos dos problemas do aparelhamento da execução data de muitas décadas atrás e é, por esse motivo, fruto de uma biografia de descaso público e desinteresse político, uma vez que investimento na melhoria do sistema penitenciário nunca foi fator interessante para se ganhar eleições.

A sociedade ainda não percebeu que a questão da segurança pública, tão presente nos anseios populares, envolve também a execução penal, uma vez que a mera condenação de uma pessoa não é o suficiente para estancar a criminalidade, e, mais que isso, a prisão nas condições atuais nada mais é do que uma medida paliativa e momentânea, já que aquele que entra no sistema penitenciário em algum momento vai sair e voltar ao convívio dos

---

[42] NUCCI, Guilherme de Souza. *Curso de execução penal.* Rio de Janeiro: Forense, 2018. p. 148.

demais; então, quanto menos preparado para isso, mais nocivo para a própria sociedade será o seu retorno.

A Lei 7.210/1984 nasce em resposta às transformações emblemáticas que embasou a Declaração de Direitos Humanos de 1948 e as Regras Mínimas para Tratamento de Prisioneiros da ONU de 1955. Nesse sentido, a lei tem grande conotação humanista, sendo considerada, por esse motivo, um avanço e exemplo para as demais legislações do mundo sobre o tema, ao incorporar e garantir o respeito a todos os direitos dos presos não afetados pela condenação.

Todavia, mesmo que, em plena situação de equivalência com os princípios constitucionais e prerrogativas de direitos humanos, a norma encontra-se em completa discrepância com a realidade do país. A inaplicabilidade dos dispositivos legais resulta na falta de estrutura do sistema, impossibilitando condições para o cumprimento ideal da pena e, por via de consequência, elimina qualquer chance de ressocialização.

Nesse cenário, os estabelecimentos penais possuem infraestrutura precária, insuficiência de agentes penitenciários, superlotação, falta de assistência médica, jurídica e educacional, ausência de atividades laborativas, liderança de organizações criminosas, dentre outros problemas que transformam a execução penal brasileira no contrassenso em que ela se encontra.

Na tentativa de contornar esse quadro, o Projeto de Lei 9.054/2017 pretende levar a cabo uma profunda modificação na legislação, em especial, no que tange à execução. A humanização do cumprimento de pena e a necessidade de conferir efetividade e celeridade a esse processo, a fim de garantir dinamismo, são as grandes bandeiras levantadas pelo projeto.

Quanto à matéria dos estabelecimentos penais, uma alteração significativa trazida na proposta é a expressa vedação de acolher presos além da capacidade prevista e definida pelo Conselho Nacional de Política Criminal e Penitenciária. Para dar aplicabilidade a esse dispositivo, também se inaugura a possibilidade que o juiz tem de antecipar quaisquer benefícios, ainda que nenhum condenado faça jus, frente a uma situação de lotação carcerária, ou seja, uma vez atingido a capacidade máxima, um preso só poderá entrar se outro sair.

Ocorre que, além de ser um dispositivo perigoso ao se tratar de política criminal e segurança pública, ele revela algumas disparidades do projeto, uma delas é a colocação sob a égide do Poder Judiciário de uma responsabilidade que recai sobre o Executivo. A criação de novas vagas no sistema, com a construção de novos estabelecimentos penais nos moldes que a lei determina e a melhoria de condições dos que já existem são atribuições do Executivo.

Por outro lado, entende-se acertadas algumas atualizações, como a de extirpar da legislação estabelecimentos que, na prática, já eram desconhecidos, caso da Casa de Albergado.

Entre acertos e incoerências, a análise mais profunda do referido projeto de lei apenas reafirma o pensamento de que a mudança legislativa, ainda que importante e capaz de apresentar transformações positivas no mundo jurídico, não é por si só apta a solucionar a grande maioria dos problemas do sistema prisional. Enquanto não houver interesse e verdadeiros esforços dos três Poderes da República, uma alteração legislativa será sempre pouco representativa e eficiente.

REFERÊNCIAS

ADORNO, S. Crime e violência na sociedade brasileira contemporânea. *Jornal de Psicologia-PSI*, abr.-jun. 2002

ALMEIDA, Gustavo Portela Barata. *A inaplicabilidade da Lei de Execução Penal e seus reflexos nos reclusos e egressos do cárcere em Sorocaba*. 2008. Tese de doutorado (Doutorado em Direito) – Pontifícia Universidade Católica de São Paulo, [S.l.], 2008. Disponível em: <https://tede2.pucsp.br/handle/handle/8005>. Acesso em: 11 maio 2018.

BRASIL. *Constituição da República Federativa do Brasil*: promulgada em 5 de outubro de 1988.

_____. Decreto-lei 2.848, de 7 de dezembro de 1940. Código Penal. *Diário Oficial da União*, Rio de Janeiro, 31 dez. 1940.

_____. Decreto-lei 3.689, de 3 de outubro de 1941. *Código de Processo Penal*.

_____. Decreto-lei 7.210, de 11 de julho de 1984. *Lei de Execução Penal*.

CABRAL, Sandro. *Além das grades: uma análise comparada das modalidades de gestão do sistema prisional*. 2006. Tese de doutorado (Escola de Administração) – Universidade Federal da Bahia, [S.l.], 2006. Disponível em: <http://www.adm.ufba.br/pt-br/publicacao/alem-grades-analise-comparada-modalidades-gestao-sistema-prisional>. Acesso em: 4 maio 2018.

CONGRESSO NACIONAL. *Projeto de Lei 9.054/17*. Disponível em: <http://www.camara.gov.br/proposicoesWeb/fichadetramitacao?idProposicao=2160836>. Acesso em: 1º maio 2018.

DI SANTIS, Bruno Morais; ENGBRUCH, Werner; D'ELIA, Fábio Suardi. *A evolução histórica do sistema prisional e a penitenciária do Estado de São Paulo*. 11. ed. [S.l.]: Publicação Oficial do Instituto Brasileiro de

Ciências Criminais, 2012. Disponível em: <https://www.ibccrim.org.br/site/revistaLiberdades/_pdf/11/integra.pdf>. Acesso em: 1º maio 2018.

DINIZ, Deborah. *A custódia e tratamento psiquiátrico no Brasil*: censo 2011. Brasília: Letras Livres: UNB, 2013. Disponível em: <http://newpsi.bvs-psi.org.br/ebooks2010/pt/Acervo_files/custodia_tratamento_psiquiatrico_no_brasil_censo2011.pdf >. Acesso em: 1º jun. 2018.

GOVERNO FEDERAL. Instituto de Pesquisa Econômica Aplicada. *Reincidência criminal no Brasil: relatório de pesquisa*. Rio de Janeiro, 2015. Disponível em: <http://www.ipea.gov.br/agencia/images/stories/PDFs/relatoriopesquisa/150611_relatorio_reincidencia_criminal.pdf>. Acesso em: 1º maio 2018.

GOULART, Henri. *Penologia I*. São Paulo: May Love, 1975.

MARCÃO, Renato. *Curso de execução penal*. 13. ed. São Paulo: Saraiva.

MINISTÉRIO DA JUSTIÇA. Departamento Penitenciário Nacional. *Levantamento nacional de informações penitenciárias InfoPen-junho de 2014*. Disponível em: <http://www.justica.gov.br/news/mj-divulgara-novo-relatorio-do-infopen-nesta-terca-feira/relatorio-depen-versao-web.pdf>. Acesso em: 16 maio 2018.

_____. Departamento Penitenciário Nacional. *Levantamento nacional de informações penitenciárias InfoPen-junho de 2016*. Disponível em: <http://www.justica.gov.br/news/mj-divulgara-novo-relatorio-do-infopen-nesta-terca-feira/relatorio-depen-versao-web.pdf>. Acesso em: 16 maio 2018.

MIRABETE, Julio F. *Execução penal*. 9. ed. São Paulo: Atlas, 2000.

NUCCI, Guilherme de Souza. *Curso de execução penal*. Rio de Janeiro: Forense, 2018.

_____. *Manual de processo penal e execução penal*. 13. ed. Rio de Janeiro: Forense, 2016.

SHECAIRA, Sérgio Salomão. *Criminologia*. 4. ed. São Paulo, 2012.

TEIXEIRA, Bruno Ferreira. *Gato escaldado em teto de zinco quente : uma análise sobre os egressos do sistema penitenciário*. 2007. Dissertação de mestrado (Escola de Serviço Social) – Universidade Federal do Rio de Janeiro, [S.l.], 2007. Disponível em: <http://www.dominiopublico.gov.br/pesquisa/DetalheObraDownload.do?select_action=&co_obra=89154&co_midia=2>. Acesso em: 1º maio 2018.

TEIXEIRA, Sérgio William Domingues. *Estudo sobre a evolução da pena, dos sistemas penais e da realidade brasileira em execução penal: propostas para melhoria do desempenho de uma vara de execução penal*. 2008.

Dissertação de mestrado (Escola de Direito do Rio de Janeiro) – Fundação Getulio Vargas, [S.l.], 2008. Disponível em: <http://bibliotecadigital.fgv.br/dspace/bitstream/handle/10438/4218/DMPPJ%20-%20SERGIO%20WILLIAM%20TEIXEIRA.pdf?sequence=1&isAllowed=y>. Acesso em: 8 maio 2018.

9

EXECUÇÃO DAS PENAS PRIVATIVAS DE LIBERDADE E PROGRESSÃO

SIMONE DE ALCÂNTARA SAVAZZONI
Doutora em Direito Processual Penal pela PUC-SP. Mestre em Direito Penal pela PUC-SP. Professora da Escola Paulista de Direito. Professora convidada da Faculdade Legale, da Escola Brasileira de Direito e da Escola Superior de Advocacia. Analista Judiciária – Assessora no TRF da 3ª Região.

Resumo: O presente trabalho abordará, concisamente, o tema da execução das penas privativas de liberdade, consoante o disposto na Lei 7.210/1984 (arts. 105 a 119). Preliminarmente, analisará a execução definitiva e provisória. Em seguimento, apresentará uma breve síntese dos regimes de cumprimento de pena, examinando as normas aplicáveis para a progressão de regime. Por fim, o estudo destacará algumas das previsões do projeto de reforma da Lei de Execução Penal (Projeto de Lei 9.054/2017) em trâmite na Câmara dos Deputados,[1] com o escopo de ponderar possíveis reflexos das alterações propostas na execução das penas privativas de liberdade no Brasil.

Palavras-chave: Execução penal. Penas privativas de liberdade. Regimes de cumprimento. Sistema progressivo. Projeto de reforma.

Abstract: The present work will concisely discuss the subject of the execution of custodial sentences, according to the provisions of Law 7.210/1984 (articles 105 to 119). Preliminarily, it will analyze the definitive and provisional execution. It will then provide a brief summary of penalty regimes, examining the rules applicable to regime progression. Finally, the study will highlight some

---

[1] Na data de revisão final deste artigo, 12.06.2018, o andamento indica a seguinte situação "aguardando constituição de Comissão Temporária pela Mesa". Disponível em: <http://www.camara.gov.br/proposicoesWeb/fichadetramitacao?idProposicao=2160836>. Acesso em: 12 jun. 2018.

of the provisions of the bill for the reform of the Criminal Execution Law (PL 9.054/2017) pending before the Chamber of Deputies, with the purpose of considering possible changes in the execution of custodial sentences in Brazil.

Keywords: Penal execution. Custodial sentences. Penalty regimes. Progressive system. Reform project.

Sumário: 1. Aspectos introdutórios – 2. Da execução definitiva e provisória das penas privativas de liberdade: 2.1 Das proposições do Projeto de Lei 9.054/2017 relativas às disposições gerais da execução das penas privativas de liberdade – 3. Dos regimes de cumprimento de pena privativa de liberdade – 3.1 Das proposições do Projeto de Lei 9.054/2017 relativas aos regimes de cumprimento de pena – 4. Do sistema progressivo: 4.1 Das proposições do Projeto de Lei 9.054/2017 relativas ao sistema de progressão de regimes – 5. Considerações finais – Referências.

1. ASPECTOS INTRODUTÓRIOS

A execução penal pode ser entendida como uma fase processual em que o Estado faz valer sua pretensão punitiva (direito de punir) por meio da imposição da pretensão executória (direito de executar a sanção imposta na sentença penal condenatória) como forma de dar concretude às finalidades da pena.

Assim, indispensável registrar que a execução da pena privativa de liberdade, com o confinamento do condenado na prisão, não deve ser vista somente como forma de conter os delinquentes, tampouco só para fazê-los expiar seus crimes, nem apenas para reformá-los, mas há de efetivamente influir sobre eles para adaptá-los à vida livre através de uma educação racional.[2]

Nesse diapasão, vislumbra-se que a prisão, como escopo de aplicação da pena, deve apresentar caráter *retributivo*, privando o delinquente de sua liberdade como forma de compensação pelo mal causado pela prática do delito. Com isso, exercerá também função *preventiva*, ao mostrar à sociedade as consequências do cometimento de crime, reafirmando a força do Direito Penal (caráter preventivo geral). E, por fim, a prisão deverá objetivar à *ressocialização*, mediante acompanhamento individual, observando o perfil de cada condenado e a gravidade do crime praticado (caráter preventivo especial).[3]

---

[2] SAVAZZONI, Simone de Alcântara. *Contrastes entre o regime prisional legal e a realidade do sistema carcerário no Estado de São Paulo*. Dissertação (Mestrado) – Faculdade de Direito, Pontifícia Universidade Católica de São Paulo, São Paulo, 2010, p. 138-139.

[3] NUCCI, Guilherme de Souza. *Curso de execução penal*. Rio de Janeiro: Forense, 2018. p. 6-7.

Para que se alcance uma política penitenciária justa e eficiente, é necessário que seja conferida natureza *sui generis* à prisão, muito além do seu caráter aflitivo, dirigida com o propósito de oferecer a efetiva restauração pessoal, para que a pena seja cumprida de maneira humanizada e, no futuro, seja possível o retorno do condenado ao convívio social, sem reincidência na prática de conduta delituosa.

Verdade é que, hodiernamente, a função ressocializadora tem sido vista como utopia, vez que a situação carcerária brasileira há décadas enfrenta incontestável crise. Prisões superlotadas, comida de péssima qualidade, absoluta falta de higiene, atendimento médico precário, ineficiência no controle das organizações criminosas dentro das unidades prisionais são apenas alguns dos fatores que contribuem para o fracasso da almejada readaptação ao convívio social.

Além disso, constata-se que raramente são oferecidas aos encarcerados oportunidades de aprendizagem profissional ou escolar, bem como assistência social e da comunidade, condições determinantes para a ressocialização. Embora sejam direitos previstos pela Lei de Execução Penal, o condenado suporta uma situação de completo desamparo.

Dessarte, ao mesmo tempo em que não se pode fechar os olhos para a indiscutível crise do sistema penal brasileiro, também não se deve dar às costas para os preceitos da Constituição Federal e da Lei de Execução Penal que, ao estabelecerem direitos e garantias essenciais aos encarcerados, visam a alcançar o adequado funcionamento do sistema de execução penal.

Deve-se ressaltar que, independentemente das discussões acerca da efetividade da Lei de Execução Penal, inegável é que com a sua promulgação – antes mesmo do advento da Constituição Federal – foi criado um sistema de execução penal jurisdicionalizado, engajado com os preceitos do Estado de Direito, com evidente escopo de reintegração social do condenado.

Nesse sentido, o sistema proposto pela Lei de Execução Penal coadunou-se com as premissas designadas posteriormente no seio da Constituição Federal, especialmente no que tange aos princípios da legalidade, do devido processo legal, da presunção da inocência e da dignidade da pessoa humana.

Todavia, como já evidenciado, na prática, muitas vezes esses fundamentos constitucionais e legais são relegados e o objetivo de humanização da execução e ressocialização do condenado fica distanciado da realidade, o que gera descontentamento de todos (delinquente, sociedade e operadores do Direito) que, partindo de equivocadas premissas, atribuem a culpa das mazelas à legislação tida por obsoleta ou até mesmo julgada ineficaz.

No desiderato de solucionar a situação, está em trâmite na Câmara dos Deputados o Projeto de Lei 9.054/2017, originário do Projeto de Lei do

Senado 513/2013,[4] já aprovado pelo Plenário do Senado Federal, que contempla reforma substancial da Lei de Execução Penal, além de modificações pontuais no Código de Processo Penal, no Código Penal, na Lei dos Crimes Hediondos, no Código de Trânsito Brasileiro, na Lei de Drogas e na Lei dos Juizados Especiais.

Consoante declara o Senador Antonio Anastasia – relator do projeto no Senado –, a Lei de Execução Penal é considerada obsoleta em vários pontos e a reforma contribuirá para a humanização dos presídios e a desburocratização do sistema prisional, visando à redução da superlotação, à melhora na ressocialização dos presos, ao combate ao poder do crime organizado nas penitenciárias e à prevenção de rebeliões.[5] Aliás, essas questões constituíram expresso embasamento da exposição de motivos da reforma da Lei de Execução Penal, elaborada por renomada comissão de juristas.[6]

---

[4] O Projeto de Lei do Senado 513/2013 foi elaborado por uma comissão de juristas, presidida pelo ex-ministro do Superior Tribunal de Justiça Sidnei Agostinho Beneti, com relatoria da Procuradora de Justiça Maria Tereza Uille Gomes. O projeto recebeu diversas emendas nas Comissões e Plenário do Senado, até a aprovação do substitutivo pelo Plenário do Senado Federal, em 04.10.2017. Após sua aprovação, foi encaminhado para revisão da Câmara dos Deputados, em 08.11.2017, tramitando agora como Projeto de Lei 9.054/2017, em regime de prioridade. Disponível em: <https://www25.senado.leg.br/web/atividade/materias/-/materia/115665> e <http://www.camara.gov.br/proposicoesWeb/fichadetramitacao?idProposicao=2160836>. Acesso em: 10 maio 2018.

[5] SENADO, Agência. Reforma da lei de execução penal está na pauta do plenário. *Senado Notícias*, 6 out. 2017. Disponível em: <https://www12.senado.leg.br/noticias/materias/2017/10/04/aprovada-reforma-na-lei-de-execucao-penal-texto-segue-para-a-camara>. Acesso em: 18 abr. 2018.

[6] "A Comissão procurou trabalhar visando à instituição de um sistema de execução penal ideal, mas não perdendo de vista o realismo necessário à consecução de resultados concretos. Alguns princípios nortearam os trabalhos da Comissão: 1º) Humanização da sanção penal e garantia dos Direitos Fundamentais do condenado, em qualquer modalidade de pena e regime prisional, do destinatário de medida de segurança e do preso provisório, evitando-se ao máximo restrições derivadas de más condições de execução penal; 2º) Efetividade do cumprimento da sanção penal aplicada pela sentença, de modo a afastar-se o máximo possível a sensação de impunidade, de que resulta incentivo ao cometimento do delito; 3º) Busca de ressocialização do sentenciado, pelo trabalho e o estudo, preparando-se para o retorno à convivência social; 4º) Desburocratização da tramitação de procedimentos judiciais e administrativos relativos à execução; 5º) Informatização para a segurança e agilização das tramitações necessárias; 6º) Previsibilidade objetiva dos passos da execução da pena, de forma a poderem

Por outro lado, setores da sociedade e instituições demonstram preocupação com o teor do projeto, ponderando que os dispositivos não contribuem para a diminuição da criminalidade e, ao contrário, interferem negativamente na efetividade da Justiça Criminal, podendo configurar retrocesso na segurança pública, com o incentivo legal ao "desencarceramento".[7]

No presente capítulo, o objetivo é analisar as disposições da Lei de Execução Penal relativas à execução das penas privativas de liberdade e progressão prescritas atualmente nos arts. 105 a 119, bem como as respectivas propostas de modificação desses artigos, especialmente no que tange à previsão de instalação de sistema central informatizado de controle de condenados, com abastecimento de dados em tempo real; à determinação de progressão automática de regime imediatamente após o cumprimento de parcela da reprimenda e à possibilidade de sua antecipação em caso de superlotação da unidade prisional.

2. DA EXECUÇÃO DEFINITIVA E PROVISÓRIA DAS PENAS PRIVATIVAS DE LIBERDADE:

Hodiernamente, as penas privativas de liberdade são a base do sistema de repressão penal, funcionando como meio de coerção e proteção social contra os delitos, impondo o encarceramento do condenado em estabelecimento prisional durante certo período de tempo, consoante previsto na lei, cerceando sua liberdade de ir e vir, com maior ou menor grau conforme o regime de cumprimento imposto na sentença penal condenatória.[8]

De acordo com o art. 105 da Lei de Execução Penal, transitada em julgado a sentença que aplicar pena privativa de liberdade, se o réu estiver preso ou assim que vier a ser preso, o juiz ordenará a expedição de guia de

---

o sentenciado e o sistema administrativo-judiciário antever até mesmo as datas dos passos efetivos do desenvolvimento da execução – inclusive as datas de transferência a regimes prisionais e da soltura automática, sem necessidade de requerimento e processamento de alvará de soltura, ante imediata colocação em liberdade na data do cumprimento da pena constante de sistema informatizado capilarizado aos estabelecimentos". Disponível em: <https://www.conjur.com.br/dl/anteprojeto-reforma-lep.pdf>. Acesso em: 19 maio 2018.

[7] COMISSÃO Especial do Ministério Público. *Críticas ao PLS 513/2013*. Alteração da lei de execução penal e de normas penais e processuais penais. Rio Grande do Sul: MP e PGJ, 2017, p. 8.

[8] PRADO, Luiz Regis. *Tratado de direito penal brasileiro*: parte geral. 2. ed. São Paulo: Revista dos Tribunais, 2017. v. I, p. 907.

recolhimento para o início da execução definitiva. Desse modo, ninguém poderá ser recolhido para cumprimento de pena privativa de liberdade sem a respectiva guia expedida pela autoridade judiciária (art. 107 da Lei de Execução Penal), da qual deve também ser cientificado o Ministério Público.

Observe-se que tais providências são fundamentais para garantia dos direitos individuais e do devido processo legal.

Dessa forma, se o condenado não estiver preso cautelarmente, cabe ao juiz do processo emitir o mandado de prisão e aguardar o seu cumprimento, para determinar a expedição da guia de recolhimento quando efetivada a prisão.[9]

Nos termos da redação do art. 106 da Lei de Execução Penal, a guia deverá conter: "I - o nome do condenado; II - a sua qualificação civil e o número do registro geral no órgão oficial de identificação; III - o inteiro teor da denúncia e da sentença condenatória, bem como certidão do trânsito em julgado; IV - a informação sobre os antecedentes e o grau de instrução; V - a data da terminação da pena; VI - outras peças do processo reputadas indispensáveis ao adequado tratamento penitenciário".

Além dessas regras, a expedição de guia de recolhimento deverá respeitar o disposto e o modelo apresentado na Resolução 113/2010 do Conselho Nacional de Justiça, bem como as determinações dos arts. 676 a 679 do Código de Processo Penal, devendo indicar, além do regime inicial fixado na sentença, informação sobre eventual detração modificativa do regime de cumprimento da pena, deferida pelo juízo do processo de conhecimento.[10]

A guia de recolhimento deverá ser expedida em duas vias, remetendo-se uma à autoridade administrativa de custódia do executado e a outra ao juízo da execução penal competente. Se o executado estiver preso, a guia de recolhimento definitiva deverá ser expedida ao juízo competente no prazo máximo de cinco dias, a contar do trânsito em julgado da sentença ou acórdão, ou do cumprimento do mandado de prisão.

Dessa maneira, a guia contém todos os dados do réu e o teor da condenação, configurando-se como o documento hábil para justificar a recepção do condenado no estabelecimento prisional. Se o preso for recebido pela

---

[9]   JULIOTTI, Pedro de Jesus. *Lei de Execução Penal anotada*. São Paulo: Verbatim, 2011. p. 165.

[10] JULIOTTI, Pedro de Jesus. *Lei de Execução Penal anotada*. São Paulo: Verbatim, 2011. p. 169.

autoridade administrativa sem a devida expedição da guia, pode caracterizar-se delito de abuso de autoridade.[11]

Observe-se que, no Brasil, a execução da pena privativa de liberdade apresenta índole mista, jurisdicional e administrativa, na medida em que o Judiciário toma as decisões referentes à execução, passíveis de recurso, as quais são efetivamente cumpridas no âmbito de responsabilidade do Executivo.

Cabe registrar, também, a execução provisória (ou antecipada) na qual o encarceramento ocorre antes da existência de uma pena definitiva, isto é, antes do trânsito em julgado da sentença condenatória.

Nesse caso, com base nas disposições do parágrafo único do art. 2º da Lei de Execução Penal e da mencionada Resolução 113/2010 do Conselho Nacional de Justiça, excepcionalmente poderá ser expedida guia de recolhimento provisório sem o trânsito em julgado da sentença condenatória.[12]

Evidentemente, se o réu for preso cautelarmente, o tempo de prisão provisória será sempre computado como de efetivo cumprimento de pena, operando-se a detração, nos termos do art. 42 do Código Penal.

Considerando os prejuízos que podem ser causados pela lentidão no julgamento definitivo pelo Poder Judiciário, editou-se a Súmula 716 do Supremo Tribunal Federal,[13] para reconhecer o direito à concessão de benefícios ao réu submetido à prisão processual. Assim, desde que preenchidos os requisitos objetivos e subjetivos, admite-se a progressão de regime de cumprimento da pena ou a aplicação imediata de regime menos severo, antes do trânsito em julgado da sentença condenatória.

Inicialmente, esse posicionamento consolidado pelo Supremo Tribunal Federal gerou certa controvérsia, havendo entendimento sobre a necessidade pelo menos do trânsito em julgado para a acusação, com o escopo de fixar um teto máximo para a sanção penal, o qual viabilizaria o cálculo do requisito objetivo de cumprimento de um sexto da pena.

Entretanto, tal debate restou superado, remanescendo a consideração de que o recurso do órgão acusatório é mera probabilidade de alteração de pena

---

[11] NUCCI, Guilherme de Souza. *Curso de execução penal*. Rio de Janeiro: Forense, 2018. p. 156-157.

[12] JULIOTTI, Pedro de Jesus. *Lei de Execução Penal anotada*. São Paulo: Verbatim, 2011. p. 166.

[13] Súmula 716 do Supremo Tribunal Federal: "Admite-se a progressão de regime de cumprimento da pena ou a aplicação imediata de regime menos severo nela determinada, antes do trânsito em julgado da sentença condenatória".

e, quando eventualmente provido o recurso ministerial, com efetiva elevação de pena, pode ser aplicado o instituto da regressão de regime, se for o caso.[14]

Nesse contexto, vale mencionar observação segundo a qual a denominada execução provisória não tem natureza executiva, significando apenas uma maneira de garantir ao preso cautelar os direitos previstos em lei.[15]

Outro ponto bastante polêmico merecedor de especial atenção é o referente à execução da sentença condenatória antes do trânsito em julgado, de réu solto, após a confirmação em segundo grau, mas ainda na pendência de recursos especial e/ou extraordinário.

Sobre essa temática, elucidativo o estudo realizado por Kurkowski e Suxberger colacionando o registro histórico das decisões proferidas pelo Supremo Tribunal Federal sobre a referida questão. No texto defendem a constitucionalidade da execução provisória da pena privativa de liberdade assim que definitivamente julgada a culpabilidade nas instâncias ordinárias, ainda na pendência de recurso especial e/ou extraordinário, ponderando para tanto o sopesamento e a harmonização dos princípios constitucionais da segurança pública e da presunção da inocência.[16]

Para sustentar a referida posição foi considerada, especialmente, a mudança de posicionamento do Supremo Tribunal Federal ao julgar o *Habeas Corpus* 126.292/SP, em 2016, o qual reformou o entendimento consolidado em 2009, por ocasião do julgamento do *Habeas Corpus* 84.078/MG, que defendia à época a incompatibilidade entre a execução provisória e o princípio da presunção de inocência garantido na Constituição Federal.

Argumentam os autores a incoerência de admitir-se, sem questionamento, a prisão cautelar antes da sentença condenatória e, por outro lado, contestar-se a prisão após sentença condenatória confirmada em segundo grau de jurisdição pelos tribunais estaduais ou federais, pendente apenas de

---

[14] NUCCI, Guilherme de Souza. *Curso de execução penal*. Rio de Janeiro: Forense, 2018. p. 8-11.

[15] MESQUITA JÚNIOR, Sidio Rosa de. *Execução criminal*: teoria e prática. 6. ed. São Paulo: Atlas, 2010. p. 361.

[16] KURKOWSKI, Rafael Schwez Antonio; SUXBERGER, Henrique Graciano. Execução provisória da pena privativa de liberdade: resultado da harmonização entre a presunção de inocência e a segurança pública. *E-Civitas – Revista Científica do Curso de Direito do UNIBH*, Belo Horizonte, v. IX, n. 2, dez. 2016. Disponível em: <http://revistas.unibh.br/index.php/dcjpg/article/view/1994>. Acesso em: 27 abr. 2018.

recurso nas instâncias superiores (Superior Tribunal de Justiça e/ou Supremo Tribunal Federal).

Entretanto, em sentido contrário, outros autores consideram que a decisão do Supremo Tribunal Federal é contraditória e eivada de inconstitucionalidade, representando uma afronta ao princípio do acesso à justiça, ao restringir a efetividade do recurso a terceira instância, garantido constitucionalmente.[17]

Ademais, salientam que as normas constitucional (art. 5º, VII e LXI) e legal (art. 283 do Código de Processo Penal) devem ser interpretadas literalmente, não podendo o magistrado – enquanto intérprete da lei – voltar-se contra o texto constitucional, especialmente tratando-se de cláusula pétrea; ressaltada, inclusive, a indispensável aplicação do princípio da proibição do retrocesso no que tange ao sopesamento de direitos e garantias fundamentais.

Ocorre que, recentemente, em 05.04.2018, o Supremo Tribunal Federal ratificou sua posição no julgamento do *Habeas Corpus* 152.752/PR, cujo pleito era impedir a prisão provisória do ex-presidente Luiz Inácio Lula da Silva, após sentença confirmada pelo Tribunal Regional Federal da 4ª Região, ordem que foi denegada por maioria.

Contudo, cumpre destacar que a questão afigura-se incerta e passível de alteração, vez que ainda estão pendentes de julgamento outros recursos sobre a matéria central, com efeito *erga omnes*, especialmente as ADC's 43 e 44/DF.

Essas ações visam justamente à declaração da constitucionalidade do art. 283 do Código de Processo Penal (redação dada pela Lei 12.403/2011), o qual estabelece que a prisão somente pode ocorrer "em flagrante delito ou por ordem escrita e fundamentada da autoridade judiciária competente, em decorrência de sentença condenatória transitada em julgado ou, no curso da investigação ou do processo, em virtude de prisão temporária ou prisão preventiva".

Vale ressaltar que o Plenário do Supremo Tribunal Federal indeferiu Medida Cautelar nessas ADC's[18] e, por maioria, indicou uma interpretação do

---

[17] CARLOS, Taís Correia; ROCH, Jorge Bheron. O STF e a execução provisória da pena após sentença condenatória em segunda instância: o caráter solipsista da decisão em confronto com o princípio do acesso à justiça. In: VIEIRA, José Ribas; LOIS, Cecília Caballero; ANDRADE, Mário Cesar da Silva (Coords.). *Sistemas de justiça constitucional* [Recurso eletrônico on-line]. Rio de Janeiro: UFRJ, 2017. p. 585.

[18] "Medida cautelar na ação declaratória de constitucionalidade. Art. 283 do Código de Processo Penal. Execução da pena privativa de liberdade após o esgotamento

art. 283 do Código de Processo Penal conforme a Constituição, no sentido de afastar a ideia segundo a qual o teor do artigo exigiria o trânsito em julgado nas instâncias superiores (Superior Tribunal de Justiça e/ou Supremo Tribunal Federal), para considerar possível o início da execução uma vez esgotadas as instâncias ordinárias, salvo atribuição expressa de efeito suspensivo ao recurso cabível. Porém, é imperioso salientar a inexistência de julgamento definitivo sobre o mérito da matéria.

Por fim, cabe registrar o prescrito no art. 109 da Lei de Execução Penal, estabelecendo que, cumprida ou extinta a pena, o condenado deverá ser posto em liberdade, mediante alvará do juiz, se por outro motivo não estiver preso. Desse modo, o magistrado tem a obrigação de expedir o alvará de soltura sob pena de responsabilidade criminal (art. 350, II, do Código Penal).

2.1 Das proposições do Projeto de Lei 9.054/2017 relativas às disposições gerais da execução das penas privativas de liberdade

O Projeto de Lei 9.054/2017 contempla significativas alterações na redação dos arts. 105 a 109 da Lei de Execução Penal abordados no tópico anterior.

Primeiramente, no *caput* do art. 105 da Lei de Execução Penal,[19] o projeto determina o recolhimento do condenado à prisão assim que a sentença for

---

do pronunciamento judicial em segundo grau. Compatibilidade com o princípio constitucional da presunção de inocência. (...) 6. Declaração de *constitucionalidade do art. 283 do Código de Processo Penal*, com interpretação conforme à *Constituição*, assentando que é coerente com a Constituição o principiar de execução criminal quando houver condenação assentada em segundo grau de jurisdição, salvo atribuição expressa de efeito suspensivo ao recurso cabível. 7. Medida cautelar indeferida" (STF, ADC MC 43 e 44/DF, Pleno, Rel. para o acórdão Edson Fachin, j. 05.10.2016, *DJe* 06.03.2018).

[19] Projeto de Lei 9.054/2017: "Art. 1º A Lei nº 7.210, de 11 de julho de 1984 (Lei de Execução Penal), passa a vigorar com as seguintes alterações: (...)
'Art. 105. Confirmada pelas instâncias ordinárias a sentença que aplicou pena privativa de liberdade, ou proferida esta por órgão colegiado, nos casos de foro por prerrogativa de função, a secretaria do juízo, sob pena de responsabilidade, expedirá, no dia seguinte, a guia de execução ao juízo da execução determinado pela sentença, recomendando-se, se já preso o condenado, a prisão em que se encontrar, ou, se em liberdade, expedindo-se mandado de prisão.

confirmada pelas instâncias ordinárias, ou, nos casos de foro por prerrogativa de função, quando proferida por órgão colegiado.

Portanto, a nova redação acata a mais recente posição do Supremo Tribunal Federal no que tange à execução penal, suprimindo a exigência do "trânsito em julgado" entendido como esgotamento de todas as instâncias recursais, bastando para a prisão o esgotamento das vias ordinárias, assim dispensado o encerramento das possibilidades recursais nas instâncias extraordinárias (Superior Tribunal de Justiça e Supremo Tribunal Federal).

Cumpre esclarecer que essa não era a redação original do Projeto de Lei do Senado 513/2013,[20] elaborado pela comissão de juristas, pois essa mantinha a previsão de que a secretaria expediria guia de execução quando "transitada em julgado a sentença que aplicar pena privativa de liberdade", incluindo o § 1º ao artigo para estabelecer que, caso o condenado já estivesse preso, ou viesse a ser preso, deveria ser expedida guia de recolhimento provisório.

Contudo, por ocasião da apreciação do Projeto de Lei do Senado 513/2013 pela Comissão de Constituição e Justiça do Senado Federal, foi elaborado o Parecer 103/2017 com uma Emenda Substitutiva (nº 37),[21] alterando substancialmente o projeto original, inclusive no que se refere à redação do art. 105 da Lei de Execução Penal, para fazer constar, no art. 105-A, que a guia de execução seria expedida quando "confirmada pelas instâncias ordinárias a sentença que aplicar pena privativa de liberdade, ou quando proferida por órgão colegiado, nos casos de foro por prerrogativa de função".

Nesse sentido, constou da fundamentação do supramencionado parecer que alguns dispositivos foram atualizados para atender ao recente posicionamento do Supremo Tribunal Federal sobre a possibilidade de execução provisória da pena após a decisão condenatória de segundo grau, expressamente mencionando o *Habeas Corpus* 126.292/SP e sugerindo, assim, nova redação ao art. 105 da Lei de Execução Penal.

---

§ 1º Recebido o recurso, se o réu estiver preso ou vier a ser preso, será expedida, até o dia seguinte, a guia de execução provisória, sob pena de responsabilidade.
§ 2º Realizada a prisão, o preso será diretamente encaminhado ao estabelecimento adequado ao regime fixado pela sentença."

[20] Disponível em: <https://legis.senado.leg.br/sdleg-getter/documento?dm=3751577&disposition=inline>. Acesso em: 19 maio 2018.
[21] Disponível em: <https://legis.senado.leg.br/sdleg-getter/documento?dm=7206923&disposition=inline#Emenda37>. Acesso em: 19 maio 2018.

Posteriormente, no Plenário do Senado Federal, houve nova discussão sobre o tema e, inclusive, proposição de nova Emenda,[22] com o objetivo de manter a redação original do Projeto de Lei do Senado 513/2013, por considerar que o teor do substitutivo permitiria a prisão após condenação em segunda instância, já que os Tribunais Superiores são consideradas instâncias extraordinárias, argumentando que o próprio Supremo Tribunal Federal já haveria sinalizado alterar esse entendimento no *Habeas Corpus* 147.452/MG.

Entretanto, tal emenda não foi aprovada e, portanto, mantida a atualização sugerida na Comissão de Constituição e Justiça para alterar a expressão sentença "transitada em julgado" por sentença "confirmada pelas instâncias ordinárias" ou "proferida por órgão colegiado".

Todavia, não obstante a atualização da nova redação ao *caput* do art. 105 da Lei de Execução Penal, a Comissão de Constituição e Justiça não alterou o § 1º incluído pelo projeto, o qual estabelece que, *recebido o recurso, se o réu estiver preso ou vier a ser preso, será expedida, até o dia seguinte, a guia de execução provisória, sob pena de responsabilidade.*

Nesse ponto, remanescem algumas dúvidas. Inicialmente, a execução antes do trânsito em julgado da sentença será tida como "provisória"? Ou haverá "guia de execução provisória" somente no caso de prisão cautelar do réu sem sentença condenatória confirmada? Qual seria o recurso a que se refere o § 1º? *Habeas Corpus* para prisões cautelares? Recursos especial e/ou extraordinários para prisões de condenados com sentenças confirmadas nas instâncias ordinárias? Qual seria a responsabilidade pela não expedição da guia até o dia seguinte?

Respondendo tais questões, parece acertado afirmar que, consoante alteração do *caput* do art. 105 da Lei de Execução Penal, somente haverá execução provisória no caso de prisão processual do réu antes da confirmação da sentença condenatória pelo órgão colegiado. Assim, a despeito da imprecisão de redação contida no texto, o recurso a que o § 1º se refere é o Recurso Especial e/ou Extraordinário para as prisões decorrentes da sentença penal condenatória confirmada nas instâncias ordinárias; sendo subsidiariamente cabível *habeas corpus* no caso das prisões processuais. Ressalte-se que deverá ser expedida guia de execução (não guia de execução provisória) até o dia seguinte, sob pena de responsabilidade daquele que tem dever funcional pelo descumprimento de previsão normativa (art. 129 da Lei 8.112/1990), cuja

---

[22] Disponível em: <https://legis.senado.leg.br/sdleg-getter/documento?dm=7219031&disposition=inline>. Acesso em: 19 maio 2018.

inobservância pode caracterizar até mesmo ato de improbidade administrativa (art. 11, II, da Lei 8.429/1992).

Dessa forma, fica evidenciado que a proposta de nova redação ao art. 105 da Lei de Execução Penal demanda uma revisão para aplicação de melhor técnica legislativa e processual pela Câmara dos Deputados, a fim de resguardar a segurança jurídica e evitar discrepâncias quanto à sua aplicação.

A alteração aparentemente é positiva ao consolidar em lei a posição mais recente do Supremo Tribunal Federal; todavia, continua contraditória em relação ao disposto no art. 283 do Código de Processo Penal.

Desse modo, o ideal seria efetivar um debate apurado para coadunar o dispositivo legal com os princípios constitucionais e processuais penais e, conforme o caso, propor a oportuna alteração do art. 283 do Código de Processo Penal para solucionar a questão e prevenir a propositura de novas ações para discutir a constitucionalidade do referido dispositivo.

Ainda no art. 105, o projeto inclui o § 2º enfatizando que, realizada a prisão, o condenado deverá ser imediatamente encaminhado ao estabelecimento adequado considerando o regime fixado na sentença.

Na sequência, o projeto determina, na redação do art. 106,[23] que a guia de execução (antiga guia de recolhimento) será emitida por meio eletrônico à autoridade administrativa incumbida da execução da pena, devendo ser atualizada em tempo real. Além disso, o inciso IV teve sua redação alterada para substituir a expressão "antecedentes" estipulando que, objetivamente, deverá constar na guia a informação sobre a primariedade ou reincidência do condenado.

---

[23] Projeto de Lei 9.054/2017: "Art. 1º A Lei nº 7.210, de 11 de julho de 1984 (Lei de Execução Penal), passa a vigorar com as seguintes alterações: (...)
'Art. 106. A guia de execução, que será atualizada em tempo real, será emitida por meio eletrônico à autoridade administrativa incumbida da execução da pena, e conterá:
(...) IV – a informação sobre a primariedade ou reincidência do condenado, conforme disposto em sentença;
(...) § 1º Ao Ministério Público será dada ciência da guia de execução.
§ 2º A guia de execução será retificada sempre que sobrevier modificação quanto ao início da execução ou ao tempo de duração da pena.
§ 3º Se o condenado se enquadra em alguma das hipóteses do art. 84 desta Lei, a circunstância será mencionada na guia de execução.'"

Em continuidade, nos parágrafos do art. 107,[24] o projeto trata do sistema informatizado de execução penal, o qual deve ser implantado em até doze meses nos termos da redação do art. 201-B da Lei de Execução Penal.[25-26]

Vislumbra-se que é oportuna e positiva a previsão da inserção dos dados em sistema único que informará automaticamente o recebimento eletrônico da guia de execução e, assim, possibilitará o acompanhamento, em tempo real, das possíveis alterações de regime e datas de cumprimento da pena, proporcionando ao condenado o prévio conhecimento da previsão de sua soltura.

Contudo, cumpre destacar uma novidade que causa certa estranheza proposta no § 3º do art. 107 da Lei de Execução Penal, qual seja a concessão de liberação automática do condenado, quando o magistrado quedar-se silente após cientificado pelo sistema, com 30 dias de antecedência, em relação às datas de soltura, de progressão e de livramento do condenado.

---

[24] Projeto de Lei 9.054/2017: "Art. 1º A Lei nº 7.210, de 11 de julho de 1984 (Lei de Execução Penal), passa a vigorar com as seguintes alterações: (...) 'Art. 107. (...)
§ 1º O sistema informatizado do estabelecimento informará automaticamente o recebimento eletrônico da guia de execução e passará a acompanhar em tempo real as alterações de regime e as datas de cumprimento da pena.
§ 2º As guias de execução serão registradas e processadas como documentos eletrônicos e registradas em livro especial, segundo a ordem cronológica, possibilitando-se que o condenado tenha conhecimento prévio da data certa e predefinida de sua soltura.
§ 3º O juiz da execução penal será informado, com 30 (trinta) dias de antecedência, da data de soltura do apenado e das datas de progressão e livramento, sendo que, se até esta data não houver manifestação, a liberação do condenado dar-se-á automaticamente.
§ 4º Sobrevindo doença mental ou necessidade de internação hospitalar, o condenado será encaminhado ao Sistema Único de Saúde para tratamento adequado.'"

[25] Projeto de Lei 9.054/2017: "Art. 1º A Lei nº 7.210, de 11 de julho de 1984 (Lei de Execução Penal), passa a vigorar com as seguintes alterações: (...)
'Art. 201-B. A implantação de sistema informatizado, incluindo sistema de guia de execução, dar-se-á no prazo máximo de 12 (doze) meses.'"

[26] Nesse sentido, o Conselho Nacional de Justiça já desenvolveu sistema para integrar as informações da população carcerária em âmbito nacional. A pretensão é que todos os presos provisórios e definitivos sejam cadastrados no Banco Nacional de Monitoramento de Prisões (BNMP 2.0) a fim de que estatísticas confiáveis sejam elaboradas, com o quantitativo real de condenados encarcerados em cada estabelecimento. ACOM. TRF3 disponibiliza tutorial para imediata adesão ao banco nacional de monitoramento de prisões – BNMP 2.0. *Notícias TRF3*, 14 maio 2018. Disponível em: <http://web.trf3.jus.br/noticias/Noticias/Noticia/Exibir/368247>. Acesso em: 19 maio 2018.

Em relação a essa concessão automática de benefícios, há posicionamento no sentido de que sua implementação fere os princípios da individualização da pena e da reserva judicial, pois o beneficio é concedido automaticamente pelo sistema, sem qualquer análise dos requisitos subjetivos por parte do magistrado. Ademais, se não há decisão judicial, não haverá recurso passível de interposição, constituindo, desse modo, um óbice à atuação do Ministério Público.[27]

Cabe mencionar, ainda neste tópico, que o art. 109 da Lei de Execução Penal,[28] na redação trazida pelo projeto, em razão da implantação do sistema informatizado de atualização em tempo real, estabelece a supressão da necessidade de alvará judicial para a soltura do condenado. Com essa previsão, mais uma vez, o projeto privilegia política de desencarceramento rápido, distanciada de atuação mais individualizada do juiz da execução penal.

Dessa maneira, confere-se ênfase somente a celeridade do procedimento, pois a nova redação proposta ao art. 109 da Lei de Execução Penal, impõe prazo fixo (até as 12h) para liberação do condenado, sob pena de responsabilidade. E, mais uma vez, não esclarece sobre os termos dessa responsabilização.

3. DOS REGIMES DE CUMPRIMENTO DE PENA PRIVATIVA DE LIBERDADE

Consoante previsto, expressamente, no inciso XLVI do art. 5º, "a lei regulará a individualização da pena e adotará, entre outras, as seguintes: a)

---

[27] "Proposições que incentivam 'estratégias de desencarceramento' como solução para o cenário de superlotação da unidade penal como é o disposto, por exemplo, no art. 66, inciso XIV do PLS, violam as garantias fundamentais da igualdade e da segurança, além do princípio da individualização da pena. A necessidade ou não da imposição da pena privativa de liberdade ao réu deve respeitar as previsões definidas pelas leis em vigor no país. Estabelecer critérios para traçar uma 'estratégia de desencarceramento' acaba por ensejar a indevida reapreciação dos critérios de fixação da pena por juízo sem competência para tanto, violando o princípio do duplo grau de jurisdição e, também, regras constitucionais e legais acerca da revisão da pena" (COMISSÃO Especial do Ministério Público. *Críticas ao PLS 513/2013*. Alteração da lei de execução penal e de normas penais e processuais penais. Rio Grande do Sul: MP e PGJ, 2017, p. 8 e 33).

[28] Projeto de Lei 9.054/2017: "Art. 1º A Lei nº 7.210, de 11 de julho de 1984 (Lei de Execução Penal), passa a vigorar com as seguintes alterações: (...) 'Art. 109. No dia de conclusão do cumprimento ou de extinção da pena, constante de sistema informatizado e atualizado em tempo real, o condenado será posto em liberdade, até as 12h00 (doze horas), pelo diretor do estabelecimento em que se encontre, se por outro motivo não estiver preso, sob pena de responsabilidade.'"

privação ou restrição da liberdade; b) perda de bens; c) multa; d) prestação social alternativa; e) suspensão ou interdição de direitos" e, no inciso XLVIII do mesmo artigo, "a pena será cumprida em estabelecimentos distintos, de acordo com a natureza do delito, a idade e o sexo do apenado".

Assim, como é de conhecimento, na parte especial do Código Penal, são elencados os crimes em espécie e a cada delito estão cominados os parâmetros mínimos e máximos das penas privativas de liberdade, diferenciadas em reclusão (crimes mais graves) e detenção (crimes menos graves) e, conforme prescrito em seu art. 33, a pena de detenção deverá ser cumprida em regime aberto ou semiaberto; enquanto a pena de reclusão será executada em regime aberto, semiaberto ou fechado.[29]

No que tange ao regime inicial de cumprimento de pena privativa de liberdade, em observância ao art. 110 da Lei de Execução Penal, o juiz deverá estabelecê-lo na sentença, nos moldes do dispositivo acima mencionado. E, uma vez formado o título executivo válido, em respeito à coisa julgada, não pode ser modificado pelo juiz da execução, salvo se suceder nova lei penal mais benéfica ou interpretação mais favorável dos tribunais superiores.[30]

Importante ressaltar que, nos termos do art. 111 da Lei de Execução Penal, se houver condenação por mais de um crime, no mesmo processo ou em processos distintos, o regime de cumprimento deverá ser determinado pelo resultado da soma ou unificação das penas. Cabendo distinguir que: 1) se todas as penas forem de detenção, o regime inicial será semiaberto ou aberto, mas havendo uma pena de reclusão, poderá ser fechado; 2) se a somatória das penas superar oito anos, havendo pelo menos uma pena de reclusão, deve ser estabelecido o regime inicial fechado.[31]

---

[29] Atualmente, não há distinção ontológica entre reclusão e detenção, inexistindo um critério rigoroso de diferenciação, o que leva a uma divisão meramente formal. Dessarte, na prática, a execução dessas modalidades diferencia-se tão somente quanto ao regime de cumprimento de pena (fechado, semiaberto ou aberto) e no que concerne ao tipo de estabelecimento penal de cumprimento (segurança máxima, média ou mínima) (PRADO, Luiz Regis. *Tratado de direito penal brasileiro*: parte geral. 2. ed. São Paulo: Revista dos Tribunais, 2017. v. I, p. 918-919).

[30] NUCCI, Guilherme de Souza. *Curso de direito penal*: parte geral. Rio de Janeiro: Forense, 2017. p. 670-671.

[31] JULIOTTI, Pedro de Jesus. *Lei de Execução Penal anotada*. São Paulo: Verbatim, 2011. p. 174.

Observe-se que, se sobrevier condenação no curso da execução, a pena deverá ser somada ao restante da que está sendo cumprida para nova adequação do regime.

Desse modo, todas as penas aplicadas ao réu deverão ficar concentradas numa única vara de execução criminal, cabendo ao juiz da execução acompanhar o processo e realizar a somatória das penas para reavaliar o regime imposto, considerando a detração e remição;[32] bem como consolidar os cálculos para cumprimento dos requisitos objetivos de concessão de benefícios, tendo como data-base o trânsito em julgado ao *Parquet* da última condenação.[33]

Inicialmente, cabe verificar os critérios objetivos elencados no Código Penal (art. 33, § 2º) para a fixação de regime, relativos à quantidade de pena imposta na sentença, segundo os seguintes parâmetros: a) o condenado a pena superior a oito anos deverá começar a cumpri-la em regime fechado; b) o condenado não reincidente, cuja pena seja superior a quatro anos e não exceda a oito, poderá, desde o princípio, cumpri-la em regime semiaberto e c) o condenado não reincidente, cuja pena seja igual ou inferior a quatro anos, poderá, desde o início, cumpri-la em regime aberto.

Dessarte, a lei prescreve a imprescindibilidade do regime inicial fechado para o condenado reincidente ou condenado a pena superior a oito anos.

---

[32] "A soma ou unificação das penas deverá observar, quando o caso, a detração ou remição. A detração é a contagem no tempo da pena privativa de liberdade e da medida de segurança do período em que ficou detido o condenado em prisão provisória, no Brasil ou no exterior, de prisão administrativa ou mesmo de internação em hospital de custódia e tratamento psiquiátrico, na forma do art. 42 do Código Penal. Sobre a remição, que é um direito do condenado em reduzir pelo trabalho prisional o tempo de duração da pena privativa de liberdade cumprida em regime fechado ou semiaberto" (JULIOTTI, Pedro de Jesus. *Lei de Execução Penal anotada*. São Paulo: Verbatim, 2011. p. 174-175).

[33] "Agravo em execução. Pedido de progressão ao regime prisional semiaberto. Indeferimento. Insurgência defensiva. Sentenciado que cumpre pena por dois crimes, um comum e outro hediondo. Necessidade de cumprimento de 3/5 da pena unificada para fins de progressão de regime prisional. Inteligência da atual redação do art. 2º, § 2º, da Lei de Crimes Hediondos. A unificação de penas implica nova data-base a contar do trânsito em julgado ao *parquet* da última condenação superveniente para a concessão do benefício. Determinação de novo cálculo atualizado de cumprimento de pena, com a utilização do referido termo inicial, para a apuração do preenchimento do requisito objetivo. Agravo parcialmente provido" (TJSP, Agravo em Execução 9000291-88.2017.8.26.0602, 16ª Câmara de Direito Criminal, Rel. Des. Guilherme de Souza Nucci, j. 20.02.2018, *DJe* 26.02.2018).

Contudo, importa ressaltar a Súmula 269 do Superior Tribunal de Justiça[34] que admite a adoção de regime semiaberto aos reincidentes condenados a pena igual ou inferior a quatro anos, se favoráveis as circunstâncias judiciais.

No entanto, cumpre destacar que, nos termos § 3º do art. 33 do Código Penal, esse critério objetivo deverá sempre ser combinado com a análise das circunstâncias previstas no art. 59 do Código Penal, e o juiz poderá impor o cumprimento de pena num sistema mais gravoso, desde que tenha motivação idônea para tanto, exaustivamente fundamentada, conforme previsto da Súmula 719 do Supremo Tribunal Federal.[35]

Não se pode olvidar que a legislação especial também pode trazer indicações específicas sobre o regime de cumprimento de pena a ser aplicado, como consta, por exemplo, na Lei 8.072/1990 (alterada pela Lei 11.464/2007), a qual prescreve o regime inicialmente fechado de cumprimento de pena para os crimes hediondos, a prática da tortura, o tráfico ilícito de entorpecentes e drogas afins e o terrorismo.[36]

Também cabe mencionar que, consoante determinado pela Súmula 440 do Superior Tribunal de Justiça,[37] fixada a pena-base no mínimo legal, fica vedado o estabelecimento de regime prisional mais gravoso com base apenas na gravidade abstrata do delito.

Nesse ponto, definido o regime aplicável, as características de cada regime de cumprimento de pena estão definidas também na parte geral do Código Penal (art. 33, § 1º) e na Lei de Execução Penal.

---

[34] Súmula 269 do Superior Tribunal de Justiça: "É admissível a adoção do regime prisional semiaberto aos reincidentes condenados a pena igual ou inferior a quatro anos se favoráveis as circunstâncias judiciais".

[35] Súmula 719 do Supremo Tribunal Federal: "A imposição do regime de cumprimento mais severo do que a pena aplicada permitir exige motivação idônea".

[36] No que tange à Lei 8.072/1990, o Supremo Tribunal Federal declarou expressamente a inconstitucionalidade do regime fechado inicial obrigatório na Lei dos Crimes Hediondos no *Habeas Corpus* 111.840/ES (*DJe* 16.12.2013). Todavia, há decisão mais recente do Supremo Tribunal Federal, no *Habeas Corpus* 123.316/SE (*DJe* 06.08.2015), referente a um caso de crime de tortura (Lei 9.455/1997), no sentido de que "se a lei de regência prevê o regime inicial de cumprimento da pena, impõe-se a observância, independente das circunstâncias judiciais". Dessa forma, denota-se tratamento diverso para delitos que contam com tratamento idêntico no art. 5º, XLIII, da Constituição Federal.

[37] Súmula 440 do Superior Tribunal de Justiça: "Fixada a pena-base no mínimo legal, é vedado o estabelecimento de regime prisional mais gravoso do que o cabível em razão da sanção imposta, com base apenas na gravidade abstrata do delito".

De acordo com as disposições legais, no regime fechado, o cumprimento de pena deve ocorrer em estabelecimento de segurança máxima ou média, em que o condenado trabalha dentro da prisão durante o dia[38] e fica isolado no período noturno (art. 34 do Código Penal e arts. 87 e 88 da Lei de Execução Penal), em cela individual provida de sanitário e lavatório, com área mínima de seis metros quadrados.[39]

Na realidade, contudo, não há nenhum isolamento noturno, nem as condições mínimas de salubridade nos estabelecimentos penais superlotados. Da mesma forma, o trabalho – direito e dever dos condenados – também não é efetivamente assegurado em razão da não disponibilização de vagas, vez que a maioria dos estabelecimentos prisionais não está aparelhado para cumprir a lei.

Por sua vez, no regime semiaberto, o condenado cumpre pena em colônia agrícola, industrial ou estabelecimento similar,[40] sendo admitido o alojamento coletivo (art. 92 da Lei de Execução Penal), bem como o trabalho externo e a participação em cursos (art. 35 do Código Penal). Entretanto, importante ressaltar que a prestação de trabalho externo, a ser autorizada pela direção do estabelecimento, dependerá de aptidão, disciplina e responsabilidade, além do cumprimento mínimo de 1/6 (um sexto) da pena e poderá ser revogada caso o condenado pratique novo crime, ou fato punido como falta grave, ou tiver comportamento contrário aos requisitos estipulados neste artigo (art. 37 da Lei de Execução Penal).

Da mesma forma como mencionado anteriormente em relação ao regime fechado, na prática, sempre faltam vagas em estabelecimentos destinados ao cumprimento de pena no regime semiaberto e, mesmo quando existe vaga, normalmente não há a estrutura adequada prevista em lei.

---

[38] Admite-se o trabalho externo, no regime fechado, em serviços ou obras públicas, desde que observados os cuidados necessários em relação à disciplina e para evitar fugas (art. 34, § 3º, do Código Penal).

[39] "Na prática, esse isolamento noturno não passa de 'mera carta de intenções' do legislador brasileiro, sempre tão romântico na fase de elaboração de diplomas legais. Com a superpopulação carcerária constatada em todos os estabelecimentos penitenciários, jamais será possível o isolamento dos reclusos durante o repouso noturno" (BITENCOURT, Cezar Roberto. *Tratado de direito penal*: parte geral. 19. ed. rev., ampl. e atual. São Paulo: Saraiva, 2013. p. 614).

[40] "A colônia penal, destinada ao cumprimento da pena em regime semiaberto, é um estabelecimento penal de segurança média, onde já não existem muralhas e guardas armados, de modo que a permanência dos presos se dá, em grande parte, por sua própria disciplina e senso de responsabilidade" (NUCCI, Guilherme de Souza. *Curso de execução penal*. Rio de Janeiro: Forense, 2018. p. 143-144).

Por sua vez, no regime aberto, o condenado deve recolher-se somente no período noturno e dias de folga à casa de albergado[41] ou estabelecimento adequado para a sua reinserção social, permitindo-se o trabalho e estudo fora do estabelecimento sem vigilância (art. 36 do Código Penal). Nesse regime, o estabelecimento não tem estrutura de penitenciária, portanto, não conta com obstáculos físicos para fuga (arts. 93 e 94 da Lei de Execução Penal), ficando a vigilância restrita à segurança das instalações e sendo a entrada e saída do condenado controlada por cartão de ponto.[42]

Mais uma vez, lamentavelmente, as previsões legais em relação ao regime aberto são totalmente desvinculadas da realidade brasileira, em que as casas de albergado são praticamente inexistentes, frustrando totalmente a execução desse regime.

Vale registrar que a diferenciação entre os tipos de estabelecimento de cumprimento de pena envolve não só a edificação e suas instalações em si, mas especificamente o programa de execução e a orientação da equipe penitenciária. No regime fechado, toda a administração orienta-se no sentido de manter o preso em regime de maior restrição de liberdade de locomoção; no regime semiaberto, esses mecanismos de controle são reduzidos e, no sistema aberto, tornam-se praticamente inexistentes.

Em razão dessa redução dos mecanismos de controle, verifica-se que para ingressar no regime aberto são exigidos requisitos mais rigorosos, ou seja, é necessário que, desde logo, o condenado esteja trabalhando ou comprove a possibilidade de fazê-lo imediatamente[43] e, também, apresente fundados indícios que capacidade de ajustar-se com autodisciplina e senso de

---

[41] "A casa de albergado é destinada ao cumprimento da pena privativa de liberdade no regime aberto, bem como à pena restritiva de liberdade no regime aberto, bem como à pena restritiva de direito, consistente na limitação de fim de semana. Cuida-se, no entanto, de ilustre desconhecida da maioria das comarcas. (...) A sua inexistência levou a gravíssimos fatores ligados à impunidade e ao descrédito do Direito Penal. Há décadas, muitos governantes simplesmente ignoram a sua necessidade. Por isso, o Judiciário foi obrigado promover a inadequada analogia, porém inafastável, com o art. 117 desta Lei. Passou-se a inserir o condenado em regime aberto na denominada prisão albergue domiciliar" (Ibidem, p. 145-146).

[42] MESQUITA JÚNIOR, Sidio Rosa de. *Execução criminal*: teoria e prática. 6. ed. São Paulo: Atlas, 2010. p. 371.

[43] Nos termos do parágrafo único do art. 114 da Lei de Execução Penal, poderão ser dispensadas do trabalho as pessoas referidas no art. 117, quais sejam: I – condenado maior de 70 (setenta) anos; II – condenado acometido de doença grave; III – condenada com filho menor ou deficiente físico ou mental; IV – condenada

responsabilidade ao regime, considerando seus antecedentes ou o resultado dos exames a que foi submetido (art. 114 da Lei de Execução Penal).

Outrossim, denota-se que a Lei de Execução Penal impõe condições específicas para o ingresso do condenado em regime aberto, as quais pressupõem a aceitação de seu programa e das condições impostas pelo juiz (art. 113 da Lei de Execução Penal).

Ressalte-se que as condições obrigatórias estão elencadas no art. 115 da Lei de Execução Penal: "I – permanecer no local que for designado, durante o repouso e nos dias de folga; II – sair para o trabalho e retornar, nos horários fixados; III – não se ausentar da cidade onde reside, sem autorização judicial; IV – comparecer a Juízo, para informar e justificar as suas atividades, quando for determinado".

Todavia, ao magistrado é facultado estabelecer outras condições, bem como alterá-las de ofício, a requerimento do Ministério Público, da autoridade administrativa ou do condenado, desde que as circunstâncias assim o recomendem (art. 116 da Lei de Execução Penal). Ademais, é possível que a legislação local estipule normas complementares para o cumprimento da pena privativa de liberdade em regime aberto (art. 119 da Lei de Execução Penal).

Nos termos do art. 117 da Lei de Execução Penal, o recolhimento do condenado em residência particular (prisão albergue domiciliar) somente é admitido em caso de: "I – condenado maior de 70 (setenta anos); II – condenado acometido de doença grave; III – condenada com filho menor ou deficiente físico ou mental; IV – condenada gestante".

Por fim, cabe salientar que, consoante disposto pela Súmula Vinculante 56 do Supremo Tribunal Federal,[44] consolidou-se o posicionamento de que o condenado não pode ser mantido em regime penal mais gravoso por falta de estabelecimento penal adequado, devendo-se observar, nessa hipótese, os parâmetros fixados no RE 641.320/RS,[45] na medida em que a falta de

---

gestante. Aos quais também é deferido o benefício de ficarem recolhidos em residência particular.

[44] Súmula Vinculante 56 do Supremo Tribunal Federal: "A falta de estabelecimento penal adequado não autoriza a manutenção do condenado em regime prisional mais gravoso, devendo-se observar, nessa hipótese, os parâmetros fixados no RE 641.320/RS".

[45] "Constitucional. Direito Penal. Execução penal. Repercussão geral. Recurso extraordinário representativo da controvérsia. 2. Cumprimento de pena em regime fechado, na hipótese de inexistir vaga em estabelecimento adequado a seu regime. Violação aos princípios da individualização da pena (art. 5º, XLVI)

estrutura do Estado para cumprimento dos preceitos constitucionais e da Lei de Execução Penal afronta direito fundamental do condenado, causando injustificável e intolerável prejuízo.

Assim, denota-se que a realidade carcerária se revela radicalmente oposta aos comandos da Lei de Execução Penal e da Constituição Federal, inexistindo políticas públicas concretas para dar efetividade às disposições referentes aos regimes de cumprimento de pena. Com isso, o condenado fica detido sob a guarda do Estado, mas este não exerce seu papel de garantidor dos direitos individuais, nem oferece o aparato necessário para contribuir na mudança no perfil do preso a fim de viabilizar o seu retorno ao convívio social. Fatos incontestes que ensejam o descrédito do sistema de execução penal no Brasil.

3.1 Das proposições do Projeto de Lei 9.054/2017 relativas aos regimes de cumprimento de pena

A redação do art. 110 da Lei de Execução Penal será mantida pelo Projeto de Lei 9.054/2017, com a previsão de que o juiz determinará na sentença o regime inicial de cumprimento de pena, nos exatos termos do art. 33 do Código Penal.

Entretanto, o projeto altera a redação do mencionado art. 33 do Código Penal,[46] para estipular novas regras sobre os regimes e assentar novos

---

e da legalidade (art. 5º, XXXIX). A falta de estabelecimento penal adequado não autoriza a manutenção do condenado em regime prisional mais gravoso. 3. Os juízes da execução penal poderão avaliar os estabelecimentos destinados aos regimes semiaberto e aberto, para qualificação como adequados a tais regimes. São aceitáveis estabelecimentos que não se qualifiquem como 'colônia agrícola, industrial' (regime semiaberto) ou 'casa de albergado ou estabelecimento adequado' (regime aberto) (art. 33, § 1º, alíneas 'b' e 'c'). No entanto, não deverá haver alojamento conjunto de presos dos regimes semiaberto e aberto com presos do regime fechado. 4. Havendo déficit de vagas, deverão ser determinados: (i) a saída antecipada de sentenciado no regime com falta de vagas; (ii) a liberdade eletronicamente monitorada ao sentenciado que sai antecipadamente ou é posto em prisão domiciliar por falta de vagas; (iii) o cumprimento de penas restritivas de direito e/ou estudo ao sentenciado que progride ao regime aberto. Até que sejam estruturadas as medidas alternativas propostas, poderá ser deferida a prisão domiciliar ao sentenciado" (STF, RE 641.320/RS, Pleno, Rel. Min. Gilmar Mendes, j. 11.05.2016, *DJe* 29.07.2016).

[46] Projeto de Lei 9.054/2017: "Art. 4º O Decreto-Lei nº 2.848, de 7 de dezembro de 1940 (Código Penal), passa a vigorar com as seguintes alterações:
'Art. 33. (...)

parâmetros objetivos para fixação do regime inicial de cumprimento de pena com as seguintes propostas: a) o condenado a pena superior a 9 (nove) anos deverá começar a cumpri-la em regime fechado; b) o condenado não reincidente, cuja pena seja superior a 5 (cinco) anos e não exceda a 9 (nove), poderá, desde o princípio, cumpri-la em regime semiaberto e c) o condenado não reincidente, cuja pena seja igual ou inferior a 5 (cinco) anos, poderá, desde o início, cumpri-la em regime aberto.

Nesse ponto, no que tange ao regime inicial de cumprimento de pena, cabe ressaltar que a proposta de alteração ao art. 111 da Lei de Execução Penal,[47] desconsidera a posição anterior pela unificação das penas para determinar que, no caso de condenação por mais de um crime, cumprir-se-á, inicialmente, a condenação no regime mais gravoso, de forma isolada,

---

§ 1º (...) I – regime fechado a execução da pena em estabelecimento de segurança máxima, média ou mínima, neste caso, proporcional ao tempo restante da pena;

II – regime semiaberto a execução da pena em colônia agrícola, industrial ou estabelecimento similar, mediante condições fixadas pelo juiz, com ou sem monitoração eletrônica;

III – regime aberto a execução da pena em domicílio, mediante condições restritivas de direitos, prestações sociais alternativas a serem fixadas pelo juiz ou monitoração eletrônica.

§ 2º (...)

I – o condenado a pena superior a 9 (nove) anos deverá começar a cumpri-la em regime fechado;

II – o condenado não reincidente cuja pena seja superior a 5 (cinco) anos e não exceda 9 (nove) anos poderá, desde o princípio, cumpri-la em regime semiaberto;

III – o condenado não reincidente cuja pena seja igual ou inferior a 5 (cinco) anos poderá, desde o início, cumpri-la em regime aberto".

[47] Projeto de Lei 9.054/2017: "Art. 1º A Lei nº 7.210, de 11 de julho de 1984 (Lei de Execução Penal), passa a vigorar com as seguintes alterações: (...)

'Art. 111. Quando houver condenação por mais de um crime, cumprir-se-á, inicialmente, a condenação no regime mais gravoso, de forma isolada, na forma do art. 76 do Código Penal, seguindo-se o regime de pena fixado pelo juiz da condenação.

§ 1º Sobrevindo condenação no curso da execução, somar-se-á a pena ao restante da que está sendo cumprida, para determinação do regime.

§ 2º Com a soma das penas, e fixado o regime prisional, considerar-se-á como marco para o cálculo do requisito objetivo do direito à progressão a data da última prisão.

§ 3º Na hipótese de condenação superveniente por crime praticado anteriormente à execução em curso, se, com a soma das penas, não houver alteração do regime, a data-base para o cálculo do direito à progressão não será alterada.'"

consoante o já previsto no art. 76 do Código Penal, seguindo-se o regime de pena fixado pelo juiz da condenação.

Além disso, o projeto incluiu novos parágrafos ao art. 111. No § 1º, resta mantida a prescrição de que, em caso de nova condenação no curso da execução, o regime deverá ser estabelecido pela soma da nova pena ao restante daquela que está sendo cumprida.

Já nos §§ 2º e 3º do art. 111 da Lei de Execução Penal, fica expressamente definida a data da última prisão como novo marco inicial para o cálculo do requisito objetivo da progressão; com a ressalva no sentido de que essa data-base não será alterada na hipótese de condenação superveniente por crime anterior à execução, desde que a soma das penas não altere o regime de cumprimento.

No que se refere às novas regras para os regimes de cumprimento de pena, vislumbra-se que o projeto manteve as disposições pertinentes ao regime fechado, ou seja, a execução da pena em estabelecimento de segurança máxima ou média, inovando apenas quanto à possibilidade de cumprimento em estabelecimento de segurança mínima, pelo tempo proporcional ao restante da pena.

Nesse aspecto, traz inovação que tem por objeto evitar a superlotação carcerária, mantendo em segurança máxima e média apenas os que dela necessitem.

Quanto ao regime semiaberto, o projeto somente acrescenta expressamente a necessidade de cumprimento das condições fixadas pelo juiz, com ou sem o uso monitoração eletrônica.

Já no concernente ao regime aberto, o projeto traz em sua redação modificações significativas. Primeiramente, a proposta estipula o cumprimento da pena diretamente em domicílio, mediante condições restritivas de direitos, prestações sociais alternativas a serem fixadas pelo juiz ou monitoração eletrônica, deixando de prever o sistema de casa de albergado.

Nesse sentido, o projeto acrescenta à Lei de Execução Penal o art. 95-A[48] para estabelecer expressamente que o regime aberto consiste na execução da pena em "recolhimento domiciliar", sem vigilância direta, ficando o condenado sujeito às normas determinadas pelo juízo da execução, o que

---

[48] Projeto de Lei 9.054/2017: "Art. 1º A Lei nº 7.210, de 11 de julho de 1984 (Lei de Execução Penal), passa a vigorar com as seguintes alterações: (...)
'Art. 95-A. O regime aberto consiste na execução da pena em recolhimento domiciliar, baseado na autodisciplina e no senso de responsabilidade do condenado, que estará sujeito, sem vigilância direta, a normas disciplinares estabelecidas pelo juízo da execução.'"

reforça a base do regime aberto lastreado na autodisciplina e no senso de responsabilidade do condenado.

Nos termos do projeto, o ingresso no sistema aberto pressupõe a aceitação do seu programa e das condições "legais", não mais as condições "estabelecidas pelo juiz", como consta na atual redação, a fim de evitar subjetivismo nas imposições (art. 113 da Lei de Execução Penal).[49]

Observe-se que, também, foi acrescentado parágrafo único ao mencionado artigo, para corroborar que o regime aberto será cumprido mediante recolhimento domiciliar, penas alternativas ou monitoração eletrônica, tudo consoante a proposta de alteração também da redação do art. 33 do Código Penal.

As alterações sugeridas contemplam o que já ocorre nos dias atuais, vez que não existem vagas suficientes em casas de albergado e, na maioria das vezes, os condenados que cumprem pena em regime aberto acabam por dormir em suas próprias residências.

Ainda sobre o regime aberto, o projeto altera a redação constante do inciso I do art. 114 da Lei de Execução Penal[50] para incluir a possibilidade de comprovação do início do trabalho em até noventa dias, excluindo a exigência de comprovação imediata presente na redação atual.

Também foi oportuno o projeto ao prever o prazo para comprovação de início do trabalho, pois com o alto índice de desemprego torna-se quase

---

[49] Projeto de Lei do Senado 513/13, dando origem ao PL 9.054/2017: "Art. 1º A Lei nº 7.210, de 11 de julho de 1984 (Lei de Execução Penal), passa a vigorar com as seguintes alterações: (...)
'Art. 113. O ingresso do condenado em regime aberto supõe a aceitação de seu programa e das condições legais.
Parágrafo único. O regime aberto será cumprido mediante recolhimento domiciliar, penas alternativas ou monitoração eletrônica."

[50] Projeto de Lei 9.054/2017: "Art. 1º A Lei nº 7.210, de 11 de julho de 1984 (Lei de Execução Penal), passa a vigorar com as seguintes alterações: (...)
'Art. 114. (...)
I – estiver trabalhando ou comprovar a possibilidade de fazê-lo em até 90 (noventa) dias;
II – (...)
Parágrafo único. Poderão ser dispensados do trabalho:
I – o condenado maior de 70 (setenta) anos;
II – o condenado acometido de doença grave;
III – o condenado com filho menor ou com deficiência que dependa de seus cuidados;
IV – a condenada gestante.'"

impossível àquele que alcançou a liberdade recentemente, após anos no cárcere, conseguir emprego imediatamente, mesmo porque encontra resistência da própria sociedade.

É imprescindível o conhecimento das condições existentes no sistema prisional e o acompanhamento efetivo do preso, pelo Estado e pela sociedade, durante o cumprimento da pena. E nesse contexto, a sociedade tem papel crucial no processo de ressocialização, qual seja, aceitar o egresso em seu convívio sem, entretanto, fomentar qualquer espécie de preconceito.

Ressalte-se que o projeto (PLS 513/13, que deu origem ao PL 9.054/17) prevê a revogação do art. 117 da Lei de Execução Penal e, assim, modifica também a redação do parágrafo único do art. 114 para constar o rol daqueles dispensados do trabalho, com teor idêntico ao rol do art. 117; cumprindo mencionar apenas a inclusão de menção expressa, no inciso III, sobre a necessidade de dependência de cuidados específicos do condenado em relação ao filho menor ou com deficiência.

Continuando as disposições sobre o regime aberto, o projeto altera o art. 115 da Lei de Execução Penal[51] para constar, entre as condições do regime aberto, a possibilidade do juiz estabelecer obrigações análogas a penas restritivas de direito, sem prejuízo das restrições gerais e obrigatórias já impostas na redação vigente.

Não obstante, o projeto acrescenta o parágrafo único ao art. 116 da Lei de Execução Penal[52] para complementar, como já constante da lei, a faculdade do juiz modificar as condições instituídas, ressalvado que as novas exigências deverão ser lançadas no sistema central informatizado de controle de condenados, bem como deverá ser dada ciência pessoal dessas ao defensor e ao próprio condenado.

---

[51] Projeto de Lei 9.054/2017: "Art. 1º A Lei nº 7.210, de 11 de julho de 1984 (Lei de Execução Penal), passa a vigorar com as seguintes alterações: (...)
'Art. 115. O juiz poderá estabelecer condições especiais para a concessão de regime aberto, inclusive fixando obrigações análogas a penas restritivas de direito, sem prejuízo das seguintes condições gerais e obrigatórias: (...)'."

[52] Projeto de Lei 9.054/2017: "Art. 1º A Lei nº 7.210, de 11 de julho de 1984 (Lei de Execução Penal), passa a vigorar com as seguintes alterações: (...)
'Art. 116. O juiz poderá modificar as condições estabelecidas, de ofício ou a requerimento do Ministério Público, da autoridade administrativa ou do condenado, desde que as circunstâncias assim o recomendem.
Parágrafo único. As novas condições serão lançadas no sistema central informatizado de controle de condenados, e delas será dada ciência pessoal ao defensor e ao próprio condenado.'"

Observe-se aqui que as disposições do projeto permitem que o juiz analise a figura do condenado para aplicar a melhor prestação, dando efetividade ao princípio da individualização da pena.

Por derradeiro, releva advertir que o projeto (PLS 513/13, que deu origem ao PL 9.054/17) revoga o art. 119 da Lei de Execução Penal, o qual possibilita a criação de normas complementares para o cumprimento da pena privativa de liberdade em regime aberto pela legislação municipal. Sendo assim, acertadamente, o projeto não permite ao município a criação de normas sobre direito penitenciário.

4. DO SISTEMA PROGRESSIVO

Desde os primórdios até o século XIX, a principal forma de repreenda penal era a pena de morte, sendo também admitidos, naquele tempo, a tortura, os trabalhos forçados, o banimento e outros suplícios. Entretanto, a partir da Idade Média, no Direito Canônico, a prisão passou a ser reconhecida como forma de pena, imposta a reclusão a clérigos, hereges e delinquentes julgados pela Igreja.[53]

A partir de então, vários sistemas surgiram, todavia a prisão moderna ainda traz consigo o ideal cristão de penitência e redenção, segundo o qual o isolamento, o trabalho e a reflexão garantiriam, em tese, a transformação de indivíduos inadequados ao convívio social em novos cidadãos.[54]

Dentre os sistemas penitenciários, imprescindível mencionar que sua evolução ocorreu, basicamente, por meio dos seguintes modelos: filadélfico, auburniano, de montesinos e o progressivo (inglês e irlandês).

No *sistema filadélfico* (belga ou celular), dominante na Europa (1790-1829), a sanção era cumprida em constante isolamento celular, sendo vedadas visitas e até mesmo o trabalho. Esse sistema passou por algumas alterações e, posteriormente, permitiu o trabalho silencioso para os condenados por crimes menos graves, bem como o contato com os funcionários, médicos, educadores e religiosos. A expectativa desse sistema era aprofundar a educação religiosa e alcançar o arrependimento dos prisioneiros por meio do rigoroso isolamento.[55]

---

[53] PRADO, Luiz Regis. *Tratado de direito penal brasileiro*: parte geral. 2. ed. São Paulo: Revista dos Tribunais, 2017. v. I, p. 907-908.

[54] SAVAZZONI, Simone de Alcântara. *Contrastes entre o regime prisional legal e a realidade do sistema carcerário no Estado de São Paulo*. Dissertação (Mestrado) – Faculdade de Direito, Pontifícia Universidade Católica de São Paulo, São Paulo, 2010, p. 123.

[55] PRADO, Luiz Regis. *Tratado de direito penal brasileiro*: parte geral. 2. ed. São Paulo: Revista dos Tribunais, 2017. v. I, p. 913-914.

Diante da extrema rigidez do sistema filadélfico, foi criado o *sistema auburniano*, difundido nos Estados Unidos (1818), que admitia o trabalho comum diurno, com isolamento celular à noite. A marca desse sistema era o silêncio absoluto, pois não se permitia qualquer conversa entre os presos, somente com os guardas, com licença prévia e em voz baixa. Esse sistema facilitou o aumento de produção no trabalho, assim como propiciou melhores condições para a reeducação profissional.[56]

Um dos grandes críticos do sistema de Auburn foi o Coronel Manoel Montesino y Molina, precursor de um tratamento penal humanitário, que implantou, na Espanha (1835), novo regime prisional lastreado no ideal de que os maus-tratos mais degeneram do que corrigem e afastam a expectativa da moralização. Entendendo ser imprescindível ao preso sua autoconsciência, amealhada por sentimento de confiança e por meios de estímulos, suprimiu os castigos corporais e estabeleceu trabalho remunerado.[57]

Por fim, o *sistema progressivo* surgiu na Inglaterra (1840), em razão das deficiências correcionais e reformadoras dos modelos anteriores. Esse sistema consolidou a pena privativa de liberdade, espinha dorsal do sistema penal atual, e consagrou a necessidade de reabilitação do recluso, vez que a implementação dessa espécie de pena coincide com o paulatino abandono da pena de morte. Apresentou como principal característica o fato de dividir o tempo da prisão em períodos, levando-se em consideração o comportamento e mérito do preso e, em consequência e de acordo com sua evolução, a possibilidade de concessão de benefícios.

Segundo esse sistema, a duração da pena não era determinada exclusivamente pela sentença condenatória, mas dependia da boa conduta do preso, de seu trabalho produzido e da gravidade do delito. Desse modo, o condenado recebia *marcas* ou *vales* quando seu comportamento era positivo e os perdia quando não se comportava bem.[58]

Partindo dessa premissa, o sistema progressivo estabelecia três períodos de cumprimento da pena, quais sejam: a) período de prova, com isolamento

---

[56] MESQUITA JÚNIOR, Sidio Rosa de. *Execução criminal*: teoria e prática. 6. ed. São Paulo: Atlas, 2010. p. 359.

[57] SAVAZZONI, Simone de Alcântara. *Contrastes entre o regime prisional legal e a realidade do sistema carcerário no Estado de São Paulo*. Dissertação (Mestrado) – Faculdade de Direito, Pontifícia Universidade Católica de São Paulo, São Paulo, 2010, p. 133-134.

[58] OLIVEIRA, Odete Maria. *Prisão*: um paradoxo social. 3. ed. rev. Florianópolis: UFSC, 2003. p. 62.

celular completo, do tipo filadélfico; b) período com isolamento celular noturno e trabalho comum durante o dia, com rigoroso silêncio, do tipo auburniano; c) período da comunidade, com benefício da liberdade condicional.[59]

Seguindo o sistema inglês, surgiu também o sistema progressivo irlandês, que introduziu um novo estágio na escala anterior, qual seja uma fase intermediária, anterior ao livramento condicional, em que se admitia o trabalho externo.[60]

Vislumbra-se que o sistema progressivo propicia, sem grande rigorismo, ciclos de suavização da pena, que podem culminar com maior facilidade para uma normal reinserção comunitária do preso, quando posto em liberdade e, portanto, significou este regime, inquestionavelmente, um avanço penitenciário considerável.

No Brasil, adota-se o sistema progressivo, conforme disposição do § 2º do art. 33 do Código Penal, definindo da seguinte forma: "as penas privativas de liberdade deverão ser executadas em forma progressiva, segundo o mérito do condenado (...)".

No mesmo sentido, o dispositivo do art. 112 da Lei de Execução Penal prevê que a pena privativa de liberdade "será executada em forma progressiva com a transferência para regime menos rigoroso, a ser determinada pelo juiz (...)", em decisão fundamentada, a qual deve ser precedida de manifestação do Ministério Público e do defensor.

Dessa forma, denota-se, no Brasil, um sistema penitenciário semelhante ao progressivo irlandês, fazendo-o, todavia, com características peculiares, pois a pena de detenção não comporta seu desdobramento em todas as fases desse modelo prisional e também não há o uso de *marcas* ou *vales*.

No mais, como no sistema progressivo irlandês, no primeiro período, o prisioneiro fica sujeito à observação; no segundo, é submetido ao trabalho comum, mantido o isolamento noturno; no terceiro, o preso é encaminhado para um estabelecimento semiaberto ou colônia agrícola e, no quarto, recebe a concessão da liberdade condicional.[61]

---

[59] MESQUITA JÚNIOR, Sidio Rosa de. *Execução criminal*: teoria e prática. 6. ed. São Paulo: Atlas, 2010. p. 359.
[60] Ibidem.
[61] SAVAZZONI, Simone de Alcântara. *Contrastes entre o regime prisional legal e a realidade do sistema carcerário no Estado de São Paulo*. Dissertação (Mestrado)

Evidencia-se que o desiderato desse sistema é conseguir a adesão do recluso por meio de estímulo à sua boa conduta, com o propósito de atingir futura recuperação para retorno ao convívio social.

Assim, o cumprimento da pena deve ocorrer de maneira progressiva, partindo do regime mais severo (fechado) aos mais brandos (semiaberto e aberto). Verifica-se que o pedido de progressão deve ser encaminhado ao juiz da execução, ficando a decisão passível de recurso ao segundo grau por meio de Agravo em Execução.[62]

A decisão judicial deverá analisar o implemento dos requisitos estabelecidos em lei (art. 112 da Lei de Execução Penal), quais sejam: cumprimento de pelo menos um sexto da pena na regime anterior (requisito objetivo) e merecimento do condenado (requisito subjetivo). Vale ressaltar que leis especiais podem elencar requisitos específicos para progressão de regime, como no caso dos crimes hediondos e equiparados, em que a Lei 8.072/1990 (alterada pela Lei 11.464/2007) estabelece que a progressão de regime dar-se-á após o cumprimento de dois quintos da pena, se o apenado for primário; e de três quintos, se reincidente. Desse modo, em caso de concurso entre crime comum e hediondo, os cálculos devem ser contados separadamente.[63]

Ainda no que tange ao requisito objetivo, importa mencionar que a Lei 12.850/2013 (organizações criminosas), no § 5º de seu art. 4º, possibilita a concessão de progressão de regime ainda que ausente o requisito objetivo, se houver colaboração premiada posterior à sentença.

Assim, denota-se que não há vedação a progressão, nem em razão da gravidade do delito, nem em relação à extensão da pena, na medida em que a pena aplicada já considera a gravidade do delito, mas nem por isso impede a concessão dos benefícios legais.

Entretanto, cabe salientar que, consoante disposto na Súmula 715 do Supremo Tribunal Federal,[64] o mecanismo estabelecido no art. 75 do Código

---

– Faculdade de Direito, Pontifícia Universidade Católica de São Paulo, São Paulo, 2010, p. 137-138.

[62] ANDREUCCI, Ricardo Antonio. *Legislação penal especial*. 8. ed. São Paulo: Saraiva, 2011. p. 345.

[63] NUCCI, Guilherme de Souza. *Curso de execução penal*. Rio de Janeiro: Forense, 2018. p. 167-168.

[64] Súmula 715 do Supremo Tribunal Federal: "A pena unificada para atender ao limite de trinta anos de cumprimento, determinado pelo art. 75 do Código Penal, não é considerada para a concessão de outros benefícios, como o livramento condicional ou regime mais favorável de execução".

Penal, que limita o cumprimento da pena ao máximo de trinta anos, não se aplica ao cálculo do requisito objetivo da progressão, o qual leva em conta o tempo da pena aplicada e unificada.

Dessarte, a lei impede que os condenados efetivamente cumpram mais de trinta anos de prisão; todavia, no que se refere à progressão, o requisito temporal de cumprimento de um sexto da pena deve ser contabilizado considerando a pena efetivamente imposta na sentença (eventualmente superior a trinta anos). E, havendo segunda progressão, esse um sexto deve ser recalculado sobre o total remanescente da pena, descontada a pena já cumprida que é considerada extinta para todos os efeitos.

No que tange à contagem do tempo de cumprimento de pena, importa destacar que, nos termos da Súmula 534 do Superior Tribunal de Justiça,[65] o cometimento de falta grave interrompe o prazo para progressão. Dessa maneira, o requisito temporal objetivo (um sexto, dois quintos ou três quintos) volta a ser computado do início, considerando o tempo remanescente de pena.

Para registro da falta grave, é exigível prévio procedimento administrativo, no qual deve ser assegurada a ampla defesa do condenado. Discute-se sobre a necessidade de realização de defesa técnica do condenado, mas a corrente majoritária entende que basta conceder oportunidade para a autodefesa, em razão dos seguintes fundamentos: a) na maioria das vezes a defesa técnica é meramente formal; b) não existem defensores públicos em todos os estabelecimentos prisionais; c) é totalmente inviável, num presídio, a realização de uma sindicância para apurar falta grave como se processo fosse. Nada impede, contudo, que o juiz da execução penal entenda a apuração deficiente e requeira diligências ou até desconsidere a falta registrada para o efeito de progressão penal.[66]

Todavia, nos termos da Súmula 533 do Superior Tribunal de Justiça, para o reconhecimento de falta grave, deve ser assegurado o direito de defesa realizado por advogado constituído ou defensor público nomeado.

Nesse sentido, a progressão de regime configura-se como um direito subjetivo do condenado. Todavia, em matéria de execução pena, vigora o

---

[65] Súmula 534 do Superior Tribunal de Justiça: "A prática de falta grave interrompe a contagem do prazo para a progressão de regime de cumprimento de pena, o qual se reinicia a partir do cometimento dessa infração".

[66] Cabe também salientar que o rol previsto na Lei de Execução Penal (art. 50) é exaustivo, portanto, em observância ao princípio da legalidade, não podem ser criadas novas hipóteses de falta grave por resolução, portaria ou decreto (NUCCI, Guilherme de Souza. *Curso de direito penal*: parte geral. Rio de Janeiro: Forense, 2017. p. 664-666).

princípio do "in dubio pro societate"[67] e, em razão disso, ao analisar o mérito do encarcerado, o magistrado pode fundamentadamente recusar o pedido de progressão.

Oportuno destacar que a progressão tem por escopo uma reintegração gradativa do condenado na sociedade por isso, em regra, não se admite a progressão por saltos, ou seja, diretamente do regime fechado ao aberto, conforme consolidado na Súmula 491 do Superior Tribunal de Justiça.[68]

Entretanto, deferida progressão ao regime semiaberto, se não houver vaga em estabelecimento adequado, admite-se aguardar em liberdade, consoante teor da já mencionada Súmula Vinculante 56 do Supremo Tribunal Federal.[69]

Não obstante, vislumbra-se que, na prática, a progressividade do sistema de cumprimento de pena é mais um aspecto frustrado da execução penal. Teoricamente, a intenção é que o sistema progressivo estimule o condenado e fomente a expectativa de retorno ao convívio social, mas, lamentavelmente, no sistema penitenciário brasileiro atual, a individualização da pena na execução não é observada, sendo desprovida de acompanhamento e de programas adequados para a reinserção social.[70]

Com isso, o condenado, na realidade, fica apenas na expectativa de deixar o cárcere para afastar-se das mazelas do sistema e/ou para voltar a delinquir, sem perceber um verdadeiro prognóstico na sua condição para a ressocialização.

Ademais, outro inconveniente que deve ser destacado diz respeito à forma da avaliação para a progressão de regime. A exigência legal envolve um critério misto: objetivamente, é necessário o cumprimento de um tempo mínimo de pena; subjetivamente, avalia-se o mérito do condenado.

Atualmente, porém, a avaliação do mérito do condenado fica restrita à apresentação de um atestado de bom comportamento carcerário subscrito

---

[67] MARCÃO, Renato. *Curso de execução penal*. 11. ed. São Paulo: Saraiva, 2013. p. 158-173.
[68] Súmula 491 do Superior Tribunal de Justiça: "É inadmissível a chamada progressão *per saltum* de regime prisional".
[69] Súmula Vinculante 56 do Supremo Tribunal Federal: "A falta de estabelecimento penal adequado não autoriza a manutenção do condenado em regime prisional mais gravoso, devendo-se observar, nessa hipótese, os parâmetros fixados no RE 641.320/RS".
[70] SAVAZZONI, Simone de Alcântara. *Psicopatia: uma proposta de regime especial de cumprimento de pena*. Tese (Doutorado) – Faculdade de Direito, Pontifícia Universidade Católica de São Paulo, São Paulo, 2016, p. 153.

pelo diretor do presídio, nos termos do disposto no art. 112 da Lei de Execução Penal, com a redação dada pela Lei 10.792/2003.

Com a edição da Lei 10.792/2003, houve a dispensabilidade do exame criminológico, o que diminuiu, consideravelmente, o campo de atuação da Comissão Técnica de Classificação, afrontando gravemente a individualização executória da pena, na medida em que mero atestado de conduta leva o juiz a estabelecer uma progressão-padrão.[71] Dessa forma, é possível concluir que, nesse ponto, as modificações introduzidas pela referida lei significaram um retrocesso para a individualização da pena.

Vale ressaltar, entretanto, que o Superior Tribunal de Justiça editou a Súmula 439[72] esclarecendo que continua possível a requisição de exame criminológico pelo magistrado durante a execução penal, desde que tal pedido esteja fundamentado em dados concretos relativos ao condenado.[73]

---

[71] Releva esclarecer a diferenciação entre o exame criminológico e os pareceres da Comissão Técnica de Classificação. Assim, o exame criminológico é "uma forma de perícia (...) que deve ser feito e assinado unicamente por técnicos (psiquiatras, psicólogos e assistentes sociais)" que visa "avaliar as condições pessoais do agente criminoso (mente, corpo, fatores sociofamiliares) e as circunstâncias que o envolveram, condições e circunstâncias essas que, de alguma forma, possam explicar sua conduta criminosa pretérita (diagnóstico criminológico)" com a finalidade de oferecer subsídios para a individualização da pena, bem como aferir possíveis desdobramentos futuros da conduta no que tange à possibilidade de recidiva. Por sua vez, os pareceres da Comissão Técnica de Classificação não são perícia, não buscam avaliar a conduta do criminoso, tratam-se de "uma avaliação interdisciplinar que a equipe faz do histórico prisional do preso, de sua conduta, entendida esta em seu sentido bem complexo, isto é, não restrito às respostas do preso às normas regimentais da casa", mas especificamente considerando as "respostas que o preso vem dando às propostas terapêutico-penais que lhe têm sido disponibilizadas" (SÁ, Alvino Augusto de; ALVES, Jamil Chaim. Dos pareceres da comissão técnica de classificação na individualização executória da pena: uma revisão interdisciplinar. *Boletim IBCCrim*, São Paulo, v. 17, n. 201, ago. 2009, p. 7-8).

[72] Súmula 439 do Superior Tribunal de Justiça: "Admite-se o exame criminológico pelas peculiaridades do caso, desde que em decisão motivada".

[73] Em sentido contrário: "Indeferir pedido de progressão com base em apontamentos do laudo criminológico, se o executado cumpriu um sexto da pena no regime atual e juntou atestado de boa conduta carcerária, nos termos do art. 112, corresponde a indeferir pedido com base em requisito que a lei não exige. É preciso enxergar a verdadeira intenção do legislador e admitir a mudança. A lei não foi modificada para ficar tudo como estava" (MARCÃO, Renato. *Curso de execução penal*. 11. ed. São Paulo: Saraiva, 2013. p. 164-165).

Obviamente, a avaliação de mérito do condenado não deve envolver apenas a verificação de seu comportamento no regime em que está submetido, mas principalmente uma análise a respeito da capacidade provável de adaptação ao regime menos rigoroso.

Contudo, o que se constata, na prática, é uma total violação ao princípio da individualização da pena no sistema carcerário brasileiro, uma vez que, normalmente o mesmo tratamento é dado para todos os encarcerados, independentemente das diferenças entre suas personalidades e condutas.

Por fim, no que tange ainda à progressão, vale mencionar o disposto no art. 33, § 4º, do Código Penal, que condiciona a progressão de regime do cumprimento do condenado por crime contra a administração pública à reparação do dano que causou, ou à devolução do produto do ilícito praticado, com os acréscimos legais.

Quanto a essa condicionante, questiona-se a constitucionalidade da imposição, vez que a reparação do dano não se encontra entre as finalidades da pena e tal impedimento fere o princípio da individualização da pena.[74]

4.1 Das proposições do Projeto de Lei 9.054/2017 relativas ao sistema de progressão de regimes

O projeto de alteração da Lei de Execução Penal igualmente contempla a execução da pena privativa de liberdade de forma progressiva e mantém o requisito objetivo do cumprimento mínimo de um sexto da pena para transferência para um regime menos rigoroso. Contudo, traz significativas alterações na redação do art. 112 da Lei de Execução Penal[75] ao estipular que a transferência para o regime menos rigoroso ocorrerá de maneira automática.

---

[74] NUCCI, Guilherme de Souza. *Curso de direito penal*: parte geral. Rio de Janeiro: Forense, 2017. p. 668-669.

[75] Projeto de Lei 9.054/2017: "Art. 1º. A Lei nº 7.210, de 11 de julho de 1984 (Lei de Execução Penal), passa a vigorar com as seguintes alterações: (...)
'Art. 112. A pena privativa de liberdade será executada em forma progressiva, com a transferência automática para regime menos rigoroso quando o preso houver cumprido ao menos 1/6 (um sexto) da pena no regime anterior, exceto se constatado mau comportamento carcerário, lançado pelo diretor do estabelecimento no registro eletrônico de controle de penas, caso em que a progressão ficará condicionada ao julgamento do incidente – em que obrigatoriamente se manifestarão o Ministério Público e a defesa – afastando a configuração da falta, respeitadas a prescrição e as normas que vedam a progressão.

Dessa forma, o projeto afasta a necessidade de atestado de bom comportamento carcerário subscrito pelo diretor do presídio para a progressão e, assim, suprime não só o controle judicial mas também o do órgão ministerial na progressão de regime.

Em outras palavras, vislumbra-se que na redação original da Lei de Execução Penal, era imprescindível para progressão de regime a apresentação de parecer da Comissão Técnica de Classificação e, quando necessário, a realização de exame criminológico.

Posteriormente, com a reforma implementada pela Lei 10.792/2003, passou-se a exigir somente a apresentação de um atestado de bom comportamento carcerário subscrito pelo diretor do presídio, autorizando-se apenas excepcionalmente a realização do exame criminológico, mediante pedido devidamente fundamentado pelo juiz.

Por fim, no atual projeto, a progressão será automática, salvo se o diretor do presídio lançar no registro eletrônico de controle de penas o mau comportamento carcerário do condenado. Nesse caso, a progressão ficará condicionada ao julgamento de incidente, no qual haverá necessária manifestação da acusação e defesa.

Ainda no que tange ao art. 112, o projeto acrescenta os §§ 3º e 4º, prevendo expressamente que a decisão de reconhecimento da progressão é meramente declaratória e a data-base do direito é aquela do preenchimento do requisito objetivo.

Outrossim, adiciona o § 5º ao mencionado dispositivo, para estabelecer que poderá ser exigido exame *psicossocial* para progressão no caso de crimes hediondos ou equiparados praticados com violência ou grave ameaça à pessoa. Contudo, salienta-se que a realização do exame deverá ocorrer até o implemento do requisito temporal do benefício.

Observe-se que o projeto restou-se silente no que tange aos parâmetros de progressão para os crimes hediondos. Assim, entende-se como mantido

---

(...) § 3º A decisão que reconhece o direito à progressão de regime possui natureza declaratória.

§ 4º A data-base para o direito à progressão de regime será aquela em que for preenchido o requisito objetivo.

§ 5º Para os crimes hediondos e equiparados praticados com violência ou grave ameaça à pessoa, poderá ser exigido o exame psicossocial, determinado judicialmente, com prazo suficiente, desde que realizado até o implemento do requisito temporal do benefício."

o disposto na Lei 8.072/1990 (alterada pela Lei 11.464/2007), a qual indica a necessidade do cumprimento de dois quintos da pena, se o apenado for primário, e de três quintos, se reincidente.

Dessa forma, considerando que a principal preocupação do projeto no que se refere à progressão de regime parece ser apenas a implementação do requisito objetivo de cumprimento de um sexto da pena, com o escopo primordial do pronto desencarceramento, sem efetivamente analisar a condição subjetiva do condenado para acesso e adaptação ao regime mais brando, novamente as críticas fundamentam-se na afronta ao princípio da individualização da pena. Por isso, há, inclusive, sugestão para alteração do artigo a fim de constar que, para os crimes cometidos com violência ou grave ameaça e os hediondos ou a eles equiparados, "deverá" ser exigido o exame psicossocial.[76]

Em continuidade, o projeto contempla a inclusão do art. 112-A na Lei de Execução Penal,[77] para determinar que a condenação pelo cometimento de falta grave implicará na interrupção da contagem do prazo para a progressão de regime, fixando que a pena remanescente será a base para o reinício da contagem do requisito objetivo. Cumpre observar que o marco interruptivo irá retroagir para ser considerada a data da prática da falta grave.

Além disso, prescreve expressamente que, após um ano de sua ocorrência, será readquirido o bom comportamento pelo encarcerado ou, antes, desde que observado o cumprimento do requisito temporal exigível para obtenção do direito.

Ainda privilegiando uma política de desencarceramento, o projeto inclui o art. 114-A da Lei de Execução Penal,[78] para proibir expressamente que os

---

[76] COMISSÃO Especial do Ministério Público. *Críticas ao PLS 513/2013*. Alteração da lei de execução penal e de normas penais e processuais penais. Rio Grande do Sul: MP e PGJ, 2017, p. 36-37.

[77] Projeto de Lei 9.054/2017: "Art. 1º A Lei nº 7.210, de 11 de julho de 1984 (Lei de Execução Penal), passa a vigorar com as seguintes alterações: (...)
'Art. 112-A. A condenação pela prática de falta grave interrompe o lapso para obtenção de benefício para efeitos de progressão de regime, caso em que o reinício da contagem do requisito objetivo terá como base a pena remanescente.
Parágrafo único. O bom comportamento é readquirido após 1 (um) ano da ocorrência do fato, ou antes, após o cumprimento do requisito temporal exigível para obtenção do direito.'"

[78] Projeto de Lei 9.054/2017: "Art. 1º A Lei nº 7.210, de 11 de julho de 1984 (Lei de Execução Penal), passa a vigorar com as seguintes alterações: (...)
'Art. 114-A. É vedada a acomodação de presos nos estabelecimentos penais em número superior à sua capacidade.

estabelecimentos penais acomodem mais presos do que tenham capacidade com o precípuo desiderato de evitar a superlotação carcerária.

Em consonância com essa disposição, estão também as propostas de alteração da redação do art. 88 da Lei de Execução Penal – o qual determina que os presos serão alojados em celas com no máximo oito pessoas – e, também, o inciso II do art. 185 da Lei de Execução Penal – que caracteriza, expressamente, a superlotação carcerária como excesso ou desvio de execução.[79]

Assim, quando atingido o limite de ocupação, deve a Corregedoria realizar mutirão para reduzir a população carcerária devendo priorizar (§§ 1º e 3º do art. 114-A):

a) liberdade dos presos sem sentença há mais de noventa dias da data da prisão;

b) liberdade dos presos por crimes sem violência contra a pessoa, aos quais poderão ser aplicadas medidas cautelares alternativas à prisão, conforme o caso.

Nesse contexto, o projeto também prescreve que, havendo presos além da capacidade do estabelecimento, o juízo da execução deverá antecipar a concessão de benefícios aos presos cujo requisito temporal esteja mais próximo de implemento (§ 2º do art. 114-A). Inclusive, o direito à progressão antecipada por superlotação consta expressamente na nova redação proposta pelo projeto ao art. 41, XXII, da Lei de Execução Penal.[80]

---

§ 1º Sempre que atingido o limite, será realizado mutirão carcerário pela corregedoria respectiva.
§ 2º Havendo presos além da capacidade do estabelecimento, o juízo da execução deverá antecipar a concessão de benefícios aos presos cujo requisito temporal esteja mais próximo de ser preenchido.
§ 3º Os mutirões carcerários com a finalidade de redução da população carcerária deverão priorizar a liberdade dos presos sem sentença há mais de 90 (noventa) dias da data da prisão e os presos por crimes sem violência contra a pessoa, aos quais se poderão aplicar, se o caso justificar, medidas cautelares alternativas à prisão."

[79] Centro de Apoio Operacional das Promotorias Criminais, do Júri e de Execuções Penais. *Breves considerações sobre a reforma da Lei de Execuções Penais* (Projeto de Lei do Senado nº 513/2013). Curitiba: Ministério Público do Estado do Paraná, 2017. p. 25-26.

[80] "Além disso, o disposto no art. 41, XXII do PLS, que prevê como direito do preso a 'obtenção de progressão antecipada de regime quando o apenado estiver em presídio superlotado', é mais um exemplo de violação ao princípio da

Com isso, mais uma vez, evidencia-se que o projeto fica adstrito à intenção de evitar a superlotação a qualquer custo, com uma política de desencarceramento questionável, na medida em que não se preocupa com a efetiva ressocialização do preso antes do seu retorno ao convívio social.

5. CONSIDERAÇÕES FINAIS

A solução para os problemas que afetam o sistema penitenciário somente será obtida se baseada na convicção de que esta não é uma questão isolada, estanque. Ao contrário, necessita ser entendida como um verdadeiro sistema de vasos comunicantes, escorado em quatro pontos: a justiça social, o sistema policial, o sistema judiciário e o sistema penitenciário.

Partindo-se da premissa que a pena de prisão é inevitável para a base do sistema de execução penal, pois não é possível renunciar à pena privativa de liberdade para os crimes de maior gravidade, cabe ao aplicador do Direito e ao administrador analisarem quais os passos que devem ser superados para se materializar as garantias do Estado Democrático de Direito, mediante uma adequada individualização da pena, que assegure a humanização carcerária e a disponibilização ao preso dos direitos sociais básicos, como o trabalho, a educação e a saúde, com o fito de garantir sua efetiva ressocialização.

Entretanto, no Brasil, a realidade carcerária distancia-se extremamente das disposições legislativas e doutrinárias, razão pela qual a pena continua pautada somente na teoria da retribuição, sem qualquer finalidade reeducativa, pois o tratamento dispensado ao preso, além de ser cruel, é desumano, já que o Estado não ampara a dignidade da pessoa do delinquente, e a sociedade visa apenas à sua retirada do convívio social e, com este desiderato, a função da prisão limita-se ao isolamento e esquecimento do preso.

O certo é que, inexistindo políticas públicas no sentido de se assegurar a aplicabilidade da Lei de Execução Penal, nenhuma valia terá o cárcere senão de reduzir o detento à condição de "um nada".

Da análise das disposições contidas no Projeto de Lei 9.054/2017 relativas à execução das penas privativas de liberdade e progressão, denota-se uma notória orientação no sentido do desencarceramento, com a implementação

---

individualização da pena e também à garantia fundamental à segurança pública" (COMISSÃO Especial do Ministério Público. *Críticas ao PLS 513/2013*. Alteração da lei de execução penal e de normas penais e processuais penais. Rio Grande do Sul: MP e PGJ, 2017. p. 8).

de um sistema informatizado que viabilize uma atuação bastante célere para estabelecer concessões como: o cumprimento da pena em regime aberto diretamente em domicílio, mediante a imposição de condições restritivas de direitos, prestações sociais alternativas a serem fixadas pelo juiz ou monitoração eletrônica; a liberação automática do condenado, quando não houver manifestação judicial, em relação às datas de soltura, de progressão e de livramento informadas com 30 dias de antecedência ao magistrado pelo sistema e o direito à progressão antecipada em caso de superlotação.

Ocorre que essa política de desencarceramento, aparentemente motivada e sustentada pela ideia de acabar com a superlotação e humanizar a execução da pena, distancia-se do principal problema e finalidade da execução penal, qual seja atingir ao mesmo tempo a punição (com humanização da pena, sim), a prevenção e a ressocialização.

Nesse sentido, o mais importante seria o projeto assumir posição sobre a imprescindibilidade de implementação de políticas públicas para a ampliação do número de vagas no sistema prisional com a necessária construção de novos estabelecimentos e, bem assim, a adaptação dos atuais com a criação de ambientes conforme as determinações da Lei de Execução Penal, visando alcançar os ditames constitucionais, a fim de que o cumprimento da pena ocorra com observância das garantias fundamentais dos condenados indispensáveis à sua efetiva ressocialização.

Por isso, há posicionamento no sentido de que o projeto precisa ser revisado, considerando a lastimável situação do sistema penitenciário brasileiro, entretanto buscando soluções consentâneas com os objetivos da Lei de Execução Penal, distanciando-se da política simplista de desencarceramento que, além de não solucionar o problema, agravará o estado já precário da segurança pública no país.[81]

---

[81] "É necessário, sim, que o Estado busque melhorar sobremaneira as condições do cárcere, o número de vagas existentes, as políticas voltadas à ressocialização, o combate às facções criminosas, o que, consequentemente, levará a diminuição do número de presos em médio prazo. Desencarcerar, sem estabelecer critérios razoáveis para tanto, tende, não só agravar a violência urbana, como aumentar ainda mais o número de reincidentes que diariamente continuam retornando aos estabelecimentos penais em decorrência do cometimento de novas infrações. Estar-se-á, em verdade, abrindo-se mão da adequada execução criminal na esperança de que os criminosos 'desencarcerados' parem de delinquir por vontade própria, ao mesmo tempo em que as vítimas são constrangidas e incentivadas a perdoar seus algozes, com medidas transvestidas de uma boa política criminal" (COMISSÃO Especial do Ministério Público. *Críticas ao PLS 513/2013*. Alteração

Obviamente, é fundamental melhorar a estrutura do sistema prisional e humanizar a execução penal, garantindo condições mínimas de vivência e convivência aos condenados. Porém, as disposições contempladas pelo projeto não garantem essa preemente necessidade, ao contrário, desviam-se dela, vez que sintetizam a culpa e a solução do sistema de execução penal na questão da superlotação.

Nesse sentido, o que se pode salientar é que, apesar de algumas disposições do projeto não elencarem aparentemente a melhor solução para a questão carcerária, de qualquer maneira trazem a oportunidade de reflexão, criando um momento e um ambiente de debate diante das constantes notícias sobre o caos da segurança pública e do sistema carcerário.

Almeja-se que, ao final das discussões na Câmara dos Deputados, a redação do projeto alcance o ideal de uma execução penal humanitária, para realmente afastar as condições insalubres atuais, privilegiando o estudo, o trabalho, a assistência social do condenado, a fim de que seja efetivada sua ressocialização ao término do cumprimento da pena privativa de liberdade, o que garantiria a diminuição das taxas de reincidência e implicaria em verdadeiro desenvolvimento da segurança pública no país.

REFERÊNCIAS

ACOM. TRF3 disponibiliza tutorial para imediata adesão ao banco nacional de monitoramento de prisões – BNMP 2.0. Notícias TRF3, 14 maio 2018. Disponível em: <http://web.trf3.jus.br/noticias/Noticias/Noticia/Exibir/368247>. Acesso em: 19 maio 2018.

ANDREUCCI, Ricardo Antonio. *Legislação penal especial*. 8. ed. São Paulo: Saraiva, 2011.

BITENCOURT, Cezar Roberto. *Tratado de direito penal*: parte geral. 19. ed. rev., ampl. e atual. São Paulo: Saraiva, 2013.

CARLOS, Taís Correia; ROCH, Jorge Bheron. O STF e a execução provisória da pena após sentença condenatória em segunda instância: o caráter solipsista da decisão em confronto com o princípio do acesso à justiça. In: VIEIRA, José Ribas; LOIS, Cecília Caballero; ANDRADE, Mário Cesar da Silva (Coords.). *Sistemas de justiça constitucional* [Recurso eletrônico on-line]. Rio de Janeiro: UFRJ, 2017.

---

da lei de execução penal e de normas penais e processuais penais. Rio Grande do Sul: MP e PGJ, 2017. p. 16).

CENTRO de Apoio Operacional das Promotorias Criminais, do Júri e de Execuções Penais. *Breves considerações sobre a reforma da Lei de Execuções Penais* (Projeto de Lei do Senado nº 513/2013). Curitiba: Ministério Público do Estado do Paraná, 2017.

COMISSÃO Especial do Ministério Público. *Críticas ao PLS 513/2013*. Alteração da lei de execução penal e de normas penais e processuais penais. Rio Grande do Sul: MP e PGJ, 2017.

JULIOTTI, Pedro de Jesus. *Lei de execução penal anotada*. São Paulo: Verbatim, 2011.

KURKOWSKI, Rafael Schwez Antonio; SUXBERGER, Henrique Graciano. Execução provisória da pena privativa de liberdade: resultado da harmonização entre a presunção de inocência e a segurança pública. *E-Civitas – Revista Científica do Curso de Direito do UNIBH*, Belo Horizonte, v. IX, n. 2, dez. 2016. Disponível em: <http://revistas.unibh.br/index.php/dcjpg/article/view/1994>. Acesso em: 27 abr. 2018.

MARCÃO, Renato. *Curso de execução penal*. 11. ed. São Paulo: Saraiva, 2013.

MESQUITA JÚNIOR, Sidio Rosa de. *Execução criminal*: teoria e prática. 6. ed. São Paulo: Atlas, 2010.

NUCCI, Guilherme de Souza. *Curso de direito penal*: parte geral. Rio de Janeiro: Forense, 2017.

_____. *Curso de execução penal*. Rio de Janeiro: Forense, 2018.

OLIVEIRA, Odete Maria. *Prisão*: um paradoxo social. 3. ed. rev. Florianópolis: UFSC, 2003.

PRADO, Luiz Regis. *Tratado de direito penal brasileiro*: parte geral. 2. ed. São Paulo: Revista dos Tribunais, 2017. v. I.

SÁ, Alvino Augusto de; ALVES, Jamil Chaim. Dos pareceres da comissão técnica de classificação na individualização executória da pena: uma revisão interdisciplinar. *Boletim IBCCrim*, São Paulo, v. 17, n. 201, ago. 2009.

SAVAZZONI, Simone de Alcântara. *Contrastes entre o regime prisional legal e a realidade do sistema carcerário no Estado de São Paulo*. 242 f. Dissertação (Mestrado) – Faculdade de Direito, Pontifícia Universidade Católica de São Paulo, São Paulo, 2010.

_____. *Psicopatia: uma proposta de regime especial de cumprimento de pena*. 229 f. Tese (Doutorado) – Faculdade de Direito, Pontifícia Universidade Católica de São Paulo, São Paulo, 2016.

SENADO, Agência. Reforma da lei de execução penal está na pauta do plenário. *Senado Notícias*, 6 out. 2017. Disponível em: <https://www12.

senado.leg.br/noticias/materias/2017/10/04/aprovada-reforma-na-lei-de-execucao-penal-texto-segue-para-a-camara>. Acesso em: 18 abr. 2018.

10

EXECUÇÃO DAS PENAS RESTRITIVAS DE DIREITOS

JAMIL CHAIM ALVES
Doutor e Mestre em Direito Penal pela PUC-SP.
Juiz de Direito em São Paulo.

Resumo: A proposta deste trabalho é verificar, na teoria e na prática, como se desenvolve a *execução* das penas restritivas de direitos previstas no Código Penal, identificando os problemas existentes e sugerindo soluções. São analisadas as regras gerais da Lei de Execução Penal, seguidas da análise individualizada das penas restritivas de direitos previstas no Código Penal (prestação de serviços à comunidade, prestação pecuniária, prestação de outra natureza, perda de bens e valores, interdições temporárias de direitos e limitação de fim de semana).

Palavras-chave: Interdição temporária de direitos. Lei 9.714/1998. Limitação de fim de semana. Penas restritivas de direitos. Perda de bens e valores. Prestação de serviços à comunidade. Prestação pecuniária. Prisão. Proibição de frequentar lugares.

Abstract: The purpose of this paper is to investigate, in theory and in practice, the development of alternative sentencing in Brazil. The paper points out issues and suggests solutions to improve the alternative sentencing programs, essential to promote the *resocialization of the convicted* individual. The general rules set out in Law 7.210/1984 are analyzed, followed by an individual analysis of each alternative sanction in the Criminal Code of Brazil (community services, fees, loss of assets and values and temporary prohibitions and home detention).

Keywords: Temporary prohibitions. Law 7.210/1984. Home detention. Banning orders. Alternative sentencing. Loss of goods and assets. Fees. Community services. Prison. Pecuniary sentencing.

Sumário: 1. Introdução – 2. Início da execução: 2.1 Execução provisória – 3. Alteração da forma de cumprimento – 4. Conversão da pena privativa de liberdade em restritiva de direitos – 5. Reconversão da pena restritiva de direitos em privativa de liberdade: 5.1 Hipóteses de reconversão; 5.1.1 Descumprimento injustificado; 5.1.2 Condenação por outro crime; 5.2 Cumprimento parcial e detração; 5.3 Prisão cautelar por outro crime; 5.4 Problemas gerados pela falta de casas do albergado – 6. Prestação de serviço à comunidade ou a entidades públicas: 6.1 Cumprimento; 6.2 Descumprimento; 6.3 Crítica – 7. Prestação pecuniária: 7.1 Cumprimento; 7.2 Descumprimento; 7.3 Crítica; 7.4 Prestação de outra natureza; 7.4.1 Crítica – 8. Perda de bens e valores: 8.1 Cumprimento; 8.2 Descumprimento; 8.3 Crítica – 9. Interdição temporária de direitos: 9.1 Cumprimento; 9.2 Descumprimento; 9.3 Crítica – 10. Limitação de fim de semana: 10.1 Cumprimento; 10.2 Descumprimento; 10.3 Crítica – 11. Conclusão – Referências bibliográficas.

1. INTRODUÇÃO

As penas restritivas de direitos foram inseridas no direito pátrio na reforma da parte geral do Código Penal, em 1984. Passaram a existir quatro penas alternativas no Código Penal: multa, prestação de serviços à comunidade, limitação de fim de semana e interdições temporárias de direitos (consistentes em proibição do exercício de cargo, função ou atividade pública, bem como de mandato eletivo; proibição do exercício de profissão, atividade ou ofício que dependam de habilitação especial, de licença ou autorização do poder público; e suspensão de autorização para dirigir veículo). Sua aplicação era limitada a condenações não superiores a um ano.

Com o advento da Lei 9.714/1998, surgiram novas modalidades de penas restritivas de direitos (prestação pecuniária, prestação de outra natureza, perda de bens e valores e proibição de frequentar determinados lugares) e foi ampliado seu âmbito de incidência, para condenações até quatro anos. Posteriormente, a Lei 12.550/2011 incluiu no Código Penal, entre as interdições de direitos, a proibição de inscrição em concurso (art. 47, V).

Muitas dessas leis são desprovidas de cientificidade, gerando situações de conflito e abalo na coerência do sistema punitivo brasileiro. Mas o principal problema surge no momento da *execução* das penas restritivas de direitos.

A Lei de Execução Penal (Lei 7.210/1984), desde a sua edição, permaneceu praticamente inalterada no tocante às penas restritivas de direitos, não obstante tenham sido várias as sanções criadas nas últimas décadas. Além disso, as condições materiais necessárias ao seu cumprimento e fiscalização são precárias. Fala-se muito em *crise* do sistema carcerário, mas a verdade é que situação semelhante atinge também as penas restritivas de direitos, tratadas com descaso pelo Poder Executivo.

A proposta deste trabalho é verificar, na teoria e na prática, como se desenvolve especificamente a *execução* das penas restritivas de direitos previstas no Código Penal, identificando os problemas existentes e sugerindo possíveis soluções. Busca-se, assim, o aprimoramento do sistema de penas alternativas, essencial para a ressocialização dos sentenciados, dotando-o de maior coerência e efetividade.

2. INÍCIO DA EXECUÇÃO

Ocorrendo o trânsito em julgado da decisão que impôs a pena restritiva de direito, deverá ser expedida guia de recolhimento, a qual será encaminhada ao juízo da execução.

Nos termos do art. 147 da LEP, "transitada em julgado a sentença que aplicou a pena restritiva de direitos, o Juiz da execução, de ofício ou a requerimento do Ministério Público, promoverá a execução, podendo, para tanto, requisitar, quando necessário, a colaboração de entidades públicas ou solicitá-la a particulares".

Embora o dispositivo mencione poder o magistrado *requisitar* (exigir legalmente) a colaboração de entidades públicas ou *solicitá-la* (pedir, pleitear) a entidades particulares, tal referência se aplica, essencialmente, à pena de prestação de serviços à comunidade. As demais, em regra, prescindem da participação de entes públicos ou de particulares. Mesmo em relação à prestação de serviços à comunidade, é essencial haver estrutura, organização e *boa vontade*. De nada adianta o juiz da execução penal requisitar auxílio de organismos públicos despreparados ou solicitar a particulares, que possam atuar a contragosto. O engajamento do Estado e da comunidade no cumprimento da pena é fundamental para consagrar a meta de ressocialização do condenado[1].

O poder disciplinar é exercido pela autoridade administrativa a que estiver sujeito o sentenciado, podendo apurar faltas e aplicar sanções. No caso de falta grave, a autoridade administrativa deve representar ao Juiz da execução para aplicação de sanções mais severas, como a reconversão da pena restritiva de direitos em privativa de liberdade (art. 48, *caput* e parágrafo único, da LEP).

2.1 Execução provisória

Execução provisória, em linhas simples, significa o cumprimento da sanção imposta antes do trânsito em julgado da sentença condenatória.

---

[1] NUCCI, Guilherme de Souza. *Leis penais e processuais penais comentadas.* v. 2. p. 332.

No tocante às penas restritivas de direitos, a execução provisória parece incompatível com o princípio constitucional da presunção de inocência (art. 5º, LVII, da CF – "ninguém será considerado culpado até o trânsito em julgado de sentença penal condenatória") e do art. 147 da LEP, que exige trânsito em julgado da sentença para início da execução das penas restritiva de direitos.

Todavia, o plenário do STF, no julgamento do HC 126.292, de relatoria do Min. Teori Zavascki, decidiu em 17.02.2016 que "a execução provisória de acórdão penal condenatório proferido em grau de apelação, ainda que sujeito a recurso especial ou extraordinário, não viola o princípio constitucional da presunção de inocência"[2].

Portanto, ocorrendo a condenação em segunda instância, ainda que haja recurso especial e/ou extraordinário, terá início a execução das penas privativas de liberdade e, por conseguinte, das restritivas de direitos[3].

Contraditoriamente, o STJ tem decidido que a execução provisória somente é aplicável em se tratando de penas privativas de liberdade, mas não restritivas de direitos[4]. Não se vê motivo para essa distinção. Ou ambas as modalidades comportam execução provisória decorrente de condenação em segunda instância, ou nenhuma delas. Onde houver o mesmo fundamento deve haver o mesmo direito (*ubi eadem ratio ibi idem jus*)[5].

3. ALTERAÇÃO DA FORMA DE CUMPRIMENTO

Segundo o art. 148 da LEP, "em qualquer fase da execução, poderá o Juiz, motivadamente, alterar, a forma de cumprimento das penas de prestação

---

[2] Essa decisão foi confirmada nas Ações Declaratórias de Constitucionalidade (ADCs) 43 e 44 e em outros julgamentos posteriores.

[3] STF: "A execução provisória de pena restritiva de direitos imposta em condenação de segunda instância, ainda que pendente o efetivo trânsito em julgado do processo, não ofende o princípio constitucional da presunção de inocência" (Ag. Reg no HC 141.978 Agr/SP, 1ª Turma, Rel. Luiz Fux, j. 23.06.2017, v.u.).

[4] STJ: "A execução da pena restritiva de direitos só pode ser iniciada após o trânsito em julgado da condenação" (ERESP 1.619.087, 3ª Seção, Rel. Maria Thereza de Assis Moura, j. 14.06.2017, m.v.).

[5] O Projeto de Lei 9.054/2017, em consonância com a posição do STF, inclui um parágrafo único no art. 147, nos seguintes termos: "Confirmada pelas instâncias ordinárias a sentença que aplicou pena restritiva de direitos, ou proferida esta por órgão colegiado, nos casos de foro por prerrogativa de função, o juiz determinará a sua execução, de ofício ou a requerimento do Ministério Público, podendo requisitar a colaboração de instituições de ensino ou de entidades públicas ou solicitá-la a particulares".

de serviços à comunidade e de limitação de fim de semana, ajustando-as às condições pessoais do condenado e às características do estabelecimento, da entidade ou do programa comunitário ou estatal". Embora o artigo somente mencione a prestação de serviços à comunidade e a limitação de fim de semana, é possível sua aplicação às penas alternativas criadas posteriormente, caso, por exemplo da prestação pecuniária, trazida pela Lei 9.714/1998.

O dispositivo possibilita a alteração motivada da *forma de cumprimento* das penas (ex.: prestar serviços à comunidade uma hora por dia ao longo de uma semana, ao invés de uma hora por dia ao longo de uma semana).

Por outro lado, não permite expressamente que o juiz modifique a *espécie* de pena restritiva em sede de execução. Diante disso, há quem sustente a impossibilidade de tal alteração, por ausência de previsão legal e em respeito à coisa julgada. É a posição de Nucci: "Imposta a pena alternativa na sentença condenatória, a alteração mencionada no art. 148 diz respeito à forma de cumprimento, mas não à modificação da pena em si, trocando uma por outra, pois tal medida seria ofensiva à coisa julgada material, sem que haja autorização legal a tanto. Portanto, se o juiz da condenação impôs limitação de fim de semana, não pode o juiz da execução penal alterar a pena, substituindo-a para prestação de serviços à comunidade (ou outra qualquer). O que lhe é dado a fazer é modificar a estrutura do cumprimento da pena"[6].

Em sentido contrário, entende-se pela possibilidade de alteração da espécie de sanção, desde que em situações excepcionais, nas quais o sentenciado

---

[6] *Leis penais e processuais penais comentadas*. v. 2. p. 333. Também nesse sentido: MIRABETE, Julio Fabbrini; FABBRINI, Renato N. *Execução penal*: comentários à Lei nº 7.210, de 11-7-1984, p. 697. O STJ não tem admitido alteração da espécie de pena alternativa em sede de execução. Confira-se: "Aplicada a pena restritiva de direito, consistente na prestação de serviços à comunidade, após o trânsito em julgado da condenação, só é permitido ao Juiz da Execução, a teor do disposto no art. 148 da LEP, alterar a forma de cumprimento, ajustando-as às condições pessoais do condenado e às características do estabelecimento, vedada a substituição da pena aplicada" (AgRg no RHC 66.417/SP, 6ª Turma, Rel. Nefi Cordeiro, j. 04.04.2017, v.u.); "Após o trânsito em julgado da sentença condenatória, é vedada a substituição da espécie da pena restritiva de direitos nela estabelecida – por exemplo, como no caso, a substituição da prestação de serviços à comunidade por prestação pecuniária – apenas sendo possível que o Juízo das Execuções modifique a forma de cumprimento da pena definitivamente aplicada, adaptando-a às peculiaridades do caso concreto, a fim de possibilitar o regular cumprimento da medida pelo condenado, sem prejuízo de suas atividades profissionais (precedentes). *Habeas corpus* não conhecido" (HC 346.949/RS, 5ª Turma, Rel. Felix Fischer, j. 02.06.2016, v.u.).

comprove a impossibilidade de cumprimento. Aliás, o § 4º do art. 44 do CP prevê que a pena restritiva somente pode ser convertida em privativa de liberdade quando ocorrer o descumprimento *injustificado* da restrição imposta. Havendo justificativa plausível para o descumprimento e tornando-se este impossível, a solução é a modificação da espécie de pena alternativa. A título de ilustração, pode-se imaginar um indivíduo a quem foi impingida prestação de serviços à comunidade, mas labora de modo itinerante, permanecendo longos períodos em viagem, de modo que, mesmo alterando-se a forma de cumprimento da pena, restaria impossibilitado o seu trabalho e, consequentemente, o seu sustento. Ou ainda o caso de alguém condenado à prestação pecuniária ou à perda de bens e valores, que demonstre, respectivamente, absoluta impossibilidade financeira de efetuar o pagamento ou perecimento do objeto. Não se trata de defender o direito de escolha do sentenciado à qual pena pretende cumprir, mas sim de buscar a adequação da sanção às condições pessoais do réu, com vistas à consecução da meta de ressocialização. A possibilidade excepcional de alteração da espécie de pena de pena restritiva é, sem dúvida, a postura que melhor atende a razoabilidade e a finalidade reeducativa da pena, evitando-se desnecessariamente o encarceramento.

4. CONVERSÃO DA PENA PRIVATIVA DE LIBERDADE EM RESTRITIVA DE DIREITOS

O art. 44 e ss. do CP trazem as regras para que o juiz da condenação proceda à substituição da pena privativa de liberdade por restritiva de direitos[7].

Não se pode olvidar, porém, que o juiz da *execução* também pode realizar essa conversão. Os requisitos são diferentes daqueles previstos no Código Penal, conforme se depreende do art. 180 da LEP: "Art. 180. A pena privativa de liberdade, não superior a 2 (dois) anos, poderá ser convertida em restritiva de direitos, desde que: I – o condenado a esteja cumprindo em regime aberto; II – tenha sido cumprido pelo menos 1/4 (um quarto) da pena; III – os antecedentes e a personalidade do condenado indiquem ser a conversão recomendável"[8].

---

[7] Se aprovada a redação constante no Projeto 9.054/2017, haverá uma ampliação do âmbito de incidência das penas restritivas de direitos, de 4 para 5 anos. O art. 44, I, do CP passa a admitir a substituição se "a pena privativa de liberdade aplicada for igual ou inferior a 5 (cinco) anos e o crime não tiver sido cometido com violência ou grave ameaça a pessoa ou, qualquer que seja a pena aplicada, o crime for culposo".

[8] O Projeto de Lei 9.054/2017 aumenta consideravelmente a possibilidade de substituição da pena privativa de liberdade por penas restritivas de direitos em

5. RECONVERSÃO DA PENA RESTRITIVA DE DIREITOS EM PRIVATIVA DE LIBERDADE

É a situação oposta da prevista no tópico anterior. A reconversão da pena restritiva de direitos em privativa de liberdade pode decorrer de: a) descumprimento injustificado (art. 44, § 4º, do CP); b) condenação por outro crime (art. 44, § 5º, do CP).

De início, vale apontar um lapso do legislador: a reconversão da pena restritiva de direitos em privativa de liberdade era tratada, antes da Lei 9.714/1998, no art. 45, sob a rubrica "Conversão das penas restritivas de direitos". Com o advento desta lei, a matéria passou a ser regulada nos §§ 4º e 5º do art. 44 do Código Penal, mas a rubrica não foi deslocada, estando topograficamente errada[9].

5.1 Hipóteses de reconversão

5.1.1 Descumprimento injustificado

A substituição da pena privativa de liberdade por restritiva de direitos é um direito público subjetivo do acusado, quando preenchidos os requisitos legais. Porém, ocorrendo o descumprimento injustificado da sanção alternativa, opera-se a sua reconversão em pena privativa de liberdade. É como dispõe o art. 44, § 4º, do CP: "a pena restritiva de direitos converte-se em privativa de liberdade quando ocorrer o descumprimento injustificado da restrição imposta. No cálculo da pena privativa de liberdade a executar será

---

[9] sede de execução. Confira-se a redação proposta para o dispositivo: "Art. 180. A pena privativa de liberdade não superior a 4 (quatro) anos poderá ser convertida em restritiva de direitos, desde que: I – o condenado a esteja cumprindo em regime semiaberto; § 1º A conversão será também admitida, excepcional e motivadamente, quando o número de presos ultrapassar a capacidade de vagas do estabelecimento penal em regime semiaberto ou quando o condenado for pessoa com deficiência. § 2º A pena privativa de liberdade, se igual ou inferior a 1 (um) ano, será convertida em 1 (uma) pena restritiva de direitos e, se superior a 1 (um) ano, em 2 (duas) penas restritivas de direitos. Art. 180-A. Em caso de ausência de vagas em estabelecimento penal, o juiz poderá converter a pena privativa de liberdade em restritiva de direitos até a disponibilidade de vagas, dando prioridade aos condenados por crime praticado sem violência ou grave ameaça, exceto crime hediondo ou equiparado, e com menor tempo restante de cumprimento de pena".
GOMES, Luiz Flávio. *Direito penal*: parte geral. v. 2. p. 796.

deduzido o tempo cumprido da pena restritiva de direitos, respeitado o saldo mínimo de trinta dias de detenção ou reclusão".

A parte final do dispositivo prevê que, no caso de reconversão em privativa de liberdade, será respeitado o saldo mínimo de trinta dias de detenção ou reclusão. A *ratio* dessa disposição, provavelmente, foi evitar a mobilização do aparato estatal para realizar um encarceramento que durasse poucos dias, ou ainda dotar a reconversão de substrato coercitivo. Para Bitencourt, tal dispositivo é "justo, pois a finalidade salutar dessa ressalva visa exatamente desestimular o descumprimento injustificado nos últimos dias da substituição"[10].

Em sentido contrário, concorda-se com David Teixeira de Azevedo, para quem "nada justifica a permanência de um *plus* sancionador absolutamente divorciado do sistema compensatório criado. Ou bem há equivalência e a dedução significa a vedação de um *bis in idem*, ou bem não há equivalência, como fazia o antigo sistema, e a substituição significa a retomada da sanção anterior como forma de dar efetividade à substituição prevista na lei, em resposta ao agente refratário ao processo de terapia consensual da pena"[11]. Também Luiz Flávio Gomes dirige críticas ferrenhas ao dispositivo, entendendo que viola diversos princípios constitucionais, como o princípio da culpabilidade, da proporcionalidade e da proibição do excesso. Propõe o autor, assim, que a parte final do § 4º do art. 44 seja ignorada, por inconstitucional[12].

Em obediência aos princípios do contraditório e da ampla defesa, antes de converter a restritiva de direito em prisão, faz-se necessária a oitiva do acusado, para justificar o descumprimento.

Há peculiaridades envolvendo a reconversão de cada uma das penas, examinadas em tópicos destacados a seguir[13].

---

[10] *Penas alternativas*: análise político-criminal das alterações da Lei 9.714/98. p. 189.
[11] *Atualidades no direito e processo penal*. p. 165-180.
[12] *Direito penal*: parte geral. v. 2. p. 799.
[13] O atual art. 181 da LEP trata da reconversão da prestação de serviços à comunidade no § 1º; da reconversão da limitação de fim de semana no § 2º; e da reconversão da interdição temporária de direitos no § 3º. O Projeto de Lei 9.054/2017 simplifica o tema, tratando da reconversão de modo genérico, nos seguintes termos: "Art. 181. A pena restritiva de direitos será convertida em privativa de liberdade quando o condenado: I – não for encontrado por estar em lugar incerto e não sabido, exauridas as tentativas de identificação do seu endereço, e desatender a intimação por edital; II – não comparecer, injustificadamente, à entidade ou programa em que deva prestar serviço; III – recusar-se,

5.1.2 Condenação por outro crime

Existe controvérsia nas hipóteses em que é imposta pena alternativa ao sentenciado, recaindo sobre ele, porém, outra condenação. Imagine-se, por exemplo, um indivíduo sentenciado ao cumprimento de pena em regime inicial fechado, contra quem sobrevém nova condenação por delito posterior, desta vez à prestação de serviços à comunidade. Ou o caso do agente que foi condenado à prestação pecuniária e, antes mesmo do cumprimento da pena, é sentenciado ao cumprimento de prestação de serviços à comunidade, em razão da prática de outro delito. Como proceder em tais casos?

A melhor opção é verificar, primeiramente, a possibilidade de cumprimento *simultâneo* das sanções, caso em que a pena restritiva de direito poderá ser mantida, a teor do § 5º do art. 44 do CP ("sobrevindo condenação a pena privativa de liberdade, por outro crime, o juiz da execução penal decidirá sobre a conversão, podendo deixar de aplicá-la se for possível ao condenado cumprir a pena substitutiva anterior"). Algumas sanções alternativas, como a prestação pecuniária, a perda de bens e valores e a multa, são compatíveis até mesmo com o regime fechado e o semiaberto. O mesmo se pode dizer quando o indivíduo tem mais de uma condenação ao cumprimento de pena alternativa (ex.: prestação de serviços à comunidade e prestação pecuniária). Nestas hipóteses, a manutenção da pena alternativa é a medida que melhor atende a finalidade de ressocialização da pena[14].

Por outro lado, não sendo possível o cumprimento *simultâneo* das sanções, a solução é a conversão da pena restritiva em privativa de liberdade, com a soma das reprimendas. O cotejamento dos dispositivos que tratam do

---

injustificadamente, a prestar o serviço que lhe foi imposto; IV – praticar falta grave; V – houver descumprimento injustificado da restrição imposta. § 1º (Revogado). § 2º (Revogado). § 3º (Revogado). § 4º A conversão deve ser precedida de intimação do condenado para apresentação de justificativa quanto ao descumprimento da pena restritiva. § 5º Caso o condenado não seja localizado no endereço constante dos autos, deverá ser realizada a intimação editalícia, com prazo de 5 (cinco) dias. § 6º Resultando infrutíferas as medidas de que tratam os §§ 4º e 5º, será expedido mandado de prisão e, efetivada esta, o condenado será ouvido pessoalmente em juízo para justificação do descumprimento".

[14] É como tem decidido o STJ: "Na espécie, o recorrente cumpria pena restritiva de direitos quando sobreveio nova condenação onde, também, foi a pena privativa de liberdade substituída por restritivas de direitos. Assim, inexiste incompatibilidade de cumprimento das penas restritivas impostas ao recorrente, constatando-se perfeitamente possível a execução sucessiva das medidas despenalizadoras" (RHC 96.829/RS, 5ª Turma, Rel. Reynaldo Soares da Fonseca, j. 24.04.2018, v.u.).

assunto, previstos tanto no Código Penal quanto na Lei de Execução Penal, fundamentam tal conclusão: a) o art. 44, § 5º, do CP determina, a *contrario sensu*, a reconversão, quando não for possível ao condenado cumprir a pena substitutiva anterior; b) o art. 111 da LEP prevê que a escolha do regime de cumprimento será feita pelo resultado da soma ou unificação das penas (produzindo reflexos também nos benefícios concedidos)[15]; c) o art. 181, §§ 1º, e, 2º (parte final) e 3º (parte final), da LEP, estabelece que a pena restritiva de direitos será convertida em privativa de liberdade quando o condenado sofrer condenação por outro crime à pena privativa de liberdade, cuja execução não tenha sido suspensa.

Há, todavia, precedentes no sentido de que, mesmo em caso de incompatibilidade de cumprimento simultâneo, é inadmissível a reconversão da pena alternativa, devendo ocorrer o seu sobrestamento até que seja possível ao sentenciado cumpri-la. O fundamento é o art. 76 do CP, segundo o qual "no concurso de infrações, executar-se-á primeiramente a pena mais grave"[16].

---

[15] "Art. 111. Quando houver condenação por mais de um crime, no mesmo processo ou em processos distintos, a determinação do regime de cumprimento será feita pelo resultado da soma ou unificação das penas, observada, quando for o caso, a detração ou remição. Parágrafo único. Sobrevindo condenação no curso da execução, somar-se-á a pena ao restante da que está sendo cumprida, para determinação do regime".

[16] TJRS: "Agravo em execução. Prática de crime hediondo após a condenação por crimes de outra natureza. Progressão de regime. Manutenção da pena restritiva de direitos. Possibilidade. (...) O cumprimento da pena privativa de liberdade no cárcere é medida excepcional, de ultima ratio e, sempre que for possível uma alternativa penológica, legalmente prevista, é de ser preservada, mormente em razão da situação precária dos cárceres e na necessidade de cumprir um dos fundamentos da Carta Republicana: preservação da dignidade do ser humano (art. 1º, III, CF). Poderá o apenado cumprir a pena privativa de liberdade e, após ou durante, a restritiva de direitos, nos termos do artigo 76 do Código Penal. Não há necessidade, no caso concreto, de conversão da restritiva de direitos em privativa de liberdade, mas da sua suspensão" (Agravo 70052963303, 3ª Câmara Criminal, Rel. Nereu José Giacomolli, j. 13.06.2013, v.u.). Há também posição no sentido de que reconversão somente é obrigatória se a pena restritiva de direitos for anterior à pena privativa de liberdade pela prática de outro crime. TJSP: "Se a sanção restritiva de direitos é anterior à pena carcerária fixada pela prática de novo crime, a reconversão é imperativa; no entanto, se foi posteriormente estabelecida, a reconversão é dispensável" (Agravo de Execução Penal 0010054-54.2017.8.26.0996, 15ª Câmara Criminal, Rel. Willian Campos, j. 10.05.2018, v.u.).

Tal solução não é a mais adequada. Ao determinar a precedência da execução da pena mais grave sobre as demais, o art. 76 busca tão somente estabelecer uma ordem de preferência para se executar sanções de espécies diversas: a reclusão deve ser executada antes da pena de detenção e esta, por seu turno, antes da pena de prisão simples. Em nenhum momento o aludido dispositivo veda a reconversão das penas restritivas em privativas de liberdade, existindo, aliás, diversos artigos que tratam desta hipótese, admitindo-a (referidos supra). A legislação deve ser interpretada em seu conjunto, analisando-se sistematicamente os diversos dispositivos envolvidos de modo a extrair-lhes significado e alcance, não sendo razoável aplicar o art. 76 em detrimento de diversos outros artigos, alguns dos quais, aliás, posteriores e voltados especificamente à hipótese aqui discutida[17].

5.2 Cumprimento parcial e detração

Na hipótese de reconversão, pode ocorrer de o sentenciado ter cumprido parcialmente a pena restritiva de direitos imposta, surgindo dúvida no tocante ao cálculo da sanção restante.

Deve-se atentar para a existência de dois tipos de penas restritivas de direitos: as temporalmente mensuráveis (prestação de serviços à comunidade, limitação de fim de semana e as interdições temporárias de direitos) e as temporalmente imensuráveis (prestação pecuniária, perda de bens e valores e prestação de outra natureza). Nas primeiras, não há dificuldade: se o indivíduo, por exemplo, foi condenado a dois anos de pena privativa de liberdade convertida em restritiva de direitos, e cumpriu um ano desta, deverá cumprir um ano de prisão. Quanto às penas não mensuráveis temporalmente, surge o problema em relação ao cálculo. É certo que, se o sujeito não cumpriu nada da restritiva, deverá, havendo a conversão, cumprir a pena privativa de liberdade pelo prazo total da condenação. Se, no entanto, já cumpriu uma parte da restritiva, deverá o julgador, por analogia *in bonam partem*, debitar algo da pena de prisão, aplicando, na falta de outro critério mais adequado, a equidade[18]. Se, por exemplo, já cumpriu um terço do montante da prestação

---

[17] No mesmo sentido, confira-se recente decisão do STJ: "Havendo nova condenação no curso da execução e não sendo compatível o cumprimento concomitante da reprimenda restritiva de direitos com a privativa de liberdade anteriormente imposta, faz-se necessária a unificação das penas" (REsp 1.728.864/MG, 5ª Turma, Rel. Jorge Mussi, j. 17.05.2018, v.u.).

[18] GOMES, Luiz Flávio. *Direito penal*: parte geral. v. 2. p. 799.

pecuniária, em caso de reconversão, teria de cumprir dois terços da pena privativa de liberdade.

Também é possível que o indivíduo, condenado a duas restritivas de direito, cumpra uma delas e descumpra a outra (ex.: condenado a prestação pecuniária e prestação de serviços à comunidade paga a primeira e se recusa a cumprir a segunda). Diante da omissão da lei, sugere-se a mesma solução apontada no caso anterior: o juiz reconverterá a restritiva descumprida em privativa de liberdade, mas debitará algo dela, equitativamente.

O mesmo raciocínio pode ser aplicado aos de detração penal: tratando-se de pena alternativa mensurável temporalmente, basta deduzir do tempo a cumprir o período de prisão provisória (no caso da prestação de serviços à comunidade, convém mencionar, a jurisprudência tem considerado um dia de prisão equivalente a uma hora de serviços prestados); tratando-se de pena alternativa não mensurável temporalmente, deverá o magistrado levar em consideração o período cumprido cautelarmente, reduzindo equitativamente o montante da pena (ex.: se o indivíduo cumpriu 1/3 da pena em prisão provisória, basta reduzir esse percentual do montante total a ser pago).

5.3 Prisão cautelar por outro crime

Por vezes, o sentenciado em cumprimento de pena restritiva de direito é preso cautelarmente por outro delito.

Em tais casos, deve-se analisar a possibilidade de cumprimento simultâneo da pena alternativa e da prisão cautelar, caso em que a segregação não resultará em modificação daquela. Conforme já visto, não há impedimento para que o sujeito, mesmo preso, cumpra certas espécies de penas substitutivas, como a multa e a prestação pecuniária.

Por outro lado, verificada a incompatibilidade de cumprimento simultâneo, o melhor é suspender a execução da pena restritiva de direitos até eventual concessão de liberdade provisória ou até o trânsito em julgado da decisão no processo em que foi determinada a prisão cautelar. Sendo o acusado condenado, caberá ao juiz da execução verificar a possibilidade de cumprimento simultâneo da reprimenda imposta na nova condenação e da pena restritiva ou a necessidade de reconversão. Vindo o réu a ser absolvido, a execução da pena restritiva poderá retomar o seu curso[19].

---

[19] STF: "I. – Caso em que o recorrente fora condenado à pena restritiva de direitos – prestação de serviços à comunidade – e, cumprindo essa pena, foi preso em flagrante pela prática de outro delito. Por isso, foi a pena restritiva de direito

5.4 Problemas gerados pela falta de casas do albergado

Conforme visto, o descumprimento injustificado da pena substitutiva enseja a sua reconversão na pena privativa de liberdade aplicada. Cuida-se de previsão normativa coerente, já que a pena privativa de liberdade é muito mais gravosa que a restritiva de direito. Mesmo o regime aberto, se aplicado como previsto em lei, é mais severo para o sentenciado do que qualquer das sanções restritivas de direitos, consistindo no recolhimento em casa do albergado durante o repouso noturno e nos dias de folga (art. 36 do CP e art. 93 e seguintes da LEP).

Todavia, praticamente não existem casas do albergado no país. Sabendo disso, o Poder Judiciário sedimentou o entendimento de que, ausente o estabelecimento penal adequado, o sentenciado pode cumprir a reprimenda em prisão domiciliar (devendo tão somente permanecer em sua residência durante o repouso noturno e nos dias de folga).

Criou-se então uma situação paradoxal, na qual a pena privativa de liberdade em regime aberto se tornou, na prática, mais branda que a pena restritiva de direito. Se o condenado descumpre a pena restritiva de direito (ex.: deixa de prestar serviços à comunidade), fica numa situação benéfica (permanecer em sua residência em determinados horários).

Para contornar o problema, diversos juízes passaram a inserir, como condição especial do regime aberto (art. 115 da LEP), o cumprimento de penas restritivas de direitos. Nessa ótica, caso o sentenciado não cumprisse a pena alternativa, tal reprimenda seria convertida em privativa de liberdade, devendo o acusado cumprir a pena restritiva como condição para permanecer no regime aberto. Não o fazendo, seria regredido ao regime semiaberto.

Embora tal postura tenha o mérito de atribuir caráter coercitivo ao cumprimento das sanções alternativas, é inadmissível a inclusão de uma verdadeira *pena* (restritiva de direitos) como *condição* de outra pena (privativa de liberdade em regime aberto), sem previsão legal. Nesse sentido, aliás, a

---

convertida em privativa de liberdade. Alegação de ofensa ao princípio da presunção de inocência: CF, 5º, LVII. II. – Conhecimento e provimento parcial do RE para o fim de ser aplicado o artigo 44, § 5º, do Código Penal: após a superveniência de nova condenação é que decidir-se-á sobre a conversão. No caso, já iniciada a execução da pena de prestação de serviços, o apenado foi preso em flagrante, o que impede a continuidade da execução da pena restritiva de direito, pelo que ficará suspensa, com aplicação, relativamente à prescrição, do art. 116, parágrafo único, do Código Penal" (**RE 412.514/RS**, 2ª Turma, Rel. Carlos Velloso, j. 29.06.2004, v.u., embora antigo, mantido pela relevância).

Súmula 493 do STJ: "é inadmissível a fixação de pena substitutiva (art. 44 do CP) como condição especial ao regime aberto".

A falta de casas de albergado também gera problemas no tocante à execução da pena de limitação de final de semana. Tal sanção, em tese, deveria consistir na obrigação do sentenciado permanecer, aos sábados e domingos, por cinco horas diárias, em casa de albergado ou outro estabelecimento adequado (art. 48, *caput*, do CP), período em que seriam ministrados cursos, palestras ou atividades educativas (art. 48, parágrafo único, do CP). Na prática, todavia, a sanção acaba sendo cumprida em prisão domiciliar, sem qualquer fiscalização estatal.

Passadas várias décadas da introdução, em nível legislativo, das casas de albergado no país, não houve sua efetiva criação e nada indica que tal panorama irá se modificar. A ideia de cumprimento de pena neste tipo de estabelecimento nunca saiu do papel.

Nesse contexto, o melhor seria eliminar de vez as casas de albergado do sistema penal, aproximando-se a legislação da realidade. Para tanto, seria necessária uma reformulação do sistema punitivo, estabelecendo-se, por exemplo, o livramento condicional como fase final de cumprimento de pena, ou mesmo prisão domiciliar cumulada com restritivas de direitos[20].

---

[20] O Projeto de Lei 9.054/2017, aprovado pelo Senado Federal e atualmente em trâmite na Câmara dos Deputados, promove diversas alterações na Lei de Execução Penal, no Código Penal e em outras leis penais. O regime aberto é modificado, consistindo em prisão domiciliar com a possibilidade de fixação de obrigações análogas às penas restritivas de direitos. O art. 33 do CP, com a nova redação, assim disciplina os regimes de cumprimento de pena: "I – regime fechado a execução da pena em estabelecimento de segurança máxima, média ou mínima, neste caso, proporcional ao tempo restante da pena; II – regime semiaberto a execução da pena em colônia agrícola, industrial ou estabelecimento similar, mediante condições fixadas pelo juiz, com ou sem monitoração eletrônica; III – regime aberto a execução da pena em domicílio, mediante condições restritivas de direitos, prestações sociais alternativas a serem fixadas pelo juiz ou monitoração eletrônica". Em consonância com o Código Penal, a LEP passa a dispor que "o regime aberto consiste na execução da pena em recolhimento domiciliar, baseado na autodisciplina e no senso de responsabilidade do condenado, que estará sujeito, sem vigilância direta, a normas disciplinares estabelecidas pelo juízo da execução" (art. 95-A); "o regime aberto será cumprido mediante recolhimento domiciliar, penas alternativas ou monitoração eletrônica" (art. 113, parágrafo único); sendo que "o juiz poderá estabelecer condições especiais para a concessão de regime aberto, inclusive fixando obrigações análogas a penas restritivas de direito, sem prejuízo das seguintes condições gerais e obrigatórias" (art. 115).

6. PRESTAÇÃO DE SERVIÇO À COMUNIDADE OU A ENTIDADES PÚBLICAS

6.1 Cumprimento

A prestação de serviços à comunidade ou a entidades públicas é considerada a mais importante sanção alternativa, apresentando grandes vantagens à sociedade e também ao condenado. O trabalho, além de elevar a autoestima, aspecto de inexcedível importância para recuperação do condenado, dá a este a oportunidade de compensar o mal causado pelo crime fazendo algo benéfico à comunidade.

Para dar início à execução da pena de prestação de prestação de serviços à comunidade, cabe ao juiz competente: a) designar a entidade ou programa comunitário ou estatal, dentre os cadastrados ou convencionados, em que o condenado trabalhará gratuitamente, de acordo com suas aptidões, e; b) determinar a intimação do condenado, cientificando-o da entidade, dias e horário em que deverá cumprir a pena (art. 149 da LEP).

É praxe a intimação do apenado para comparecimento ao fórum para retirar ofício de encaminhamento a ser entregue na entidade onde dará início ao trabalho. Todavia, somente se considera como termo inicial da execução a data do primeiro comparecimento efetivo à entidade.

O serviço realizado pelo condenado é gratuito e não gera vínculo empregatício. Não há, por parte da entidade receptora, nenhuma obrigação trabalhista ou previdenciária.

O processo de credenciamento das instituições que recebem prestadores de serviço é complexo, envolvendo não só os juízes, mas também a sociedade como um todo: primeiro, é preciso um trabalho de pesquisa para o levantamento das entidades locais; depois, deve-se proceder à consulta destas para, só então, efetuar o credenciamento – lembrando que o consentimento por parte das entidades requer a existência (e boa vontade) de funcionários, que são cidadãos comuns, conscientes ou não das questões sociais[21].

O trabalho terá duração de 8 horas semanais, sendo realizado aos sábados, domingos e feriados, ou em dias úteis, devendo o magistrado cuidar para que a prestação de serviços não prejudique a jornada normal de trabalho do réu (§ 1º). Justamente por esse motivo, é possível alterar a forma de execução

---

[21] Cf. pesquisa realizada pelo ILANUD. Relatório IBCCrim Mato Grosso do Sul. Substitutivos penais – As experiências significativas da aplicação das penas alternativas no Brasil. p. 35-38.

da pena, a fim de ajustá-la às modificações ocorridas na jornada de trabalho (art. 149, III, da LEP).

As tarefas deverão ser cumpridas à razão de uma hora de tarefa por dia de condenação (art. 46, § 3º, do Código Penal). Deve o juiz converter o tempo da pena em dias, para, assim, encontrar o número de horas de prestação de serviços que devem ser cumpridas pelo condenado.

A Lei 9.714/1998 passou a admitir a antecipação do cumprimento desta sanção. Para isto, há que se observar duas regras: 1ª) a pena substituída tem de ser superior a um ano. A *ratio* dessa exigência, exposta por Nucci, é o fato de se ter aumentado o teto para a substituição para quatro anos, sendo, portanto, injusto obrigar o sentenciado a permanecer por todo esse tempo, diária ou semanalmente, prestando os serviços comunitários, sem que possa antecipar o cumprimento[22]. Não se pode olvidar, contudo, que se criou uma situação incoerente, já que o condenado a pena de um ano e oito meses pode cumprir a sanção em cerca de sete meses, enquanto o condenado a pena de um ano deverá cumpri-la pelo período integral. Por esse motivo, afirma Luiz Flávio Gomes que "para se fazer justiça, deve-se permitir a todos os condenados que, querendo, 'encurtem' a duração da pena de prestação de serviços até a metade, respeitando-se o patamar mínimo de seis meses"[23]; 2ª) o tempo de cumprimento antecipado não pode ser inferior à metade da pena privativa de liberdade fixada (art. 46, § 4º). Por exemplo, se houve condenação a dois anos de pena privativa de liberdade, substituída por prestação de serviços à comunidade, o magistrado procederá à conversão desta pena em horas, e ao sentenciado ficará facultado cumpri-la antecipadamente, isto é, em período inferior a dois anos, mas nunca inferior a um ano.

O trabalho, conforme visto, sempre será estabelecido conforme as aptidões do condenado. Não deve o magistrado aplicar serviços infamantes ou vexatórios, uma vez que, procedendo desta forma, a grande vantagem dos serviços comunitários, que é a promoção da autoestima e a possibilidade de se incutir valores nobres na mente do condenado, não seria alcançada, podendo ocorrer até mesmo o efeito inverso. Ademais, reza a Constituição Federal, no art. 5º, XLIX, que "é assegurado aos presos o respeito à integridade física e moral". No mesmo sentido o art. 5, 2, da Convenção Americana de Direitos Humanos ("Ninguém deve ser submetido a torturas, nem a penas ou tratos cruéis, desumanos ou degradantes. Toda pessoa privada da liberdade deve ser tratada com o respeito devido à dignidade inerente ao ser humano").

---

[22] *Código Penal comentado*. p. 405.
[23] *Direito penal*: parte geral. v. 2. p. 808.

6.2 Descumprimento

A Lei de Execução Penal disciplina especificamente, no art. 181, § 1º, as hipóteses de reconversão da pena de prestação de serviços à comunidade em privativa de liberdade. Isso ocorre quando o condenado:

a) não for encontrado por estar em lugar incerto e não sabido, ou desatender a intimação por edital – após o trânsito em julgado da decisão que condenou o réu à pena restritiva de direito, deve-se intimá-lo para dar início ao cumprimento da sanção. Caso o réu não seja encontrado no endereço fornecido nos autos, nem atenda à intimação por edital, é cabível a reconversão;

b) não comparecer, injustificadamente, à entidade ou programa em que deva prestar serviço – conforme visto, o apenado à prestação de serviços à comunidade deve ser intimado para dar início ao cumprimento da sanção. Caso o réu, devidamente intimado, simplesmente não compareça, fica autorizada a reconversão, mediante prévia oitiva do acusado;

c) recusar-se, injustificadamente, a prestar o serviço que lhe foi imposto – cuida-se da hipótese em que o réu oferece óbice injustificado ao cumprimento da pena. Naturalmente, se a recusa for justificável (ex.: atividade extenuante, degradante, incompatível com as condições físicas do réu ou com sua atividade laboral), a solução é a alteração da forma de cumprimento ou da própria pena. Assim, deve o magistrado ouvir previamente o acusado antes da reconversão, oportunidade em que poderá conhecer as razões para a recusa e deliberar sobre validade ou não;

d) praticar falta grave – as hipóteses estão no art. 51 da LEP, sendo certo que algumas delas são mera repetição das alíneas do art. 181, § 1º: I – descumprir, injustificadamente, a restrição imposta; II – retardar, injustificadamente, o cumprimento da obrigação imposta; III – inobservar os deveres previstos nos incisos II e V, do artigo 39, quais sejam, obedecer o servidor e respeitar a qualquer pessoa com quem deva relacionar-se e executar o trabalho, as tarefas e as ordens recebidas;

e) sofrer condenação por outro crime à pena privativa de liberdade, cuja execução não tenha sido suspensa – caso o réu seja condenado à pena privativa de liberdade por outro crime, havendo incompatibilidade com o cumprimento da pena restritiva imposta, o caso é de reconversão desta.

6.3 Crítica

Embora a prestação de serviços à comunidade seja, em tese, uma das mais importantes penas alternativas, com grande potencial para promover o efetivo cumprimento das finalidades da pena, tem se revelado problemática a sua aplicação prática.

Um dos principais problemas é o cadastramento de entidades para encaminhamento dos apenados. Em amplo levantamento nacional sobre a execução de penas alternativas, feito entre dezembro de 2004 e janeiro de 2006 pelo Instituto Latino Americano das Nações Unidas para Prevenção do Delito e Tratamento do Delinquente (ILANUD/Brasil), já se apontou que as entidades beneficiárias estabelecem restrições para receberem apenados, principalmente quanto a delitos violentos e relacionados a drogas. Tais restrições, observou o estudo, podem comprometer o processo de reintegração e participação da sociedade no cumprimento da pena de prestação de serviços à comunidade.

Nos últimos anos, não se vislumbra tenha havido melhora nesse panorama, havendo muitas comarcas em que os juízes não têm para onde encaminhar autores de crimes que tiveram a sua condenação substituída por prestação de serviços à comunidade.

Outro aspecto digno de preocupação é a fiscalização de tais penas, muitas vezes feita por funcionários das próprias entidades beneficiárias, que enviam relatório de frequência à Vara de Execução Criminal. Assim, o magistrado não tem condições de aferir o efetivo cumprimento da pena, sendo a tarefa delegada a terceiros.

7. PRESTAÇÃO PECUNIÁRIA

7.1 Cumprimento

A prestação pecuniária consiste no pagamento em dinheiro à vítima, a seus dependentes ou a entidade pública ou privada com destinação social, de importância fixada pelo juiz, não inferior a um salário mínimo, nem superior a 360 salários mínimos (art. 45, § 1º, do CP).

A Lei de Execução Penal não disciplina a sua execução[24]. Diante da omissão, sugere-se que o Juiz da Execução, após o recebimento da guia de

---

[24] O Projeto de Lei 9.054/2017 também é silente quanto à execução da prestação pecuniária.

recolhimento definitiva, intime o apenado para pagamento do valor devido, fixando um prazo razoável para tanto (por exemplo, dez dias), sob pena de reconversão da pena alternativa em privativa de liberdade.

Transcorrido o prazo sem o pagamento, deve o sentenciado ser intimado para justificar o descumprimento e, caso não apresente justificativa idônea, o magistrado procederá à reconversão da pena em privativa de liberdade, aplicando o regime fixado na sentença (art. 44, § 4º, do CP). Anote-se, aliás, que a jurisprudência é prevalente quanto à possibilidade de conversão da prestação pecuniária e perda de bens e valores em privativa de liberdade, em caso de descumprimento injustificado. Todavia, o tema não é pacífico, havendo quem entenda que a prestação pecuniária, assim como a perda de bens e valores, são dívidas de valor e não podem ser convertidas em prisão.

Parece possível o réu, no prazo estipulado para pagamento, solicitar o parcelamento da prestação pecuniária, demonstrando, por exemplo, situação financeira precária, que impossibilite o pagamento à vista (aplicação analógica do art. 169 da LEP, que trata da execução da multa). O juiz, antes de decidir, poderá diligenciar para verificar a real situação econômica do apenado e, ouvido o Ministério Público, fixará o número de prestações. Se o condenado for impontual no pagamento das parcelas, o magistrado pode, de ofício ou a requerimento do Ministério Público, após oitiva do condenado, revogar o parcelamento e converter a pena alternativa em privativa de liberdade, pois caracterizada a hipótese do art. 51, II, da LEP (retardamento injustificado do cumprimento da obrigação imposta).

Também se reputa possível a substituição da prestação pecuniária por outra pena restritiva, caso fique demonstrada a absoluta impossibilidade financeira do condenado.

Havendo o pagamento, deve-se intimar o beneficiário para levantamento da quantia. Nos casos em que a prestação pecuniária é destinada a entidades públicas ou privadas, existia discussão sobre quais delas deveriam ser preferencialmente escolhidas pelo juiz para recebimento do valor. A questão foi pacificada com a edição, pelo Conselho Nacional de Justiça, da Resolução 154, de 13 de julho de 2012, que estabelece quem podem ser os beneficiários e quais os critérios para escolha.

Segundo a resolução, o recolhimento dos valores pagos será feito em conta judicial vinculada à unidade gestora (juízo da execução), com movimentação apenas por meio de alvará judicial, vedado o recolhimento em cartório ou secretaria (art. 1º).

Os valores depositados, quando não destinados à vítima ou aos seus dependentes, serão, preferencialmente, direcionados à entidade pública ou privada com finalidade social, previamente conveniada, ou para atividades de caráter essencial à segurança pública, educação e saúde, desde que estas atendam às áreas vitais de relevante cunho social, a critério da unidade gestora (art. 2º).

É proibida a escolha arbitrária e aleatória dos beneficiários (art. 2º, § 3º), devendo-se priorizar aqueles que: I – mantenham, por maior tempo, número expressivo de cumpridores de prestação de serviços à comunidade ou entidade pública; II – atuem diretamente na execução penal, assistência à ressocialização de apenados, assistência às vítimas de crimes e prevenção da criminalidade, incluídos os conselhos da comunidade; III – prestem serviços de maior relevância social; IV – apresentem projetos com viabilidade de implementação, segundo a utilidade e a necessidade, obedecendo-se aos critérios estabelecidos nas políticas públicas específicas (art. 2º, § 1º).

A resolução veda a destinação de recursos ao custeio do Poder Judiciário; para a promoção pessoal de magistrados ou integrantes das entidades beneficiadas e, no caso destas, para pagamento de quaisquer espécies de remuneração aos seus membros; para fins político-partidários; a entidades que não estejam regularmente constituídas, obstando a responsabilização caso haja desvio de finalidade (art. 3º).

Tais recursos são públicos, devendo o seu manejo e destinação serem norteados pelos princípios constitucionais da Administração Pública (legalidade, impessoalidade, moralidade, publicidade e eficiência). A entidade beneficiária deverá proceder à prestação de contas perante a unidade gestora, sob pena de responsabilidade, ficando assegurada a publicidade e a transparência na destinação dos recursos (art. 4º, *caput*).

A homologação da prestação de contas será precedida de manifestação da seção de serviço social do Juízo competente para a execução da pena ou medida alternativa, onde houver, e do Ministério Público (art. 4º, parágrafo único).

Por fim, a resolução concede às Corregedorias dos Tribunais de Justiça o prazo de seis meses, contados da sua publicação, para regulamentar: os procedimentos atinentes à forma de apresentação e aprovação de projetos; a forma de prestação de contas das entidades conveniadas perante a unidade gestora; outras vedações ou condições, se necessárias, além daquelas disciplinadas nesta resolução, observadas as peculiaridades locais (art. 5º)[25].

---

[25] No Estado de São Paulo, a regulamentação se deu pelo Provimento CG 01/2013.

7.2 Descumprimento

Existe controvérsia sobre a reconversão da prestação pecuniária e da perda de bens e valores em pena privativa de liberdade. Parte da doutrina defende que tais sanções, mesmo em caso de descumprimento injustificado, não podem se convolar em prisão, dada a sua natureza pecuniária e falta de previsão legal. É o entendimento de Alberto Silva Franco e Rui Stocco: "não há cogitar de conversão da pena de prestação pecuniária, ou da pena de perda de bens e valores em pena privativa de liberdade já que, além da flagrante lacuna legal sobre a questão, tudo está a demonstrar, inclusive com apoio na Constituição Federal de 1988 e no Pacto de San José da Costa Rica, de 22 de novembro de 1969, a impropriedade da prisão por dívida. No caso, o descumprimento dessas impróprias penas restritivas de direitos não acarreta nenhuma interferência no âmbito do direito de liberdade, autorizando apenas a cobrança judicial"[26]. Alceu Corrêa Junior também entende pela impossibilidade de conversão em prisão. Para ele, diante da inexistência da disposição, seria o caso de se aplicar, por analogia, o art. 51 do Código Penal[27]. Mesmo o autor, todavia, refuta o argumento da impossibilidade de prisão por dívida: "As penas pecuniárias, rotuladas ou não de restritivas de direitos, possuem natureza penal e, embora sua imposição implique uma obrigação de pagar quantia em dinheiro ou entregar bens, não se transformam em meras obrigações civis. Isto porque são utilizadas com finalidades diferentes e possuem destino totalmente diverso (público), o qual revela motivos de política criminal, ausentes quaisquer interesses privados. A impossibilidade de conversão das penas pecuniárias justifica-se mais por obediência ao princípio constitucional da proporcionalidade da pena (o que deve ser aferido no caso concreto), que pela impossibilidade da prisão por dívida, visto que a prisão, nesse caso, não decorreria de dívida (entendida como obrigação de natureza privada), mas sim da prática de uma infração penal que lesa bem jurídico relevante"[28].

---

[26] *Código Penal e sua interpretação*: doutrina e jurisprudência. p. 298. Também adotam essa posição: QUEIROZ, Paulo. *Direito penal*: parte geral. p. 517; BITENCOURT, Cezar Roberto. *Penas alternativas*: análise político-criminal das alterações da Lei n. 9.714/98. p. 189-191; BOSCHI, José Antonio Paganella. *Das penas e seus critérios de aplicação*. p. 318-319; PRADO, Luiz Regis. *Curso de direito penal brasileiro*: parte geral, 2006. v. 1. p. 578.

[27] "Art. 51. Transitada em julgado a sentença condenatória, a multa será considerada dívida de valor, aplicando-se-lhes as normas da legislação relativa à dívida ativa da Fazenda Pública, inclusive no que concerne às causas interruptivas e suspensivas da prescrição".

[28] *Confisco penal*: alternativa à prisão e aplicação aos delitos econômicos. São Paulo: IBCCRIM, 2006. p. 157.

Adotada essa posição, a prestação pecuniária e a perda de valores não pagas devem ser executadas como dívida de valor, aplicando-se, analogicamente, as regras da execução da pena de multa.

Especificamente quanto à perda de bens, nas palavras de Corrêa Junior, "nada impede que o juiz estabeleça, na sentença, quais bens serão confiscados, desde que existam elementos suficientes para a individualização, localização e avaliação dos bens"[29]. Nesse caso, para Boschi, deve a execução seguir o procedimento do Código de Processo Civil adotado para a entrega da coisa certa, inaplicável a Lei 6.830/1980[30].

Adota-se aqui orientação diversa, no sentido da possibilidade da conversão da prestação pecuniária e da perda de bens e valores em pena privativa de liberdade, sempre que o condenado, injustificadamente, frustra o seu cumprimento. As penas restritivas de direito consistentes em prestação pecuniária e perda de bens e valores têm natureza jurídica de sanção criminal e, se não cumpridas, dão lugar à execução da originária pena privativa de liberdade, conforme previsão do art. 44, § 4º, do Código Penal. Aliás, o STF e o STJ têm reiteradamente decidido neste sentido[31].

Assim, deve o magistrado intimar o condenado, fixando prazo para o condenado realizar o que lhe foi imposto – pagar a prestação ou entregar o valor ou bem. Expirado o lapso sem que cumprimento, o juiz ouviria o sentenciado e, não havendo justificativa para o inadimplemento, a pena restritiva seria reconvertida em privativa de liberdade.

Aplicável, por analogia, o disposto nas alíneas "a" e "c" do art. 181, § 1º, da LEP. Assim, a prestação pecuniária também será reconvertida quando o réu não for encontrado para a aludida intimação, por estar em lugar incerto e não sabido, ou desatender à intimação editalícia; e quando recursar-se,

---

[29] Idem, p. 156.
[30] *Das penas e seus critérios de aplicação*. p. 321.
[31] STF: "A fixação da pena de prestação pecuniária independe da dosimetria da pena de multa e deve, portanto, ter fundamentação própria e específica, porquanto o seu descumprimento pelo sentenciado pode implicar conversão em pena privativa de liberdade" (RHC 118.433/RS, 2ª Turma, Rel. Ricardo Lewandowski, j. 01.10.2013, v.u.); STJ: "Na hipótese dos autos verifica-se que o apenado foi devidamente intimado a iniciar o cumprimento da pena e além de não ter efetuado o pagamento da prestação pecuniária, quedou-se silente, inclusive quanto à justificação pelo não cumprimento, demonstrando total descaso com os ditames da execução penal, motivo pelo qual a conversão em pena privativa de liberdade foi acertadamente realizada" (HC 366.442/SC, 5ª Turma, Rel. Ribeiro Dantas, j. 18.04.2017, v.u.).

injustificadamente, a efetuar o pagamento devido. Nesta hipótese, a reconversão exigirá prévia oitiva do condenado.

7.3 Crítica

Quando a prestação for devida à vítima do delito ou seus dependentes, tem nítida conotação civil, em razão da previsão legal de que o valor pago será deduzido do montante de eventual condenação em ação de reparação civil, se coincidentes os beneficiários (art. 45, § 1º).

Foi criada, assim, uma hipótese de despenalização, fenômeno pelo qual se retira a sanção aplicável a determinada conduta, embora esta continue prevista como crime. É que, como se sabe, a maioria dos ilícitos penais são também ilícitos civis, e, nos termos do que dispõe o Código Civil, "aquele que, por ato ilícito (arts. 186 e 187), causar dano a outrem, fica obrigado a repará-lo" (art. 927). Ora, se a lei estabelece que o montante pago pelo réu a título de prestação pecuniária será descontado do devido em ação civil, esvaziou-se o conteúdo penal da sanção, ganhando a reprimenda caráter de indenização civil. Afinal, o condenado não estará cumprindo pena nenhuma, somente estará reparando o mal que causou – algo que já ocorreria na seara cível. Cuida-se, sem dúvida, de resposta por demais branda, notadamente porque pode ser aplicada até mesmo para crimes mais graves, cuja condenação seja por prazo até quatro anos, desde que não tenham sido praticados com violência ou grave ameaça à pessoa.

Seria possível cogitar, como forma de resolver o problema, que se alterasse a lei de modo a eliminar a possibilidade de dedução da indenização cível do montante pago a título de prestação pecuniária. Ocorre que isso também não seria possível, pois nesse caso a vítima passaria a receber duas indenizações, no âmbito criminal e no âmbito cível, gerando locupletamento sem causa.

Portanto, parece-nos que o melhor caminho seria, por meio de alteração legislativa, destinar a prestação pecuniária exclusivamente a entidades beneficentes. A vítima poderia pleitear a reparação por eventuais prejuízos na seara cível, havendo, ainda, a possibilidade de fixação de indenização pelo juiz criminal, nos termos do art. 387, IV, do CPP (trazido pela Lei 11.719/2008), e de composição dos danos civis no âmbito dos juizados especiais (art. 72 da Lei 9.099/1995). Com isso, se eliminaria a incongruência hoje existente, conferindo-se à prestação pecuniária natureza puramente de sanção penal, desatrelada da reparação cível à vítima do delito.

7.4 Prestação de outra natureza

Estabelece o Código que, se houver aceitação do beneficiário, a prestação pecuniária pode consistir em *prestação de outra natureza* (art. 45, § 2º).

Permite-se assim que o magistrado, obtendo a concordância do beneficiário, substitua a prestação *pecuniária* por prestação *de outra natureza*, isto é, *não pecuniária*, como a entrega de um bem ou realização de determinada tarefa.

A Lei não traz maiores detalhes sobre tal pena nem sobre sua aplicação. Encontra-se, tão somente, na Exposição de Motivos da Lei 9.714, a menção a dois exemplos de prestação de outra natureza, quais sejam, a entrega de cesta básica e o fornecimento de mão de obra.

A competência para aplicação dessa sanção é do juiz das execuções. Não se admite que o juiz da condenação, visando obter a aceitação do beneficiário, ouça a vítima, seus dependentes ou qualquer entidade pública ou privada antes da sentença, pois ao proceder desta forma estará transformando esta sanção numa verdadeira transação. Somente depois de fixada a prestação pecuniária, não havendo seu pagamento por motivo justificável (ex.: impossibilidade financeira do condenado), caberá ao juiz das execuções alterá-la para "de outra natureza". É importante que o juiz cuide para que a eventual substituição guarde proporcionalidade com a prestação pecuniária, ou seja, não podendo pagar 10 salários mínimos, por exemplo, o apenado poderá ser obrigado a prestar seus serviços profissionais em tempo e quantidade equivalentes a 10 salários[32].

O que se verifica, todavia, é a má utilização do art. 45, § 2º. Tal dispositivo, conforme visto, é subsidiário. O juiz deve fixar prestação pecuniária para a vítima ou seus dependentes e, na falta destes, dirigir o montante a entidade pública ou privada de caráter assistencial. Apenas quando o réu não puder pagar, situação a ser verificada pelo juiz das execuções penais, pode-se converter a prestação pecuniária em prestação de outra natureza, *se houver concordância do beneficiário*. Todavia, o que se faz na prática, possivelmente para facilitar o trabalho e liquidar rapidamente a transação ou sentença, é saltar a pena de prestação pecuniária, determinando-se, *sem consultar o beneficiário*, a doação de cesta básica a orfanatos, creches etc.[33].

7.4.1 Crítica

É notória a inconstitucionalidade da prestação de outra natureza, por ofensa ao princípio da taxatividade (*lex certa*). Por força da taxatividade, a

---

[32] NUCCI, Guilherme de Souza. *Código Penal comentado*. p. 402.
[33] NUCCI, Guilherme de Souza. *Leis penais e processuais penais comentadas*. v. 1. p. 624-625.

descrição do preceito incriminador da norma primária, assim como da sanção, deve ser de tal modo patente e evidente que impeça qualquer atividade criativa do magistrado[34].

Ao utilizar a expressão genérica "prestação de outra natureza", o legislador criou uma pena indeterminada. Como assevera Bitencourt, "essa 'prestação de outra natureza' é, na verdade, uma *pena inominada*, e pena inominada é *pena indeterminada*, que viola o *princípio da reserva legal* (art. 5º, XXXIX, da CF e art. 1º do CP). Esse princípio exige que *preceito* e *sanção* sejam claros, precisos, certos e determinados. Em termos de sanções criminais são inadmissíveis, pelo *princípio da legalidade*, expressões vagas, equívocas ou ambíguas"[35].

No mesmo sentido o magistério de Massimo Palazzolo: "Ora, se justamente o princípio da reserva legal é para vedar o arbítrio judicial, para que não se empregue a analogia, para que não se faça interpretação extensiva para incriminar algum fato ou mesmo tornar mais severa sua punição, jamais se poderia, desse modo, impor, como *condição judicial*, a entrega, pelo acusado, de cestas básicas a alguma instituição assistencial preestabelecida pelo juízo, pois se estaria impondo uma pena sem a prévia cominação legal, com total afronta ao art. 5º, XXXIX, da Magna Carta de 1988 e ao art. 1º, do Código Penal"[36].

Há quem aponte que a constitucionalidade do dispositivo advém do art. 5º, § 1º, da CF, segundo o qual "as normas definidoras dos direitos e garantias fundamentais têm aplicação imediata"[37]. Essa assertiva é coerentemente rechaçada por José Antonio Paganella Boschi: "ao nosso sentir, embora a melhor das intenções, fere o princípio constitucional da reserva legal (art. 5º, XXXIX), acordos judiciais com os acusados para fornecimento, no Juizado Criminal, de cestas básicas de alimentos para distribuição à população carente. O argumento de que o § 1º do artigo 5º da CF declara que as normas definidoras de direitos e garantias fundamentais têm aplicação imediata – para contornar a exigência da cominação geral ou especial da pena de prestação social alternativa – data vênia, além de ignorar a exigência de que não há crime nem pena sem previa definição legal, também ignora que o citado § 1º

---

[34] GOMES, Luiz Flávio. *Direito penal*: parte geral. v. 2. p. 38.
[35] *Tratado de direito penal*: parte geral. p. 567.
[36] Da violação do princípio da reserva legal – imposição de cestas básicas – suspensão do processo. *Boletim IBCCRIM*, v. 11, n. 131, p. 13.
[37] PEDROSA, Ronaldo Leite. Cesta básica: penal legal. *Boletim IBCCRIM*, n. 59, p. 13-14.

do art. 5º não se endereça a todos os incisos do mesmo artigo, pois, em leitura rápida, é fácil a percepção de que muitos deles – embora constantes de artigo relativo a direitos e garantias individuais – dispõem sobre matérias estranhas. Exemplo disso é o inciso XLIII, estabelecendo a inafiançabilidade, a proibição de graça ou anistia à prática da tortura, ao tráfico ilícito de entorpecentes, ao terrorismo e aos crimes hediondos, matéria que, evidentemente, nada tem a ver com direitos e garantias individuais"[38].

Ante o exposto, infere-se que a prestação inominada – inclusive quando consistente na entrega de cestas básicas – é inconstitucional, representando grave violação ao princípio da taxatividade.

8. PERDA DE BENS E VALORES

8.1 Cumprimento

Esta sanção consiste no perdimento de bens e valores lícitos pertencentes ao condenado, em favor do Fundo Penitenciário Nacional (art. 45, § 3º)[39].

A Lei de Execução Penal não prevê como será executada a perda de bens e valores[40]. Sugere-se, assim, a adoção de procedimento semelhante à da prestação pecuniária. Deve o Juiz, após o trânsito em julgado da condenação, intimar o apenado para entregar o bem ou o valor declarado perdido, fixando um prazo razoável para tanto (por exemplo, dez dias), sob pena de reconversão da pena alternativa em privativa de liberdade.

Havendo o cumprimento da pena, o bem ou valor entregue pelo apenado será destinado ao Fundo Penitenciário Nacional, ressalvada a existência de previsão diversa em legislação especial (art. 45, § 3º, do CP).

---

[38] *Das penas e seus critérios de aplicação.* p. 142.

[39] Não se confundem a pena de perda de bens e valores (art. 45, § 3º) e o confisco como efeito da condenação (art. 91, II). Consiste este último na "perda em favor da União, ressalvado o direito do lesado ou de terceiro de boa-fé: a) dos instrumentos do crime, desde que consistam em coisas cujo fabrico, alienação, uso, porte ou detenção constitua fato ilícito; b) do produto do crime ou de qualquer bem ou valor que constitua proveito auferido pelo agente com a prática do fato criminoso". O traço comum a ambos é a apreensão, pelo Estado, de parte do patrimônio do infrator. Mas diferenciam-se porque o confisco é um efeito extrapenal da condenação e atinge os instrumentos e o proveito do crime, enquanto a perda de bens e valores recai sobre o patrimônio *lícito* do condenado. Ademais, no confisco, o bem objeto do perdimento destina-se à União, enquanto na perda de bens e valores o objeto perdido é revertido em favor do Fundo Penitenciário Nacional.

[40] O Projeto de Lei 9.054/2017 também não o faz.

8.2 Descumprimento

Decorrido o prazo sem a competente entrega, o apenado deve ser intimado para justificar o descumprimento e, caso não apresente justificativa idônea, o magistrado procederá à reconversão da pena em privativa de liberdade, aplicando o regime fixado na sentença (art. 44, § 4º, do CP).

Entende-se aplicável, por analogia, o disposto nas alíneas "a" e "c" do art. 181, § 1º, da LEP. Assim, a perda de bens e valores também será reconvertida quando o réu não for encontrado para a aludida intimação, por estar em lugar incerto e não sabido, ou desatender à intimação editalícia; e quando recusar-se, injustificadamente, a entregar o bem ou valor sobre o qual recaiu o perdimento. Nesta hipótese, a reconversão exigirá prévia oitiva do condenado.

Para alguns, convém anotar, a perda de bens e valores não poderia se transformar em prisão, por se tratar de sanção pecuniária[41]. Não se concorda com esta posição, já que a perda de bens e valores tem natureza de pena, e não de dívida de valor.

8.3 Crítica

A perda de bens e valores se mostra vantajosa, sobretudo, em se tratando de delitos econômicos. Conforme magistério de Andreas Eisele, "a modalidade de pena restritiva de direitos de maior eficácia na repressão à criminalidade econômica é a perda de bens e valores, devido à intenção do agente em face do caráter da conduta e conteúdo do bem jurídico penalmente tutelado. Como o móvel que impele o agente à prática de um crime de tal natureza é a perspectiva da vantagem econômica a ser obtida com o resultado do delito, a punição de cunho financeiro consistente não apenas no dever de reparação do dano causado à vítima, mas na perda cumulativa de bens e valores em volume compatível com o dano causado ou o proveito obtido, é o fator de prevenção mais eficaz dentre os previstos na legislação penal. De fato, não há punição mais eficiente para a ganância que o prejuízo, de modo que a possibilidade economicamente desfavorável, por certo, inibirá muitas das iniciativas de locupletamento ilícito a serem perpetradas mediante condutas penalmente tipificadas"[42].

Não obstante as vantagens apresentadas por esta sanção, é de se lamentar que, em termos práticos, ela quase não seja aplicada. Em pesquisa realizada

---

[41] Vide comentários à reconversão da pena de prestação pecuniária.
[42] A pena de perda de bens e valores e os crimes contra a ordem tributária. *Boletim IBCCRIM*, v. 7, n. 83, p. 9-10.

no Departamento da Execução Criminal da Capital do Estado de São Paulo, verificou-se que a perda de bens não foi aplicada sequer uma vez[43].

9. INTERDIÇÃO TEMPORÁRIA DE DIREITOS

9.1 Cumprimento

São cinco as modalidades de interdição temporária de direitos previstas no Código Penal: a) proibição do exercício de cargo, função ou atividade pública, bem como de mandato eletivo (art. 47, I); b) proibição do exercício de profissão, atividade ou ofício que dependam de habilitação especial, de licença ou autorização do poder público (art. 47, II); c) suspensão de autorização ou de habilitação para dirigir veículo (art. 47, III); d) proibição de frequentar determinados lugares (art. 47, IV); e) proibição de inscrição em concurso (art. 47, V).

Para que se inicie o cumprimento, caberá ao juiz da execução comunicar à autoridade competente (superior hierárquico ou chefe do departamento competente, por exemplo) a pena aplicada e sua duração, determinada a intimação do condenado (art. 154 da LEP).

Tratando-se da pena de proibição do exercício de cargo, função ou atividade pública, bem como de mandato eletivo (art. 47, I, do CP), a autoridade competente deverá, em 24 horas, contadas do recebimento do ofício, baixar ato, a partir do qual a execução terá seu início (art. 154, § 1º, da LEP).

No tocante às penas de proibição do exercício de profissão, atividade ou ofício que dependam de habilitação especial, de licença ou autorização do poder público (art. 47, II, do CP); ou de suspensão de autorização ou de habilitação para dirigir veículo (art. 47, III, do CP), o Juízo da execução determinará a apreensão dos documentos que autorizam o exercício do direito interditado (art. 154, § 2º, da LEP). Vale lembrar que o art. 47, III, não mais se aplica aos veículos automotores, eis que derrogado pelo CTB.

A proibição de frequentar lugares (art. 47, IV) não é disciplinada pela LEP[44]. Sugere-se que o juiz da execução intime o apenado da proibição, bem como de sua duração e dos locais aos quais está proibido de frequentar, sendo

---

[43] A pesquisa foi realizada no mês de março de 2015. Foram selecionados 150 processos selecionados aleatoriamente na unidade (à época, havia 9.777 execuções em andamento). Ver pesquisa completa em ALVES, Jamil Chaim. *Penas alternativas*: teoria e prática (apêndice).

[44] A omissão persiste no Projeto de Lei 9.054/2017.

este o termo inicial da execução. Na prática, é inexistente a fiscalização dessa reprimenda, o que dá margem à flagrante impunidade e ao descrédito estatal.

Também não foi regulamentada a execução da pena de proibição de inscrição em concurso, avaliação ou exame públicos (art. 47, V)[47]. Entende-se que, uma vez transitada em julgado a condenação, deve-se intimar o apenado da proibição, oportunidade em que se reputará iniciado o cumprimento da pena. Também não é simples a fiscalização dessa sanção, já que há diversos órgãos responsáveis pela elaboração de concursos em todo o país. Seria possível, em tese, havendo a notícia de que o réu se programa para ingressar em determinada carreira pública, oficiar para o setor competente, comunicando a proibição.

Por fim, em qualquer das hipóteses supra, deverá a autoridade ou qualquer prejudicado comunicar imediatamente ao Juiz da execução o descumprimento da pena (art. 155, *caput* e parágrafo único, da LEP), que poderá resultar na reconversão da pena restritiva de direitos em privativa de liberdade.

9.2　Descumprimento

Estabelece o art. 181, § 3º, da LEP, que as interdições serão reconvertidas se o condenado: a) exercer, injustificadamente, o direito interditado; b) não for encontrado por estar em lugar incerto e não sabido, ou desatender a intimação por edital; c) sofrer condenação por outro crime à pena privativa de liberdade, cuja execução não tenha sido suspensa.

Valem os comentários feitos acima, em relação às demais penas restritivas de direitos.

9.3　Crítica

A despeito da existência de vozes enaltecendo as interdições temporárias de direitos, estas penas podem trazer mais malefícios do que benefícios.

Os exemplos mais notórios disso referem-se às duas primeiras modalidades de interdição de direitos, que impedem, temporariamente, que o condenado exerça determinada atividade. Muitos dos autores que exaltam – com razão – a prestação de serviços à comunidade, festejando o trabalho como forma de recuperação dos condenados, paradoxalmente, dirigem também elogios a estas interdições, que consistem justamente na proibição do trabalho.

A única finalidade da pena que se vislumbrar sendo atingida por estas medidas é a prevenção geral. Mas se a pena – sobretudo a restritiva de direitos – tem também o objetivo de ressocialização, há que se questionar o mérito destas sanções. Afinal, o que de bom se pode esperar do condenado sem trabalho, sem dinheiro e com tempo ocioso?

Nesta esteira de entendimento é a lição de Nucci: "Não vemos sentido em privar, como medida reeducativa e ressocializadora, alguém do seu trabalho. O que o Estado se propõe a dar em seu lugar? Sustentá-lo durante o período de cumprimento da pena? Se algum profissional ou ocupante de cargo ou ofício público andou muito mal no desempenho de sua função, o mais indicado a fazer é proibi-lo definitivamente de continuar a atividade, aliás, como já se pode fazer no tocante a cargos, ofícios e mandatos eletivos em certos casos (art. 92, I, CP), como efeito da condenação. No mais, se o erro durante o exercício profissional ou funcional ocorreu, embora sem gravidade exagerada, melhor seria a aplicação de uma pena alternativa de obrigação de frequência a curso de reciclagem – somente para argumentar, pois essa modalidade de pena alternativa não existe – do que simplesmente proibir-lhe o trabalho honesto"[45].

O autor também questiona a eficácia das referidas modalidades de interdição: "Em tese, apreendido o referido documento [funcional] pelo tempo de duração da pena, o profissional estaria impedido de exercer a profissão, atividade ou ofício, pois dependentes de licença ou autorização do poder público. Vã ilusão. A imensa maioria dos profissionais exerce as suas atividades laborativas normalmente, sem ter que exibir, nos seus locais de trabalho, a carteira de identificação. Nem mesmo em audiência, tornando ao exemplo do advogado, exige o juiz a sua identificação, especialmente quando há procuração nos autos e o profissional já esteve na Vara antes. O mesmo se pode dizer das demais profissões. Os médicos, em outra ilustração, não praticam a medicina em seus consultórios exibindo a carteira de identificação aos pacientes. Em suma, a apreensão é inócua. A par dessa medida, deve o juiz oficiar ao órgão de classe, que tomaria a providência de publicar nota a respeito (ex.: comunicação no jornal do sindicato ou do órgão de classe), bem como assumiria o compromisso de fiscalizar o condenado através de mecanismos próprios (ex.: o Conselho Regional de Medicina pode ter acesso aos lugares comuns onde determinado médico exerce sua profissão, tais como consultório, hospitais, clínicas etc., devendo colaborar com o juízo para evitar o exercício da atividade)"[46].

Tais penas, além de inaptas a atingir qualquer objetivo ressocializador, podem afetar terrivelmente os familiares do apenado, privando-os de seu sustento. Nesta linha de raciocínio, afigura-se duvidosa a constitucionalidade destas sanções, pois elas castigam os dependentes do condenado com muito

---

[45] *Individualização da pena*. p. 333-334.
[46] *Leis penais e processuais penais comentadas*. v. 2. p. 338.

mais intensidade do que seria razoável admitir, ainda mais em se tratando de penas alternativas. Se comparadas com outras penas restritivas de direitos, como a prestação de serviços à comunidade, torna-se evidente que o prejuízo que as referidas interdições causam a terceiros é desproporcional.

Imagine-se a hipótese, nada incomum, em que o indivíduo apenado é quem sustenta o lar. Suponha-se que tenha filhos menores de 14 anos, que são, portanto, impedidos legalmente de trabalhar. Em casos como esse, precisará o sentenciado encontrar outra atividade que assegure não apenas a sua sobrevivência, mas também a de seus familiares, algo que pode ser bastante difícil na prática. Ora, um médico impedido de atuar em sua área, por exemplo, fará o quê? Trabalhará como pintor ou talvez engraxate? A hipótese revela-se ainda mais absurda quando se lembra de que os dependentes, em nenhum caso, farão jus ao recebimento de auxílio-reclusão, pois tal benefício só é devido em caso de *prisão* do segurado. Infere-se, pois, que as aludidas interdições de direitos apresentam problemas intrínsecos.

A suspensão do direito de dirigir veículos, conforme visto, está regulada pelo Código de Trânsito Brasileiro, não sendo mais aplicável a sanção prevista no art. 47, III, do Código Penal.

A pena de proibição de frequentar determinados lugares também merece crítica. Antes de mais nada, convém apontar mais um equívoco do legislador: a expressão correta seria "comparecer", e não "frequentar", uma vez que esta palavra significa comparecer *amiudadamente, repetidas vezes*. Ora, quem vai uma única vez a determinado lugar, não o frequenta!

Feitas essas considerações, é de se ressaltar que esta pena apresenta outros três problemas. O primeiro refere-se à dificuldade de se estabelecer um liame lógico entre o delito praticado e o lugar cuja frequência será proibida. A doutrina, de modo geral, limita-se a dizer que a proibição deve guardar relação com o delito praticado. Mas há que se questionar: que tipo de crime ensejaria esta pena e a quais lugares o sentenciado ficaria proibido de comparecer? Seria o caso, por exemplo, de proibir o estelionatário de frequentar determinada estação rodoviária onde praticou o crime? Ou então de proibir o sujeito que praticou crime sexual de frequentar prostíbulos? Não faz o menor sentido. Ademais, ainda que, com algum esforço, se consiga vislumbrar alguma hipótese, não parece haver necessidade de termos, na parte geral do Código Penal, uma pena para casos tão raros e específicos.

É a opinião de Cezar Roberto Bitencourt: "só temos de deplorar a pobreza inventiva do legislador, incapaz de 'criar' qualquer coisa de razoável qualidade técnico-jurídico-penal. Que o legislador das décadas de 30 e 40 pudesse pensar nessa forma de restrição da liberdade – como simples condição do *sursis*

– pode até ser razoável, quando ainda se falava em 'zona do meretrício', 'casa de tavolagem', etc. Na atualidade, com a 'concorrência desleal' que se instalou na sociedade não se pode mais falar em 'zona do meretrício', pois está disseminada pela sociedade; 'casa de tavolagem', por sua vez, é algo que nunca ficou bem esclarecido, pois nunca tivemos oportunidade de conhecer uma ou saber onde haja existido alguma. Ademais, as pessoas hoje não têm mais tempo e condição de frequentar lugares dessa natureza. Enfim, proibir de frequentar que lugar? Aquele em que eventualmente o crime foi cometido, quiçá, por puro 'acidente', embora sem qualquer relação com a conduta delituosa, sem qualquer efeito ou influência criminógena? Assim, chegaríamos ao absurdo de ter de proibir determinado motorista de trafegar em certa rodovia onde eventualmente foi autor de um crime culposo etc., que, convenhamos, seria lamentável!"[47].

Outra questão diz respeito à brandura desta punição. Deve-se ter em mente que, por força da Lei 9.714/1998, a substituição por restritivas de direitos é possível mesmo para crimes mais graves, cuja condenação seja por prazo até quatro anos. Aplicar uma mera pena de proibição de frequentar determinados lugares para tais infrações caracteriza ofensa à ideia de suficiência da pena, ferindo o princípio da proporcionalidade e aumentando na sociedade a já forte sensação de impunidade.

Há ainda o problema da falta de fiscalização, uma vez que não há no Brasil, ao contrário de outros países, agentes especificamente responsáveis por esta função. Neste sentido, assevera Nucci: "É quase impossível a sua devida fiscalização, podendo-se, eventualmente e de maneira casual, apenas descobrir que o condenado o réu vem frequentando lugares proibidos, como botequins ou zonas de prostituição. Estabelecer tal proibição como pena restritiva de direitos autônoma e substitutiva da privativa de liberdade, com a devida vênia, foi um arroubo. Imagine-se substituir uma pena de furto qualificado de dois anos de reclusão pela proibição de frequentar bares e boates por igual prazo... Se já existe descrédito na sua efetivação como condição de pena ou benefício, não cremos deva o juiz aplicá-la como alternativa à privativa de liberdade. Quiçá no futuro, quando o sistema penitenciário e de execução penal possuir efetivos métodos de cumprimento e fiscalização de penas alternativas e benefícios legais"[48].

A última modalidade de interdição de direitos é a proibição de inscrever-se em concurso, avaliação ou exame públicos (art. 47, V, do CP). Essa pena é criticável por diversos aspectos. Primeiro, porque, a exemplo da pena de

---

[47] *Penas alternativas*: análise político-criminal das alterações da Lei n. 9714/98. p. 169.
[48] *Código Penal comentado*. p. 407.

proibição de frequentar lugares, é sanção por demais branda, que precisaria ser cominada conjuntamente a outras penas restritivas. Além disso, não é simples a sua fiscalização, já que não existe um órgão central responsável pela elaboração de certames públicos. Outrossim, o legislador parece presumir – ingenuamente – que os fraudadores são pessoas interessadas em ingressar em carreiras públicas, que, nessa condição, seriam afetadas pela referida proibição. Todavia, verifica-se que, na maioria das vezes, esse tipo de fraude é praticada por associações criminosas especializadas, cujos integrantes buscam unicamente o lucro fácil, e não a aprovação em concursos públicos.

Por fim, deve-se anotar que as interdições de direitos previstas no Código Penal têm aplicação concreta escassa, figurando praticamente como letra morta na legislação. A única hipótese que apresentava repercussão forense significativa era a suspensão do direito de dirigir, que foi derrogada e hoje está prevista no Código de Trânsito Brasileiro. Assim, se todas essas interdições de direitos fossem simplesmente extintas, pouca – ou nenhuma – falta fariam em termos práticos.

10. LIMITAÇÃO DE FIM DE SEMANA

10.1 Cumprimento

A limitação de fim de semana consiste na obrigação de o condenado permanecer, aos sábados e domingos, por cinco horas diárias, em casa de albergado ou outro estabelecimento adequado, podendo, durante esta permanência, ser ministrados cursos e palestras ou atribuídas atividades educativas (arts. 43, VI, e 48 do Código Penal).

Terá a mesma duração da pena privativa de liberdade substituída. Assim, se houve condenação a dez meses de pena privativa de liberdade, o sentenciado deverá, por dez meses, permanecer, aos sábados e domingos, por cinco horas diárias, em casa de albergado ou estabelecimento estipulado.

Caberá ao Juiz da execução determinar a intimação do condenado, cientificando-o do local, dias e horário em que deverá cumprir a pena, tendo início a execução a partir da data do primeiro comparecimento (art. 151, *caput* e parágrafo único, da LEP).

O estabelecimento designado encaminhará, mensalmente, relatório ao Juiz da execução, e comunicará, a qualquer tempo, a ausência ou falta disciplinar do condenado (art. 153), hipótese em que poderá ocorrer a reconversão em pena privativa de liberdade.

Prevê a Lei que, durante o período de permanência do réu no estabelecimento designado, poderão ser ministrados cursos e palestras, ou atribuídas atividades educativas (art. 152 da LEP).

10.2 Descumprimento

Estabelece o art. 181, § 2º, da LEP, que a limitação de fim de semana será convertida em pena privativa de liberdade quando o condenado: a) não comparecer ao estabelecimento designado para o cumprimento da pena; b) recusar-se a exercer a atividade determinada pelo Juiz; c) não for encontrado por estar em lugar incerto e não sabido, ou desatender a intimação por edital; d) praticar falta grave; e) sofrer condenação por outro crime à pena privativa de liberdade, cuja execução não tenha sido suspensa.

Cuidam-se basicamente das mesmas hipóteses que autorizam a reconversão da prestação de serviços à comunidade, com algumas adaptações, como a hipótese do réu injustificadamente não comparecer à casa de albergado ou estabelecimento adequado ou se recusar a exercer a atividade determinada pelo magistrado.

10.3 Crítica

O principal problema desta sanção é de ordem material, tendo em vista que sua aplicação pressupõe a existência de casas de albergado, instituição inexistente na grande maioria das comarcas do país.

Tem-se determinado, com frequência, que o condenado cumpra a pena em regime domiciliar. O fundamento é que a criação de vagas em instituição adequada é uma incumbência do Poder Público, e a inércia da Administração não poderia resultar em situação mais gravosa ao condenado.

Embora constituam alternativas nobres à falta de casas de albergado, são opções extremamente brandas e que não guardam relação com a pena idealizada pelo legislador. Não representam, a rigor, "limitação de fim de semana". Tem-se, por uma via transversa, a adoção da pena de recolhimento domiciliar (art. 43, III, do Projeto de Lei 2.684/1996), vetada pelo Presidente da República justamente pelo argumento de carência "do indispensável substrato coercitivo". E isso sem contar a enorme dificuldade de fiscalizar o cumprimento da limitação de final de semana nessas condições. Assim, o melhor é que, diante da inexistência de vagas em casa de albergado ou estabelecimento adequado, evite o magistrado aplicar este pena, "para não gerar franca impunidade", conforme adverte Nucci[49].

11. CONCLUSÃO

Tem sido recorrente no país a edição de leis que, embora no papel pareçam resolver todos os problemas, na prática, não passam de demagogia

---

[49] *Código Penal comentado*. p. 316.

do legislador, revelando-se desprovidas de efetividade. As penas alternativas não têm fugido a essa regra. De nada adianta criar várias espécies de sanção se tais inovações não vêm acompanhadas de condições mínimas para que sejam efetivamente aplicadas e fiscalizadas. Aliás, isso é até contraproducente, porque coloca em risco a credibilidade do sistema. Mais importante do que criar novas penas é aumentar a efetividade daquelas já existentes que deram bons frutos.

Infelizmente, a análise do quadro geral das penas alternativas no Brasil permite concluir que as condições materiais para o efetivo cumprimento e fiscalização dessas sanções são precárias.

A maior parte das penas alternativas são oriundas de condenações em regime aberto. Em caso de descumprimento, havendo a reconversão em pena privativa de liberdade, deveria esta ser cumprida em casa de albergado ou estabelecimento adequado. Porém, tais estabelecimentos são praticamente inexistentes, de modo que o regime aberto consiste, na prática, na permanência do acusado em sua residência, sem qualquer fiscalização. Nesse cenário, o descumprimento da pena alternativa, contraditoriamente, enseja ao réu uma situação mais favorável do que o cumprimento e, consequentemente, não há qualquer aparato de coercibilidade para a execução da pena restritiva de direito imposta.

A prestação de serviços à comunidade é, em tese, uma das mais importantes penas alternativas, com grande potencial para promover o efetivo cumprimento das finalidades da pena. Na prática, todavia, há grande dificuldade no cadastramento de entidades recebedoras de prestadores, já que muitas não demonstram interesse nos serviços de pessoas que sofreram condenação criminal. Além disso, há graves problemas de fiscalização, que normalmente é feita à distância pelo Poder Judiciário e consistente no envio, pelas entidades beneficiárias, de relatório de frequência à Vara de Execução Criminal.

A prestação pecuniária, quando devida à vítima do delito ou seus dependentes, tem caráter civil e configura hipótese de despenalização, ante a possibilidade de se deduzir o valor pago do montante de eventual condenação em ação de reparação civil. Não é possível eliminar a possibilidade de deduzir o valor em reparação civil, porque a vítima passaria a receber duas indenizações, gerando locupletamento sem causa. Uma alteração legislativa que destinasse a prestação pecuniária exclusivamente a entidades beneficentes ajudaria esta pena a encontrar um rumo.

A prestação de outra natureza, inclusive quando consistente na entrega de cestas básicas, é uma pena indeterminada, e, como tal, vulnera o princípio da taxatividade, corolário da legalidade. Continua sendo aplicada, todavia, em razão da *nobreza* de seus objetivos e também devido à omissão do Poder Judiciário quanto à declaração de sua inconstitucionalidade.

A perda de bens e valores é medida salutar, adequada sobretudo em se tratando de crimes econômicos. No entanto, o legislador olvidou de disciplinar sua execução. A lacuna legislativa e a falta de disposição dos magistrados em sua aplicação tornaram a perda de bens praticamente letra morta na legislação.

A proibição do exercício de cargo, função ou atividade pública, bem como de mandato eletivo, e a proibição do exercício de profissão, atividade ou ofício que dependam de habilitação especial, de licença ou autorização do poder público, privam o apenado e seus dependentes do seu sustento, não se propondo o Estado a ampará-los economicamente. De constitucionalidade duvidosa, por ofensa ao princípio da personalidade da pena, podem ainda ter efeito contraproducente na ressocialização do condenado, por fomentar o ócio. Portanto, melhor que fossem extintas.

A suspensão de autorização ou de habilitação para dirigir veículo prevista no Código Penal perdeu relevância. Foi revogada parcialmente pelo Código de Trânsito Brasileiro, tendo seu âmbito de aplicação circunscrito às raras hipóteses envolvendo autorização para dirigir ciclomotores.

A proibição de frequentar determinados lugares é uma excrecência. Não existe qualquer tipo de fiscalização desta sanção e é difícil vislumbrar um liame lógico entre o delito praticado e a aplicação desta pena. Qual o objetivo em se proibir um ladrão, por exemplo, de frequentar bares e/ou casas de prostituição? Trata-se, por certo, de mais uma reprimenda despropositada, que pouco – ou nenhum – resultado útil pode trazer a quem quer que seja e também deveria ser abolida.

A proibição de inscrição em concurso, avaliação ou exame públicos (art. 47, V, do CP) raramente terá alguma utilidade, pois os fraudadores de certames públicos, em regra, não são estudantes que pretendem ingressar em carreiras públicas, mas sim integrantes de quadrilhas especializadas nesse tipo de delito. Proibi-los de prestar concursos públicos, obviamente, seria totalmente inócuo.

A limitação de final de semana fracassou devido à ausência de vagas em casas de albergado, sendo inadequado o cumprimento desta pena em regime domiciliar, devido à dificuldade de fiscalização e à brandura de tal forma de punição. Até hoje as instituições adequadas para seu cumprimento não foram criadas e não há qualquer perspectiva de que venham a ser. Melhor, assim, poupar o sistema penal de mais uma fonte de descrédito, suprimindo de vez esta sanção do ordenamento.

REFERÊNCIAS BIBLIOGRÁFICAS

ALVES, Jamil Chaim. *Penas alternativas*: teoria e prática. Belo Horizonte: Del Rey, 2016.

AZEVEDO, David Teixeira de. *Atualidades no direito e processo penal*. São Paulo: Método, 2001.

BITENCOURT, Cezar Roberto. *Penas alternativas*: análise político-criminal das alterações da Lei 9714/98. 4. ed. rev. e atual. São Paulo: Saraiva, 2013.

_____. *Tratado de direito penal*: parte geral. 16. ed. São Paulo: Saraiva, 2011.

BOSCHI, José Antonio Paganella. *Das penas e seus critérios de aplicação*. 6. ed. Porto Alegre: Livraria do Advogado, 2013.

CORRÊA JR., Alceu. *Confisco penal*: alternativa à prisão e aplicação aos delitos econômicos. São Paulo: IBCCRIM, 2006.

EISELE, Andreas. A pena de perda de bens e valores e os crimes contra a ordem tributária. *Boletim IBCCRIM*, São Paulo, v. 7, n. 83, p. 9-10, out. 1999.

FABBRINI, Renato N.; MIRABETE, Julio Fabbrini. *Execução penal*: comentários à Lei n. 7.210, de 11-7-1984. 12. ed. rev. e atual. São Paulo: Atlas, 2014.

FRANCO, Alberto Silva; STOCO, Rui. *Código Penal e sua interpretação*: doutrina e jurisprudência. 8. ed. rev., atual. e ampl. São Paulo: Revista dos Tribunais, 2007.

GOMES, Luiz Flávio. *Direito penal*: parte geral. São Paulo: Revista dos Tribunais, 2007. v. 2.

ILANUD. Relatório IBCCrim Mato Grosso do Sul. Substitutivos penais – As experiências significativas da aplicação das penas alternativas no Brasil. São Paulo: IBCCrim, 1997.

MIRABETE, Julio Fabbrini; FABBRINI, Renato N. *Execução penal*: comentários à Lei n. 7.210, de 11-7-1984. 12. ed. rev. e atual. São Paulo: Atlas, 2014.

NUCCI, Guilherme de Souza. *Código Penal comentado*. 13. ed. rev., atual. e ampl. São Paulo: Revista dos Tribunais, 2013.

_____. *Individualização da pena*. 3. ed. rev., atual. e ampl. São Paulo: Revista dos Tribunais, 2009.

_____. *Leis penais e processuais penais comentadas*. 7. ed. rev., atual. e ampl. São Paulo: Revista dos Tribunais, 2013. v. 2.

PALAZZOLO, Massimo. Da violação do princípio da reserva legal – imposição de cestas básicas – suspensão do processo. *Boletim IBCCRIM*, São Paulo, v. 11, n. 131, p. 13, out. 2003.

PEDROSA, Ronaldo Leite. Cesta básica: penal legal. *Boletim IBCCRIM*, São Paulo, n. 59, p. 13-14, out. 1997.

PRADO, Luiz Regis. *Curso de direito penal brasileiro*: parte geral, arts. 1º a 120. 6. ed. rev., atual. e ampl. São Paulo: Revista dos Tribunais, 2006. v. 1.

QUEIROZ, Paulo. *Direito penal*: parte geral. 10. ed. rev., ampl. e atual. Salvador: JusPodivm, 2014.

STOCO, Rui; FRANCO, Alberto Silva. *Código Penal e sua interpretação*: doutrina e jurisprudência. 8. ed. rev., atual. e ampl. São Paulo: Revista dos Tribunais, 2007.

11

PERSPECTIVAS ATUAIS E FUTURAS DA SUSPENSÃO CONDICIONAL DA PENA

RAFAEL FERNANDES SOUZA DANTAS
Delegado de Polícia Federal.

Resumo: O texto procura tratar da suspensão condicional da pena ou *sursis*, desde sua análise histórica, perpassando pela legislação atual, chegando ao desafio de adaptá-la aos princípios contemporâneos, nacionais e internacionais, para que esse instituto seja um instrumento para uma justiça legítima e eficaz.

Palavras-chave: Direito penal. Suspensão condicional da pena. Histórico. Sistemas. Natureza jurídica. Regras de funcionamento. Perspectivas de futuro.

Abstract: The text seeks to deal with the conditional suspension of punishment or *sursis*, from its historical analysis, passing through the current legislation, reaching the challenge of adapting it to contemporary national and international principles, so that this institute is an instrument for a legitimate and effective justice.

Keywords: Criminal law. Conditional suspension of penalty. Historic. Systems. Legal nature. Rules of operation. Prospects for the future.

Sumário: 1. Apontamentos históricos sobre o instituto do *sursis* – 2. Sistemas de suspensão condicional da pena e sua natureza jurídica – 3. Situações peculiares ao *sursis*: 3.1 Suspensão condicional da pena e crimes hediondos; 3.2 *Sursis* e *habeas corpus*; 3.3 *Sursis* para estrangeiros sem residência permanente; 3.4 *Sursis* e suspensão dos direitos políticos; 3.5 *Sursis* e indulto – 4. Aspectos ideais do *sursis* – 5. Aspectos reais e de futuro do *sursis* – 6. Considerações finais – Referências.

1. APONTAMENTOS HISTÓRICOS SOBRE O INSTITUTO DO *SURSIS*

A suspensão condicional da pena, também denominada *sursis*, tem por objetivo evitar o encarceramento de pessoa condenada à pequeno período de privação de liberdade, desde que obedecidos determinados requisitos.

Segundo a maior parte da doutrina, a própria denominação *sursis* evidencia tratar-se de instituto oriundo do direito francês, cujo surgimento remonta à reorganização legislativa ocorrida logo após a Revolução Francesa, porém, isso é, historicamente, parte da verdade.

Inspirado na Declaração dos Direitos do Homem e do Cidadão, o senador francês Bérenger propôs ao parlamento a adoção do *sursis*, em 1884. Já naquela época, percebia-se que a pena privativa de liberdade era uma medida drástica, cuja utilização deveria ser reservada a condenados por crimes graves. Percebiam os revolucionários franceses que uma sanção desproporcional ao delito poderia configurar uma pena desumana. Ao final, o parlamento francês adota o *sursis* por meio da lei de 26 de março de 1891.[1]

Há de se destacar que as ideias sobre a humanização na aplicação das sanções penais não era exclusividade dos revolucionários franceses, haja vista que os belgas, por meio da Lei de 31 de maio de 1888, também conhecida por Lei Lejeunne (homenagem ao então Ministro da Justiça), já haviam positivado o instituto do *sursis* antes mesmo dos franceses. Daí porque ser mais correto referir-se ao *sursis* como um instituto franco-belga.

Um fator que motivou a disseminação do *sursis* para os ordenamentos jurídicos dos demais países foi o fato de Fran Von Liszt o promover no Congresso da União Internacional de Direito Penal, ocorrido em 1890, em São Petersburgo, denominando carinhosamente a medida como "a filha querida da União".[2]

No Brasil, o parlamentar Esmeraldino Bandeira apresentou, em 1906, um projeto de lei que praticamente traduzia a lei francesa sobre o *sursis*, porém, somente em 1924, por meio do Decreto 16.588, é que o instituto passou a fazer parte do nosso ordenamento jurídico.

O *sursis* no Brasil, na época de sua adoção, tinha por princípio evitar o encarceramento de pessoa considerada não corrompida ou não perversa,

---

[1] APARICIO, Julio Henrique. *La probación*. Sistema Argentino de Información Juridica. Disponível em: <http://www.saij.gob.ar/doctrina/daca050036-aparicio-probacion.htm>. Acesso em: 31 maio 2018.
[2] Idem.

sendo essas as expressões adotadas pelo Ministro da Justiça da época, João Luiz Alves, na exposição de motivos do referido diploma legal pátrio.

2. SISTEMAS DE SUSPENSÃO CONDICIONAL DA PENA E SUA NATUREZA JURÍDICA

Conforme se pode notar, havia certo consenso de que a pena privativa de liberdade trazia efeitos colaterais indesejados, isso já no século XIX. Contudo, a reação a tal constatação variou nos sistemas da *civil law* e da *common law*.

No Brasil, adotava-se o sistema franco-belga, oriunda da *civil law*, em que se pressupõe a condenação a uma pena privativa de liberdade, cuja execução é suspensa, desde que preenchidos certos requisitos, dentre os quais estão a boa conduta do condenado.

Por outro lado, nos países que adotam a *common law*, adotou-se o *probation system*, onde o réu é considerado culpado, porém, não lhe é cominada uma pena privativa de liberdade, pois ele é submetido a um período de prova, onde se exige bom comportamento.

Caso o beneficiário não se comporte conforme as condições que lhe foram impostas, no sistema franco-belga, a suspensão da pena cessa e ele a cumpre integralmente. No *probation system*, o comportamento inadequado do beneficiário provoca a retomada do processo, cuja condenação levará em conta esse fato.

De toda forma, atualmente, percebe-se uma maior influência de institutos oriundos da *common law* em países adotantes da *civil law*, inclusive o Brasil, dado seu caráter pragmático e no mais das vezes, mais eficaz, como se pode extrair da redação do art. 89 da Lei 9.099/1995, em que há nítida influência do *probation system*.

Feitas tais anotações, já na seara da natureza jurídica do aludido instituto, há posição doutrinária minoritária no sentido de que o *sursis* tem natureza de pena, muito embora a doutrina e a jurisprudência majoritárias entendam o contrário.

O art. 32 do Código Penal, ao enumerar as penas, não menciona o *sursis* como uma delas. Nessa esteira, cabe salientar que o Supremo Tribunal Federal, ao julgar o HC 123.698/PE, cujo objeto era a possibilidade de aproveitamento do período de prova no *sursis* para fins de cômputo de pena para a concessão de indulto[3], sedimentou a tese de que *sursis* não é pena,

---

[3] A impetrante sustentava, em suma, que o paciente reuniria todos os requisitos necessários para a fruição do benefício, porque já teria cumprido mais de um

malgrado a divergência entre os ministros. Mas, se não é pena, qual seria a natureza jurídica do *sursis*?

Há posição, também minoritária, de que o *sursis* tem por natureza ser um direito subjetivo do condenado. Rogério Greco[4] preleciona tratar-se de direito público subjetivo do réu, baseando-se na interpretação sistemática entre o contido no art. 77 do Código Penal, frente a dispositivos da Lei de Execução Penal. Nesse sentido, cabe rememorar o contido nos arts. 156 e 157 da Lei de Execução Penal.[5] Segundo Greco, a necessidade de motivação do Juiz, seja pela concessão, seja pela negação ao *sursis*, evidencia se tratar de direito subjetivo do condenado, pois não se trata de mera faculdade do magistrado.

Em oposição a esse ideário, outros autores ponderam ser o *sursis* também uma forma de punição, daí não se tratar propriamente de um direito do condenado, a não ser do ponto de vista dele poder optar.

Por fim, a posição majoritária é a de o *sursis* ter a natureza de medida de política criminal, consistente em evitar o encarceramento, ao tempo que impõe outra forma de cumprimento de pena. Essa é a posição adotada por Guilherme de Souza Nucci,[6] sendo o *sursis* uma medida alternativa ao cumprimento da pena privativa de liberdade, tratando-se de um benefício por

---

quarto do período de prova para a suspensão condicional da pena que lhe fora imposta.

O Colegiado asseverou que não se poderia confundir o tempo alusivo ao período de prova, exigido para a obtenção da suspensão condicional da pena, com o requisito temporal objetivo previsto no art. 1º, XIII, do Decreto 8.172/2013, qual seja o cumprimento parcial da pena. Reiterou, assim, o que decidido no HC 117.855/SP (*DJe* de 19.11.2013).

Vencido o Ministro Teori Zavascki, que concedia a ordem por entender que o período de prova cumprido em suspensão condicional da pena deveria ser computado como tempo de cumprimento de pena restritiva de liberdade. O Ministro Gilmar Mendes reajustou seu voto para acompanhar o voto divergente.

[4] GRECO, Rogério. *Curso de direito penal*: parte geral. 20. ed. Niterói: Impetus, 2018. v. 1, p. 166.

[5] "Art. 156. O Juiz poderá suspender, pelo período de 2 (dois) a 4 (quatro) anos, a execução da pena privativa de liberdade, não superior a 2 (dois) anos, na forma prevista nos artigos 77 a 82 do Código Penal.

Art. 157. O Juiz ou Tribunal, na sentença que aplicar pena privativa de liberdade, na situação determinada no artigo anterior, deverá pronunciar-se, motivadamente, sobre a suspensão condicional, quer a conceda, quer a denegue".

[6] NUCCI, Guilherme de Souza. *Código Penal comentado*. 18. ed. Rio de Janeiro: Forense, 2018. p. 479.

esse lado. Ainda conforme Nucci, o *sursis* traz determinadas restrições, as quais devem ser aceitas pelo condenado, sendo esse instituto, por outro lado, também uma reprimenda.

Sob a ótica dos tratados internacionais, essa parece ser a posição mais adequada, em especial tendo-se em vista o teor das Regras de Tóquio. Durante conferências realizadas no âmbito da ONU (Organização das Nações Unidas), percebeu-se evidente a crise das penas privativas de liberdade.

Após intensos debates, onde houve importante troca de experiências entre os países, o Brasil e as principais nações do mundo firmaram, em 14 de dezembro de 1990, um tratado internacional, denominado Regras de Tóquio, onde são estabelecidas regras mínimas padrão das Nações Unidas para a elaboração de medidas não privativas de liberdade.[7]

3. SITUAÇÕES PECULIARES AO *SURSIS*

3.1 Suspensão condicional da pena e crimes hediondos

Existem duas posições, uma primeira, majoritária, que compreende ser possível a concessão do benefício da suspensão condicional da pena no âmbito da execução que compreenda condenação do agente por crimes hediondos, desde que as específicas condições do caso concreto assim indiquem.

Por outro lado, há uma posição divergente, sustentando ser um contrassenso admitir *sursis* em crimes hediondos. Trata-se de posicionamento minoritário e que se afasta de um Direito Penal de lastro constitucional, por enxergar apenas padrões e não casos e pessoas especificamente considerados, em atenção ao princípio da individualização da pena.

Arestos jurisprudenciais explicitam o cerne desses posicionamentos dissonantes. A corrente contrária à possibilidade de *sursis* em crimes hediondos assevera ser um contrassenso permitir a suspensão condicional da pena, uma vez que a Lei de Crimes Hediondos exige regime carcerário seja inicialmente fechado.[8]

---

[7] Veja-se, nessa seara, o conteúdo do item 1.2 do diploma em questão: "Estas Regras visam promover o envolvimento e a participação da coletividade no processo da justiça criminal, especificamente no tratamento dos infratores, assim como desenvolver nestes o sentido de responsabilidade para com a sociedade".

[8] A suspensão condicional da pena é inaplicável quando se tratar de crimes hediondos e equiparados, pois incompatível com a sistemática do art. 2º, § 1º,

Por outro lado, julgado oriundo do TJ/RJ, que se destaca por seu didatismo, afirma que no *sursis* não há fixação de regime (fechado, semiaberto ou fechado) motivo pelo qual não cabe sequer discutir a determinação do art. 2º da Lei de Crimes Hediondos, referente à fixação de regime inicialmente fechado, como óbice à suspensão condicional da pena.[9]

Ainda quanto a esse aresto do TJ/RJ, cabe tecer comentários diante da decisão paradigmática do Supremo Tribunal Federal quanto à inconstitucionalidade acerca da obrigatoriedade da fixação do regime inicialmente fechado em crimes hediondos, que adequou, constitucionalmente, a leitura do art. 2º da Lei de Crimes Hediondos (HC 111.840).

Se era esse o ponto da discórdia, cabe concluir que, atualmente, não há mais razões, para limitar a aplicação do *sursis* aos crimes hediondos.

De toda forma, é preciso ir além e adentar nos fundamentos da decisão do STF no HC 111.840, que declarou a inconstitucionalidade da previsão de regime inicialmente fechado para os condenados em crimes hediondos. Segundo nossa Corte Suprema, isso violaria o princípio da individualização da pena, além do que, essa vedação não estaria originalmente prevista na Constituição Federal, a qual veda, apenas, a fiança, a graça e a anistia.

Essa noção é importante, uma vez que a grande maioria dos julgados dessa temática envolve crimes de tráfico de drogas, delito equiparado a hediondo e para o qual não se concede o *sursis*, agora por força do impeditivo do art. 44 da Lei de Drogas.[10]

Não seria isso, um desrespeito ao princípio da individualização da pena? Além do que, essa vedação também não está originalmente prevista

---

da Lei 8.072/1990 (STJ, HC 36.354/GO 2004/0088283-5, 5ª Turma, Rel. Min. Felix Fischer, j. 21.09.2004, *DJ* 03.11.2004, p. 220).

[9] "O instituto da hediondez não se mostra incompatível ou inconciliável com o da suspensão condicional da pena, desde que presentes os pressupostos elencados no art. 77 do CP. Modernamente, entende-se que a suspensão condicional da pena é uma espécie de cumprimento de pena e, em relação a ela não existe regime e, assim, não se poderá interpretar extensivamente a regra do art. 2º da Lei 8.072/1990, que é de exceção e, como tal, tem que receber interpretação restritiva. Recurso conhecido, mas desprovido" (TJRJ, APL 00397134120048190000, Rio de Janeiro, Nova Iguaçu, 7ª Vara Criminal, Rel. Maurilio Passos da Silva Braga, j. 09.09.2004, Data de Publicação: 16.09.2004).

[10] Não tem direito à suspensão condicional da pena quem é condenado por crime de tráfico de drogas, positivado no art. 33, *caput*, da Lei 11.343/2006, por expressa vedação do art. 44, *caput*, dessa lei (STJ, REsp 1.614.991/MG 2016/0189958-1, Rel. Min. Ribeiro Dantas, *DJ* 02.09.2016).

na Constituição Federal. Tendo-se em vista o brocardo latino *ubi eadem ratio ibi eadem jus* (para a mesma razão, o mesmo direito), compreende-se que a tendência jurisprudencial será a de possibilitar o *sursis* também nos crimes de tráfico de drogas.

Sabendo-se que, concretamente, o *sursis* só é possível para o tráfico privilegiado, cabe destacar julgado do STJ que demonstra tendência jurisprudencial, no sentido de ampliar a possibilidade da suspensão condicional da pena, tanto para os crimes hediondos, quanto para os delitos de tráfico de drogas, em especial.[11]

3.2 Sursis e habeas corpus

O *habeas corpus* não é meio hábil para discutir temas relacionados à suspensão condicional da pena, haja vista não admitir dilação probatória.

Explica-se. Para que se reveja a adoção do *sursis* simples ou especial, ou até mesmo uma decisão revogatória, será necessário reanalisar e discutir sobre provas, o que não é cabível na via estreita do *habeas corpus*.

Apenas em casos extremos, em decisões teratológicas, admite-se a impetração de *habeas corpus*, sendo essa a posição de Cléber Masson.[12]

---

[11] "É desproporcional e carece de razoabilidade a negativa de concessão de *sursis* em sede de tráfico privilegiado se já resta superada a própria vedação legal à conversão da pena, mormente após o julgado do Pretório Excelso que decidiu não se harmonizar a norma do parágrafo 4º com a hediondez do delito definido no caput e parágrafo 1º do artigo 33 da Lei de Tóxicos. A obrigatoriedade do regime inicial fechado prevista na Lei de Crimes Hediondos foi superada pelos Tribunais Superiores de modo que a mera natureza do crime não configura fundamentação idônea a justificar a fixação do regime mais gravoso para os condenados haja vista que, para estabelecer o regime prisional, deve o Magistrado avaliar o caso concreto de acordo com os parâmetros estabelecidos pelo art. 33 e parágrafos do Código Penal" (REsp 1.626.436/MG, 6ª Turma, Rel. Min. Maria Thereza de Assis Moura, j. 08.11.2016, DJe 22.11.2016).

[12] "O *habeas corpus* não é adequado para se pleitear a concessão da suspensão condicional da pena, nem para discutir o cabimento das condições legais e judiciais impostas no caso concreto, pois em tais hipóteses seria necessária a análise dos requisitos subjetivos indicados pelo art. 77, I, e, principalmente, II, do Código Penal. E, como se sabe, não se admite dilação probatória na via estreita desse remédio constitucional. Excepcionam-se, todavia, situações teratológicas, como, exemplificativamente, no caso de um antigo Prefeito a quem é imposta a condição de varreras ruas do centro da cidade que governou" (MASSON, Cleber. *Direito penal esquematizado*. Parte geral. 10. ed. São Paulo: Método, 2016. vol. 1, p. 754).

Em que pese a logicidade desse posicionamento, os tribunais ponderam sobre o abuso do *habeas corpus* para tratar de *sursis*, mas, ao final, terminam por apreciar o caso.

3.3 *Sursis* para estrangeiros sem residência permanente

O anterior estatuto do estrangeiro, estatuído pela Lei 6.815/1980, em seus arts. 65 e 68, que tratavam da expulsão, era interpretado sistematicamente com o art. 1º do Decreto-Lei 4.865/1942, de modo a inviabilizar a suspensão condicional da pena para estrangeiros em caráter temporário no território nacional.

Referido decreto proibia, expressamente, o *sursis* para estrangeiros que se encontravam em caráter temporário no Brasil, ao passo que, o estatuto do estrangeiro, asseverava que tais pessoas deveriam ser expulsas, sendo a discussão acerca da suspensão condicional da pena, a qual deveria ser cumprida em território nacional, impertinente.

Já havia posição em contrário à essa interpretação, por violar o princípio constitucional da igualdade, vez que isso seria injustificável discriminação contra estrangeiros, mesmo aqueles em caráter temporário no país, conforme preleciona Pedro Lenza.[13]

Essa divergência parece ter chegado ao fim com a instituição de nova legislação atinente ao estrangeiro, o qual passa a receber a denominação de migrante, conforme a Lei 13.445/2017 (Lei da Migração). Vale colacionar o contido no art. 54, § 3º, da Lei de Migração, o qual proíbe qualquer discriminação, entre nacionais e estrangeiros, quanto à concessão de benefícios penais.[14]

3.4 *Sursis* e suspensão dos direitos políticos

O art. 15, III, da Constituição Federal aduz que haverá a suspensão dos direitos políticos em decorrência de condenação criminal transitada em julgado, enquanto durarem seus efeitos.

---

[13] LENZA, Pedro. *Direito constitucional esquematizado*. 10. ed. São Pauto: Método, 2006. p. 530.

[14] "Art. 54. A expulsão consiste em medida administrativa de retirada compulsória de migrante ou visitante do território nacional, conjugada com o impedimento de reingresso por prazo determinado. (...) § 3º O processamento da expulsão em caso de crime comum não prejudicará a progressão de regime, o cumprimento da pena, a suspensão condicional do processo, a comutação da pena ou a concessão de pena alternativa, de indulto coletivo ou individual, de anistia ou de quaisquer benefícios concedidos em igualdade de condições ao nacional brasileiro".

Como se sabe, a aplicação do *sursis* tem como pressuposto uma condenação criminal transitada em julgado, na qual, reconhece-se o direito a esse benefício, logo, durante todo a duração da suspensão condicional da pena, os direitos políticos ficarão suspensos.

Somente após o cumprimento do período de prova, com a declaração da extinção da sanção penal, haverá o retorno dos direitos políticos.

3.5 *Sursis* e indulto

As pessoas beneficiadas pela suspensão condicional da pena, podem ser também beneficiadas pelo indulto?

Essa dúvida reside na aparente incompatibilidade entre *sursis* e indulto, pois, conforme já visto, o período de prova do *sursis* não pode ser considerado como tempo de cumprimento de pena privativa de liberdade, porém, um dos requisitos para a concessão do indulto é justamente o cumprimento de parcela da pena privativa de liberdade.

Essa divergência foi esvaziada por meio de "canetadas", pois os últimos decretos concessores de indulto previram, expressamente, a possibilidade desse benefício no caso de *sursis*, cabendo concluir que o período de prova da suspensão condicional da pena não pode ser considerado como tempo de cumprimento de pena privativa de liberdade, exceto para a verificação de direito a indulto.

4. ASPECTOS IDEAIS DO *SURSIS*

Sob o ponto de vista ideal, o *sursis* deveria ser uma oferta atrativa ao condenado, haja vista ser uma alternativa ao cárcere, sendo que as condições decorrentes da proposta poderiam ter razoável potencial ressocializador ou de controle.

Nessa esteira, a mencionada audiência admonitória teria o condão de desenvolver no condenado um senso de responsabilidade social, mencionando a ele que se trata de uma oportunidade dada pela sociedade, desde que ele adote certos comportamentos, em liberdade. Isso seria melhor, sob o aspecto funcional, do que "apenas" lançá-lo em um cárcere ou "presenteá-lo" com um direito público e subjetivo.

Permitir que o réu opine seria um primeiro passo a evidenciar uma nova, mais moderna e eficaz modulação da suspensão condicional da pena. Melhor seria se o *sursis* funcionasse mais próximo de uma justiça restaurativa, o que seria viável com a participação da vítima nesse processo. Essa participação da vítima poderia ocorrer quanto à decisão sobre a reparação do dano, pois ninguém melhor do que ela para saber e até mesmo perdoar parcialmente quanto a isso.

Caso isso ocorresse, essa decisão sobre a reparação do dano seria um importante fator humanizador, tanto por parte do condenado, que poderia sentir com maior concretude quem padeceu por seu crime, quanto por parte da vítima, que enxergaria no réu uma pessoa merecedora de uma segunda chance. Frise-se que o art. 79 do Código Penal, permite que o Juiz estabeleça outras condições, pertinentes ao caso, sendo a acima mencionada, uma inovadora sugestão.

Com isso, é possível perceber que o instituto do *sursis* merece ser modulado conforme as novas legislações e princípios, algo trabalhoso, inovador e que iria suscitar críticas, porém, o que há de mais nítido é que o atual sistema penal não funciona e que algo novo precisa ser feito. E, se essa justiça restaurativa desse certo no *sursis*, porque não estender esse novo ideário às penas alternativas?

5. ASPECTOS REAIS E DE FUTURO DO *SURSIS*

Em que pese o potencial da suspensão condicional da pena, onde a proposta poderia ter um conteúdo exigente para fins de ressocialização, pois ou o condenado a aceita ou vai para o cárcere, não é isso o que ocorre.

O principal responsável pelo insucesso do *sursis* não é a legislação a ele afeta, mas sim a inefetividade do regime prisional aberto. A verdadeira opção dada ao condenado é a seguinte: ou ele aceita e cumpre as condições impostas pela proposta de suspensão condicional da pena ou ele irá cumprir uma pena privativa de liberdade em regime aberto.

A proposta, necessariamente, irá indicar a possibilidade do cumprimento de pena privativa de liberdade em regime, uma vez que só há possibilidade de *sursis* em casos de condenação a pena inferior a dois anos, no geral, ou, excepcionalmente a quatro anos, no etário ou humanitário. Diz-se assim, pois há de se considerar o contido no art. 33, § 2º, *c*, do Código Penal.[15]

---

[15] "Art. 33. A pena de reclusão deve ser cumprida em regime fechado, semiaberto ou aberto. A de detenção, em regime semiaberto, ou aberto, salvo necessidade de transferência a regime fechado. (...) § 2º As penas privativas de liberdade deverão ser executadas em forma progressiva, segundo o mérito do condenado, observados os seguintes critérios e ressalvadas as hipóteses de transferência a

Frise-se que a proposta deveria conter um fator de barganha com relação ao condenado, que seria a imposição de uma pena privativa de liberdade, caso ele não aceitasse as condições nela constantes. Ainda que sob um regime mais brando, o regime aberto deveria ter um conteúdo de restrição à liberdade, sendo essa a previsão do art. 36 do Código Penal.[16]

O regime aberto determina a restrição da liberdade do apenado no período noturno e nos dias de folga, com seu recolhimento na casa do albergado ou entidade similar, segundo os arts. 93 a 95 da Lei de Execução Penal. E aqui situa-se a falha fundamental que fulmina o *sursis*. Alguém conhece onde fica alguma casa do albergado? Não, pois elas não existem, sendo que, frente a esse descaso do sistema de execução penal, se consolidou no meio jurídico o cumprimento de pena em regime de prisão albergue domiciliar.

A prisão albergue domiciliar deveria ser uma exceção, conforme o art. 117 da Lei de Execução Penal,[17] pois abrangeria pessoas que: naturalmente já possuem alguma limitação à liberdade ambulatória; mães de filhos pequenos ou com deficiência; e gestantes. Perceba-se, são pessoas que oferecem, em tese, menor risco à sociedade. Essa prisão albergue domiciliar tem semelhança com a prisão domiciliar, de caráter cautelar, prevista nos arts. 317 e 318 do Código de Processo Penal.

De toda forma, a pena privativa de liberdade, a ser cumprida em regime aberto, não deveria consistir em uma "prisão domiciliar", sem nenhum caráter de restrição à liberdade. Daí porque um condenado pode recusar o *sursis* e optar por uma pena "privativa" de liberdade em regime aberto.

A suspensão da pena impõe condições e restrições ao condenado, ao passo que o regime aberto o manda para casa, com uma condição, em geral,

---

regime mais rigoroso: (...) c) o condenado não reincidente, cuja pena seja igual ou inferior a 4 (quatro) anos, poderá, desde o início, cumpri-la em regime aberto".

[16] "Regras do regime aberto
Art. 36. O regime aberto baseia-se na autodisciplina e senso de responsabilidade do condenado. § 1º O condenado deverá, fora do estabelecimento e sem vigilância, trabalhar, frequentar curso ou exercer outra atividade autorizada, permanecendo recolhido durante o período noturno e nos dias de folga. § 2º O condenado será transferido do regime aberto, se praticar fato definido como crime doloso, se frustrar os fins da execução ou se, podendo, não pagar a multa cumulativamente aplicada".

[17] "Art. 117. Somente se admitirá o recolhimento do beneficiário de regime aberto em residência particular quando se tratar de: I – condenado maior de 70 (setenta) anos; II – condenado acometido de doença grave; III – condenada com filho menor ou deficiente físico ou mental; IV – condenada gestante".

a de comparecer em juízo, periodicamente, para declarar (formalmente) se está trabalhando e adotando bom comportamento social. Quem, em sã consciência, iria optar pelo sistema mais severo?

Percebe-se, com isso, a perda de logicidade e de legitimidade do sistema de execução de penas. O regime aberto é tão brando, que é mais benéfico do que o *sursis*, que deveria funcionar como uma alternativa ao cumprimento de pena privativa de liberdade. É uma realidade perturbadora, que em nada auxilia na retribuição, na prevenção e na ressocialização, pelo contrário, envia uma mensagem errada a criminosos ainda inexperientes, de que seus crimes ficaram impunes. As perspectivas de futuro parecem seguir no mesmo caminho.

O Projeto de Lei 9.054/2017 prevê, dentre outros assuntos, uma minirreforma na Lei de Execução Penal, em quase nada altera os dispositivos referentes ao *sursis*, porém adota redação confusa e conflitante com relação à pena privativa de liberdade cumprida em regime aberto. Em que pese não ser esse o objeto do presente texto, cabe destacar alguns pontos de pretensa inovação da Lei de Execução Penal, quanto ao regime aberto.[18]

O regime aberto seria cumprido em recolhimento domiciliar (um reconhecimento legislativo da inépcia), penas alternativas ou monitoração eletrônica. Pergunta-se. Seria isso um regime de cumprimento de pena privativa de liberdade? Onde está a restrição à liberdade de locomoção?

Seria um alento a previsão de um programa e de condições legais às quais o condenado terá que aceitar, porém, o projeto de lei prevê apenas a necessidade de trabalhar ou justificar a impossibilidade de fazê-lo, em até 90 dias. Sabendo-se da condição crônica de desemprego do país, trata-se de letra morta. Em suma, o *sursis*, uma alternativa à pena privativa de liberdade, continuará mais severo do que a própria pena cumprida em regime aberto.

6. CONSIDERAÇÕES FINAIS

Sob a ótica da humanização das penas, em especial, quanto à sua individualização e incremento das possibilidades e oportunidades de ressocialização dos condenados, o *sursis* mereceria ser considerado.

Essa consideração deve passaria pela readequação do *sursis* às novas exigências sociais de justiça funcional, onde uma nova ordem principiológica, nacional e internacional, deve ser considerada.

---

[18] "Art. 113. O ingresso do condenado em regime aberto supõe a aceitação de seu programa e das condições legais. Parágrafo único. O regime aberto será cumprido mediante recolhimento domiciliar, penas alternativas ou monitoração eletrônica".

As regras de Tóquio devem ser mais bem esmiuçadas, de modo a incitar novas abordagens em temas que envolvem a aplicação de penas e de medidas alternativas à prisão. Tais alternativas não deveriam funcionar como fomento à impunidade e ao descrédito das instituições e da justiça criminal como um todo.

Novas alternativas devem ser pensadas, gestadas e instituídas, com vistas a democratizar e a melhor legitimar decisões judiciais, além do que, propiciar a chamada dos brasileiros, criminosos e vítimas, à responsabilidade para a construção de um desejado novo patamar de justiça e de segurança pública.

De toda forma, não é isso o que acontece e os novos horizontes legislativos não indicam melhora, pior, chegam a reconhecer a inépcia do regime aberto de cumprimento de pena privativa à liberdade. Sem um regime aberto que possua alguma severidade, o *sursis* será ineficaz.

Ao final, cabe ponderar que, um grande país, tanto em população, quanto em extensão territorial, o qual conta com uma dura herança colonial escravocrata, que redundou em diferenças acentuadas de renda, conseguiu resolver seus graves problemas de violência dando maior rigidez às respostas estatais a pequenos delitos.

O Brasil, apesar de ser parecido com os Estados Unidos em questões como vastidão territorial e população, bem como em histórico escravocrata e colonial, aposta em soluções opostas, cada vez mais brandas, as quais não trazem resultados positivos, ao contrário, deterioram o tecido social, a economia e as esperanças de um futuro e de uma nação melhor.

REFERÊNCIAS

APARICIO, Julio Henrique. *La probación*. Sistema Argentino de Información Juridica. Disponível em: <http://www.saij.gob.ar/doctrina/daca050036-aparicio-probacion.htm>. Acesso em: 31 maio 2018.

BUSATO, Paulo César. *Direito penal*: parte geral. 2. ed. São Paulo: Atlas, 2015.

CNJ. Regras de Tóquio. Disponível em: <https://www.tjsc.jus.br/documents/10181/369487/Regras+de+T%C3%B3quio/0d5a2d2c-0ee9-4a21-ba11-5503a0fd6596>. Acesso em: 31 maio 2018.

DOTTI, René Ariel. *Curso de direito penal*. Parte geral. 2. ed. Rio de Janeiro: Forense, 2004.

GRECO, Rogério. *Curso de direito penal*: parte geral. 20. ed. Niterói: Impetus, 2018. v. 1.

LENZA, Pedro. *Direito constitucional esquematizado*. 10. ed. São Pauto: Método, 2006.

MASSON, Cleber. *Direito penal esquematizado*. Parte geral. 10. ed. São Paulo. Método, 2016. v. 1.

NUCCI, Guilherme de Souza. *Código Penal comentado*. 18. ed. Rio de Janeiro: Forense, 2018.

PRADO, Luiz Regis. *Curso de direito penal brasileiro*. Parte geral. 2. ed. São Paulo: RT, 2000.

12

CONSIDERAÇÕES SOBRE A EXECUÇÃO DA PENA DE MULTA

GUSTAVO GONÇALVES CATHARINO
Mestre em Direito Penal pela Universidade de São Paulo.
Assistente Jurídico do Tribunal de Justiça do Estado de São Paulo.

Resumo: O presente estudo tem por objetivo analisar o atual panorama da execução da pena de multa, especialmente após o advento da Lei 9.268/1996, que, ao alterar a redação do art. 51 do Código Penal, causou celeuma na doutrina e na jurisprudência nacionais. Para tanto, propôs-se o exame inicial das origens históricas da multa penal, a fim de possibilitar e fundamentar a investigação da natureza jurídica do aludido instituto. Estabelecidas tais premissas dogmáticas, passou-se ao enfrentamento das questões relativas à competência judicial para o processo de execução e à legitimidade ativa para a cobrança da pena de multa, com as nossas respectivas conclusões sobre o tema.

Palavras-chave: Execução penal. Pena de multa. Dívida de valor. Legitimidade. Competência.

Abstract: The subject of the present study is the current legal scenario of the punitive fine execution, especially after the advent of Act 9.268/96, which altered some rules of the Penal Code and caused a dispute in national doctrine and jurisprudence. For this purpose, initially, it was examined the historic origins of the punitive fine, with the subsequent investigation of its legal nature. Once established these dogmatic premises, the study examined the judicial competence and procedural legitimacy for the forced execution of the punitive fine, allowing, in the end, our conclusions on the subject.

Keywords: Criminal execution. Punitive fine. Procedural legitimacy. Competence.

Sumário: 1. Introdução – 2. Origem histórica da pena de multa: notas gerais – 3. A natureza jurídica da pena de multa – 4. O art. 51 do Código Penal e a "dívida de valor" – 5. A execução da pena de multa: competência e legitimidade – 6. Conclusão – Referências.

1. INTRODUÇÃO

Desde a sua redescoberta pelas modernas legislações penais ao redor do mundo, a pena de multa constitui uma importante ferramenta de punição alternativa, especialmente no âmbito das penas de curta duração, evitando-se, nesse caso, os efeitos deletérios da pena privativa de liberdade.

Ao lado deste objetivo de mitigação do cárcere, a pena de multa ainda consubstancia uma punição conveniente e proporcional para os casos de delinquência econômica e financeira, bem assim nas hipóteses relacionadas a organizações e grupos criminosos em geral, envolvendo o patrimônio do condenado para a punição pela prática do delito.

Por se tratar de uma reprimenda pecuniária, o seu cumprimento pelo sentenciado difere-se do concernente à pena corporal, de modo a denotar um procedimento próprio e específico de execução coercitiva, com prazos de pagamento, previsão de parcelamento e possibilidade de desconto em folha salarial, dentre outras peculiaridades dessa espécie de sanção penal.

Nessa seara específica, muito se discute acerca da execução da pena de multa, sobretudo após a vigência da Lei 9.268/1996, que alterou a redação do art. 51 do Código Penal, criando a malfadada expressão "dívida de valor" e estabelecendo, como procedimento de cobrança, a incidência das normas da legislação relativa à dívida ativa da Fazenda Pública.

A referida alteração legislação, como era de se imaginar, motivou ampla discussão doutrinária e jurisprudencial pendente até os dias de hoje, a qual pode ser sintetizada em três tópicos distintos: (i) a atual natureza jurídica da pena multa, isto é, se penal ou civil; (ii) a competência do juízo para a execução da pena de multa; e (iii) a legitimidade ativa para a cobrança da aludida reprimenda.

Nessa linha, o presente estudo abordará, de início, a origem histórica da pena de multa, tema essencial para o consequente exame de sua natureza jurídica. Estabelecidas tais bases teóricas do trabalho, serão objeto de investigação, ato seguinte, os três tópicos de discussão supracitados, de modo a possibilitar, ao final, a exposição de nossas conclusões sobre o assunto.

2. ORIGEM HISTÓRICA DA PENA DE MULTA: NOTAS GERAIS

A origem da pena de multa confunde-se com a própria história do Direito Penal, de modo a encontrar lastro nos mais diversos sistemas jurídicos primitivos, ainda que de forma rudimentar, possuindo caráter indenizatório e, muitas vezes, confundindo-se com mecanismos de reparação civil, muito embora decorrente da prática de um crime.[1]

Durante as civilizações primitivas, no período da vingança privada, um grande progresso foi observado com a criação do sistema de composição (*compositio*),[2] envolvendo multas, dotes à ofendida nos crimes sexuais e reparação do dano em geral, por meio do qual o ofensor comprava a sua liberdade perante o ofendido, com a entrega de dinheiro, gado, armas ou utensílios em geral.[3] Talvez esta seja a primeira previsão da pena de multa, ainda que em uma versão arcaica de "satisfação privada",[4] entendida, aqui, como o pagamento de algo (dinheiro ou objeto) em razão da prática de um delito.

Cezar Roberto Bitencourt chega a vislumbrar a pena pecuniária em passagens da Bíblia, mais precisamente na Lei de Moisés, na qual, no trecho conhecido como "Leis Judiciais", se depreende uma espécie de sanção patrimonial, de caráter indenizatório, malgrado possuísse o caráter de punição divina pela prática de um ilícito.[5]

Na Idade Antiga, na República Romana, a pena de multa apareceu na Lei das Doze Tábuas. Inicialmente, contudo, era aplicada tão somente no âmbito

---

[1] "As penas pecuniárias constituíram a base da penalidade do direito primitivo e tinham por objetivo a reparação do dano causado pelo delito" (SIQUEIRA, Galdino. *Tratado de direito penal*. 2. ed. Rio de Janeiro: José Konfino, 1950. v. 1, t. II, p. 728).

[2] "Surge então a ideia de indenizar-se o mal por meio de uma transação pecuniária, a *compositio* (...). Ao invés do castigo *idêntico* impunha-se um castigo *equivalente*, que não importava mais na reprodução do mal que se queria evitar e punir, não só em benefício dos indivíduos, como da própria coletividade. Mas este sistema tinha de modificar-se com o correr dos tempos, porque a ideia da reparação pecuniária, absorvendo em si a ideia da pena, só é realizável nas épocas primitivas de igualdade econômica. (...) Por isso aparece então a pena corporal, e, conforme pondera PRINS, 'o Poder Público aproveita-se em toda parte desta situação para transformar o direito penal, eliminar do sistema repressivo a antiga noção da reparação e da multa, e fazer triunfar a noção da pena pública e corporal e o princípio da intimidação'" (ARAGÃO, Antonio Moniz Sodré de. *As três escolas penais: clássica, antropológica e crítica (estudo comparativo)*. 8. ed. Rio de Janeiro: Freitas Bastos, 1977. p. 27).

[3] LYRA, Roberto. *Comentários ao Código Penal*. 2. ed. Rio de Janeiro: Forense, 1955. v. 2, p. 13.

[4] MAGGIORE, Giuseppe. *Derecho penal*. Trad. José Ortega Torres. Bogotá: Temis, 1954. v. 2, p. 298.

[5] BITENCOURT, Cezar Roberto. *Tratado de direito penal*. 13. ed. São Paulo: Saraiva, 2008. v. 1, p. 569.

civil, como substituição da vingança privada (*vindita*). Somente mais tarde a multa seria dotada de função de pena pública, de cunho patrimonial, com destinação ao erário, constituindo uma espécie de reprimenda acessória das penas mais graves.[6]

No direito germânico, ainda na Antiguidade, a pena de multa era usualmente aplicada não só para os crimes privados, mas também para os crimes públicos. Em crimes privados, como o homicídio, servia como uma indenização a ser paga à família da vítima,[7] muitas vezes em certa quantidade de gado, bem precioso e de extrema utilidade à época.[8] Já nos crimes públicos, a pena de multa era utilizada como uma parcela de pagamento com que o réu resgatava o seu crime.[9]

Nesse período histórico específico, já é possível notar a estipulação de critérios subjetivos para a aferição da rudimentar pena de multa, considerando-se as condições econômicas do ofensor e a condição social da vítima.[10]

Já na compilação de leis do Reino Visigótico, existente entre os séculos V e VIII, na transição entre a Antiguidade tardia e a Alta Idade Média, um peculiar sistema de cálculo de pena de multa foi estabelecido para os crimes de lesão corporal não premeditada, a depender do local e do grau das lesões sofridas pela vítima, mediante uma técnica jurídica de tarifação: por exemplo, cada dente quebrado equivalia a doze soldos; mão cortada, resultante em incapacidade laborativa, cem soldos; perda do polegar, cinquenta soldos – e dez soldos para cada um dos demais dedos; e perda de um olho, cem soldos.[11]

Na Alta Idade Média, como observam Georg Rusche e Otto Kirchheimer, não havia muito espaço para um sistema de punição estatal, vigorando,

---

[6] FRAGOSO, Heleno Cláudio. *Lições de direito penal*: parte geral. 16. ed. Rio de Janeiro: Forense, 2004. p. 395.
[7] Idem, ibidem, p. 395-396.
[8] BATISTA, Nilo. *Matrizes ibéricas do sistema penal brasileiro*. 2. ed. Rio de Janeiro: Revan, 2002. v. 1, p. 53.
[9] BRUNO, Aníbal. *Direito penal*. Rio de Janeiro: Forense, 1962. v. 1, t. III, p. 74.
[10] "O valor da multa era sempre diferenciado, segundo fosse o ofendido homem livre ou escravo, mas os germanos ocidentais, antes que os orientais e os nórdicos, fizeram-no variar também em função da condição social da vítima" (BATISTA, Nilo. *Matrizes ibéricas do sistema penal brasileiro*. 2. ed. Rio de Janeiro: Revan, 2002. v. 1, p. 53 e 54).
[11] Idem, ibidem, p. 118-119.

à época, um procedimento de punição feudal baseado em penas pecuniárias e fianças, cuidadosamente graduadas segundo o nível social do malfeitor e da parte ofendida, de modo a regular "as relações entre os iguais em *status* e em bens".[12]

Todavia, no decorrer do tempo, a pena de multa foi relegada ao esquecimento, sendo substituída gradualmente por penas corporais infamantes e capitais, como as *ordálias* ou os *juízos de Deus*, ilustrados pelas provas de fogo e água fervente, e o *duelo judiciário*,[13] havendo, a partir da Baixa Idade Média, ampla expansão da pena privativa de liberdade, a qual restou estabelecida e adotada por variadas legislações no século XVII.[14]

A partir desse momento histórico, a pena privativa de liberdade consolidou-se como a principal, senão a única, sanção penal adotada pelos sistemas jurídicos então vigentes, servindo também, indiretamente, como uma espécie de reforço à escassez de mão de obra, já que o crescimento demográfico na Europa não acompanhava a crescente demanda por bens de consumo e a ampla oferta de vagas de emprego.[15] Adotam-se, nessa esteira, mecanismos específicos de pena corporal, como escravidão em galés e trabalhos forçados em geral, auxiliando, com isso, o progresso econômico.[16]

No final do século XIX, a pena de multa ressurgiu como uma alternativa à pena privativa de liberdade de curta duração, com o afastamento, sempre que possível, do criminoso da prisão, em vista da reduzida eficácia do caráter regenerador da pena corporal nesses casos, denotando, ao revés, efeitos nefastos ao condenado, como a perda do emprego e a desmoralização e a degradação perante a sociedade.

A desproporcionalidade da pena privativa de liberdade na hipótese de crimes leves, portanto, é cristalina, abrindo espaço para a aplicação da pena

---

[12] RUSCHE, Georg; KIRCHHEIMER, Otto. *Punição e estrutura social*. Trad. Gizlene Neder. 2. ed. Rio de Janeiro: Revan, 2004. p. 23.
[13] LYRA, Roberto. *Comentários ao Código Penal*. 2. ed. Rio de Janeiro: Forense, 1955. v. 2, p. 18.
[14] RUSCHE, Georg; KIRCHHEIMER, Otto. *Punição e estrutura social*. Trad. Gizlene Neder. 2. ed. Rio de Janeiro: Revan, 2004. p. 23; BITENCOURT, Cezar Roberto. *Tratado de direito penal*. 13. ed. São Paulo: Saraiva, 2008. v. 1, p. 570.
[15] RUSCHE, Georg; KIRCHHEIMER, Otto. *Punição e estrutura social*. Trad. Gizlene Neder. 2. ed. Rio de Janeiro: Revan, 2004. p. 43-44.
[16] BITENCOURT, Cezar Roberto. *Tratado de direito penal*. 13. ed. São Paulo: Saraiva, 2008. v. 1, p. 570.

de multa e de outras modalidades de pena alternativa, as quais foram, pouco a pouco, adotadas pelas legislações modernas.

No Brasil, importante notar que a multa penal já era prevista como pena principal e acessória no Livro V das Ordenações Filipinas,[17] vigente até o advento do Código Criminal de 1830, o qual, por seu turno, também a previu em seu art. 55, estabelecendo um modelo rudimentar de dia-multa, sempre em atenção às condições econômicas do condenado,[18] de maneira a facilitar a individualização da pena. Tal modelo, por sua vez, foi aprimorado e reinventado por juristas escandinavos, sobretudo no projeto sueco de 1916, e acabou por ser conhecido como "sistema nórdico", muito embora, frise-se, tenha sido uma invenção brasileira.[19]

O sistema de dia-multa foi mantido pelo Código Penal de 1890,[20] ao passo que o Código Penal de 1940 enveredou-se por outro caminho dogmático e abandonou o referido sistema, estipulando a pena de multa em valores fixos.[21]

Contudo, o dia-multa foi novamente adotado pelo Código Penal de 1969,[22] jamais entrando em vigor após sucessivas postergações legislativas de sua *vacatio legis*, e, posteriormente, pela Reforma Penal de 1984, que estabeleceu na atual Parte Geral do Código Penal um interessante e flexível sistema de dia-multa com espeque na gravidade do delito e na situação econômica do criminoso, aduzindo inovadores parâmetros para o seu cálculo no caso concreto.

---

[17] LYRA, Roberto. *Comentários ao Código Penal*. 2. ed. Rio de Janeiro: Forense, 1955. v. 2, p. 155.

[18] SIQUEIRA, Galdino. *Tratado de direito penal*. 2. ed. Rio de Janeiro: José Konfino, 1950. v. 1, t. II, p. 730.

[19] ZAFFARONI, Eugenio Raúl; PIERANGELI, José Henrique. *Manual de direito penal brasileiro:* parte geral. 10. ed. São Paulo: Revista dos Tribunais, 2013. p. 726; FRAGOSO, Heleno Cláudio. *Lições de direito penal:* parte geral. 16. ed. Rio de Janeiro: Forense, 2004. p. 398-399.

[20] "Art. 58. A pena de multa consiste no pagamento ao Thesouro Publico Federal ou dos Estados, segundo a competencia respectiva, de uma somma pecuniaria, que será regulada pelo que o condemnado puder ganhar em cada dia por seus bens, emprego, indústria ou trabalho".

[21] FRAGOSO, Heleno Cláudio. *Lições de direito penal:* parte geral. 16. ed. Rio de Janeiro: Forense, 2004. p. 396.

[22] "Art. 44. A pena de multa consiste no pagamento, ao Tesouro Nacional, de uma soma em dinheiro, que é fixada em dias-multa. Seu montante é, no mínimo, um dia-multa e, no máximo, trezentos dias-multa".

3. A NATUREZA JURÍDICA DA PENA DE MULTA

O itinerário histórico examinado no item anterior permite e facilita a análise da natureza jurídica da pena de multa. Afinal, como visto, no Direito Penal moderno, a multa consubstancia uma *alternativa* à pena privativa de liberdade, podendo ser, ainda, cominada de maneira cumulativa. Em ambos os casos, a pena pecuniária é examinada de modo *autônomo*, como, por exemplo, no momento de sua fixação em sentença, no procedimento de execução e na aferição do prazo prescricional correspondente.

Nessa linha de raciocínio, forçoso reconhecer a sua natureza de *sanção penal autônoma*, conclusão reforçada pela atual redação do art. 32 do Código Penal, responsável por estipular as três espécies de pena distintas: penas privativas de liberdade, penas restritivas de direitos e pena de multa. É, nas palavras de Giuseppe Bettiol, "uma verdadeira pena, dado que tem caráter estritamente pessoal e aflitivo".[23]

Portanto, o mero fato de ter por objeto um valor monetário e de ser paga em dinheiro pelo condenado não retira a sua natureza jurídica de pena autônoma, haja vista ser diretamente decorrente de uma condenação penal, com todos os seus efeitos correspondentes.

Vincenzo Manzini já dizia que a multa tem caráter de verdadeira e própria "pena", mesmo que determine um crédito pecuniário do Estado em detrimento do condenado, de modo a sujeitar-se a todos os critérios inerentes às penas, como o princípio da estrita personalidade, e não àqueles relativos aos créditos meramente financeiros.[24]

Em linha semelhante, Giuseppe Maggiore salienta que o caráter distintivo entre a pena de multa e as demais obrigações de pagar quantia ao Estado não se situa na possibilidade, ou não, de sua conversão em pena corporal no caso de descumprimento pelo condenado. Ao revés, a diferença reside no fato de a pena de multa ser *aflitiva*, enquanto as outras medidas têm caráter de compensação ou de contraprestação.[25] A natureza jurídica da multa como pena autônoma é facilmente extraída de tal afirmação.

---

[23] BETTIOL, Giuseppe. *Direito penal*. Trad. Paulo José da Costa Júnior e Alberto Silva Franco. São Paulo: Revista dos Tribunais, 1976. v. 3, p. 139.

[24] MANZINI, Vincenzo. *Tratado de Derecho Penal*. Trad. Santiago Sentís Melendo. Buenos Aires: Ediar, 1948. v. 1, p. 160-161 e 177.

[25] MAGGIORE, Giuseppe. *Derecho Penal*. Trad. José Ortega Torres. Bogotá: Temis, 1954. v. 2, p. 299.

Na doutrina nacional, encontramos apoio nas lições de Guilherme de Souza Nucci, para quem a pena de multa possui natureza jurídica de "sanção penal", consistente, *in casu*, no pagamento de uma determinada quantia em pecúnia, previamente fixada em lei.[26]

Em igual sentido, Aníbal Bruno sustenta ser a multa "pena criminal", porquanto "os seus efeitos são estritamente pessoais", salientando a impossibilidade de transmissão aos herdeiros e sucessores, com a consequente extinção no caso de morte do condenado.[27]

Já Cezar Roberto Bitencourt salienta o caráter personalíssimo da pena de multa, impossível de ser transferida aos herdeiros ou sucessores do condenado, como elemento de distinção em relação às demais sanções pecuniárias civis e administrativas, malgrado o afastamento de sua outra característica essencial após o advento da Lei 9.268/1996, que vedou a sua conversão em pena de prisão por falta de pagamento.[28]

Contudo, a alteração legislativa procedida com a entrada em vigor da Lei 9.268/1996, com a vedação da aludida conversão e a menção à expressão "dívida de valor", não altera a natureza jurídica da pena de multa, permanecendo hígidas as nossas considerações sobre o assunto, como veremos a seguir.

4. O ART. 51 DO CÓDIGO PENAL E A "DÍVIDA DE VALOR"

Conforme dantes mencionado, a Lei 9.268/1996 houve por bem alterar a redação do art. 51 do Código Penal. Se, antes, o referido dispositivo legal ocupava-se de regulamentar a conversão da pena de multa em pena de detenção no caso de não pagamento por condenado solvente, atualmente, há a previsão de que "a multa será considerada dívida de valor, aplicando-se-lhes as normas da legislação relativa à dívida ativa da Fazenda Pública, inclusive no que concerne às causas interruptivas e suspensivas da prescrição".

Interessante notar, já de início, que a aludida alteração legislativa estipulou a aplicação das normas processuais previstas na Lei 6.830/1980 sem, contudo, modificar o rito de execução da pena de multa previsto nos arts. 164 a 170 da Lei de Execução Penal (Lei 7.210/1984), denotando-se clara

---

[26] NUCCI, Guilherme de Souza. *Código Penal comentado*. 16. ed. Rio de Janeiro: Forense, 2016. p. 428.
[27] BRUNO, Aníbal. *Direito penal*. Rio de Janeiro: Forense, 1962. v. 1, t. III, p. 86.
[28] BITENCOURT, Cezar Roberto. *Tratado de direito penal*. 13. ed. São Paulo: Saraiva, 2008. v. 1, p. 571.

contradição entre os procedimentos constantes nos diplomas legais em referência.[29]

Ainda que tal conflito aparente de normas possa ser solucionado pelo critério da sucessividade, com a aplicação da lei posterior (*lex posterior derogat priori*) e a consequente incidência da Lei 6.830/1980, naquilo que for aplicável, por expressa disposição legal, parece-nos clara a atuação açodada e incoerente do legislador nessa seara específica.[30]

A Lei 9.268/1996 ainda criou outra confusão ao prever que o lapso prescricional para a pretensão executória estatal quanto à pena de multa continua sendo regulado pelo Código Penal, enquanto as causas interruptivas e suspensivas da prescrição são agora previstas pela Lei 6.830/1980, com exceção da hipótese de morte do agente, por decorrência natural do caráter personalíssimo da multa penal. Prazo prescricional de um diploma legal, causas de interrupção e suspensão de outro: um desnecessário e irresponsável embaraço de normas legais.

De qualquer modo, retornando ao tema central do estudo, a modificação da redação do art. 51 do Código Penal criou uma verdadeira celeuma na doutrina e na jurisprudência pátrias, observada até os dias de hoje, no tocante à identificação da competência do juízo e da legitimidade ativa no âmbito da execução da pena de multa. Tais entendimentos diametralmente opostos serão examinados no item a seguir.

Entendemos, contudo, que a real intenção do legislador ao proceder à referida alteração legislativa nada tem que ver com a alteração da competência ou da legitimidade ativa para a execução da multa penal. Buscou o legislador, em verdade, extirpar do sistema jurídico-penal a conversão da pena de multa em pena privativa de liberdade.

Embora a conversão da multa penal em pena corporal fosse uma das características fundamentais dessa espécie de reprimenda, tal medida já era de há muito criticada pela doutrina nacional por supostamente institucionalizar uma "punição pela pobreza".

---

[29] A contradição também foi notada por Eugenio Raúl Zaffaroni e José Henrique Pierangeli (*Manual de direito penal brasileiro:* parte geral. 10. ed. São Paulo: Revista dos Tribunais, 2013. p. 728).

[30] Importante ressaltar que o art. 8º, II, do Projeto de Lei 9.054/2017 prevê a revogação dos arts. 165, 166, 167, 169 e 170 da Lei de Execução Penal, talvez com o fito de harmonizar e unificar o procedimento de execução da pena de multa, nos moldes previstos no art. 51 do Código Penal.

Nessa esteira, ao analisar as disposições do Código Penal de 1890 e, posteriormente, da antiga Parte Geral do Código Penal de 1940, Galdino Siqueira já salientava que a conversão da pena de multa consistia, sob a aparência da igualdade, na mais flagrante desigualdade na distribuição do castigo, "tornando-se uma diversão para o rico e a ruína para o pobre, para um a impunidade, para outro uma irrisão".[31]

De igual maneira, Aníbal Bruno dizia que o remédio encontrado pelas legislações para o caso de inadimplemento da multa era a sua conversão em pena corporal, "apesar da profunda desigualdade que acarreta, na aplicação da justiça, entre ricos e pobres".[32]

Mais recentemente, tal crítica também foi aduzida por Eugenio Raúl Zaffaroni e José Henrique Pierangeli, segundo os quais a conversão em referência constitui hipótese de "prisão por pobreza", pois o valor da pena de multa pode ser irrisório para um condenado abastado e gravoso ou confiscatório para um condenado pobre, ainda que o sistema de dia-multa busque reduzir tal distorção.[33] Essa opinião também foi compartilhada por Heleno Cláudio Fragoso[34] e Celso Delmanto.[35]

A fim de evitar tal injustiça, filiamo-nos, portanto, à posição de Guilherme de Souza Nucci ao salientar que a meta pretendida pelo legislador era evitar a conversão da multa em prisão, não se devendo imaginar, com isso, "que a pena de multa transfigurou-se a ponto de perder a sua identidade, ou seja, passaria a constituir, na essência, uma sanção civil".[36]

Fora isso, buscou igualmente o legislador extirpar qualquer dúvida sobre a possibilidade de correção monetária do valor da pena de multa, a fim de

---

[31] SIQUEIRA, Galdino. *Direito penal brasileiro:* parte geral. Rio de Janeiro: Jacintho Ribeiro dos Santos, 1921. p. 606; SIQUEIRA, Galdino. *Tratado de direito penal.* 2. ed. Rio de Janeiro: José Konfino, 1950. v. 1, t. II, p. 729.

[32] BRUNO, Aníbal. *Direito penal.* Rio de Janeiro: Forense, 1962. v. 1, t. III, p. 87.

[33] ZAFFARONI, Eugenio Raúl; PIERANGELI, José Henrique. *Manual de direito penal brasileiro:* parte geral. 10. ed. São Paulo: Revista dos Tribunais, 2013. p. 725-726.

[34] FRAGOSO, Heleno Cláudio. *Lições de direito penal:* parte geral. 16. ed. Rio de Janeiro: Forense, 2004. p. 397.

[35] DELMANTO, Celso; DELMANTO, Roberto; DELMANTO JUNIOR, Roberto; DELMANTO, Fabio Machado de Almeida. *Código Penal comentado.* 8. ed. São Paulo: Saraiva, 2010. p. 265.

[36] NUCCI, Guilherme de Souza. *Curso de execução penal.* Rio de Janeiro: Forense, 2018. p. 217.

aplacar o capricho de alguns civilistas, porquanto "dívida de valor" pode ser atualizada monetariamente.[37]

De mais a mais, não se deve confundir a natureza jurídica da pena de multa com a natureza jurídica do *cumprimento* da pena de multa,[38] que denota caráter dúplice: penal, porque consiste no cumprimento da pena, com a consequente extinção da punibilidade do agente; e civil, porquanto também consubstancia, sob outro prisma, o adimplemento da obrigação de pagar quantia certa (dívida de valor) em favor do Estado decorrente da imposição de pena de multa em uma sentença penal condenatória. O *objeto* do pagamento, contudo, embora aferido monetariamente, constitui uma modalidade de sanção penal.

Em síntese, ao contrário do que se poderia imaginar, a precitada alteração legislativa não alterou a natureza jurídica da pena de multa,[39] até mesmo por se manter no rol taxativo legal das espécies de pena, tal como previsto no art. 32 do Código Penal.

O referido argumento ainda é corroborado pelo próprio desenho normativo do instituto, verdadeira *consequência jurídica do delito*, com suas características próprias, sendo regido pelo arcabouço normativo constitucional e legal incidente na seara penal, podendo-se destacar, nesse prisma, os princípios da legalidade estrita e da personalidade da pena.

Afinal, embora consista em "dívida de valor", a multa penal possui caráter retributivo, *aflitivo*, e é personalíssima, extinguindo-se com a morte do agente, conforme aduz o art. 5º, XLV, da Constituição Federal[40] e o art. 107, I, do Código Penal,[41] de modo a diferenciá-la das demais sanções pecuniárias de ordem civil e administrativa.[42]

---

[37] BITENCOURT, Cezar Roberto. *Tratado de direito penal.* 13. ed. São Paulo: Saraiva, 2008. v. 1, p. 583.

[38] "A multa não consiste no pagamento; este é a sua *execução*" (FRAGOSO, Heleno Cláudio. *Lições de direito penal:* parte geral. 16. ed. Rio de Janeiro: Forense, 2004. p. 398).

[39] É a posição defendida por Celso Delmanto: "*a pena de multa não perdeu seu caráter penal*, mantendo-se íntegros todos os efeitos decorrentes da condenação, com o que concordamos" (*Código Penal comentado.* 8. ed. São Paulo: Saraiva, 2010. p. 265 – ênfase no original).

[40] "Art. 5º (...) XLV – nenhuma pena passará da pessoa do condenado, podendo a obrigação de reparar o dano e a decretação do perdimento de bens ser, nos termos da lei, estendidas aos sucessores e contra eles executadas, até o limite do valor do patrimônio transferido".

[41] "Art. 107. Extingue-se a punibilidade: I – pela morte do agente".

[42] NUCCI, Guilherme de Souza. *Curso de execução penal.* Rio de Janeiro: Forense, 2018. p. 217.

Tem-se, portanto, que a redação do art. 51 do Código Penal foi modificada pelo legislador pátrio por razões de política criminal, com o intento de extinguir a medida de conversão da multa penal em pena corporal, por questões de equidade e justiça social, e esclarecer a dúvida então existente quanto à incidência das regras de atualização monetária sobre o valor da pena de multa. Nada mais que isso, frise-se. A natureza jurídica do instituto ora estudado não foi objeto de alteração pelo legislador.

5. A EXECUÇÃO DA PENA DE MULTA: COMPETÊNCIA E LEGITIMIDADE

A Lei 9.268/1996, ao modificar a redação do art. 51 do Código Penal, denominou a pena de multa como "dívida de valor" e estabeleceu a aplicação do rito processual inerente às execuções fiscais, previsto na Lei 6.830/1980. Essa modificação legislativa causou uma cisão de entendimentos na doutrina e na jurisprudência, como já tivemos a oportunidade de pontuar.

O problema iniciou-se com a falta de indicação expressa de quem teria a legitimidade ativa para promover a execução da multa penal, já que, no âmbito das execuções de dívida ativa da União, a legitimidade ativa *ad causam* é da Procuradoria da Fazenda Nacional.

Deveria, já agora, a Procuradoria da Fazenda Nacional executar as penas de multa em face dos condenados devedores? Teríamos, nesse caso, uma verdadeira *aberração* processual, na medida em que haveria uma *ação penal* para a apuração do delito e a consequente condenação penal, com a presença do Ministério Público ou de particulares no polo ativo do processo, e, após o trânsito em julgado, o início de uma *execução fiscal* promovida por órgão estatal estranho à atividade de persecução penal, acostumado com a cobrança de tributos em geral.

Além disso, a redação dúbia atribuída ao art. 51 do Código Penal também causou confusão entre os intérpretes da norma no tocante à definição da competência judicial para o procedimento de execução da pena de multa, já que a execução fiscal é de competência das varas da Fazenda Pública. Seguindo tal premissa, a ação penal seria julgada pelo juízo de uma vara criminal e a execução das penas privativas de liberdade e restritivas de direitos seriam de competência da vara das execuções criminais, ao passo que somente a execução da pena de multa seria remetida para julgamento pela vara da Fazenda Pública, após inscrição do valor devido na dívida ativa. Uma verdadeira miscelânea de competências judiciais, algo, a nosso sentir, sequer vislumbrado pelo legislador no momento da modificação do texto de lei.

Quanto à nova redação do art. 51 do Código Penal, a primeira posição que surgiu foi no sentido de atribuir consequências estritamente civis à expressão "dívida de valor", com o reconhecimento da competência do juízo cível e a legitimidade ativa apenas da Fazenda Pública para a execução da multa penal.

Nesse sentido, Vera Regina de Almeida Braga entende que a cobrança da pena de multa deve ser feita no juízo da Fazenda Pública, de modo que "a vara de execuções criminais é incompetente para conhecer e julgar dos executivos fiscais movidos pela Procuradoria-Geral do Estado com a finalidade de cobrar Dívida Ativa oriunda de condenações proferidas pelos juízos criminais".[43]

No ano de 2000, como bem observa Mauricio Schaun Jalil,[44] a Advocacia-Geral da União emitiu parecer, devidamente aprovado pela Presidência da República, no seguinte sentido: "Compete à Procuradoria-Geral da Fazenda Nacional executar a multa criminal, quando o Órgão prolator da sentença penal condenatória transitada em julgado for Federal. Em se tratando de condenação de Justiça Estadual, a competência para cobrar a multa é da Procuradoria-Geral da Fazenda do Estado, em todos os casos pela via da Lei nº 6.830/80 (LEF)" (Parecer GM 9/2000/AGU).

É também a posição atualmente sedimentada pelo Superior Tribunal de Justiça por meio da edição do enunciado da Súmula 521 ("A legitimidade para a execução fiscal de multa pendente de pagamento imposta em sentença condenatória é exclusiva da Procuradoria da Fazenda Pública"), posteriormente reafirmada em julgamento de recurso representativo de controvérsia, sob o rito dos recursos repetitivos.[45]

De outra banda, parte da doutrina nacional enveredou por caminho diverso, concluindo pela competência do juízo das execuções criminais e pela

---

[43] BRAGA, Vera Regina de Almeida. *Execução da pena de multa:* juízo competente. São Paulo: Revista dos Tribunais, 2012. p. 1.299. (Coleção Doutrinas Essenciais: Processo Penal, v. 6).

[44] GRECO FILHO, Vicente; JALIL, Mauricio Schaun (Coordenadores). *Código Penal comentado:* doutrina e jurisprudência. Barueri: Manole, 2016. p. 224.

[45] "Extinta pelo seu cumprimento a pena privativa de liberdade ou a restritiva de direitos que a substituir, o inadimplemento da pena de multa não obsta a extinção da punibilidade do apenado, porquanto, após a nova redação dada ao art. 51 do Código Penal pela Lei n. 9.268/1996, a pena pecuniária passou a ser considerada dívida de valor e, portanto, possui caráter extrapenal, de modo que sua execução é de competência exclusiva da Procuradoria da Fazenda Pública" (STJ, REsp 1.519.777/SP, 3ª Seção, Rel. Min. Rogerio Schietti Cruz, j. 26.08.2015, *DJe* 09.09.2015).

legitimidade do Ministério Público para a execução da pena de multa, ainda que aplicável na espécie, naquilo que couber, o procedimento de cobrança de créditos da dívida ativa da Fazenda Pública.[46-47]

Cezar Roberto Bitencourt defende com veemência a segunda posição doutrinária, entendendo ser juridicamente impossível a inscrição em dívida ativa de uma sentença penal condenatória. Ainda segundo o autor, a definição jurídica do nome da obrigação do condenado – no caso, a pena de multa como dívida de valor – não modifica, por si só, a natureza jurídica da referida obrigação, conforme também já tivemos a oportunidade de ressaltar no item anterior do presente estudo. Assim, a competência continua com a vara das execuções criminais e a condenação à pena de multa mantém a sua natureza de sanção criminal.[48]

Esse é o entendimento também adotado por Guilherme de Souza Nucci, o qual ainda enumera diversos inconvenientes causados pela adoção da posição contrária, dentre os quais podemos salientar o desestímulo da cobrança causado pelo excesso de execuções fiscais e pelos baixos valores de multa usualmente fixados nas sentenças condenatórias.[49]

Nesse ponto, forçoso destacar que o pequeno valor da pena de multa (ou nem tão pequeno assim) não só constitui um inconveniente para a execução no âmbito fiscal, como também um verdadeiro óbice, haja vista a vigência da questionável Portaria 75/2012 do Ministério da Fazenda, que determina a não inscrição na dívida ativa da União de débitos com valor igual ou inferior

---

[46] "Em relação à segunda questão, cremos que, *em face do caráter penal da multa*, a atribuição para promover a sua execução continua sendo do Ministério Público, perante a Vara das Execuções Criminais, aplicando-se a Lei nº 6.360/80" (DELMANTO, Celso; DELMANTO, Roberto; DELMANTO JUNIOR, Roberto; DELMANTO, Fabio Machado de Almeida. *Código Penal comentado.* 8. ed. São Paulo: Saraiva, 2010. p. 265 – ênfase no original).

[47] Seguindo tal entendimento, a Procuradoria-Geral da República propôs ação direta de inconstitucionalidade (ADI 3.150) no ano de 2004, tendo por objeto a nova redação do art. 51 do Código Penal, a qual, ao conferir aparente natureza tributária à pena de multa, feriria o princípio da pessoalidade previsto no art. 5º, XLV, da Constituição Federal. Transcorridos mais de 12 anos desde a propositura da ação, a referida ADI ainda se encontra pendente de julgamento pelo Supremo Tribunal Federal, sob a relatoria do Ministro Marco Aurélio.

[48] BITENCOURT, Cezar Roberto. *Tratado de direito penal.* 13. ed. São Paulo: Saraiva, 2008. v. 1, p. 583.

[49] NUCCI, Guilherme de Souza. *Código Penal comentado.* 16. ed. Rio de Janeiro: Forense, 2016. p. 435-436.

a R$ 1.000,00, bem como o não ajuizamento de execuções fiscais de débitos com valor igual ou inferior a R$ 20.000,00.

Teríamos, nesse caso, uma grave hipótese de impunidade, pois não haveria falar em execução de multa penal com valor igual ou inferior a R$ 20.000,00, montante que não nos parece pequeno, como sugere o Ministério da Fazenda, ainda que exista uma sentença penal condenatória transitada em julgado, com força cogente, a qual, contudo, em uma situação paradoxal, seria *letra morta*.

Não é lógico, de mais a mais, exigir que a eficácia de uma sentença penal condenatória permaneça vinculada a um ato administrativo, consistente na inscrição do débito na dívida ativa. Em outras palavras, teríamos um caso de sentença penal condenatória *existente* e *válida*, mas sem *eficácia*, ao passo que o Poder Judiciário ficaria à mercê do Poder Executivo para o cumprimento da condenação penal, no aguardo do início da execução fiscal, em um claro exemplo de aberração jurídica e desinteligência entre os poderes estatais.

Feitas tais considerações sobre o tema, como consequência lógica da conclusão exarada no item anterior, uma vez tendo havido a manutenção da natureza jurídica da multa penal como *sanção penal autônoma*, entendemos ser mais ajustada e coerente a segunda posição doutrinária supracitada, com a qual nos filiamos, reputando ser competente o juízo das execuções criminais e legítimo o Ministério Público para propor a execução da pena de multa.

Se *sanção penal* o é, a execução coercitiva da pena de multa é abarcada pelo *ius puniendi* estatal, possuindo competência para requerer o cumprimento da condenação penal tão somente o Ministério Público. A Procuradoria da Fazenda Nacional, por sua vez, permanece com a competência exclusiva e específica para a cobrança de débitos fiscais, de natureza *cível*, inscritos na dívida ativa da União. Cada qual com a sua competência, pois, de modo ordenado e coerente com o sistema jurídico normativo pátrio.

Há também uma questão de razoabilidade, pois não é razoável reconhecer a legitimidade do Ministério Público para exercer a persecução penal durante o processo de conhecimento e, ao mesmo tempo, afastá-la para a ação de execução correspondente, que consubstancia a fase de cumprimento da sanção penal estatal.

Além disso, em reforço ao nosso pensamento, o art. 1º do Projeto de Lei 9.054/2017 busca alterar a dicção do art. 164 da Lei de Execução Penal para prever expressamente a competência do *juízo da condenação* para a execução da pena de multa,[50] denotando a intenção do legislador – ao menos no

---

[50] "Art. 1º A Lei nº 7.210, de 11 de julho de 1984 (Lei de Execução Penal), passa a vigorar com as seguintes alterações: (...) Art. 164. Confirmada pelas instâncias

presente momento – de acabar com tal discussão e reforçar o real objetivo da alteração da redação legal do art. 51 do Código Penal, conforme pudemos expor alhures.

6. CONCLUSÃO

A multa penal possui amplo arcabouço histórico, podendo ser encontrada nas mais primitivas legislações penais, tendo sofrido, no decorrer dos séculos, lapidações e refinamentos em sua estrutura dogmática, a fim de adequá-la aos ditames do Direito Penal moderno, de matiz constitucional.

O referido instituto denota grande importância nos dias de hoje como um mecanismo de mitigação dos efeitos da pena de segregação corporal, ao lado das penas alternativas, sobretudo em relação a condenados por crimes leves a penas de curta de duração, sem deixar de reconhecer, ainda, a conveniência de sua aplicação em crimes econômicos e naqueles que envolvem o patrimônio da vítima.

A execução da pena de multa no Brasil sofreu modificação com o advento da Lei 9.268/1996, responsável por alterar a dicção legal do art. 51 do Código Penal, vindo a conceituar a multa penal como dívida de valor e estabelecer a incidência da legislação processual relativa à cobrança de débitos da dívida ativa da Fazenda Pública.

A mencionada alteração legislativa, todavia, resumiu-se a afastar a possibilidade de conversão da pena de multa em reprimenda corporal, a fim de evitar uma verdadeira punição pela pobreza do agente, e a esclarecer

---

ordinárias a sentença que aplicou pena de multa, principal, cumulativa ou substitutiva, ou proferida esta por órgão colegiado, nos casos de foro por prerrogativa de função, o condenado será intimado pessoalmente, pelo juízo da condenação, ao pagamento mediante prestação social alternativa a entidade cujos dados identificativos, inclusive endereço, horário de funcionamento e número de conta bancária destinada a recolhimento de multas, constarão da intimação. § 1º Decorrido o prazo sem o pagamento da multa, o juízo poderá determinar o desconto em folha de pagamento e o depósito a entidade comunitária, ou a conversão da pena de multa em prestação comunitária, da forma que entender apropriada ao condenado, que deverá ser intimado para cumprimento. § 2º Haverá a extinção da punibilidade quando, independentemente do pagamento da multa, o condenado cumprir a pena privativa de liberdade aplicada cumulativamente e comprovar sua impossibilidade de pagamento. § 3º O disposto no § 2º não se aplica quando houver a transmissão de bens ou valores com o fim de obstar o pagamento da multa".

a velha polêmica existente na doutrina quando à possibilidade, ou não, de atualização monetária do valor da multa penal, hoje não mais discutida, em vista da expressão "dívida de valor" adotada pelo legislador.

Por outro lado, a multa penal manteve a sua natureza jurídica de sanção penal autônoma, constituindo uma espécie de pena, ao lado da privativa de liberdade e da restritiva de direitos, sendo, portanto, acobertada e limitada por todos os princípios constitucionais e infraconstitucionais aplicados na seara penal, podendo-se ressaltar, por sua importância ao tema, os princípios da legalidade estrita (a pena de multa somente poderá ser aplicada quando prevista em lei) e da pessoalidade (a pena de multa extingue-se com a morte do condenado, não sendo transmitida aos herdeiros e sucessores).

Tal conclusão, se não bastasse a cristalina redação do art. 32 do Código Penal, é corroborada pelas próprias características constitutivas do instituto da multa penal, devendo ser apontados as duas principais, já trabalhadas no presente estudo: (i) o seu caráter personalíssimo, resumindo-se na pessoa do condenado; e (ii) a sua função meramente *retributiva*, não denotando natureza reparatória, posto que o valor da multa, proporcional à gravidade do delito, é sempre destinado ao Estado – mais especificamente, ao Fundo Penitenciário Nacional, criado e regulamentado pela Lei Complementar 79/1994 – e não à vítima ou a seus familiares.

Nessa linha de entendimento, estabelecida a natureza jurídica da pena de multa, tem-se por decorrência lógica e jurídica que a competência para a apreciação das questões atinentes à execução da referida sanção penal é do juízo das execuções criminais, ao passo que a legitimidade ativa para a cobrança da multa penal é do Ministério Público, órgão estatal competente para a persecução penal, incluindo aí, por óbvio, a própria execução da condenação criminal.

A competência do juízo das execuções criminais para o cumprimento da pena de multa é consequência natural e harmônica do princípio da legalidade, pois, se a multa penal ostenta caráter de *pena*, como reverbera o art. 32 do Código Penal, somente um juízo *penal* tem a competência, constitucional e legal, para a apreciação da respectiva matéria, sob pena de se transformar a execução da pena de multa em um procedimento fiscal, de natureza cível, com todas as suas peculiaridades processuais estranhas à seara penal.

No que atina à legitimidade ativa para a execução da pena de multa, imperioso salientar a competência constitucional do Ministério Público para promover a ação penal pública, consoante se extrai do art. 129, I, da Constituição Federal, advindo daí, por conseguinte, a prerrogativa do *parquet* para a execução de eventual sanção advinda de uma ação penal. Qualquer caminho diverso levaria a uma *ruptura* incabível de legitimidades processuais: uma para a ação de conhecimento, outra para a execução do título judicial de natureza penal – por um órgão afeito a matérias cíveis e tributárias, algo, a nosso sentir, juridicamente inconcebível.

Por seu turno, o rito procedimental da execução da pena de multa deverá observar as disposições constantes na Lei 6.830/1980, que dispõe sobre a cobrança judicial da dívida ativa da Fazenda Pública, por expressa determinação do art. 51 do Código Penal, naquilo que for cabível, aplicando-se *subsidiariamente*, apenas quando necessário, as regras previstas na Lei de Execução Penal (arts. 164 a 170) e no Código Penal (art. 50) para a execução da multa penal.

Desse modo, o início do cumprimento da pena de multa seguirá o rito disposto na Lei 6.830/1980, aplicando-se os arts. 167, 168, 169 e 170 da Lei de Execução Penal, porquanto compatíveis e harmônicos com as disposições legais da execução fiscal e, ao mesmo tempo, benéficos ao sentenciado. Por consequência, serão possíveis ao condenado o parcelamento do valor da pena de multa e o desconto em sua remuneração mensal, garantindo-se, outrossim, a suspensão do processo de execução em caso de superveniência de doença mental.

Tal raciocínio, é dizer, a aplicação conjunta das normas processuais previstas na Lei 6.830/1980 e na Lei de Execução Penal, em execução a ser iniciada pelo Ministério Público e julgada pela vara das execuções penais, mostra-se proporcional e razoável, harmonizando-se com os interesses do condenado e com a própria natureza jurídica do instituto ora em estudo, consubstanciando, pois, em nossa opinião, a posição mais afinada aos ditames do sistema jurídico pátrio.

REFERÊNCIAS

ARAGÃO, Antonio Moniz Sodré de. *As três escolas penais*: clássica, antropológica e crítica (estudo comparativo). 8. ed. Rio de Janeiro: Freitas Bastos, 1977.

BATISTA, Nilo. *Matrizes ibéricas do sistema penal brasileiro*. 2. ed. Rio de Janeiro: Revan, 2002. v. 1.

BETTIOL, Giuseppe. *Direito penal*. Trad. Paulo José da Costa Júnior e Alberto Silva Franco. São Paulo: Revista dos Tribunais, 1976. v. 3.

BITENCOURT, Cezar Roberto. *Tratado de direito penal*. 13. ed. São Paulo: Saraiva, 2008. v. 1.

BRAGA, Vera Regina de Almeida. *Execução da pena de multa*: juízo competente. São Paulo: Revista dos Tribunais, 2012. (Coleção Doutrinas Essenciais: Processo Penal, v. 6)

BRUNO, Aníbal. *Direito Penal*. Rio de Janeiro: Forense, 1962. v. 1, t. III.

DELMANTO, Celso; DELMANTO, Roberto; DELMANTO JUNIOR, Roberto; DELMANTO, Fabio Machado de Almeida. *Código Penal comentado*. 8. ed. São Paulo: Saraiva, 2010.

FRAGOSO, Heleno Cláudio. *Lições de direito penal*: parte geral. 16. ed. Rio de Janeiro: Forense, 2004.

GRECO FILHO, Vicente; JALIL, Mauricio Schaun (Coords.). *Código Penal comentado*: doutrina e jurisprudência. Barueri: Manole, 2016.

LYRA, Roberto. *Comentários ao Código Penal*. 2. ed. Rio de Janeiro: Forense, 1955. v. 2.

MAGGIORE, Giuseppe. *Derecho Penal*. Trad. José Ortega Torres. Bogotá: Temis, 1954. v. 2.

MANZINI, Vincenzo. *Tratado de Derecho Penal*. Trad. Santiago Sentís Melendo. Buenos Aires: Ediar, 1948. v. 1.

NUCCI, Guilherme de Souza. *Código Penal comentado*. 16. ed. Rio de Janeiro: Forense, 2016.

_____. *Curso de execução penal*. Rio de Janeiro: Forense, 2018.

RUSCHE, Georg; KIRCHHEIMER, Otto. *Punição e estrutura social*. Trad. Gizlene Neder. 2. ed. Rio de Janeiro: Revan, 2004.

SIQUEIRA, Galdino. *Direito Penal brasileiro*: parte geral. Rio de Janeiro: Jacintho Ribeiro dos Santos, 1921.

_____. *Tratado de direito penal*. 2. ed. Rio de Janeiro: José Konfino, 1950. v. 1, t. II.

ZAFFARONI, Eugenio Raúl; PIERANGELI, José Henrique. *Manual de direito penal brasileiro*: parte geral. 10. ed. São Paulo: Revista dos Tribunais, 2013.

13

O LIVRAMENTO CONDICIONAL, SUA APLICAÇÃO NA ATUALIDADE E AS PROPOSTAS DE ALTERAÇÕES CONTIDAS NO PROJETO DE LEI 9.054/2017

ANDREIA GOMES DA FONSECA
Mestranda em Direito pela Pontifícia Universidade Católica de São Paulo – PUC-SP. Advogada sócia do Escritório Lemos Silva e Fonseca Sociedade de Advogados.

Resumo: O presente artigo fará uma breve análise acerca do livramento condicional e de sua aplicação na atualidade. Para melhor compreensão do instituto nos dias atuais, abordaremos de forma sucinta a origem do livramento condicional e a utilização deste em outros países, bem como seus pressupostos, requisitos e princípios constitucionais, em especial a individualização da pena. Por fim, traçaremos um paralelo entre a legislação vigente e o Projeto de Lei 9.054, de 2017, em tramitação no Congresso Nacional, o qual prevê diversas alterações na Lei de Execução Penal e no próprio instituto do livramento condicional.

Palavras-chave: Execução penal. Livramento condicional. Individualização da pena. Princípios constitucionais.

Abstract: This article will provide a brief analysis of the Probation and its adoption nowadays. For a better understanding of establishing it in the current days, we will briefly address the Probation beginning and its enforcement in other countries, as well as its preconditions, requirements and constitutional principles; the sentence personalization in particular. In conclusion, we will draw a parallel between the current legislation and the Bill 9054 from 2017, that is in progress in the National Congress, which provides several changes to the Penal Execution Law and the Probation establishment.

Keywords: Criminal enforcement. Probation. Sentence personalization. Constitutional principles.

Sumário: 1. Origem do livramento condicional: 1.1 Do surgimento e aplicação do livramento condicional em Portugal, Itália e Brasil – 2. Conceito e noção – 3. Pressupostos: 3.1 Pressupostos objetivos; 3.2 Pressupostos subjetivos – 4. Condições: 4.1 Condições obrigatórias; 4.2 Condições facultativas; 4.3 Condições legais indiretas – 5. Competência para apreciar o livramento condicional – 6. Cerimônia do livramento – 7. Apoio ao liberado – 8. Modificação das condições – 9. Suspensão do curso do livramento condicional – 10. Revogação do livramento condicional: 10.1 Revogação obrigatória; 10.2 Revogação facultativa – 11. Extinção da pena privativa de liberdade sem revogação do livramento condicional – 12. Conclusão – Referências.

1. ORIGEM DO LIVRAMENTO CONDICIONAL

A origem do instituto é controversa e pouco se sabe acerca do seu efetivo nascimento. Pode-se dizer que o livramento condicional é oriundo da doutrina francesa sob o título *liberdade provisória* ("liberté provisoire") que era aplicada originalmente aos menores delinquentes. Segundo se sabe, seu precursor foi Bonneville de Marsangy e o instituto foi utilizado em caráter geral pela primeira vez em 1846 no discurso da audiência de abertura do Tribunal Civil de Remis[1].

Na França, o livramento condicional era chamado de "liberdade preparatória" e estabelecia características peculiares, tais como a exigência de cumprimento de, no mínimo metade da pena, provas irrefutáveis de sua recuperação e cumprimento do restante da pena em liberdade, e ainda o cumprimento de determinadas condições. Além disso, ofereciam apoio moral ao liberado no sentido de que conseguisse recolocação no mercado de trabalho e o mantinham sob vigilância de autoridade policial, de modo a controlar seu comportamento em liberdade. Por fim, cabia a revogação da liberdade preparatória caso não cumprisse as condições anteriormente impostas[2].

Sustenta-se, ainda, ser a origem do instituto atribuída aos ingleses, que, por meio de um instituto denominado "ticket of leave", aplicado no início de 1850 na ilha de Norfolk, por intermédio do Capitão Macconchie, assemelhava-se ao instituto do livramento condicional. Consistia em promover a recuperação do criminoso, concedendo-lhe a liberação antecipada, porém sob vigilância. Na Grã-Bretanha e na Irlanda, tem-se notícia da utilização do instituto em meados de 1853, por iniciativa de Walter Crofton, com a utilização dos "tickets of leave", como última etapa do sistema penitenciário progressivo.

---

[1] ZVRIBLIS, Alberto Antônio. *Livramento condicional e prática de execução penal*. Bauru: Edipro, 2001. p. 38.

[2] Idem.

Há quem defenda ser a origem do livramento condicionalamericana,datada de 1876, muito embora tenha sido efetivamente implantada nos Estados Unidos em 1889. Recebia a denominação de "Probation" e consistia naintervenção na execução da pena. A despeito das discussões doutrinárias acerca do nascimento do instituto, é certo haver consenso em parte da doutrina, inclusive é o posicionamento de Guilherme de Souza Nucci[3], de que a origem histórica do livramento condicional deu-se na França, no ano de 1846, tendo sido instituída pelo juiz Benneville, com o nome de "liberação preparatória".

1.1 Do surgimento e aplicação do livramento condicional em Portugal, Itália e Brasil

O livramento condicional é um instituto de execução penal utilizado, emgeral, por todas as legislações da atualidade e busca diminuir os efeitos negativos da prisão com clara finalidade de Política Criminal.

Em Portugal o instituto surgiu no final do século XIX, com o intuito de diminuiros índices de reincidência penal. Foi inspirado na liberdade condicional Francesa (de 1832) e pretendia promover a reinserção social dos reclusos condenados à pena de prisão de média ou longa duração, libertando-os antecipadamente. A liberdade condicional seria a última etapa do sistema progressivo de cumprimento de pena. O livramento condicionalé utilizado em Portugal na atualidade e possui requisitos similares ao brasileiro, encontrando-seprevisto no art. 61 do Código Penal Português, exigindo o consentimento do condenado e o cumprimento de,no mínimo, seis meses de pena e de metade do tempo de prisão, para qualquer delito, não havendo diferenciação quanto à natureza do crime desde 2007.

No direito Italiano, o livramento condicional está previsto nos arts. 176 e 177 do Código Penal etem como finalidade principal prevenir a reincidência do delinquente, de modo a favorecer a sua ressocialização. Para tanto, exige que o apenado demonstre bom comportamento durante o cumprimento da pena no cárcere, além do requisito objetivo de que tenha cumprido no mínimo trinta meses preso e ao menos metade da pena que lhe fora imposta, além da exigência de que a pena restante nãoexceda cinco anos. Háainda o deverde reparar o crime e que não tenha utilizado,inutilmente, o benefício anteriormente. Em caso de reincidência, impõe a lei o cumprimento de pelo

---

[3] NUCCI, Guilherme de Souza. *Curso de direito penal*: parte geral. Rio de Janeiro: Forense, 2017. vol. 1.

menos quatro anos no cárcere e 3/4 da pena imposta.Sendo o caso de prisão perpétua, deve ter cumprido ao menos 26 anos de pena.

Entre nós, o livramento condicional guarda suas origens no Código Penal Republicano de 1890, regulamentado pelos Decretos 16.665/1924 e 4.577/1922. Inicialmente, era possível a concessão do livramento condicional aos condenados a penas privativas de liberdade por tempo não inferiora seis anos de prisão. O referido critério objetivo foi alterado pelo Decreto 24.351, de 1934, podendo ser concedido aos condenados a uma ou mais penas superiores a um ano.

Fato é que tal falha somente veio a ser corrigida com a reforma da parte geral do Código Penal por força do Decreto-lei 2.848, de 7 de dezembro de 1940, o qual prevê o livramento condicional com requisitos objetivo e subjetivo (arts. 83 a 90), e da Lei 7.210, de 1984 (Lei de Execução Penal), introduzindo regras mais claras e atendendo à finalidade do instituto.

2. CONCEITO E NOÇÃO

A execução penal brasileira possui caráter progressivo, em relação ao qual o reeducando deve pouco a poucose reinserirna Sociedade.

Conceitualmente, tal como bem delineado por diversos autores[4], cuida-se de instituto voltado à política criminal que busca conceder ao apenado que se encontre cumprindo pena privado de sua liberdade, a liberação antecipada eprovisória, desde que preencha determinados requisitos legais. Não se trata a bem da verdade de um benefício concedido por mera generosidade, mas de medida que busca diminuir as mazelas do cárcere e a readaptação do indivíduo ao meio social, atendendo, assim,ao objetivo ressocializador.

No que toca ànatureza jurídica, o livramento condicional é medida penal restritiva da liberdade de locomoção, e assim direito subjetivo do condenado, integrando o derradeiro estágio de cumprimento de pena.

---

[4] "Trata-se de um instituto de política criminal, destinado a permitir a redução do tempo de prisão com a concessão antecipada e provisória da liberdade do condenado, quando é cumprida pena privativa de liberdade, mediante o preenchimento de determinados requisitos e a aceitaçao de certas condições. É medida penal restritiva da liberdade de locomoção, que se constitui num benefício ao condenado e, portanto, consiste em um direito subjetivo de sua titularidade, integrando um estágio do cumprimento da pena" (NUCCI, Guilherme de Souza. *Curso de execução penal*. Rio de Janeiro: Forense, 2018. p. 188).

Destarte, como último estágio do cumprimento da pena, o condenado recebe a liberação provisória e precária, sob vigilância do Estado, com o fito de se reinserir socialmentee demonstrar como se portará em liberdade.

A concessão do livramento condicional possui ainda um caráter humanístico, em especial se observarmos que sua concessão elimina os pesares do cumprimento de pena no cárcere. O sistema carcerário nacional, como um todo, se encontra em colapso. Cárceres superlotados, fétidos, com pouca ou nenhuma iluminação, que por certo degrada a condição humana e o sentimento de dignidade que o condenado possui de si mesmo. Desse modo, sem dúvida alguma, a oportunidade de cumprir o que lhe resta de pena em liberdade, ainda que com diversas restrições, é uma alternativa benéfica ao desenvolvimento social do reeducando[5].

E mais, podemos afirmar que não se mostra possível crerque um apenado consiga ressocializar-se e modificar seu comportamentosno atual sistema carcerário brasileiro.Conforme se depreende das informações do INFOPEN[6], o último senso realizado em 2016 aponta que o Brasil possui o expressivo número de 726.712 (setecentos e vinte e seis mil setecentos e doze) encarcerados.

Frente a tal contexto, a superlotação carcerária não oferece oportunidade de educação, saúde, trabalho, para todos os que lá estão, o que por certo dificulta sobremaneira as finalidades da pena, em especial a regeneração daquele que cumpre pena.

Desse modo, o livramento condicional surge como uma feliz oportunidade para o apenado finalizar o cumprimento da pena que lhe fora imposta[7].

---

[5] Segundo entendimento de René Ariel Dotti, o Livramento Condicional é "a liberdade do réu que está cumprindo pena privativa de liberdade mediante o cumprimento de certas restrições de deveres constitui, também, uma das mais oportunas modalidades alternativas para eliminar os inconvenientes resultantes do lado físico do mal da pena" (Disponível em: <https://revista.enap.gov.br/index.php/RSP/article/view/2226>. Acesso em: 26 maio 2018).

[6] Disponível em: <http://www.justica.gov.br/news/ha-726-712-pessoas-presas--no-brasil/relatorio_2016_junho.pdf>. Acesso em: 13 jun. 2018.

[7] Conforme citação de René Ariel Dotti, citando Anibal Bruno acerca dos benefícios do livramento condicional e do que se trata: "estágio do sistema penitenciário que importa na progressiva adaptação do condenado a uma existência dentro do direito e termina, por esse momento de passagem entre a prisão e a liberdade" (Disponível em: <https://revista.enap.gov.br/index.php/RSP/article/view/2226>. Acesso em: 26 maio 2018).

Como último estágio da execução penal, concorda a maioria dos autores que o livramento condicional não é incidente processual da Execução Penal, até porque a própria lei assim não o considera.

Independentemente dos pareceres doutrinários de que se trate ou não deincidente da execução, importa que na prática o livramento condicional é o último estágio de execução da pena, e como talse adequa perfeitamente ao sistema progressivo de cumprimento de pena adotado pelo Brasil.

Se associarmos a teoria do livramento condicional ao caos vivenciado nos presídios brasileiros como um todo, e aliarmos ainda aos altos índices de reincidência criminal, o livramento condicional se bem aplicado, e frise--se, bem fiscalizado, é sem dúvida alguma, uma forma saudável do apenado finalizar o cumprimento da pena e reinserir-se no meio social.

3. PRESSUPOSTOS

O livramento condicional está previsto no art. 131 da Lei de Execução Penal e para a sua concessão se faz necessário o cumprimento de pressupostos objetivos e subjetivos, previstos no art. 83 do Código Penal. O tempo de duração do livramento condicional é equivalente ao que resta a cumrir do total da reprimenda quefora imposta ao condenado, de modo a avaliar a conduta do condenado em liberdade.

O instituto respeita o princípio da individualização da pena, que deve ser observado nessa fase, já que, além do requisito temporal,para a concessão exige a análise do comportamento do apenado durante o período encacerado, até para definir o momento mais apropriado para que o executado deixe o estabelecimento prisional.

Questionam alguns se a concessão do livramento condicional é faculdade do juiz ou direito subjetivo do condenado. E, nesse ponto, parece-nos ser uma questão mista, já que os requisitos estabelecidos em lei possuem natureza objetiva (no tocante ao lapso temporal de cumprimento em cárcere exigido em lei) e subjetiva (que envolve valoração subjetiva do magistrado das características pessoais e sociais do apenado). Observando o requisito de ordem objetiva de lapso de tempo cumprido pelo apenado, nesse ponto o Juiz "deve" conceder o pedido de livramento condicional, e se fosse esse o único requisito, poderíamos afirmar ser exclusivamente direito subjetivo do apenado. Porém, assim não é, já que a lei impõe o cumprimento concomitante de requisitos de ordem subjetiva. Assim, o juiz deverá avaliar o pedido para cumprimento do restante de pena em liberdade, tendo em vista o cumprimento do requisito objetivo temporal aliado as condições pessoais do condenado, utilizando para issoo critério da individualização da pena.

Desse modo, não se pode afirmar que a concessão do livramento constitui faculdade absoluta do condenado, possuindo caráter misto e, nesse sentido, é o entendimento de Guilherme de Souza Nucci[8] e de Alberto Antonio Zvirblis[9].

Quanto à obrigatoriedade de parecer do Conselho Penitenciário para a concessão do pedido, assim como a exigência de exame criminológico para tal, divergem alguns autores.

Alberto Antonio Zvirblis entende que a Lei 10.792, de 1º de dezembro de 2003, deu nova redação ao inciso I do art. 70 da Lei de Execução Penal, retirando do Conselho Penitenciário a atribuição para emitir parecer em pedido de livramento condicional, e também modificou o *caput* do art. 112 da mesma lei, para excluir a necessidade de apuração do mérito do preso por exame criminológico, acrescentando ao mesmo dispositivo legal em o § 2º, pelo qual estabelece que igual procedimento será adotado na tramitação do pedido de livramento condicional, dispensando, de tal forma, a antiga necessidade expressa de exame criminológico para aferição de mérito, bem como o parecer prévio do Conselho Penitenciário.[10]

Por outro lado, entende Guilherme de Souza Nucci[11] que, na realidade, o parecer da Comissão técnica e o exame criminológico continuam viáveis, ficando a critério do juiz exigí-los ou não, entendimento com o qual

---

[8] "A utilização do termo *poderá* fornece a impressão de que se trata de mera faculdade do juiz a sua concessão ao sentenciado. Porém, pensamos que se cuida de uma situação mista. Se o condenado preencher todos os requisitos estabelecidos no art. 83 do Código Penal, deve o magistrado conceder o benefício. Entretanto, é preciso ressaltar que alguns dos referidos requisitos são de natureza subjetiva, isto é, de livre valoração do juiz, motivo pelo qual não se pode exigir análise favorável ao condenado. Nesse caso, o magistrado *pode* entender que não é cabível o benefício" (NUCCI, Guilherme de Souza. Op. cit., p. 188 – grifos nossos).

[9] "Consideramos então que a liberdade condicional não é um direito subjetivo do condenado, por outro lado, não se submete ao poder discricionário do juiz, pois, estando presentes os pressupostos legais e a presunção juris tantum da emenda do apenado, a aplicação do livramento condicional é irrenunciável para o Estado" (ZVIRBLIS, Alberto Antonio. Op. cit., p. 60).

[10] MARCÃO, Renato. Op. cit., p. 219-220.

[11] "Quanto ao exame criminológico e parecer da Comissão Técnica de Classificação, continuam viáveis e exigíveis, desde que presentes aos circunstâncias descritas no parágrafo único do art. 83 do CP. O condenado por crime doloso, cometido com violência ou grave ameaça à pessoa, para auferir o benefício do livramento condicional, deve ser submetido à avaliação psicológica, demonstrando, então condições pessoais que façam presumir que não tornará a delinquir" (NUCCI, Guilherme de Souza. Op. cit., p. 190).

concordamos, em especial pelo fato de se mostrar impossível exigir do magistrado, que com base apenas nas informações frias dos autos, consiga determinar pela procedência ou não do pedido de livramento condicional. Nesse contexto, o parecer da Comissão Técnica de Classificação continua viável e exigível, até de modo a servir de informação acerca da real situação do apenado e assim auxiliar no convencimento judicial.

Fato é que, a despeito da alteração havida no parágrafo único do art. 112 da Lei de Execução Penal, que retirou a exigência do parecer da Comissão Técnica, entendemos que esta não modificou o parágrafo único do art. 83 do Código Penal, que exige o exame criminológico para os delitos dolosos e violentos, assim como não trouxe alteração ao art. 131 da Lei de Execução, mantendo a exigência do parecer prévio do Ministério Público e do Conselho Penitenciário.

Assim, em atenção ao que prevê o art. 131 da Lei de Execução Penal, permanece vigente a obrigatoriedade da emissão de parecer da Comissão Técnica do Conselho Penitenciário, que servirá de norte para a decisão judicial, em especial quanto ao cumprimento do requisito de ordem subjetiva, muito embora o Juiz não esteja vinculado ao mesmo, assim como não fica vinculadoà opinião exarada pelo representante do Ministério Público.

Quanto ao exame criminológico, é pacífico na jurisprudência a possibilidade da exigência do mesmo, desde que o Juiz motive sua decisão, tal como prevê a Súmula 439 do STJ[12].

Nesse contexto, o parecer da Comissão Técnica de Classificação é de extrema importância, assim como o próprio exame criminológico, quando exigido e fundamentado pelo Juiz, visto que traduz a real situação do comportamento do condenado durante o cumprimento da pena no cárcere. Nesse sentido, é o entendimento de Guilherme de Souza Nucci, o qual aponta a importância da avaliação da Comissão Técnica e do exame criminológico[13].

A despeito dos posicionamentos a favor e contra a exigência legal de parecer da Comissão Técnica para a concessão do livramento condicional, interessante mencionar que o Projeto de Lei 9.054/2017 em trâmite no Congresso Nacional, suprimiu a exigência do referido parecer, porém incluiu no art. 112 que a progressão de regime será automática, exceto nos casos de mau

---

[12] "Admite-se o exame criminológico pelas peculiaridades do caso, desde que em decisão motivada".

[13] "O mais importante, nesse contexto, é a avaliação da Comissão Técnica de Classificação (ou exame criminológico), porque se trata da visualização real do comportamento do condenado durante a execução da pena" (NUCCI, Guilherme de Souza. Op. cit., p. 191).

comportamento, hipótese na qual ficará condicionada à análise do incidente pelo magistrado, com prévia manifestação do Ministério Público e da defesa.

No que toca em especial ao art. 131, que estabelece as regras para a concessão do livramento condicional, referido projeto retira a exigência de parecer técnico da Comissão, condicionando apenas a oitiva do Ministério Público quanto ao pedido do benefício[14], restando superada a discussão quanto à exigência legal do dito parecer que, a nosso ver, constitui um ponto negativo no projeto de Lei, que deixará o magistrado em difícil situação para avaliar o preenchimento do requisito subjetivo para concessão do livramento.

3.1 Pressupostos objetivos

Os pressupostos objetivos estão previstos nos arts. 83 e 84 do Código Penal.

O primeiro deles, diz respeito à quantidade de pena imposta, prevendo o *caput* do art. 83 do Código Penal que será concedido livramento condicional ao condenado à pena privativa de liberdade igual ou superior a dois anos[15], não incidindo o benefício aos condenados à pena restritiva de direitos ou multa.

Para atingir o lapso mínimo exigido, é possível a soma das penas impostas quando inferiores a dois anos, nos moldes previstos no art. 84 do Código Penal.

Quanto ao lapso mínimo exigido, existem severas críticas. Isto porque muitos condenados a penas privativas de liberdade inferiores a dois anos não possuem, por vezes, direito à substituição da reprimenda por restritivas de direitos e nem mesmo à suspensão condicional da pena, ante o não preenchimento dos requisitos previstos nos arts. 44 e 77 do Código Penal, gerando assim uma limitação a muitos apenados que, não fosse a limitação do quanto mínimo, teriam direito ao benefício.

A despeito das críticas a essa limitação temporal, cremos que a imposição legal se adequa à finalidade do livramento condicional, que faz parte de um sistema penitenciário progressivo e busca através da concessão do livramento a modificação da forma de aplicação da pena, proporcionando ao condenado sua reinserção no meio social, permitindo que cumpra o restante

---

[14] "Art. 131. O livramento condicional poderá ser concedido pelo juiz da execução, presentes os requisitos do art. 83 do Código Penal, ouvido o Ministério Público" (Disponível em: <http://www.camara.gov.br/proposicoesWeb/prop_mostrarintegra;jsessionid=2BF8E14B956ECA0C189574E861F3DFEE.proposicoesWebExterno1?codteor=1619253&filename=PL+9054/2017>. Acesso em: 13 jun. 2018).

[15] "Art. 83. O juiz poderá conceder livramento condicional ao condenado a pena privativa de liberdade igual ou superior a 2 (dois) anos".

de pena em liberdade vigiada, avaliando seu proceder enquanto livre. Para isso se faz necessário um período relativamente longoavaliando, sob pena de tornar-se inviável para tal.

Porém, referida limitação temporal restou afastada no Projeto de Lei em tramitação no Congresso, já que prevê no inciso I do art. 131-A, que fará jus à concessão do pedido de livramento condicional o apenado que tenha cumprido mais de 1/4 da pena, nos casos de condenação à pena menor que oito anos, não impondo, assim, um patamar mínimo tal como previsto na legislação atual.

Vale notar que as alterações sugeridas no Projeto de Lei 9.054/2017serão aplicadas na Lei de Execução Penal (Lei 7.210/1984) e não alteram o art. 83 e seguintes do Código Penal, em especial pelo que consta no *caput* do art. 131-A, que prevê a concessão do livramento condicional independentemente do livramento condicional previsto no Código Penal.

Fato é que, ao pretender manter duas legislações vigentes sobre o mesmo assunto com regras diferentes, o legislador abre espaço para decisões dissonantes, ora baseadas no Código Penal, ora baseadas na Lei de Execução Penal, e que gerará, sem dúvida alguma, insegurança jurídica.

O segundo requisito diz respeito ao cumprimento de parte da pena imposta, que segundo prevê o art. 83 do Código Penal[16],é de mais de 1/3 da pena se o condenado não for reincidente em crime doloso e tiver bons antecedentes; mais da metade da pena, se for reincidente em crime doloso, exigindo ainda que o apenado tenha reparado o dano causado com a infração, salvo impossibilidade de fazê-lo. Quanto aos delitos hediondos e equiparados, ante a gravidade dos delitos, deverá o apenado cumprir mais de 2/3 da pena a ele imposta, sendo primário e de bons antecedentes. Caso o apenado seja reincidente específico em delitos da natureza hedionda, não fará jus à concessão do pedido de livramento condicional.

Com relação ao laspo temporal exigido para a concessão do livramento condicional, o Projeto de Lei em tramitação na Câmara aponta sensíveis alterações,vejamos.

---

16 "I – cumprida mais de 1/3 (um terço) da pena se o condenado não for reincidente em crime doloso e tiver bons antecedentes; II – cumprida mais da metade se o condenado for reincidente em crime doloso; IV – tenha reparado, salvo efetiva impossibilidade de fazê-lo, o dano causado pela infração; V – cumprido mais de 2/3 (dois terços) da pena, nos casos de condenação por crime hediondo, prática da tortura, tráfico ilícito de entorpecentes e drogas afins, e terrorismo, se o apenado não for reincidente específico em crimes dessa natureza".

Inicialmente, destacamos que as condições objetivas estão previstas nos incisos I e II do art. 131-A do Projeto de Lei e desde logo se verifica que as prevê lapso temporal apenas para os condenados não reincidentes em crimes dolosos e de bons antecedentes. Não há previsão, frise-se, para os reincidentes em crimes dolosos, nem tampouco para os que tenham cometido delito considerado hediondo ou a ele assemelhado, bem como nada fala acerca dos que possuam maus antecedentes.

O lapso temporal possui como base o total de pena imposta ao condenado, prevendo lapso temporal diferente daquele constante no Código Penal, qual seja, mais de 1/4 de cumprimento de pena, nos casos de condenação à pena menor que oito anos, e mais de 1/3 para o condenado à pena maior que oito anos.

É certo que a alteração que se propõe no Projeto de Lei em questão, que prevê novo patamar de cumprimento de pena para a concessão do livramento condicional (art. 131-A, incisos I e II) é pertinente e mais adequada ao princípio da individualização da pena. Porém, cremos que o legislador não foi feliz ao manter em vigor duas regras com requisitos objetivos diferentes, já que não revoga as regras existentes no Código Penal, gerando, assim, dúvida acerca de qual legislação o magistrado deverá utilizar no caso concreto, podendo inclusive, dar vazão a decisões arbitrárias.

Interessante notar que quanto ao lapso temporal, a lei não menciona nada acerca daquele que, sendo primário, possua maus antecedentes, situação que permanecerá inalterada caso o Projeto de Lei em questão seja aprovado, já que nada menciona a esse respeito. Na atualidade, acerca desse assunto existem dois posicionamentos doutrinários.

Entendem alguns que não tendo a Lei previsto nada sobre o primário de maus antecedentes, deve nesse caso cumprir o lapso de 1/3, já que mais favorável ao condenado. Professam outros, e nesse ponto é a corrente majoritária, que possuindo maus antecendentes, deverá cumprir metade da pena para obter o livramento condicional, nessa linha é o entendimento de Nucci[17]. Ao nosso ver, silente a lei, em respeito ao princípio da legalidade, deve o silêncio da norma favorecer o apenado, aplicando nesse caso a regra mais benéfica.

Quanto ao reincidente em crime doloso, o Projeto de Lei em debate não prevê a concessão do livramento condicional, o que leva a crer que nesse caso

---

[17] "É a posição que adotamos, pois o art. 83, I, exige 'duplo requisito' e é expresso acerca da impossibilidade de concessão do livramento com mais de 1/3 da pena a quem possua maus antecedentes" (NUCCI, Guilherme de Souza. Op. cit., p. 189).

permanecerá o previsto no Código Penal. Assim, prevê o Código Penal que, sendo o condenado reincidente em delito doloso, o lapso temporal necessário será de metade da pena imposta. Porém sendo reincidente em delito culposo, mantem-se o patamar objetivo de de 1/3 de cumprimento da pena.

No que pertine aos delitos considerados hediondos e a ele assemelhados, de igual forma o Projeto de Lei que se discute nada prevê quanto à concessão do pedido de livramento pelo juízo da execução, cremos que tal qual a situação do reincidente em crime doloso, permanecerá a regra prevista no Código Penal e na Lei 11.343/2006. De modo que ante a maior reprovabilidade dos delitos, para fazer jus ao livramento condicional, deverá o apenado cumprir o lapso temporal de mais de 2/3 da pena. Porém não basta o cumprimento do lapso temporal, a lei impõe um outro requisito de ordem objetiva, que é a ausência de reincidência específica em crimes dessa natureza. Durante algum tempo, houve certa discussão doutrinária e jurispudencial acerca do que venha a ser "reincidência específica em delito dessa natureza". A primeira corrente era no sentido de ser reincidente específico aquele que cometia novo delito hediondo idêntico ao anterior, por exemplo, dois delitos de homicídio qualificado, sendo essa a corrente minoritária. A corrente majoritária diz que reincidente específico é aquele que comete nova infração com trânsito em julgado em delito da natureza hedionda, seja qual for ele. E essa é a aplicada na atualidade[18].

Quanto à Lei de Drogas (Lei 11.343/2006), o art. 44 prevê que, em se tratando de crime de tráfico (art. 33, *caput* e § 1º), assim como as figuras previstas nos arts. 34 a 37 da citada lei, o livramento condicional será concedido após o cumprimento de 2/3 da pena, sendo proibida sua concessão ao reincidente específico[19].

Interessante notar que a Lei de Drogas prevê prazo menor para obteção do livramento condicional, já que diz apenas "cumprimento de dois terços da pena", enquanto que o Código Penal diz "mais de dois terços". Segundo entendimentodoutrinário, inclusive de Renato Marcão, não há inconstitucionalidade no dispositivo legal que prevê maior prazo de cumprimento de pena para obtenção do livramento[20].

---

[18] E, segundo preleciona Renato Marcão, "não se trata de reincidência por crime idêntico ou semelhante, basta a reincidência específica em crime dessa natureza" (MARCÃO, Renato. Op. Cit., p. 221).

[19] "Art. 44. (...) Parágrafo único. (...) dar-se-á o livramento condicional após o cumprimento de dois terços da pena, vedada sua concessão ao reincidente específico" (Lei 11.343/2006).

[20] MARCÃO, Renato. Op. cit., p. 221.

O último requisito objetivo é a reparação do dano causado pela infração, salvo efetiva impossibilidade de fazê-lo (art. 83, IV, do CP). É certo porém que,na maioria dos casos,não há a reparação dos danos causados, por conta do Estado não possuir aparato necessário que o permita apurar a efetiva impossibilidade do apenado em fazê-lo.

A bem da verdade, são diversos os fatores que levam à não reparação do dano no caso do livramento condicional. No mais das vezes, a efetiva impossibilidade de o executado reparar o dano vem corroborada pelo parecer emitido pela comissão técnica e também por ter sido o executado defendido pela Defensoria Pública, o que já demonstraria, em tese, sua precariedade financeira. Em outros casos, a vítima não é localizada ou não demonstra interesse no ressarcimento, possibilitando assim a concessão do livramento condicional sem a reparação do dano.

Porém, nos moldes que determina a lei, deve ser apuradade forma eficiente e extreme de dúvida, a impossibilidade de ressarcimento da vítima. Se forem várias as infrações, em caso de somatório das penas nos moldes do art. 84 do Código Penal, a reparação do dano deve se dar em relação a todos os delitos e alcançando todas as vítimas.

Outro fator de dificuldade para a reparação da vítima é a apuração do *quantum* da indenização, caso seja necessária a apuração através de processo judicial de liquidação de sentença, tal circunstância impede a satisfação do dano de imediato, não podendo tal fato ser impeditivo da concessão do pedido de livramento condicional[21].

Quanto à obrigatoriedade do ressarcimento da vítima dos danos decorrentes com a infração penal, o Projeto de Lei ora discutido nada menciona a esse respeito, de modo que caso o magistrado das execuções utilize as regras previstas nos arts. 131 e 131-A do Projeto de Lei em comento, não exigirá do apenado que proceda ao ressarcimento da vítima, eis que não mais se trata de requisito exigido para tal.

3.2 Pressupostos subjetivos

Para a concessão do livramento condicional não basta apenas o cumprimento dos requisitos objetivos, exige o art. 83, III, do Código Penal, concomitantemente, a satisfação dos seguintes requisitos de ordem subjetiva: a) comprovação de comportamento satisfatório durante a execução da pena; b)

---

[21] RT 522/412 e 743/722.

bom desempenho no trabalho que lhe foi atribuído; e c) aptidão para prover a própria subsistência mediante trabalho honesto.

Com relação aos requisitos subjetivos, o Projeto de Lei em comento inseriu no *caput* do art. 131-A que o juiz das execuções deverá conceder livramento condicional, independentemente do que consta no Código Penal, desde que demonstre bom comportamento durante a execução da pena privativa de liberdade.

Note que a alteração que se pretende modificará sobremaneira as exigências de caráter subjetivo, já que nos moldes atuais, deveria o apenado comprovar bom comportamento, bom desempenho no trabalho que lhe tenha sido atribuído e ainda comprovar que conseguirá prover sua própria subsistência, quando em liberdade, mediante trabalho honesto.

Pelo que consta no projeto, independentemente das exigências existentes no Código Penal, que frise-se, não serão alteradas com a aprovação do mesmo, basta que o apenado preencha o requisito objetivo e comprove bom comportamento, o juiz deverá, conceder o livramento condicional.

Desse modo, sendo aprovado o Projeto, a atual discussão acerca de ser ou não direito subjetivo do apenado a concessão do livramento condicional, restará superada, já que o texto legal utiliza o verbo "deverá", deixando claro, a nosso ver, que será direito subjetivo do apenado e não mera faculdade do juiz.

Nos moldes atuais, o Código Penal prevê a possibilidade de concessão do benefício àqueles que tenham cometido o delito com violência ou grave ameaça, condicionando apenas a um lapso temporal maior e à comprovação de que em liberdade não voltará a delinquir.

Para comprovação do parágrafo único do art. 83 do Código Penal, entende parte da doutrina e jurisprudência que pode o Juiz determinar a elaboração de laudo pericial médico-psiquiátrico de modo a orientar a decisão judicial. É exatamente por tal razão que a Lei não afasta a elaboração do exame criminológico, desde que fundamentadas pelo Juiz as razões do seu decidir.

Outro requisito exigido pela lei é a comprovação de que o condenado desempenhou de forma satisfatória o trabalho que lhe fora atribuído. Com isso exige a Lei que tenha o mesmo desempenhado de forma correta e demonstrado interesse no mister que lhe fora dado.

O último requisito subjetivo diz respeito à comprovação pelo executado de que possui condições de prover seu próprio sustento por meio de trabalho honesto. Tal exigência se faz necessária para verificar se o executado está apto a se reinserir no meio social.com a aprovação do Projeto de Lei ora analisado, não mais se exigirá do apenado que comprove ter aptidão para prover sua subsistência, já que bastará a comprovação de que possua bom comportamento carcerário, e claro, preencha os requisitos objetivos.

Ademais, quanto aos apenados que tenham cometido o delito com violência ou grave ameaça à pessoa, assim como os reincidentes em delitos dolosos e os que tenham sido condenados pela prática de delitos hediondos ou a ele assemelhados, não fariam jus à concessão do livramento condicional pelo que se depreende do Projeto de Lei em questão.

Nesse ponto, somos da opinião que o Projeto de Lei é falho. Isso porque não revoga as regras do art. 83 e seguintes do Código Penal, mantendo assim duas normas vigentes com conteúdos distintos sobre o mesmo tema, podendo gerar conflitos e discussões a esse respeito.

Além disso, mantendo a regra prevista no art. 83 do Código Penal, forçoso reconhecer que o magistrado deverá utilizar essa regra para conceder o pedido de livramento condicional aos que tenham cometido o delito com violência ou grave ameaça, assim como aos reincidentes e que tenham cometidos delitos considerados hediondos, sob pena de ferir o princípio da legalidade, já que vigente a norma do Código Penal, ante expressa afirmação do Projeto de Lei no art. 131-A.

4. CONDIÇÕES

Ao ser agraciado com o livramento condicional, nos termos previstos no art. 132 da Lei de Execuções Penais, ficará o executado comprometido com algumas condições tal como prescrito no artigo mencionado: "deferido o pedido, o juiz especificará as condições a que fica subordinado o livramento".

As condições que lhe serão impostas possuem natureza obrigatória e facultativa, e via de regra, devem ser associadas de forma concomitante e devidamente descritas no despacho que concede o livramento.

O liberadoficará subordinado às condições que lhe forem impostas durante o período de prova do livramento, sob pena de revogação obrigatória ou facultativa do benefício, a depender da situação.

4.1 Condições obrigatórias

Prevê o art. 132 da Lei de Execuções Penais, especificamente no § 1º, as condições consideradas obrigatórias,que são as de obter ocupação lícita, dentro de prazo razoável, se for apto para o trabalho, comunicar periodicamente ao juiz sua ocupação e ainda não mudar do território da comarca do Juízo da Execução sem prévia autorização deste.

As condições obrigatórias previstas em lei deixam claro ao liberado que possui deveres para com a Lei e que recebeu a bem da verdade, uma antecipação de sua liberdade de forma condicionada. Na realidade, o liberado é um condenado que obteve uma liberdade antecipada, como medida de política criminal, que possui o condão de auxiliá-lo na reinserção ao meio social, e não a abolição da pena que possui a cumprir. Assim, possui deveres para com o Estado, sendo obrigado a manter em dia seu endereço e comparecer em Juízo sempre que for intimado, inclusive devendo prestar contas do que tem realizado em liberdade e se está desenvolvendo atividade laborativa lícita.

O Projeto de Lei em comento inseriu como condição obrigatória a alínea "d", na qual exige que o apenado comprove frequentar curso de ensino formal ou profissionalizante, o que nos parece justa e atende aos princípios que norteiam a finalidade da pena, que além do caráter retributivo ao delito, possui o condão de reinserir o apenado ao convívio social.

Para que o apenado consiga se reinserir na sociedade é mister que possa prover sua subsistência e para que obtenha êxito, a capacitação técnica contribui sobremaneira. Boa parte dos encarcerados possuem pouca ou nenhuma qualificação profissional, e isso certamente influencia na recuperação social do condenado.

De modo que a alteração pretendida nesse ponto se mostra apropriada. Porém, é certo que não basta apenas isso, cremos que ideal seria um melhor acompanhamento do apenado em liberdade durante o período de prova do livramento condicional.

Caso o liberado deixe de cumprir qualquer das condições que lhe tenham sido impostas ou não atenda ao chamado Estatal quando convocado, o benefício concedido pode ser revogado[22].

---

22 "O liberado é um condenado em gozo de liberdade condicional, concedida antecipadamente, vale dizer, está em liberdade como medida de política criminal, visando à sua ressocialização, porém ainda cumpre pena e tem vínculo com o Estado, devendo, pois, apresentar-se, imediatamente, quando intimado, para prestar qualquer esclarecimento. Lembremos que ele possui várias obrigações a desenvolver enquanto está em liberdade, motivo pelo qual tanto o juiz quanto a autoridade administrativa desinada para acompanhá-lo podem ouví-lo a respeito, a qualquer tempo. O não comparecimento pode dar ensejo á revogação do benefício, se não houver justo motivo" (NUCCI, Guilherme de Souza. Op. cit., p. 192).

4.2 Condições facultativas

As condições facultativas estão previstas no § 2º do art. 132 da Lei de Execução Penal, que consistem em: não mudar de residência sem comunicação ao juiz e à autoridade incumbida da observação cautelar e de proteção, recolher-se à habitação em hora fixada e não frequentar determinados lugares.

As condições facultativas são estabelecidas na sentença que concede o benefício do livramento condicional e são lidas formalmente ao apenado em audiência previamente designada para tal fim.

Nos moldes previstos no art. 133 da Lei de Execuções Penais, nada impede que o liberado transfira sua residência para fora da jurisdição, porém deve requerer previamente ao Juízo das Execuções, que em caso de deferimento, encaminhará cópia da sentença de livramento ao Juízo do lugar para onde ele se houver transferido e também para a autoridade incumbida de acompanhar o cumprimento do livramento condicional.

Após a autorização de transferência de domicílio, deverá o liberado apresentar-se imediatamente às autoridades referidas no art. 133 da Lei de Execuções, formalizando assim a transferência.

No que toca às condições facultativas, o Projeto de Lei em comento não altera as condições hoje existentes.

As condições facultativas são de grande valia, já que permitem ao juiz exercício de seu mister fiscalizador, em especial quanto ao fiel cumprimento por parte do liberado, das condições que lhe foram impostas, tendo em mente sempre que se trata de liberdade antecipada e condicionada. Por tal razão pode o Juiz da Execução, ao conceder o livramento, impor outras condições concomitantes às obrigatórias, de modo a facilitar a fiscalização do cumprimento e da reinserção social do liberado.

O que se percebe na prática é que a fiscalização quanto ao cumprimento das regras obrigatórias e facultativas por parte do poder estatal, representado nesse caso pelo Juízo das Execuções, não é pleno. Isso se deve, em grande medida, ao excessivo número de processos e ao escasso número de funcionários e juízes em boa parte dos Estados Brasileiros.

4.3 Condições legais indiretas

A lei impõe algumas condições legais, que são chamadas de indiretas, assim consideradas aquelas que determinam a revogação obrigatória ou facultativa do livramento condicional e previstas nos arts. 86 e 87 do Código Penal.

Durante o período de prova, o liberado não poderá ser condenado à pena privativa de liberdade, com sentença transitada em julgado, por crime cometido durante a vigência do benefício, ou até mesmo por crime anterior, observado o disposto no art. 84 do Código Penal, ou sofrer condenação irrecorrível por crime ou contravenção, à pena que não seja privativa de liberdade.

Tal condição é de extrema importância e demonstra a intenção do liberado em, de fato, reinserir-se no meio social. Boa parte dos casos de revogação de livramento condicional possui ligação com o cometimento de nova infração penal.

Para que haja a reinserçao social necessário se faz que o liberado consiga ao menos colocação no mercado de trabalho, o que na prática, se sabe, não é tarefa fácil. Em especial se considerarmos a crise econômica que assola o país, na qual os cidadãos, tidos como de "bem", possuem dificuldade em reinserir-se no mercado de trabalho, o que não dizer daqueles que são egressos do sistema prisional, muitos deles com vasta ficha criminal. Em tal contexto, fato é que, por vezes, o egresso culmina por retomar as velhas práticas criminais, tendo assim revogado seu benefício liberatório.

Cremos que para que haja efetivo cumprimento das regras do livramento condicional seria necessário que fossem desenvolvidas políticas públicas que auxiliassem os egressos a obterem recolocação no mercado de trabalho, além de efetivamente fiscalizá-los durante o cumprimento do livramento.

Com esse escopo foi lançado pelo Conselho Nacional de Justiça o "projeto começar de novo" que tem por objetivo promover ações para ressocialização de presos e egressos do sistema prisional, criando oportunidades de trabalho e de reeducação social e profissional[23].

5. COMPETÊNCIA PARA APRECIAR O LIVRAMENTO CONDICIONAL

Compete ao Juízo das Execuções Penais a análise e concessão do pedido de livramento condicional. Por vezes, o pedido é feito de próprio punho pelo executado ou por seu defensor.

Nos moldes previstos pelo art. 112, § 2º, da Lei de Execução Penal, deverá o juiz, antes de decidir acerca do pedido formulado, ouvir o representante do Ministério Público e o defensor, e embora entendimentos contrários, ouvir o Conselho Penitenciário, nos moldes previstos no art. 131 da Lei de Execuções.

O Projeto de Lei em discussão não altera as regras quanto à competência para julgar, porém estanca as discussões quanto à necessidade do parecer do

---

[23] Disponível em: <www.cnj.jus.br/projetocomecardenovo>. Acesso em: 8 jul. 2018.

Conselho Penitenciário, já que conforme se depreende no art. 131 do Projeto, o livramento condicional poderá ser concedido pelo juiz da execução, bastando apenas que o apenado comprove o preenchimento do lapso temporal e tenha bom comportamento, ouvido o Ministério Público.

Assim, suprimido pelo Projeto a obrigatoriedade de parecer emitido pelo Conselho Penitenciário.

As alterações propostas no Projeto de Lei tornam os procedimentos para o livramento condicional mais simplificados e práticos, o que sem dúvida alguma agiliza a decisão do pedido.

6. CERIMÔNIA DO LIVRAMENTO

A cerimônia de concessão do livramento condicional está prevista no art. 136 da Lei de Execuções Penais e é considerada o marco inicial da execução do livramento condicional.

Ao conceder o benefício, o juiz das Execuções expede a denominada carta de livramento, instruída com cópia da sentença, em duas vias, remetendo-se uma à autoridade administrativa, incumbida da execução, cujo encargo recai sobre o serviço social penitenciário, patronato ou conselho da comunidade, sendo a segunda enviada ao presidente do Conselho Penitenciário Estadual[24].

A solenidade da concessão do livramento deveria ocorrer seguindo os protocolos do art. 137 da Lei de Execuções, porém dada à quantidade de benefícios concedidos e à grande população carcerária, é feita com vários apenados, via de regra presente apenas o diretor da penitenciária ou o Juiz das Execuções, ocasião em quesão lidos os termos previstos na decisão judicial, na qual cada sentenciado expressa seu consentimento às regras.

Após a solenidade, é entregue ao liberado uma caderneta com sua identificação e as condições que lhe foram impostas e aceitas por ele. No mesmo ato, nos termos do art. 138, recebe o saldo de seu pecúlio, se houver.

Vale anotar que o art. 137 da Lei de Execução Penal possui sugestão de alteração no projeto em trâmite na Câmara dos Deputados[25], que altera

---

[24] PRADO, Luiz Regis. Op. cit., p. 248
[25] "A cerimônia do livramento condicional será realizada solenemente no dia marcado pelo presidente do Conselho Penitenciário ou pelo diretor do estabelecimento penal nas unidades do interior do Estado, no estabelecimento onde está sendo cumprida a pena, observando-se o seguinte: I – a sentença será lida

apenas uma parte do dispositivo vigente, passando a constar que a sentença será lida ao liberado pelo presidente do Conselho Penitenciário ou membro por ele designado, e na falta destes, pelo juiz, retirando da lei que a sentença seria lida na presença dos demais condenados.

O ato de cerimônia da concessão do livramento condicional possui o condão de esclarecer ao liberado as condições que lhe são impostas para que faça jus à liberdade antecipada. Além disso, são esclarecidas as regras e também as consequências do não cumprimento das obrigações impostas.

7. APOIO AO LIBERADO

A Lei de Execuções Penais estabelece, ainda, uma proteção ao liberado que, nos moldes dos arts. 25 e 26, é considerado egresso durante o período de prova, necessitando do auxílio do Estado para reinserir-se no meio social.

Assim, prevê o art. 139[26] que o auxílio prestado pelo Estado é realizado pelo serviço social, e na sua ausência, pelo patronato ou Conselho da Comunidade, que terão por finalidade fazer cumprir as regras estabelecidas pelo juiz ao conceder o livramento condicional.

Interessante anotar que, na prática, o apoio citado na Lei não é aplicado como se espera. Inúmeros são os egressos que após longos anos no cárcere, são colocados em liberdade e não possuem sequer condições familiares e sociais para apoio. Principalmente por conta da falta de condições de se apurar se o liberado reúne condições de se sustentar dignamente, é dado a ele prazo para recolocação no mercado de trabalho. Geralmente, o que se sabe é que os egressos não conseguem ocupação lícita, não possuem condições de manterem uma vida minimamente digna e, por vezes, regressam ao sistema penitenciário.

---

ao liberando pelo presidente do Conselho Penitenciário ou membro por ele designado, ou, na falta, pelo juiz".

[26] "A observação cautelar e a proteção realizadas por serviço social penitenciário, patronato ou Conselho da Comunidade terão a finalidade de: I – fazer observar o cumprimento das condições especificadas na sentença concessiva do benefício; II – proteger o beneficiário, orientando-o na execução de suas obrigações e auxiliando-o na obtenção de atividade laborativa. Parágrafo único: a entidade encarregada da observação cautelar e da proteção do liberado apresentará relatório ao Conselho Penitenciário, para efeito da representação prevista nos arts. 143 e 144 desta lei".

8. MODIFICAÇÃO DAS CONDIÇÕES

Considerando tratar-se o livramento de última etapa no cumprimento da pena e possuir como fundamento a reintegração do executado no meio social, as condições impostas ao executado poderão ser ajustadas ou modificadas a qualquer tempo.

Assim, nos termos do que prevê o art. 144 da Lei de Execuções Penais, e a depender da necessidade, poderá o juiz, de ofício ou a requerimento do Ministério Público, da Defensoria Pública, ou mediante representação do Conselho Penitenciário, e ouvido o liberado, agravá-las ou atenuá-las sempre observadosos princípios individualizadores pertinentes ao caso, e quando verificar que uma ou mais condições se mostrarem inadequadas ou insuficientes para a finalidade que a determinou.

Das partes citadas no art. 144 da Lei de Execuções Penais, Ministério Público e Defesa podem requerer as modificações e, caso não sejam atendidos, caberá recurso denominado Agravo em Execução, nos termos do art. 197 da referida lei.

Quanto ao conselho penitenciário, considerando ser este órgão consultivo do Estado, caberá a ele representar pela modificação ou alteração das condições e caso não seja acolhida sua pretensão, da decisão não caberá recurso.

A lei nada fala acerca da possibilidade do próprio liberado requerer modificação ou alteração das condições de próprio punho, porém a doutrina entende ser possível tal providência, e antes de decidir deverá ser ouvido o Representante do Ministério Público.

Segundo previsto no art. 140, parágrafo único, da Lei de Execuções, em caso de revogação facultativa, quando o juiz mantiver o livramento condicional, as condições anteriormente impostas deverão ser agravadas ou alteradas.

Em atenção ao princípio da ampla defesa, em qualquer caso de modificação, seja para alterar ou modificar as condições anteriormente impostas, o liberado deverá sempre ser ouvido e advertido, assim como seu defensor.

Nos termos do art. 137 da Lei de Execuções Penais, a modificação das condições exige nova cerimônia de livramento, para que seja dada ciência ao liberado quanto às novas regras que lhe serão impostas.

No que pertine à modificação das condições previstas atualmente nos arts. 138 a 140 da Lei de Execução Penal, o Projeto de Lei não sugere qualquer alteração, de modo que permanecerão da forma estabelecida, o que é lamentável, já que poderia ter sido incluída a possibilidade de o liberado solicitar modificação nas condições de cumprimento, formalizando assim, o que se realiza por vezes na prática, tal como apontam alguns doutrinadores.

9. SUSPENSÃO DO CURSO DO LIVRAMENTO CONDICIONAL

Quando há descumprimento de condição imposta para o livramento condicional ou quando há práticade nova infração penal no curso do período de prova, tal circunstância demonstra comportamento desviante incompatível com o benefício e inconteste ausência de requisito subjetivo. Neste caso, conforme prevê o art. 145 da Lei de Execuções Penais, o curso do livramento condicional deverá ser suspenso até decisão definitiva no novo processo criminal, quando poderá ser revogado o benefício[27].

A suspensão não é automática, já que o artigo diz "poderá". Além disso, somente é cabível a suspensão do curso do livramento em caso de prática de outra infração penal, não sendo possível quando o liberado deixar de cumprir qualquer das condições que lhe tenham sido impostas.

Em atenção ao princípio da ampla defesa é de bom tom que, antes de decidir pela suspensão do benefício, seja *ex officio*, seja a requerimento do Ministério Público ou representada a pedido do Conselho Penitenciário, o Juiz da Execução dê a oportunidade do liberado manifestar-se a respeito, e somente após isso definir pela suspensão ou não do livramento condicional.

Por conta da nova ação penal iniciada contra o liberado, o período de prova do livramento condicional será prorrogado automaticamente até o final do novo processo, e em caso de condenação, poderá ocorrer a revogação do livramento.

Interessante anotar que, no caso de suspensão do livramento com a prisão do liberado, o tempo de encarceramento não poderá ser superior à pena prevista inicialmente. Vencido o prazo da pena inicialmente aplicada e sob execução, o condenado deverá ser colocado em liberdade (se por outra razão não for o caso de permanecer preso), mas o juiz não poderá julgar extinta a pena enquanto não transitar em julgado decisão relativa ao novo processo instaurado[28].

---

[27] "Praticada pelo liberado outra infração, o juiz poderá ordenar a sua prisão, ouvidos o Conselho Penitenciário e o Ministério Público, suspendendo o curso do livramento condicional, cuja revogação, entretanto, ficará dependendo da decisão final" (MARCÃO, Renato. Op. cit., p. 235).

[28] MARCÃO, Renato. Op. cit., p. 237.

Acerca do exposto, destaca-se o interessante entendimento professado por Cezar Roberto Bitencourt[29], no qual explicita que mesmo que tenha ocorrido a suspensão do livramento condicional com a prisão preventiva do egresso, caso haja o cumprimento do total da pena anteriormente imposta ao mesmo, este deve ser colocado em liberdade não sendo possível nesse caso a prorrogação do período de prova.

De todo modo, caso venha o liberado ser absolvido no novo processo, após o trânsito em julgado da sentença ou acórdão, deverá o juiz julgar extinta a punibilidade em relação ao primeiro processo. Caso haja condenação, o livramento poderá ser revogado e o liberado terá que cumprir a nova pena imposta, acrescida do tempo que permaneceu em liberdade referente ao período do livramento revogado.

Nesse ponto, o Projeto de Lei em tramitação traz interessantes e oportunas alterações. O art. 145 possui propostade alteração que somente autoriza a suspensão do livramento condicional se o liberado vier a ser preso por novo crime e o juiz verificar no caso concreto a total impossibilidade de cumprimento. Além disso esclarece que a revogação dependerá da decisão final condenatória do novo processo.

Outro fato interessante é que caso o liberado venha a ser colocado em liberdade quanto ao novo processo, as condições do livramento condicional serão restabelecidas.

As alterações propostas nesse caso são oportunas e tornam mais claras e práticas as decisões acerca da suspensão do livramento condicional, além de restringir a decisão de suspensão apenas em caso de prisão do liberado, situação que antes não era prevista. De modo que cremos que nesse ponto as alterações serão produtivas.

---

[29] "Ainda que tenha havido a suspensão deste com a 'prisão preventiva' do liberado, se o período de prova se extinguir antes que se tenha iniciado 'a ação penal', não será possível prorrogar o livramento condicional. O apenado terá de ser posto em liberdade imediatamente e a pena será extinta, porque decorreu todo o período de prova sem causa para sua revogação. Frise-se que o art. 89 do Código Penal só admite a prorrogação do período de prova se o liberado estiver respondendo a 'processo', o que não se confunde com a simples prática de infração penal ou então com inquérito policial ou qualquer outro expediente ou procedimento administrativo" (BITENCOURT, Cezar Roberto. *Tratado de direito penal*: parte geral. 11. ed. atual. São Paulo: Saraiva, 2007. vol. 1, p. 674).

10. REVOGAÇÃO DO LIVRAMENTO CONDICIONAL

A Lei de Execuções Penais prevê em seu art. 140 que a revogação do livramento condicional se dará nos termos previstos nos arts. 86 e 87 do Código Penal.

O Brasil adotou o sistema progressivo de cumprimento de pena, o qual é dinâmico e comporta mutações. Assim, o apenado é transferido do regime mais gravoso para o menos rigoroso após o cumprimento de determinadas regras estipuladas na Lei. De sorte que, caso descumpra as normas estabelecidas, pode retornar ao regime mais gravoso, desde que por decisão devidamente fundamentada pela autoridade judicial.

Assim, sendo um benefício concedido de modo a avaliar o grau de ressocialização do apenado, deve ser cumprido de forma fiel e rigorosa[30], devendo o liberado cumprir as diretrizes determinadas na decisão que concedeu o livramento condicional, sob pena de ter o benefício revogado.

A fiscalização do cumprimento das condições impostas na concessão do livramento condicional cabe aos Patronatos eao serviço social penitenciário, porém, fato é que em boa parte das Capitais Brasileiras esses órgãos não existem, culminando por serem os liberados fiscalizados pelas Execuções Penais.

Em alguns Estados, é utilizada a monitoração eletrônica, que foi introduzida em âmbito federal pela Lei 12.258/2010. Porém, mesmo essa fiscalização não tem se mostrado totalmente eficaz, já que se tem notícia de que em algumas vezes apresenta erros de medição e em outras são burladas pelos próprios liberados.

Além dos órgãos citados, cabe ao Conselho Penitenciário não somente emitir parecer para a concessão do pedido de livramento condicional, como também a fiscalização do cumprimento das condições, já que podem opinar quanto à revogação do benefício, nos termos do previsto nos arts. 143 e 144 da Lei de Execuções Penais.

Assim, prevê a Lei de Execuções Penais duas hipóteses de revogação: a obrigatória e a facultativa. Em qualquer das hipóteses a revogação é

---

[30] "O cumprimento da pena precisa ser efetivo e real, em particular quando se trata de benefício concedido para avaliar o grau de ressocialização do sentenciado. Nesse cenário, as condições fixadas pelo juiz para o gozo do livramento condicional devem ser fielmente respeitadas. O mesmo se diga em relação a outros benefícios, como regimes semiaberto e aberto, quando atingidos por progressão, a saída temporária, a suspensão condicional da pena etc." (NUCCI, Guilherme de Souza. Op. cit., p. 195).

considerada uma resposta punitiva àquele que demonstrou não ser merecedor da confiança estatal quanto à sua possibilidade de ressocialização.

10.1 Revogação obrigatória

A revogação obrigatória está prevista no art. 140 da Lei de Execução Penal e prevê que a revogação do livramento condicional se dará na forma prevista no Código Penal.

Desse modo, o art. 86 do Código Penal esclarece que o livramento será revogado caso o liberado seja condenado à pena privativa de liberdade por sentença irrecorrível por crime cometido durante a vigência do benefício ou ainda por crime anterior, nesse caso serão observadas as disposições constantes no art. 84 do Código Penal.

Para que haja a revogação obrigatória do livramento condicional, não basta somente a prática de novo delito, já que a mera prática leva à suspensão do curso do livramento condicional, como já exposto no tópico pertinente.

Assim, para que seja revogado o livramento condicional, é necessário que o liberado seja condenado com trânsito em julgado à pena privativa de liberdade, já que caso a pena seja restritiva de direitos ou apenas multa, será caso de revogação facultativa, cuja viabilidade será analisada de forma pormenorizada pelo Juiz das Execuções. Com relação a aguardar o trânsito em julgado da decisão para revogar o livramento, em virtude do atual posicionamento do Supremo Tribunal Federal, que permite o início da execução da pena desde que a questão debatida tenha sido superada nas instâncias ordinárias, ainda que pendente análise de recurso, creio que seja possível a revogação antes mesmo do trânsito em julgado da decisão condenatória.

No que concerne à decisão da revogação após a suspensão ou prorrogação do período de prova do livramento, o Projeto de Lei em comento prevê no art. 145, § 3º, que será considerada extinta a pena privativa de liberdade, caso o livramento não tenha sido revogado.

Ainda que a decisão definitiva do novo processo se dê após o período de prova do livramento condicional, a revogação do livramento é medida que se impõe, em especial porque o delito foi cometido durante a vigência do livramento condicional.

A segunda hipótese de revogação obrigatória é a condenação irrecorrível, por crime cometido antes da vigência do livramento condicional, nos termos previstos no art. 84 do Código Penal e prevê que as penas que correspondem a infrações diversas devem somar-se para efeito do livramento.

Nesse caso, o liberado não voltou a delinquir, mas teve exarado contra si sentença penal irrecorrível por delito anterior à concessão do livramento condicional. De modo que determina a Lei que sejam somadas as penas da condenaçao atual e daquela a qual o liberado foi agraciado pelo livramento condicional.

Segundo entendimento de Cezar Roberto Bitencourt, exatamente por não ter o liberado cometido nova infração, penal o legislador foi mais flexível, admitindo, nessa situação, a soma de penas da nova condenação à anterior. Caso o liberado tenha cumprido quantidade de pena que perfaça o mínimo exigido no total das penas, incluídos nestes o período que esteve em liberdade, continuará em liberdade condcional, caso contrário, regressará ao cárcere, podendo gozar de novo livramento condicional quando completar o lapso exigido.

As somas das penas prescritas no art. 84 do Código Penal dizem respeito ao total das penas aplicadas ao liberado, até porque não faz qualquer menção o artigo ao "restante de pena". Caso o tempo de pena cumprido convalide a concessão do livramento condicional, a revogação não ocorrerá.

Assim, quando ocorrer a revogação do livramento condicional, o tempo em que o liberado permaneceu solto será desprezado, não sendo permitido ao mesmo, gozar de novo livramento condicional em relação à mesma pena, nos moldes previstos no art. 142 da Lei de Execuções Penais.

10.2 Revogação facultativa

As hipóteses de revogação facultativa estão previstas no art. 87 do Código Penal, e ocorrem caso o liberado deixe de cumprir qualquer das obrigações constantes da sentença, ou venha a ser condenado, por crime ou contravenção, a pena que não seja privativa de liberdade.

As causas de revogação facultativa deixam a critério do Juiz, que *poderá*, analisando o caso concreto e as circunstâncias do caso, gravidade do fato e demais condições pessoais do liberado, revogar ou não o livramento condicional.

A primeira causa de revogação diz respeito à desídia do liberado que deixou de cumprir qualquer das condições que lhe foram impostas na sentença que concedeu o livramento. As condições referidas no art. 87 do Código Penal são aquelas obrigatórias e facultativas (previstas no art. 132, §§ 1º e 2º, da LEP), que demonstram claramente o desinteresse do liberado em ressocializar-se, não estando apto para o convívio social.

A segunda causa de revogação facultativa refere-se à "condenação, por crime ou contravenção, a pena que não seja privativa de liberdade".

Nesse caso, o legislador faculta ao Juiz a revogação do livramento condicional ao liberado que comete novo crime ou contravenção penal praticados ou não durante o curso do livramento, desde que não seja imposta pena privativa de liberdade.

Tal qual na primeira causa de revogação facultativa, o cometimento de nova infração, ainda que não seja imposta pena privativa de liberdade, indica certo grau de reprovabilidade da conduta social do liberado, e caberá ao Juiz analisar o caso concreto e a personalidade do agente, utilizando critérios individualizadores da pena, para definir se revoga ou mantém o livramento condicional.

Uma questão interessante, nesse ponto, é levantada por Cezar Roberto Bitencourt[31], a qual aduz ter o legislador esquecido que existem algumas contravenções penais que são punidas com pena de prisão simples, logo, privativa de liberdade emenciona) que nesse caso tal omissão legal não poderia ser suprida pelo juiz, nem tampouco comporta interpretação extensiva.

Desse modo, segundo entendimento da maior parte dos doutrinadores, o esquecimento do legislador não pode ser motivo para não permitir ao juiz a revogação facultativa do livramento no caso de condenação por contravenção penal à pena privativa de liberdade (prisão simples), posicionamento com o qual concordamos.

Em todo caso, seja a revogação obrigatória ou facultativa, deve o juiz ouvir o executado e seu defensor, designando para tanto audiência de justificação, permitindo assim o exercício da ampla defesa e contraditório, de conformidade inclusive, com o que prevê o art. 143 da Lei de Execuções Penais.

Quanto à revogação do livramento condicional, o Projeto de Lei em comento tornou a questão mais prática e preservou a finalidade do livramento condicional. Restringiu a revogação do benefício após decisão final condenatória.

---

[31] "Essa lamentável omissão levou alguns doutrinadores a sustentar que essa omissão legal não pode ser suprida pelo juiz ou outra forma de interpretação, para levar à revogação do livramento. O equívoco é manifesto, principalmente quando se verifica na Exposição de Motivos que o legislador pretendeu estabelecer como causa facultativa de revogação a condenação por contravenção, independentemente da espécie de sanção aplicada (item 76). E completa que: A melhor orientação, a nosso juízo, seguem, entre outros, Mirabete e Dotti, os quais sustentam que seria um absurdo pensar que a aplicação da pena menos grave (restritiva de direitos e multa) constitua causa de revogação facultativa e não ocorra o mesmo quando for imposta pena mais grave (privativa de liberdade)" (BITENCOURT, Cezar Roberto. Op. cit., p. 673).

Os arts. 140 a 144 da Lei de Execução Penal não possuem sugestão de alteração no projeto em comento, de modo que permanecem inalterados.

No mais, a sugestão de alteração do art. 145 da LEP, que estabelece a suspensão do livramento em situações excepcionais e somente em caso de prisão e limita a revogação do benefício somente em caso de condenação final, simplificam o procedimento e garantem a manutenção do livramento condicional, preservando, assim, as razões de existir do benefício.

11. EXTINÇÃO DA PENA PRIVATIVA DE LIBERDADE SEM REVOGAÇÃO DO LIVRAMENTO CONDICIONAL

Segundo preveem o art. 146 da Lei de Execução Penal e o art. 90 do Código Penal, se até o término do período de provas o livramento condicional não tiver sido revogado, considerar-se-á extinta a pena privativa de liberdade.

Cezar Roberto Bitencourt[32] nos ensina que os arts. 146 da LEP e 90 do Código Penal chocam-se com o previsto no art. 89 do Código Penal, o qual prevê que o juiz não poderá declarar extinta a pena, enquanto não passar em julgado a sentença em processo a que responde o liberado, por crime cometido na vigência do livramento.

Nem a Lei de Execução Penal nem tampouco o Código Penal dizem expressamente como ficará o livramento condicional nesse caso. Porém, é voz corrente entre os doutrinadores, em especial Renato Marcão[33], que o Juiz não poderá nesses casos julgar extinta a pena privativa de liberdade, sem que venha aos autos comprovação da existência ou inexistência de processos pendentes em nome do liberado.

Assim, nesse caso, deverá o magistrado aguardar o resultado do novo processo instaurado na forma que prevê o art. 89 do Código Penal.

Porém, a despeito das discussões acerca desse dispositivo, a proposta de alteração do art. 145 da Lei de Execução Penal colocará fim à discussão, já que prevê, no § 3º do artigo, que, caso o livramento não seja extinto até seu término, a pena será considerada extinta.

Quanto à data de extinção do livramento condicional, o Projeto em comento não trouxe qualquer modificação, de modo que permanece como previsto atualmente, ou seja, a pena restará extinta tão logo expire o prazo

---

[32] BITENCOURT, Cezar Roberto. Op. cit., p. 676.
[33] MARCÃO, Renato. Op. cit., p. 243.

do livramento condicional, sem que tenham ocorrido qualquer revogação, e a data da extinção será a do último dia do prazo, e não da data que o juiz assim a declarar.

A natureza jurídica da sentença que declara extinta a pena é meramente declaratória e não constitutiva. Decorre, como consequência, a extinção da punibilidade na data do término da extinção da pena. Para o efeito de reabilitação, portanto, considerando a natureza jurídica da sentença de extinção da pena, o biênio deve ser contado a partir da data do término da fase probatória[34].

12. CONCLUSÃO

O benefício de livramento condicional é, sem dúvida alguma, um instituto que permite ao liberado demonstrar àsociedade que está apto a retornar ao convívio social. As regras previstas no Código Penal e na Lei de Execução Penal permitem ao Juiz a aplicaçãoadequada do instituto aos casos concretos.

Porém, é certo que a crise prisional instalada em nosso país dificulta sobremaneira a concreta aplicação das regras legais quanto ao livramento condicional. Alie-se a isso, as crises social e econômica. Nosso país enfrenta uma das mais graves crises institucionais, que culmina por afetar toda a população.

Todos esses fatores influenciam no cumprimento do livramento condicional, já que impossibilitam, de maneira indireta, o liberado de cumprir as regras estabelecidas na concessão do benefício.

Não existem postos de trabalho lícito disponíveis para todos os egressos, o que, aliás, não existe a contento para a população como um todo. Com os egressos, o problema é ainda maior, já que possuem um passado criminal que influencia de forma negativa na recolocação no mercado de trabalho.

Com isso, os índices de reincidência penal no Brasil aumentam vertiginosamente dia a dia, assim como as revogações de benefícios concedidos, em especial pela prática de novas infrações penais.

Para fins de apuraçãoda efetividade do livramento condicional, ideal seria a análise de dados estatísticos quanto às concessões e revogações do benefício. Porém, realizada consulta nos bancos de dados disponíveis no Conselho Nacional de Justiça e no Tribunal de Justiça de São Paulo, verificou-se inexistir dados sobre o tema. Embora existam informações de

---

[34] ZVIRBLIS, Alberto Antonio. Op. cit., p. 93.

quantas pessoas hoje se encontram encarceradas no Brasil, não há dados que demonstrem a relação entre do período de encarceramento e a finalidade ressocializadora da pena.

Segundo aponta o relatório do IPEA de 2015[35] sobre a reincidência no Brasil, os encarcerados, quando entrevistados, afirmaram que, ao obterem a liberdade, demonstraram interesse em serem recolocados no mercado de trabalho, porém, as poucas oportunidades encontradas eram incompatíveis com suas aptidões, culminando com o retorno à prática delitiva e, consequentemente, ao cárcere.

O que se percebe é uma total ausência de políticas públicas efetivas de modo a estancar o problema de segurança pública existente no Brasil.

As modificações que estão sendo sugeridas no Projeto de Lei 9.054/2017 são pertinentes e aparam algumas arestas existentes nos estatutos atuais, porém, infelizmente, não solucionam o caos vivenciado.

Para que os institutos previstos na Lei sejam bem aplicados, mister se faz a implantação de efetivo controle dos que obtêm o direito ao livramento condicional, por exemplo, auxiliando-os a obter colocação no mercado de trabalho, além de dar-lhes oportunidade de estudo e qualificação profissional.

Desse modo, qualquer alteração legislativa que não busque criar alternativas sociais, educacionais e econômicas não serão suficientes para resolver a grave crise pela qual passa o país.

REFERÊNCIAS

ANTOLISEI, Francesco. *Manuale di diritto penale* – parte generale. Sedicessima edizione agg. Int. Milano: Giuffrè, 2003.

BITENCOURT, Cezar Roberto. *Tratado de direito penal*: parte geral. 11. ed. atual. São Paulo: Saraiva, 2007. vol. 1.

BRITO FILHO, José Cláudio Monteiro de. *Direitos humanos*. São Paulo: LTr, 2015.

FERREIRA FILHO, Manoel Gonçalves. *Direitos humanos fundamentais*. 15. ed. São Paulo: Saraiva, 2016.

---

[35] Disponível em: <http://www.ipea.gov.br/portal/images/stories/PDFs/relatoriopesquisa/150611_relatorio_reincidencia_criminal.pdf>. Acesso em: 13 jun. 2018.

FOUCAULT, Michael. *Vigiar e punir*: nascimento da prisão. Trad. Raquel Ramalhete. 42. ed. Petrópolis: Vozes, 2014.

JAKOBS, Ghunter. *Direito penal no inimigo:* noções e críticas. Manuel Cancia Meliá (org.). Trad. André Luís Callegari e Nereu José Giacomolli. 2. ed. Porto Alegre: Livraria do Advogado, 2007.

MARCÃO, Renato. *Curso de execução penal*. 16. ed. São Paulo: Saraiva, 2018.

MORAES, Alexandre de. *Direitos humanos fundamentais*: teoria geral, comentários aos arts. 1º ao 5º da Constituição da República Federativa do Brasil, doutrina e jurisprudência. 9. ed. São Paulo: Atlas, 2011.

NUCCI, Guilherme de Souza. *Curso de direito penal*. Parte geral: arts. 1º a 120 do Código Penal. Rio de Janeiro: Forense, 2017. vol. 1.

_____. *Curso de execução penal*. Rio de Janeiro: Forense, 2018.

_____. *Individualização da pena*. 7. ed. rev., atual. e ampl. Rio de Janeiro: Forense, 2015.

PEROTI, Roberto. *La liberazione condizionale.* Disponível em: <http://www.altrodiritto.unifi.it/sportell/libercon.htm>. Acesso em: 26 maio 2018.

PRADO, Luiz Regis. *Direito de execução penal*. 4. ed. rev., atual. e ampl. São Paulo: RT, 2017.

RAMOS, André de Carvalho. *Curso de direitos humanos*. 4. ed. São Paulo: Saraiva, 2017.

SARLET, Ingo Wolfgang. *Dignidade da pessoa humana e direitos fundamentais na Constituição Federal de 1988.* 9. ed. rev. e atual. 2. tir. Porto Alegre: Livaria do Advogado, 2012.

SILVA, Marco Antonio Marques da (coord.). *A efetividade da dignidade humana na sociedade globalizada.* São Paulo: Quartier Latin, 2017.

ZVRIBLIS, Alberto Antônio. *Livramento condicional e prática de execução penal.* Bauru: Edipro, 2001.

14

A MONITORAÇÃO ELETRÔNICA COMO INSTRUMENTO DAS EXECUÇÕES PENAIS

JULIANA BURRI
Mestre em Direito Penal pela PUC-SP. Membro do Núcleo de Ciências Criminais da PUC-SP. Diplomada em Direitos Humanos Internacionais pela PUC-SP. Assistente Jurídica do Tribunal de Justiça do Estado de São Paulo, Seção Criminal, em 2º grau.

Resumo: A monitoração eletrônica, sistema tecnológico de vigilância indireta, vem conquistando espaço na seara executória penal, sendo introduzida pela Lei 12.258/2010, de maneira tímida, apenas como instrumento de fiscalização para benefícios preexistentes. Ganhou relevo em 2011, com as alterações advindas pela Lei 12.403, que inaugurou o sistema como medida cautelar de natureza pessoal diversa da prisão. A partir de então, fomenta-se a utilização dessa tecnologia como uma real alternativa ao encarceramento, diante da falência do sistema prisional e da execução penal como um todo. Apresenta-se a monitoração eletrônica como uma opção ao desencarceramento de condenados e processados, bem como um valioso instrumento para a ressocialização, sem alcançar a impunidade.

Palavras-chave: Monitoração eletrônica. Encarceramento. Ressocialização. Sistema de vigilância. Individualização da pena. Medida cautelar de natureza pessoal diversa da prisão. Pena privativa de liberdade.

Abstract: The electronic monitoring, a technological system of indirect surveillance, has been gaining ground in the Brazilian criminal execution, being introduced by Law 12.258/2010, in a timid manner, only as an surveillance tool for pre-existing benefits. It gained prominence in 2011, with the changes arising from Law 12.403, which inaugurated the possibility to implant this system as a precautionary measure for those who are responding to criminal prosecution, as an alternative for prison. From then on, the use of this technology is stimulated as a real alternative to imprisonment, in the face of the collapse of the prison system and criminal execution as a whole. Electronic monitoring is presented as an option to reduce prison populations and a valuable instrument for resocialization, without achieving impunity.

Keywords: Electronic monitoring. Prison overcrowding. Resocialization. Surveillance system. Custodial sentence.

Sumário: 1. Introdução – 2. Posicionamentos favoráveis e contrários ao sistema de monitoração eletrônica – 3. Gênese da monitoração eletrônica e as modalidades de desafetação à prisão (os sistemas *front-door* e *back-door*) – 4. Conceito e modelos de monitoração eletrônica – 5. A monitoração eletrônica no direito brasileiro: 5.1 A Lei Federal 12.258, de 2010; 5.2 A Lei Federal 12.403, de 2011; 5.3 A Súmula Vinculante 56 – 6. Conclusão – Referências.

1. INTRODUÇÃO

O direito à individualização da pena, princípio estampado no rol de direitos e garantias fundamentais, art. 5º, XLVI, da Constituição Federal, e as finalidades retributiva e preventiva da pena sufocaram-se pela desídia do Poder Executivo, ante a falta de interesse político em direcionar verbas públicas para implementar a densidade normativa da Lei de Execução Penal, e pela atuação atônita do Poder Legislativo em, presenciando a falência do sistema atual, omitir-se, quando a contento deveria agir, a fim de readaptar o acervo normativo à realidade, tendente a piorar.

O aumento exponencial da criminalidade e a falência do sistema prisional, versos de uma mesma moeda, ensejaram um dos fenômenos mais característicos da sociedade moderna, a superlotação carcerária, verdadeiro câncer social.

O encarceramento indiscriminado e a ineficácia do sistema de progressão são questionados por números alarmantes apresentados pelo Departamento Penitenciário Nacional e pelo Conselho Nacional de Justiça, a sinalizar o que, em verdade, deparamo-nos diariamente, com uma desastrosa realidade.

A propósito, caminhos dificultosos existem para encontrar estatísticas fidedignas e cristalinas sobre a real situação carcerária do país, desde respostas a perguntas básicas como a quantidade de presos condenados que estão, de fato, em regime fechado, sem mesclar com os progredidos, foragidos e provisórios, o custo diário por reeducando etc.[1].

Em meio a essa crise de informação e a falência do sistema de execução penal, vigente desde 1984, com a entrada em vigor da Lei 7.210, cuja última alteração, pouco significativa, foi realizada em 2015, percebe-se a urgência da matéria e a necessidade de pressão, acompanhada de propostas, por nós,

---

[1] Leitura indicada: <http://www.cnj.jus.br/files/conteudo/arquivo/2016/02/b948337bc7690673a39cb5cdb10994f8.pdf>.

operadores do Direito, em conferir eficácia normativa e programática à realidade execucional.

De acordo com o panorama atual, a execução penal, na prática, destina-se somente a retirar de cena o condenado ou o processado, para não se dizer que, em muitos casos, além de isolá-lo da sociedade, contribui para o seu ingresso em organizações criminosas ou degrada ainda mais sua personalidade e dignidade, bem como sua noção de humanidade. As consequências são desastrosas.

Em um século em que a globalização e a tecnologia infiltraram-se não só no cotidiano dos cidadãos, mas, igualmente, na estrutura dos órgãos estatais, vide a informatização progressiva do Poder Judiciário, colaborando, de maneira eficaz, para a celeridade processual, seria um retrocesso não incorporarmos mecanismos tecnológicos, em especial, na seara de execução penal.

É nesse contexto que surge o instituto da monitoração eletrônica, como uma das possibilidades ao tradicional e esgotado sistema de execução da pena, constituindo uma possível solução para o aumento dos contingentes carcerários e para a ressocialização do condenado, afastando-o das maléficas consequências do encarceramento, sem alcançar a impunidade, sendo implantado nas modalidades *front-door* e *back-door*, a exemplo do sucesso da introdução em países desenvolvidos, como os Estados Unidos, Canadá, Inglaterra, Portugal e tantos outros da Europa.

2. POSICIONAMENTOS FAVORÁVEIS E CONTRÁRIOS AO SISTEMA DE MONITORAÇÃO ELETRÔNICA

A monitoração eletrônica foi introduzida no Brasil de maneira tímida e lenta quando comparada a países estrangeiros em que se discute a inserção tecnológica, inclusive, como alternativa à pena privativa de liberdade, desde os anos 80 do século passado.

O Congresso Nacional brasileiro começou a debater a questão a partir do ano de 2007, com algumas propostas de Lei, mas foi apenas em 2010 que a casa legislativa aprovou a medida e a Presidência da República sancionou, no dia 15 de junho, a Lei 12.258, inaugurando o sistema de vigilância indireta no ordenamento jurídico somente para os beneficiados com saídas temporárias no regime semiaberto (LEP, arts. 122 a 125 e 146-B, II) e prisão domiciliar (LEP, arts. 117 e 146-B, IV).

A partir da novel legislação, vozes ergueram-se quanto à constitucionalidade da utilização da monitoração eletrônica, notadamente a proteção de direitos e garantias individuais do cidadão.

O principal argumento contrário à implantação do monitoramento é a violação à intimidade e risco à integridade física e moral do usuário, por tratar-se de direta ingerência do Estado na vida privada do indivíduo e por revestir-se de mecanismo de difícil ocultação, já que pulseiras ou tornozeleiras exporiam o monitorado aos mais diversos tipos de constrangimentos, prejudicando sua reinserção social. Além disso, há quem aponte pelo elevado custo da implantação e respectivo impacto no orçamento estatal.

O Defensor Público do Estado de São Paulo, Carlos Weis, membro do Conselho Nacional de Política Criminal e Penitenciária (CNPCP), apresentou, à época, parecer desfavorável, ao firmar que "a primeira ponderação diz respeito à preservação do direito fundamental à intimidade, visto que o sistema, tal como apresentado ao Conselho Nacional de Política Criminal e Penitenciária (...), expõe publicamente a pessoa processada ou condenada criminalmente, reforçando o estigma que impede a integração social a que se referem tratados internacionais de direitos humanos e o artigo 1º da Lei de Execução Penal"[2].

A respeito dos custos a que esse sistema se submete, o referido Defensor Público adverte, "(...) há dúvidas quanto o custo e a operação do sistema, sendo certo que não foi feita auditoria oficial para saber exatamente se a propalada economia operacional é verdadeira. Ademais, a tecnologia é privativa de umas poucas empresas privadas, o que pode deixar a Administração refém quando da renovação dos contratos, no caso de haver milhares de pessoas sendo monitoradas. Acaso seria feito o "recall" dos usuários se fosse suspensas a operação ou trocado o fornecedor dos serviços?"[3].

Ao lado desse viés argumentativo, acrescenta-se o postulado da intervenção mínima, no sentido de que a vigilância eletrônica seria uma forma de ingerência do Estado na vida privada do cidadão, interferência essa vedada constitucionalmente. Nessa esteira, segue trecho do parecer elaborado por Carlos Weis, em resposta aos projetos de Leis sobre o monitoramento eletrônico, à época, em trâmite, no Congresso Nacional, "a respeito, a Corte Interamericana de Direitos Humanos já teve oportunidade de se pronunciar sobre os limites do exercício do *jus puniendi* pelos Estados, restando consagrado que 'um Estado tem o direito e o dever de garantir sua própria segurança, mas deve exercê-los dentro dos limites e conforme os procedimentos que

---

[2] *O Big Brother Penitenciário*. Disponível em: <http://www.carceraria.org.br>. Acesso em: 14 mar. 2010.
[3] Idem.

permitam preservar tanto a segurança pública como os direitos fundamentais da pessoa humana"[4].

Em contrapartida às críticas tecidas sobre essa nova perspectiva tecnológica de execução penal, muitos são os defensores da monitoração eletrônica, sobretudo porque, além de já existirem experiências positivas em diversos países, é uma alternativa a não contaminação do processado ou condenado às mazelas prisionais.

Ora, se é notória a falência do sistema prisional brasileiro, devemos nos afastar do conservadorismo enraizado na Ciência Criminal, abrindo a possibilidade para que a tecnologia e novos modelos de execução de pena se integrem em nossa sociedade[5]. Muitos são os que criticam, mas poucos os que ofertam soluções; que as críticas sejam trampolins para o aprimoramento do sistema executório penal e de novas políticas criminais.

Com prioridade, chega a ser ilusão, para não se dizer um conto de fadas, acreditar que de um ambiente hostil, estressante, mal organizado, superlotado, carente – ou ausente – de recursos humanitários, sairiam indivíduos pacificados, psicologicamente regrados e com capacidade de conquistar o próprio sustento de forma honesta.

Em razão disso, a urgência de se evitar o ingresso de processados e condenados no sistema carcerário, em certas situações, é manifesta, não faltando vozes entre penalistas na busca incessante de alternativas ao encarceramento desnecessário.

---

[4] *Estudo sobre o monitoramento eletrônico de pessoas processadas ou condenadas criminalmente*. Disponível em: <http://www.carceraria.org.br>. Acesso em: 14 mar. 2010.

[5] Cezar Roberto Bitencourt assevera acerca da necessidade de se implantar novas alternativas à pena de prisão, ao discorrer que "embora se aceite a pena privativa de liberdade como um marco na humanização da sanção criminal, em seu tempo, a verdade é que fracassou em seus objetivos declarados. A reformulação do sistema surge como uma necessidade inadiável e teve seu início com a luta de Von Liszt contra as penas curtas privativas de liberdade e a proposta de substituição por recursos mais adequados. Nas alternativas inovadoras da estrutura clássica da privação de liberdade há um variado repertório de medidas, sendo que algumas representam somente um novo método de execução da pena de prisão, mas outras constituem verdadeiros substitutivos. A exigência, sem embargo, de novas soluções não abre mão da aptidão em exercer as funções que lhes são atribuídas, mas sem o caráter injusto da sanção substituída" (*Manual de direito penal* – parte geral. 7. ed. São Paulo: Saraiva, 2002. p. 442-443).

Não à toa, recente decisão proferida pela 2ª Turma, do Supremo Tribunal Federal, que, por maioria de votos, concedeu *Habeas Corpus* coletivo (nº 143.641[6]) para determinar a substituição da prisão preventiva por domi-

---

[6] "Pois bem, superada a questão do conhecimento do habeas corpus coletivo, passo à análise do mérito da impetração. Aqui, é preciso avaliar, primeiramente, se há, de fato, uma deficiência de caráter estrutural no sistema prisional que faz com que mulheres grávidas e mães de crianças, bem como as próprias crianças (entendido o vocábulo aqui em seu sentido legal, como a pessoa de até doze anos de idade incompletos, nos termos do art. 2º do Estatuto da Criança e do Adolescente – ECA), estejam experimentando a situação retratada na exordial. Ou seja, se as mulheres estão efetivamente sujeitas a situações degradantes na prisão, em especial privadas de cuidados médicos pré-natal e pós-parto, bem como se as crianças estão se ressentindo da falta de berçários e creches. Nesse aspecto, a resposta é lamentavelmente afirmativa, tal como deflui do julgamento da ADPF 347 MC/DF, na qual os fatos relatados no presente habeas corpus – retratando gravíssima deficiência estrutural, especificamente em relação à situação da mulher presa – foi expressamente abordada. Há (...) uma falha estrutural que agrava a "cultura do encarceramento", vigente entre nós, a qual se revela pela imposição exagerada de prisões provisórias a mulheres pobres e vulneráveis. Tal decorre, como já aventado por diversos analistas dessa problemática seja por um proceder mecânico, automatizado, de certos magistrados, assoberbados pelo excesso de trabalho, seja por uma interpretação acrítica, matizada por um ultrapassado viés punitivista da legislação penal e processual penal, cujo resultado leva a situações que ferem a dignidade humana de gestantes e mães submetidas a uma situação carcerária degradante, com evidentes prejuízos para as respectivas crianças. (...) Em face de todo o exposto, concedo a ordem para determinar a substituição da prisão preventiva pela domiciliar – sem prejuízo da aplicação concomitante das medidas alternativas previstas no art. 319 do CPP – de todas as mulheres presas, gestantes, puérperas ou mães de crianças e deficientes, nos termos do art. 2º do ECA e da Convenção sobre Direitos das Pessoas com Deficiências (Decreto Legislativo 186/2008 e Lei 13.146/2015), relacionadas neste processo pelo DEPEN e outras autoridades estaduais, enquanto perdurar tal condição, excetuados os casos de crimes praticados por elas mediante violência ou grave ameaça, contra seus descendentes ou, ainda, em situações excepcionalíssimas, as quais deverão ser devidamente fundamentadas pelo juízes que denegarem o benefício. Estendo a ordem, de ofício, às demais as mulheres presas, gestantes, puérperas ou mães de crianças e de pessoas com deficiência, bem assim às adolescentes sujeitas a medidas socioeducativas em idêntica situação no território nacional, observadas as restrições previstas no parágrafo acima. Quando a detida for tecnicamente reincidente, o juiz deverá proceder em atenção às circunstâncias do caso concreto, mas sempre tendo por norte os princípios e as regras acima enunciadas, observando, ademais, a diretriz de excepcionalidade da prisão. Se o juiz entender que a prisão domiciliar se mostra inviável ou inadequada em

ciliar de mulheres presas gestantes ou mães de crianças, de até 12 anos ou de pessoas com deficiência, sem prejuízo de aplicação das medidas alternativas contempladas no art. 319 do Código de Processo Penal.

Faustino Gudín Rodríguez-Magariños[7], em seu artigo sobre o monitoramento eletrônico, aponta renomados penalistas estrangeiros que compactuam com o sistema de vigilância como alternativa ao cárcere, a exemplo de Claus Roxin e Nistal Burón.

O ex-presidente da Ordem dos Advogados de São Paulo (2004-2012) e advogado criminalista, Luiz Flávio Borges D'Urso, é favorável ao monitoramento eletrônico de presos sob a alegação de que "toda e qualquer alternativa para evitar o aprisionamento é bem-vinda". Segue afirmando, "as pessoas condenadas ou que aguardam julgamento ficam, hoje, sujeitas às mazelas comuns do sistema carcerário que não garante a integridade física do preso, como superlotação, sevícias sexuais, doenças como Aids e tuberculose e rebeliões. O monitoramento eletrônico traria duas vantagens: evitaria o confinamento e

---

determinadas situações, poderá substituí-la por medidas alternativas arroladas no já mencionado art. 319 do CPP" (HC 143.641/SP, Rel. Ricardo Lewandowski).

[7] "Roxin preconizo que se podia pensar en el arresto domiciliário como uma nueva pena atenuada frente a la privación de libertad, cuyo control ya no será ningún problema a la vista de los modernos sistemas electrónicos de seguridad. Nistal Burón apunta lãs notables ventajas del sistema: bajo coste, evita la sobrecarga de los centros penitenciários, que no entren em prisión indivíduos poços peligrosos, que el sujeto no pierda su trabajo y pueda atender lãs necesidades económicas de su víctima, que eluda los efectos desocializadores y que, a su vez, este controlado por la sociedad. A los que cabría añadir que se elimina el peligro de contagio criminal y que dota a la privación de libertad de uma forma perceptiblemente más humana" (La cárcel electrónica. El modelo del derecho norteamericano. *Revista La Ley Penal*, n. 21, año II, nov. 2005).

Tradução livre: Roxin defendeu que se poderia pensar em prisão domiciliar como uma nova pena em substituição à pena privativa de liberdade, cujo controle não seria um problema tendo em vista os modernos sistemas de segurança eletrônica. Nistal Burón aponta as notáveis vantagens do sistema: baixo custo, evita a sobrecarga da prisão, impede o ingresso de indivíduos pouco perigosos, o sujeito não perde o seu emprego e pode atender às necessidades econômicas de sua vítima, contorna os efeitos dessocializadores e, por sua vez, está controlado pela sociedade. Isso se soma ao fato de que o sistema de vigilância eletrônica elimina o perigo de contágio criminal e concede a pena privativa de liberdade uma forma mais humana.

os problemas dele decorrentes e manteria a responsabilidade do Estado diante de uma condenação de pequena monta ou prisão antes da condenação"[8].

Não obstante a alegada violação à intimidade e o intervencionismo estatal na vida privada dos usuários, é certo que os direitos e garantias individuais consagrados pelo art. 5º da Constituição Federal não são absolutos e, dessa forma, a análise em questão deve ser feita à luz da ponderação dos princípios.

Ora, se de um lado é assegurada a inviolabilidade à intimidade, à vida privada, à honra e à imagem das pessoas, do outro, é dever do Estado zelar pela segurança da sociedade, não submeter ninguém a tratamento desumano ou degradante e atender ao postulado da individualização da pena. Dessa ponderação e, tendo em vista a realidade prisional brasileira, crer-se ser mais benéfica ao réu e à sociedade a introdução de medidas que evitem ao máximo o ingresso do agente criminoso em penitenciárias, nas condições existentes no Brasil.

O argumento referente à estigmatização do usuário perante a sociedade, por expô-lo publicamente, impedindo a integração social, soa insensato. Em primeiro lugar, não nos esqueçamos de que a discussão gira em torno de um agente criminoso, transgressor das leis penais, o qual, em um Estado Democrático de Direito, não estará isento de privações. Firmada essa importante premissa, não há nada mais marcante e desonroso do que ser inserido em estabelecimento prisional[9].

Os esforços empregados na tentativa de impedir esse ingresso oportunizam o convívio do condenado ou processado em sociedade, no seio familiar,

---

[8] Fonte: site da OABSP. Disponível em: <http://www.oabsp.org.br>. Acesso em: 14 mar. 2010.

[9] Nesse sentido, o entendimento de Norberto Avena: "Em que pese a existência de opiniões contrárias, a medida não implica, a nosso ver, qualquer atentado ao princípio da dignidade da pessoa humana, pois, desde que o agente se submeta corretamente às condições do monitoramento, não sofrerá ele restrições maiores do que as decorrentes do uso de um aparelho eletrônico que pode ficar oculto sob suas roupas. Além do mais, ainda que se possa cogitar da ocorrência de alguma forma de violação ao princípio da dignidade da pessoa humana com tal monitoramento, é óbvio que o grau de lesividade daí decorrente é bem inferior àquele que advém, por exemplo, de uma prisão preventiva, ainda mais se levarmos em conta a realidade de nosso sistema prisional" (AVENA, Norberto Cláudio Pâncaro. *Processo penal*. 9. ed. Rio de Janeiro: Forense. p. 628).

a não contaminação pela subcultura carcerária, a continuidade laborativa, de estudos, de desenvolvimento pessoal[10].

Muitos são os benefícios oriundos da descarcerização por meio de monitoramento eletrônico, resultando insignificante a alegação de estigmatizar o sujeito. Mesmo porque os avanços tecnológicos permitem o desenvolvimento de dispositivos pequenos os quais podem se mostrar como acessórios frequentemente usados por qualquer pessoa. Os Estados Unidos já desenvolveram um bracelete que se assemelha a um relógio comum, por exemplo.

Além disso, a tecnologia empregada ao monitoramento eletrônico, conforme se verá, não se resume a braceletes ou tornozeleiras, havendo outros aparatos para sua concretização. Os dispositivos acoplados ao corpo do usuário traduzem o sistema de posicionamento global, existindo, outrossim, os sistemas passivo e ativo de monitoramento, os quais, por si sós, rechaçam a tese de estigmatização, pois nada é colocado no corpo do monitorado.

No mais, o art. 5º do Decreto 7.627/2011, que regulamenta a matéria, expressamente dispõe que *o equipamento de monitoração eletrônica deverá*

---

[10] John Howard Societies across Alberta é uma organização americana, existente desde 1949, dedicada à promoção, pesquisa e educação pública em questões de segurança pública e prevenção ao crime. Em brilhante artigo publicado sobre a monitoração eletrônica, a Organização sinaliza para a discussão em torno da constitucionalidade do monitoramento, efeitos sobre o agressor e sua família, custo-efetividade e ampliação da rede. Explica que ao ser introduzido pela primeira vez, havia a preocupação de que os direitos constitucionais dos infratores pudessem ser violados como, por exemplo, o monitoramento eletrônico poderia infringir os direitos de privacidade e igualdade do infrator. Entretanto, é geralmente aceito que ao infrator não é concedido o mesmo grau de proteção constitucional que goza os demais cidadãos. Com relação aos efeitos da supervisão eletronicamente monitorada sobre o agressor e sua família, alguns estudos mostraram uma associação entre confinamento domiciliar e violência doméstica, mas os infratores sentem que ter a oportunidade de manter contato próximo com suas famílias é o maior benefício do monitoramento eletrônico. Questões de custo estão longe de serem resolvidas. O monitoramento eletrônico custa uma fração do valor necessário para abrigar um criminoso em uma prisão e os infratores monitorados podem ser empregados e pagar impostos, bem como taxas de supervisão, se necessário. Há evidências consideráveis de que o monitoramento eletrônico ampliou a rede de correções, fornecendo uma alternativa mais intrusiva e dispendiosa, não ao encarceramento, mas à liberdade condicional regular e outras sanções da comunidade (Disponível em: <http://www.johnhoward.ab.ca/pub/A3.htm>).

ser utilizado de modo a respeitar a integridade física, moral e social da pessoa monitorada.

Menos sentido ainda faz-se encarar a monitoração eletrônica como um sistema violador da intimidade e da vida privada. Por óbvio, como a própria nomenclatura traduz, é inegável a restrição inerente à medida, eis que a movimentação do usuário será rastreada, porém, além de não se tratar de *big brother* ou *reality show*, o debate recai sobre as providências menos danosas ao cárcere em relação a indivíduos que, por terem infringido norma penal, não estarão em pleno gozo de seus direitos e garantias individuais. Caso contrário, qualquer sanção ou restrição seria obstaculizada por idêntico argumento.

Por fim, o portal de notícias da Globo (G1)[11] divulgou, em 21 de setembro de 2017, após consultar todos os governos estaduais, não obtendo resposta apenas de São Paulo e Rondônia, o número de 24.203 presos monitorados por meio de tornozeleiras eletrônicas, encontrando-se 821 no aguardo da tecnologia para deixar a prisão. De acordo com o levantamento, o Estado onde há mais tornozeleiras eletrônicas disponíveis é o Paraná (5,3 mil). Três Estados (Amapá, Bahia e Roraima) e o Distrito Federal informaram não ter presos monitorados pelo equipamento. Conforme os dados do Conselho Nacional de Justiça, publicados em 2017, o Brasil possui 654.372 presos, dos quais 433.318 (66%) estão condenados e, o restante, são presos provisórios (34%)[12].

Em relação aos custos despendidos com o sistema tecnológico, a pesquisa realizada constatou que o menor custo mensal por tornozeleira é o do Distrito Federal, sendo de R$ 161,92, o qual, embora ainda não tenha presos monitorados, assinou, em julho de 2017, contrato para fornecimento de 6 mil tornozeleiras. O maior valor pertence ao Estado do Amazonas, alcançando a importância de R$ 475,00. É possível fazer uma média de R$ 200,00 por equipamento, conforme tabela formula pela reportagem, dispondo o valor gasto por cada Estado. O custo aos cofres públicos de um preso estima-se em cerca de R$ 2.000,00 mensais.

3. GÊNESE DA MONITORAÇÃO ELETRÔNICA E AS MODALIDADES DE DESAFETAÇÃO À PRISÃO (OS SISTEMAS *FRONT-DOOR* E *BACK-DOOR*)

---

[11] Disponível em: <https://g1.globo.com/politica/noticia/tornozeleiras-eletronicas--monitoram-mais-de-24-mil-presos-no-pais-diz-levantamento.ghtml>. Acesso em: 13 maio 2017.

[12] Disponível em: <http://www.cnj.jus.br/files/conteudo/arquivo/2017/02/b5718a7e7d6f2edee274f93861747304.pdf>. Acesso em: 13 maio 2017.

A primeira notícia sobre o monitoramento eletrônico deve-se aos irmãos Ralph e Robert Schwitzgebel, membros do *Science Committee on Psychological Experimentation*, da Universidade de Harvard, assíduos pesquisadores sobre tecnologias de comportamento (*behavior technology*), que, nos idos de 1960, desenvolveram técnicas eletrônicas cujo objetivo era elaborar mecanismos capazes de captar o conjunto de sinais físicos e neurológicos da presença humana em um determinado lugar[13]. A ideia dos considerados pais da prisão virtual, em verdade, foi implantar um artefato tecnológico de vigilância, via satélite, em pessoas com problemas sociais, o que poderia alcançar qualquer um, não só condenados, com o intuito de controlar o comportamento humano[14].

Entretanto, o monitoramento eletrônico com articulação pela *internet* ou via satélite foi efetivamente inserido, nos moldes apresentados atualmente, pelo magistrado norte-americano Jack Love, da cidade de Albuquerque, no Estado do Novo México, que, inspirado por um episódio de desenho em quadrinhos do Homem-Aranha, em que o vilão da história colocava um bracelete eletrônico no braço do herói, de modo a localizá-lo onde quer que estivesse[15], persuadiu o empresário e perito em eletrônica Michael Gron, da empresa de informática *Honeywell*, a criar um novo sistema capaz de supervisionar o comportamento dos delinquentes de sua jurisdição. Foi assim que nasceu, nos Estados Unidos, a primeira empresa a produzir instalações eletrônicas

---

[13] "Eles conceberam um sistema de vigilância rádiotelemétrico portátil, realizando a primeira experiência, em Boston, com dezesseis jovens condenados reincidentes, usufruindo liberdade condicional. Eram todos voluntários. Foram colocadas, sob suas camisas, duas caixas pesando um quilo no total. A primeira continha as baterias, enquanto a outra, um emissor que enviava um sinal codificado diferente para cada indivíduo. Esses sinais eram transmitidos para receptores localizados no forro das casas dos voluntários e retransmitidos para uma antiga estação de controle de mísseis, modificada para localizar, precisamente, os detentos em um perímetro de 400 metros. Em seguida, uma outra experiência foi realizada em Saint-Louis, Estados Unidos, em 1971, no âmbito de um programa aplicado a jovens detentos antes do julgamento, a fim de reduzir a taxa de suicídios constatada entre eles (Lerman, 1975, pp. 127-130)" (OLIVEIRA, Edmundo. *Direito penal do futuro*: a prisão virtual. Rio de Janeiro: Forense, 2007. p. 27).

[14] RODRÍGUEZ-MAGARIÑOS, Faustino Gudín. La cárcel electrónica. El modelo del derecho norteamericano. *Revista La Ley Penal*, n. 21, año II, nov. 2005.

[15] JAPIASSÚ, Carlos Eduardo Adriano; MACEDO, Celina Maria. *Monitoramento eletrônico*: uma alternativa à prisão? Experiências Internacionais e perspective no Brasil. Ministério da Justiça. Página 14.

destinadas ao controle de seres humanos, a *National Incarceration Monitor and Crontol Services*[16].

Em 1983, após ter usado, em si mesmo, o bracelete, durante três semanas, o Juiz Jack Love sentenciou cinco criminosos a usar o monitoramento eletrônico[17]. A partir de então, muitos Estados Norte-Americanos seguiram os passos do magistrado e começaram a determinar o uso do monitoramento em suas jurisdições de modo que, em 1988, já havia 2.300 condenados usando o dispositivo de supervisão[18].

Essa experiência foi exportada e ganhou adeptos mundialmente, tendo sido consolidada em inúmeros países como uma alternativa concreta, em especial, para a execução da pena, com expresso reconhecimento legal[19].

Em linhas gerais, o sistema foi implantado para indivíduos à espera de julgamento, em prisão domiciliar, para condenados a uma pena curta de duração ou em final de cumprimento da pena, cujos efeitos sociais apresentaram-se como medida propícia a evitar a rotina da dessocialização do encarceramento, permitir novas oportunidades para a vida familiar e comunitária do delinquente, lutar contra a superlotação carcerária, diminuir os riscos da reincidência e reduzir os custos dos encargos atribuídos ao encarceramento[20].

Nesse diapasão, Miguel Angel Iglesias Río e Juan Antonio Pérez Parente aduzem que a partir de uma perspectiva essencialmente pragmática, sustenta-se que a vigilância eletrônica ajuda a diminuir a população carcerária e

---

[16] OLIVEIRA, Edmundo. *Direito penal do futuro*: a prisão virtual. Rio de Janeiro: Forense, 2007. p. 28.

[17] "(...) entre os quais, um estuprador que havia infringido as regras do livramento condicional. O *electronic monitoring* (chamado também de *tagging*) estava lançado. Ele expandiu-se rapidamente em forma de projetos-pilotos, em Washington, depois Virgínia, Flórida, Michigan, Califórnia e Alabama, sucessivamente. No final de 1986, quarenta e cinco programas estavam sendo aplicados em vinte e seis Estados norte-americanos" (OLIVEIRA, Edmundo. *Direito penal do futuro*: a prisão virtual. Rio de Janeiro: Forense, 2007. p. 29).

[18] John Howard Society of Alberta. Electronic monitoring. Disponível em: <http://www.johnhoward.ab.ca>. Acesso em: 14 mar. 2010.

[19] A Grã-Bretanha, em 2002, alcançou 1750 condenados à pena de prisão domiciliar com monitoramento eletrônico (RÍO, Miguel Angel Iglesias; PARENTE, Juan Antonio Pérez. *La pena de localización permanente y su seguimiento com médios de control electrónico*. Net, México, 2006. Biblioteca Jurídica Virtual del Instituto de Investigaciones Jurídicas de la Universidad Nacional Autónoma de México).

[20] OLIVEIRA, Edmundo. *Direito penal do futuro*: a prisão virtual. Rio de Janeiro: Forense, 2007. p. 10.

a reduzir os custos associados com a administração prisional. Em segundo lugar, ocupando uma injusta posição, sob uma perspectiva político-criminal, o controle eletrônico evita ou reduz a privação da liberdade em estabelecimentos prisionais, o que contribui para facilitar e acelerar o processo de ressocialização do condenado, evitando os efeitos negativos inerentes ao encarceramento[21].

A literatura criminológica indica duas modalidades de desafetação de delinquentes às prisões, o *front-door system* e o *back-door system*[22], retomadas no contexto da monitoração eletrônica, cuja tradução literal nos permite ter noção dos possíveis âmbitos de incidência desta ferramenta tecnológica: como óbice para a porta de entrada dos presídios ou como atalho para a saída.

A forma mais comum e usual é o sistema *front-door*, em que a tecnologia é usada para impedir o ingresso do agente ao cárcere, servindo como pena principal ou como uma alternativa à pena privativa de liberdade. O monitoramento é empregado nos casos, por exemplo, de prisão domiciliar, prestação de serviços à comunidade e suspensão condicional da pena[23].

---

[21] "Em primer plano, desde uma perspectiva prioritariamente pragmática, se sostiene que la vigilância electrónica contribuye a uma diminución de la población carcelaria y a um ahorro de costes ligados a la administración penitenciaria. Em segundo lugar, ocupando um inmerecido puesto secundário, desde uma perspectiva político-criminal, el control electrónico evita o reduce la privación de libertad em prisión, por lo que contribuye a favorecer y acelerar el proceso de resocialización del condenado, evitando al mismo tiempo los efectos negativos inherentes a la prisionalización" (*La pena de localización permanente y su seguimiento com médios de control electrónico*. Net, México, 2006. Biblioteca Jurídica Virtual del Instituto de Investigaciones Jurídicas de la Universidad Nacional Autónoma de México).

[22] RÍO, Miguel Angel Iglesias; PARENTE, Juan Antonio Pérez. *La pena de localización permanente y su seguimiento com médios de control electrónico*. Net, México, 2006. Biblioteca Jurídica Virtual del Instituto de Investigaciones Jurídicas de la Universidad Nacional Autónoma de México.

[23] Nuno Franco Caiado, especialista em *probation* e monitoração eletrônica, atuando como probation officer em Portugal desde 1983 e diretor dos serviços de vigilância eletrônica desde janeiro de 2003, esclarece que "usa-se a expressão front-door para classificar a modalidade de evitação da entrada de delinquentes no sistema prisional. O seu propósito é procurar que o delinquente, devido às suas características pessoais e criminais, seja poupado ao contágio da cultura prisional, habitual e justamente tida por criminógena. Esta manobra deve ter em conta o perfil de risco do delinquente a partir do passado criminal, das necessidades de ressocialização plasmadas no ato criminal e no momento do julgamento, referindo-se, por regra, à fase de execução de pena. Por sua vez, back-door é a modalidade que se refere à saída precoce ou antecipada de um

O sistema *back-door*, ao seu turno, busca reduzir o tempo de encarceramento sem implicar na redução da pena, ou seja, substitui-se o restante do cumprimento da pena privativa de liberdade (a depender do país, permite-se a substituição restando um ano) pelo sistema de vigilância. Esse sistema cresce cada vez mais entre os países adeptos dessa forma de execução de pena, pois sua principal finalidade é a reinserção gradual do condenado à vida em sociedade.

Os sistemas acima apresentados são adotados mediante algumas peculiaridades a depender do país em questão. A Inglaterra, por exemplo, introduziu a vigilância eletrônica como um sistema *front-door*, com o objetivo de evitar o aumento da população carcerária, optando pelo monitoramento em detrimento da privação de liberdade, como pena principal para crimes não graves.

Na Itália e em Portugal, a prisão domiciliar com vigilância eletrônica introduziu-se como uma alternativa à prisão processual, em 2001 e 1999, respectivamente. Na Alemanha, a prisão domiciliar com o monitoramento configura uma nova pena principal, no contexto da suspensão condicional do processo[24]. No Canadá, o monitoramento eletrônico é, frequentemente, utilizado para pessoas condenadas por dirigir veículo alcoolizadas ou sem carteira de habilitação, além de inserido em delinquentes grávidas, portadores

---

condenado da prisão, não propriamente interrompendo o cumprimento da pena, mas vendo-a convertida numa outra forma de execução penal através de um incidente processual que se exprime em fórmulas jurídicas variadas consoante o ordenamento e cultura jurídica de cada país. A intencionalidade desta manobra prende-se geralmente com a gestão de vagas dos estabelecimentos prisionais seguindo critérios de razoabilidade e de demonstração de um nível aceitável de risco decorrente do ato de libertação. Os condenados que saem das prisões nestas circunstâncias devem ser aqueles para os quais os efeitos da privação da liberdade já produziram o máximo de efeitos possíveis tendo a prisão, portanto, sido convertida em algo de inútil e, possivelmente, de contraproducente. Este é o espírito da liberdade condicional, visando preparar o condenado para a liberdade através de uma fase intermediária ainda tutelada pela Justiça" (CAIADO, Nuno. Compreender a monitoração eletrônica na jurisdição penal. In: MOAIS, Paulo Iász de; CAIADO, Nuno (coord.). *Monitoração eletrônica: probation* e paradigmas penais. São Paulo: ACLO Editorial Ltda., 2014. p. 29).

[24] RÍO, Miguel Angel Iglesias; PARENTE, Juan Antonio Pérez. *La pena de localización permanente y su seguimiento com médios de control electrónico*. Net, México, 2006. Biblioteca Jurídica Virtual del Instituto de Investigaciones Jurídicas de la Universidad Nacional Autónoma de México.

de vírus da Aids e outras doenças infectocontagiosas, doentes terminais e pessoas idosas[25].

A França, espelhando-se no modelo sueco, utiliza o monitoramento eletrônico como medida autônoma, reservada aos condenados cuja pena ou resquício de liberdade condicional forem inferiores a um ano[26]. Ressalta-se que o sistema penal francês estabelece que, preenchidos os requisitos objetivos, o juiz das execuções pode, de ofício ou a pedido do membro do Ministério Público ou do próprio apenado, substituir a privativa pelo monitoramento eletrônico desde que o condenado consinta, sempre na presença de seu advogado[27].

4. CONCEITO E MODELOS DE MONITORAÇÃO ELETRÔNICA

Em regra, a monitoração eletrônica nada mais é do que um aparelho tecnológico de supervisão acoplado em tempo integral no indivíduo e ligado a uma central de recebimento de informações, de modo que seu hospedeiro será vigiado indiretamente[28].

---

[25] OLIVEIRA, Edmundo. *Direito penal do futuro*: a prisão virtual. Rio de Janeiro: Forense, 2007. p. 39.

[26] Edmundo Oliveira salienta que, ao contrário de muitos países europeus que adotaram o dispositivo, disciplinando o bracelete como meio de controle, porém acompanhado de outras medidas de conversão de pena, o monitoramento introduzido na França constituiu uma medida autônoma. Não se trata de uma pena principal (como o trabalho comunitário, por exemplo), nem de uma medida inserida na liberdade condicional, na semiliberdade ou no trabalho externo. O monitoramento, no modelo francês, é pronunciado independentemente dessas medidas e por, inclusive, precedê-las (OLIVEIRA, Edmundo. *Direito penal do futuro*: a prisão virtual. Rio de Janeiro: Forense, 2007. p. 50).

[27] RÍO, Miguel Angel Iglesias; PARENTE, Juan Antonio Pérez. *La pena de localización permanente y su seguimiento com médios de control electrónico*. Net, México, 2006. Biblioteca Jurídica Virtual del Instituto de Investigaciones Jurídicas de la Universidad Nacional Autónoma de México.

[28] "Consiste no uso de dispositivo não ostensivo de monitoramento eletrônico, geralmente afixado ao corpo da pessoa, a fim de que se saiba, permanentemente, à distância, e com respeito à dignidade da pessoa humanam a localização geográfica do agente, de modo a permitir o controle judicial de seus atos fora do cárcere" (LIMA, Renato Brasileiro de. *Manual de processo penal*: volume único. 6. ed. Salvador: JusPodivm, 2018. p. 1.055).

O avanço tecnológico permite a utilização da monitoração eletrônica de algumas formas, a depender da tecnologia disponível e do intuito do acompanhamento, podendo ser manuseada para obtenção de três finalidades: a detenção, a restrição e a vigilância.

O uso do monitoramento eletrônico para fins de detenção visa manter o indivíduo em lugar predeterminado, normalmente em sua própria residência, valendo-se o magistrado da tecnologia para impor zonas de inclusão, ou seja, preestabelecer áreas em que o processado ou condenado deverá permanecer. É a finalidade para a qual a monitoração é comumente utilizada.

Em sentido oposto, tem-se o monitoramento eletrônico para fins de restrição, em que o dispositivo é utilizado para impedir a aproximação do monitorado de certas pessoas, tais como vítimas e testemunhas, ou sua frequência a determinados lugares.

Por fim, tem-se a monitoração eletrônica como forma de vigilância contínua, sem restrição da movimentação do usuário.

Há, atualmente, três sistemas tecnológicos de monitoramento eletrônico visando atingir as finalidades acima expostas: sistema passivo, sistema ativo e o sistema de posicionamento global (GPS)[29]. Os dois primeiros visam localizar o usuário em um determinado local. O último permite acompanhar o usuário aonde quer que ele esteja, em tempo real, mediante dispositivos de localização global (*Global Positioning System*).

No sistema passivo, os condenados são acionados periodicamente via aparelho telefônico a fim de se verificar o local onde se encontram. A

---

[29] Em seu artigo, Faustino Gudín Rodríguez-Magariños nos traz, ainda, um sistema o qual denomina de sistema de 3ª geração, em seus dizeres: "Por último, La tecnologia de tercera generación se caracteriza por que al control por sistema GPS de permanencia o presencia que ofrecen los anteriores sistemas apuntados se añade también la possibilidad de que la central de vigilancia reciba informaciones psicológicas, frecuencia de pulsaciones, ritmo respiratorio para medir el nível de agresividad de um delincuente violento, la excitación sexual en delincuentes sexuales, cleptómanos o psicopatas. Asi mismo, ante cualquier incumplimiento de lãs obligaciones acordadas judicialmente, algunas versiones tienen capacidad para realizar una intervención corporal directa en el vigilado por medio de descargas eléctrica programadas, que repercuten directamente en el sistema nervioso central o por medio de la apertura de una cápsula que le inyecta un tranqüilizante u outra substancia, para el caso de neuróticos agresivos, esquizofrênicos o adictos al alcohol" (RODRÍGUEZ-MAGARIÑOS, Faustino Gudín. La cárcel electrónica. El modelo del derecho norteamericano. *Revista La Ley Penal*, n. 21, año II, nov. 2005).

identificação do indivíduo se dá mediante senhas, biometria ou reconhecimento de voz[30]. Esse sistema pode ser aplicado para fiscalizar a prisão domiciliar ou o cumprimento de recolhimento domiciliar no período noturno e nos dias de folga[31].

Por meio do sistema ativo, o dispositivo, instalado em local determinado, geralmente a residência do monitorado, transmite o sinal para uma central de monitoramento, que é acionada em caso de afastamento do agente do local estabelecido.

A última geração tecnológica, desenvolvida pelo Departamento de Defesa norte-americano, consiste no sistema de posicionamento global (GPS), composto por satélites, estações de terra conectadas em rede e dispositivos móveis como braceletes[32] ou tornozeleiras eletrônicas. Esse sistema permite identificar ininterruptamente e, em tempo real, a localização do usuário, sem a sua colaboração, contando com a possibilidade de soar um alarme toda vez que se aproximar de algum local proibido ou uma pessoa determinada[33]. Essa tecnologia elimina a necessidade de dispositivos instalados em locais predeterminados, podendo ser utilizada como instrumento de detenção, restrição ou vigilância.

Independentemente da tecnologia adotada nas operações de monitoração eletrônica, conveniente a observação tecida por Nuno Caiado no sentido

---

[30] RODRÍGUEZ-MAGARIÑOS, Faustino Gudín. La cárcel electrónica. El modelo del derecho norteamericano. *Revista La Ley Penal*, n. 21, año II, nov. 2005.

[31] Conforme expõe Eugenio Pacelli, no monitoramento passivo, um computador é programado para efetuar chamadas telefônicas para determinado local, procedendo à conferência eletrônica do reconhecimento de voz e emitindo um relatório das ocorrências (PACELLI, Eugênio. *Curso de processo penal*. 21. ed. São Paulo: Atlas, 2017. p. 243).

[32] "O bracelete emissor, utilizado durante todo o tempo em que durar a medida imposta, emite continuamente sinais, permitindo-se atestar a presença do condenado no lugar designado. O sistema emissor é preto, semelhante a um relógio retangular, com ou sem mostrador de horas, geralmente fixado no tornozelo ou no punho. Dotado de uma bateria, emite sinais de alarme específicos caso haja baixa de carga ou mau funcionamento. Da mesma forma, possui fibras óticas que permitem detectar qualquer tentativa de arrombamento ou deterioração. O emissor produz por trinta segundos um sinal com alcance de cinquenta a setenta metros aproximadamente em direção a um receptor que delimita o local de emissão do sinal" (JAPIASSÚ, Carlos Eduardo Adriano; MACEDO, Celina Maria. *Monitoramento eletrônico*: uma alternativa à prisão? Experiências internacionais e perspectiva no Brasil. Ministério da Justiça. Página 25).

[33] Idem.

de que, por detrás da face visível (equipamentos instalados na habitação do sujeito ou colocados no seu corpo), existe uma gama de segmentos composta por tecnologia, procedimentos e recursos humanos. O especialista português explica que as duas tecnologias mais usadas são a rádio frequência (RF) e a geolocalização (GPS). No Brasil, há uma tendência predominante para a geolocalização, desprezando-se a rádio frequência, muito disseminada por ser segura, confiável e econômica para fiscalizar o recolhimento domiciliar, por exemplo[34].

5. A MONITORAÇÃO ELETRÔNICA NO DIREITO BRASILEIRO

5.1 A Lei Federal 12.258, de 2010

O debate na Câmara dos Deputados e no Senado Federal acerca da introdução do sistema de vigilância eletrônica na sociedade brasileira tornou-se relevante em 2007, quando alguns projetos foram apresentados em cada casa legislativa[35].

---

[34] CAIADO, Nuno. Tecnologias e arquitetura dos sistemas de monitoração eletrônica – noções básicas. In: MOAIS, Paulo Iász de; CAIADO, Nuno (coord.). *Monitoração eletrônica: probation* e paradigmas penais. São Paulo: ACLO Editorial Ltda., 2014. p. 406).

[35] "O Congresso Nacional, observando a fragilidade do sistema e a incapacidade do Poder Público em suplantar tamanho descompasso, decidiu combater o grande mal que assola o sistema penitenciário (a superlotação dos estabelecimentos penais), iniciando, desde 2001, discussões com o fito de implementar solução capaz de, a um só tempo, reduzir a massa carcerária e facilitar a reintegração, sem a perda da capacidade de vigilância do Estado sobre os presos. Nesse contexto, surgiram os Projetos de Lei nº 4.342/01 – Deputado Marcus Vicente; e nº 4.834/01 – Deputado Vittorio Medioli. Ambos apresentavam como solução o uso de dispositivo eletrônico como controle de acusados ou condenados, acreditando que o mesmo seria capaz de reduzir o número de presos, além de potencializar a ressocialização dos condenados à sociedade, uma vez que tal equipamento permitiria o trabalho, o convívio familiar e a participação de cursos e atividades educativas. (...) Em 2007, várias propostas se sucederam (PL 337/2007 – Deputado Ciro Pedrosa; PL 510/2007 – Deputado Carlos Manato; PL 641/2007 – Deputado Édio Lopes; PLS 165/2007 – Senador Aloísio Mercadante emendado pelo Senador Demóstenes Torres (Comissão de Constituição, Justiça e Cidadania); e PLS 175/2007 – Senador Magno Malta), todas, ainda que separadamente, perseguem dois objetivos: a) redução da população carcerária, seja

Embora o sistema tenha sido instalado em diversos países alienígenas desde a década de 1980, a inovação ganha contornos reais no direito interno, conquistando o ordenamento jurídico, apenas em 2010, com a Lei 12.258, de 15 de junho.

A Lei Federal, entre outras alterações concernentes ao regime semiaberto e à saída temporária, introduziu a Seção VI, ao Título V, da Lei 7.210, de 1984, sob a rubrica "Da Monitoração Eletrônica", acrescentando os arts. 146-B, 146-C, 146-D e alterando os arts. 122 e 124 da Lei de Execução Penal.

De modo acertado o legislador acrescentou uma nova seção à Lei de Execução Penal, regulando as hipóteses em que o sistema de vigilância *poderá* ser imposto pelo juiz, exclusiva autoridade competente para definir a fiscalização por meio de monitoramento eletrônico, não podendo as autoridades administrativas se imiscuir no tema.

Não obstante o legislador tenha se valido do verbo "poderá", parece-nos não ser mera faculdade do magistrado a imposição de monitoramento, cuja utilização, havendo disponibilidade do equipamento na Comarca, deve ser obrigatória nas hipóteses legais. Ressalva-se o uso apenas para casos específicos e teratológicos, em que as condições pessoais do beneficiado indiquem a inadequação da medida[36].

---

pela substituição da prisão preventiva pelo monitoramento eletrônico, seja pelo não recolhimento do preso, nos casos em que o mesmo se encontra cumprindo pena no regime aberto; e b) retorno harmônico do preso ao meio social, ainda durante o cumprimento de pena, sem a perda do poder de vigilância do Estado" (MARIATH, Carlos Roberto. *Monitoramento eletrônico: liberdade vigiada*. Ministério da Justiça. Brasília, 2009. Disponível em: <http://observatoriodeseguranca. org/files/Monitoramento%20Eletr%C3%B4nicoCarlosMariath.pdf>. Acesso em: 12 maio 2018).

[36] Sobre a facultatividade da vigilância indireta: "A utilização do monitoramento eletrônico não pode ser considerada uma obrigação a ser, sempre, considerada pelo magistrado, para todos os casos viáveis. A situação concreta do sentenciado, a espécie de benefício pleiteado, o grau de confiabilidade do beneficiário e a estrutura de fiscalização da Vara das Execuções Criminais podem ser fatores determinantes para a indicação do monitoramento ou não. Por vezes, ilustrando, uma prisão domiciliar de pessoa idosa e enferma constitui cenário desproposital para o uso de vigilância indireta. Enfim, o juiz deve lançar mão da monitoração eletrônica em último caso, quando perceber a sua necessidade para fazer valer, de fato, as regras do benefício concedido" (NUCCI, Guilherme de Souza. *Leis penais e processuais penais comentadas*. 9. ed. Rio de Janeiro: Forense. vol. 2, p. 336, nota 328-B).

O art. 146-B reserva o cabimento de monitoração eletrônica no âmbito da execução penal para duas situações, quais sejam, saída temporária no regime semiaberto (arts. 122 a 125 da LEP) e prisão albergue-domiciliar (art. 117 da LEP).

A Lei dispôs sobre os cuidados e os deveres[37] a serem observados pelos usuários acerca da utilização do equipamento e, de igual modo, instituiu as sanções em caso de descumprimento, depois de observado o devido processo legal, ouvidos o Ministério Público e a defesa: regressão de regime, revogação da autorização de saída temporária, revogação da prisão albergue-domiciliar ou advertência.

Antes de adentrarmos nas sanções em caso de violação dos deveres estabelecidos, importante destacar a discussão em torno da necessidade, ou não, de consentimento do monitorado. Não obstante posições em contrário[38], é um contrassenso submeter recursos fiscalizatórios ou quaisquer medidas cautelares e penalizadoras, tais como as constantes do art. 319 do Código de Processo Penal e as penas restritivas de direitos, à concordância do condenado, por revestir-se de atividade cogente do Estado, como resposta à prática de um fato delituoso[39]. Não há opção.

---

[37] "Art. 146-C. (...) I – receber visitas do servidor responsável pela monitoração eletrônica, responder aos seus contatos e cumprir suas orientações; II – abster-se de remover, de violar, de modificar, de danificar de qualquer forma o dispositivo de monitoração eletrônica ou de permitir que outrem o faça".

[38] A exemplo de Eugenio Pacelli que, ao discorrer sobre a monitoração eletrônica como medida cautelar pessoal diversa da prisão, entende que "a colocação de aparelhos eletrônicos junto ao corpo da pessoa constitui, por si só, inevitável constrangimento, na medida em que sinaliza, à evidência, tratar-se de alguém sob permanente monitoramento. Por isso, a adesão e concordância do monitorado é fundamental. Naturalmente, na execução do monitoramento eletrônico passivo, em que o monitorado permanecerá na residência, não se exigiria a adesão deste" (PACELLI, Eugênio. *Curso de processo penal*. 21. ed. São Paulo: Atlas, 2017. p. 243).

[39] O governo do Estado de São Paulo, em 2008, publicou a Lei 12.906, regulando o uso da vigilância eletrônica. A lei estadual, declarada inconstitucional, previa o uso do monitoramento nos casos de prisão domiciliar, proibição de frequentar determinados lugares, livramento condicional, saída temporária e prestação de trabalho externo. Dentre algumas falhas constantes na Lei, destaca-se o condicionamento da monitoração ao consentimento do condenado. Em comentários a esse dispositivo, Guilherme de Souza Nucci assim manifestou-se: "primeiro ponto a ser observado: se a implementação da vigilância eletrônica depende de consentimento do sentenciado, por que este concordaria em ser vigiado à

A advertência escrita, reservada aos casos de transgressões mais leves, é a consequência mais branda para a hipótese de violação dos deveres do monitorado, servindo como valioso instrumento de política criminal, na medida em que permite a manutenção do monitoramento na saída temporária e no regime albergue-domiciliar, evitando a imposição de medidas mais severas[40].

Infringindo os deveres legalmente previstos e, não sendo caso de advertência, dada a gravidade da situação, o magistrado poderá revogar os benefícios, seja a autorização para saída temporária, seja a prisão albergue-domiciliar. A primeira é de menor complexidade, cuja recomendação é puramente revogar-se a saída, se ainda vigente, ou impedir uma próxima, assegurado, sempre, o devido processo legal, permanecendo o condenado em regime semiaberto[41].

A problemática recai sobre a revogação do regime albergue-domiciliar, porquanto na maioria das Comarcas não há Casa do Albergado. Assim, revogada a monitoração eletrônica, transfere-se o apenado ao estabelecimento adequado ou, se inexistir na localidade, a alternativa à impunidade seria a conversão da privativa de liberdade em restritiva de direito, a teor do art. 180

---

distância? Inexiste motivo para tanto (...) a lei estadual errou ao estabelecer a facultatividade. A atividade de fiscalização é cogente e não depende de concordância do condenado, desde que respeitada a dignidade da pessoa humana, vale dizer, se o sistema utilizado não implicar em qualquer forma de humilhação ou exposição. Da maneira como posta, entretanto, a Lei 12.906/2008 será ineficiente, quando aplicada. Segundo ponto: em hipótese alguma poderá o juiz condicionar a concessão de qualquer benefício à concordância do condenado em aceitar a vigilância eletrônica. Esta nova situação não está prevista em lei federal e não é condição fixada para o deferimento de qualquer benefício. O ideal seria o magistrado conceder o benefício, quando preenchidos os requisitos previstos no Código Penal e na Lei de Execução Penal. Depois, o Estado simplesmente alertaria o condenado de que a vigilância às condições estabelecidas seria eletrônica" (NUCCI, Guilherme de Souza. *Leis penais e processuais penais comentadas*. 4. ed. São Paulo: Revista do Tribunais. p. 555).

[40] MARCÃO, Renato. *Curso de execução penal*. 12. ed. São Paulo: Saraiva. p. 268.

[41] Sobre o assunto: "(...) o resultado será colhido para o futuro, na medida em que a próxima (ou as próximas) saída temporária será vedada pelo juiz. Nada impede que, durante a saída, constatando-se qualquer falta, o juiz revogue imediatamente o benefício, com o fito de ouvir o sentenciado, proporcionando-lhe defesa. A partir disso, analisando suas justificativas, poderá, ou não, coibir saídas futuras" (NUCCI, Guilherme de Souza. *Leis penais e processuais penais comentadas*. 9. ed. Rio de Janeiro: Forense. vol. 2, p. 338, nota 328-F).

da LEP[42]. O que não se pode permitir é, ao mesmo tempo, revogar o regime albergue-domiciliar e impor a regressão de regime, sob pena de *bis in idem*.

Por fim, a lei prevê a possibilidade de regressão de regime, devendo ser aplicada somente em casos de transgressões realmente graves (cometimento de crime doloso, por exemplo), quando a revogação dos benefícios não se revelar suficiente, sob pena de dupla punição pelo mesmo fato[43].

Além das hipóteses acima referidas – revogação por violação dos deveres previstos no art. 146-C –, a monitoração eletrônica poderá, ainda, ser revogada quando "se tornar desnecessária ou inadequada" (art. 146-D, I) e quando da ocorrência de "falta grave" (art. 146-D, II, 2ª parte).

Muito embora o art. 146-D não preveja de forma expressa a oitiva do Ministério Público e da defesa no tocante à revogação por desnecessidade e inadequação da medida, bem como no caso de falta grave, entende-se que ambas as partes devem ser ouvidas, à luz do devido processo legal.

Atina-se pela abstração de uma das hipóteses de revogação, contida no inciso I, do artigo acima mencionado: *desnecessidade* e *inadequação*.

Como regra, consoante pautado acima, a imposição do monitoramento, na seara executória penal, não possui caráter facultativo, devendo ser determinado pelo magistrado para saídas temporárias e regime albergue-domiciliar, salvo em situações excepcionalíssimas, à luz dos princípios da razoabilidade e da proporcionalidade, como o caso de idoso acamado e na hipótese, por óbvio, de ausência de equipamento na Comarca.

Nessa lógica, de igual maneira, a revogação não deve sujeitar-se a parâmetros subjetivos ou à discricionariedade judicial, tampouco condicionar-se ao bom comportamento carcerário, conforme sugere a lei. A revogação da monitoração eletrônica, embora necessária à saída temporária e ao regime albergue-domiciliar, pode ser, excepcionalmente, revogada quando tornar-se

---

[42] Essa é a proposta dada por Renato Marcão, a saber: "A alternativa, nesse caso, pouco usada na prática, diga-se de passagem, é a aplicação do artigo 180 da LEP e a *conversão da pena privativa de liberdade a ser cumprida no regime aberto em restritiva de direitos*, quando presentes os requisitos legais. Poucos se lembram dessa útil e virtuosa possibilidade em sede de execução penal" (MARCÃO, Renato. *Curso de execução penal*. 12. ed. São Paulo: Saraiva. p. 268).

[43] "Em se tratando de violação mais branda, basta que se aplique a revogação da autorização de saída temporária (...), até porque a regressão de regime prisional do semiaberto para o fechado tem dupla consequência: a regressão em si considerada e também a revogação da autorização de saída temporária" (MARCÃO, Renato. *Curso de execução penal*. 12. ed. São Paulo: Saraiva. p. 266).

inadequada frente às particularidades do caso concreto, a exemplo de incompatibilidade com o trabalho desempenhado[44].

O Projeto de Lei do qual se originou a Lei 12.258/2010 possuía contornos mais abrangentes, valendo-se do monitoramento eletrônico tanto como um sistema *front-door*, quanto *back-door*.

Entretanto, em razão dos vetos parciais[45], houve redução significativa do alcance da norma, excluindo-se do âmbito de incidência da vigilância indireta os condenados em regime aberto, penas restritivas de direito, livramento condicional e suspensão condicional da pena, sob o argumento de que "a adoção do monitoramento eletrônico no regime aberto, nas penas restritivas de direito, no livramento condicional e na suspensão condicional da pena contraria a sistemática de cumprimento de pena prevista no ordenamento jurídico brasileiro e, com isso, a necessária individualização, proporcionalidade e suficiência da execução penal. Ademais, o projeto aumenta os custos com a execução penal sem auxiliar no reajuste da população dos presídios, uma vez que não retira do cárcere quem lá não deveria estar e não impede o ingresso de quem não deva ser preso"[46].

Pecou o legislador ao excluir a utilização do equipamento nos casos de livramento condicional e *sursis*, bem como no caso de trabalho externo no regime fechado. O deputado Flávio Dino, relator do projeto, expressamente se opôs à possibilidade, sob o argumento de que "a gravidade dos delitos e a inferida periculosidade dos detentos não permite tal abrandamento"[47].

Não há sentido em retirar a vigilância indireta nos casos de livramento condicional e suspensão condicional da pena. Já que o propósito da

---

[44] A exemplo disso, Guilherme de Souza Nucci cita um professor de natação, em que o aparelho ficará exposto, podendo acarretar constrangimento ao usuário: *Leis penais e processuais penais comentadas*. 9. ed. Rio de Janeiro: Forense. vol. 2., p. 339, nota 328-G.

[45] O Presidente da República vetou algumas previsões como, por exemplo, no que consiste o sistema de vigilância indireta no qual, no Projeto de Lei 1.288, de 2007, de autoria do senador Magno Malta, estabelecia em seu parágrafo único, do art. 146-A que a "vigilância indireta" será realizada "por meio da afixação, ao corpo do apenado, de dispositivo não ostensivo de monitoração eletrônica que indique, à distância, o horário e a localização do usuário, além de outras informações úteis à fiscalização judicial". Parece-nos que o legislador preferiu, corretamente, não ingressar na seara tecnológica do dispositivo em si, deixando a cargo do Poder Executivo fazê-lo.

[46] Disponível em: <http://planalto.gov.br>. Acesso em: 13 maio 2017.

[47] Disponível em: <http://planalto.gov.br>. Acesso em: 13 maio 2017.

implantação do sistema é a fiscalização, não assiste razão o argumento segundo o qual o monitoramento comprometeria a "individualização, proporcionalidade e suficiência da execução penal"[48]. Muito pelo contrário, se a fiscalização realizada pelos agentes do Estado é ineficaz, a única maneira eficiente de se controlar o cumprimento das condições judicialmente impostas seria pelo referido modelo de vigilância.

No caso do trabalho externo, durante cumprimento de pena no regime fechado, a utilização desse sistema seria importante para evitar fugas e, quiçá, o cometimento de novos delitos. Além do mais, essa previsão é inaplicável na prática justamente por ausência de fiscalização.

Conquanto uma das finalidades do sistema de monitoramento eletrônico seja o combate à superlotação carcerária, não foi, neste primeiro momento, a intenção primordial do legislador, porquanto as hipóteses elencadas recaem apenas sobre condenados que de qualquer forma seriam contemplados com a liberdade, seja pela saída temporária, seja pelo preenchimento dos requisitos para a obtenção do regime albergue-domiciliar, de caráter humanitário.

Nota-se, portanto, que a monitoração eletrônica foi introduzida na seara de execução penal com o exclusivo escopo de fiscalização estatal, não contribuindo em nada para o enxugamento da massa carcerária, para a evitabilidade de ingresso no sistema prisional, tampouco para a ressocialização do apenado. O monitoramento eletrônico foi apenas um acessório de fiscalização ao sistema preexistente.

5.2 A Lei Federal 12.403, de 2011

O dispositivo tecnológico de monitoração eletrônica, utilizado, no Brasil, até então, de maneira precária, como um acessório de fiscalização à saída temporária e ao regime albergue-domiciliar, finalmente começa a ser encarado como um importante aliado para o abrandamento das mazelas prisionais, apresentando-se doravante como sistema *front-door*, a fim de se evitar o contato do agente com o cárcere.

Em 5 de maio de 2011, com a entrada em vigor da Lei 12.403, que introduziu modificações ao Código de Processo Penal, despiu-se o legislador de postura tímida, passando a empregar o monitoramento eletrônico de maneira mais eficaz aos propósitos que o contornam e às reais necessidades do sistema prisional brasileiro, notadamente a problemática dos presos provisórios, como

---

[48] Disponível em: <http://planalto.gov.br>. Acesso em: 13 maio 2017.

medida cautelar autônoma e substitutiva da prisão, inserindo-o no art. 319, IX, do diploma processual penal.

A Lei 12.258, de 15 de junho de 2010, em seu art. 3º, delegou ao Poder Executivo a regulamentação da matéria, o que foi feito pela Presidência da República por meio do Decreto 7.627, de 24 de novembro de 2011[49], ou seja, após mais de um ano de vigência da *monitoração eletrônica*[50], reservado apenas para a saída temporária em regime semiaberto e prisão albergue-domiciliar, conforme analisado em item anterior.

Percebe-se que o Poder Executivo tratou de correr com a matéria, sobretudo com a introdução, pelo Legislativo, da monitoração eletrônica para além da execução penal, abrangendo, outrossim, os criminalmente processados, de modo a impedir o ingresso no sistema carcerário antes de eventual condenação, como medida alternativa à prisão preventiva.

O art. 319, do diploma processual penal, trouxe as denominadas medidas cautelares de natureza pessoal diversas da prisão, podendo o magistrado, preenchidos os requisitos da *necessariedade* e da *adequabilidade*[51] (art. 282

---

[49] "Art. 2º Considera-se monitoração eletrônica a vigilância telemática posicional à distância de pessoas presas sob medida cautelar ou condenadas por sentença transitada em julgado, executada por meios técnicos que permitam indicar a sua localização".

[50] Alceu Corrêa Junior, em sua tese de doutorado, defendida na Faculdade de Direito da Universidade de São Paulo (orientador Sérgio Salomão Shecaira) observou que, no Brasil, o legislador adotou a expressão *monitoração eletrônica* tanto para o equipamento de vigilância indireta na execução penal (Lei 12.258/2010), quanto para a medida cautelar autônoma (Lei 12.403/2011). Entretanto, a expressão que se tornou popular e passou a ser amplamente utilizada pelos especialistas, tais como Edmundo Oliveira, Carlos Eduardo Adriano Japiassú e Celina Maria Macedo, Pierpaolo Cruz Bottini, Carlos Weis, foi monitoramento eletrônico.

[51] No tocante aos requisitos para a decretação de medida cautelar, Guilherme de Souza Nucci discorre que, embora constitua instrumento mais favorável ao acusado, se comparado com a prisão provisória, não deixa de representar um constrangimento à liberdade individual. Por isso, não pode ser aplicada de maneira automática, submetendo-a ao preenchimento de dois requisitos genéricos: *necessariedade* e *adequabilidade*. Em linhas gerais, ensina o doutrinador que *necessariedade* diz respeito à indispensabilidade da medida, sob pena de gerar prejuízo à sociedade, direta ou indiretamente. A adequabilidade, ao seu turno, guarda harmonia com a justaposição entre o fato criminoso e seu autor em confronto com a exigência restritiva a ser feita. Ilustrando, prossegue o autor, se o acusado é reincidente e pratica delito concretamente grave, não sendo o caso de preventiva, cabe a aplicação de medida cautelar, por ser necessária e adequada

do CPP), aplicar, isolada ou cumulativamente (art. 282, § 1º, do CPP), o comparecimento periódico em juízo, a proibição de acesso ou frequência a determinados lugares, proibição de manter contato com pessoa determinada, proibição de ausentar-se da Comarca, recolhimento domiciliar noturno e nos dias de folga, suspensão do exercício de função pública ou de atividade de natureza econômica ou financeira, internação provisória, fiança e, por fim, a monitoração eletrônica. O art. 320 trata da proibição de ausentar-se do país, com a decorrente entrega do passaporte.

O legislador de 2011, de maneira ousadamente acertada, ao inserir a monitoração eletrônica como medida cautelar autônoma, destacou-a das demais, possibilitando a sua aplicação, também, de maneira isolada, distanciando-se do que havia feito em 2010, ao valer-se do equipamento somente para fins de fiscalização da saída temporária e do regime-albergue domiciliar, como consequência do benefício e não como uma benesse em si.

A partir desse novo panorama, a monitoração eletrônica ganha relevo e independência na legislação penal, sendo facultado ao magistrado, a depender do caso concreto, guiado pelos critérios da necessidade e da adequabilidade, conceder a liberdade provisória mitigada pela utilização do equipamento, dissociada, ou não, de qualquer outra medida cautelar alternativa.

Não há dúvidas de que dentre as medidas cautelares diversas da prisão arroladas, em rol taxativo, pelos arts. 319 e 320 do Código de Processo Penal, a monitoração eletrônica constitui medida mais gravosa, diante da real possibilidade, a depender da tecnologia adotada, de exercer sobre o acusado vigilância ininterrupta, motivo pelo qual deve ser manuseada com cuidado pelo órgão jurisdicional, afastando-se de eventual aplicação indiscriminada.

A maior parte das medidas cautelares diversas da prisão é de difícil fiscalização, como ocorre com o recolhimento domiciliar noturno, proibição de manter contato com determinada pessoa, de acessar e frequentar certos lugares, ausentar-se da comarca, cuja aplicação pode resultar na impunidade da medida. Por tal razão, a maneira usual de se valer da monitoração eletrônica é cumulá-la com as demais medidas, servindo como um instrumento meio para o cumprimento destas.

Em verdade, a monitoração eletrônica representa o ponto de equilíbrio entre a total privação da liberdade e o abrandamento das demais medidas cautelares não específicas, de natureza pessoal diversas da prisão, podendo,

---

à hipótese (*Código de Processo Penal comentado*. 16. ed. Rio de Janeiro: Forense, 2017. p. 721, nota 8).

portanto, ser aplicada de forma isolada para casos intermediários, em que o encarceramento se revelar provimento deveras drástico e as demais medidas, como as previstas nos incisos I, II, III, IV e V do art. 319 do CPP, se mostrarem insuficientes ao caso concreto.

A possibilidade de vigilância ininterrupta, conferida através do sistema de posicionamento global (GPS), permite a imposição da monitoração eletrônica de maneira isolada, como forma de se evitar a fuga do agente – se houver indícios nesse sentido – e a prática de novas infrações penais.

Destaca-se, outrossim, a viabilidade do uso isolado da medida para crimes relativamente graves, aferidos em cada caso concreto, quando as demais alternativas legais à constrição da liberdade sejam não relacionadas, inaptas e insuficientes para a consecução dos fins perseguidos. Garante-se a eficácia do processo, ao mesmo tempo em que se preserva a integridade física e psíquica do indivíduo, impedindo seu ingresso no cárcere (sistema *front-door*).

Ilustrando, imaginemos um sujeito, primário e de bons antecedentes, preso em flagrante por ter subtraído, mediante grave ameaça, um aparelho celular e, apresentado em audiência de custódia, confessa a participação no fato delituoso. Eis uma situação rotineira nos fóruns criminais (presente a confissão ou não), cuja solução, na maior parte dos casos, é a conversão do flagrante em prisão preventiva, respaldada na gravidade concreta do crime, sendo, geralmente, utilizados como argumentos a grave ameaça empregada e o temor social acerca da infração penal (crime de roubo).

Entretanto, valendo-se da proporcionalidade como critério orientador ao juiz na aplicação de quaisquer medidas restritivas de direitos fundamentais, ponderando-se o interesse público e as liberdades individuais, a constrição da liberdade intramuros estatal não se revela razoável ao caso mencionado, notadamente diante das condições pessoais favoráveis do acusado, sem antecedentes criminais, do bem móvel alheio subtraído e da forma pela qual a grave ameaça foi empregada, muitas vezes traduzida em anúncio de assalto, circunstâncias que, se ponderadas, contrapõem-se à razoabilidade de se decretar a prisão preventiva.

É preciso frear esse vício judicial de fundamentar a prisão cautelar apenas por se tratar de crime de roubo, como se fosse uma equação matemática: crime praticado mediante grave ameaça à pessoa, deve-se determinar a prisão preventiva. Essa lógica em nada se diferencia da decretação da prisão cautelar pautada na gravidade abstrata do delito. É a mesma operação conferida ao tráfico, por ser crime equiparado a hediondo, desprezando-se a quantidade de substâncias ilícitas apreendidas, as condições pessoais do denunciado.

Em outros tempos, poder-se-ia até compreender referido provimento jurisdicional, uma vez que o julgador não possuía instrumentos outros para a *cautelarização*[52] de determinadas situações, deparando-se com o encarceramento *versus* a liberdade[53]. Esse cenário não mais subsiste doravante, mormente após a inclusão das medidas cautelares de natureza pessoal diversas da prisão.

Se, por um lado, a prisão preventiva é medida desproporcional ao caso citado, de outro, insuficiente seria a imposição de recolhimento domiciliar noturno (rouba-se à luz do dia), comparecimento periódico em juízo, proibição de ausentar-se da comarca ou de frequentar determinados lugares, afinal, não se pode desprezar a gravidade da conduta, tratando-se de um crime de roubo, cujo raciocínio é perfeitamente aplicável a outros delitos como extorsão, estelionato e tráfico.

Nesse sentir, ergue-se a monitoração eletrônica, para fins de vigilância, sem restrição da movimentação, porém com acompanhamento remoto ininterrupto, como instrumento intermediário adequado, útil e de aplicação isolada, pois, a depender do caso concreto, inócuas e desnecessárias quaisquer outras medidas alternativas a ela associadas.

---

[52] "O fenômeno da cautelarização é comum a todas as áreas da jurisdição. A notória morosidade da Justiça, que estende em demasia o lapso temporal entre a demanda e a decisão definitiva provoca a antecipação dos atos processuais. A ânsia social pela solução das demandas, a angústia dos magistrados em tornar efetivas as decisões tomadas, e a constatação de que a lentidão desprestigia os mecanismos formais de resolução de litígios, valorizou a figura da cautelar, com consequências positivas e negativas para o sistema judicial e para os jurisdicionados" (BOTTINI, Pierpaolo Cruz. Medidas cautelares penais (Lei 12.403/11): novas regras para a prisão preventiva e outras polêmicas. *Revista Eletrônica de Direito Penal AIDP-GB*, ano 1, vol. 1, n. 1, jun. 2013, p. 264).

[53] Nesse sentido, oportunas as palavras de Bottini: "A redação anterior do Código apresentava ao magistrado uma medíocre dicotomia no campo das cautelares pessoais. O juiz não dispunha de alternativa para assegurar a ordem processual e a aplicação da lei penal a não ser a prisão preventiva. Era a prisão ou nada. Alguns magistrados ainda lançavam mão de outros instrumentos, como a retenção do passaporte ou a proibição de frequência a determinados lugares, mas a aplicação dessas cautelares inominadas sempre foi polêmica e cercada de suspeitas sobre sua legalidade" (BOTTINI, Pierpaolo Cruz. Medidas cautelares penais (Lei 12.403/11): novas regras para a prisão preventiva e outras polêmicas. *Revista Eletrônica de Direito Penal AIDP-GB*, ano 1, vol. 1, n. 1, jun. 2013, p. 265).

5.3 A Súmula Vinculante 56

O sistema carcerário brasileiro, como cediço, falido, compromete, inclusive, a sistemática de progressão de regime, fulcral à ressocialização do apenado, pois faltam vagas para os beneficiários de regime semiaberto e aberto, como se no regime fechado a problemática também não fosse a mesma.

A diferença é que, distante da mirada social, é mais fácil ao Poder Executivo abarrotar os presídios e mantê-los nessas condições, do que responsabilizar-se pela soltura de condenados, diante da inexistência de estabelecimentos adequados, ou despender verbas para fazer cumprir a lei.

Após muito debate doutrinário e diversas decisões judiciais, atribuindo ao caso as mais variadas soluções, submetendo o apenado à loteria judicial, o Superior Tribunal Federal editou a Súmula Vinculante 56, publicada em 8 de agosto de 2016, prevendo que *a falta de estabelecimento penal adequado não autoriza a manutenção do condenado em regime prisional mais gravoso, devendo-se observar, nessa hipótese, os parâmetros fixados no RE 641.320/RS.*

Justo o provimento, em caráter vinculante, proferido pela Suprema Corte, no sentido de não transferir totalmente ao condenado o ônus oriundo da ineficiência estatal, conferindo a ele a garantia de que não permanecerá em regime diverso do estipulado em título judicial por ausência de vagas em estabelecimento penal adequado.

Em contrapartida, com o fito de resguardar a devida execução da pena, a Corte estabeleceu parâmetros, na tentativa de evitar o uso indiscriminado da prisão albergue-domiciliar, reservado pela lei somente para as hipóteses constantes do art. 117 da LEP.

Assim, havendo déficit de vagas, deverá o magistrado determinar: *(i) a saída antecipada de sentenciado no regime com falta de vagas; (ii) a liberdade eletronicamente monitorada ao sentenciado que sai antecipadamente ou é posto em prisão domiciliar por falta de vagas; (iii) o cumprimento de penas restritivas de direito e/ou estudo ao sentenciado que progride ao regime aberto. Até que sejam estruturadas as medidas alternativas propostas, poderá ser deferida a prisão domiciliar ao sentenciado*[54].

---

[54] Conforme voto do Relator do recurso extraordinário, Gilmar Mendes, essa proposta teve, em suma, a seguinte fundamentação: "Já me manifestei pela impossibilidade de manter o condenado no regime mais gravoso, no mesmo sentido da proposta de súmula. Ocorre que a proposta dá, como consequência dessa premissa, a adoção da prisão domiciliar. Atualmente, conforme o entendimento do Juízo da execução penal, há duas alternativas de tratamento do sentenciado

Conquanto fosse possível tecer páginas de comentários acerca da exposta decisão, o foco do presente capítulo é a monitoração eletrônica, que se evidencia, cada vez mais, como um recurso viável e adequado à execução penal, começando a ser invocado como uma das alternativas ao sistema de execução minguado na prática.

Nessa ótica, por força de entendimento jurisprudencial de caráter vinculante, a solução encontrada foi implantar a vigilância eletrônica para antecipar a progressão de sentenciados, desde que satisfaçam os requisitos subjetivos e estejam próximos de atingir o requisito objetivo, possibilitando, assim, o ingresso tanto dos condenados inicialmente em regime semiaberto, quanto daqueles progredidos do fechado ao regime intermediário e deste ao aberto.

É a monitoração eletrônica ganhando espaço, mesmo que por provimento jurisdicional, na individualização da pena, em seu modelo *back-door*, antes não inserido no Brasil, pois reservada apenas para saídas temporárias e regime albergue-domiciliar, a fim de viabilizar o sistema de progressão de regime.

---

que progride de regime, não havendo vagas suficientes: ou é mantido no regime mais gravoso ao que teria direito (fechado), ou é colocado em regime menos gravoso (prisão domiciliar). Tenho que já não nos basta apenas afirmar o direito ao regime previsto na lei ou ao regime domiciliar. Por um lado, é imprescindível cobrar dos poderes públicos soluções definitivas para a falta de vagas, seja pela melhoria da administração das vagas existentes, seja pelo aumento do número de vagas. Sobre isso, tratarei na próxima parte do meu voto. Não há, no entanto, solução imediata possível. Assim, temos que verificar o que fazer com os sentenciados se a situação de falta de vagas está configurada. A prisão domiciliar é uma alternativa de difícil fiscalização e, isolada, de pouca eficácia. Não descarto sua utilização, até que sejam estruturadas outras medidas, como as que serão propostas neste voto. No entanto, é preciso avançar em propostas de medidas que, muito embora não sejam gravosas como o encarceramento, não estejam tão aquém do 'necessário e suficiente para reprovação e prevenção do crime' (art. 59 do CP). Para tanto, proponho as seguintes medidas: (i) saída antecipada; (ii) liberdade eletronicamente monitorada; (iii) penas restritivas de direito e/ou estudo. Essas medidas são diversas, mas menos gravosas ao sentenciado do que as previstas na lei e na sentença condenatória. Para sua adoção, dependem de adesão do condenado. Caberá a ele observar as regras disciplinares, submetendo-se à fiscalização dos órgãos da execução penal, sob pena de ser mantido no regime mais gravoso, ou a ele regredir. Com isso, ainda que falte previsão expressa na lei para adoção dessas medidas em execução penal, tenho que não haverá violação ao princípio da legalidade – art. 5º, XXXIX. Analiso cada uma dessas medidas" (STF, RE 641.320, Tribunal Pleno, Rel. Gilmar Mendes, j. 11.05.2016).

Os avanços acerca da introdução dessa tecnologia na seara executória penal, em princípio, prosseguirão, tramitando no Congresso Nacional o Projeto de Lei 9.054, de 2017, de autoria do Senador Renan Calheiros, em fase avançada do processo legislativo, que, da forma como redigido até o momento[55], promete alterar substancialmente a Lei de Execuções Penais, modificando, em especial, os regimes de cumprimento de pena, responsáveis por concretizar a individualização da pena em plano infraconstitucional.

No tocante à monitoração eletrônica, o projeto consagra o uso da ferramenta como modalidade *back-door*, desafetando o sentenciado das prisões ao prever a conversão do regime semiaberto, cumprido em colônia agrícola, industrial ou similar, em regime semiaberto diferenciado com monitoração eletrônica, cujo custo deverá ser suportado pelo condenado, desde que não beneficiário da justiça gratuita[56]. Há, outrossim, a possibilidade de antecipação da progressão de regime mediante monitoração eletrônica aos condenados por tráfico privilegiado[57].

O regime aberto foi consideravelmente alterado, adequando-se a lei à realidade, a começar por excluir a Casa do Albergado, estabelecendo o cumprimento mediante recolhimento domiciliar, penas alternativas ou monitoração eletrônica[58].

---

[55] Consulta realizada em 27.05.2018 no sítio eletrônico <http://www.camara.gov.br>.

[56] Na Lei de Execução Penal: "Art. 91. (...) Parágrafo único. O regime semiaberto poderá ser convertido em regime semiaberto diferenciado com monitoração eletrônica, cujo custo deverá ser suportado pelo condenado que não seja beneficiário de justiça gratuita, mediante recolhimento ao fundo penitenciário da respectiva unidade federativa responsável por sua custódia".
No Código Penal: "Art. 33. (...) § 1º (...) II – regime semiaberto a execução da pena em colônia agrícola, industrial ou estabelecimento similar, mediante condições fixadas pelo juiz, com ou sem monitoração eletrônica".

[57] "Art. 66. (...) § 1º Compete ainda ao juízo da execução, havendo proposta do Ministério Público, decidir sobre: IV – a antecipação da progressão de regime, podendo aplicar monitoração eletrônica aos condenados por infração ao *caput* e ao § 1º art. 33 da Lei nº 11.343, de 23 de agosto de 2006, desde que sejam primários, com bons antecedentes e que não se dediquem a atividades criminosas ou integrem organização criminosa, de acordo com a natureza e a quantidade da substância apreendida, com base em orientações e normas do Conselho Nacional de Política sobre Drogas e diretrizes do Conselho Nacional de Política Criminal e Penitenciária".

[58] Acrescentou-se o parágrafo único ao art. 113 da LEP com a seguinte redação: "Art. 113. O ingresso do condenado em regime aberto supõe a aceitação de seu

Conforme analisado em item próprio, a Lei 12.258/2010 introduziu no ordenamento jurídico a monitoração eletrônica, prevendo-a para a saída temporária em regime semiaberto e prisão albergue-domiciliar, acrescentando à Lei de Execução Penal, o art. 146-B, II e IV (os demais incisos foram vetados).

O projeto em questão traz modificações ao referido artigo, ao dispor, no inciso II, que o juiz poderá definir a fiscalização por meio de monitoração eletrônica quando "em casos excepcionais, autorizar a saída temporária no regime semiaberto ou autorizar o regime semiaberto diferenciado com monitoração eletrônica".

Ao acrescer a expressão "em casos excepcionais" à saída temporária, parece-nos não ter sido opção legislativa desejável, porquanto, como defendido anteriormente, pela própria natureza do benefício, a monitoração eletrônica deve ser determinada.

Quanto ao livramento condicional e à suspensão condicional da pena, benefícios que permitem alcançar a extinção da punibilidade ante o cumprimento de determinadas condições, a omissão acerca da inserção de equipamento de vigilância, infelizmente, permanece.

Conquanto seja possível tecer críticas e inconsistências legislativas, o projeto de reforma à Lei de Execução Penal, muito mais do que bem-vindo, é uma medida urgente e necessária para, pelo menos, iniciarmos uma caminhada distinta da vigente há quase 40 décadas.

6. CONCLUSÃO

A monitoração eletrônica, contemplada em diversos países desenvolvidos, tem como finalidades precípuas o desencarceramento, a ressocialização do apenado e a redução da impunidade, garantindo-se o cumprimento da pena ou de benefícios de maneira eficaz, tanto para o condenado, quanto para a sociedade.

O sistema eletrônico de monitoramento é capaz de impedir o ingresso de indivíduos ao cárcere (sistema *front-door*) ou retirá-los do ambiente

---

programa e das condições legais. Parágrafo único. O regime aberto será cumprido mediante recolhimento domiciliar, penas alternativas ou monitoração eletrônica". Alterou-se substancialmente o art. 33, § 1º, III, do Código Penal, passando a constar: "Art. 33. (...) § 1º (...) III – regime aberto a execução da pena em domicílio, mediante condições restritivas de direitos, prestações sociais alternativas a serem fixadas pelo juiz ou monitoração eletrônica".

hostil (*sistema back-door*), propiciando melhores condições, inclusive, aos que enclausurados necessitam estar, ao mesmo tempo em que se facilita o processo de ressocialização, reintegrando o apenado ao convívio da sociedade e de familiares, permitindo seu desenvolvimento profissional e laboral, sem, contudo, minar a capacidade de vigilância do Estado sobre o reeducando ou o processado – inexistente nos tempos atuais-, amenizando a intranquilidade social e a sensação de impunidade.

Inserida dessa forma, a monitoração eletrônica traz eficácia ao postulado da dignidade da pessoa humana no âmbito da execução penal. O sistema carcerário, nos moldes em que se encontra atualmente, degrada por si só qualquer noção de dignidade que um ser humano possa ter.

A superlotação, a precária higienização, o desrespeito à individualização da pena que faz com que condenados e processados de diferentes graus de periculosidade se enfrentem numa mesma área, o alto índice de reincidência, configuram uma violação grave à dignidade da pessoa humana e inviabiliza qualquer tentativa ressocializadora.

A monitoração eletrônica, pode-se dizer, é uma realidade recente no Brasil, inaugurada pela Lei 12.258, de 15 de junho de 2010, estabelecendo-a apenas como instrumento fiscalizador da saída temporária em regime semiaberto e da prisão albergue-domiciliar, de caráter humanitário. Nesse sentido, o equipamento tecnológico em nada alterou a sistemática de execução penal, tampouco serviu para os fins sobre os quais fora idealizado.

Em 4 de maio de 2011, com o advento da Lei 12.403, que introduziu a monitoração eletrônica como medida cautelar autônoma de natureza pessoal diversa da prisão, consagrando-a no modelo *front-door*, de aplicação isolada ou cumulativa com as demais cautelares, o Brasil passou a encarar o sistema tecnológico de vigilância como opção viável não só para a eficácia de cumprimento de outras medidas, mas como real alternativa ao cárcere.

A produção legislativa sobre a temática esgotou-se em 2011, sobrevindo, contudo, importante decisão proferida pelo Pleno do Supremo Tribunal Federal, em 2016, ao editar a Súmula Vinculante 56, direcionada à problemática da falta de vagas em estabelecimentos adequados. A monitoração eletrônica foi, finalmente, inserida como forma de se garantir a devida individualização da pena.

O Projeto de Lei 9.054, de 2017, em trâmite avançado do processo legislativo, promete ser a grande reforma da Lei de Execução Penal, cuja redação atual, de fato, confere mudanças significativas ao sistema executório, incluindo o sistema de vigilância indireta como forma de cumprimento de pena privativa de liberdade no regime semiaberto diferenciado e no regime aberto.

Há muito, ainda, o que se debater, sobretudo no tocante à concretização desse valioso instrumento na seara da execução penal, o qual, se implantado de forma consciente, com tecnologia adequada, será possível atingir o caráter multifacetado das finalidades da pena.

A um só tempo, afirma-se a existência do Direito Penal – desacreditado, nos tempos atuais –, afasta-se a sensação generalizada de impunidade, retribui-se o mal praticado e garantem-se melhores condições à ressocialização do apenado, reservando o caráter específico negativo da pena aos casos realmente necessários.

De nada adianta termos uma Lei de Execução Penal virtuosa como produção normativa se, na prática, a sua implantação é inviável, o que gera consequências danosas, dentre elas, senão a mais perigosa, submeter processados e apenados a soluções indiscriminadas, a partir das quais teremos unicamente um efeito dominó ao abismo.

É preciso buscar um ideal normativo com vistas à concretização humana e equânime da execução da pena. O Projeto de Lei 9.054, de 2017, parece-nos ser o primeiro passo nesse tortuoso, porém necessário reexame da ordem.

REFERÊNCIAS

AVENA, Norberto Cláudio Pâncaro. *Processo penal*. 9. ed. Rio de Janeiro: Forense, 2017.

BITENCOURT, Cezar Roberto. *Manual de direito penal* – parte geral. 7. ed. São Paulo: Saraiva, 2002.

BOTTINI, Pierpaolo Cruz. Aspectos pragmáticos e dogmáticos do monitoramento eletrônico. *Monitoramento eletrônico*: uma alternativa à prisão? Experiências internacionais e perspectiva no Brasil. Ministério da Justiça.

_____. Medidas cautelares penais (Lei 12.403/11): novas regras para a prisão preventiva e outras polêmicas. *Revista Eletrônica de Direito Penal AIDP-GB*, ano 1, vol. 1, n. 1, p. 264, jun. 2013.

BURRI, Juliana. O monitoramento eletrônico e os direitos e garantias individuais. *Revista dos Tribunais*, vol. 904, p. 475-493, fev. 2011.

CAIADO, Nuno. Compreender a monitoração eletrônica na jurisdição penal. In: MOAIS, Paulo Iász de; CAIADO, Nuno (coord.). *Monitoração eletrônica*: *probation* e paradigmas penais. São Paulo: ACLO Editorial Ltda., 2014.

CONTE, Christiany Pegorari. Execução penal e o direito do futuro: uma análise sobre o sistema de monitoramento eletrônico de presos. *Revista dos Tribunais*, vol. 894, p. 401-441, abr. 2010.

FERREIRA FILHO, Aloysio Nunes. Pulseiras eletrônicas em presos: ao incorporar o monitoramento eletrônico do condenado, nosso direito penitenciário entra no século 21 e segue bons exemplos. *Folha de S. Paulo*, 15 abr. 2008. Tendências/Debates p. A3.

GARCIA, Roberto Soares. Pulseirinhas, tornozeleiras e inconstitucionalidade da Lei 12.906/08. *Boletim IBCCRIM*, São Paulo, a. 16, n. 187, jun. 2008.

GOMES FILHIO, Antonio Magalhães; PRADO, Geraldo; BADARÓ, Gustavo Henrique; MOURA, Maria Thereza Rocha de Assis; FERNANDES, Og (coord.). *Medidas cautelares no processo penal*: prisões e suas alternativas. Comentário à Lei 12.403, de 4.5.2011. São Paulo: Revista dos Tribunais, 2011.

ISIDRO, Bruno César Azevedo. *Projeto Liberdade Vigiada: sociedade protegida*. Disponível em: <http://www.premioinnovare.com.br/praticas/liberdade-vigiada-sociedade-protegida/>.

JAPIASSÚ, Carlos Eduardo Adriano. A crise do sistema penitenciário: a experiência da vigilância eletrônica. *Boletim IBCCRIM*, São Paulo, a. 14, n. 170, jan. 2007.

_____; MACEDO, Celina Maria. *Monitoramento eletrônico*: uma alternativa à prisão? Experiências Internacionais e perspectiva no Brasil. Ministério da Justiça.

JOHN Howard Society of Alberta. *Electronic monitoring*. Disponível em: <http://www.johnhoward.ab.ca>.

KARAM, Maria Lúcia. Monitoramento eletrônico: a sociedade do controle. *Boletim IBCCRIM*, São Paulo, a. 14, n. 170, jan. 2007.

LIMA, Renato Brasileiro de. *Manual de processo penal*: volume único. 6. ed. Salvador: JusPodivm, 2018.

LOPES JR., Aury. *Direito processual penal*. 11. ed. São Paulo: Saraiva, 2014.

MACHADO, Nara Borgo Cypriano. *O monitoramento eletrônico e a viabilidade de sua utilização no ordenamento jurídico-penal brasileiro*. Monitoramento eletrônico: uma alternativa à prisão? Experiências internacionais e perspectiva no Brasil. Ministério da Justiça.

MARCÃO, Renato. *Curso de execução penal*. 12. ed. São Paulo: Saraiva, 2013.

MORAIS, Paulo José Iasz de. *Monitoramento eletrônico de preso*. São Paulo: IPB, 2012.

NIEVA FENOLL, Jordi. Las pulseras telemáticas: aplicación de las nuevas tecnologías a las medidas cautelares y a la ejecución en el proceso penal. *Revista del Poder Judicial*, Madrid, n. 77.

NUCCI, Guilherme de Souza. *Código de Processo Penal comentado*. 16. ed. Rio de Janeiro: Forense, 2017.

_____. *Curso de execução penal*. Rio de Janeiro: Forense, 2018.

_____. *Leis penais e processuais penais comentadas*. 4. ed. São Paulo: Revista dos Tribunais, 2009.

OLIVEIRA, Edmundo. *Direito penal do futuro*: a prisão virtual. Rio de Janeiro: Forense, 2007.

PACELLI, Eugênio. *Curso de processo penal*. 21. ed. São Paulo: Atlas, 2017.

RÍO, Miguel Angel Iglesias; PARENTE, Juan Antonio Pérez. *La pena de localización permanente y su seguimiento com médios de control electrónico*. Net, México, 2006. Biblioteca Jurídica Virtual del Instituto de Investigaciones Jurídicas de la Universidad Nacional Autónoma de México.

RODRÍGUEZ-MAGARIÑOS, Faustino Gudín. La cárcel electrónica. El modelo del derecho norteamericano. *Revista La Ley Penal*, n. 21, año II, nov. 2005.

WEIS, Carlos. *Estudo sobre o monitoramento eletrônico de pessoas processadas ou condenadas criminalmente*. Monitoramento eletrônico: uma alternativa à prisão? Experiências Internacionais e perspectiva no Brasil. Ministério da Justiça.

_____. *O Big Brother penitenciário*. Disponível em: <http://www.carceraria.org.br>.

15

ASPECTOS CONSTITUCIONAIS DO REGIME DISCIPLINAR DIFERENCIADO

AMANDA FERREIRA DE SOUZA NUCCI
Mestranda em Direito Penal pela PUC-SP. Advogada criminalista.

Resumo: O presente trabalho versa sobre o regime disciplinar diferenciado (RDD), modalidade especial de cumprimento da pena no regime fechado. O objetivo deste estudo é discorrer sobre as principais características desse regime, bem assim sobre as hipóteses e o procedimento para a inclusão do apenado nessa modalidade de regime. Diante da sua análise pormenorizada, segue--se para a avaliação de sua constitucionalidade e necessidade para o sistema penitenciário brasileiro.

Palavras-chave: Regime disciplinar diferenciado – RDD. Cumprimento da pena.

Abstract: The present article deals with the disciplinary differentiated regime, a special modality of compliance regime in the closed conditions. The objective of this study is to discuss the main characteristics of this condition, as well as the hypotheses and the procedure for the inclusion of the imprisoned in the closed penalty. Before its detailed analysis, it goes to examination of its constitutionality and necessity for the Brazilian penitentiary system.

Keywords: Differential Disciplinary Scheme – RDD. Compliance regime.

Sumário: 1. Introdução – 2. Conceito – 3. Características: 3.1 Duração máxima; 3.2 Recolhimento em cela individual; 3.3 Visitas semanais; 3.4 Direito ao banho de sol – 4. Requisitos para inclusão do preso no RDD: 4.1 Cometimento de fato descrito como crime; 4.2 Alto risco para a segurança interna do estabelecimento prisional e para a sociedade; 4.3 Envolvimento com organização criminosa, quadrilha ou bando – 5. Procedimento para inclusão no RDD – 6. A constitucionalidade do regime disciplinar diferenciado – 7. Conclusão – Referências.

1. INTRODUÇÃO

O art. 52 introduzido pela Lei 10.792/2003, que alterou a Lei 7.210/1984, trata das hipóteses que autorizam a inclusão do preso faltoso no denominado regime disciplinar diferenciado (RDD).

A disciplina imposta com a medida é diferenciada, restringindo a já limitada liberdade de locomoção do preso e alguns dos seus direitos.

O presente trabalho visa a compreender, por meio de uma análise de cada uma das características, as hipóteses de inclusão do apenado no regime disciplinar diferenciado e o procedimento deste regime. Busca-se, ainda, verificar quais foram os motivos para a criação desta medida, bem assim qual é o verdadeiro escopo desta forma especial de cumprimento de pena.

Ademais, o enfoque deste trabalho é analisar se o regime disciplinar diferenciado está de acordo com os princípios constitucionais, uma vez que a doutrina e a jurisprudência se dividem em relação à constitucionalidade desse regime.

O trabalho pretende enfocar se esse regime pode ser considerado uma alternativa viável para o combate à criminalidade organizada.

A inclusão do preso no regime disciplinar pode ser conveniente – ou não – a depender da análise global acerca das faltas cometidas pelos condenados e como se encontra a segurança interna dos presídios.

Resta saber se o RDD é um instrumento positivo ou negativo; se um bem ou mal para a sociedade.

2. CONCEITO

O regime disciplinar diferenciado é uma modalidade especial de cumprimento da pena no regime fechado, reservada para os presos provisórios ou condenados, nacionais ou estrangeiros, que apresentem alto risco para a ordem e segurança do estabelecimento penal ou da sociedade (art. 52, § 1º, da Lei 10.792/2003), bem assim daqueles que estiverem envolvidos ou participarem, com fundadas suspeitas, a qualquer título, de organizações criminosas ou associações criminosas (art. 52, § 2º, da Lei 10.792/2003).

É importante destacar que o aludido regime não se trata de uma quarta modalidade de cumprimento de pena privativa de liberdade, além das já existentes, quais sejam: regimes fechado, semiaberto e aberto.

Sobre o conceito de regime disciplinar diferenciado, ensina Mirabete:

O RDD não constitui um regime de cumprimento de pena em acréscimo aos regimes fechado, semiaberto e aberto, nem uma nova modalidade de prisão provisória, mas sim um novo regime de disciplina carcerária especial, caracterizado por maior grau de isolamento do preso e de restrições ao contato com o mundo exterior.[1]

Corroborando o entendimento, o posicionamento de Guilherme de Souza Nucci: "o regime disciplinar diferenciado é apenas uma subdivisão do regime fechado, mais rigoroso e exigente. Não se trata, pois, de um quarto regime de cumprimento de pena".[2]

Sobre a natureza do regime disciplinar diferenciado, assevera Norberto Avena:

> Apresenta-se o RDD, ora como uma *sanção disciplinar*, ora como uma *medida cautelar*: sanção disciplinar na hipótese regrada pelo art. 52, *caput*, da LEP, que prevê sua imposição para o condenado que cometer fato definido como crime doloso que ocasione subversão da ordem e da disciplina da casa prisional; e medida cautelar no caso do art. 52, §§ 1º e 2º, ao estabelecer a inserção no RDD dos condenados que apresentem alto risco para a ordem e segurança do estabelecimento penal ou da sociedade, bem como para aquele em relação ao qual recaiam fundadas suspeitas de envolvimento em organização criminosa ou associação criminosa.[3]

Isso posto, serão feitos alguns apontamentos sobre as principais características do regime disciplinar diferenciado.

3. CARACTERÍSTICAS

Em síntese, o aludido regime tem as seguintes características: a) duração máxima de trezentos e sessenta dias, sem prejuízo de repetição da sanção por nova falta grave de mesma espécie, até o limite de um sexto da pena aplicada; b) recolhimento em cela individual; c) visitas semanais de duas pessoas, sem

---

[1] *Execução penal*. 9. ed. São Paulo: Atlas, 2004. p. 149.
[2] *Leis penais e processuais penais comentadas*. 9. ed. Rio de Janeiro: Forense, 2016. vol. 2, p. 223.
[3] *Execução penal esquematizado*. 3. ed. São Paulo: Método, 2016. p. 93.

contar crianças, com duração de duas horas; d) direito de saída da cela para banho de sol por duas horas diárias (art. 52, I a IV, da Lei 7.210/1984).

3.1 Duração máxima

O art. 52, I, da Lei 7.210/1984 insere o limite máximo de tempo que o apenado poderá sujeitar-se ao regime disciplinar diferenciado, devendo, depois de decorrido esse lapso temporal, retornar ao regime fechado comum.

A inclusão do preso, provisório ou condenado, no regime disciplinar diferenciado tem uma duração máxima de 360 dias, sem prejuízo de ser renovado se houver nova falta grave consistente na prática de crime, até o limite de um sexto da pena aplicada.

Nos casos em que o preso foi incluído no regime disciplinar diferenciado por força de prática de falta grave, referindo-se aqui à situação prevista no art. 52, *caput*, da LEP, quando praticado novo crime doloso com potencial de subverter a ordem e a disciplina internas do presídio, faculta a lei a repetição da sanção, desde que, no total, não seja ultrapassado o limite legal.

Em relação aos casos previstos no art. 52, §§ 1º e 2º, da LEP, parte da doutrina entende que, na medida em que não é possível utilizar a hipótese de repetição do regime prevista em lei, os apenados somente poderão ser incluídos nesse regime uma vez, limitada ao tempo de 360 dias. Contudo, para outros, a limitação de 360 dias é específica para a falta grave e não se aplica a outras hipóteses.

3.2 Recolhimento em cela individual

O recolhimento do preso deve ser realizado em cela individual a fim de evitar o contato permanente com outros detentos, uma vez que o regime disciplinar diferenciado se caracteriza pelo maior isolamento do preso.

É certo que este isolamento deve ser implantado considerando as proibições trazidas pelo art. 45 da LEP.

Frise-se ser vedado o emprego de cela escura, devendo-se acrescentar, ainda, os alojamentos inabitáveis ou insalubres.

Do mesmo modo que a pena privativa de liberdade, a inclusão do preso no regime disciplinar diferenciado deve buscar civilidade e, além de ser humanizada.

Com efeito, há quem não consiga apontar aspectos positivos em relação ao regime disciplinar diferenciado, considerando a inconstitucionalidade desse regime, conforme se verá em capítulo próprio.

Porém, é certo que o regime não representa a submissão do encarcerado a padecimentos físicos e psíquicos. Como se vê, a legislação veda que o recolhimento do preso seja realizado em condições degradantes.

Outro ponto a merecer destaque é o de que a permanência em cela individual é, em realidade, um direito estabelecido a todos os presos pelo art. 88 da LEP, embora não concretizado pelo próprio poder público. Aliás, ao contrário, é recorrente o recolhimento do preso em celas lotadas e precárias.

Na visão de Luís Francisco Carvalho Filho,[4] milhares de condenados cumprem penas em lugares impróprios, as prisões são extremamente lotadas, insalubres, corrompidas e esquecidas. O sistema penitenciário, no campo da experiência, não traduz com fidelidade tudo que a norma preceitua.

Nesse contexto, para fins do regime disciplinar diferenciado, realiza-se um contraste, pois a ocupação do preso em cela individual é a regra inafastável.

3.3 Visitas semanais

O art. 52, III, da LEP dispõe que o preso incluído no regime disciplinar diferenciado tem direito a visitas semanais de duas pessoas, sem contar crianças, com duração de duas horas.

É possível perceber com este dispositivo que, ainda que o preso esteja incluído neste regime aparentemente mais severo, deve ser garantido o seu direito de relacionar-se com seus entes queridos.

Do ponto de vista de Mirabete,[5] o preso não deve romper seus contatos com o mundo exterior e não há dúvida de que os laços mantidos com a família, principalmente, são essencialmente benéficos para o preso.

Assim, ainda que seja incluído no regime disciplinar diferenciado, o apenado deve preservar o direito à manutenção dos laços com os familiares e amigos.

Contudo, tratando-se o regime disciplinar diferenciado de uma situação especial, caracterizada pelo rigor no tratamento do preso, limita-se o direito de visita a duas horas semanais, estabelecendo-se o número máximo de dois visitantes no período.

Ademais, a visitação deve ocorrer sem que haja o contato pessoal entre o preso e seu visitante, em sala própria, com sistema de comunicação específico.

---

[4] *A prisão.* São Paulo: Publifolha, 2002. p. 10.
[5] *Execução penal.* 9. ed. São Paulo: Atlas, 2004. p. 120.

Sobre o direito de visitas, a doutrina se divide em relação a ressalva do dispositivo legal que dispõe "sem contar as crianças".

Isto porque, é difícil precisar se a ressalva visa excluir as crianças das visitas ou apenas de computá-las no limite máximo de dois visitantes. As duas assertivas parecem possíveis de serem extraídas da simples leitura do dispositivo em comento.

Parece-nos interessante o posicionamento de Rogério Sanches Cunha e Ronaldo Batista Pinto sobre o tema:

> Contudo, considerando os princípios basilares traçados no Estatuto da Criança e do Adolescente (Lei nº 8.609/90) – *princípios da prevenção geral e especial do atendimento integral à criança, garantia prioritária; proteção estatal; prevalência dos interesses do menor; indisponibilidade dos interesses do menos* – a proibição de visitas de crianças parece mais correta.[6]

Por fim, cumpre destacar que não são permitidas as visitas íntimas ao preso que se encontrar inserido no regime disciplinar diferenciado. Tendo em vista que o *direito à visita íntima* disseminou-se no sistema carcerário comum, observa-se constituir esta vedação um peso maior para o recluso em RDD.

3.4 Direito ao banho de sol

Em que pese o maior grau de isolamento do preso no regime disciplinar diferenciado, o art. 52, IV, da LEP dispõe que deve ser assegurado a ele, em determinados períodos, a saída da cela.

Nesse sentido, a legislação prevê que o apenado deverá permanecer recolhido por vinte e duas horas diárias, assegurando-se, entretanto, o período de duas horas para o banho de sol.

A este respeito, Guilherme de Souza Nucci ensina que "essas duas horas de saída precisariam ser, sempre, garantidas, haja sol ou não. Na realidade, o fator maior a ser considerado é a possibilidade de deixar a cela por alguns momentos, sendo levado para outro ambiente, seja qual for".[7]

---

[6] Código de Processo Penal e Lei de Execução Penal comentados. Salvador: JusPodivm, 2017. p. 1.785.

[7] *Leis penais e processuais penais comentadas*. 9. ed. Rio de Janeiro: Forense, 2016. vol. 2, p. 225.

Ainda neste sentido, discorre Adeildo Nunes que "nos presídios federais o banho de sol é realizado em espaço físico ao lado da cela, sem que o preso tenha a oportunidade de ter contato físico com qualquer pessoa".[8]

Ressalte-se não haver a possibilidade legal do preso sair da cela para trabalhar. É certo que o art. 52, IV, da LEP foi expresso em determinar a saída somente para banho de sol, o que pode alcançar alguma outra atividade relacionada ao lazer, desde que supervisionada.

Contudo, pela leitura do art. 98, § 2º, do Decreto 6.049/2007, infere-se que o preso, em regime disciplinar diferenciado, deverá trabalhar. Nesse contexto, esclarece Guilherme de Souza Nucci[9] que o Estado pode proporcionar trabalho para o preso incluído no regime disciplinar diferenciado, desde que desenvolvido na própria cela ou em local adequado, sem que haja contato com outros presos.

4. REQUISITOS PARA INCLUSÃO DO PRESO NO RDD

A inclusão no regime disciplinar diferenciado tem cabimento nos casos expressamente definidos pelo art. 52, *caput*, e parágrafos. São três as hipóteses para a inclusão do preso neste regime: a) quando praticar fato previsto como crime doloso, desde que a conduta tumultue a ordem e a disciplina interna do presídio onde se encontre; b) quando apresentar alto risco para a ordem e a segurança do estabelecimento prisional ou da sociedade; c) quando houver envolvimento com organização criminosa, quadrilha ou bando, bastando para tanto a fundada suspeita.

Isso posto, serão feitos alguns apontamentos mais detalhados sobre o assunto.

4.1 Cometimento de fato descrito como crime

A primeira hipótese de cabimento do regime disciplinar diferenciado se dá quando o preso provisório ou condenado praticar *fato previsto como crime doloso*, considerado *falta grave*, desde que ocasione a subversão da ordem ou disciplina internas, *sem prejuízo da sanção penal cabível*.[10]

---

[8] NUNES, Adeildo. *Comentários à Lei de Execução Penal*. Rio de Janeiro: Forense, 2016. p. 111.

[9] *Leis penais e processuais penais comentadas*. 9. ed. Rio de Janeiro: Forense, 2016. vol. 2, p. 225.

[10] *Manual de processo penal e execução penal*. 10. ed. São Paulo: Revista dos Tribunais, 2013. p. 1.038.

Como se vê, não basta a prática de falta grave consistente em fato previsto como crime doloso. É imprescindível, na hipótese prevista no *caput* do art. 52, para a inclusão no regime disciplinar diferenciado, a consideração de dois pressupostos cumulativos: a prática do fato previsto como crime doloso e a subversão da ordem ou disciplina internas.

Em que pese, aparentemente, ser possível considerar que a prática de fato previsto como crime doloso já teria o condão de causar um tumulto no interior do estabelecimento penal, é viável supor o cometimento de uma falta *menos relevante*, não se tornando necessário incluir o preso no regime disciplinar diferenciado.

Ainda sobre a primeira hipótese de cabimento do aludido regime, é imperioso destacar que, sem prejuízo da sanção administrativa, o preso faltoso responderá penalmente pelo crime doloso praticado, não se cogitando a hipótese de *bis in idem*, uma vez que as naturezas das punições são diferentes.

A este respeito, Adeildo Nunes ensina que:

> É perfeitamente possível, entretanto, que numa mesma conduta comissiva ou omissiva o preso provisório ou já condenado pratique um fato aparentemente delituoso e uma indisciplina prisional. Evidentemente, o fato delituoso será investigado pela polícia judiciária, enquanto a falta disciplinar deverá ser apurada pela administração do presídio. Vê-se, por isso, que são investigações completamente diferentes e com finalidades distintas.[11]

É certo que, caso comprovada a prática de falta disciplinar, será fixada uma sanção administrativa prevista no art. 53 da LEP. Por outro lado, havendo um crime, poderá ser fixada pena privativa de liberdade, restritiva de direitos ou multa.

Impende ressaltar que, caso a previsão legal fosse no sentido de encaminhar os presos a este regime quando praticassem *crime* doloso, dever-se-ia aguardar o julgamento definitivo pelo Poder Judiciário.

4.2 Alto risco para a segurança interna do estabelecimento prisional e para a sociedade

A segunda hipótese para a inclusão neste regime se aplica ao preso provisório ou definitivo, de nacionalidade brasileira ou estrangeira, que,

---

[11] NUNES, Adeildo. *Comentários à Lei de Execução Penal*. Rio de Janeiro: Forense, 2016. p. 108.

independentemente do crime praticado ou condenação, apresenta alto risco para a segurança interna do estabelecimento prisional e para a sociedade.

Este é o caso do interno que, mesmo dentro do estabelecimento prisional, continua a atuar na condução de negócios criminosos fora do cárcere, além de incitar seus comparsas, soltos, à prática de atos delituosos de natureza grave.

Sobre esta hipótese, Guilherme de Souza Nucci[12] critica a norma, uma vez que o conceito de *alto risco* é muito amplo e pode ensejar um abuso estatal se aplicada a esmo.

Assim, o ideal é associar o disposto no art. 52, § 1º, da LEP com o que dispõe o art. 51, § 2º, do mesmo dispositivo, que faz menção expressa à organização criminosa. Ou seja, a fim de não deixar o conceito tão amplo, busca-se uma referência para a aplicação do regime em sua própria essência: isolar os líderes de organizações criminosas.

Cumpre destacar que para evitar um direito penal do autor, o alto risco apresentado pelo preso deve derivar de fato pretérito por ele cometido ou para o qual concorreu de forma direta ou indireta.

4.3 Envolvimento com organização criminosa, quadrilha ou bando

A terceira hipótese para inclusão neste regime se dá quando o preso provisório ou condenado estiver envolvido com organização criminosa, quadrilha ou bando (atualmente, denominado crime de *associação criminosa*), bastando para tanto a fundada suspeita.

Sobre este aspecto, é inconteste que o legislador pátrio buscou coibir os integrantes de organizações criminosas de forma severa, especialmente os líderes de facções, com seguidores dentro e fora do sistema carcerário, merecendo, por isso, o aludido isolamento.

Alguns doutrinadores criticam a expressão *fundada suspeita*, uma vez entenderem que o regime não deveria ser aplicado quando presentes tão somente indícios de sua potencial situação de risco. Ademais, a fundada suspeita é apurada pela própria administração do presídio, com base em sindicância interna, como regra.

Acredita-se deva haver algum fato mais sólido a demonstrar, concretamente, que o interno tem ligação, a qualquer título, com uma sociedade criminosa.

Contudo, neste ponto impende destacar caber ao magistrado da execução penal analisar o caso concreto e avaliar a efetiva necessidade de inclusão

---

[12] *Manual de processo penal e execução penal*. 10. ed. São Paulo: Revista dos Tribunais, 2013. p. 225.

de determinado preso a este regime, em especial quando se tratar de preso provisório.

Ora, se houver notícia de que o preso faz parte de organização criminosa atuante dentro do sistema penitenciário, apresentando-se como um líder no local, inexiste razão para a medida mais severa não ser adotada.

É evidente que o fato de ter o interno participado de organização criminosa antes de entrar no cárcere não é suficiente para determinar a imposição do regime disciplinar diferenciado, mas os atos praticados durante o cumprimento da pena devem ser observados e tidos como *fundada suspeita*, se for o caso.

Ressalte-se haver posição doutrinária no sentido de que, nas hipóteses previstas no *caput* e § 2º do art. 52 da LEP, não há referência em relação ao preso de nacionalidade estrangeira, como constou expressamente no § 1º do mesmo dispositivo legal. Assim, sustentam que o estrangeiro estaria excluído, sob tais fundamentos, da possibilidade de sua inclusão nesse regime.[13]

Contudo, discordamos desse posicionamento, uma vez que brasileiros e estrangeiros, na execução penal, têm os mesmos direitos e deveres. Ademais, sempre que a lei faz referência a preso ou condenado, implicitamente refere-se aos estrangeiros. Conclusão diversa nos obrigaria a excluir os estrangeiros de outras hipóteses previstas na LEP, como por exemplo, benefícios (progressão, livramento condicional) e também situações negativas, como a regressão de regime.

5. PROCEDIMENTO PARA INCLUSÃO NO RDD

A decisão sobre a inclusão no regime disciplinar diferenciado insere-se na alçada do juiz da execução penal, desde que tenha havido requerimento pormenorizado elaborado pelo diretor do estabelecimento penal ou por outra autoridade administrativa, incluindo-se o Secretário da Administração Penitenciária ou da Segurança Pública.

Ressalte-se não caber ao magistrado da execução penal adotar a medida de ofício. É imperiosa a existência de manifestação fundamentada da autoridade administrativa, representando pela inclusão do preso no regime disciplinar diferenciado.

A lei busca criar uma forma de responsabilizar igualitariamente os Poderes Judiciário e Executivo pela inclusão do preso em regime disciplinar diferenciado, uma vez que desta forma é possível demonstrar-se a real necessidade de afastar o preso do convívio dos demais apenados.

---

[13] MARCÃO, Renato. *Curso de execução penal*. 8. ed. São Paulo: Saraiva, 2009. p. 76.

Frise-se que, apresentado o pedido de inclusão no aludido regime, sobre ele deverão se manifestar o Ministério Público e a defesa (art. 54 e parágrafos da LEP). Emerge o seguimento aos princípios do contraditório e da ampla defesa.

Em sequência, caberá ao magistrado da execução prolatar sua decisão no prazo de quinze dias. Contudo, em caso de urgência, a autoridade administrativa pode isolar o preso preventivamente, por até dez dias, a fim de aguardar a decisão judicial (art. 60 da LEP).

Ensina Guilherme de Souza Nucci[14] que os prazos deveriam coincidir, uma vez que "se o juiz tem até 15 dias para deliberar sobre o regime disciplinar diferenciado, o ideal seria que a autoridade administrativa tivesse igualmente 15 dias para isolar o preso, quando fosse necessário".

É importante ressaltar que, em casos excepcionais, considerada a urgência e peculiaridade do caso concreto, a inclusão preventiva pode ser decretada pelo juiz sem a prévia manifestação do órgão ministerial e da defesa, não havendo que se falarem violação de garantias, pois haverá o contraditório e a ampla defesa diferidos no tempo.

Com efeito, nada impede que, após a decisão, o Ministério Público e a defesa apresentem as ponderações necessárias.

Não se admite, sob pena de nulidade absoluta, é que os aludidos órgãos não se manifestem em caso de decisão definitiva de inclusão no regime disciplinar diferenciado.[15]

Insta ressaltar que a Lei 10.792/2003 adicionou ao art. 87 da LEP um parágrafo único, por meio do qual há autorização para a construção de penitenciárias pela União Federal, Estados, Distrito Federal e Territórios, destinadas exclusivamente aos presos provisórios e condenados que estejam em regime fechado e sujeitos ao regime disciplinar diferenciado.

6. A CONSTITUCIONALIDADE DO REGIME DISCIPLINAR DIFERENCIADO

Diante das características do regime disciplinar diferenciado, em especial em relação ao isolamento do preso durante vinte e duas horas por dia, podendo perdurar por até trezentos e sessenta dias, a doutrina e a jurisprudência

---

[14] *Manual de processo penal e execução penal*. 10. ed. São Paulo: Revista dos Tribunais, 2013. p. 1.038-1.039.
[15] MARCÃO, Renato. *Curso de execução penal*. 8. ed. São Paulo: Saraiva, 2009. p. 79.

se dividem em relação à constitucionalidade deste regime, embora o peso majoritário se dê pela constitucionalidade.

Parte da doutrina e alguns julgados aduzem a inconstitucionalidade deste regime, uma vez entenderem tratar-se de uma prática cruel, desumana e degradante que, em tese, fere o princípio da humanidade.

Como é cediço, o princípio da humanidade encontra-se em diversos dispositivos constitucionais e não de forma única e sintetizada, o que decorre de sua importância em um sistema penal humanizado.

Ensina Michel Foucault: "no pior dos assassinos, uma coisa pelo menos deve ser respeitada quando punimos: sua humanidade".[16]

No Direito Penal, a pessoa humana deve ser a medida primeira, para a tutela do Estado; por esse motivo, deve o condenado ser encarado como sujeito de direitos. Nessa ótica, encontra-se um dos principais fundamentos do Estado Democrático de Direito, constituído pela Constituição Federal no seguinte princípio regente: a dignidade da pessoa humana (art. 1º, III, da CF).

A dignidade é inerente e inalienável ao ser humano e depende do respeito aos direitos fundamentais. Por isso, não se pode ir de encontro à regra do texto constitucional, que assegura aos presos o respeito à sua integridade física e moral (art. 5º, XLIX).

É justamente na dignidade humana que se radica o fundamento material do princípio da humanidade.[17] Segundo entende José Afonso da Silva, "a dignidade da pessoa humana é um valor supremo que atrai o conteúdo de todos os direitos fundamentais do homem, desde o direito à vida".[18]

Ademais, é por meio da punição que se verifica o avanço moral e espiritual de uma sociedade, não se admitindo, no entanto, lesão à dignidade da pessoa humana. Merece destaque, porém, uma ressalva a esse princípio: não deve funcionar como óbice à punição estatal a autores de crimes.[19] Afinal, a segurança pública também é uma necessidade do Estado Democrático de Direito.

O Estado pune, conforme a responsabilidade do delinquente, porém não deve puni-lo, submetendo-o a tratamento desumano, nem a punições

---

[16] *Vigiar e punir* – nascimento da prisão. Trad. Raquel Ramalhete. 25. ed. Petrópolis: Vozes, 2002. p. 63.
[17] PRADO, Luiz Regis. *Curso de direito penal brasileiro* – parte geral. 3. ed. São Paulo: Revista dos Tribunais, 2002. vol. 1, p. 148.
[18] *Comentário contextual à Constituição*. 4. ed. São Paulo: Malheiros, 2007. p. 38.
[19] CORRÊA JUNIOR, Alceu; SHECAIRA, Sérgio Salomão. *Teoria da pena*. São Paulo: Revista dos Tribunais, 2002. p. 87.

cruéis, afinal, os infratores são seres humanos, para os quais o Estado reserva uma eventual ressocialização. A função do Estado é garantir o respeito à incolumidade física e moral de todos, inclusive dos infratores.

Dentro desse contexto, parte da doutrina considera que o regime disciplinar diferenciado se iguala à aplicação de uma pena cruel, não preservando os direitos fundamentais do condenado ou do preso provisório.

Contudo, entendemos que a aplicação do regime disciplinar diferenciado se tornou uma alternativa viável a fim de combater a criminalidade organizada, inclusive dentro dos presídios, constituindo um meio adequado dentro do atual cenário da sociedade brasileira.

É importante ressaltar que o regime não representa a submissão do encarcerado a padecimentos físicos e psíquicos, impostos de maneira vexatória, algo que poderia caracterizar-se com a utilização do isolamento em celas insalubres, escuras ou sem ventilação. Aliás, ao contrário, existe uma imensa contradição neste aspecto, uma vez ser possível encontrar hoje diversas falhas no sistema prisional brasileiro, especialmente em relação ao cárcere, *fora do RDD*, que é imundo, bem assim em relação à arbitrariedade, à violência, à corrupção, ao desrespeito aos princípios constitucionais, ao descaso do Estado com os regimes fechados, semiaberto e aberto, entre tantos outros.

A situação atual dos presídios brasileiros é mais séria e penosa do que a aplicação do regime disciplinar diferenciado. Ser inserido em uma cela individual, certamente mais higiênica, longe de qualquer violência, não nos parece uma pena cruel.

É paradoxal proclamar, enfaticamente, a inconstitucionalidade do aludido regime em lugar de admitir que a medida foi criada a fim de controlar a criminalidade violenta e que, paralelamente ao RDD, existem muitas outras situações consideradas penas de caráter cruel, bastando apontar um exemplo: a superlotação das celas de presídios.

Afinal, esquecer-se do preso comum, assim considerado aquele que se encontra fora do regime disciplinar diferenciado, tratado sem zelo e cautela quando, por exemplo, enfrenta um exagerado período de prisão provisória, sem o julgamento definitivo do seu processo é outra evidente ofensa à humanidade.

Nesse sentido, o desleixo no controle da população carcerária pode levar o crime organizado a assumir, na prática, o destino do presídio, instalando regime rigoroso e injusto, avesso às leis. A submissão de outros detentos a normas desumanas e incivilizadas é outra forma de manifestação de penas cruéis.

Nesse contexto, cumpre destacar que, em lugar de combater o regime disciplinar diferenciado, seria melhor defender o fiel cumprimento das leis penais e de execução penal, especialmente no tocante à real implementação do sistema progressivo de cumprimento de penas.

É certo que, no Brasil, existe a possibilidade de o preso migrar de um regime mais gravoso para outro mais brando, desde que preenchidos os requisitos necessários: iniciado o cumprimento da sanção em regime fechado, por exemplo, após um sexto, havendo bom comportamento, pode ser transferido ao regime semiaberto.

No entanto, dentro do contexto mencionado, acerca das condições complexas e precárias do cárcere no Brasil, percebe-se haver muitos presos que, mesmo após o cumprimento de mais de um sexto da pena e conseguirem o deferimento judicial para a transferência de regime, terminam aguardando no fechado, devido à falta de vagas no semiaberto. Eis outro ponto de desumanidade, por não representar o fiel cumprimento da lei.

A inexistência da Casa do Albergado, lugar destinado ao cumprimento de pena no regime aberto, já fez com que vários condenados permanecessem presos no semiaberto, porque o Judiciário afirmava não haver lugar apropriado para o cumprimento da pena no aberto. É verdade que o próprio Judiciário terminou encontrando uma fórmula para se adaptar, concedendo aos sentenciados, em regime aberto, a prisão albergue domiciliar, fazendo uma analogia com o art. 117 da Lei de Execução Penal. Mas isto também está a firmar a inoperância estatal no cenário do cumprimento da pena.

Por isso, como se vê, o ideal seria a implementação correta dos lugares destinados ao cumprimento de penas, algo que depende totalmente da vontade política, para uma boa aplicação do regime progressivo de cumprimento de penas.

Dentro desse contexto, é interessante destacar que a própria Exposição de Motivos da Lei de Execução Penal[20] em seu item nº 100 também já tratou

---

[20] Exposição de Motivos à Lei de Execução Penal: "100. grande parte da população carcerária está confinada em cadeias públicas, presídios, casas de detenção e estabelecimentos análogos, onde *prisioneiros de alta periculosidade convivem em celas superlotadas com criminosos ocasionais*, de escassa ou nenhuma periculosidade, e pacientes de imposição penal prévia (presos provisórios ou aguardando julgamento), para quem é um mito, no caso, a presunção de inocência. Nestes ambientes de estufa, a ociosidade é a regra; a intimidade, inevitável e profunda. A deteriorização do caráter, resultante da influência corruptora da subcultura criminal, o hábito da ociosidade, a alienação mental, a perda paulatina da aptidão para o trabalho, o comprometimento da saúde são consequências desse tipo de

da situação complicada das penas privativas de liberdade, visto já haver, àquela época, uma superlotação nas celas e, por tal motivo, uma convivência entre prisioneiros perigosos e criminosos ocasionais, demonstrando, mais uma vez, a omissão estatal em resolver tal situação.

7. CONCLUSÃO

Buscamos demonstrar a importância do regime disciplinar diferenciado, por meio da análise de suas características, hipóteses de inclusão e procedimento. Ademais, apontamos vozes doutrinárias e jurisprudenciais, embora minoritárias, arguindo a inconstitucionalidade do regime referido.

Como foi demonstrado, depreende-se que a concretude do princípio da humanidade depende muito mais da conscientização dos Poderes do Estado, em especial do Executivo, do que em função da existência do regime disciplinar diferenciado.

Proclamar a inconstitucionalidade deste regime ignorando todos os piores problemas concretos do sistema penitenciário brasileiro não faz sentido. É justamente o RDD que permite ao preso um status de isolamento real, em cela individual, sem a vitimização por parte de outros condenados violentos, além de promover uma etapa do combate à criminalidade organizada.

Se a situação dos presídios no Brasil fosse outra e se todos os dispositivos legais referentes ao tema fossem devidamente cumpridos, certamente o crime não estaria hoje organizado e não haveria a necessidade de adoção de um regime como o *disciplinar diferenciado*.

Ademais, é inegável que o sistema penitenciário, em nome da ordem e da disciplina, bem como visando a regular a execução das penas, deve se valer de medidas disciplinadoras efetivas; o regime disciplinar diferenciado atende ao primado da proporcionalidade entre a gravidade da falta e a severidade da sanção.

Em verdade, tanto quanto a pena privativa de liberdade, o regime disciplinar diferenciado é um mal necessário, nos dias de hoje, não se tratando de uma pena cruel e muito menos inconstitucional.

REFERÊNCIAS

AVENA, Norberto. *Execução penal esquematizado*. 3. ed. São Paulo: Método, 2016.

---

confinamento promíscuo, já definido alhures como 'sementeiras de reincidências', dados os seus efeitos criminógenos" (grifo nosso).

CARVALHO FILHO, Luís Francisco. *A prisão*. São Paulo: Publifolha, 2002.

CORRÊA JUNIOR, Alceu; SHECAIRA, Sérgio Salomão. *Teoria da pena*. São Paulo: Revista dos Tribunais, 2002.

CUNHA, Rogério Sanches; PINTO, Ronaldo Batista. *Código de Processo Penal e Lei de Execução Penal comentados*. Salvador: JusPodivm, 2017.

FOUCAULT, Michel. *Vigiar e punir* – nascimento da prisão. Trad. Raquel Ramalhete. 25. ed. Petrópolis: Vozes, 2002.

MARCÃO, Renato. *Curso de execução penal*. 8. ed. São Paulo: Saraiva, 2009.

MIRABETE, Julio Fabbrini. *Execução penal*. 9. ed. São Paulo: Atlas, 2004.

NUCCI, Guilherme de Souza. *Leis penais e processuais penais comentadas*. 9. ed. São Paulo: Forense, 2016. vol. 2.

_____. *Manual de processo penal e execução penal*. 10. ed. São Paulo: Revista dos Tribunais, 2013.

NUNES, Adeildo. *Comentários à Lei de Execução Penal*. Rio de Janeiro: Forense, 2016.

PINTO, Ronaldo Batista; CUNHA, Rogério Sanches. *Código de Processo Penal e Lei de Execução Penal comentados*. Salvador: JusPodivm, 2017.

PRADO, Luiz Regis. *Curso de direito penal brasileiro* – parte geral. 3. ed. São Paulo: Revista dos Tribunais, 2002. vol. 1.

SHECAIRA, Sérgio Salomão; CORRÊA JUNIOR, Alceu. *Teoria da pena*. São Paulo: Revista dos Tribunais, 2002.

SILVA, José Afonso da. *Comentário contextual à Constituição*. 4. ed. São Paulo: Malheiros, 2007.

16

A EXECUÇÃO DAS MEDIDAS DE SEGURANÇA E SUA FINALIDADE PREVENTIVA E CURATIVA: O DEVER DO ESTADO DE FORNECER TRATAMENTO DIGNO E ADEQUADO

VIVIAN BRENNER DE OLIVEIRA
Mestranda em Direito Penal pela PUC-SP. Graduada em Direito pela PUC-SP. Juíza de Direito no Estado de São Paulo.

Resumo: O presente artigo trata da execução das medidas de segurança, considerando a Lei 7.210, de 11 de julho de 1984. Serão abordados os procedimentos necessários para dar início à execução das medidas de segurança e as características dos locais em que estas devem ser cumpridas, bem como são apontadas soluções para a ausência de vagas em hospitais de custódia e tratamento, além da problemática de seu prazo de cumprimento, com especial ênfase ao limite máximo de execução. Trataremos, ainda, do Projeto de Lei 9.054/2017, que altera a Lei de Execução Penal, em trâmite no Congresso Nacional.

Palavras-chave: Medida de segurança. Internação. Tratamento ambulatorial. Caráter preventivo. Caráter curativo. Inimputável. Semi-imputável. Conversão. Extinção.

Abstract: The main objective of this essay is to discuss the forcibility of the criminal custody of a person found not guilty only by reason of insanity, as stated by the Law no. 7.210, dated of July 11, 1984 (Law 7.210/84). It discusses the procedures necessary to start the forcibility of the criminal custody; the characteristics of the places where the custody shall occur, what solution is applicable in case of absence of places for the custody in hospital; the term of custody, with special emphasis to the maximum term of the custody. It is considered the amendments proposed by the Project of Law 9.054/2017, under discussion in the Brazilian National Congress.

Keywords: Hospitalization of a person found not guilty only by reason of insanity. Custody. Hospital care. Preventive character. Healing character. Person found not guilty or almost guilty only by reason of insanity. Conversion. Termination.

Sumário: 1. Introdução – 2. Destinatários das medidas de segurança: 2.1 Espécies de medidas de segurança e critério de escolha – 3. Execução das medidas de segurança – 4. Início do cumprimento das medidas de segurança – 5. Local de cumprimento das medidas de segurança – ausência de vagas em hospital de tratamento e custódia – 6. Prazo de cumprimento da medida de segurança: 6.1 Prazo máximo de cumprimento – 7. Nova redação do art. 171 proposta pelo Projeto de Lei 9.054/2017 – 8. Conclusão – Referências.

1. INTRODUÇÃO

O objetivo desse capítulo é abordar os principais pontos relativos à execução de medidas de segurança não regulamentadas pela legislação e que são objeto de discussão na doutrina e na jurisprudência. Entretanto, antes de adentrarmos aos pontos problemáticos, faremos uma breve introdução a respeito do conceito de medida de segurança e suas principais características.

Podemos conceituar medida de segurança como uma espécie de sanção penal, aplicável ao indivíduo que tenha cometido um fato típico e antijurídico, e que, sendo portador de algum transtorno mental, é considerado inimputável ou semi-imputável para fins penais. Inicialmente, a medida de segurança é uma forma de sanção penal, juntamente com as penas[1]. Disso decorre que ela será aplicável apenas a quem cometer um fato que corresponda a uma infração penal, assim reconhecido após o devido processo penal.

Nesse ponto, é importante lembrar que, quando se trata de medida de segurança, não devemos utilizar a expressão "crime", já que se refere a um fato típico, antijurídico e culpável e, no caso dos inimputáveis, não há que se falar em culpabilidade. Dessa forma, neste artigo preferimos adotar a expressão "fato típico e antijurídico" ou "fato que corresponde a um crime"[2], apenas.

Tal afirmação, embora singela, nos permite concluir que o inimputável que não tenha cometido um fato típico e antijurídico, por mais que seja

---

[1] A respeito das semelhanças entre as penas e as medidas de segurança, Orlando Faccini Neto ensina que: "Além de se constituírem em nichos teóricos olvidados como regra e de exigirem, sempre, como pressuposto de incidência a prática de um injusto – fato típico e ilícito – não se pode negar que, em ambas, se busca prevenir o cometimento de novos delitos. Neste aspecto não há divergência relevante" (FACCINI NETO, Orlando. Atualidades sobre as medidas de segurança. *Revista Jurídica*, Porto Alegre, v. 53, n. 337, p. 99-107, nov. 2005).

[2] A expressão "fato que corresponde a um crime" foi utilizada por Heleno Cláudio Fragoso em sua clássica obra *Lições de direito penal*.

portador de doença mental ou apresente desenvolvimento mental incompleto ou retardado, não poderá ser submetido a medida de segurança[3].

As medidas de segurança diferenciam-se, ainda, das penas, pois enquanto as penas são retributivo-preventivas, as medidas de segurança são preventivas-curativas/terapêuticas. O caráter preventivo da medida de segurança fica evidente quando verificamos que a medida de segurança é aplicada com o objetivo de evitar que o inimputável ou semi-imputável reitere violações ao ordenamento jurídico penal. Trata-se, portanto, de prevenção voltada para o futuro, sem olhar para o que o agente cometeu no passado, mas para aquilo o que ainda poderá perpetrar. Para tanto, deve ser aferida a periculosidade do agente, devendo ficar demonstrada a real possibilidade de que ele venha a cometer novas violações ao direito penal[4].

No caso dos inimputáveis, essa periculosidade é presumida, já que o art. 97 do Código Penal dispõe a respeito da obrigatoriedade de aplicação de medida de segurança ao inimputável que tiver praticado um fato típico e antijurídico. Já no caso dos semi-imputáveis, tal periculosidade deverá ser concretamente apurada pelo juiz, que ao proferir sua sentença, aplicará a pena reduzida e ainda poderá substituí-la por medida de segurança, a depender do real grau efetivamente ostentado.

---

[3] Para esses casos, a Lei 10.216, de 6 abril de 2001, também conhecida como Lei Antimanicomial, prevê quais são as medidas possíveis para o tratamento das pessoas acometidas de transtorno mental. No âmbito desta lei, há três tipos de internação: a voluntária, a involuntária e a compulsória, que se diferenciam de acordo com a necessidade de consentimento do indivíduo e a necessidade de intervenção judicial ou não. Dessas três, a internação compulsória é aquela determinada pela Justiça. Não obstante, a internação compulsória não se confunde com a medida de segurança, visto que esta é determinada em caso de cometimento de crime enquanto aquela diz respeito a casos de inimputáveis que não tenham cometido crimes.

[4] A esse respeito, Jorge de Figueiredo Dias ensina que "De acordo com a razão histórica e político-criminal do seu aparecimento, as medidas de segurança visam a finalidade genérica de prevenção de cometimento, no futuro, de factos-ilícitos--típicos pelo agente. Elas são por isso orientadas, ao menos prevalentemente, por uma finalidade de prevenção especial ou individual da repetição da prática de factos ilícitos-típicos. Por outras palavras, as medidas de segurança visam obstar, no interesse da segurança da vida comunitária, à prática de factos ilícitos-típicos futuros através de uma actuação especial-preventiva sobre o agente perigoso" (DIAS, Jorge de Figueiredo. *Direito penal*: parte geral. São Paulo: Revista dos Tribunais, 2007. t. I).

A medida de segurança tem ainda caráter curativo/terapêutico, pois sua finalidade principal é curar a enfermidade da qual padece o agente inimputável, autor de transgressão penal. Em virtude dessa finalidade curativa é que a medida de segurança não deve ser imposta com um prazo determinado[5]. Ao contrário, a medida de segurança deve durar pelo tempo necessário para que sobrevenha a cessação de periculosidade do agente, distante da qual não deve ser declarada extinta.

2. DESTINATÁRIOS DAS MEDIDAS DE SEGURANÇA

Como mencionado, as medidas de segurança são aplicáveis aos indivíduos que, sendo portadores de transtorno mental, são considerados inimputáveis ou semi-imputáveis. Nos termos do art. 26, *caput*, do Código Penal, são considerados inimputáveis os indivíduos que, em virtude de uma doença mental ou desenvolvimento mental incompleto ou retardado, eram, ao tempo da conduta, inteiramente incapazes de entender o caráter ilícito de seu ato ou de determinar-se de acordo com esse entendimento.

Como tal, o Código Penal adota critério biopsicológico, exigindo, além da presença de transtorno mental, a ausência de compreensão ou autodeterminação, tudo ao tempo da ação ou omissão perpetrada. Ou seja, não basta a existência de enfermidade mental para o reconhecimento da inimputabilidade (o que se permitiria, caso adotado unicamente o critério biológico). É necessário, também, que no momento da conduta, em virtude desse transtorno mental, a capacidade volitiva ou intelectiva esteja prejudicada (preocupação atinente ao critério psicológico).

A doença mental e o desenvolvimento mental incompleto ou retardado[6] devem ser comprovados por meio do exame de insanidade mental, na forma

---

[5] Essa preocupação é mencionada expressamente no art. 89 da "Exposição de Motivos da Nova Parte Geral" do CP, que dispõe que: "Duas espécies de medida de segurança consagra o Projeto: a detentiva e a restritiva. A detentiva consiste na internação em hospital de custódia e tratamento psiquiátrico, fixando-se o prazo mínimo de internação entre 1 (um) e 3 (três) anos. *Esse prazo tornar-se-á indeterminado, perdurando a medida enquanto não for verificada a cessação de periculosidade por perícia médica*. A perícia deve efetuar-se ao término do prazo mínimo prescrito e repetir-se anualmente" (grifo nosso).

[6] Dado o objeto restrito do presente trabalho, não trataremos das diferenças entre doença mental, desenvolvimento mental retardado e desenvolvimento mental incompleto. Para maiores informações a esse respeito, o leitor poderá consultar a dissertação de Rafael Barone Zimmaro, *Medidas de segurança: fundamentos*

regulamentada pelo art. 149 e seguintes do Código de Processo Penal. Trata-se de perícia técnica insubstituível e inafastável, realizada em autos apartados do processo principal, na qual o acusado, devidamente representado por defensor e curador, será submetido a exame médico a fim de aferir sua capacidade mental.

Caso comprovada a inimputabilidade do agente, o juiz deverá proferir sentença de absolvição imprópria e, depois de reconhecida a prática de um fato típico e antijurídico, submeter o agente a medida de segurança[7]. Além da inimputabilidade, o Código Penal prevê, no parágrafo único do mencionado art. 26, a figura dos semi-imputáveis.

São considerados semi-imputáveis os indivíduos que, em virtude de perturbação da saúde mental ou desenvolvimento mental incompleto ou retardado, não eram, ao tempo da conduta, inteiramente capazes de entender o caráter ilícito do fato ou de determinar-se de acordo com esse entendimento. A semi-imputabilidade nada mais é do que uma *imputabilidade diminuída*, conforme ensinamento de Heleno Cláudio Fragoso[8]. Ou seja, o semi-imputável possui culpabilidade, porém em grau reduzido, portanto, não integral.

Tal comprometimento deverá ser igualmente comprovado mediante exame de insanidade mental e, caso reconhecido, o juiz condenará o sujeito reduzindo sua pena de um a dois terços e, ademais, ainda poderá substituí-la por medida de segurança, nos termos do artigo 98 do Código Penal. Como tal, diferentemente dos inimputáveis, no caso dos semi-imputáveis a sentença proferida será condenatória, cuja pena reduzida, a depender da periculosidade concreta, poderá ser substituída por medida de segurança.

---

de aplicação e execução, na qual o autor faz minuciosa análise das diferenças existentes entre as causas biológicas de inimputabilidade (p. 52-63).

[7] Ou, conforme entendimento de Renato Marcão "Apurada a inimputabilidade do acusado à data do fato delituoso, e presentes todos os indicativos que levariam à procedência da ação penal, de rigor seja prolatada sentença de absolvição imprópria (que, em verdade deveria denominar-se 'condenação imprópria'), impondo-se medida de segurança" (MARCÃO, Renato. *Curso de execução penal*. 15. ed. São Paulo: Saraiva, 2017. p. 297).

[8] Heleno Cláudio Fragoso ensina que "se a anomalia mental não exclui, mas apenas reduz a capacidade de entender o ilícito ou de se determinar segundo tal entendimento, a imputabilidade é diminuída. O que se reduz em tais casos é a capacidade de culpa" (FRAGOSO, Heleno Claudio. *Lições de direito penal*. 4. ed. Rio de Janeiro: Forense, 1995. p. 201).

2.1 Espécies de medidas de segurança e critério de escolha

O Código Penal prevê duas espécies de medida de segurança em seu artigo 96: a internação e o tratamento ambulatorial. Ambas as medidas visam a prover o tratamento necessário para a cura dos inimputáveis e semi-imputáveis que a elas estejam submetidos. O sucesso de uma ou outra modalidade dependerá das necessidades de tratamento médico de cada sentenciado.

A internação, em linhas gerais, é a medida de segurança por excelência. Devendo ser cumprida em hospital de custódia e tratamento psiquiátrico, nela há efetiva restrição de liberdade do enfermo submetido. Em paralelo com as penas, trata-se de medida privativa que se desenvolve mediante a custódia do paciente em instituição, onde recebe o acompanhamento ininterrupto de uma junta médica, passa por tratamento medicamentoso e desenvolve atividades laborterápicas[9].

Já no tratamento ambulatorial, não há privação de liberdade do agente, mas apenas seu deslocamento periódico até a unidade de saúde, onde recebe o atendimento. A medida pode ser cumprida em hospital de custódia e tratamento psiquiátrico, quando este oferecer tal modalidade de tratamento, ou em qualquer outro hospital público ou particular que faça parte da rede de atendimento a doentes mentais[10].

A opção por internação ou tratamento ambulatorial deverá ser feita pelo juiz no momento da prolação da sentença, e este é um dos pontos em que a legislação brasileira é nitidamente falha.

Ao dispor sobre a fixação da espécie da medida de segurança, o art. 97, *caput*, do Código Penal dispõe que o tratamento ambulatorial poderá ser aplicado apenas aos fatos previstos como crimes apenados com detenção. Caso se refira a um fato previsto como crime apenado com reclusão, o referido artigo prevê que o juiz determinará a internação.

Da redação do referido dispositivo, podemos concluir que, caso o inimputável ou semi-imputável cometa um fato típico e antijurídico apenado com

---

[9] ZIMMARO, Rafael Barone. *Medidas de segurança*: fundamentos de aplicação e execução. 2012. 137 f. Dissertação (Mestrado em Direito) – Programa de Estudos Pós-Graduados em Direito, Pontifícia Universidade Católica de São Paulo, São Paulo, 2012.

[10] No Estado de São Paulo, o tratamento ambulatorial poderá ser cumprido nos Centros de Atendimento Psicossocial (Capes) ou hospitais-dia, entidades integrantes do Sistema Único de Saúde (SUS) e que oferecem tratamento psiquiátrico aos portadores de transtornos mentais.

reclusão, a espécie de medida de segurança aplicável será obrigatoriamente a internação em hospital de custódia e tratamento psiquiátrico, independentemente da condição pessoal do indivíduo. Apenas em caso de fato típico e antijurídico ao qual seja cominada detenção, o juiz teria liberdade para escolher entre a internação ou o tratamento ambulatorial.

Não obstante, entendemos que o critério escolhido pelo legislador é equivocado, uma vez que estribado na retribuição das penas[11]. Acreditamos que a redação desse dispositivo deve ser urgentemente alterada a fim de que o critério norteador da fixação da espécie de medida de segurança seja, em verdade, o grau de comprometimento das faculdades mentais do enfermo, com o fito de sempre orientar o melhor tratamento aplicável ao indivíduo a ela submetido, assegurando-lhe a efetiva finalidade curativa vislumbrada nessa espécie de sanção penal[12].

Há quem entenda ainda que, sendo diploma posterior e especial, pelos critérios de sucessividade e especialidade a Lei 10.216/2001 – denominada *Lei Antimanicomial* – deveria prevalecer sobre o Código Penal, que teria sido derrogado nesse ponto. Não é este o entendimento ao qual nos filiamos, já que a Lei 10.216/2001 trata dos portadores de transtorno mental em geral, mas não os que estejam especificamente submetidos às medidas de segurança. Contudo, entendemos que os ditames preceituados pela referida lei deveriam ser adotados mediante expressa alteração do Código Penal.

Se o objetivo da medida de segurança é a cura do agente considerado perigoso, não faz sentido que o juiz escolha a medida de segurança aplicável apenas com base na punição em abstrato do crime. Caso se trate de enfermo cuja doença mental necessite de internação para ser curada, a medida de segurança

---

[11] Sobre esse aspecto: "Reitera-se uma vez mais o lapso legislativo em relação à diferenciação entre as penas e as medidas de segurança. O caput do art. 97 demonstra, de per si, o critério retributivo erroneamente adotado em nosso Código Penal para a aplicação das medidas de segurança e, ao estabelecer critério puramente objetivo para a fixação da modalidade de medida de segurança, ofende a individualização da sanção e a verdade real, dentre outras garantias constitucionais" (ZIMMARO, Rafael Barone. *Medidas de segurança: fundamentos de aplicação e execução*. 2012. 137 f. Dissertação (Mestrado em Direito) – Programa de Estudos Pós-Graduados em Direito, Pontifícia Universidade Católica de São Paulo, São Paulo, 2012).

[12] Nesse sentido: NUCCI, Guilherme de Souza. *Manual de direito penal*. 14. ed. Rio de Janeiro: Forense, 2017. p. 546; FACCINI NETO, Orlando. Atualidades sobre as medidas de segurança. *Revista Jurídica*, Porto Alegre, v. 53, n. 337, p. 99-107, nov. 2005.

aplicada deve ser a internação. Em caso contrário, se a cura for possível por meio de tratamento ambulatorial, esta deve ser a modalidade conferida.

Tal critério, além de atender de maneira mais eficaz ao objetivo terapêutico da medida de segurança, alinha-se ao objetivo da Lei 10.216/2001, que considera a internação subsidiária em detrimento do tratamento ambulatorial, ao seu turno, modalidade preferencial. Na mesma trilha, segue a Recomendação CNJ 35, de 12.07.2011, que dispõe sobre as diretrizes a serem adotadas em atenção aos pacientes judiciários e recomenda a adoção de medidas antimanicomiais na execução de medidas de segurança[13].

---

[13] "O Presidente do Conselho Nacional de Justiça (CNJ), no uso de suas atribuições constitucionais e regimentais; (...)
RESOLVE RECOMENDAR aos Tribunais que:
I – na execução da medida de segurança, adotem a política antimanicomial, sempre que possível, em meio aberto;
II – a política antimanicomial possua como diretrizes as seguintes orientações:
a) mobilização dos diversos segmentos sociais, compartilhamentos de responsabilidades, estabelecimento de estratégias humanizadoras que possibilitem a efetividade do tratamento da saúde mental e infundam o respeito aos direitos fundamentais e sociais das pessoas sujeitas às medidas de segurança;
b) diálogo e parcerias com a sociedade civil e as políticas públicas já existentes, a fim de buscar a intersetorialidade necessária;
c) criação de um núcleo interdisciplinar, para auxiliar o juiz nos casos que envolvam sofrimento mental;
d) acompanhamento psicossocial, por meio de equipe interdisciplinar, durante o tempo necessário ao tratamento, de modo contínuo;
e) permissão, sempre que possível, para que o tratamento ocorra sem que o paciente se afaste do meio social em que vive, visando sempre à manutenção dos laços familiares;
f) adoção de medida adequada às circunstâncias do fato praticado, de modo a respeitar as singularidades sociais e biológicas do paciente judiciário;
g) promoção da reinserção social das pessoas que estiverem sob tratamento em hospital de custódia, de modo a fortalecer suas habilidades e possibilitar novas respostas na sua relação com o outro, para buscar a efetivação das políticas públicas pertinentes à espécie, principalmente quando estiver caracterizada situação de grave dependência institucional, consoante o art. 5º da Lei no 10.216/2001;
h) manutenção permanente de contato com a rede pública de saúde, com vistas a motiva a elaboração de um projeto de integral atenção aos submetidos às medidas de segurança;
i) realização de perícias por equipe interdisciplinar.
III – em caso de internação, ela deve ocorrer na rede de saúde pública ou conveniada, com acompanhamento do programa especializado de atenção ao paciente judiciário, com observância das orientações previstas nesta recomendação".

Note-se, ainda, que o art. 17 da Resolução CNJ 113/10, prevê expressamente a possibilidade de o juiz responsável pela execução da medida de segurança implementar medidas antimanicomiais[14].

Com efeito, se ao juiz da execução penal é possível adotar tais medidas, não há porque se negar tal possibilidade ao juiz da fase de conhecimento, que, ao ter contato com o réu e munido de apoio técnico, poderá definir a medida de segurança mais adequada para o tratamento do sentenciado[15] e, inclusive, o Superior Tribunal de Justiça possui julgados neste sentido, que, embora não representem a posição dominante da Corte, são precedentes relevantes[16].

---

[14] "Art. 17. O juiz competente para a execução da medida de segurança, sempre que possível buscará implementar políticas antimanicomiais, conforme sistemática da Lei nº 10.216, de 06 de abril de 2001".

[15] Esse entendimento foi defendido pelos ilustres procuradores de justiça Jacques de Camargo Penteado e Oswaldo Henrique Duek Marques no ano de 1997 em artigo publicado no *Boletim IBCCRim*, em que afirmaram: "conclui-se, portanto, que para escolha da espécie de medida de segurança, internação ou tratamento ambulatorial, dois pressupostos devem estar conjugados: a necessidade do tratamento e a periculosidade real do agente. Nessa linha de raciocínio, sugere-se a seguinte redação substitutiva para o artigo 97, caput, do Código Penal: "Se o agente for inimputável (art. 26), o juiz determinará sua internação ou sujeição a tratamento ambulatorial. A internação será obrigatória quando o tratamento e a periculosidade do agente assim o exigirem". Tal orientação, sem dúvida, encontra amparo científico e propiciará aos juízes maior discricionariedade na aplicação de uma medida tendente a proteger ao mesmo tempo a sociedade e o próprio inimputável.

[16] "*Habeas corpus* substitutivo. Direito Penal. Art. 97, do CP. Inimputável. Medida de Segurança. Internação. Conversão para tratamento ambulatorial. Recomendação do laudo médico. Possibilidade. 1. Apesar de se ter solidificado o entendimento da impossibilidade de utilização do habeas corpus como substitutivo do recurso cabível, o Superior Tribunal de Justiça analisa, com a devida atenção e caso a caso, a existência de coação manifesta à liberdade de locomoção, não aplicando o referido entendimento de forma irrestrita, de modo a prejudicar eventual vítima de coação ilegal ou abuso de poder e convalidar ofensa à liberdade ambulatorial. 2. Na fixação da medida de segurança, por não se vincular à gravidade do delito perpetrado, mas à periculosidade do agente, é cabível ao magistrado a opção por tratamento mais apropriado ao inimputável, independentemente de o fato ser punível com reclusão ou detenção, em homenagem aos princípios da adequação, da razoabilidade e da proporcionalidade. Precedentes. 3. Ante a ausência de fundamentos para a fixação do regime de internação e tendo o laudo pericial recomendado o tratamento ambulatorial, evidente o constrangimento ilegal. 4. *Writ* não conhecido. Ordem de *habeas corpus* concedida de ofício, para substituir a internação por tratamento ambulatorial, mediante condições judiciais a serem impostas pelo Juiz da Execução Penal, tendo em vista o trânsito em julgado da

Tais precedentes são um alento para aqueles que acreditam na necessidade de se buscar a finalidade curativa das medidas de segurança de maneira efetiva. Não obstante, para assegurar tal finalidade, faz-se necessário que o art. 97, *caput*, do Código Penal seja alterado a fim de prever a possibilidade de o juiz fixar a medida de segurança aplicável, tudo de acordo com o tratamento necessário para a cura do sentenciado.

Note-se, ainda, que o art. 184 da Lei de Execução Penal prevê a possibilidade de o juiz de execução converter o tratamento ambulatorial em internação, caso aquele se mostre insuficiente e o agente revele incompatibilidade com a medida[17], o que reitera o objetivo curativo perseguido ao longo da execução das medidas de segurança.

Na mesma linha, o art. 183 da Lei de Execução Penal determina que é possível converter uma pena privativa de liberdade em medida de segurança no curso da execução caso sobrevenha ao condenado doença mental ou perturbação da saúde mental. Trata-se de um incidente em execução que, contudo, não caracteriza uma terceira espécie de medida de segurança. Neste caso, malgrado inicialmente condenado apena privativa de liberdade, o sentenciado é acometido por transtorno mental, cujo tratamento demanda a conversão de sua reprimenda em medida de segurança.

Nessa hipótese, o juiz da execução poderá se utilizar do instituto previsto no art. 108 da Lei de Execução Penal, que permite a transferência do preso para hospital de custódia e tratamento psiquiátrico, o que não representa conversão definitiva da pena privativa de liberdade, pois, sobrevindo melhora, a medida de segurança será reconvertida novamente, para cumprimento do saldo de pena remanescente.

Quanto ao cumprimento máximo, não expressamente previsto em lei, o Projeto de Lei 9.054/2017 saneia a lacuna mediante alteração do art. 183 da

---

ação" (HC 230.842/SP, 6ª Turma, Rel. Min. Sebastião Reis Júnior, j. 14.06.2016, DJe 27.06.2016).

[17] "*Habeas Corpus*. Execução Penal. Conversão de tratamento ambulatorial em internação. Legalidade. Não submissão do inimputável à medida restritiva. Art. 184 da Lei n.º 7.210/84. Extinção da medida de internação. Aferição da periculosidade. Necessidade de perícia avaliativa. Precedentes. *Habeas Corpus* denegado. 1. A desídia do Paciente de submeter-se ao tratamento ambulatorial revela a incompatibilidade da medida e justifica sua conversão em internação, nos moldes do art. 184 da Lei nº 7.210/84. 2. A extinção da medida de segurança de internação depende da aferição da periculosidade do inimputável, mediante perícia avaliativa, o que não ocorreu *in casu*. 3. *Habeas corpus* denegado" (HC 236.985/SP, 5ª Turma, Rel. Min. Laurita Vaz, j. 26.06.2012, DJe 01.08.2012).

Lei de Execução Penal, dispondo que a substituição da pena por medida de segurança perdurará pelo período equivalente ao restante da pena.

O Projeto de Lei 9.054/2017 propõe ainda um parágrafo único estabelecendo que, cessado o estado de patologia mental que justificou a substituição por medida de segurança, o juiz restabelecerá a pena privativa de liberdade computando o prazo em que o sentenciado cumpriu pena privativa de liberdade e/ou medida de segurança, nos termos do art. 42 do Código Penal. Contudo, findo o prazo inicialmente fixado para a pena, caso não se alcance a cura, a reprimenda será extinta e o enfermo se tornará questão de saúde pública[18].

3. EXECUÇÃO DAS MEDIDAS DE SEGURANÇA

A medida de segurança estará sujeita a execução nos termos definidos pela Lei 7.210/1984, regulamentada ainda pela Resolução 113 do Conselho Nacional de Justiça (CNJ), de 20 de abril de 2010. Neste ponto, cabe fazer uma crítica contundente à maneira como o legislador trata a execução das medidas de segurança. Embora seja admissível e compreensível que ambas as espécies de sanção penal – pena e medida de segurança – sejam disciplinadas pelo mesmo diploma legal, não há qualquer justificativa para a insuficiência com que as medidas de segurança são tratadas em comparação com as penas[19].

Analisando a Lei 7.201/1984, observamos que, de seus 240 artigos, o legislador reservou apenas 12 para dispor especificamente da execução das medidas de

---

[18] A respeito do tema, leciona Guilherme de Souza Nucci: "Evitando-se qualquer tipo de subterfúgio, caso o condenado melhore, após a conversão de sua pena em medida de segurança, deve tornar a cumprir a pena privativa de liberdade, havendo, portanto, a reconversão. Outra solução implicaria em abuso. (...) Se a pena fosse convertida em medida de segurança, mas, pouco tempo depois, fosse constatada a melhora do condenado, caso pudesse conseguir a sua liberdade, muitas seriam as situações injustas" (NUCCI, Guilherme de Souza. *Leis penais e processuais penais comentadas*. 5. ed. São Paulo: Revista dos Tribunais, 2010).

[19] A esse respeito, Rafael Barone Zimmaro defende que: "Dos dispositivos presentes na Lei de Execução Penal, responsáveis pela regulamentação das medidas de segurança, pouco se compreende sobre sua execução e os meios que devem ser empregados. Não bastasse a superficialidade em relação à descrição dos estabelecimentos destinados a promoção das medidas de segurança, a Lei de Execução Penal revela-se igualmente minimalista e insuficiente no decorrer dos artigos, rubricados sob o título *Da Execução das Medidas de Segurança*" (ZIMMARO, Rafael Barone. *Medidas de segurança: fundamentos de aplicação e execução*. 2012. 137 f. Dissertação (Mestrado em Direito) – Programa de Estudos Pós-Graduados em Direito, Pontifícia Universidade Católica de São Paulo, São Paulo, 2012).

segurança (arts. 99 a 101, que cuidam do hospital de custódia e tratamento psiquiátrico, e arts. 171 a 179, que cuidam da execução das medidas de segurança em si).

Não se olvida que grande parte dos artigos da referida lei são normas de aplicação geral, igualmente aplicáveis às medidas de segurança, mas a falta de regulamentação específica traz inúmeras dificuldades ao operador da lei e prejudica o alcance da finalidade precípua da medida de segurança, frise-se, a cura efetiva do indivíduo a ela submetido.

A mesma crítica pode ser feita à Resolução CNJ 113/10 que, com relação à medida de segurança, limita-se a dispor sobre a emissão da guia de internação ou tratamento ambulatorial, a formação do processo de execução e a possibilidade de o juiz da execução adotar políticas antimanicomiais.

Feitas tais considerações, passaremos a tratar sobre a execução das medidas de segurança.

4. INÍCIO DO CUMPRIMENTO DAS MEDIDAS DE SEGURANÇA

A execução das medidas de segurança se inicia com o trânsito em julgado da sentença que determinou sua aplicação[20], momento no qual o juiz da fase de conhecimento deve expedir a guia de execução ou de tratamento ambulatorial em duas vias, remetendo uma das vias à unidade hospitalar incumbida da execução e outra ao juízo da execução penal[21].

De acordo com o art. 105 do Projeto de Lei 9.054/2017, a expedição da guia de execução deverá ser feita até o dia seguinte da confirmação da sentença que aplicou a pena privativa de liberdade, ou proferida por órgão colegiado nos casos de foro por prerrogativa de função, sob pena de responsabilidade. Trata-se de novidade legislativa que, ainda que se refira apenas à pena privativa de liberdade, deve também ser aplicada às medidas de segurança. Tal dispositivo, embora de maneira pouco técnica, encerra uma ideia de celeridade e urgência que é bastante salutar.

---

[20] O Projeto de Lei 9.054/2017 dispõe que a guia de internação será expedida após a confirmação pelas instâncias ordinárias da sentença que tiver aplicado medida de segurança ou após proferida a sentença por órgão colegiado, nos casos de foro por prerrogativa de função, entendimento este adotado pelo plenário do Supremo Tribunal Federal no julgamento do HC 126.292, Rel. Min. Teori Zavascki. Atualmente, este é o entendimento adotado nas varas criminais em virtude do caráter vinculante da decisão proferida pelo plenário do Supremo Tribunal Federal.

[21] Art. 14 da Resolução CNJ 113/10.

A falta de técnica reside no prazo estipulado, definido como "dia seguinte". Esse tipo de redação pode causar equívocos, já que não especifica se seria o dia útil seguinte ou não. Melhor seria que o legislador especificasse o que entende por "dia seguinte" ou estabelecesse o prazo em horas – 24 horas, por exemplo.

De qualquer forma, a ideia de se imprimir celeridade e urgência na expedição das guias de execução é importante para evitar uma situação ainda bastante comum no sistema penitenciário: a existência de presos – provisórios e definitivos – que não conseguem ter acesso aos benefícios da execução penal no tempo devido, ante a carência da guia de execução, porquanto não providenciada pelo juiz do processo de conhecimento.

Nesse passo, vale consignar a possibilidade da internação provisória do acusado antes do trânsito em julgado da sentença absolutória imprópria, tratando de medida cautelar prevista no art. 319, VII, do Código de Processo Penal, restrita aos casos de crimes praticados com violência ou grave ameaça, desde que haja "risco de reiteração da conduta criminosa", expressão equivalente a "periculosidade".

De acordo com a redação do mencionado artigo, tal medida não é cabível para contravenções penais, e inexiste possibilidade de tratamento ambulatorial provisório. Neste caso, o juiz que decretar a internação provisória do acusado deverá expedir guia de internação provisória, nos exatos termos como seria feito no caso de prisão cautelar.

5. LOCAL DE CUMPRIMENTO DAS MEDIDAS DE SEGURANÇA – AUSÊNCIA DE VAGAS EM HOSPITAL DE TRATAMENTO E CUSTÓDIA

Com relação ao local de cumprimento, a medida de segurança da espécie internação deve ser executada em hospital de custódia e tratamento psiquiátrico. Atualmente, os hospitais de tratamento e custódia são unidades que, juntamente com os demais estabelecimentos prisionais, compõem o sistema penitenciário, em âmbito estadual e federal. Já a medida de segurança da espécie tratamento ambulatorial pode ser executada em hospital de tratamento e custódia ou em outros estabelecimentos da rede de saúde que, ainda que não façam parte integrante do sistema prisional, ofertem o adequado tratamento psiquiátrico[22].

---

[22] No Estado de São Paulo, uma instituição que no passado foi reconhecida pelo tratamento a pessoas portadoras de transtorno mental, mas que atualmente enfrenta graves problemas financeiros e de abandono pelas autoridades é o

Discute-se, neste ponto, se a falta de vaga em hospital de tratamento e custódia autoriza o cumprimento da medida em estabelecimento prisional. Essa hipótese, embora existam entendimentos favoráveis, parece-nos inadmissível[23].

De início, cumpre relembrar que a finalidade principal da medida de segurança é o tratamento terapêutico do agente, em razão do qual o Estado está obrigado a fornecer todos os meios adequados e necessários para que a cura seja atingida, com a consequente disponibilidade de profissionais de saúde e oferta de medicamentos e outros instrumentos em número suficiente para o correto tratamento dos indivíduos submetidos à medida.

Ainda, se ao condenado à pena privativa de liberdade não se permite que haja o cumprimento da pena em regime mais gravoso do que aquele imposto em sentença condenatória[24] – havendo, inclusive, previsão no Projeto de Lei 9.054/2017 de mecanismos para acelerar a progressão de regime na hipótese de ausência de vagas[25], de remição automática em caso de encarceramento em condições degradantes[26] e de detração compensatória nos casos em que o cumprimento da pena se der em regime mais severo do que aquele fixado na sentença[27] –, não há porque se negar tais direitos também ao sentenciado à medida de segurança.

Centro de Atenção Integrada em Saúde Mental (Caism) Philippe Pinel, cuja organização vem disposta no Decreto Estadual 53.004, de 16 de maio de 2008.

[23] "Habeas Corpus. Execução penal. Insurgência contra a manutenção do paciente em estabelecimento prisional comum, sem tratamento de saúde. Postulação de transferência para Hospital de Custódia e Tratamento Psiquiátrico ou submissão a tratamento médico de maneira ambulatorial. Inadmissibilidade. Hipótese em que o paciente se encontra em ala especial de presídio, criada para abrigar presos portadores de doença mental, onde recebe tratamento nos termos e de acordo com as diretrizes da Lei nº 10.216/01, enquanto aguarda vaga em nosocômio. Falta, ademais, de prova no sentido de que o sentenciado esteja preparado para inclusão em regime ambulatorial ou mesmo para aguardar vaga em liberdade, sem pôr em risco o corpo social. Ordem denegada" (TJSP, Habeas Corpus 2005356-49.2017.8.26.0000, 13ª Câmara de Direito Criminal, Rel. Moreira da Silva, Foro Central Criminal Barra Funda, Vara das Execuções Criminais, j. 06.04.2017, Data de Registro: 12.04.2017).

[24] Súmula Vinculante 56: "A falta de estabelecimento penal adequado não autoriza a manutenção do condenado em regime prisional mais gravoso, devendo-se observar, nessa hipótese, os parâmetros fixados no RE 641.320/RS".

[25] Art. 114-A, § 2º, do Projeto de Lei 9.054/2017.

[26] Art. 126-A do Projeto de Lei 9.054/2017.

[27] Art. 186-C do Projeto de Lei 9.054/2017.

O cumprimento de medida de segurança de internação em estabelecimento prisional é mais gravoso do que o feito em hospital de tratamento e custódia, além de não atender ao objetivo primordial da medida de segurança, que é a cura do enfermo. O falacioso argumento de que sentenciados a medida de segurança são perigosos e que a eventual colocação em tratamento ambulatorial, quando a internação foi determinada, pode representar risco à sociedade, deve ser refutado. Todos os dias inúmeros condenados a penas privativas de liberdade, também perigosos e que igualmente podem colocar em risco a sociedade, são colocados em liberdade por ausência de vagas no regime ao qual foram condenados. Se tal direito é garantido àqueles que conscientemente praticaram crimes, não há porque negar tal direito aos inimputáveis e semi-imputáveis[28]. É esse o entendimento atual do Egrégio Superior Tribunal de Justiça[29].

---

[28] Claudio Cohen ensina que "tentar relacionar a doença mental e crime é a mesma coisa que tentar relacionar a genialidade com a doença mental. Aliás, muitas pessoas fazem esse tipo de raciocínio quando explicam alguma conduta de um gênio com um rasgo de loucura ou pelo uso abusivo de tóxicos. Podemos assegurar que tanto as doenças mentais quanto a criminalidade ou a genialidade são atributos específicos de um indivíduo que serão interpretados pela sociedade como qualidades ou defeitos incontroláveis, portanto, são assustadores e ameaçadores ao mesmo tempo (COHEN, Claudio. *Medida de segurança*. 2. ed. São Paulo: Edusp, 2006. p. 152 apud ZIMMARO, Rafael Barone. *Medidas de segurança: fundamentos de aplicação e execução*. 2012. 137 f. Dissertação (Mestrado em Direito) – Programa de Estudos Pós-Graduados em Direito, Pontifícia Universidade Católica de São Paulo, São Paulo, 2012).

[29] "Processual penal. *Habeas corpus* substitutivo de recurso ordinário. Não cabimento. Homicídio qualificado tentado. Imposição de medida de segurança de internação. Ausência de vaga em hospital psiquiátrico. Custódia em estabelecimento prisional comum. Desvio na execução. Flagrante ilegalidade. Precedentes. *Habeas corpus* não conhecido. Ordem concedida. I – A Terceira Seção desta Corte, seguindo entendimento firmado pela Primeira Turma do col. Pretório Excelso, firmou orientação no sentido de não admitir a impetração de habeas corpus em substituição ao recurso adequado, situação que implica o não conhecimento da impetração, ressalvados casos excepcionais em que, configurada flagrante ilegalidade apta a gerar constrangimento ilegal, seja possível a concessão da ordem de ofício. II – A segregação cautelar deve ser considerada exceção, já que tal medida constritiva só se justifica caso demonstrado sua real indispensabilidade para assegurar a ordem pública, a instrução criminal ou a aplicação da lei penal, *ex vi* do artigo 312 do Código de Processo Penal. III – Sendo aplicada ao recorrente a medida de segurança de internação, constitui constrangimento ilegal sua manutenção em prisão comum, ainda que o motivo seja a alegada inexistência de vaga para o cumprimento da medida aplicada (precedentes). IV – A manutenção de estabelecimentos adequados

Aqueles que defendem que a medida de segurança pode ser cumprida em estabelecimento prisional costumam basear seu entendimento na gravidade do fato cometido pelo indivíduo submetido à medida de segurança. Entretanto, tal raciocínio é equivocado, pois, como afirmado anteriormente, a medida de segurança não se baseia na ideia de retributividade aplicável às penas e, ademais, tais indivíduos nem sequer sofrem juízo de reprovação social, uma vez não culpáveis.

Dessa forma, é dever do poder executivo estadual e federal prover de maneira adequada e em quantidade suficiente as vagas em hospitais de tratamento e custódia, não podendo o sentenciado sofrer as consequências de tal omissão ao ser submetido a tratamento mais gravoso do que aquele determinado em sentença[30].

Nunca é demais ressaltar que embora inimputáveis (ou semi-imputáveis), os indivíduos submetidos a medida de segurança continuam com os mesmos direitos dos demais condenados, não podendo o Estado negar-lhes direitos básicos e abandoná-los sob o argumento de que são sujeitos perigosos. É dever do Estado fornecer tratamento adequado e digno a tais indivíduos, podendo ser responsabilizado caso não se desincumba dessa obrigação.

6. PRAZO DE CUMPRIMENTO DA MEDIDA DE SEGURANÇA

Em decorrência de sua finalidade curativa, a medida de segurança deve ser fixada por prazo indeterminado, devendo perdurar enquanto persistir a periculosidade do agente. Não obstante, o art. 97, § 1º, do Código Penal determina que o juiz, ao proferir sentença fixando medida de segurança, deverá fixar um prazo mínimo variável de um a três anos.

---

ao cumprimento da medida de segurança de internação é de responsabilidade do Estado, não podendo o paciente ser penalizado pela insuficiência de vagas. *Habeas Corpus* não conhecido. Ordem concedida de ofício para determinar a imediata transferência do paciente para hospital psiquiátrico ou, na ausência de vaga, a sua inclusão em tratamento ambulatorial, até o surgimento da respectiva vaga" (HC 385.198/SC, 5ª Turma, Rel. Min. Felix Fischer, j. 23.05.2017, *DJe* 06.06.2017).

[30] Apenas no estado de São Paulo, de acordo com dados disponibilizados pelo Conselho Nacional de Justiça no Sistema Geopresídios em julho de 2018, há 1.291 internos em cumprimento de medida de segurança, sendo que, destes, apenas 521 estão cumprindo a medida em hospital de custódia e tratamento. Há outros 528 internos cumprindo a medida em estabelecimentos diversos, como cadeias públicas, penitenciárias e centros de detenção provisória e 242 internos cujas informações não foram disponibilizadas. Disponível em: <https://bit.ly/2LpDWPa>. Acesso em: 5 jul. 2018.

A primeira crítica ao prazo da medida de segurança é a ausência de qualquer indicação na lei de qual critério o juiz deve adotar para fixar o prazo mínimo da medida de segurança. Essa ausência de critério permite o entendimento de que o prazo mínimo deve ser fixado com base na gravidade do ilícito penal cometido pelo indivíduo submetido a medida de segurança. Para os que entendem dessa maneira, quanto mais grave o ilícito, maior o prazo mínimo e, quanto menos grave, menor o prazo mínimo.

Entretanto, a nosso ver, tal medida não é a melhor, porquanto também escorado em enfadonha retribuição.

Em verdade, o único critério que pode ser levado em consideração pelo juiz é a periculosidade do agente. Verificada a periculosidade por meio de exame pericial, o juiz terá condições de fixar o prazo mínimo de cumprimento da medida de segurança.

Tendo em vista que a finalidade precípua da medida de segurança é a cura do agente, e considerando que o art. 97, § 2º, do Código Penal determina que a perícia médica realizar-se-á ao término do prazo mínimo, devendo ser repetida anualmente, o prazo de um ano é o que protege de maneira mais efetiva o indivíduo submetido a medida de segurança pois, dessa forma, ele passará por perícia médica ao término do primeiro ano, e depois, de ano em ano.

A fixação do prazo mínimo com base apenas na gravidade do crime é medida ineficaz, fixada tão somente como retribuição do crime, e não se coaduna com os objetivos da medida de segurança. O término da medida de segurança dar-se-á apenas e tão somente quando da efetiva cessação de periculosidade do agente, comprovada por meio do exame de cessação de periculosidade, cujo procedimento está previsto no art. 175 da Lei de Execução Penal.

Realizado o exame de cessação de periculosidade, o juiz, após oitiva do Ministério Público e do curador ou defensor do indivíduo, proferirá decisão determinando a manutenção da medida aplicada, a desinternação progressiva ou a desinternação/liberação condicional do sujeito. Desta decisão, é cabível recurso de agravo, sem efeito suspensivo[31].

Note-se ainda que, nos termos do art. 197 da Lei de Execução Penal, é possível que o exame de cessação de periculosidade seja antecipado, caso fique verificado, no caso concreto, que a periculosidade do agente cessou antes mesmo do decurso do prazo mínimo estabelecido[32].

---

[31] Art. 197 da Lei de Execução Penal.
[32] A possibilidade de realizar o exame de cessação de periculosidade antes do término do prazo mínimo foi uma das grandes novidades da Lei de Execução

6.1 Prazo máximo de cumprimento

Questão que sempre se discutiu é a existência de um prazo máximo de cumprimento da medida de segurança. Tal questão advém do fato de que o art. 5º, XLVII, da Constituição Federal proíbe as penas de caráter perpétuo e o art. 75 do Código Penal prevê que as penas privativas de liberdade não podem ser superiores a 30 anos. No que tange às medidas de segurança, entretanto, não há qualquer previsão do prazo máximo de duração.

A medida de segurança deve perdurar enquanto persistir a periculosidade do agente inimputável ou semi-imputável. Não obstante, considerando que as causas da inimputabilidade ou semi-imputabilidade são doenças muitas vezes incuráveis, e não havendo, portanto, a cessação da periculosidade do agente, como é possível ponderar o preceito constitucional de proibição de penas perpétuas?

Tal discussão chegou aos Tribunais Superiores, e o entendimento que prevaleceu primeiramente é o de que não é possível que a medida de segurança dure mais de 30 anos, prazo que deve ser respeitado independentemente de não ter havido a cessação da periculosidade do agente. Posteriormente, a jurisprudência evoluiu, e o entendimento que atualmente prevalece nos Tribunais Superiores é de que a medida de segurança não pode ultrapassar o limite máximo de pena em abstrato, prevista no tipo penal violado[33]. Tal

---

Penal quando de sua promulgação. A esse respeito o artigo 157 da "Exposição de Motivos da Lei de Execução Penal" dispõe que: "significativa é a alteração proposta ao sistema atual, no sentido de que a averiguação do estado de periculosidade, antes mesmo de expirado o prazo mínimo, possa ser levada a cabo por iniciativa do próprio juiz da execução (artigo 175). Atualmente, tal investigação somente é promovida por ordem do Tribunal (CPP artigo 777) suprimindo-se, portanto, a instância originária e natural, visto que a cessação da periculosidade é procedimento típico da execução".

[33] "Agravo regimental. Recurso especial. Direito penal. Medida de segurança. Limitação do tempo de cumprimento ao máximo da pena abstratamente cominada. Atenção aos princípios da isonomia, proporcionalidade e razoabilidade. Súmula n. 527/STJ. Insurgência desprovida. 1. Em atenção aos princípios da isonomia, proporcionalidade e razoabilidade, estabelece-se como limite para a duração da medida de segurança o máximo da pena abstratamente cominada ao delito praticado, não se podendo conferir tratamento mais severo e desigual ao inimputável, uma vez que ao imputável, a legislação estabelece expressamente o respectivo limite de atuação do Estado. 2. Entendimento sedimentado no Superior Tribunal de Justiça por meio do Verbete Sumular n. 527/STJ. 3. Insurgência desprovida" (AgRg no REsp 1.336.224/TO, 5ª Turma, Rel. Min. Jorge Mussi, j. 27.10.2015, DJe 05.11.2015).

entendimento encontra-se atualmente disciplinado mediante a Súmula 527 do Egrégio Superior Tribunal de Justiça[34].

É de se ressaltar, entretanto, que embora a limitação do prazo de medida de segurança ao máximo de pena em abstrato previsto para aquele crime esteja de acordo com o mandamento constitucional que proíbe penas de caráter perpétuo[35], este entendimento desconsidera o risco que a colocação em liberdade de um agente sem que tenha sido atestada a cessação de sua periculosidade representa para a sociedade, bem como para o próprio agente custodiado. O Estado, como agente responsável pelo tratamento e cura dos submetidos a medida de segurança, não pode, de maneira automática, colocar tais pessoas em liberdade sem que tenha havido um adequado encaminhamento a tratamento médico[36].

Outra, entretanto, é a conclusão quando se trata de medida de segurança imposta mediante conversão da pena privativa de liberdade, quando a superveniência de transtorno mental é verificada no curso da execução penal. Neste caso, embora existam opiniões em sentido contrário, filiamo-nos àqueles que entendem que o prazo máximo de cumprimento da medida de segurança no caso de conversão deve ser o prazo restante de pena privativa de liberdade que o réu ainda tinha a cumprir.

Trata-se, neste caso, de situação excepcional, tendo em vista que o condenado, quando do cometimento do crime, tinha plena capacidade e foi

---

[34] O tempo de duração da medida de segurança não deve ultrapassar o limite máximo da pena abstratamente cominada ao delito praticado.

[35] Esse é o entendimento de Miguel Reale Junior, para quem "A indeterminação do tempo de duração da medida de segurança é corolário obrigatório da finalidade de tratamento e cura, pois deve a mesma terminar, cessada a doença, quando atingido o objetivo de cura, cumprindo-se, no entanto, *de lege ferenda*, respeitar, (...), um largo tempo máximo correspondente à pena máxima abstratamente cominada" (REALE JUNIOR, Miguel. *Instituições de direito penal*: parte geral. 3. ed. Rio de Janeiro: Forense, 2009).

[36] É o entendimento defendido pelo professor Guilherme de Souza Nucci, para quem "(...) apesar de seu caráter de sanção penal, a medida de segurança não deixa de ter o propósito curativo e terapêutico. Ora, enquanto não for devidamente curado, deve o sujeito submetido à internação permanecer em tratamento, sob custódia do Estado. Seria demasiado apego à forma transferi-lo de um hospital de custódia e tratamento criminal para outro, onde estão abrigados insanos interditados civilmente, somente porque foi atingido o teto máximo da pena correspondente ao fato criminoso praticado, como alguns sugerem, ou o teto máximo de 30 anos, previsto no art. 75, como sugerem outros" (NUCCI, Guilherme de Souza. *Manual de direito penal*. 14. ed. Rio de Janeiro: Forense, 2017. p. 547).

considerado culpável, não podendo o Estado deter o indivíduo por prazo superior àquele ao qual o réu havia sido condenado. Caso, após o término do prazo da pena privativa de liberdade, o condenado ainda não esteja curado, ao Estado sobrará apenas a alternativa de interditar o egresso e submetê-lo aos tratamentos reservados às pessoas acometidas de transtorno mental, conforme estabelecido na Lei 10.216/2001.

7. NOVA REDAÇÃO DO ART. 171 PROPOSTA PELO PROJETO DE LEI 9.054/2017

Por fim, cabe-nos fazer alguns comentários a respeito da nova redação proposta pelo Projeto de Lei 9.054/2017 ao art. 171 da Lei de Execução Penal. De acordo com a redação proposta, o art. 171 da Lei de Execução Penal passará a vigorar com o seguinte texto: "Confirmada pelas instâncias ordinárias a sentença que aplicou medida de segurança, ou proferida esta por órgão colegiado, nos casos de foro por prerrogativa de função, será determinada expedição de guia de execução à autoridade de saúde competente, promovendo-se a inserção no Cadastro Nacional de Saúde".

Embora existam opiniões no sentido de que tal dispositivo transferirá ao Sistema Único de Saúde (SUS) a responsabilidade pela execução dos indivíduos submetidos a medida de segurança, entendemos que esta não é a interpretação correta. O dispositivo prevê apenas que os cuidados necessários deverão ser prestados pelo SUS, no mesmo sentido das alterações propostas ao art. 14 da Lei de Execução Penal, que prevê que a assistência à saúde física e mental do preso deverá ser pautada pelas premissas do SUS, bem como ao art. 107 § 4º, que dispõe, em caso de doença mental ou necessidade de internação hospitalar, que o condenado será encaminhado ao SUS.

Tal previsão, a nosso ver, é uma alteração salutar, tendo em vista que os indivíduos submetidos a medida de segurança representam um verdadeiro problema de saúde pública e precisam de adequado tratamento para que possam ser efetivamente curados. Não obstante, não se pode perder de vista que a medida de segurança, como espécie de sanção penal, está sujeita aos ditames da execução penal e, desta forma, deve ser fiscalizada pelo juiz da execução penal, o qual será informado regularmente a respeito das condições pessoais do paciente.

As informações necessárias para aferir a cessação de periculosidade do indivíduo deverão ser prestadas ao juízo pelos profissionais do SUS, considerando a alteração proposta ao art. 7º da Lei de Execução Penal, determinando que a Comissão Técnica de Classificação dos estabelecimentos prisionais não contará mais obrigatoriamente com psiquiatra e psicólogo.

8. CONCLUSÃO

Em vista do exposto, podemos concluir que embora a medida de segurança seja uma espécie de sanção penal, por possuir caráter preventivo e curativo a sua execução ostenta inúmeras peculiaridades que não são regulamentadas de maneira satisfatória pela legislação atualmente em vigor. De todas as dificuldades encontradas, as mais relevantes são: a ausência de vagas em hospital de tratamento e custódia e a fixação de um prazo máximo de cumprimento da medida de segurança. A Lei de Execução Penal não regulamenta tais questões e, infelizmente, o Projeto de Lei 9.054/2017 também não trouxe muitos esclarecimentos a esse respeito.

De qualquer maneira, a solução a tais questionamentos deve sempre levar em conta a finalidade preventiva e curativa da medida de segurança, não podendo tal instituto ser visto como uma retribuição ao fato cometido. Por fim, o Estado deve garantir aos indivíduos submetidos a medida de segurança os mesmos direitos garantidos aos condenados a penas privativas de liberdade, não podendo negar-lhes direitos básicos e abandoná-los sob o argumento de que tais indivíduos são perigosos.

REFERÊNCIAS

ANTUNES, Maria João. Discussão em torno do internamento de inimputável em razão de anomalia psíquica. *Revista Brasileira de Ciências Criminais*, São Paulo, v. 11, n. 42, p. 90-101, 2003.

DEMO, Roberto Luis Luchi. Competência originária para a execução penal. *Revista dos Tribunais*, São Paulo, v. 95, n. 850, p. 462-476, ago. 2006.

DIAS, Jorge de Figueiredo. *Direito penal*: parte geral. São Paulo: Revista dos Tribunais, 2007. t. I.

FACCINI NETO, Orlando. Atualidades sobre as medidas de segurança. *Revista Jurídica*, Porto Alegre, v. 53, n. 337, p. 99-107, nov. 2005.

FERRARI, Eduardo Reale. Os prazos de duração das medidas de segurança e o ordenamento penal português. *Revista dos Tribunais*, São Paulo, v. 83, n. 701, p. 267-275, mar. 1994.

FRAGOSO, Heleno Claudio. *Lições de direito penal*. 4. ed. Rio de Janeiro: Forense, 1995.

GOMES, Luiz Flavio. Duração das medidas de segurança. *Revista dos Tribunais*, São Paulo, v. 80, n. 663, p. 257-267, jan. 1991.

KREMPEL, Luciana Rodrigues. As finalidades das medidas de segurança de internamento em Portugal e no Brasil. *Revista dos Tribunais*, São Paulo, v. 93, n. 828, p. 478-502, out. 2004.

MARCÃO, Renato. *Curso de execução penal*. 15. ed. São Paulo: Saraiva, 2017.

MIRABETE, Julio Fabbrini; FABBRINI, Renato N. *Execução penal*. 13. ed. São Paulo: Atlas, 2017.

NUCCI, Guilherme de Souza. *Leis penais e processuais penais comentadas*. 5. ed. São Paulo: Revista dos Tribunais, 2010.

_____. *Manual de direito penal*. 8. ed. São Paulo: Revista dos Tribunais, 2012.

_____. *Manual de direito penal*. 14. ed. São Paulo: Forense, 2017.

_____. *Manual de processo e execução penal*. 5. ed. São Paulo: Revista dos Tribunais, 2008.

PANCHERI, Ivanira. Medidas de segurança. *Revista Brasileira de Ciências Criminais*, São Paulo, v. 5, n. 20, p. 105-112, out.-dez. 1997.

PENTEADO, Jacques de Camargo; MARQUES, Oswaldo Henrique Duek. Nova proposta de aplicação de medida de segurança para os inimputáveis. *Boletim IBCCRim*, São Paulo, v. 5, n. 58, p. 10, set. 1997.

REALE JUNIOR, Miguel. *Instituições de direito penal*: parte geral. 3. ed. Rio de Janeiro: Forense, 2009.

ROXIN, Claus. Tem futuro o direito penal? *Revista dos Tribunais*, São Paulo, v. 90, n. 790, p. 459-474, ago. 2001.

ZIMMARO, Rafael Barone. *Medidas de segurança: fundamentos de aplicação e execução*. 2012. 137 f. Dissertação (Mestrado em Direito) – Programa de Estudos Pós-Graduados em Direito, Pontifícia Universidade Católica de São Paulo, São Paulo, 2012.

17

ERROS E ACERTOS DO PROJETO DE LEI 9.054/2017 NA BUSCA POR SOLUÇÕES PARA OS PROBLEMAS ATUAIS INERENTES AOS INCIDENTES DE EXECUÇÃO PENAL: EXCESSO OU DESVIO, ANISTIA, INDULTO E GRAÇA

João Victor Esteves Meirelles
Especialista em Ciências Criminais pela Escola Superior do Ministério Público do Estado de São Paulo. Mestrando em Direito Penal pela Pontifícia Universidade Católica de São Paulo. Advogado criminalista.

Resumo: Este trabalho propõe uma análise crítica dos incidentes de execução da Lei de Execução Penal vigente e das soluções trazidas pelo Projeto de Lei 9.054/2017, as quais visam mitigar ou aniquilar os problemas inerentes à aplicação desses institutos na atualidade.

Palavras-chave: Execução penal. Lei de Execução Penal. Incidentes de execução penal.

Abstract: The current paper proposes to develop a critical analysis of the execution incidents nominated in the Execution of the Criminal Law and the solutions brought by the Bill 9.054/2017, which seek to solve the problems inherent to the application of these institutes in the present time.

Keywords: Criminal execution. Execution of the Criminal Law. Criminal Execution incidents.

Sumário: 1. Introdução – 2. Os incidentes de execução – 3. Os tipos de incidentes de execução – 4. O excesso e o desvio de execução: 4.1 O excesso e o desvio de execução à luz da legislação vigente; 4.2 Do excesso e do desvio de execução à luz do PL 9.054/2017 – 5. A anistia, o indulto e a graça: 5.1 A anistia; 5.1.1 A anistia à luz da legislação vigente; 5.1.2 A anistia à luz do PL 9.054/2017; 5.2 O indulto; 5.2.1 O indulto à luz da legislação vigente; 5.2.2 O indulto à luz do PL 9.054/2017; 5.3 A graça: 5.3.1 A graça à luz da legislação vigente; 5.3.2 A graça à luz do PL 9.054/2017 – 6. Conclusão – Referências.

1. INTRODUÇÃO

Tratar da Execução Penal é sempre tratar de tema de extrema relevância. Os presos, tidos pelo senso comum como inimigos da sociedade e, consequentemente, principais bodes expiatórios de nossos impulsos vingativos, são os indivíduos que mais precisam ser protegidos contra a mão pesada do Estado que, se não controlada, esmaga aqueles que não seguiram as nem sempre justas condutas prescritas pelo direito positivo.

No Brasil, em decorrência da calamitosa situação atual do sistema carcerário, o tema ganha ainda mais relevância e, apesar de muitas vezes ser colocado em segundo plano por muitos dos maiores expoentes da doutrina pátria, deve ser do interesse de todos; não somente porque nosso sistema judiciário erra – e erra muito – mas também porque os Tratados de Direitos Humanos dos quais somos signatários, a Lei de Execução Penal vigente e, principalmente, a Constituição Federal, são permeados pela premissa de que as penas devem ser cumpridas com respeito à dignidade da pessoa humana, prevista no inciso III do art. 1º de nossa Lei Maior como um dos fundamentos da República Federativa do Brasil.

O presente trabalho tem como objeto o estudo aprofundado dos incidentes de execução penal, por meio de uma abordagem crítica que engloba não apenas a situação atual dos institutos que são abarcados pela Lei de Execução Penal vigente, mas também as suas potenciais alterações decorrentes da aprovação do Projeto de Lei 9.054/2017, que até a conclusão deste artigo encontrava-se em tramitação perante a Câmara dos Deputados[1].

2. OS INCIDENTES DE EXECUÇÃO

Para compreender cada um dos incidentes de execução penal, preambularmente, faz-se necessário compreender o que são incidentes, sob pena de estudarmos cada um deles sem ter conhecimento de sua natureza, caindo num reducionismo que não é o objetivo deste estudo.

Os incidentes de execução são espécie dos procedimentos incidentes, de modo que a discussão a respeito de sua natureza gravita, ao que tudo indica, por uma questão cronológica[2], em torno do termo utilizado no Título VI do Livro I

---

[1] Disponível em: <http://www.camara.gov.br/proposicoesWeb/fichadetramitacao?idProposicao=2160836>. Acesso em: 24 abr. 2018.

[2] Presume-se nesse sentido pelo fato do Código de Processo Penal, promulgado pelo Decreto-lei 3.689, de 3 de outubro de 1941, ser anterior a Lei de Execução penal, promulgada pela Lei 7.210, de 11 de julho de 1984.

do Código de Processo Penal de 1941, que se encontra denominado "Das questões e processos incidentes". Nesta trilha, a definição conferida aos incidentes de execução penal está diretamente atrelada à definição dos incidentes processuais, modificando-se apenas pelo fato dos incidentes previstos Código de Processo Penal incidirem antes do trânsito em julgado de sentença condenatória, e os previstos na Lei de Execução Penal durante o processo de execução da pena[3].

De uma perspectiva etimológica, o conceito do termo incidente está vinculado à ideia de "cair em ou sobre, suceder por acaso, sobrevir, acontecer", tendo referência no termo *incidere*, do latim[4]. Por esse motivo, ao transpor para o caso processual, BADARÓ afirma que "o incidente é algo que incide – cai – sobre um processo"[5].

De forma coerente com as raízes semânticas do termo, NUCCI elucida que "os incidentes processuais são as questões e os procedimentos secundários que incidem sobre um procedimento principal, merecendo uma solução antes da decisão da causa a ser proferida"[6].

No que se refere à execução penal, conforme exposto anteriormente, a natureza dos incidentes é a mesma, sendo estes apenas uma espécie daqueles, de modo que perfilhamos o posicionamento de Nucci, no sentido de que os incidentes da execução são aqueles que se referem especificamente as "questões e procedimentos secundários à execução principal, merecedores de solução antes que esta termine"[7].

Por fim, vale ressaltar que, por se tratar de procedimentos que estão diretamente relacionados ao processo de execução, os incidentes que recaem sobre este são de competência do Juiz da execução, conforme determina o art. 66 da Lei de Execução Penal.

---

[3] A despeito do posicionamento do Supremo Tribunal Federal, até o momento da conclusão deste estudo, ser de que é possível a *execução provisória* da pena após a publicação de decisão condenatória em segundo grau, com o qual não nos coadunamos, partindo da premissa que a ciência do direito deve posicionar-se de acordo com os enunciados normativos vigentes, por força do art. 5º, LVII, da Constituição Federal, adotaremos no presente trabalho a posição de que a execução da pena somente pode ser iniciada após o trânsito em julgado de sentença condenatória.

[4] CUNHA, Antônio Geraldo da. *Dicionário etimológico da língua portuguesa*. 4. ed. Rio de Janeiro: Lexikon, 2010. p. 354.

[5] *Processo penal*. 2. ed. Rio de Janeiro: Elsevier, 2014. p. 210.

[6] *Curso de execução penal*. Rio de Janeiro: Forense, 2018. p. 247.

[7] *Curso de execução penal*. Rio de Janeiro: Forense, 2018. p. 247.

3. OS TIPOS DE INCIDENTES DE EXECUÇÃO

Segundo a Exposição de Motivos 213, de 9 de maio de 1983, da Lei 7.210, de 11 de julho de 1984, que instituiu a Lei de Execução Penal vigente, estão abarcados pelos incidentes da execução "as conversões, o excesso ou desvio de execução, a anistia e o indulto"[8].

Entretanto, há posicionamento distinto na doutrina[9], com o qual coadunamos, que considera que os incidentes de execução não são apenas aqueles dispostos explicitamente neste rol, ou seja, nominados, podendo ser também inominados[10]. Os primeiros estão dispostos expressamente no Título VII da Lei de Execuções Penais, denominado "Dos Incidentes de Execução", o qual dispõe em seu Capítulo I sobre as *conversões*, em seu Capítulo II sobre o *excesso ou desvio* e em seu Capítulo III sobre a *anistia e o indulto*. Os demais, malgrado não exista menção expressa na lei que os elenque como incidentes de execução, também são caracterizados como tais pela sua natureza, sendo eles a *graça*, a *comutação da pena*, a *delação premiada*, a *remição* e o *regime disciplinar diferenciado*.

O presente trabalho analisará os incidentes de execução nominados, salvo as conversões da pena que serão abordadas em outro estudo da presente obra, e, dentre os inominados, apenas a graça, em decorrência da sua previsão expressa como incidente de execução no PL 9.054/2017. Cada um deles será estudado de forma separada, inicialmente, à luz da legislação vigente e, posteriormente, sob o enfoque das potenciais modificações decorrentes da possível promulgação do projeto de lei mencionado.

4. O EXCESSO E O DESVIO DE EXECUÇÃO

O juiz da execução está incumbido de executar a sentença condenatória, sendo a sua função tornar efetiva a pena aplicada na condenação[11]. Por esse motivo, o magistrado do processo executório não poderá alterar o conteúdo

---

[8] Disponível em: <http://www2.camara.leg.br/legin/fed/lei/1980-1987/lei-7210-11-julho-1984-356938-exposicaodemotivos-149285-pl.html>. Acesso em: 24 abr. 2018.
[9] Nesse sentido: BRITO, Alexis Couto de. *Execução penal*. 3. ed. São Paulo: Revista dos Tribunais, 2013. p. 336; NUCCI, Guilherme de Souza. *Curso de execução penal*. Rio de Janeiro: Forense, 2018. p. 247.
[10] NUCCI, Guilherme de Souza. *Curso de execução penal*. Rio de Janeiro: Forense, 2018. p. 247.
[11] BRITO, Alexis Couto de. *Execução penal*. 3. ed. São Paulo: Revista dos Tribunais, 2013. p. 372.

da sentença, salvo nas hipóteses previstas em lei e decorrentes da atividade executiva, como, por exemplo, a progressão da pena, conversão da pena etc.[12].

Na mesma trilha, cabe aos demais órgãos da execução seguir aquilo que o magistrado da execução determina, não podendo estes desrespeitar a legislação ou aplicar medidas que se desviem da finalidade da pena.

Sempre que o julgador ou os órgãos da execução extrapolarem esses limites inerentes a sua função e decorrente das previsões legais, ocorrerá excesso, nos casos em que houver a aplicação abusiva ou desproporcional do previsto em lei, ou desvio, nos casos em que a aplicação da lei destinar a execução a finalidade diversa da pena[13].

4.1 O excesso e o desvio de execução à luz da legislação vigente

A Lei de Execução Penal prevê em seu art. 185 que haverá excesso ou desvio de execução sempre que algum ato for praticado além dos limites fixados na sentença, em normas legais ou regulamentares. Nota-se pela redação uma aparente ausência de distinção entre os termos excesso ou desvio. Contudo, como mencionado anteriormente, a doutrina corretamente distingue esses dois institutos.

A título de exemplificação da diferença entre excesso e desvio na execução, Nucci menciona três casos que deixam bem clara da distinção entre ambos[14]. No primeiro exemplo, em que o condenado deseja exercer seu dever e direito de trabalhar (arts. 39, V, e 41, II, da LEP), mas tem esse direito/dever privado pelo fato de se encontrar em cela isolada, com fim de garantir sua integridade física ameaçada por outros presos, o jurista afirma que ocorre um desvio da execução penal, pelo fato da medida de proteção seguir destinação diversa da finalidade da pena, pois cabe ao Estado buscar formas alternativas de garantir a proteção individual dos presos sem privá-los do trabalho. No segundo caso exemplificativo, em que o condenado por ter cometido falta disciplinar passa mais de trinta dias em isolamento (limite previsto no art. 58 da LEP), segundo o autor ocorre excesso de execução, pois extrapolasse aqui o limite previsto no dispositivo legal para aplicação de sanção disciplinar. Por fim, no terceiro e último exemplo, o jurista trata de uma hipótese mista, na

---

[12] BRITO, Alexis Couto de. *Execução penal*. 3. ed. São Paulo: Revista dos Tribunais, 2013. p. 372.
[13] NUCCI, Guilherme de Souza. *Curso de execução penal*. Rio de Janeiro: Forense, 2018. p. 254.
[14] *Curso de execução penal*. Rio de Janeiro: Forense, 2018. p. 254.

qual ocorre excesso e desvio, em caso que o preso inserido no RDD por fato que não autoriza essa sanção disciplinar do art. 52 da LEP. Segundo o autor, neste último caso, a punição é desviada do dispositivo legal e, simultaneamente, excessiva, pois vai além do necessário[15].

Em caso de ocorrência de excesso ou desvio, conforme disciplina o art. 186 da Lei de Execução Penal, estão autorizados a suscitar o incidente relacionado a estes institutos o Ministério Público, o Conselho Penitenciário, o sentenciado, ou qualquer dos demais órgãos de execução.

Vale salientar que, a despeito de mais uma vez o dispositivo legal não incluir no rol de legitimados para requerer a apuração do desvio ou do excesso o defensor constituído ou nomeado do apenado, tem-se que este também é parte legitima para fazê-lo, pois, como leciona Nucci, trata-se de "decorrência natural e lógica da consagração do princípio da ampla defesa na execução penal".

Um problema inerente à legislação vigente é que esta não regulamenta o procedimento decorrente da prática de desvio ou excesso, motivo pelo qual, é um tanto quanto conturbada a apuração e aplicação deste instituto.

Por esse motivo, acreditamos que a solução para a questão deve ser resolvida por dois caminhos. Caso o desvio ou excesso decorra de ato de órgão administrativo da execução, deverá uma das partes legitimadas pleitear a apuração desses incidentes perante o Juiz da execução. Contudo, caso o excesso ou desvio decorra de decisão proferida pelo magistrado, deverá esta ser confrontada perante o próprio juiz da execução e, no caso de manutenção da decisão, somente o Ministério Público, o condenado, seu representante ou parentes poderão recorrer, por meio de agravo em execução (art. 197 da LEP)[16], ao Tribunal hierarquicamente superior ao juízo de execução.

4.2 Do excesso e do desvio de execução à luz do PL 9.054/2017

O projeto de lei em trâmite na Câmara dos Deputados, aparentemente visando sanar os problemas decorrentes das omissões da legislação vigente quando trata do assunto, propõe grandes alterações com relação ao excesso ou desvio de execução.

---

[15] NUCCI, Guilherme de Souza. *Curso de execução penal*. Rio de Janeiro: Forense, 2018. p. 254.

[16] BADARÓ, Gustavo Henrique Righi Ivahy. *Processo penal*. 2. ed. Rio de Janeiro: Elsevier, 2014. p. 676.

A primeira grande alteração ocorre no art. 185, *caput* e inc. I e II, de modo que a nova redação prevê que pode haver duas formas de excesso ou desvio de execução, uma individual e outra coletiva.

A individual ocorre sempre que algum ato for praticado além dos limites fixados na sentença ou em normas legais ou regulamentares. A coletiva ocorre quando o número de presos exceder a capacidade de vagas do estabelecimento penal ou quando as condições de salubridade e higiene estiverem aquém dos parâmetros mínimos.

Sem dúvidas, a grande novidade emerge da possibilidade de ocorrência de excesso ou desvio de execução coletiva. Pode-se dizer que, no caso da superlotação em estabelecimento de regime semiaberto, trata-se de uma hipótese mista, similar aquela desenhada por Nucci no último exemplo apresentado no tópico anterior, pois, ao mesmo tempo em que ocorre desvio, por desrespeito ao art. 180, § 1º, do Projeto de Lei, ocorre excesso, pelo fato da manutenção dos presos em estabelecimento que não os comporta ser abusiva.

O art. 186 da proposta também desencadeia alterações contundentes na legislação vigente. A nova redação do dispositivo revoga os incisos que elencavam os legitimados para suscitar o incidente de excesso ou desvio de execução, dispondo no *caput* do texto legal que o sentenciado e qualquer órgão da execução podem suscitar o incidente de excesso ou desvio de execução.

Em parte, a redação desse dispositivo proposta pelo projeto de lei é interessante, pois ao afirmar que o sentenciado e qualquer órgão de execução podem suscitar este tipo de incidente, exclui as menções desnecessárias do Ministério Público e do Conselho Penitenciário como parte legitimas, já estes integram os órgãos do sistema de execução penal[17]. Entretanto, paralelamente, o dispositivo incorre no mesmo erro da legislação vigente, não elencando entre os legitimados para suscitar o incidente os defensores constituídos ou dativos dos apenados. Desse modo, caso o dispositivo seja aprovado da forma que está atualmente na proposta, deverá manter-se a interpretação de que estes defensores possuem legitimidade para suscitar este incidente, conforme afirmado na análise deste incidente no tópico anterior.

Outra grande inovação do Projeto de Lei está o art. 186-A, que trata do procedimento do incidente de execução decorrente do excesso ou desvio.

---

[17] Segundo Brito, integram os órgãos do sistema de execução penal o Conselho Nacional de Política Criminal e Penitenciária, os Departamentos penitenciários, o Conselho Penitenciário, o Juízo da execução, o Ministério Público, o Patronato, o Conselho da comunidade e a Defensoria Pública. Vide BRITO, Alexis Couto de. *Execução penal*. 3. ed. São Paulo: Revista dos Tribunais, 2013. p. 191 e ss.

Segundo esse dispositivo, o incidente deverá ser suscitado por escrito e, diante deste fato, o juiz (art. 186-A, *caput*) mandará autuar em apartado o incidente e ouvirá a parte contrária, que oferecerá resposta em até quarenta e oito horas (art. 186-A, inc. I) e poderá ordenar as diligência e requisitar as provas que entender necessárias, inclusive podendo inspecionar o estabelecimento penal. Todos esses atos deverão ser praticados no prazo de até dez dias, de modo que, após este prazo, o julgador terá quarenta e oito horas para decidir sobre a ocorrência de excesso ou desvio de execução.

O dispositivo supramencionado traz inovação interessante, pois estipula prazos que visam agilizar a apuração da ocorrência do excesso ou desvio de execução. Entretanto, acreditamos que faltou ao dispositivo impor medidas que visem combater os casos em que ocorra o desrespeito desse prazo. Malgrado o art. 186-C traga inovações que beneficiam o apenado no caso deste cumprir pena em regime mais severo que aquela fixado na sentença, conforme veremos mais adiante, entendemos que essa medida não é suficiente para estimular os órgãos da execução no cumprimento desse prazo. Por esse motivo, à título de sugestão, consideramos que seria interessante a inserção de um parágrafo único no art. 186-A, o qual determinasse que, diante do não cumprimento dos prazos previstos no *caput* deste dispositivo, no caso do excesso ou desvio terem relação com a permanência em regime mais gravoso, deve ser determinada a progressão para regime mais benéfico ou conversão positiva para o preso que é mencionado no incidente suscitado, no caso de ser incidente do tipo individual, ou a progressão ou conversão positiva para os presos que excedem o número de vagas do estabelecimento prisional relacionado ao incidente, no caso de ser incidente do tipo coletivo. Nesse último caso, a determinação da progressão deverá respeitar a disposição do art. 180-A do projeto de lei.

Na mesma trilha, traz inovação interessante o art. 186-B *caput* e seu parágrafo único. O *caput* determina que, no caso de excesso ou desvio em razão de o estabelecimento impor ao preso situação degradante ou ofensiva à sua integridade física e moral, o juiz decidirá sobre a remição de pena de que trata o art. 126-A do projeto, o qual estabelece que o preso provisório ou condenado com bom comportamento carcerário que cumpra prisão cautelar ou pena em situação degradante ou ofensiva à sua integridade física e moral tem direito a remir a pena à razão de um dia de pena a cada sete dias de encarceramento em condições degradantes. Por outro lado, o parágrafo único do dispositivo estabelece que somente cabe reparação civil quando a remição não for possível.

O *caput* do dispositivo traz modificação interessante, pois permite que o preso com bom comportamento (art. 126-A) tenha remida a pena que cumprir em situação degradante ou ofensiva à sua integridade física ou moral, sem que isso afete a possibilidade de remição prevista no art. 186-C, em decorrência da previsão do § 2º do art. 126-A que afirma que a remição obtida em decorrência deste artigo pode ser cumulada com outras hipóteses de remição previstas em lei.

Entretanto, o parágrafo único do art. 186-B traz uma previsão um tanto quanto conturbada, em nossa ótica, por dois motivos.

Preambularmente, entendemos que o dispositivo é inconstitucional, porque não se pode eximir a responsabilidade civil do Estado pelo sofrimento físico e moral do apenado pelo simples fato deste ser beneficiado com a remição. Entendemos isso porque a remissão, que neste caso tem natureza de sanção administrativa reparatória, não exime o Estado de indenizar o apenado pelos danos físicos e morais sofridos, direito que está garantido pelo art. LXXV do art. 5º da CF, o qual, ao determinar que o condenado deve ser indenizado por ficar preso além do tempo fixado na pena, automaticamente, determina que este deve ser indenizado ao ficar preso em regime mais gravoso que lhe seja de direito.

Em segundo plano, entendemos que, caso o parágrafo único seja considerado constitucional, com o que não concordamos, a sua redação é imprecisa, pois ao mencionar que a reparação civil somente será cabível quando a remição da pena não for possível, sem mencionar de que remição ele se trata, abre-se margem para a interpretação equivocada, de que este dispositivo se refere a qualquer tipo de remição reparatória, como por exemplo aquela prevista no art. 186-C, e não somente aquela disposta no *caput* do art. 186-B.

Devido a este fato, caso este dispositivo do projeto seja aprovado da forma que está redigido, far-se-á necessário interpretar, levando-se em consideração a sua disposição como parágrafo único do art. 186-B, que seu texto legal se refere exclusivamente a remição prevista no art. 126-A do Projeto de Lei e não a todas as outras hipóteses previstas no projeto de lei.

Por fim, o art. 186-C do projeto legislativo inova ao estabelecer que em casos do cumprimento da pena se dar em regime mais severo daquele fixado na sentença, o condenado terá direito a detração compensatória pelo excesso ou desvio de execução sofrido, na proposição de dois dias de efetivo cumprimento de pena a cada dia em que permanecer em regime diverso do semiaberto (inc. I do art. 186-C) e três dias de efetivo cumprimento da pena a cada dia em que permanecer em regime diverso do aberto (inc. II do art. 186-C).

Claramente o dispositivo possui boas intenções, tendo em vista que visa, assim como o art. 126-A, a garantir aos apenados, neste caso não somente aos que possuem bom comportamento, uma compensação pelo fato de cumprirem sua pena em regime mais severo do que aquele fixado na sentença.

Contudo, por um equívoco de um dos termos utilizados na sua redação, pode-se dizer que, em caso de aprovação deste artigo nos termos que se encontra, poderão ocorrer alguns problemas consideráveis.

O art. 186-C, em seu *caput*, menciona que o condenado que cumprir pena em regime mais gravoso do que aquele que lhe fora imposto na sentença condenatória, terá direito a *detração* compensatória. Ocorre que, o termo *detração*, conforme elucida Brito, "consiste no desconto ou abatimento do tempo cumprido em prisão provisória do tempo de cumprimento da pena efetivamente aplicada na sentença"[18].

Malgrado o dispositivo use o termo detração, acreditamos que, na realidade, trata-se de remição. O art. 186-C enuncia, logo no início do *caput*, que ele se refere aos casos em que *o cumprimento da pena se der mais severo que aquele fixado na sentença*. Ao mencionar que este instituto se aplica aos casos em que *o cumprimento da pena* se der em regime mais severo, claramente, tem-se que o artigo se refere a uma modalidade de remição, tendo em vista que o cumprimento da pena somente pode se dar após o trânsito em julgado de sentença condenatória. Por esse motivo, consideramos correta a interpretação que, na verdade, o dispositivo se refere a uma espécie de remição, e não de detração, como o termo utilizado induz.

De qualquer modo, melhor será que o termo detração seja substituído pelo termo remissão, pois assim poderá ser evitada qualquer dúvida com relação a sua aplicação.

5. A ANISTIA, O INDULTO E A GRAÇA

A anistia, o indulto e a graça constituem causas extintivas da punibilidade, que, como leciona Bitencourt, são causas que impedem a aplicação ou execução da sanção prevista para o delito praticado[19].

Nas palavras de Carvalho, são causas que desencadeiam como "efeito principal a cessação da obrigação abstrata (antes da prolação da sentença condenatória transitada em julgado) ou concreta (depois do trânsito em julgado)"[20].

---

[18] BRITO, Alexis Couto de. *Execução penal*. 3. ed. São Paulo: Revista dos Tribunais, 2013. p. 262.
[19] *Tratado de direito penal*: parte geral 1. 20. ed. São Paulo: Saraiva, 2014. p. 880.
[20] *Punibilidade e delito*. São Paulo: Revista dos Tribunais, 2008. p. 186.

Trata-se, segundo a jurista, de causas que "atuam, em resumo, sobre a pena de maneira que o delito não é afetado em nenhum de seus elementos constitutivos", motivo pelo qual a terminologia causas extintivas da punibilidade não se ajustaria as características jurídicas dos elementos em apreço, que, para Carvalho, enquadrar-se-iam melhor sob a terminologia causas extintivas da responsabilidade penal[21].

Devido ao grande rol abarcado pelas causas extintivas da punibilidade, há grande controvérsia na doutrina sobre a sua natureza jurídica das causas extintivas da punibilidade[22].

Entretanto, por esse debate não apresentar grandes significações para que seja atingido o objetivo deste estudo, iremos nos ater na análise de cada uma das causas que são objeto deste tópico, que são a anistia, o indulto e a graça.

5.1 A anistia

A anistia é causa extintiva da punibilidade por meio da qual o Estado, não se dirigindo a uma pessoa específica, declara que abdica do *jus puniendi* de certas condutas, praticadas durante um período delimitado, sem revogar a lei penal incriminadora referente a essas infrações penais. Nas palavras de Nery Junior, excepcionalmente, pode ser concedida aos crimes comuns, entretanto, via de regra, é para crimes políticos, consubstanciando ela ato político[23].

Trata-se de instituto que atinge apenas os crimes por ele elencados, não abrangendo crimes cometidos em concurso com estes[24].

Em muitos aspectos, devido aos seus efeitos, pode confundir-se a anistia com o *abolitio criminis*. Entretanto, além de algumas peculiaridades, *grosso modo*, o que diferencia este daquela, refere-se ao fato deste se tratar de uma

---

[21] *Punibilidade e delito*. São Paulo: Revista dos Tribunais, 2008. p. 186. Malgrado achemos interessante a terminologia adotada pela jurista, com fim de não confundir o leitor, adotaremos o termo utilizado pela Constituição e pelo Código Penal vigente, que definem a Anistia, o Indulto e a Graça como causas extintivas da punibilidade.

[22] Para aqueles que possuem interesse em aprofundar os estudos sobre esse debate, recomenda-se a leitura de CARVALHO, Érika Mendes de. *Punibilidade e delito*. São Paulo: Revista dos Tribunais, 2008. p. 188 e ss.

[23] *Constituição Federal comentada e legislação constitucional*. 5. ed. São Paulo: Revista dos Tribunais, 2014. p. 543.

[24] BRITO, Alexis Couto de. *Execução penal*. 3. ed. São Paulo: Revista dos Tribunais, 2013. p. 374.

revogação da lei penal incriminadora, enquanto aquela, como mencionado anteriormente, não ocasiona a revogação dos crimes anistiados, mas apenas abdicação do *ius puniendi* em alguns casos praticados durante um período determinado.

Brito distingue duas espécies de anistia de acordo com o momento de sua promulgação. Nos casos em que a anistia é promulgada antes do trânsito em julgado da sentença condenatória, o jurista afirma que se trata de *anistia própria*, pelo fato de ainda não ter se iniciado a fase de execução da pena. Por outro lado, nos casos em que a anistia venha a ser promulgada após o início da execução da pena, tratar-se de *anistia imprópria*[25].

Ademais, segundo Nucci, caso a anistia seja promulgada após o cumprimento da pena, o antecedente criminal por ela deixado na folha de antecedentes será apagado[26].

5.1.1 A anistia à luz da legislação vigente

A anistia está prevista no art. 107, II, do CP, sendo, conforme ressaltado anteriormente, uma das causas que insertas no rol de causas extintivas da punibilidade.

A Constituição Federal determina ser da União a competência para concessão da anistia (art. 21, XVII), a qual deve ser aprovada por meio de projeto de lei pelo Congresso Nacional, com sanção do Presidente da República (art. 48, VIII). Outrossim, a Lei Maior e a Lei de Crimes Hediondos determina que são insuscetíveis de anistia a prática de tortura, o tráfico ilícito de entorpecentes e drogas afins, o terrorismo e os definidos por crimes hediondos (art. 5º, XLIII).

Na Lei de Execução Penal, o art. 187 determina que, após ser constatada a sua concessão pelo Congresso Nacional, deverá o Juiz, de ofício, a requerimento do interessado ou do Ministério Público, por proposta da autoridade administrativa ou do Conselho Penitenciário, declarar extinta a punibilidade do apenado.

5.1.2 A anistia à luz do PL 9.054/2017

A nova redação do art. 187, trazida pelo projeto de lei, determina que, concedida a anistia, o Juiz declarará extinta a punibilidade do apenado.

---

[25] *Execução penal*. 3. ed. São Paulo: Revista dos Tribunais, 2013. p. 374.
[26] *Curso de execução penal*. Rio de Janeiro: Forense, 2018. p. 255.

Atualmente, o dispositivo que regula a matéria estabelece que deverá o Juiz, de ofício, ou após requerimento, declarar a extinção da punibilidade.

Malgrado se tenha excluído do *caput* do artigo que os demais órgãos da execução ou o interessado possam requerer a aplicação deste instituto, tal exclusão apenas determina que o juiz deverá declarar de ofício a extinção da punibilidade, sem que isso impeça o requerimento das partes caso seja necessário, conforme estabelece o art. 195, parágrafo único, do projeto.

Entretanto, a maior alteração do projeto de lei com relação à anistia não se encontra na Lei de Execução Penal, mas na modificação da redação do art. 2º da Lei de Crimes Hediondos. A nova redação do dispositivo ainda determina que a anistia é insuscetível aos crimes hediondos, a prática de tortura e ao terrorismo. Contudo, muda o âmbito de abrangência de sua limitação para o tráfico ilícito de drogas.

Enquanto o diploma vigente, ecoando a CF, veda a concessão da anistia para todas as espécies de tráfico ilícito de entorpecentes e drogas afins, o projeto de lei estreita essa vedação apenas para o tráfico ilícito transnacional ou interestadual, ou seja, para os casos em que incidirem a causa de aumento previstas nos incs. I e V do art. 40 da Lei de Drogas (Lei 11.343/2006). Desse modo, ao que tudo indica, o projeto de lei visa permitir que as outras hipóteses de tráfico sejam anistiadas.

A questão é polêmica. O art. 5º, XLIII, da CF estabelece que a lei considerará crime insuscetível de graça ou anistia a prática do tráfico ilícito de entorpecentes e drogas afins. Trata-se de restrição constitucional a concessão do benefício pelo Poder Legislativo, motivo pelo qual, caso o projeto de lei seja aprovado nos termos que se encontra, provavelmente abrir-se-á grande discussão sobre a extensão da restrição a anistia, pois haverá alegação de que a Constituição veda a sua concessão para todas as espécies de tráfico e não somente para aquelas previstas na redação proposta pelo projeto de lei.

A despeito de não considerarmos necessária a limitação da anistia a todas as espécies de tráfico de entorpecentes e afins, levando-se em consideração que a política de guerra as drogas, instituída por influência do governo norte-americano, é um fracasso, e que grande parcela dos presos que ocupam o sistema carcerário se tratam de pessoas pobres e negras condenadas por tráfico de drogas[27], não podemos interpretar a Constituição de acordo com a nossa ideologia ou posição pessoal.

---

[27] Disponível em: <http://depen.gov.br/DEPEN/noticias-1/noticias/infopen-levantamento-nacional-de-informacoes-penitenciarias-2016/relatorio_2016_22111.pdf>. Acesso em 3 set. 2018.

Desse modo, não entendemos que o Legislador, por meio do projeto de lei ora em pauta, possa limitar os limites impostos pela Constituição sobre essa matéria. O dispositivo constitucional, ao estabelecer que a lei considerará insuscetível de anistia a prática de tráfico ilícito de entorpecentes e drogas afins, possui eficácia limitada, pois depende da regulamentação das condutas que configuram tráfico de drogas e afins, para que se possa saber a quais condutas se veda a anistia. Contudo, quando essas condutas estão tipificadas, devido à vedação Constitucional, automaticamente a concessão do benefício está vetada, não precisando ser repetida em lei para surtir efeitos nos casos de tráfico. Malgrado não concordemos com a prescrição constitucional neste caso, entendemos que não pode o Legislador, por meio de lei complementar, limitar vedação constitucional que lhe é dirigida. Autorizar isso seria o mesmo que autorizar a limitação dos limites de concessão de anistia aos crimes de tortura por meio de projeto de lei, sob alegação de que em algumas espécies de tortura autorizariam a concessão desse benefício.

Por esses motivos, ainda que o projeto de lei seja aprovado, estará vedada a concessão de anistia para todas as espécies de tráfico. Caso realmente se pretenda o estreitamento dessa restrição da anistia aos crimes de tráfico, que entendemos ser o correto em nossa ótica, somente seria possível por meio de emenda constitucional.

5.2 O indulto

O indulto, assim como a anistia, é uma causa extintiva da punibilidade, por meio da qual o Estado abdica do *jus puniendi*. Entretanto, este instituto possui características peculiares, seja com relação ao seu meio de concessão, seja com relação aos seus efeitos, que o diferenciam muito daquele que fora estudado no tópico anterior.

Esse instituto se refere ao perdão concedido pelo Presidente da República a um grupo de pessoas. Ele mantém a vigência do tipo penal, subtraindo apenas os autores da incidência da pena[28], entretanto, de forma distinta da anistia, apesar de extinguir a punibilidade, não apaga o registro de condenação, de modo que, aqueles que usufruem do benefício, podem ter considerado o delito praticado, caso voltem a delinquir, como fato caracterizador de antecedentes criminais ou reincidência[29].

---

[28] BRITO, Alexis Couto de. *Execução penal*. 3. ed. São Paulo: Revista dos Tribunais, 2013. p. 375.
[29] NUCCI, Guilherme de Souza. *Curso de execução penal*. Rio de Janeiro: Forense, 2018. p. 255.

Em apertada síntese, trata-se de "clemência concedida pelo Presidente da República, por decreto, a condenados em geral, desde que preencham determinadas condições objetivas e/ou subjetivas"[30].

Via de regra, entende-se que o indulto somente pode ser aplicado após condenação transitada em julgado, entretanto, como leciona Delmanto, "na prática, têm sido concedidos indultos mesmo antes da condenação tornar-se irrecorrível". Nesses casos, perfilhamos o posicionamento do jurista, o qual afirma que "o indulto não poderá obstar o julgamento da apelação e dos recursos especial e extraordinário do acusado, só prevalecendo o indulto se o recorrente tiver a condenação mantida"[31].

5.2.1 O indulto à luz da legislação vigente

Assim como a anistia, o indulto está previstos no art. 107, II, do Código Penal, sendo também, conforme ressaltado anteriormente, causas extintivas da punibilidade.

Encontra-se estampado no art. 84, inc. XII e seu parágrafo único, da Constituição Federal, os quais estabelecem que a concessão deste instituto é de competência privativa do Presidente da República, podendo ser delegada aos Ministros de Estado, ao Procurador-Geral da República ou ao Advogado-Geral da União, que observarão os limites traçados nas respectivas delegações.

Questão polêmica relacionada ao indulto se encontra na Lei 8.072/1990, que dispõe sobre os crimes hediondos, a qual, no ser art. 2º, I, estabelece que é insuscetível de anistia, graça e indulto, os crimes de tortura, tráfico ilícito de entorpecentes e drogas afins e o terrorismo. Trata-se de tema polêmico, pois a disposição cria limitação ao instituto que não está prevista na Constituição Federal, a qual somente limita a concessão de graça e anistia em seu art. 5º, XLIII.

A doutrina se divide em duas correntes sobre o tema, sendo uma favorável a limitação prevista na Lei dos Crimes Hediondos e outra contrária a constitucionalidade da parte deste dispositivo que se refere ao indulto. A primeira posição, que prevalece na jurisprudência pátria[32], baseia-se no argumento de que, ao proibir expressamente a graça (prevista na legislação como

---

[30] NUCCI, Guilherme de Souza. *Curso de execução penal*. Rio de Janeiro: Forense, 2018. p. 255.
[31] *Código Penal comentado*. 8. ed. São Paulo: Saraiva, 2010. p. 393.
[32] Vide HC 90.364, Plenário, Rel. Min. Ricardo Lewandowski, *DJe* 30.11.2007.

indulto individual[33]), o constituinte teria usado o termo em sentido amplo, motivo pelo qual o indulto seria abarcado também pela ordem constitucional de limitação da graça. Por outro lado, a posição minoritária é no sentido de que, se a Constituição proibiu apenas a concessão da graça e da anistia nos casos previstos no art. 5º, XLIII, não pode o Legislador limitar o poder de concessão do indulto do chefe do Poder Executivo, tendo em vista que se trata de restrição a direito não limitado pelo constituinte.

Malgrado a primeira posição seja a que prevalece na doutrina e na jurisprudência, ela não merece guarida. A Constituição faz distinção entre o indulto e a graça, ainda que a Lei de Execução Penal e a doutrina considerem que ambos possuem a mesma natureza por serem ato de competência do Presidente da República. Por esse motivo, não pode o Legislador ordinário, por meio de inferência, realizar uma interpretação prejudicial ao indivíduo, sob pena de ampliar restrição que a Lei Maior direciona a apenas uma espécie dessas causas extintivas da punibilidade. Tal ato se trata de uma restrição de direito que o constituinte não impôs ao indivíduo e ao chefe do Poder Executivo, motivo pelo qual, não se sustenta a interpretação prejudicial ao perquirido criminalmente. Considerando-se que a Constituição distingue o indulto da graça, a resposta correta para a questão é de que não se pode interpretar que a Constituição Federal, ao delimitar a concessão da graça, também buscou delimitar a concessão do indulto, de modo que o art. 2º, I, da Lei dos Crimes Hediondos, no que se refere à limitação a concessão do indulto, é inconstitucional.

Por fim, a Lei de Execução Penal prevê o indulto em diversos dispositivos, motivo pelo qual ele é considerado um incidente da execução nominado. Infelizmente, ao utilizar os termos indulto individual e indulto coletivo, esse diploma legal não segue o rigor do Código Penal e da Constituição, que diferenciam o indulto da graça.

O primeiro dispositivo da Lei de Execução Penal a mencionar o indulto é o art. 70, I, que determina que cabe ao Conselho Penitenciário emitir parecer sobre o indulto, excetuada a hipótese de pedido de indulto com base no estado de saúde do preso. A segunda previsão encontra-se no art. 81-B, I, *h*, que determina ser de incumbência da Defensoria Pública requerer o indulto. A terceira previsão que menciona o indulto é ado art. 112, § 2º, na qual se determina que o procedimento para o indulto é o mesmo previsto no *caput* para a progressão da pena. Por fim, os últimos artigos que disciplinam o indulto neste diploma são os arts. 188 e seguintes, os quais determinam, de

---

[33] Art. 189 da LEP, que será abordado mais adiante.

forma um tanto quanto confusa, as formalidades para concessão do indulto coletivo e individual. Segundo o art. 188 e seguintes, no caso do indulto individual, poderá sua concessão ser provocada por petição do condenado, por iniciativa do Ministério Público, do Conselho Penitenciário, ou da autoridade administrativa, cabendo ao Conselho Penitenciário emitir parecer sobre o mérito do pedido, salvo nos casos de enfermidade do apenado, e esclarecer qualquer formalidade, a qual será processada pelo Ministério da Justiça e submetida a despacho pelo Presidente da República. No caso do indulto coletivo, não há previsão para que este seja requerido, dando-se a entender que este somente deve incidir no caso de ato espontâneo do chefe do Poder Executivo, podendo após sua concessão ser aplicado de ofício pelo Juiz, ou a requerimento do interessado, do Ministério Público, por iniciativa do Conselho Penitenciário ou da autoridade administrativa.

A utilização de linguagem distinta daquela utilizada na CF e no CP, que diferenciam o indulto da graça, pode gerar confusões sobre a possibilidade de o indulto coletivo ser requerido, assim como autoriza a lei com relação ao indulto individual. Entretanto, essa confusão não se sustenta, tendo em vista que, o art. 188, que autoriza o requerimento do indulto individual, ao usar este termo, limita a possibilidade de provocação a este instituto.

Por esse motivo, perfilhamos o entendimento de Brito, que distingue o indulto coletivo do individual pelo fato deste poder ser provocado e aquele ser ato espontâneo do Presidente da República[34].

5.2.2 O indulto à luz do PL 9.054/2017

O Projeto de Lei 9.054/2017 traz mudanças interessantes com relação ao indulto, em especial por solucionar algumas questões controvertidas na legislação vigente.

De largada, há uma modificação na terminologia utilizada, de modo que se deixou de usar os termos indulto individual e indulto coletivo, substituindo-os pelos termos indulto e graça, o que, além de equiparar a linguagem do projeto legislativo àquela utilizada Constituição Federal e no Código Penal, sana a confusão sobre a possibilidade de o indulto ser provocado, já que o art. 191 que trata da provocação para concessão da graça veda qualquer interpretação neste sentido.

---

[34] Nesse sentido: BRITO, Alexis Couto de. *Execução penal*. 3. ed. São Paulo: Revista dos Tribunais, 2013. p. 378.

O projeto, em seu art. 193, com referência ao art. 192, determina que o sentenciado que for beneficiado por indulto deverá ter extinta a sua punibilidade pelo Juiz, de ofício, ou por meio de requerimento do interessado ou qualquer órgão da execução. A despeito deste artigo, mais uma vez, silenciar a respeito da possibilidade do defensor constituído ou nomeado requerer a extinção da punibilidade, tem-se que, conforme explicado em casos semelhante, deve-se interpretar no sentido de que o representante legal do apenado pode realizar este requerimento.

Entretanto, não é somente a mudança de terminologia que gera contundentes alterações na possibilidade de concessão do benefício. Revogando a limitação imposta pelo art. 2º, I, da Lei dos Crimes Hediondos vigente, o projeto de lei estabelece que a nova redação do art. 2º desta lei restringe apenas a concessão de anistia aos crimes hediondos, a prática de tortura, o terrorismo e o tráfico ilícito transnacional ou interestadual de drogas.

Deste modo, em nossa ótica, a discussão sobre a constitucionalidade da lei que veda a aplicação de indulto aos crimes hediondos cai por terra, deixando o instituto de ser limitado para estes tipos de crime.

5.3 A graça

Nas palavras de Carvalho Filho, o "direito de graça foi prerrogativa soberana que jamais se contestou aos governantes e ainda hoje se reconhece, embora sob restrições ou condições, ao poder público"[35].

Trata-se de causa extintiva de punibilidade com características muito similares as do indulto, motivo pelo qual é tida como a modalidade individual deste[36].

5.3.1 A graça à luz da legislação vigente

A despeito da graça não possuir previsão na CF a respeito do procedimento para sua concessão, pela tradição e por se tratar de modalidade individual do indulto, considera-se que sua concessão somente pode ser realizada pelo mesmo rito estabelecido para concessão do indulto. Por outro lado, a graça possui previsão adicional, no art. 5º, XLIII, da Lei Maior, a qual

---

[35] *Comentários ao Código Penal*: arts. 102 a 120. 4. ed. Rio de Janeiro: Forense, 1958. vol. IV, p. 98.

[36] Nas palavras de Nucci, "é a clemência concedida pelo Chefe do Poder Executivo, por meio de decreto, a um condenado específico, levando-se em conta, em tese, seu mérito incomum no cumprimento da pena (...), mas também questões humanitárias" (*Curso de execução penal*. Rio de Janeiro: Forense, 2018. p. 255).

limita seu âmbito de aplicação ao determinar que são insuscetíveis de graça a prática dos crimes de tortura, tráfico ilícito de entorpecentes e drogas afins, de terrorismo e daqueles que forem definidos como crimes hediondos.

Na Lei de Execução Penal, a graça está prevista somente como indulto individual, motivo pelo qual é tida como um incidente da execução inominado. Conforme estabelece o art. 188 deste diploma, o indulto individual poderá ser provocado por petição do apenado, por iniciativa do Ministério Público, do Conselho Penitenciário, ou da autoridade administrativa.

5.3.2 A graça à luz do PL 9.054/2017

As alterações trazidas pelo projeto de lei, de forma coerente, alteram a ambígua terminologia utilizada na LEP atual por meio da adoção dos termos utilizado na CF e no CP, que diferenciam graça e indulto.

Assim, a graça, com a aprovação do projeto de lei, passaria a ser incidente de execução nominado, por possuir previsão expressa. O art. 188 do projeto determina que a graça poderá ser provocada por petição do condenado ou por qualquer órgão da execução penal. Ademais, o art. 191 estabelece que o requerimento será processado pelo Ministério da Justiça, a qual posteriormente será submetida a despacho do Presidente. Por fim, no art. 192 determina que se for concedida a graça, o juiz declarará extinta a pena.

Entretanto, assim como no caso da anistia, a questão mais polêmica com relação à graça está relacionada aos limites de sua concessão devido as alterações que ocorrerão na Lei de Crimes Hediondos. Neste caso, de forma mais contundente do que com relação a anistia, a nova redação do art. 2º da Lei dos Crimes Hediondos exclui a vedação de concessão de graça não só a algumas modalidades de tráfico, mas também dos crimes hediondos, da tortura e do terrorismo.

No mesmo sentido de nossa manifestação com relação a anistia, não achamos que essa medida exclua a vedação a concessão de graça a nenhum desses casos. Conforme exposto anteriormente, essa vedação possui previsão expressa no art. 5º, LXIII, da Constituição Federal, de modo que somente por meio de emenda constitucional seria possível excluir ou limitar a vedação constitucional a concessão deste benefício.

6. CONCLUSÃO

Os percalços que circundam o sistema carcerário são muitos e, obviamente, não serão solucionados com uma reforma legislativa sem que haja uma modificação estrutural no sistema de justiça como um todo. Contudo, é inquestionável que, no que se refere aos incidentes de execução, o projeto de lei traz muitas soluções para os problemas que pairam sobre esses institutos.

As inovações trazidas com relação ao excesso e ao desvio, seja pela possibilidade de ocorrência desse incidente nas espécies individual ou coletiva, seja pela previsão de remissão da pena para alguns casos, também trazem benefícios e, em parte, reparam os danos sofridos pelo preso que fica encarcerado.

Ademais, a inserção da graça ao lado do indulto e da anistia, por meio de uma adequação da linguagem pelo projeto de lei, confere mais segurança sobre a aplicabilidade desses institutos, malgrado tentativa de interferência nos limites constitucionais para concessão desses benefícios seja ineficaz em nosso entendimento.

Nem tudo são flores. Ainda que o projeto traga alterações benéficas, surgem novas arestas que, se não solucionadas no caso de aprovação do projeto de lei, causarão polêmicas na doutrina e na jurisprudência, o que, normalmente, apenas dificulta uma execução equânime da pena para todos aqueles que são abarcados pelo processo de execução penal. Porém, não há dúvidas que há mais acertos do que erros no projeto de lei, pelo menos no que se refere aos incidentes de execução. É um começo, ao que tudo indica, de uma longa e tortuosa caminhada em busca de um sistema carcerário mais humano.

REFERÊNCIAS

BADARÓ, Gustavo Henrique Righi Ivahy. *Processo penal*. 2. ed. Rio de Janeiro: Elsevier, 2014.

BITENCOURT, Cezar Roberto. *Tratado de direito penal*: parte geral 1. 20. ed. São Paulo: Saraiva, 2014.

BOBBIO, Norberto. *Teoria geral do direito*. 3. ed. São Paulo: Martins Fontes, 2010.

BRITO, Alexis Couto de. *Execução penal*. 3. ed. São Paulo: Revista dos Tribunais, 2013.

BUSATO, Paulo César. *Direito penal*: parte geral. 2. ed. São Paulo: Atlas, 2015.

CARVALHO FILHO, Aloysio de. *Comentários ao Código Penal*: arts. 102 a 120. 4. ed. Rio de Janeiro: Forense, 1958. vol. IV.

CARVALHO, Amilton Bueno de; CARVALHO, Salo de. *Aplicação da pena e garantismo penal*. Rio de Janeiro: Lumen Juris, 2001.

CARVALHO, Érika Mendes de. *Punibilidade e delito*. São Paulo: Revista dos Tribunais, 2008.

CARVALHO, Salo de; CARVALHO, Amilton Bueno de. *Aplicação da pena e garantismo penal*. Rio de Janeiro: Lumen Juris, 2001.

CUNHA, Antônio Geraldo da. *Dicionário etimológico da língua portuguesa*. 4. ed. Rio de Janeiro: Lexikon, 2010.

DELMANTO, Celso. *Código Penal comentado*. 8. ed. São Paulo: Saraiva, 2010.

GUERRA FILHO, Willis Santiago. *Processo constitucional e direitos fundamentais*. 7. ed. São Paulo: SRS Editora, 2017.

JUNQUEIRA, Gustavo; VANZOLINI, Patrícia. *Manual de direito penal*: parte geral. 2. ed. São Paulo: Saraiva, 2014.

MARCÃO, Renato. *Curso de execução penal*. 10. ed. São Paulo: Saraiva, 2012.

NERY JUNIOR, Nelson; NERY, Rosa Maria Andrade. *Constituição Federal comentada e legislação constitucional*. 5. ed. São Paulo: Revista dos Tribunais, 2014.

NUCCI, Guilherme de Souza. *Curso de execução penal*. Rio de Janeiro: Forense, 2018.

_____. *Individualização da pena*. 7. ed. Rio de Janeiro: Forense, 2015.

PRADO, Luis Regis. *Curso de direito penal brasileiro*. 13. ed. São Paulo: Revista dos Tribunais, 2014.

SANTOS, Juarez Cirino dos. *Direito penal*: parte geral. Curitiba: ICPC/Lumen Iuris, 2006.

ZAFFARONI, E. Raul; BATISTA, Nilo; ALAGIA, Alejandro; SLOKAR, Alejandro. *Direito penal brasileiro*: teoria geral do direito penal. 4. ed. Rio de Janeiro: Revan, 2011. vol. 1.

18

DOS RECURSOS EM EXECUÇÃO PENAL: AGRAVO EM EXECUÇÃO, *HABEAS CORPUS*, MANDADO DE SEGURANÇA E A NECESSIDADE DE MODIFICAÇÃO DO RITO RECURSAL

RODRIGO CAMARGO ARANHA

Mestrando em Direito pela PUC-SP. Especialista em Direito Penal Econômico pela FGV. Advogado Criminalista.

Resumo: O Sistema carcerário brasileiro está em colapso, razão pela qual algumas medidas tentam ser tomadas pelo Poder Público, ainda que discretas, diante da repulsa da população no dispêndio de recursos financeiro com criminosos. Nesta esteira, está em trâmite no Congresso nacional o Projeto de Lei 9.054/2017, do Senado Federal, trazendo profundas mudanças na Lei 7.210/1984. Neste capítulo, serão abordadas questões referentes aos recursos em execução penal, bem como às ações constitucionais aplicáveis em sede executória, explorando a história dos recursos, conceito, características, procedimento, efeitos e legitimidade, tendo como parâmetro a atual legislação brasileira e o projeto de Lei em trâmite avançado no Congresso Nacional, sob o prisma da realidade carcerária e judicial.

Palavras-chave: Direito Penal. Execução penal. Recursos. Agravo em execução. *Habeas corpus*. Mandado de segurança. Projeto de Lei 9.054/2017.

Abstract: The brazilian prison system is colapsed, reason why some measuresare been taken by the government, even small, because people hate that the public money is been using with criminals. Therefore, the Bill 9.054/2017 is been processing by the parliament which brings deep modifications in the Law 7.210/1984. In this chapter, some issues about criminal executing appeal will be approached, and also about constitucional claims which could have applicability in criminal execution issue, like the history of the appeals, concept, caracteristics, procedure, efects and legitimacy, making some comments to the corrent legislation and the bill that is been developed, according to the prison and judicial reality.

Keywords: Criminal law. Criminal sentence executing. Appeal. Criminal executing appeal. Habeas Corpus. Writ of mandamus. Bill 9.054/2017.

Sumário: 1. Introdução – 2. Do recurso de agravo em execução penal: 2.1 Conceito e objeto; 2.2 Procedimento; 2.3 Legitimidade; 2.4 Efeitos – 3. Do *habeas corpus* na execução penal – 4. Do mandado de segurança na execução penal – 5. Conclusão – Referências.

1. INTRODUÇÃO

Vivemos um momento de crise no sistema penitenciário brasileiro. O maior problema referente à execução penal é a colossal distância entre os direitos e garantias fundamentais previstos tanto na Constituição Federal quanto na Lei 7.210/1984 (Lei de Execução Penal em vigor) e a realidade. Segundo Maria Thereza de Assis Moura, "convenhamos, a dissociação entre a previsão legislativa e a realidade é gritante"[1]. A título de exemplo, tem-se o utópico art. 88 da Lei 7.210/1984 assegurando o alojamento de encarcerados em celas individuais com 6 m².

É frequente a violação de direitos na seara executória penal pela desídia do Estado, geralmente justificadas com base no princípio da reserva do possível. Até porque, no Brasil, o investimento de recursos públicos no sistema penitenciário não é uma estratégia eleitoral bem vista, diante do clamor popular punitivista em que são contrapostos os conceitos de direitos humanos e a segurança pública[2].

Destarte, nada resta aos custodiados a não ser se socorrerem ao Judiciário para fazer valer os seus direitos legalmente previstos. Contudo, o procedimento judicial destinado à execução penal, mormente no tocante

---

[1] Execução penal e falência do sistema carcerário. In: NUCCI, Guilherme de Souza; MOURA, Maria Thereza Rocha de Assis. *Execução penal*. São Paulo: Revista dos Tribunais, 2012. p. 880-881.

[2] Sobre a contraposição entre direitos humanos e segurança Pública, Guilherme Nucci leciona que "o embate ideológico e político termina por evidenciar que a segurança pública parece ser inimiga dos direitos humanos e também estes não coadunariam com o primeiro. Em primeira impressão, não se visualiza ponto de contato amoldável a tal conclusão. Somos pelo respeito aos direitos humanos, em primeiro plano, obstando abusos estatais de qualquer ordem. E cremos, enfaticamente, ser viável assegurar a ordem dentro deste cenário" (*Direitos humanos versus segurança pública*. Rio de Janeiro: Forense, 2016. p. 71).

aos recursos, é demasiadamente moroso frente à urgência que a providência reclama, sendo a modificação do rito adotado, medida que se impõe.

Nesta esteira, tramita no Congresso Nacional o Projeto de Lei 9.054/2017, do Senado Federal, prevendo substanciais modificações no campo das execuções penais, não deixando intocável o recurso, por excelência, que é o agravo em execução.

2. DO RECURSO DE AGRAVO EM EXECUÇÃO PENAL

2.1 Conceito e objeto

Os recursos em geral possuem fundamento no princípio do duplo grau de jurisdição, previstos implicitamente na Constituição Federal e no art. 8º, item 2, alínea "h", da Convenção Americana de Direitos Humanos, que garante a todo acusado o "direito de recorrer da sentença para juiz ou Tribunal Superior". Nesta esteira, Tourinho Filho ressalta a importância do duplo grau de jurisdição aduzindo que *todos sabemos que os Juízes, homens que são, estão sujeitos a erro. Por isso mesmo o Estado criou órgãos jurisdicionais e eles superiores, precipuamente para reverem, em grau de recurso, suas decisões*[3].

O único recurso contemplado na legislação para combater decisões na seara da execução penal é o agravo em execução, previsto no art. 197 da Lei 7.210/1984, segundo o qual "das decisões proferidas pelo Juiz caberá recurso de agravo, sem efeito suspensivo". Ada Pellegrini Grinover, Magalhães Gomes e Scarance Fernandes lecionam que "cabe agravo, na própria redação do art. 197 da Lei de Execução Penal, das decisões proferidas pelo juiz da execução penal. Levou-se em conta, assim, aspecto subjetivo para regular o cabimento do recurso: o juiz que profere a decisão"[4]. Assim, diante da previsão legal, o objeto do agravo em execução é qualquer decisão proferida pelo juízo da execução penal.

Conforme ainda analisa Ada Pellegrini Grinover, a nomenclatura do recurso previsto em matéria de execução penal e a ausência de previsão quanto ao seu processamento ocorreu devido a uma questão histórica. Quando a Lei 7.210/1984 ainda estava em fase de projeto na década de 1980, também tramitava no Congresso Nacional, no mesmo período, o projeto de um novo Código de Processo Penal.

---

[3] *Processo penal*. São Paulo: Saraiva, 2012. vol. I, p. 97.
[4] *Recursos no processo penal*. São Paulo: Revista dos Tribunais, 2009. p. 154.

No projeto do Código de Processo Penal, era previsto o recurso de agravo de instrumento em substituição ao atual recurso em sentido estrito. Assim, na expectativa de entrada em vigor, em datas próximas, de um novo Código de Processo Penal e da Lei de Execução Penal, o legislador optou em apenas mencionar, no projeto da Lei 7.210/1984, que o recurso cabível na execução penal seria o agravo, em referência ao agravo de instrumento cuja previsão e rito estariam dispostos no Código Processual Penal.

Todavia, a Lei 7.210/1984 foi aprovada, enquanto o novo Código de Processo Penal, o qual previa o rito do agravo de instrumento na fase de execução penal, permanece no aguardo de aprovação, o que gerou fundadas dúvidas sobre o procedimento a ser adotado pelo agravo mencionado na Lei de Execução Penal[5].

Vale também a consideração de que a Lei 7.210/1984 se sobrepôs a algumas hipóteses de cabimento de recurso em sentido estrito previsto no Código de Processo Penal de 1941, como no caso de concessão, indeferimento ou revogação de livramento condicional (art. 581, XII, do Código de Processo Penal) e unificação de penas (art. 581, XVII, do Código de Processo Penal). Nesta esteira, pelo critério da anterioridade, em caso de conflito aparente de normas, deve ser aplicada a Lei de Execução Penal, que entrou em vigor em 1984, em detrimento das disposições do art. 581 do Código Processual Penal.

De qualquer maneira, diante da positivação do princípio da fungibilidade recursal, previsto no art. 579 do Código de Processo Penal, não haverá

---

[5] "A Lei de Execução Penal (Lei 7.210/84) previu, em seu art. 197, agravo das decisões proferidas pelo juiz das execuções penais. Mencionou o agravo sem nenhuma alusão ao seu procedimento. Isso decorreu de vicissitude histórica. É que, à época em que era objeto de exame o projeto da Lei de Execução Penal, também se discutia o projeto de Código de Processo Penal, no qual estava previsto o agravo de instrumento. A exigência de uniformidade entre os futuros diplomas, que deveriam passar a vigorar juntos ou em datas próximas, fez o legislador incluir o agravo no projeto de Lei de Execução Penal, não o recurso em sentido estrito do vigente Código. Corresponderia ao agravo de instrumento previsto no projeto do CPP. Não houve nenhuma preocupação quanto ao rito, pois seria seguido o do agravo do Código em discussão. Porém, transformado em lei o projeto de execução penal, contendo o agravo, sem rito, o mesmo não sucedeu com o projeto do CPP, até hoje não convertido em lei" (GRINOVER, Ada Pellegrini; GOMES FILHO, Antonio Magalhães; FERNANDES, Antonio Scarance. *Recursos no processo penal*. São Paulo: Revista dos Tribunais, 2009. p. 153).

prejuízo à parte em caso de impugnação de uma decisão proferida pelo Juízo das Execuções por meio de outro recurso que não o agravo em execução[6].

O projeto de Lei 9.054/2017, em avançado processo legislativo, modifica a redação do artigo 197, *caput*, da Lei 7.210/1984. Inicialmente, verifica-se que, apesar de o nome do recurso cabível durante o processo de execução – agravo – ter surgido indesejadamente a partir de um momento legislativo histórico, o projeto de Lei em comento define que "Das decisões e sentenças proferidas pelo juiz caberá recurso de agravo em execução". Portanto, percebe-se que o legislador optou – em nosso entender, acertadamente – ao manter parcialmente a nomenclatura atual, acrescentando o termo "em execução".

Não se pode desconsiderar os mais de trinta e três anos de vigência da Lei 7.210/1984 e o uso forense, neste período, do agravo em execução. Destarte, a opção legislativa de manter a nomenclatura original do recurso, complementando-a para fins de diferenciação dos demais agravos presentes na legislação brasileira foi sensata. Outrossim, a existência de um único dispositivo legal prevendo um rol taxativo que elenca todas as hipóteses de cabimento de recurso em sentido estrito (art. 581 do Código de Processo Penal) poderia trazer alguma confusão desnecessária para os intérpretes mais incautos caso fosse este recurso previsto para os casos de execução penal.

2.2 Procedimento

No início da década de 1980, havia uma expectativa legislativa quanto à entrada em vigor, de maneira simultânea, de um novo Código de Processo Penal, que previa a substituição do recurso em sentido estrito pelo agravo de instrumento e a Lei de Execução Penal, vigente atualmente. Consoante explicitado acima, o projeto sobre o novo diploma processual penal não se consagrou, saindo dos anais do Congresso Nacional apenas a Lei 7.210/1984, ocasionando, com esse disparate normativo, diversos problemas práticos.

O primeiro problema foi o procedimento a ser seguido pelo recurso de agravo previsto na Lei 7.210/1984. Inicialmente, diante da ausência de normatividade quanto ao procedimento do agravo em execução, a prática forense valia-se, por analogia, do agravo de instrumento previsto no Código

---

[6] Nesse sentido, Adalberto Camargo Aranha pontua que, "se o recorrente fizer uso do agravo de instrumento na forma prevista pela lei processual civil, a toda evidência não cometerá erro grosseiro, cabendo ao relator pelo princípio da fungibilidade dos recursos convertê-lo em recurso em sentido estrito" (*Dos recursos no processo penal*. São Paulo: Saraiva, 2010. p. 245).

de Processo Penal. No entanto, segundo Guilherme Nucci, "a questão não era tão relevante, pois ambos – agravo de instrumento e recurso em sentido estrito – tinham ritos praticamente idênticos"[7]. Ressalta, ainda, o mencionado autor que, com a edição da Lei 9.139/1995, responsável por alterar substancialmente o Código de Processo Civil de 1973 no tocante ao agravo de instrumento, "a controvérsia voltou a ter relevância e fez a jurisprudência fixar posicionamento, que pende até os dias atuais, no sentido da aplicabilidade, ao agravo em execução, do procedimento previsto no recurso em sentido estrito"[8].

O segundo problema foi quanto ao prazo para a interposição do recurso. Isso porque o agravo de instrumento, previsto no Código de Processo Civil de 1973, vigente à época, possuía o prazo de 10 dias para interposição[9], nos termos do seu art. 522. Contudo, o prazo para interposição de recurso em sentido estrito é de cinco dias, conforme o art. 586 do Código de Processo Penal.

Por um tempo, houve divergência na doutrina e na jurisprudência acerca das duas questões acima elencadas. Aqueles mais apegados à natureza criminal do processo de execução entendiam que tanto o prazo quanto o procedimento deveriam seguir o rito do recurso em sentido estrito, previsto na Lei Processual Penal[10]. Por outro lado, havia os que optavam pela interpretação gramatical, conduzindo ao entendimento segundo o qual o agravo em execução deveria seguir, por analogia, os ditames do agravo de instrumento previsto no Processo Civil[11].

A celeuma foi discutida reiteradamente até que o Supremo Tribunal Federal editou a Súmula 700, dispondo que "É de cinco dias o prazo para

---

[7] *Manual de processo penal e execução penal*. São Paulo: Revista dos Tribunais, 2008. p. 883.

[8] *Manual de processo penal e execução penal*. São Paulo: Revista dos Tribunais, 2008. p. 883.

[9] O prazo foi expandido para 15 dias pela nova Lei Processual Civil de 2015, conforme o art. 1.003, § 5º.

[10] Pacelli de Oliveira defende que "deve ser adotado, para o agravo em execução penal, o procedimento do recurso em sentido estrito, perfeitamente adaptado à teoria dos recursos em matéria processual penal, e em que se permite, com maior celeridade, o juízo de retratação do órgão jurisdicional *a quo*" (OLIVEIRA, Eugênio Pacelli de. *Curso de processo penal*. São Paulo: Atlas, 2014. p. 992).

[11] Nesse sentido, Tourinho Filho comenta que, "como há agravo no processo penal, sem disciplinamento, os aplicadores do direito invocam o procedimento traçado no processo civil, por analogia" (TOURINHO FILHO, Fernando da Costa. *Processo penal*. São Paulo: Saraiva, 2012. vol. IV, p. 627).

interposição de agravo contra decisão do juiz da execução penal". Diante do posicionamento do Pretório Excelso, importando o prazo do recurso em sentido estrito ao agravo, estendeu-se a orientação também ao procedimento a ser adotado, aplicando-se, portanto, em razão do silêncio da Lei, o rito do recurso em sentido estrito ao agravo em execução.

Nucci entende que a adoção do procedimento e do prazo do recurso em sentido estrito para o agravo em execução foram acertadas, até porque a própria Lei 7.210/1984 prevê, em seu art. 2º, que a execução penal pátria será exercida "na conformidade desta Lei e do Código de Processo Penal"[12].

Para encerrar a possibilidade de novas discussões sobre o tema e estancar a omissão legislativa vigente desde sempre, o projeto de Lei 9.054/2017, virtuosamente, prevê de forma expressa um prazo para interposição do recurso de agravo e seu procedimento. Inclusive, no item 103 da exposição de motivos do projeto de Lei inicialmente proposto (Projeto de Lei 513/2013 do Senado Federal), consta que foi definido "(...) seu rito e questões outrora objeto de controvérsia doutrinária e jurisprudencial".

O prazo definido para interposição do agravo em execução penal passa a ser de 10 dias, majorando-o em relação aos 5 dias definidos pela Súmula 700 do Supremo Tribunal Federal. Por uma coincidência contraditória, o novo prazo fixado para interposição do agravo em execução é o mesmo previsto para interposição do agravo de instrumento previsto no art. 522 do Código de Processo Civil de 1973, vigente à época da elaboração do projeto (2013).

No tocante ao processamento do agravo em execução, o projeto de Lei contempla seis parágrafos, pormenorizando o trâmite processual[13].

---

[12] Segundo o autor: "Não há dúvida de que foi a decisão acertada. Ressalte-se, em primeiro lugar, que a intenção do agravo era acompanhar o rito do recurso que iria substituir, no processo penal, o recurso em sentido estrito, ou seja, o agravo de instrumento. Não tendo ocorrido a mudança esperada, mais certo que o agravo fique circunscrito ao procedimento do recurso em sentido estrito. A matéria é criminal e, realmente, o agravo substituiu o que antes era decidido no âmbito do recurso previsto no art. 581" (*Manual de processo penal e execução penal*. São Paulo: Revista dos Tribunais, 2008. p. 883).

[13] "§ 1º Terão legitimidade recursal Ministério Público, a defesa e o próprio condenado.
§ 2º Interposto o recurso, será aberta vista ao recorrente para, dentro de 2 (dois) dias, apresentar razões e indicar as cópias necessárias para eventual traslado, após o que será aberta vista ao recorrido por igual prazo.
§ 3º Se o recorrido for condenado, será intimado na pessoa do defensor.

Após a interposição do recurso, no prazo de 10 dias, será aberta vista à parte interessada, pelo prazo de dois dias, para apresentar as razões do recurso e indicar as peças que necessitarão ser copiadas para traslado ao Tribunal *ad quem*. O mesmo será feito para o recorrido. Com as razões e contrarrazões do recurso, o juiz poderá exercer o seu juízo de retratação. Caso haja retratação do magistrado, a parte que se sentir prejudicada poderá, por mera petição, apresentar novo agravo, sendo vedado ao juiz, nessa hipótese, modificara decisão retratada. Por fim, os autos serão remetidos à instância superior para julgamento do agravo, no qual será facultado ao defensor a realização de sustentação oral.

Apesar de louvável a positivação do rito para o agravo em execução pelo projeto de Lei 9.054/2017, cabe uma crítica referente à adoção de procedimento pouco célere para um tema tão urgente que é a execução de pena.

Executar a reprimenda, muito além de concretizar o princípio da individualização da pena, é conferir ao apenado os meios legalmente dispostos visando à prevenção geral e à prevenção especial. O direito à liberdade de locomoção, à evidência, é tolhido e, por tratar-se de situação extremada, as medidas atinentes à seara executória penal não podem sujeitar-se a delongas processuais, sobretudo ao considerarmos a notória morosidade do Poder Judiciário.

Na prática, seguindo o trâmite previsto pelo projeto de Lei, é possível imaginar a seguinte situação: é deferido a um sentenciado a progressão para o regime aberto e, após seis meses no novo regime, o sujeito acaba sendo "regredido" em razão de decisão proferida pelo Tribunal de Justiça em agravo ministerial. Diante desse simples e rotineiro exemplo, é possível notar a incongruência gerada pela demora no julgamento recursal, fazendo

---

§ 4º Com a resposta do recorrido, será o recurso concluso ao juiz que, dentro de 2 (dias), reformará ou sustentará seu despacho ou sentença, mandando extrair o traslado se este se fizer necessário para a subido do agravo sem prejuízo ao andamento da execução.

§ 5º Se o juiz reformar o despacho ou a decisão, a parte contrária, por simples petição, poderá recorrer da nova decisão, se couber recurso, não sendo mais lícito ao juiz modificá-la.

§ 6º Na hipótese do § 5º, independentemente de novos arrazoados, o recurso será remetido – nos próprios autos ou em traslado – ao tribunal *ad quem* dentro de 5 (cinco) dias da publicação da resposta do juiz *a quo*.

§ 7º Publicada a decisão do tribunal *ad quem*, deverão os autos ser devolvidos, dentro de 5 (cinco) dias, ao juiz *a quo*.

§ 8º Caberá sustentação oral".

com que um condenado progredido ao aberto, no gozo desse novel regime há 6 meses, tenha que retornar ao *status a quo*.

Observa-se que, como já mencionado, o trâmite do agravo em execução, atualmente, é igual ao do recurso em sentido estrito. Contudo, nota-se que o recurso em sentido estrito é cabível em casos de muito menos urgência do que a prisão reclama. Ilustrando, combate-se, por meio de recurso em sentido estrito, a decisão que não recebe a denúncia, que conclui pela incompetência do juízo ou proferida em incidente de falsidade. Tais circunstâncias não demandam a mesma urgência que uma questão de execução de pena, na qual a liberdade de locomoção está em jogo, razão pela qual não é recomendado o mesmo rito moroso.

É necessário, em caso de execução penal, um recurso com trâmite mais célere para rever uma decisão proferida pelo Juízo das Execuções, principalmente com o endereçamento direto a um magistrado de instância superior, com a possibilidade de apreciação imediata do caso. Assim, diante da urgência que reclama a matéria de execução penal, seria mais recomendável a positivação, pelo projeto de Lei 9.054/2017, de rito semelhante ao Agravo de Instrumento do Código de Processo Civil de 2015[14], o qual guarda semelhanças, inclusive, com o rito adotado pelo *Habeas Corpus*.

---

14 "Art. 1.016. O agravo de instrumento será dirigido diretamente ao tribunal competente, por meio de petição com os seguintes requisitos:
(...)
Art. 1.017. A petição de agravo de instrumento será instruída:
I – obrigatoriamente, com cópias da petição inicial, da contestação, da petição que ensejou a decisão agravada, da própria decisão agravada, da certidão da respectiva intimação ou outro documento oficial que comprove a tempestividade e das procurações outorgadas aos advogados do agravante e do agravado;
II – com declaração de inexistência de qualquer dos documentos referidos no inciso I, feita pelo advogado do agravante, sob pena de sua responsabilidade pessoal;
III – facultativamente, com outras peças que o agravante reputar úteis.
(...)
Art. 1.019. Recebido o agravo de instrumento no tribunal e distribuído imediatamente, se não for o caso de aplicação do art. 932, incisos III e IV, o relator, no prazo de 5 (cinco) dias:
I – poderá atribuir efeito suspensivo ao recurso ou deferir, em antecipação de tutela, total ou parcialmente, a pretensão recursal, comunicando ao juiz sua decisão;
II – ordenará a intimação do agravado pessoalmente, por carta com aviso de recebimento, quando não tiver procurador constituído, ou pelo Diário da Justiça

De acordo com o novo Código de Processo Civil, a petição é endereçada diretamente ao tribunal *ad quem* com as peças que comprovem as razões invocadas. Distribuído o recurso, o relator poderá, liminarmente, conferir ao recurso efeito suspensivo ou já antecipar, total ou parcialmente, a pretensão recursal. Por fim, após apresentação de contrarrazões, o feito deverá ser incluído em pauta para julgamento em prazo não superior a um mês.

Com a adoção do rito atualmente previsto para o Agravo de Instrumento na seara processualista civil, as questões recursais em matéria de execução penal terão um novo provimento jurisdicional, pela instância imediatamente superior, em um prazo de poucos dias após a interposição de um recurso tecnicamente correto, justamente o que, hoje, é pretendido com o manejo excessivo do *Habeas Corpus*.

2.3 Legitimidade

A Lei de Execução Penal é omissa, também, quanto aos legitimados para a interposição do recurso em voga, pacificando-se na doutrina e na jurisprudência a importação do rito destinado ao recurso em sentido estrito.

Entretanto, a aplicação por analogia desse rito não foi capaz de solucionar todas as questões. Isso porque o art. 577 do Código de Processo Penal, inserido no Capítulo I do Título II (disposições gerais acerca dos recursos em geral), dispõe que "O recurso poderá ser interposto pelo Ministério Público, ou pelo querelante, ou pelo réu, seu procurador ou seu defensor".

Por outro lado, na Lei de Execução Penal, o art. 195 prevê que o procedimento judicial da execução penal poderá ser iniciado a requerimento do Ministério Público, do sentenciado, do defensor, do cônjuge, parente ou descendente do apenado.

Entendemos que, na seara executória penal, a medida mais extremada do direito já se concretizou: o encarceramento do indivíduo. Com efeito, é indispensável que seja dada ao sentenciado a mais ampla defesa, com todos os instrumentos a ela inerentes, garantindo-lhe, inclusive, a interpretação mais favorável diante de lacuna legal.

---

ou por carta com aviso de recebimento dirigida ao seu advogado, para que responda no prazo de 15 (quinze) dias, facultando-lhe juntar a documentação que entender necessária ao julgamento do recurso;

III – determinará a intimação do Ministério Público, preferencialmente por meio eletrônico, quando for o caso de sua intervenção, para que se manifeste no prazo de 15 (quinze) dias.

Art. 1.020. O relator solicitará dia para julgamento em prazo não superior a 1 (um) mês da intimação do agravado".

Compartilhamos, destarte, do entendimento de Nucci[15] no sentido de que a legitimidade para manejo do agravo em execução é conferida aos elencados no art. 195 da Lei 7.210/1984. Contudo, exceção deve ser feita ao Conselho Penitenciário e à autoridade administrativa, uma vez que lhes falta interesse de agir.

O Projeto de Lei 9.054/2017 restringe taxativamente o rol dos legitimados para interpor o agravo em execução, incluindo no art. 197 da Lei de Execução Penal o § 1º, ao prever que "terão legitimidade recursal o Ministério Público, a defesa e o próprio condenado". Com a mencionada alteração legislativa, não há dúvida sobre a exclusão do rol dos legitimados qualquer parente do apenado ou órgãos da administração penitenciária.

2.4 Efeitos

Os efeitos do agravo em execução são devolutivo e regressivo.

Assim como todos os demais recursos previstos em nossa legislação, o agravo em execução é dotado de efeito devolutivo, isto é, a aptidão que o recurso possui de levar ao Tribunal *ad quem* toda a matéria aventada no

---

[15] O autor faz a ressalta de que "não é demais acrescer o representante legal do condenado, seu cônjuge, parente ou descendente, conforme legitimidade conferida, para dar início aos procedimentos da Lei de Execução Penal, a essas pessoas, pelo art. 195. Além disso, não se pode subtrair o interesse que tenham, ao atuar em defesa do condenado. Mas, deve haver bom sendo na aplicação do dispositivo (art. 195). Não se incluem como legitimados a recorrer nem o Conselho Penitenciário, nem a autoridade administrativa" (*Manual de processo penal e execução penal*. São Paulo: Revista dos Tribunais, 2008. p. 884). Grinover, Magalhães e Scarance se posicionam no mesmo modo, ao aduzir que "O representante, cônjuge, parente ou descendente do interessado, por terem legitimidade para requerer o procedimento judicial ou outra medida relacionada com a execução da pena em benefício do sentenciado (art. 195 acima citado), podem também agravar da decisão que vier a ser nele proferida. Contudo, o direito de recorrer não fica restrito às hipóteses em que a decisão resultou de pedido formulado por essas pessoas, abrangendo decisões prolatadas em virtude de postulações feitas por outrem. O que a lei lhes outorgou foi o direito de defender, durante a execução, interesses do sentenciado, não somente o de requer a instauração de procedimento em seu favor. No tocante ao Conselho Penitenciário e à autoridade administrativa, outra deve ser a solução. Podem eles propor a instauração do procedimento judicial, bem como outras providências. Não há postulações, pedidos, mas propostas que, se desatendidas, não ocasionam ofensa a direito subjetivo daquelas entidades. Nada impede, contudo, que, acolhida ou não a proposta, o Ministério Público ou o sentenciado venha a agravar da decisão proferida no procedimento que se instaurou" (*Recursos no processo penal*. São Paulo: Revista dos Tribunais, 2009. p. 156).

procedimento no qual foi proferida a decisão impugnada. Salienta-se que a *extensão* do recurso é limitada à matéria recorrida nas razões recursais. Contudo, com relação à *profundidade*, o Tribunal *ad quem* poderá levar em consideração toda a matéria já levantada no feito da qual foi originada a decisão atacada para formar a sua convicção[16].

De outro lado, o agravo em execução também possui o efeito regressivo, apresentando-se como a possibilidade de a autoridade que proferiu a decisão recorrida reconsiderá-la, como ocorre no juízo de retratação[17].

Conforme já abordado, o agravo em execução segue o mesmo procedimento previsto para o recurso em sentido estrito. Nesta esteira, dispõe expressamente o artigo 589, do Código de Processo Penal, que "Com a resposta do recorrido ou sem ela, será o recurso concluso ao juiz, que, dentro de dois dias, reformará ou sustentará o seu despacho (...)". Percebe-se, pois, que há uma regressão da matéria ao órgão que prolatou a decisão impugnada, o qual pode rever o seu posicionamento.

O projeto de Lei 9.054/2017, ao prever o procedimento do agravo em execução, manteve tanto o efeito devolutivo, inerente a todos os recursos, como o efeito regressivo, que já ocorria na prática, determinando o § 4º do art. 197 que, "Com a resposta do recorrido, será o recurso concluso ao juiz, que, dentro de 2 (dois) dias, reformará ou sustentará seu despacho ou sentença". Merece destaque a evidente identidade de redação entre este dispositivo legal e o art. 589 do Código de Processo Penal.

No entanto, há uma ressalva. Tanto de acordo com o art. 589, parágrafo único, do Código de Processo Penal, quanto pelo art. 197, § 5º, do Projeto de Lei 9.054/2017, caso o juiz se retrate da decisão recorrida, a parte prejudicada poderá recorrer por simples petição, sendo vedado ao magistrado modificar novamente a decisão. Neste cenário, este novo recurso não terá

---

[16] Nas lições de Vicente Greco Filho, "Quanto à extensão, o pedido de reforma contido no recurso limita o conhecimento do tribunal. O recurso pode formular pedido parcial e somente dentro do que foi pedido é que a decisão será proferida. Todavia, para a apreciação do que foi pedido, o tribunal poderá levar em consideração, em profundidade, tudo o que for relevante para a conclusão. Esse exame não pode ser limitado por pedido da parte, porque é necessário à decisão do tribunal" (*Manual de processo penal*. São Paulo: Saraiva, 2012. p. 384).

[17] Segundo Eugênio Pacelli de Oliveira, "por efeito iterativo, ou regressivo, ou ainda diferido, deve-se entender a devolução do recurso ao próprio órgão prolator da decisão impugnada, como ocorre no juízo de retratação, presente no recurso em sentido estrito (art. 589, parágrafo único, CPP)" (*Curso de processo penal*. São Paulo: Atlas, 2014. p. 950).

efeito regressivo, diante da vedação legal expressa de alteração do provimento jurisdicional.

Por fim, no tocante ao efeito suspensivo, há apenas uma hipótese em que este se faz presente automaticamente no agravo em execução penal: no caso de desinternação ou liberação de pessoa sujeita a medida de segurança[18]. Isso porque o art. 179 da Lei 7.210/1984, não modificado pelo projeto de Lei 9.054/2017, expressamente condiciona a expedição de ordem da desinternação ou liberação ao trânsito em julgado da sentença. Nas demais hipóteses, o agravo em execução não possui efeito suspensivo, nos termos do artigo 197, *caput*, da Lei 7.210/1984, o que também é mantido pela nova redação trazida pelo Projeto de Lei 9.054/2017.

Outrossim, de acordo com o escólio de Ricardo Antonio Andreucci, "nada impede que, presentes os requisitos do *fumus boni iuris* e o *periculum in mora*, seja admitido mandado de segurança para a outorga de efeito suspensivo"[19].

Concordamos com Andreucci. O agravo em execução possui efeito regressivo, ou seja, é dada a possibilidade do juízo das execuções de se retratar com relação à matéria recorrida. Nesta esteira, ainda que o magistrado entenda que não é caso de retratação, deve ter a sensibilidade de reconhecer, quando for o caso, a pertinência dos argumentos levantados e o prejuízo que poderá gerar ao recorrente com a demora no julgamento do recurso de agravo em execução. O direito não é uma ciência exata, de modo que há inúmeras discussões sem um consenso entre a doutrina. Portanto, caso o juízo das execuções vislumbre a possibilidade de provimento do recurso, ainda que não concorde com tal solução, deverá atribuir efeito suspensivo ao agravo.

Caso o efeito suspensivo não seja atribuído ao recurso, vê-se, na prática forense, o manejo do Mandado de Segurança, tanto pelo Ministério Público quanto pela defesa, para garantir a atribuição de efeito suspensivo ao agravo em execução, o que será tratado mais adiante no presente trabalho.

3. DO *HABEAS CORPUS* NA EXECUÇÃO PENAL

O *Habeas Corpus* é remédio constitucional previsto no art. 5º, LXVIII, da Constituição Federal e arts. 647 e 648, ambos do Código de Processo

---

[18] De acordo com Guilherme Nucci sobre o agravo em execução, "O recurso não tem efeito suspensivo, exceto no caso de desinternação ou liberação de pessoa sujeita a medida de segurança" (NUCCI, Guilherme de Souza. *Curso de execução penal*. Rio de Janeiro: Forense, 2018. p. 262).

[19] *Legislação penal especial*. São Paulo: Saraiva, 2011. p. 392.

Penal, cujo objeto é coibir a ameaça de violência ou coação à liberdade de locomoção do indivíduo, por ilegalidade ou abuso de poder. Nesta esteira, toda vez que um indivíduo tenha a sua liberdade de locomoção ameaçada ou violada, terá lugar o *Habeas Corpus*.

Há uma enorme quantidade de *Habeas Corpus* que são impetrados em substituição ao agravo em execução. Cumpre pontuar que o uso extremado do *Habeas Corpus* substitutivo de agravo ou de qualquer outro recurso não constitui um problema em si, mas é apenas um sintoma decorrente da demora do trâmite do recurso cabível, qual seja, o agravo em execução. Contudo, ainda que não seja tecnicamente recomendável, os tribunais pátrios costumam conceder a ordem em caso de flagrante ilegalidade, constatável de plano[20].

Imaginemos o caso de um apenado que tem deferido um pedido de progressão para o regime semiaberto, mas permanece em regime fechado devido a faltas de vagas, o que é, inclusive, vedado pela Súmula Vinculante n.º 56 do Supremo Tribunal Federal, que dispõe que "A falta de estabelecimento penal adequado não autoriza a manutenção do condenado em regime prisional mais gravoso, devendo-se observar, nessa hipótese, os parâmetros fixados no RE 641.320/RS".

Há substanciais diferenças práticas entre os regimes fechado e semiaberto, como a possibilidade de trabalho externo e o benefício da saída temporária, ou seja, a cada dia que demora para ser proferida uma decisão, é um dia mais que são tolhidos direitos do apenado de forma ilegal. Nesta esteira, será mais eficiente a impetração, concomitantemente à interposição do agravo em execução, de um *Habeas Corpus*, diretamente à autoridade judicial de hierarquia superior, sendo certo que em menos de uma semana haverá uma decisão liminar. Caso não haja êxito no *Habeas Corpus*, o agravo em execução já estará tramitando[21].

---

[20] Nesse sentido: STJ, *Habeas Corpus* 447.181/MG, 5ª Turma, Rel. Min. Felix Fischer, *DJe* 15.06.2018; STJ, *Habeas Corpus* 419.974/SP, 6ª Turma, Rel. Min. Maria Thereza de Assis Moura, *DJe* 04.06.2018.

[21] Nos termos das lições de Aury Lopes Júnior, "alguns tribunais, muitas vezes alheios à realidade medieval do sistema carcerário brasileiro, adotando uma postura formalista e burocrática, não conhecem do habeas corpus diante da existência de recurso específico (agravo). Daí por que especialmente a defesa se vê compelida a lançar mão dos dois instrumentos, de forma simultânea: *habeas corpus* e agravo em execução. Se o primeiro for conhecido, e quem sabe até a liminar concedida, esvazia o objeto do segundo. Do contrário, em não sendo conhecido o *writ*, o agravo já está tramitando, diminuindo o tempo de espera

Outrossim, Aury Lopes Júnior levanta a possibilidade da impetração do *Habeas Corpus* para atribuir efeito suspensivo ao agravo em execução, uma vez que este último apenas possui os efeitos devolutivo e regressivo[22], o que não tem grande aceitação na jurisprudência[23]. O mesmo ocorre com o Mandado de Segurança, o que se verá mais adiante.

A Lei 7.210/1984 não faz qualquer referência à possibilidade de manejo da presente ação constitucional na seara executória penal, permanecendo da mesma forma no projeto de Lei 9.054/2017.

A nosso ver, o legislador perdeu uma boa oportunidade de se posicionar sobre este tema tão recorrente na prática forense, ainda que fosse para restringir o uso de *Habeas Corpus* a apenas determinadas hipóteses. Poderia, a título de sugestão, admitir o uso do *Habeas Corpus* em execução penal apenas no caso de réu preso e em hipóteses em que a ordem objeto da impetração ensejaria a soltura do apenado.

Portanto, o crescente manejo do *Habeas Corpus* em casos de Execução Penal é apenas uma consequência da morosidade do trâmite previsto para recurso adequado, sendo que há, na legislação pátria, um instrumento processual cujo manejo é exponencialmente mais célere – o *Habeas Corpus*.

Nesta esteira, a adoção do rito previsto para o agravo de instrumento no Código de Processo Civil para o agravo em execução solucionaria este problema, uma vez que o uso do *Habeas Corpus* substitutivo do recurso específico ocorre apenas pela possibilidade da concessão de uma medida liminar em poucos dias, o que é previsto especificamente para o agravo de instrumento no art. 1.019, I, da lei processual civil, ao contrário do agravo em execução, de rito moroso e na qual não há a possibilidade de rápida análise do caso por uma instância superior.

---

do apenado por uma decisão" (LOPES JÚNIOR, Aury. *Direito processual penal.* São Paulo: Saraiva, 2013. p. 1.280).

[22] O autor leciona que "o fato de o agravo não ter efeito suspensivo faz com que, muitas vezes, seja interposto habeas corpus, para evitar ou sanar a coação ilegal que o apenado sofre ou pode vir a sofrer. Isso porque, em geral, os incidentes da execução giram em torno da possibilidade ou não de progressão, regressão, livramento condicional, obtenção de indulto, comutação, unificação de penas, etc., ou seja, questões diretamente ligadas ao estado de liberdade (ou ausência de) do apenado, cuja urgência não é compatível com um recurso despido de efeito suspensivo" (*Direito processual penal.* São Paulo: Saraiva, 2013. p. 1.280).

[23] Nesse sentido: STF, *Habeas Corpus* 120.896/SP, 2ª Turma, Rel. Min. Ricardo Lewandowski, *DJe* 28.03.2014.

4. DO MANDADO DE SEGURANÇA NA EXECUÇÃO PENAL

O Mandado de Segurança, assim como o *Habeas Corpus*, é um remédio constitucional previsto no art. 5º, LXIX, da Constituição Federal e na Lei 12.016/2009, para tutelar direito líquido e certo, não amparado por *Habeas Corpus* ou *Habeas Data*, sempre que, ilegalmente ou com abuso de poder, qualquer pessoa física ou jurídica sofrer violação ou houver justo receio de sofrê-la por parte de autoridade, seja de que categoria for e sejam quais forem as funções que exerça.

Percebe-se, pois, que dos três remédios constitucionais previstos na Constituição Federal (*Habeas Corpus, Habeas Data* e Mandado de Segurança), o Mandado de Segurança é o mais amplo e possui caráter subsidiário. Desta forma, sempre que houver uma ilegalidade flagrante do poder público, comprovável por uma prova pré-constituída, se for referente à liberdade de locomoção, caberá *Habeas Corpus*. Se for referente às informações do jurisdicionado perante os órgãos públicos, será *Habeas Data*. Se não for nenhuma das opções retro, será Mandado de Segurança, desde que haja certeza e liquidez do impetrante.

Em caso de execução penal, na enorme maioria das vezes estará em jogo a liberdade de locomoção do apenado (hipóteses de progressão de regime, saída temporária, indulto, execução provisória de pena, pena restritiva de direito etc.). No entanto, salienta-se que o *Habeas Corpus* somente tem lugar contra ato que haja restrição, efetiva ou potencial, do direito de locomoção, e não em qualquer discussão acerca de Direito Penal.

Com efeito, em caso de execução penal, percebe-se o manejo de Mandado de Segurança substitutivo de agravo em execução, principalmente, em quatro hipóteses.

A primeira delas é referente à execução de crimes cuja pena cominada é exclusivamente de multa. Nesta esteira, O Supremo Tribunal Federal editou, em 13 de outubro de 2003, a Súmula 693, que dispõe que "Não cabe habeas corpus contra decisão condenatória a pena de multa, ou relativo a processo em curso por infração penal a que a pena pecuniária seja a única cominada". Portanto, a conclusão lógica que se chega é que, em caso de execução penal de crime apenado exclusivamente com sanção pecuniária, somente caberá Mandado de segurança substitutivo de agravo em execução, e não *Habeas Corpus*. Todavia, a tendência é que haja cada vez menos execução penal da pena de multa, uma vez que Superior Tribunal de Justiça adota o posicionamento de que "a nova redação dada ao art. 51 do Código Penal pela Lei n. 9.268/1996, a pena pecuniária passou a ser considerada dívida de valor e, portanto, possui caráter extrapenal, de modo que sua execução é de competência exclusiva da Procuradoria da Fazenda Pública"[24].

A segunda hipótese é a utilização de Mandado de Segurança para garantir outros direitos do preso que não digam respeito à liberdade de locomoção, como o trabalho, correspondência etc. No tocante à visita íntima, especificamente, não caberia Mandado de Segurança para garanti-la, uma vez que tal benefício não possui previsão legal e, portanto, não consistiria em direito líquido e certo do detento, salvo em caso de violação à isonomia dos presos[25].

A terceira hipótese consiste na tentativa, pelo Ministério Público, de se garantir efeito suspensivo a um agravo em execução interposto em face de uma decisão que concedeu algum benefício a um detento. Isto é, caso haja um ato judicial garantindo indevidamente o direito de locomoção de um apenado, caberá Mandado de Segurança. No exemplo hipotético de deferimento a um condenado perigoso, pelo Juízo das Execuções, à progressão para o regime aberto, baseado em um documento comprovadamente falso, caso o Ministério Público interponha o recurso de agravo, o beneficiado passará meses a solta antes que haja um novo provimento jurisdicional. Nesta hipótese poderá o Ministério público impetrar Mandado de Segurança para atribuir efeito suspensivo à decisão. No Tribunal de Justiça de São Paulo, por exemplo, tal prática está sendo exitosa[26].

---

[24] STJ, Recurso Especial 1.519.777/SP, 6ª Turma, Rel. Min. Rogério Schietti Cruz, *DJe* 10.09.2015.

[25] Guilherme Nucci se posiciona aduzindo que "A visita íntima não tem previsão em lei, razão pela qual inexiste direito líquido e certo a defender, quando o diretor do estabelecimento prisional não permite essa forma de visitação. Além disso, o direito de visita não tem nenhuma conexão com a liberdade de locomoção. Sob outro aspecto, temos defendido que, no plano administrativo, todos devem ser tratados de forma igualitária perante a lei. Diante disso, o coordenador do presídio, se optar pela concessão do benefício da visita íntima, deve fazê-lo em relação a todos, sem nenhuma forma de discriminação. Se conceder a uns e negar a outros, os prejudicados podem peticionar ao juízo das execuções penais para que interfira, solucionando o caso: ou todos têm ou ninguém tem. Caso o magistrado não intervenha, pode-se interpor agravo. Conforme o caso, a depender da concreta situação, até mesmo mandado de segurança pode ser ajuizado. No entanto, descabe *habeas corpus*" (NUCCI, Guilherme de Souza. *Habeas corpus*. Rio de Janeiro: Forense, 2017. p. 245).

[26] Nesse sentido: TJSP, Mandado de Segurança 2146746-41.2016.8.26.0000, 5ª Câmara de Direito Criminal, Rel. Juvenal Duarte, *DJe* 21.10.2016; TJSP, Mandado de Segurança 2177337-83.2016.8.26.0000, 7ª Câmara de Direito Criminal, Rel. Otávio Rocha, *DJe* 19.12.2016; TJSP, Mandado de Segurança

Por fim, exatamente como ocorre com *Habeas Corpus*, também são impetrados Mandados de Segurança pela defesa com o fim de atribuir efeito suspensivo à decisão impugnada pelo agravo em execução, para dar-lhe eficácia, o que pouco é admitido na jurisprudência, ainda mais diante da dificuldade de se provar certeza e liquidez do direito, requisito exigido para conhecimento do *writ of mandamus*[27].

Apesar de todas essas hipóteses práticas de utilização do Mandado de Segurança, a Lei 7.210/1984 não faz qualquer referência a qualquer hipótese de uso do Mandado de Segurança e, lamentavelmente, tampouco o fez o projeto de Lei 9.054/2017.

5. CONCLUSÃO

A Lei 7.210/1984 pouco dispõe sobre o recurso em Execução Penal. O art. 197 se limitava a dizer que "caberá agravo de toda e qualquer decisão proferida pelo Juízo da execução penal". Contudo não há previsão do procedimento a ser seguido para o processamento do recurso. Após anos de divergência doutrinária e jurisprudencial, foi pacificado que o trâmite a ser adotado seria o mesmo do recurso em sentido estrito.

No Projeto de Lei 9.054/2017, do Senado Federal, nos parágrafos do art. 197, é previsto expressamente o procedimento a ser adotado. O prazo de cinco dias, anteriormente fixado conforme Súmula 700 do Supremo Tribunal Federal, foi positivado e majorado para 10 dias.

A legitimidade, por sua vez, é restringida. Enquanto a Lei 7.210/1984 prevê como legitimados para recorrer em execução penal o Ministério Público, o sentenciado, o seu defensor, cônjuge, parente ou descendente do apenado, o projeto de Lei 9.054/2017, do Senado Federal, estipula que apenas o apenado, seu defensor e o Ministério Público possuem interesse recursal em matéria de execução penal.

Quanto aos efeitos, o agravo em execução possui apenas o devolutivo e o regressivo, mas novamente não lhe foi conferido o efeito suspensivo. Não obstante, há na doutrina e jurisprudência menções sobre a possibilidade do manejo de ações constitucionais para tentar atribuir ao agravo em execução o desejado efeito suspensivo.

---

[27] 2126803-38.2016.8.26.0000, 5ª Câmara de Direito Criminal, Rel. Sérgio Ribas, *DJe* 09.09.2016.
Nesse sentido: TJSP, Mandado de Segurança 2254267-45.2016.8.26.0000, Rel. Grassi Neto, *DJe* 23.02.2017.

Com relação às ações constitucionais, não houveram alterações. Tanto na Lei 7.210/1984 quanto no projeto de lei em estudo não há qualquer remissão ao *Habeas Corpus* ou ao Mandado de Segurança. Entendemos que uma grande oportunidade foi desperdiçada pelo legislativo para regulamentar o uso, necessariamente subsidiário, das ações constitucionais em caso de execução penal, principalmente no tocante à possibilidade de se atribuir efeito suspensivo ao recurso.

Não é de hoje que o Judiciário está a receber uma enorme quantia de *Habeas Corpus* substitutivos de agravo em execução, em decorrência do longo trâmite para julgamento do agravo em execução, o que custa meses da liberdade injustamente tolhida de um apenado. Desta forma, é evidente que o sentenciado e os defensores não ficarão de braços cruzados aguardando a morosidade do judiciário para dar um desfecho para uma situação carcerária ilegal de um indivíduo.

Para solucionar tais problemas, seria recomendável que o procedimento previsto para o agravo em execução fosse semelhante ao previsto para o agravo de instrumento do novo Código de Processo Civil de 2015, principalmente diante da apreciação imediata do caso por um magistrado diverso daquele que proferiu a decisão impugnada. Inclusive, é exatamente este motivo que tantos *Habeas Corpus* são impetrados em substituição do recurso adequado – problema que seria sanado com tal modificação procedimental. Cumpre destacar que, sem a modificação legislativa, não seria possível a aplicação do rito sugerido, diante de expressa disposição do art. 2º da Lei 7.210/1984, que prevê que a matéria de execução penal será regulada pela Lei de Execução Penal e, subsidiariamente, pelo Código de Processo Penal. Sem essa modificação legal e com a atual redação do Projeto de Lei 9.054/2017 do Senado Federal, infindáveis *Habeas Corpus* substitutivos continuarão a ser impetrados.

REFERÊNCIAS

ANDREUCCI, Ricardo Antonio. *Legislação penal especial*. São Paulo: Saraiva, 2011.

ARANHA, Adalberto José Queiroz Telles de Camargo. *Dos recursos no processo penal*. São Paulo: Saraiva, 2010.

BADARÓ, Gustavo Henrique Righi Ivahy. *Processo penal*. Rio de Janeiro: Elsevier, 2014.

GRINOVER, Ada Pellegrini; GOMES FILHO, Antonio Magalhães; FERNANDES, Antonio Scarance. *Recursos no processo penal*. São Paulo: Revista dos Tribunais, 2009.

LOPES JÚNIOR, Aury. *Direito processual penal*. São Paulo: Saraiva, 2013.

MOURA, Maria Thereza Rocha de Assis. Execução penal e falência do sistema carcerário. In: NUCCI, Guilherme de Souza; MOURA, Maria Thereza Rocha de Assis. *Execução penal*. São Paulo: Revista dos Tribunais, 2012.

NUCCI, Guilherme de Souza. *Curso de execução penal*. Rio de Janeiro: Forense, 2018.

_____. *Direitos humanos* versus *segurança pública*. Rio de Janeiro: Forense, 2016.

_____. *Habeas corpus*. Rio de Janeiro: Forense, 2017.

_____. *Manual de processo penal e execução penal*. São Paulo: Revista dos Tribunais, 2008.

OLIVEIRA, Eugênio Pacelli de. *Curso de processo penal*. São Paulo: Atlas, 2014.

TOURINHO FILHO, Fernando da Costa. *Processo penal*. São Paulo: Saraiva, 2012. vol. I.

_____. *Processo penal*. São Paulo: Saraiva, 2012. vol. IV.

Pré-impressão, impressão e acabamento

grafica@editorasantuario.com.br
www.graficasantuario.com.br
Aparecida-SP